U0138737

教育行政理論與模式

秦夢群 著

五南圖書出版公司 印行

獻給　父親

謝謝您無盡的愛

青春作伴好還鄉（代序）

車入科羅拉多州，落磯山脈就排山倒海般的撲來。蜿蜒山路的兩旁盡是野草閒花，眼前一下重巖疊嶂。一下水光粼粼。細雨過後，天空開始放晴，我們決定就地紮營。夕陽淡淡的射向湖心，倒映著成行成列的古木。微風過處，每棵樹都興奮的向上伸展，似乎想牽住天上的雲。

沿湖走向高地，初秋的輕寒已讓遠方的霜林染上醉意。落葉在腳邊窸窣作響，黃白相間的小花如織錦般的展開。我們穿過一片古松，坐在傾頹的枯樹上仰望山巔的白雪；暮色四起。

這風景是遙遠且陌生的。在這塊新大陸上，我的回憶仍在中西部的平原。在那兒，極目所及，盡是無邊無際的沃野。站在滿是玉米的田野中，空氣裡充滿了泥土的慷慨與豐腴。乾草堆的落日，雪地上的星星，把歲月織成曲折的流水。年少輕狂的日子，與好友共同約定遠遊的夢，彷彿這天地只屬於我們。

沒想到，這個夢在十多年後才實現。畢業後，同學星散於北國；只有我，回到多雨的台灣。

「台灣教育，有你回去，總好一點了吧？」一位朋友出其不意的問。

貓頭鷹在遠處啼叫，隔著熊熊的營火，寂然中無言以對。該說什麼呢？我們都不再是在細雨中追逐的五陵年少，現實的鏡照早已戳破了虛情的浪漫。

我是抱著樂觀心情回國的。這些年來，台灣教育表面上確實有了變化。各黨各派急呼教育鬆綁，民間團體創立另類小學，大學教授可以選舉校長，學生則走上街頭，要求學術中立；百家爭鳴中，似乎明天一切會更好。

然而真是如此嗎？大家都認為自己是對的，但是文憑主義依舊屹立不搖，授課教師仍然迷信升學；學生披星戴月的穿梭補習班，教授

則假民主之名，呼天搶地的在校務會議上爭奪私利。改革的背後，台灣的教育依舊荒腔走板。

問題出在哪？就在人民的短視。頭痛醫頭，腳痛醫腳，完全忽視教育的基本精神。今後，如果我們不追求虔敬的求知態度，真正的改革仍是遙不可及。

不禁想起所教的一門課，內容是要學生研讀歷來教育的經典之作。開學沒多久，學生就起了鬨：「教師，什麼時代了！讀這些老掉牙的東西有何用處？」

面對這批升學主義下的新新人類，心中無奈難以名之。在講究聲光的電腦時代，充斥著視聽的直接刺激，學生早已失去思想創造的能力。他們的觀念是能提供立即效益的就是好的。

殊不知，一個人若不放開了心胸，閱遍了經籍，就很難有創作的想像空間。讀大教育家的作品，並不僅停留在死板的文字，重要的是因之產生的思維。有了這個東西，才能在漆黑如夜的時代中，點化出柳暗花明的心境。

這個道理看起來很抽象。舉例來說，二十世紀初，美國出現了杜威與赫欽斯兩大教育家。前者主張由做中學，依學生的興趣設計課程；後者則持精粹主義的觀點，要求學校把歷來的經典之作列為教材。赫欽斯的想法是唯有透過經典的洗禮，才能刺激學生對現世的創見。否則少了源頭，一切只是空中樓閣而已。

赫欽斯的堅持使芝加哥大學出類拔萃，但對一水之隔的台灣似乎使不上力。教書之初，還能與學生聊聊費里尼與張愛玲；到後來，連蔡元培是誰也要解釋個半天。學生的反應，有的瞠目結舌，有的呵欠連天，有的甚至閉目養神，準備課後打工賺錢去了。

要知道，實利的作風做生意或許可以，但治學問是行不通的。太史公廣閱金匱石書，方成風雨名山之作；張大千窮研古今畫風，終為一代之宗。歷史不斷告訴我們，大學問大思想的成形，必須究天人之際，通古今之變。任何偷巧走捷徑者，其學說不過空疏寡實、雕琢曼

辭而已。

我們不能怪學生的膚淺。看看這個社會,教師只注重考試會考的,學生紛紛擠向利多的醫學院,家長迫不及待的把子女送進才藝班,教授則以學而優則仕的遁辭,掩飾自我的苟安。所以,我們的大學以實用為號召,以培養有「錢」途的學生為傲,所求的盡是立竿見影之效。影響所及,人才不是出走,就是被壓死,他們呼吸不到一絲知識的芬芳。

不是嗎?走過海報看板,社團活動多是慶生晚會,連個像樣的學術演講也難尋。即使辦了,會場內也是門可羅雀。藝術電影展小貓兩三隻,歌星演唱會卻萬人空巷。不是說世俗流行的東西不好,只是分工愈細的社會,愈迫切需求涵渾百家、另闢蹊徑的領袖人才。我們在知識的堆積上已小有斬獲,但要從中迸出智慧的火花,卻非雕章琢句可成。不提倡發憤忘食的好奇求知精神,所培育的人才只會隨時代浮沉,而不能別出機杼。到頭來,炎黃子孫唯有在異邦才能榮獲諾貝爾獎。我們只有乾瞪眼錦上添花的份!

這工程是龐大的,絕非一蹴可幾,然而總要有個開始。再黑的夜,只要出現一點火光,總令人興起希望。

看看近在香港的中文大學,1977 年就成立「新亞學術講座」;以專款設立,每年邀請中外傑出學人做公開演講,為期兩週至一個月,年復一年,賡續無斷。首次邀請國學大師錢穆先生,講堂華采,聽眾為之傾倒。其後,分別邀請李約瑟、小川環樹、朱光潛等一時碩彥,與師生促膝長談,辯論義理,反應之熱烈極一時之盛。

如此講座,在漫長學術活動中不過滄海一粟,然其功能卻不可輕忽。大師一言,如醍醐灌頂,莘莘學子經此刺激,可生點石成金之效。講座代表一種對學問的好奇,對知識的尊重,其效益又豈能以金錢衡量之!

小時候讀《人間詞話》,印象最深的是王國維認為古今成大事業、大學問者,必須經過三種境界。一是「昨夜西風凋碧樹,獨上高樓,

望盡天涯路」，再為「衣帶漸寬終不悔，為伊消得人憔悴」，最後是「眾裡尋他千百度，驀然回首，那人卻在燈火闌珊處」。三者層次井然，環環相扣。少年求學貴乎立志，獨望天涯而勇往也。其後邁入學海，非有執著之心不能持久，所謂衣帶即使漸寬而終不悔。然而，求知的境界並不止於此。學海中浮沈多年，尋尋覓覓後終成一家之言。驀然回首，此種頓悟令人豁然驚喜，但絕非一朝一夕所能完成。

獨上高樓的雄心、衣帶漸寬的努力不難做到；然而在驀然回首的頓悟上，台灣教育實略遜一籌，而這必須靠面壁十年的決心與統合諸家的智慧。你看看，牛頓是物理學巨擘，但其宇宙觀對組織理論的影響卻不可小覷；佛洛依德的心理分析說，對文學藝術的衝擊可能更大。如果學校只短視追求有賺頭的知識，管中窺月又何能擁抱宇宙！

尋找生命中的另一片風景，是當年負笈來美的夢想。桃李春風，梧桐夜雨，年復一年，我們瞻望著故鄉的星雲，一步一趨在書本與工作中打轉；有時悽愴，有時粲然。時空永遠是青春的掠奪者，生命的轉折將我們相隔於千山萬水，如今再聚，已是春夢無痕。

我說：「留下一些心情，以備來年回憶吧！」

沉吟許久，一位朋友淡淡的說：「天若有情天亦老，且休教，少年知道。」旁邊的人接著連道：「二十餘年如一夢，此身雖在堪驚。」輪到最後一位，只見他神色凝重，一字一句的朗出：「回首向來蕭瑟處，也無風雨也無晴。」

然而真能如此嗎？在美國，我的朋友每日在鬧鐘的喧囂中甦醒，在地下鐵的人潮中迷失；然後打卡，教非我族類的學生，再趕回來看製作粗劣的華語電視。他們守著透天的大房子，聽雨看雪，種山東大白菜，最後在寂寥的鄉愁中了卻一生。

這失落是無奈且無解的。在台灣，儘管學術依舊荒蕪，我仍有機會播下種子；儘管學生刻意懈怠，我仍有立場施與關愛，因為我是學長、教師，並且流著同樣血脈。飛越中國大陸，看長江黃河滾滾東馳，那感覺正如在星空下，穿過廣袤嘉南平原時的悸動。青春作伴好

還鄉，是恨鐵不成鋼的心情讓我回歸故里，是月是故鄉明的眷戀令我執情不悔。回首前塵，不禁想起那一群群笑得燦爛的大學新鮮人。

離去時，天邊一抹殘霞，淡得像幅潑墨寫意。飛機緩緩滑入跑道，遠處塔台的燈火，在寒冽空氣中泛出青色的光。突然想起，那正是初抵美國的情景。當時在芝加哥入境，孑然一身，有的只是滿袋的青春。閉上眼睛，我可以感到當時的落寞與不安。山水無恙，這些年來，經歷了人生的悲歡離合，錯過了這麼多，失去了那麼多；但仍不顧一切去擁抱僅存的夢想，為的就是一份不甘與期盼。正如那塔台燈火的指引，冥冥中，這就是我的人生路。從今以後，我不再懼怕，不再遲疑；縱然命運如千軍萬馬般襲來，我也將無悔的奮力游去。

　　　　　　　　　　　　　　　　丁丑年、台北
　　　　　　　　　　　　　　　　元宵節、萬燈齊放

致讀者

　　當今教育行政領域範圍極廣，相關研究更是汗牛充棟，梳理撰述專書本非易事。為力求完整與提供全面性的觀點，本書即以影響教育行政研究的四個主要理論模式（理性、自然、開放、非均衡系統）為骨幹，再依次延伸至相關之教育組織權力、動機、領導、溝通、決策、與變革等理論。希望以學術論證的角度，幫助讀者系統性瞭解現今教育行政主要理論與模式。

　　本書之內容敘述，希望達到言簡意賅與本土化的目標。因此所有內容，均經作者消化分析後，再以本土角度與觀點加以呈現論述。初學者只要抓住本書脈絡，經細細閱讀後，應可容易明晰作者的觀點。各章後之「建議活動」與「個案研究」，均為針對主題所設計，以提供讀者思考分析的空間。個案研究均為本土教育行政事件，如經報章公開報導，則以真名示之；若無，則酌加改寫以維護當事者隱私。讀者可藉此瞭解教育與學校行政運作的眾生相。

　　為避免翻譯之歧異，本書所引之外國人名均以原文展現。部分翻譯名詞則沿襲前輩學者的用法，以與其他相關書籍有所連結。引述之研究均附有參考文獻，可供以教育行政為主修之研究者加以參考。

　　校書期間，煩勞政大教育行政與政策研究所的簡正一、洪秉彰、江志軒、吳毅然、陳遵行、劉家維、吳國男諸位先生細心校閱，特此致謝。政大教育四十學分班同學提供部分個案，併此致謝。本書倉促付梓，譾陋謬誤之處，還請專家讀者予以指導，並祈正之。

　　流年暗中偷換，千把個寫作日子飛逝，其中艱辛，實難以言詞形容。我常想，在這功利的時代，還有誰會焚膏繼晷，在書堆中虛擲青春。然而，也許就是那一份對家國的期盼鞭策著我。本書寫作地點多在海外，最後結集於台北。江山如畫，我有一絲「欲買桂花同載酒，終不似，少年遊」的心情。寫書之目的在見證這個時代，即使學術之路再艱險，也不能輕言放棄。主意既定，就讓我們揚帆啟程吧！

Contents

目　錄

第 1 章

導 論

在人類社會中，教育組織無疑是極端複雜的，其具有特定的組成結構、輸入資源、管理模式與輸出成品。幾無例外的，教育組織運作也往往成為眾所矚目的焦點。家長、立法者、政客、乃至納稅的社會大眾，無不隨時投以關注的眼光。父母希望子女接受最適當的教育形式，立法者與政客藉教育組織累積政治資本，納稅大眾則在意所繳之稅款是否創造最高的教育績效；凡此種種，皆使教育組織牽涉的變數極多，而深具複雜性。

沒有教育組織就沒有教育行政，後者運作策略的制定必須植基於對前者的設計與理念。即以高等教育為例，英國之牛津和劍橋、美國之哈佛與耶魯，在結構與設計上與現代大學有霄壤之別，其行政運作模式自也迥然不同。因此研究教育行政，必須先對相關的教育組織理論有所瞭解，如此才能洞悉與分析表面呈現的教育現象（Hanson, 2002; Hoy & Miskel, 2007; Lunenburg & Ornstein, 2012; Murphy & Forsyth, 1999）。

數年前，在一次官方的評鑑活動中，曾造訪一所職業學校。這所以培養工科人才為主的機構，當時已有一甲子的歷史。觀察一整天後，得到如下的經驗：

> 在這個古老的學校裡，蔥龍的榕樹占據四周庭園。在初夏的微風中，鳳凰樹開始吐出火紅。但鮮豔的色彩，卻似乎提不起一絲生氣。早晨一場可看出已明顯排練多次的簡報，校長生硬擠出學校的各種資料數字。透過窗戶，可看到對面幾排上數學課的學生都已安然進入夢鄉。中午與教師共吃便當交流時，他們客氣的說菜不好招待不周，卻對評鑑小組所發的問題一語帶過。放學時，訪問一位亟欲衝出校門的男生有關課業狀況，他扮了個鬼臉說：「這種學校還能讀書嗎！別問了，我還要趕到餐廳去唱歌打工呢！」

愣在當場，許多疑問湧上心頭。這學校的悠久歷史，是否反而成了包袱？校長的治校理念是否只是放牛吃草？教師在教學過程中是否得到滿足？學生是否在混文憑？學校是否有雙向溝通管道以創建良好組織氣候？整個學校權力結構為何？如果發生危機，學校的應變能力如何？以及家長與社區人士對學校今

後發展又有何看法呢？

種種疑問，使我意識到短暫的走馬看花，絕無一窺堂奧的可能。要尋求以上問題的答案，必須先從基本的組織理論下手，方能解讀學校的表象行為。校長對組織的看法為何？是謹守古典理論的科層體制，還是服膺開放理論的權變模式？一念之差，往往使教育組織在結構設計（如校長之職權設定）、資源運用（如人員、預算）、經營策略（如決策、溝通方式）、與產出成果（如學生學習、教師工作滿足感）等向度表現上判若雲泥。

本章即以現代教育行政之源流與發展為敘述重點，先介紹組織的定義與要素，接著探討教育行政研究方法的三種典範，並回顧百年來教育行政的歷史，與影響其較深的四種組織理論模式。由於本書並非探討一般行政學的專書，故描述重點以與教育行政有密切相關者為主，其餘部分則只簡略描述，還請讀者諒察。

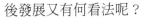 第一節 組織的定義與要素

一、組織的定義與目標

組織（organization）是人類社會運作中不可或缺的一環。隨著時代不斷進步，組織的規模與複雜度與日俱增，跨國性的公司甚可擁有員工數百萬，而經營的項目也是林林總總。一般而言，組織可被定義為是「一種由不同個體組成，並能完成特定目標的社會結構」；其功能極具多樣性，重要的如教化（學校）、財貨的分配與製造（工業與商業公司）、傳播（各種媒體）、金融服務（銀行）與娛樂（表演團體）等。

組織既然是由眾人組成，且以達成特定目標為職志的團體，因此在運作上往往必須面對以下六個課題：(1)目標如何擬定？(2)成員的選用與訓練方式為何？(3)如何創造誘因使成員為組織效命？(4)組織內的權力系統如何設計？(5)如何獲取資源與創造高績效之產出？(6)如何面對因應外界變化與影響？儘管組織的性質有別，但處理以上六個課題卻往往不可避免。即以學校為例，首先其

必須依其階段設定目標（普通教育還是職業導向），接下來尚要遴選師資，提高其士氣，制定法規以使成員各守其分，爭取經費，及與社區維持良好公共關係等；而其最後運作之良窳，皆成為教育行政者關心的焦點。

組織的研究最初為社會學領域之一，但近年來卻呈現科際整合的態勢。此因組織的高複雜特性，往往難以單一學門所以概括分析。此外，基於專業領域與焦點之不同，相關組織研究也極為多樣。例如，政治學者喜歡討論組織中的權力結構與分配，經濟學者偏向資源使用之績效，心理學者注重成員人格與工作動機，人類學者則可能將文化對組織之影響列為首要研究課題。凡此種種，皆顯示欲窺組織之全貌，則必須從多個角度加以觀察分析。

二、組織研究的層次

如上所述，有關組織的研究汗牛充棟，且牽涉到各個學術領域。社會科學如政治學、社會學，人文學門如哲學、倫理學不用說，即連自然科學中的物理學、數學，晚近對組織的相關研究也有極大影響力（開放理論、混沌理論、複雜理論即是明證）。不過追本溯源，歷來組織的重點研究層次仍可加以歸納。其中如Scott（1992）即認為可分為三類，分別是社會心理層次（social psychological level）、結構層次（structural level）、與生態層次（ecological level）。

一般而言，研究重點放在組織中社會心理層次者，關心的是成員行為與組織之間的交會關係。由於前者具備一定特質與需求，其動向必對組織運作有所影響。早期組織研究如科學管理學派、人際關係學派的研究重點多在社會心理層次，對於如何使組織與個人各取所需，以創造最高績效的課題最為關心。

與之相較，以組織結構層次為研究重點的學者，重視的是各次級結構（subunit）之建立與設計對於組織的影響。換言之，在建構組織時，基於不同的經營哲學，即產生大相逕庭的規劃，並依此決定其運作策略（如分工程度、溝通管道之建立等）。組織結構之差異，會進而產生特殊的外顯組織行為。如何視環境的變化與內部需求設計組織結構，向為此類研究者所關注。

以組織生態層次為重點的研究者，則將組織視為是一有機體，重視觀察其與環境之間的關係。其如同研究生物界的生態一般，探討何種組織在某種環境

中特別能夠生存，或是能依環境的改變而進化。研究者如Hannan and Freeman（1977）、Aldrich（1979），均承繼了Darwin（達爾文）的「物競天擇」理論，將重心放在各種組織的生老病死與消長的過程。例如，在激烈競爭的汽車市場上，美國與日本各廠牌的攻防戰，與如何設計迎合消費者的成品而不致倒閉，均成為研究重點。

三、組織的要素

　　組織的型態千變萬化，依其性質而有不同的運作方式；但不論其複雜程度，原則上仍有基本軌跡可循。研究組織者，必須先瞭解其組成要素，然後才能掌握全局。雖然組織有大有小、有強有弱，但所產生的行為卻皆為各組成要素交互作用後的結果。Leavitt（1965）指出構成組織的基本要素有四，其中包括社會結構（social structure）、人員（participants）、目標（goals）、科技（technology）。Leavitt的理論並經其後學者（如Scott, 1992）的修正，再加入環境（environment）因素（請見圖1.1），以下分別敘述之。

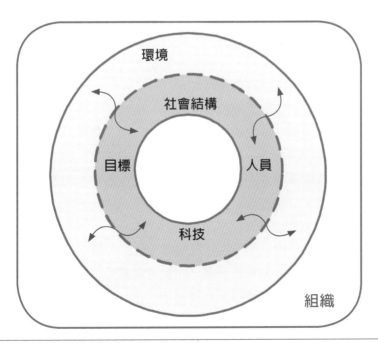

圖1.1　組織的組成要素與彼此之間的關係

（一）社會結構

社會結構係指組織中規範成員之間關係的模式與規律。Davis（1949）指出人類組織必然並存兩種層面，一為規範結構層面（normative structure），反映出組織「應該做」（ought to）的方向；二為行為結構層面（behavior structure），代表組織「真實」（what is）的運作情況。兩層面之間極少是完全相疊或是彼此獨立的，其相關程度則依組織性質而有大小之別。

以教育組織為例，學校中幾無例外的有其既定的規範與規則，其作用即在界定各成員之間的關係。規範與規則的形成或經由法令制定，部分也與歷史背景及道德價值相關。不管其係成文或不成文的規定，基本上反映了學校「希望」發展的目標與走向，並為成員之組織行為立下原則性的規準。學校性質不同，其規範結構自也有所差異。

然而，組織畢竟是由活生生的成員所組成的，其有各自的需求與感覺，絕非藉由規範所能完全控制。因此，組織的行為結構也是必然成為研究重點。Homans（1950）即指出組織的社會行為可分為活動（activity）、交會（interaction）、與情緒（sentiment）三要素，經由三者的運作，即形成組織中實際的行為。例如，在學校中有各種教育活動，成員之間互有交會（如教師與學生、教師與教師），而其中最特殊的即是各成員有其不同情緒。對於同一事件也有不同反應，有的直接表現，有的卻在規範的大帽子下加以壓抑。各成員經由以上活動、交會、情緒三種要素的結合，即形成真正整體組織行為的特色。

規範與行為兩結構彼此之間的差異程度，依組織性質而有所不同。烏托邦的理想社會中，規範與行為結構即已合而為一，即「應然」與「實然」的行為完全相同。然而現實世界中，兩者之間卻多半存有鴻溝。組織規範是一回事，成員行為卻往往有陽奉陰違的色彩。因此，組織行為多半擺盪於兩者之間，有時是規範影響行為，有時卻是行為反向改變規範，彼此之間勢力的消長，向為組織研究者關心的課題。

由於規範與行為結構之間多半存有差異，因此，組織中的衝突（conflict）自是無可避免，其出現並非皆為壞事，如能適當處理，反而能藉機使組織脫胎換骨。此外，組織之社會結構層面在實務運作上，也有所謂正式（formal）與非正式（informal）兩種形式的存在。前者多依法令或規則，明定組織成員彼此之間的權利義務關係，偏向規範結構；後者則為成員之間私下交會與運作的

形式，產生特定之組織氣候與文化，較偏向行為結構層面。本書在其後將以專章討論兩層面的形成原因與運作方式。

（二）人員

顧名思義，人員係指組成組織的個體，其所扮演的角色在不同組織中極為多樣。例如，一位學校教師，可能同時為英文科教學委員會的召集人、同鄉會的理事、政黨的義工、與社區球隊的教練。在不同組織的規範與環境中，個體必須審度自我能力後做出適當行為，因此其人格與特質即成為研究者重視的議題。即使在同一組織與職位之中，個體表現卻不盡相同。此因組織中的人員絕非工廠的單一製品，具有不同特質的個體即產生多樣行為。換言之，其不僅只是「成員」，同時還扮演「社會演員」（social actor），必須經過適度社會化的過程來修飾自我的外顯行為。例如，在學校扮演教師與擔任政黨義工，乃必須視情形有所區別。因著不同個體的存在，組織的社會結構才能成形，並創造出千變萬化的型態。

在古典行政理論時期，學者如Taylor、Weber等人多半重視組織結構，而輕忽個體行為的重要性。其後，學者如Giddens（1979）即指出組織人員的功能有二，其不但具有使組織結構的「存續」（continuity）功能，也可使組織求新求變而存在著「變革」（change）功能。一個組織若只將成員視為機器，或是輕忽其想像力與創造力，則其格局必定受限。因此，研究組織者絕不可輕忽人員要素，因其往往因不同背景（如性別、學經歷、種族、年齡、地域等）與人格（如內外控、場地獨立性、人生觀等），而最後產出差異頗大的行為。個體如何社會化、如何在角色與人格間取得平衡、及其不同特質如何形成外顯行為等議題，均為研究者所不可忽視。

（三）目標

目標的設定對組織極為重要，其往往成為個體成員行事的指針。不過在實際運作上，組織雖有其「成文」目標，但在同時也必須接受成員間所醞釀之「不成文」目標的事實。原則上，成文目標導引成員的運作方向，然而不可諱言，不成文目標也有其巨大影響力量，有時甚而反向影響成文目標的形成，兩者之間的關係往往為研究者所重視。此外，組織目標形成的過程與事後的評

鑑，也關乎組織的成敗，如何使其客觀易行，也是行政者必須正視的議題。

（四）科技

科技對於組織的運作有極大影響。狹義而言，科技係指硬體的器械與實行之技術；但如從廣義面來看，科技也可包括軟體的經營方式與策略等。教育組織由於其獨特的背景，科技之影響力未如一般商業組織，此因後者必須隨時引進新科技，否則產品很容易就被淘汰（Albright & Nworie, 2008）。儘管如此，近年來之各種視聽教具與電腦的引進，也使教學產生巨大改變，甚而有人預言往後學生藉著電腦網路科技，在家裡即可上學，完全改變傳統學校的結構形式。此種因科技引進而造成組織之社會結構重組的現象，一向成為學者所矚目之研究焦點。

（五）環境

極少的組織能夠遺世獨立或是自給自足，換言之，其必須與所處環境發生緊密關係。Parsons（1960）即指出一個組織的目標與外界環境有極大牽連。此因組織成員在加入前已形成其特定的價值觀與人格，而其與生長環境有密不可分之關係。影響所及，特定環境即將成員之特質與需求投射至組織中。此外，組織也必須自環境中輸入資源（如人員、科技、經費），任何環境變項的改變，皆會直接或間接影響組織運作。例如，學校教師多半來自各師資培育機構，任何培育政策的改變（如一元化或是多元化），均會影響未來教師的特質。此外，教育相關立法的修訂，也往往使學校之權力結構重組。其中如校長的甄選方式，採取官派或公開甄選之間，必定使校長在權力運作與角色扮演上有所差異，進而影響其行事作為。

以上組織的五個要素，在後文均會分別有所討論。由於本書重點乃在教育行政領域，故所探求的組織類型以教育組織（如學校）為主，有關其社會結構、人員、目標、科技、與環境的課題，在以下各章中均有所觸及，還請在閱讀時特別注意。基本上，五個要素的比重則視組織理論模式而各有不同。例如，理性系統模式之古典行政理論強調社會結構與目標，自然系統模式的人際關係學派則標舉成員需求的重要性，開放系統模式則特重環境與科技之影響，這些在後文中均會加以詳述，Leavitt的理論則於第三章中會有進一步探討。

四、組織的演進

如同地球上之有機體，組織也有生老病死的循環，在時空轉換下，沒有一個組織是靜止不動的。社會型態不斷改變，皆迫使組織在無形中演進。有的組織創建之初顯赫一時，但後來抱殘守缺，至第二代時就面臨沒落命運。以下即以學校為例，說明教育組織的演進歷程，計可分為四個階段：

1. **草創期**：學校建校之初（如新學校的設立）百廢待舉，領導者發現自我必須鉅細靡遺的處理大小事務。由於組織結構尚不健全，溝通方式多採取非正式形式，大多係由校長與數位「開校功臣」共同商議決定重大事項。在草創時期，領導人能力極為重要，此因其必須負擔重大的奠基責任。如果表現失當，將留給後人無窮的後患。

2. **成長期**：學校草創數年之後，漸漸進入成長期。大半工作的執行漸漸正式化，也有常規可循，專業人員與各科教師也逐漸加入。草創時期的功臣在此時多位居各處室要職，其行事原則也多以過往經驗為主。領導人逐漸退居幕後，不再經管細微之事，學校的特色也在默默中形塑而成。

3. **官僚期**：由於組織規模日漸龐大，權力結構漸呈集權形式。領導人與下屬之間的階層與距離變大，而形成標準的官僚體制。由於繁文縟節與溝通不順，下層人員（以教師為主體）開始不滿而抗議。兩方爭執結果若以校長為代表的官僚集團獲勝，則可能造成集權統治；若雙方取得協議，則可能成立類似協調機構或經由特定會議以達成分權而治的形式。

4. **轉型期**：到此時期，學校已有其特定的行政體制，而校長與教師則按一定之程序與管道進行溝通。領導者責任除守成外，必須有應付因環境與科技變化等因素所造成衝擊的能力。蕭規曹隨式的管理方法並非完全無效，但若只是一味抱殘守缺，則必將產生被淘汰之危機（如學生就讀意願低而遭致廢校）。此時組織運作已呈僵化，在傳統的大帽子下，變革必遭極大阻力；唯有引進新觀念、新方法，組織才能轉型成功而開創新局。所謂優勝劣敗適者生存，至此時，組織宛如又進入草創期，開始另一個演進循環。

第二節 教育行政的定義與任務

一、定義

何謂教育行政，歷來各家看法不一。筆者不揣淺陋，茲將其定義爲：「教育行政乃是利用有限資源，在教育參與者的互動下，經由計畫、協調、決策、執行、評鑑等步驟，以管理教育組織，並達成有效解決教育問題爲目標的連續過程。」在此定義中，有以下特點值得注意：

1. 教育行政運作需要適當資源投入，因而必須適度編列預算。然而，由於資源的有限性，教育行政者必須與其他部門（如交通、國防、農業）爭奪經費。華人社會最重教化，多有「教育爲百年大計」之識；然而囿於現實，教育經費之編列總是未盡理想。教育行政者必須瞭解此種限制，不致因決策錯誤而濫用經費資源。

2. 教育參與者主要爲校長、各級行政者、教師、與學生；其它尚包括家長、教育專家、與一般社會大眾。教育行政的運作必須要各參與者適度互動與溝通後才夠全面。任何特定參與者的獨占，都可能造成其他成員的不滿，因而影響團體的和諧。

3. 教育行政運作首先必須計畫（如檢視手上經費、資源、可用人力、與何種目標須達成等），接著與各參與者進行溝通協調。取得共識後依據決策執行，最後再進行評鑑，以將結果做爲下次運作的參考。因此，教育行政乃是一種「連續」歷程；此次的失敗經驗也許是下次成功的基礎。

4. 教育行政的目的在「有績效」的管理教育組織。領導管理之策略極多，但很難在限定時間內找到最好的。取捨標準也許是花費最少，也許是產出最多；但無論如何，教育行政者均應秉持理性而對工作進行分析，而不應僅憑經驗武斷而行。資源既然有限，就應善用之，創造最佳之績效。

 二、範圍與任務

定義之後，接下來討論教育行政領域所研究之範圍爲何？這問題歷來皆有人討論，所列出之領域不出以下五者：(1)組織與制度之建構；(2)員工事務；(3)學生事務；(4)經費與總務；與(5)公共關係與行銷。茲分述如下：

國家爲了實踐其既定教育政策，必須依據需求建構相關教育組織與制度。不論採行中央集權或是地方分權，其訴求乃在提供各種教育場域以完成不同階段教育之目標。教育組織與制度之建構，往往受到社會思潮之影響，而產生迥然不同之風貌。例如近年來各國無不希望追求教育「平等」與「卓越」，但卻面臨不可兼得之窘境。如何創建制度與利用各種社會資源，達成最高教育績效，常是教育行政者所特別關心的。

此外，由於時代的進步，受教已成爲終身學習的一部分，因此有關成人與社會教育相關組織與制度之建構，均爲教育行政者所不可偏廢的。另一方面，教學與課程受一國學制影響甚大，如何設計理想且公平的學制，向爲教育行政者所注重。綜而言之，教育之成功端賴行政之支持。然而，世上並沒有放諸四海皆準的理論，必須視所處的教育組織而定。因此，行政者必須對教育組織的相關特質與理論加以瞭解，如此才能事半功倍，創造最高成果。

員工事務包括教師與職員的選用、分配工作、與提供適當工作環境等事項。教育行政居上位者（如教育部長、局長），應通盤研究教師養成與培育計畫；在下者（如校長）則應利用溝通的管理，根據學校員工的人格與專長，創建良好的教學環境（Brown & Irby, 2001; Whitaker, 2003）。在學生事務方面，則包括教導、輔導、與學生的社團管理等事項。晚近西風東漸，學生次文化的發展方興未艾，教育行政者的導引與彼此間的溝通，都將對學生成就的良窳產生決定性影響。如何適應學生需求，且不以高壓手段使其就範，將是教育行政者所必須深思熟慮的。

教育資源取得不易，如何利用經費求得最高效益，確實爲教育行政者必須思考的問題。即以校長而論，其不能再有傳統「過一日算一日」的心態，而應該利用其經驗與相關分析技術（如成本分析、計畫評核術，簡稱PERT），以最少的資源做最多的事。在總務方面，則應切實維持各種教學用具的完整、採買的適時、與學校環境的維持等（湯志民，2006）。此外，學校的軟硬體必須隨時更新，其中牽涉到教育建築的原理、議價審核的會計程序、相關法令的遵

守，皆爲教育行政者所必須注意的。

學校公共關係與行銷以往較被忽視。在東方國家，傳統上家長對學校的措施多是無條件支持。然而隨著社會新思潮的引入，許多家長已開始對國家教育運作有所主張，並試圖影響學校。教育不能遺世而獨立，所以其主政者必須利用各種管道，向社區民眾進行行銷與解釋施政原則，以求獲得支持。此外，適時提供有意義的社區服務，也是刻不容緩的課題；唯有做好公共關係，才能自社區與社會中獲得資源。晚近各種教育利益團體勃興，如何與其建立雙向溝通管道，也是教育行政者不可忽視的。

第三節　教育行政的研究典範

典範（paradigm）一詞的觀念，首由學者Kuhn（1962）發揚光大。簡而言之，其是對宇宙現象與知識的觀察方式。Ritzer（1983）認爲典範決定了在特定學門中的研究方向與規則，並將理論與研究工具加以連結。一個典範可以包含多個相關理論，分別對所獲得之累積知識賦予概念與意義，並進一步詮釋各種現象與行爲。當知識無法由現行典範適當解釋時，新的典範即因運而生，採用不同的走向以對知識進行重組詮釋，而產生另一波的影響（Briggs & Coleman, 2007）。

從歷史的觀點分析，在相關教育行政領域研究中，理性典範（rationalistic paradigm）、自然典範（naturalistic paradigm）、與批判典範（critical paradigm）的影響最深，三者各有其哲學立論，所產生之理論、研究方法、研究工具也各有特色。自然典範也有學者稱之爲「詮釋典範」（imperative paradigm）。Guba and Lincoln（1981）指出除了以上三者外，還有其他方法可用來追尋眞理與創造發明，例如，法院判案所使用的司法方法（judicial paradigm），講究證據與辯論，自成一套程序；個案研究（case study）則多在教育實務中作爲分析方法（Kowalski, 2005）。此外，專家判斷（expert judgment）也常被使用在競賽場與藝術表演評分上。然而在教育研究上，此兩者皆不如理性典範與自然典範方法普遍。本書由於不是教育方法論的專書，讀者若想力求其詳，請參考相關書籍。以下僅就有關教育行政的方法論部分加以討論。

一、理性典範方法論之特點

　　由於批判典範的興起較晚，以下先就理性典範與自然典範加以說明。兩者對知識論的看法大相逕庭，也因此影響其主張之研究方法與對研究發現之詮釋。

　　就哲學知識論的觀點而言，理性典範係以演繹式（deductive）的方法來瞭解知識，並多採用邏輯實證論的觀點來加以分析。此種方法論落實在教育研究上，可以一般量化研究作為代表。其研究設計多半偏向刻意操弄的實驗設計，並具有以下主張：

1. 能夠在情境中分割出所感興趣的變數，對之加以研究，並同時控制其他無關變數。此種設計可用實驗室法或統計方法（如果因環境所限不能控制變數，即可用如共變數分析的統計方法去除影響）來完成。
2. 受試者與主試者在角色扮演上必須分開；一個人不可同時兼任兩種角色。
3. 為了控制變數與配合實驗設計，一般來說，量化方法遠較非量化方法適用。
4. 假設考驗是過程中重要的一部分。假設或許是基於特定理論而形成。根據實驗結果，假設可能被支持或拒絕，基本上是演繹式的。
5. 一組事先安排的步驟已被設定，其中包括建立適當測驗工具與實驗設計、量化所得資料，統計分析結果、與將之推論類化至樣本所取自的母群體中。研究過程必須按部就班，以儘量避免干擾因素的介入。

　　理性典範所採用的研究方法，一旦被教育學者採用即產生執行上的困難。此因社會情境極為複雜，無法如自然科學般的對相關變數完全控制，因此後來教育研究即有「準實驗設計」的出現，將變項控制條件放寬。然而，許多問題如樣本抽取的代表性、結果分析解釋與推論等，至今仍存有許多爭辯。

　　與理性典範相較，自然典範的基本信念則認為我們所處的世界是動態的，其中組成的各部分乃是相互關聯而不可分割。所以要瞭解世間現象不能只分析刻意抽出的部分，而必須將其視為是一個整體。此外，人類行為受其周邊因素影響甚深。因此，要瞭解個人行為，就應親身且「自然」的進入所處環境脈絡中，並對其間之想法、價值系統、與社會思潮加以瞭解，如此才能真正解釋所

欲分析之行為。綜合言之，自然典範方法論有以下特點：

1. 在現實世界中，事件與現象不可從其母體中分割而出。分析與瞭解的過程必須探討各組成分子之間的關聯，並避免以片斷資料來詮釋群體。

2. 受試者與主試者之間無法完全獨立，兩者之間的交流極可能影響到資料蒐集與詮釋。

3. 將樣本的結論應用於母群體並不適當。個別研究都有其特定的環境脈絡，不可隨意「推論」之。

4. 非量化法因為同時探討人類知識的本身及其周圍環境，其所產生的概念性與分析性資料，較適用於自然典範。

5. 與理性典範方法不同，自然典範方法在研究前並無特定理論與假設，其結論的產生，完全根基於現實社會中觀察與蒐集的資料，心中並無任何先入為主的假設。此即Glaser and Strauss（1967）所提出之「扎根理論」（grounded theory）。

從以上討論中，可以清楚看出理性典範與自然典範在方法論主張之不同。首先，自然典範強調整體，理性典範則將所感興趣之「變數」自脈絡中割裂而出，認為只要控制相關變項，就能形成正確與符合邏輯的推理。自然典範則主張如此做必會扭曲事實，此因各變數彼此之間皆為相關，強迫分割會造成假象，研究人類行為必須親身進入團體，通盤考慮相關變項進行研究，如此才能得到完整的分析。

此外，兩者不同之處尚有以下四點：(1)自然典範允許受試者與主試者親身接觸；理性典範則堅持兩者之間必須互相隔離獨立。(2)理性典範在研究前已事先完成實驗設計與確認變項，自然典範則視研究過程中觀察分析之結果而定，不預先設定立場。所以，理性典範認知的方法多採取邏輯實證（logical-positivist）走向，自然典範則是現象邏輯（phenomenological）走向，兩者迥然不同（哲學領域的現象學即主張在追尋本質時，不可事先有所定見，應從空白開始。此處所使用的現象邏輯一詞為一般用法，但涵義大致相似）。(3)理性典範將發現結果推論到樣本來自的群體，自然典範則懷疑此種「類化」的可行性。(4)理性典範較重因果關係（是否X造成Y）；自然典範則注重在現實世界中發生之現象（what does happen in a natural setting）。兩者比較摘錄如表1.1。

表1.1　理性典範與自然典範模式在方法論上之比較

	理性典範模式	自然典範模式
較常使用的方法工具	量化研究	非量化研究
理論來源	事先已建好	在研究中途建立
因果關係	是否X造成Y	在自然狀態中，X與Y的關係為何
目的	證實某現象	發現某現象
資料蒐集與時間之控制	事先決定	在研究中或研究後決定
研究場所	實驗室	大自然中
環境變數	對不相關者嚴格控制	順其自然

　　自然典範方法論之出現，對於教育行政領域之研究開啟新的天地。自1950年以來，理性典範方法（多利用量化設計）在教育行政研究上稱霸一方，所產生的研究報告汗牛充棟。此種獨霸趨勢後來漸漸受到挑戰。此因教育現場極為複雜，某些情境理性典範並不適用（相關實例請見表1.2）。教育行政與自然科學研究不同，後者多可在實驗室中控制主要變數；而前者則因教育成員行為的多面向，理性典範雖號稱可以控制變數，但實務上卻產生瞎子摸象之窘況。在此情形下，如能適時加入採用自然典範方法，也許會更加完整。

表1.2　理性與自然典範不同研究方向舉例

切割火腿的秘密

　　佩姬新婚後第一次請父母來家餐聚。主菜是一塊方形火腿。她的夫婿在餐桌中分火腿時問佩姬，為何在烘焙火腿時要先把尾部切掉三或四吋。佩姬很驚訝的回答：「我不知道，但是媽媽始終是這麼做的。」

　　桌上的人立即向佩姬的母親望去，她似乎有點迷惑的答道：「我媽媽也是如此切的，難道其他人不是如此嗎？」

　　第二天佩姬打電話給祖母，問她為何家中要把火腿尾部切掉。祖母回答說：「我也是始終如此做，因為這是我母親的做法。」

　　佩姬的曾祖母依舊健在，她在接到電話後終於揭開了謎團。原來她的女兒（佩姬的祖母）小時候學習烹飪時，她們剛好烘焙了一塊大方形火腿，而家裡的烤盤裝不下，所以必須要在尾端切下一塊才能放入烤盤。她的女兒學到此招，但卻不知所以然的傳授下去。

—— 摘自Nancy Friday著作 *My Mother, My Self*

　　如果您是佩姬的先生，又是理性典範方法的支持者，會不會先想到也許是溫度等物理因素呢？您會如何分析？如就自然典範觀點而言，又會有何種研究途徑呢？

二、自然典範方法論之特點

自然典範方法在社會學、人類學、考古學之使用已行之有年，但在教育上則相對較少。其研究步驟包括：(1)蒐集大量相關資料；(2)檢查並印證資料；(3)調查並進行活動；與(4)產生結論。一般來說，在開始時會以80%時間蒐集資料，20%時間驗證資料；但在進行到後半時，則兩者所花時間即會對調。

此因自然典範與理性典範方法不同，在一開始時不做任何特殊安排，只對相關題目資料進行蒐集。活動開始後，研究者會隨時預備因新發現所形成之理論進行改變。例如，做組織氣候的研究，持理性典範者一開始即必須界定範圍為探討組織氣候與學生成就的關係。持自然典範者則只是蒐集相關學校組織氣候資料，然後進行觀察活動，也許除了發現與學生成就的關係，也對其他變數（如教師工作滿意度）的影響有所瞭解。所以在開始時，必須花費較長時間蒐集資料，然後再依活動的程序，逐漸加強驗證的時間（Stake, 1975）。

為了確保研究的客觀性，Guba and Lincoln（1981）主張自然典範方法研究者宜保留一本「審查紀錄簿」（audit trail），其中內容應包括下列數項：

1. 晤談訪問與觀察的原始資料。
2. 整理過後的晤談訪問與觀察資料。
3. 相關研究會議的紀錄。
4. 所有事先蒐集的資料文件。
5. 對於研究內容分析所採用的準則。
6. 資料分類的原則。
7. 晤談訪問的原則。
8. 在研究過程中，委託他人完成的研究與資料。

基本上，自然典範的研究必須儘量提供有關資料與分析的原則，以供他人參考評鑑。自然典範秉持現實世界的複雜與相關性、因果關係的多重性、與真理可能有多個的理念。為求研究過程的順暢與合理，有以下三項方法可供研究者參考。

1. **花費足夠時間從事研究**：時間可使主試者融入團體中，消除受試者的疑慮，而提供真實的資料。足夠時間也提供自我反省的機會，讓主試者檢視是否具有偏見或錯誤的態度。一個使用充足時間所產生的審查紀錄

簿，可以看出主試者在各階段的心路歷程。

2. **多角度研究**：主試者在蒐集資料時應採用多元方法，例如，晤談、問卷、觀察、受試者自我報告、文件分析等，以便證驗所得資料的正確性。此因主試者的偏見與受試者的逃避態度，都會影響研究結論之眞實性。如果能由多個角度來蒐集資料並彼此驗證，應該會較爲客觀。

3. **與同僚之間的討論**：當從事一段長時間研究後，主試者最好能暫時遠離情境，並與具有相關專業知識的同僚討論。此種活動一方面可清醒主試者的頭腦，一方面同僚也可針對研究提出疑問或建議。所謂「旁觀者清，當局者迷」，自然典範方法的研究者必須加入團體，有時會因主觀因素而錯過重大訊息與進入錯誤方向。此時如有同僚之指引，或許會轉回正途。基本上與同僚之間的討論，也應列入審查紀錄簿中。

由於理性典範與自然典範方法在本質上的不同，造成在報告寫作上也有雲泥之別。一般而言，前者包括：(1)問題界定；(2)文獻探討；(3)抽樣方式與實驗步驟；(4)統計分析；與(5)結論與建議。由於假定主試者與受試者彼此獨立，在寫作口吻上係以第三人稱爲主。與此相反，自然典範方法報告則具有以下特點：

1. 自然典範報告多以普通語句爲主，甚少牽涉到統計的數學語言。由於主試者本身加入團體，因此不採用受試者（subjects）一詞，而以回應者（respondents）來代替。說明研究者並非刻意控制，而只是尋求對方反應而已（subjects一詞源自拉丁文subjectus，本意爲將某人置於控制之下）。

2. 由於沒有既定格式，自然典範報告最重要的即是寫作結構。著者最好在一開始爲讀者介紹整部作品的基本架構，並隨時在書中對各部分加以呼應。最好不要使用太多術語，以儘量提供對事物的描述。

3. 自然典範常用於社會科學中，因之常發生結論公正性的問題。研究者如果不能消除心中道德、性別、種族的偏見，則其報告必會失之客觀。社會科學的現象與自然科學不同，常有見仁見智的情況產生，所以常以多數人的共識爲主。此也是自然典範報告產生後，常必須由特定委員會檢視其公正性的原因。

4. 理性典範的研究者必須詮釋所得之資料，自然典範則視情形而定。例

如，Barker（1968）主張只呈現事實與現象，其餘則可由讀者去評斷。Smith and Geoffrey（1968）則認爲應提供各種解釋給讀者，以盡研究者之責。但不管如何，自然典範方法報告必須引領讀者（take the reader there），使其在深度之報告描述中尋求自我的解釋與啓示。一個好的報告就如源源活水，使讀者感受不盡。

三、批判典範方法論之特點

在1970年代之後，繼理性與自然典範後，批判典範開始興起，並對教育行政界產生影響。一般而言，批判典範爲眾多類似理論的組合，係針對傳統的科學主義加以批判，強調組織在衝突與不均衡之混沌狀態中，進行重組與演化。其立場與以往堅持研究必須「體系化」的觀點不同，提供了另一種知識論基礎，值得教育行政者加以探討。

理性與自然典範兩者雖在研究方法主張上不同，但兩者仍信奉組織之本質是有規律可循的假設；只不過前者主張「客觀的測量」，後者則利用「主觀的介入」方法。實務上，理性典範的研究多爲統計量化的形式，自然典範則採用俗民誌、現象學等方法；研究目的皆在尋找類似「定理」（law-like）的規則，以解釋組織的不同行爲。其所採取的知識論觀點堅持知識唯有經由實際驗證或邏輯分析後才能完成，其他方法乃爲無意義與不客觀的。在此前提下，理性典範不必說，即連自然典範也堅持在下結論時必須合乎邏輯，以避免偏見。

此種知識論的主張，卻受到批判典範的質疑。Greenfield（1975）即認爲教育組織本身並非是可被研究的實體，相反的，其只是成員諸多意象（imagination）的組合，因此其行爲是不可預測的。Greenfield進一步主張所謂的組織規範並非具有理性與邏輯的特性，而僅是由各次級團體所形成的共識，因此對於組織「價值中立」的假設並不贊成。

批判典範的基本主要受到德國法蘭克福學派（Frankfurt School）影響甚大，以下即將其重要人物之見解簡述之。本書並非哲學或方法學的專著，故僅以影響教育行政研究之部分予以說明，其餘相關理論，請讀者自行參考其他書籍。

學者Horkheimer（1974）首先對「科學至上」的理念加以抨擊，認爲過度

迷信理性的結果，將使人類生活逐漸被物化。其指出科學研究雖使科技發展神速，但由於要求完全理性化的結果，已形成反客爲主的亂象。本來理性只是一種手段，爲人類窮究知識的工具；如今卻是凡事必求理性，使其反而成爲最終的目的。此種「工具式的理性」，無疑是過度膨脹而演變成科技全面主宰人類的局面，忽略人類乃是有血有肉、具有個別價值觀的特定個體。

之後，Habermas（哈伯馬斯）（1976）也提出相似論點。這位法蘭克福學派第二代的大師，基本上同意Horkheimer的看法，認爲科技之目空一切，已形成所謂「科技獨裁」（technocracy）的窘況。此外，其進一步分析現代資本主義社會的特徵之一，即在以政治爲手段，藉著各種教育制度的建構，以達成特定意識型態的建立。因此，學校不但不能促進真正的社會流動（social mobility），卻是造成社會階級的幫兇。以英國私人經營之著名公學爲例，主要培養卻是貴族或社經地位優越之學生。與之相較，偏遠地區學校則因文化與經濟的弱勢，其畢業生多只能在下層社會打滾。此外，當政者也會藉著課程設計，使受教者對少數族群（如原住民、同性戀者），與弱勢團體（如殘障人士）形成刻板印象，無形中造成社會階級更形明顯。在理性典範觀點中，研究者假定組織是價值中立的，故堅持以數字描述表面行爲，卻對其中牽涉價值觀的道德倫理層面刻意忽視；造成教育組織時時要彈精竭慮尋求最高績效的策略，卻未觸及學生在正式學習下的副產品（如歧視特定族群）。此種由少數執政者與精英分子掌控全局的現象，看似民主，其實卻是意識型態的霸權主義。

基本上，Habermas（1984）在其批判理論的作品中指出行爲的「理性」有兩種：一爲「溝通理性」（communicative rationality），二爲「工具理性」（instrumental rationality）。前者爲人們在彼此相處與交會時，尊敬而不侵犯對方所形成的默契與理性；後者則牽涉到爲達某特定目標，所必須運用的手段。如果以學校官僚體系（bureaucracy）爲例，其明顯較偏向工具理性而輕忽溝通理性。華人社會中由於升學競爭激烈，各校多半卯足全勁追求各種策略以拉抬學生成績，但卻忽略教導學生應如何彼此尊重的溝通理性。在此情況下，學校教育淪爲達成上級交付任務的機構，而在改善人類自覺的工作上繳了白卷。綜合言之，Habermas希望藉由個人主體的相互溝通以凝聚對組織價值共識的手段，以減輕因濫用工具理性所形成的物化現象（即把組織成員只視爲是達成目標過程中使用的物件）。

另一位法蘭克福學派的學者Marcuse（1964）則認爲現代資本主義國家的

管理哲學，向來倚重工具理性的使用。個人淹沒在公司中，成為缺乏批判能力的行屍走肉，而學校則必須為此負責。此因統治階級透過政治運作與課程編定，頻頻向學生灌輸權威與紀律的重要性，使其思想刻板而僵固，竟成為公司理想「優秀員工」的最佳人選。就此而言，學校已成為一種「國家機器」，只為少數掌權與精英分子效力。

由以上論述中，可以看出持批判理論的學者，基本上認為經由經濟與文化資本的獨占分配，即造成意識型態霸權的出現（Youdell, 2011）。如此敘述也許較為抽象，在此試舉一例加以說明。先進各國一向在選擇課程標準與內容上極為審慎，生怕處理不當即造成在價值教學上的謬誤。然而，台灣在1980年代所使用的小學國語課本中，卻出現「爸爸早起看書報，媽媽早起忙打掃」的詞句，使學生在學習之餘，也同時接受男尊女卑的刻板觀念（女人本來就該包辦家務）。換言之，課程本身之目的在教導學生認識國字，但卻同時使其學習到其他的價值與態度，也就是所謂的「潛在課程」（hidden curriculum）。由此可見，如果編製不當，課程即成為政治利益與資源分配的打手。

批判典範廣泛應用於教育行政領域則遲至1980年代（Apple, 2001），其中又以「女性研究」（feminist research）最為有成。根據批判典範的看法，Noddings（1984）指出整個教育行政界向為男性所獨霸，女性雖然努力，但仍受到擠壓而難打入核心。由於男性主導，因此其文化與價值觀（如競爭、好鬥）即影響教育體系之運作。學生被教導不競爭就滅亡的理念，因之對於少數族群與弱勢團體缺乏同情。Ortiz and Marshall（1988）則指出，由男性決定何種教育才是恰當與有價值的，往往犯了以偏概全的毛病，唯有讓女性積極參與，才能有所平衡。綜合各家說法，批判典範對於教育行政相關研究的影響如下：

1. 開啟另一研究方向。以往理性與自然典範均假設組織是價值中立的，故其發現可以整理出特定教育定理與通則。批判典範則持相反意見，主張組織中充滿價值判斷。如以課程為例，其目標決定與教材選擇，均無可避免有其主觀意識的存在。對於這些既定價值的檢視，即是批判典範研究的重點所在；尤其是經由教育行政制度的設計所形成的各種教育、文化、族群、性別上的霸權現象，均應加以分析與批判。

2. 批判典範主張教育學門與其他學科如醫學、經濟學、物理學不同，缺乏基本之定理，有的不過只是一些通則，而其往往因組織價值觀的不同而有所變動。因此，批判典範指出與其費盡心思尋求放諸四海皆準的定理

　　（如高關懷高倡導的領導行為最好），不如專心探討隱藏在組織行為背後的價值判斷，方能瞭解其來龍去脈。

3. 在增進教育組織的績效議題上，批判典範主張學校強調「控制」以維持順利運作是不對的；反之，其應扮演「建構」（constructing）的功能，激發不同立場的各次級團體共同合作，以避免對弱勢者的壓迫。如何喚起組織成員的自覺，互相合作制定目標與客觀的參與決策，並去除工具理性的坐大，也是批判典範關心的重大領導議題；Burns（1978）因此提出「轉型領導」（transformational leadership）的概念。

　　與理性與自然典範相比，批判典範在教育行政領域中的影響較晚，除了上述所談的「女性研究」外，於1980年代之後所興起的混沌理論及複雜理論，也與批判典範所主張的「非均衡系統模式」（non-equilibrium system model）有所相關，詳細內容請參考第五章。

四、三研究典範之比較

　　表1.3中即從研究特質、認知方法、價值變數、與研究目的四大方面，比較理性、自然、批判三典範的差異。在此要強調的是個別典範皆有其優點，當然也有其限制性。三者之取捨，端賴研究者視其對於探求組織現象的觀點而有所差異，使用不同典範自會產生不同結果。茲分述如下：

表1.3　理性、自然、批判三典範之比較

	理性典範	自然典範	批判典範
研究特質	控制	理解	批判
認知方法	實證分析	觀察釋義	價值批判
對價值觀之處理	嚴格排斥	順其自然	加以批判
研究目的	尋找現象之定理通則，強調研究結果的類化性。	瞭解並詮釋現象主體的意義，強調個別之釋義性。	揭露現象背後的價值觀與意識型態，強調批判性。

1. **在研究特質上**：理性典範要求客觀發覺現象之通則，所採取的手段講求控制，將現象獨立分出解析，以符合科學研究之精神。自然典範進入研究之母體中，以理解現象的完整意義，不致因被割裂而產生以偏概全的弊病。批判典範則強調現象背後之價值觀與意識型態的存在，主張必須加以分析批判，才能真正解釋組織行為的來龍去脈。

2. **在認知方法上**：理性典範多使用實證分析，以統計計量方法將結果推論到整個母群體。自然典範以觀察釋義為主，進入研究母體親身體會觀察，並將發覺現象依邏輯思考加以詮釋並賦與意義。批判典範則以對各種價值的批判為出發點，突顯其對組織行為的影響力，以達到瞭解形成現象的完整過程。

3. **在價值變數上**：理性典範絕不容許主觀價值之存在，若發現則必須加以排除與控制，認為其會對研究客觀性大打折扣。與之相較，自然典範體認現象與價值觀不可分割，而必須將其視為一個整體，如此才能在詮釋時一窺全貌。批判典範則更進一步，不但承認價值觀的存在，並要求對其影響加以批判，而不僅是順其自然。

4. **在研究目的上**：理性典範試圖尋找現象之通則，強調類化性；自然典範希望瞭解現象主體本身的意義，強調個別性；批判典範則注重揭露現象背後的價值觀與意識型態，強調批判性。三者的研究重點與目的各有不同。

　　在結束本節前，茲引用台灣三段研究文字，以讓讀者瞭解理性、自然、批判三種典範在教育行政研究領域中的應用。實際運用過程中，三種典範不見得一定彼此相斥，有的研究或許兼含兩種或兩種以上，其工程雖較大，但也能從不同角度分析教育組織之行為。

五、三研究典範論文舉隅

　　為使讀者更加瞭解理性、自然、批判三種典範的特質，以下即摘取台灣教育行政研究報告的結論，以彰顯出不同典範的研究方向與角度。

（一）理性典範

理性典範的特點在發覺現象的通則，在教育行政領域中多以量化方法爲研究工具，強調客觀與類化。以下以秦夢群、吳勁甫（2009）之研究爲例，其利用中介效果模式，分析國中校長轉型領導、學校組織健康、與組織效能之關聯性（參見圖1.2）。論文中引證如下：

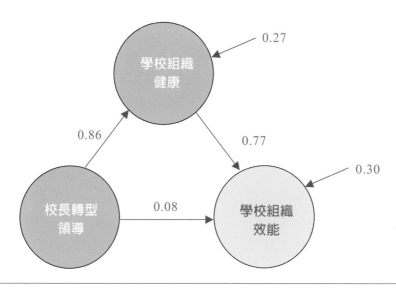

圖1.2　中介效果模式標準化參數估計值簡圖

本研究採取中介效果模式，以進一步瞭解轉型領導是如何透過組織健康的中介途徑，而對組織效能造成影響。研究針對台灣地區之公立國民中學教師進行問卷調查，所得資料以結構方程模式（SEM）進行統計分析。研究發現校長轉型領導對學校組織效能之直接影響未達顯著水準（$\gamma_{21} = 0.08$；$p > .05$），故轉型領導對組織效能應不具顯著的直接影響力。然而，轉型領導能透過組織健康對組織效能造成正向的間接影響，其間接效果的數值爲 0.66。計算方式爲：轉型領導對組織健康的結構係數（$\gamma_{11} = 0.86$）乘以組織健康對組織效能的結構係數（$\beta_{21} = 0.77$），而且此間接效應經檢定的結果（$t = 12.40$；$p < .05$）達

顯著。而轉型領導對組織效能的直接影響（0.08），加上轉型領導透過組織健康對組織效能造成的間接影響（0.66），其值為整體之效應（0.74），中介效應占整體之效應的比率（0.66 / 0.74）為 89.19%。（p. 116）

（二）自然典範

自然典範的研究與理性典範差別甚大，多以普通語句敘述觀察所得之現象。理性典範最常出現的數值分析，在自然典範中則不多見。以下研究作者陳添球（1989）花了五個多月時間，實地赴小學觀察國小教師的教學與非教學工作，並做出如下之描述：

在「時間」方面，由於教師的「授課時數」是分配的，在現行教職員編制之下，中、高年級級任授課時間在 1280 至 1320 之間。再查看教師的每日例行活動，他們每天必須參加教師早會、升旗與兒童朝會、指導課間活動、指導午餐、指導午休、指導整潔活動、指導路隊、指導降旗，教師只要踏入每日生活序列的巨輪，就踏上了馬不停蹄的一天。

在教師的日常行動上，在一學期中，除了「授課」之外，尚有近 200 項工作要安插嵌入，由於「工作、比賽、活動」在緊迫性方面，絕大部分是優先於「教學」的。這些工作、比賽、活動牽制著教師，使他們無法做到按時上下課，依照日課表授課的規範去行動。但是，他們又要受到檢討、糾正、監察，所以就這個向度而言，教師不論在實踐規範、抵抗規範，其生理、心理、日常活動的自我實現都充滿著壓迫感。

在「進度」方面，各種工作、比賽、活動等破壞上下課時刻，產生延後上課、提早下課、停止授課、挪用授課時間等情形，使預定的進度受到影響，甚至瓦解教師的整個計畫，只好趕課或挪用其他科目的時間趕課，因此，按「日課表授課」的

規範也被破壞。再則，教師、學生、家長、學校行政人員均重
視考試成績，教師平常要多做「小考」，考前要挪出 3 至 10 天
「複習」或模擬考，一學期中使用在小考、定期考（3 次）、
考前複習的時間大致在一個月左右，耗費授課時間的四分之
一。這種情形也導致教師「趕課」，因此，教師不但無法依照
進度表授課，「趕課」之下，也無法依照教學原理原則與過程
進行教學。教師在教科書的內容固定、教學進度被破壞、教學
目標偏向考試提升成績之下，他們幾乎每日都處在趕課的狀
態。這種授課條件與方式充滿壓迫感，教學活動與目標也不是
自我實現的。

（三）批判典範

批判典範在台灣教育行政研究的數量，相比之下較少，但也不乏相關論
文。其中如陳佑任（2002）曾選取男性校長、主任、教師各一名為研究對象，
採用深入訪談質性研究方法，分析探討父權意識型態下的男性國小教育人員之
生命經驗。研究發現不論當初是在何種情況下進入小學職場，他們皆察覺到社
會主流價值並不認同男性從事國小教職。因此，有些國小男性教師選擇重心移
轉策略，進而向上擔任主任或校長職位。此外，研究也發現男性國小教育人員
為了維護「強者」形象，人性普遍有被扭曲的現象，主張男性也是父權意識型
態下的受害者。作者寫到：

男性普遍被認為是父權體制下的獲利者，這點無庸置疑，但是
作為既得利益者，他們的人性也因為「男性」角色的緣故，而
被強烈的扭曲，所以可以說男性也是父權意識型態下的受害
者。當男老師爬上主管的位置，當了主任、校長後，得到的好
處也只是名聲好聽一些，薪水多一些，其他的說權也沒權，說
利也沒利，要施展自己的教育理想也難，要交到知心的朋友也
不容易，更要時常面對工作上的巨大壓力。就算曾有回任教師

的念頭，他們也在龐大社會壓力的威脅下，不敢付諸實行，於是他們只得戴著「強者」的面具，繼續在主管位置上「撐」下去。擔任主管職務，心裡常有很多的苦，但是為了維護「強者」的形象，他們卻「不能訴苦」。在小學職場中，男性國小教師還時常被期待去做刻板印象中所謂的「男人的工作」，而有些工作，男老師們也不願意做，但是礙於他們的男性身分，他們卻不敢拒絕，因為他們是男人。除此之外，男性還得時時證明自己的能力，來彰顯自己的「強者」形象，既然「強者形象」是如此的扭曲男性的人性，男性為什麼還要拼命去維護呢？答案很簡單，我們的社會把鍍著男性氣概金箔的父權意識型態冠冕強加在男人的頭上，男人若想要摘下冠冕，就要付出慘痛的代價，因此表面上看起來 光彩亮麗的冠冕，實際上卻是不折不扣的頭箍，禁錮了男人的一生。在父權意識型態下，男人跟女人一樣，都是受害者。

第四節　教育行政理論模式之演進

綜觀分析二十世紀教育行政的發展與演進，基本上受到四個理論模式的影響，其中包括理性系統模式（rational system model）、自然系統模式（natural system model）、開放系統模式（open system model）、與非均衡系統模式（non-equilibrium system model）。其主要差異乃在對組織定義與看法上的不同，並進而產生各自經營重點的主張。四種模式開始影響教育行政領域的時間也有先後之別，理性系統模式可追溯至二十世紀之初，自然系統與開放系統模式則分別為1930與1950年代，至於最後興起的非均衡系統模式則遲至1990年代（參見圖1.3）。茲將四個理論模式分述如下：

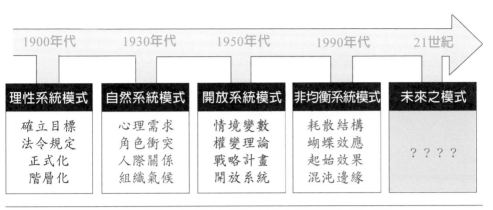

圖1.3 影響二十世紀之後教育行政各理論模式時間表

一、理性系統模式

　　理性系統模式認為組織之所以有別於其他集合體，就在其能以理性建立確切目標，並透過正式化（formalization）的手段確實達成目標。理性系統模式的大師如Taylor、Weber等，無不挖空心思希望建立理性的組織結構，以使組織達到最高績效。Taylor之「科學管理原則」（principles of scientific management），即主張採取時間設定、功能管理之手段，使組織能達到產量最大與成本最小的境界。其中採用「科學」兩字，頗富理性之色彩與要求。Weber的「科層結構理論」（hierarchical structure），藉著職位分類分層、法定責任的訂定，以形成組織理性關係的建立。Weber主張組織內的任何決定，必須杜絕各種人情關係。而純以理性分析為準；一切合乎目標就應毫不遲疑的執行，其看法實將理性系統模式發展到極致。

　　綜而言之，Scott and Davis（2006）認為確立目標（goal specificity）與正式化（formalization）為理性系統模式所最注重者。其經營理念乃在使成員清楚瞭解組織之目標何在，並藉著制度與結構的正式化，使員工遵守規定與扮演好自我角色，理性系統模式的支持學者Etzioni（1964）即將組織之定義限定為：「組織是刻意建立與重組，並試圖達成特定目標的社會單元。」（p. 3）

二、自然系統模式

　　理性系統模式的擁護者試圖將組織變成完全理性的結構，其達成率往往受人質疑。理由無它，組織必須由眾多個體組成，其除擁有理性外，同時也有感覺與情緒。自然系統模式因而主張組織其實與自然界之有機體相似，員工有其人格與需求，情感也時有波動，因此，組織除了表面的正式結構（formal structure）之外，尚有非正式結構（informal structure）的存在。前者為檯面上依目標而做的角色與職位分類結果；後者則為成員依其興趣或需求所形成的檯面下組合，而其所形塑的組織氣候（文化），對於組織績效高低有極大之影響。因此，自然系統模式的學者如Mayo（1933）、Barnard（1938）等，均大力主張應對組織內的非正式結構加以重視。Gouldner（1959）也指出光靠正式角色與規章的設定，並不能保障目標百分之百能夠達成。如果組織的正式結構與員工的需求傾向相違背，則會產生被抵制的危險。基本上，自然系統模式主張將組織視為是一自然系統，有理性部分也有感性色彩。組織除了要注意目標設定等規範層面外，也應重視個體成員的人格與慾望，以創造正向的組織文化。

三、開放系統模式

　　開放系統模式的特色，即在其對環境變數的重視。早期行政理論多半持「封閉系統」（close system）的看法，認為只要控制組織內的諸項變數（如結構、人員），即可產生預期的績效。開放系統模式則持不同意見，力主組織必須依賴外界環境所提供的人員、資源與訊息，絕不可能遺世獨居。同時，組織的疆界不可能完全封閉，外界環境的種種變化即循各種管道滲入組織，而產生相當程度的質變。理性系統模式假設只要提供足夠物質誘因，即可使成員為組織賣命；自然系統模式主張重視成員的需求與興趣，並藉此凝聚力量。與之相較，開放系統模式則承認組織成員確有其不同的價值觀與動機，但卻不認為一味的迎合即能達成組織既定目標。為面對不同個體，組織必須時時與之討價還價，提供其認為值得留下效命的條件，如此才能使個體與組織各取所需。由於環境的變遷極大，個體受其影響也非一成不變。因此，最好的經營策略乃在採用權變理論（contingency theory），即根據所面臨之不同情境，設計與之配合

的策略。所謂天下沒有成功的萬靈藥,組織的經營也是如此。一味堅守「標準答案」,極可能在環境轉變時一敗塗地。理性系統模式講求正式化,自然系統模式偏愛人際溝通,但在主張開放系統理論的學者眼中,其不過是權變過程中可考慮的選擇策略,主張必須配合情境才能彰顯其功效。

綜上所述,可知開放系統模式將組織視為是一與所處環境相互依賴與交會的系統,其活動是動態且具循環特徵的。任何外界環境的改變,均會影響組織的運作,絕不可等閒視之。

四、非均衡系統模式

與其他三種模式相較,非均衡系統模式的主張無異是一種革命性反動。在其興起之前,牛頓學派的物理學觀乃是社會科學的主流,認為宇宙現象是規則的、亙古不變的,只要找到了其中決定性的變數並加以操弄,即可控制整個系統。因此,理性系統與自然系統模式各有其主張的「最佳」經營策略(如正式化),認為只要適當控制即可依組織線性(linearity)之特質(即X變大後,Y也變大),而獲得一定成果。開放系統模式雖有「權變」的主張,但基本上只是在一定範圍內,為適應環境做有限的改變,原則上仍假定系統是穩定的、平衡的,只要做有限且適當的回應,即可使系統趨向均衡。

非均衡系統模式則不同,認為系統本身即是混亂而無規則的,其中充滿許多未可預知的事件,基本上呈現混沌的(chaotic)的本質。在此假設下,非均衡系統模式主張組織是非線性、非均衡的,即使是微小的起始行為,也可產生原子彈般的威力,而導致系統的崩潰。此一動態過程會一再發生,並透過重組(reformation)的行動,建構另一新的組織型態。組織本身並非機械式的封閉關係,而是自發且充滿能量的有機體。

由於非線性系統模式主張現象之不可預測,因此並不認為組織有單一的最佳發展模式。換言之,組織之間的異質性相當高,適用於A組織的策略,不見得在B組織中有用。此外,由於對於起始狀態的敏感性,非線性系統模式建議對於組織中的「芝麻小事」不可等閒視之,任何現象均代表某些意義,不應被歧視的丟棄。例如,在學校中,某位學生家長來電質疑,校長若抱持「家長那麼多,總會有人抱怨」的觀點而忽略處理,極可能在日後星火燎原,造成不可

收拾的局面。

五、四種理論模式在教育行政領域上之應用

從歷史的角度來看，教育行政理論的發展一直要到第二次世界大戰後才有所突破；但並不代表此之前毫無受到組織理論的影響。遠在二十世紀之初，Bobbitt（1913）即著書立說，將Taylor所謂的績效觀念推行到市區學校（city school system）。其主張在學校中應強調生產標準（如學生成績進步幅度）、生產的特定方法（如對科目的教法）、與生產者的資格（如教師應具備何種學位）等觀念。此外，為使生產科學化，教師應遵守專家所制定的「詳細教學計畫、所應達到的標準、所應用的方法、與所使用的教材」等要求。

學者Callahan（1962）指出此種注重績效的觀念，在兩次世界大戰之間席捲整個教育行政界。所完成的論文（如Cubberly, 1916）也都以教導教師「如何達到最高績效」為主要目的。然而很可惜的，第二次世界大戰前的教育行政理論，卻鮮少受到自然系統模式之「人際關係學派」的影響。當時著名大學的教育學院大都與商業與行為科學院系隔離，在教育行政理論上較少有新思想的引進。基本上，當時教學多停留在由「經驗豐富」的教育局長或校長，說明並傳授其如何衝鋒陷陣的經過。學生學到的也多是零碎的知識，知道要做但卻不知所以然。此種現象在所發表的論文中也可看出，除了少數之外，大多以講述目前問題與意見綜合為主，絕少使用嚴肅的科學研究與實驗設計，結論因而難以採信。正如Miller（1965）所說的：「許多的研究只是回顧過往已做了什麼。實在很難想像有多少的行政經驗被交換，與其中有多少問題曾被嚴肅的研究過。」（p. 545）

直到第二次世界大戰之後，自然系統模式的人際關係學派理論才被引進教育界。教育學會全國訓練實驗中心（National Training Laboratories of the National Education Association）於1947年成立，一些實驗心理學家的理論（如Murray, 1938; Rogers, 1951; Maslow, 1954）也被大量引入（詳見第八章）。教育行政者開始注重學校教師的士氣、非正式團體的組成（詳見第七章）。影響所及，學校紛紛提供職前與在職訓練，使教育行政者能對人際關係的處理更加敏銳，並儘量提供溝通管道使教師能暢所欲言，以造成高度的滿足感。同時，

理性系統模式的古典行政理論以Weber（1947）的「科層理論」爲主，也促使
各學校調整組織體系，力求符合科層理論以達到最大績效。然而，結果證明
並未如所願，因此，一派主張學校爲「鬆散結合」（loosely coupling）的學者
（如Weick, 1976）挺身而起，強調學校治理應以激勵士氣、創造良好組織氣候
爲主，一改傳統「由上而下」或「只要體系健全就必有績效」的觀念。（理性
系統模式與鬆散結合理論，詳見第二章）

自然系統模式認爲學校是一動態組織，並且是團體角色期待與個人人格需
求的交會體。正如相關之社會系統理論主張，治理學校不但要顧及組織結構，
也要瞭解員工需要與人格。此派學者以Getzels and Guba（1957）爲代表，強調
最好的結合乃是團體角色期待與個人需求相互協調；換言之，即是達到「做自
己喜歡的事又可賺錢」的境界（詳見第三章自然系統模式）。

自然系統模式之相關理論如一場風潮，帶給教育行政界極大刺激。各
種研究傾巢而出，進而帶動在領導行爲、決策理論上的探索。例如，Halpin
（1956）所做的領導研究中，發現領導行爲可爲分兩個層面：主動倡導（ini-
tiating structure）與關懷（consideration）。其發現「高倡導高關懷」的領導者
是最爲成功的，此種結論對學校運作有很大啓示。近年來培育校長的方向不再
如以往的只注重專業知識，而兼顧人際關係的瞭解，即是一明證（詳見第九
章）。

在決策理論方面，Gross（1958）利用社會學非量化的方法，研究教育局
長決策的方式與準則。Griffiths（1959）發現校長若只是去設計決策過程，而
非獨霸己見，則較易爲部屬所接受。爲使校長能更瞭解有績效的決策，在訓練
時應多給予其模擬訓練或個案研究。關於合理的決策過程與決策種類，請參閱
第十一章。

除了理性與自然系統模式外，1970年代開放系統模式也造成不小騷動。其
主要論點乃在強調教育系統並非封閉，而是開放的。學校行政者再也不能如以
往坐在辦公室中等經費，而必須外出與環境變項周旋。相關變動包括政府支出
的減少、學生次文化的興起，乃至社會風潮改變等。開放理論強調只有內部協
調是不夠的，學校尚必須視環境而機動變化，才有高績效的產出。此種理論對
1970年代末期的美國高等教育影響很大，曾使得當時財力困難的私立學校度過
難關。關於開放系統模式，請參閱第四章。

進入1990年代，非均衡系統模式的混沌理論與複雜理論，逐漸在教育行政

領域中開始發展（Marion, 2005）。其主要訴求如系統係非線性與非均衡的，改變了以往教育行政者追求「最佳策略」的習慣，而必須針對個別組織的特性設計經營方針。此外，混沌理論也提醒教育行政者對於看似芝麻之小事者，不可掉以輕心。所謂「蝴蝶效應」，即使是微小的起始行為，也可能導致組織的崩潰。關於混沌理論與複雜理論，請參閱第五章。

圖1.3中所顯示的即是理性系統模式、自然系統模式、開放系統模式、非均衡系統模式對教育行政領域影響之時間表，其皆對教育行政的運作有很大影響。四者各有特點，也各有可取之處，但任何一種理論皆非完美無瑕。教育行政者必須將四種模式熟記在心，視情況加以應用，如此才會產生有績效的成品。

以遴選校長為例，若秉持理性系統模式，則獲選者必是照章辦事的「執行家」。其會講究紀律，注重權威，在混亂或新創的學校中可能會送創佳績。另一方面，如果學校派系林立，遴選校長也許要偏向自然系統模式，所找的乃是一位人際關係把持良好的「談判家」。其不但需安撫不同需求的個人，也要在激勵員工聲中完成組織對角色的期待。這位校長不會完全照章行事，有時會利用非正式團體關係私下解決。基本上其需懂得妥協與談判技術，知道如何進退有度。

如果信奉開放系統模式，則所遴選的校長應是能內外環境兼顧、製作有效計畫的人。其必須是對環境變數極為敏感，並能隨機應變的「權變家」。此類人往往在學校遭逢巨變時有所表現，而使學校轉敗為勝。

至於偏向非均衡系統模式的教育機構，其所尋找的負責人往往是「戰略家」。其能針對組織之特質，設計經營之策略，且能在各發生之事件與現象中嗅出組織未來的走向，以避免一時疏忽而造成全盤皆輸的情況產生。

有關以上四種理論模式的應用與彼此之間的異同，將在以下第二、三、四、五章詳細討論。四模式在教育行政上之應用，請見表1.4。

表1.4 四種系統模式的基本主張與在教育行政上之應用

	影響年代	代表理論	對組織之定義	運作策略	在教育行政上之應用	教育行政者之角色
理性系統模式	1900	科學管理學派、科層結構理論	組織是訂有正式目標的理性系統	正式化階層化	應訂有明確目標，成員依其角色執行業務並創造高績效	執行家
自然系統模式	1930	人際關係理論、社會系統理論	組織如同有機體，為一自然系統，有正式與非正式結構	進行雙向溝通，以使個人扮演角色與其需求有所配合	教育人員應有溝通與協調的能力，必要時可循非正式管道處理問題	談判家
開放系統模式	1950	權變理論	組織是一與環境相互依賴與交會的系統	視情境不同以設計適當的權變策略	教育人員應對所處環境有所敏感，並依其變化制定權變策略	權變家
非均衡系統模式	1990	混沌理論	組織是混亂與非均衡的，是一不斷進行重組的有機體	針對組織耗散結構特性設計策略	教育人員應隨時警醒，對於看似細微之小事，也不應加以歧視忽視	戰略家

　　在結束本章之前，仍要提醒讀者，影響教育行政的新理論近年來乃呈現百家爭鳴的局面（Haller & Kleine, 2001）；只是真正應用於實際研究者較少，故未加以詳述。舉其犖犖大者，如Greenfield（1975）所提出的「主觀主義」（subjectivism），主張社會科學的實體乃受制於不同的詮釋與敘述，必有其主觀性而無法達到實證論中所要求的「客觀測量」境界。Hodgkinson（1991）的「人本主義」（humanism）進一步指出，行政管理受到個人價值觀影響甚大，根本不能以自然科學的方法加以分析。最後，Evers and Lakomski（1996, 2000）更主張所謂的「連貫論」（coherentism），認為教育行政領域內並無優勢理論產生之可能，理論之間可以進行比較，並依照需求選擇適當模式，不須耗費時間去發展「主流」理論。以上相關看法，可參考秦夢群、黃貞裕（2001）所著之《教育行政研究方法論》一書，其中探討二十世紀教育行政方法論之典範變遷，分別從邏輯實證論、後實證論、與後現代主義典範之主張加以分析。希望在教育行政領域中再加精進者，可以加以參考，以瞭解發展趨勢。

個案研究 1.1　　　　蘭雅國中手銬案

時間：1994年3月爆發。

地點：位於台北市的蘭雅國中。

性質：資料來源主要為台灣發行之中國時報、聯合報、中央日報、
　　　台灣新生報、自立早報、民眾日報、中時晚報、與自立晚報。

案情：一位學生與行政人員因管教問題起衝突，隨後被校警以手銬銬
　　　住。其班級導師不滿加以抗議，引起各界矚目。

1994年3月11日

　　台北的天氣乍暖還寒，教育公益團體人本教育基金會召開記者
會，揭發北市蘭雅國中一名學生不服管教，竟遭訓導人員用手銬銬
起來加以施打。該名楊姓學生的班級導師黃美月在會中指出，學生有
錯，應秉持教育理念給其自新的機會。但校方訓導處卻堅持記該生兩
大過，使其認為學生的人權已被完全忽視與踐踏，必須挺身而出說出
一切。

　　人本教育基金會則發表六點聲明，主張將學生以手銬銬起來毆
打，無論如何都可稱之為暴行。認為當學生有言語冒犯時，師長必須
以專業素養動之以情或說之以理，絕不可做出侵犯其身體的動粗行
為。記者會中，公布了事件經過，可稱之為「基金會」版，其事件經
過如下：

　　　　元月份的某一個早上，就讀蘭雅國中的楊生因晚起
　　而遲到，於入校門時遭警衛以懷疑藏有香菸而任意搜查
　　其書包，經查無物後，仍遭該警衛以口頭刁難，致使楊
　　生心情不佳。後楊生前往教室（那時為早自習時間），

即見該校生活教育組長楊熾榮拿剪刀剪同班某位同學的頭髮，楊生為免惹起楊組長的注意遂悄然入座，但仍為楊組長發現，指其頭髮不符規定，執剪刀欲剪其髮，楊生抗拒，稱自己回去會剪。但楊仍堅持要剪其髮，楊生脫口罵出三字經，雙方遂起口角。後楊生到訓導處解決。

到訓導處後（當時仍有兩名警衛在訓導處），楊組長向訓導主任黃景生敘述發生的事情，黃聽後走向楊生，不問一句伸手欲抓其衣領，楊生立即以手撥開訓導主任之手，後來雙方發生扭打。訓導主任被踢倒在地，就在那時，兩名警衛與楊組長撲向楊生，將他抓住並押在地上，訓導主任即對他拳打腳踢。混亂中，不知何人以手銬將楊生銬住，押至小房間，由訓導主任繼續施打（該過程許多學生親眼目睹）。

當天事後，訓導處逕令該生家長將其帶回自行管教兩週（直到段考前）。該生黃姓導師聞訊後，即前往訓導處溝通，力爭應給學生一個申訴的機會。然而，訓導處仍揚言將令該生轉學，生教組長並對黃姓導師說：「我們跟這學生沒有師生緣啦！」

後該導師又聽聞學校將記該生兩大過，便一再向輔導主任、春暉個案輔導會議、甚至校長幹旋爭取，希望學校秉持教育理念並尊重人權，給予該生申訴機會。但訓導主任仍堅持記楊生兩支大過並寫保證書，同時要求黃導師也要寫保證書，保證該生不再犯。

3月12日

各大日報均以顯著篇幅報導此次意外事件，其中並有「學生拒絕剪髮，師長嚴行銬打」的聳動標題。北市教育局表示已派員調查該校警是否處置失當，並在接到報告後給予懲戒。該校校長對手銬銬住學生一事表示痛心，並對該班導師黃美月未能與校內人員繼續溝通，而與人本教育基金會聯絡召開記者會感到遺憾，同時對此事帶來的影響感到抱歉。

另一方面，蘭雅國中十餘位三年級導師則聯合向新聞界澄清，表示事實大有出入，他們被抹黑了。根據其陳述，可被視為是「校方版」，基本經過如下：

生教組長楊組長回憶事發當時情況坦承，確有「銬」住學生的過當行為，不過那是當時該學生暴力相向，校警不得已的權宜行為。楊組長說，事發當天上午，楊姓學生在進學校時，因被校警發覺服裝儀容不整，且疑有菸味，被要求檢查書包時，卻有將書包甩在地上的氣憤舉措。

及至楊姓學生進入其就讀的三年十八班時，當時他（楊組長）正為班上一名頭髮檢查不合格的同學修剪頭髮，而楊生先前亦已經被三、四次口頭警告。再見楊生仍未自行改善剪髮時，即準備替楊生修剪，然卻遭到楊生以三字經辱罵，並擺出一副要打架的姿態。楊組長為避免事態擴大，干擾到其他同學的早自習，乃要楊生隨其到訓導處。不料楊生卻將其早餐自背後擲他，未砸中而散了一地。隔壁班的一位導師指出，楊生在隨楊組長至訓導處途中，一路謾罵三字經，並拳打腳踢，踢翻了她班上所擺設的兩盆花。

　　楊組長表示，他將楊生帶到訓導處時，楊生已呈歇斯底里的無法控制狀態，而楊組長在一路被謾罵下，心情自覺也有些激動，因此將楊生交給訓導主任處理，以避免處置不公的情形發生。卻未料到，楊生見了訓導主任，就揮了兩拳，一拳打到訓導主任臉頰上，一拳則被閃過。

　　眼見楊生在訓導處內眾目睽睽的拳打腳踢全武行下，校警及訓導人員只有上前壓制，校警也在混亂中將楊生戴上手銬。楊組長坦承，為楊生銬上手銬是過當的行為，當時也要校警為楊生解開。而打學生的事情卻是絕未有過，此點訓導處多位同仁可以做證。

　　隔壁班級的吳姓女導師則指出，發生事件的十八班在一、二年級時，仍為相當優秀的班級，但是在三年級換導師之後，導師疏於到班上照顧，不但經常早自習看不到，就連升旗典禮時，導師也不在，使得十八班同學在升旗時經常到處走動、聊天，已影響到隔壁班級的紀律及秩序。因此自上學期以來，訓導人員即常主動到十八班協助輔導早自習。

　　吳導師認為，該班目前秩序相當混亂，已陷入無政府狀態，嚴重影響學生的學習情緒，但是該班導師卻不問青紅皂白，以片面之詞抹黑學校，已經對校譽及教師們的士氣造成很大的打擊。她並指出，事發當時，為人本基金會指證的黃導師並不在場，僅憑事後單方面說詞就「挺身揭發」，是相當不公平的事。而當事人則指出，事實上，楊姓學生家長及學生本人事後情緒俱已平復，也正靜待學校處分，昨天也仍正常上學，情緒也非

常好，黃導師將此件事情擴大，搞得全校師生盡知，對
於該名學生並不好。

就在雙方版本不一、互相較勁時，主角楊姓學生即成各方矚目
之焦點。據《自立早報》報導，其表示當天訓導主任並未打他，且現
在日子過得很好，與同學相處也和樂。此事並未讓其學校生活有所改
變，他希望能順利畢業。

3月13日

教育部相關人員表示，北市教育局及蘭雅國中校方公布當事人
楊姓學生的姓名與資料，對未成年學生而言並不適當，並認為學校訓
導人員應以適當態度輔導學生。

市議員多人則對校警以手銬制伏學生一事大為不滿，強烈要求
該校相關人員應負起法律責任。

3月14日

多位律師指出，依據刑事訴訟法，除非警方面對一名現行犯，
否則無權將其銬起來。此外，手銬非經許可，不得訂製、售賣或持
有。校警將學生銬起來，已涉及妨害自由罪，檢察官可主動偵辦；至
於在場參與的校內行政人員，若經查證屬實，可依行政處分來懲處失
職人員。

3月15日

教育部長郭為藩在立法院受到多位立委質詢，連番炮火下，郭
部長表示願以政務官身分，向全國民眾道歉。

此外，自事件發生後，各界反應不一。從各報投書中可明顯看
出分為正反兩方，前者如「給辛勞的訓導人員一點安慰吧」、「學
生力大，校警處理無不妥」；後者如「為了尊嚴，責打學生豈是教

育之道」、「侵犯人權如何春風化雨」等文章。3月17日的《自立早報》，更以「正視校園倫理重建的課題」為社論，希望教育當局以此為鑑，早日進行改革。

4月7日

台北市教育局在冗長討論後，對蘭雅國中手銬事件相關人員做出處分，決議如下：

1. 校警部分：協助該校處理違規學生時，情急之下使用手銬有使用不當之處，但姑念其平時服務認真負責，予以記過一次處分。

2. 訓導主任部分：在遭受學生辱罵、毆打及其態度惡劣的情況下，訓導主任未能使用適當的訓導方法予以處理，而逕予反擊，殊有不當，予以申誡一次處分。

3. 生教組長部分：於記者會中無意透露學生姓名，不符輔導理念，應行文嚴予糾正。

4. 導師部分：事發後未能及時訪視學生瞭解真相，以善盡輔導之責，在校內未充分溝通之際，且還未徵得學生監護人的同意就公開舉行記者會，屬不合宜的教育方式，請學校切實檢討，並列入年終考績參考。

5. 學生部分：態度惡劣、辱罵教師並進而毆打教師，請校方依校規處理。

6. 校長及有關行政人員：對該事件處理過程警覺性不夠，未能再做後續溝通，防患於未然，對重大事件錯過圓滿處理的機會，應嚴予糾正。

人本教育基金會則對以上處置表示遺憾，認為訓導主任毆打被銬後的學生，竟才被記申誡一次，官僚作風令人不恥。該會將繼續努力，以使真相早日公諸於世。在另一方面，部分學校教師則對盡職之訓導人員動則得咎忿忿不平，認為校園將永無寧日。

討論問題 ....

1. 此案之發生引起軒然大波，試從理性典範、自然典範、與批判典範的觀點加以分析，並指出三者的切入點有何差異。
2. 試以理性、自然、開放、與非均衡系統模式分析此案（參閱第二至五章），並指出四者在此案中之著重點有何不同。
3. 就實務的觀點，分析導師黃美月、人本教育基金會、校方、與北市教育局在處理此案上有何利弊得失。如果您是主管行政者，您會如何善後？
4. 此案造成各方看法呈現極端之歧異，同情與譴責銬人手銬的警衛各有其人，此現象所透露出的訊息為何？作為一位教育行政者，可從此案中學習到什麼？

建議活動 ....

1. 觀察校長處理意外事件時的態度，並分析其心態是抱持理性、自然、開放，還是非均衡系統模式，並請敘述理由。
2. 檢視第二次世界大戰後，台灣教育改革與其他先進國家有何不同？其在教育行政上的思潮又有何改變？
3. 從以往相關教育著作與專論中，檢視教育行政新理論的引入年代與時代背景，並分析其所使用的為理性、自然，還是批判典範，其優缺點又何在？
4. 就教育行政的領域，分析何者（如教育評鑑、課程）目前最須改進，並敘述理由。
5. 檢視當今教育行政者所採用的行政模式，其為理性、自然、開放，還是非均衡系統模式，理由何在？

第 2 章

理性系統模式

本章介紹理性系統模式及其相關理論。綜而言之，「確立目標」與「正式化」是理性系統模式主要的訴求，其也對組織正式結構的建立最為關注。本章先簡述古典管理與行政理論代表人物如Taylor、Fayol、Weber、與Simon的學說，接著以教育組織為探討的主體，介紹Meyer and Rowan的制度學派、Lipsky的基層官僚理論、Weick的鬆散結合理論，以及Meyer and Rowan的雙重系統理論，以對理性系統模式在教育行政領域上之應用做一檢視。

第一節 理性系統模式之基本主張

理性系統模式影響教育行政領域的時間最早。遠在二十世紀初，管理學之父Frederick Taylor的經營理念即移植入學校，迫使校長正視有關績效的議題。此外如Max Weber的科層理論，更為現代教育組織結構的奠基者。理性系統模式對於組織的基本訴求，可由March and Simon（1958）的主張看出：

> 組織為彼此交會之人類集合，其是社會中類似合作系統的最大集合體……。組織中高度專門化結構與成員合作機能，與生物學上的個別有機體相比，使其成為一個社會單元的色彩更加彰顯。

上述文字中清楚顯示，理性系統模式將組織定義為是一種人類合作系統的集合體，且對其結構有高度正式化的要求。基本上，理性系統模式所採用的「理性」一詞，與一般哲學的詮釋不同，而採取較為實用的定義，其係指「為達成既定目標的最高績效所採取的合理行動與過程」。在此要注意的是，無論在目標設定與執行兩者上均需合乎理性的要求，否則即不完整。綜而言之，理性系統模式將組織行為視為是有計畫達成既定目標的行動。在過程中，成員必須要各守其分並相互合作。

就理性系統模式的主張來看，其對組織正式結構的建立最為重視，強調確立目標（goal specificity）與組織的正式化（formalization）。目標之確立可決定日後決策的準則，並訂出行動的優先順序。如果搖擺不定，必使得成員進退

失據。當然，目標的制定必須合理可行；在確立後，組織的結構才能成形，並依需求聘用人員、分配資源、與執行成果的評鑑改進。

基本上，理性系統模式堅持目標之確立為組織執行正常運作的必要條件，主張雖然上層目標較為模糊，但下層目標卻必須精確，否則組織必將動盪不安。以學校為例，其基本教育目標往往淪為泛泛之語，敘述如「增進運用語文、數學能力，充實生活所需的知能」，令人看了很難界定其確實涵義。此外，如普通教育與職業教育孰輕孰重、道德教育的內容為何等問題，至今仍未取得共識。然而，學校在日常運作上的下層目標均已有所明定，其中如畢業學分的規定、教師授課時數的安排、各種考試的進行方式等。由於下層目標的確立，學校才能照單運作。想想看，如果一校的學年行事曆都未定出，成員又怎有活動依據，由此可見目標確立的重要性。

目標確立後，理性系統模式則要求將組織正式化，以追求最高的績效。所謂正式化，簡而言之即是制定規章，要求成員分層負責且各適其位。因此，組織結構的設計就極為重要，其影響權力流動與角色期待。當不同背景人格的成員進入組織後，由於正式化的結果，即可按照所扮演角色的分配，理性的進行決策；否則每個人看法不同，若無階層的權力關係，必將造成無政府狀態。組織正式化後，下級服從上級之命令，一切活動例行化（routinize）與規則化（regularize），因此員工可以心無旁鶩的完成工作，其成果自然較有績效。理性系統模式正如Gouldner（1959）所指出的，將組織視為是機械的操作，各部分有其運轉的特性，只要按照手冊（既定之規則）使用，必能有好的成品出現。

組織的正式化可以使事權統一，集中全力朝著目標邁進；支持理性系統模式的理論家多認為此為杜絕人情的最佳策略。此因團體成員朝夕相處，未免礙於情面而因人設事，然而如果將制度建立起來，一切照章處理，所面臨的困擾自然就會減少。此外，組織正式化後，個人可依自我能力與表現按規定依序往上爬升。有了一定的升遷管道後，成員才會甘願為組織賣命，創造最佳的工作成果。

正式化的結果，個人的色彩漸淡，代之而起的是對成員適當扮演角色的要求。在此情況下，個人被組織晉用是其條件符合需求，造成有時天才或深具魅力者不見得會雀屏中選。組織要的是服從而忠心的員工，而不是培養電影明星。因此在某些公司中，晉升經理階層者並非能力最強，而是其符合公司需

求。理性系統模式治理組織如操作機械，成員即為零件，必須配合整體運作，其個別色彩會減至最低。影響所及，忽略成員的感受往往是組織過度正式化所產生的副作用，此也是理性系統模式最為人所批評之處。

第二節 理性系統模式之代表學派

以下即就理性系統模式的相關重要理論加以敘述，由於其成形較早，故也有學者以古典行政理論名之。讀者可以看出雖然主張各有偏重，但其建構重點仍環繞在確立目標與正式化兩者。介紹的理論包括Frederick Taylor的科學管理理論（theory of scientific management）、Henri Fayol的行政理論（administrative theory）、Max Weber的科層理論（theory of bureaucracy）與Herbert Simon的行政行為理論（theory of administrative behavior）。其雖以一般企業與行政組織為探討重點，但對現代教育組織的建立卻有相當大的影響，必須先予簡介，以讓讀者具有相關之先備知識。

一、Taylor的科學管理理論

人是群居的動物，聚集在一起時就會有領袖的產生。而「管理眾人」就是自古以來帝王將相努力研究的課題。從金字塔的建造，乃至古中國帝國的形成，在歷史的空間中往往存在不同的管理哲學。例如，春秋戰國諸家並起，主張管理人民的方式就有所不同：儒家強調「仁民愛物」；道家強調「無為而治」；法家強調「嚴法律民」，在在說明其管理哲學的不同。工業革命後商業大公司興起，雇主與員工之間的關係成為重要研究課題。現代行政學於焉誕生。

從歷史的角度而論，第一個將行政管理系統化與科學化的為美國人Taylor（1903）。在其所出版的《商店管理》（*Shop Management*）一書中，其指出當時的工業生產是極沒有績效的。為彌補此缺點，必須從組織結構化與提高員工動機做起。根據其經驗，Taylor（1911）著作《科學管理原則》（*The Principles of Scientific Management*）一書，正式將管理帶入「科學管理」時期。在

書中，其揭示達到績效生產的六大原則：

1. **時間設定原則**（time study principle）：主張所有的生產活動與項目，應計算其產出時間，並以此來設定工廠中生產的標準程序。如每日的產量，即可依員工人數與工作時數予以確定。

2. **按件計酬原則**（piece-rate principle）：主張員工的薪水應按其產出與成品的品質來決定，生產多且迅速的員工應得到較高薪資。原則上，如果員工有能力，應儘量賦予其最大工作量。

3. **計畫與生產分離原則**（separation of planning from performance principle）：主張管理工作應自生產中分開，單獨負責計畫生產工作，以收全時投入之效。管理工作宜由專人擔任，從研究與資料蒐集中獲得經驗，所使用的工具必須是標準化問卷或科學方法。

4. **科學方法工作原則**（scientific methods of work principle）：主張經理人員的工作在使員工感到工作舒適，並發展出最有績效的方法，使生產量達到最大而成本花費最少。

5. **經理人員控制原則**（managerial control principle）：主張員工是被動的、無主張的，因之經理人員必須控制全局。員工只要照所制定的計畫生產即可，其餘之事則不必過問。

6. **功能管理原則**（functional management principle）：主張將軍隊中兵種分科的制度應用於工業生產中，所以員工也應嚴格依其專長而分類，並固定從事其被分配的工作，不可凡事皆攬。此種生產線的制度，因個人只專注一件事，故可以達到最高績效，也較易達到標準化生產的地步。

　　由以上敘述中，可知Taylor的理論為達到產出最多且投資最少的理想，堅持員工的工作程序必須加以科學化。經由客觀分析後，可以制定出規則與標準，只要照章行事即可創造最高績效。Ward（1964）即舉出一個服膺Taylor理論的鋼鐵工廠運作情況。為能適當的將煤炭與鐵砂加入爐中，工廠首先設計出不同種類的鏟子，以便運送體積相異的原料。此外，由於廠房過大，故在四角之處均有房間儲放鏟子，使員工很快即可得到工具。在各入口的地方，皆張貼廠房的詳細地圖與工作位置；再透過電話線的聯絡，使不同部門的員工可以瞭解整體的步調，避免因某部門的延遲所造成的停工浪費。所有的煉鋼工作均已

標準化，從原料之送入、火候之調節、乃至成品之輸出，完全採取一貫作業的方式。

科學管理學派除Taylor之外，尚有Follett（1941）、Gulick（1948）等大師之主張，基本上均強調系統化、計畫化、績效化、合作化、與標準化等原則。綜而言之，即是主張使用科學原則，將組織混亂的局面理出頭緒。科學管理去除事權不清、各自主政的弊病，使團體的績效達到極大化，對於現代行政管理有極大貢獻。

科學管理學派優點雖不少，但也有重大缺點。最嚴重的乃在將員工當作機器使用，忽略了人性的尊嚴。尤其是生產線的實施，更使員工日復一日的重複動作，其所產生的無聊感可想而知。Taylor雖倡導員工薪資應依其能力而發放，但畢竟以人力賺錢，比起老闆以錢滾錢要慢得多。科學管理學派諸學者凡事談績效，卻鮮少提及員工的權益，所以難脫「壓榨」之嫌。

此外，科學管理學派所主張的多屬「封閉系統」（close system）的範圍，也就是其所討論的只在團體內部打轉，而對團體外的環境因素並不注重。現實社會中，一個團體即使內部再合作、再協調，如受到環境的衝擊（如經濟因素），還是會遭遇經營的困難。科學管理學派未能觸及「開放系統」理論，是其一大缺點（請見第四章的討論）。

科學管理學派的其他缺點，還包括對員工的不信任態度、與以經驗代替正式研究等。其雖號稱為「科學」管理，但主要著作與理論卻多由經營工廠或公司所得的經驗衍生而出，基本上並無嚴謹的實驗設計，所以有時是較主觀的，因之較不能類化運用於其他機關中。因為這些缺點，之後自然系統模式以研究人群關係與非正式組織行為的「人際關係學派」於焉興起（詳見第三章）。

📚 二、Fayol的行政理論

與Taylor在科學管理界齊名的是法國人Fayol（1949）。其出版《普通行政與工業管理》（*General and Industrial Management*）一書中強調管理階層的系統運作，與Taylor注重低層員工的工作方式不同。Fayol認為管理的要素有五，其中包括計畫（planning）、組織（organizing）、命令（commanding）、協調（coordinating）、與控制（controlling）五個部分，合在一起就是POCCC。

利用此觀念，Gulick and Urwick（1937）將之擴展爲計畫（planning）、組織（organizing）、人事管理（staffing）、指導（directing）、協調（coordinating）、報告（reporting）、與預算（budgeting）七項，合起來就是POSDCoRB。Fayol指出管理的十四點原則爲：

1. **專業分工**（division of work）：工人必須依其專長而分成若干工作單位，以使其才能充分發揮。

2. **權威與責任**（authority and responsibility）：員工應依其職位界定所享權力與所負責任。

3. **團體紀律**（group discipline）：組織若想運作平穩，則必須有既定的規章與紀律，使團體成員都能遵守。

4. **命令單一化**（unity of command）：部屬只接受其直屬長官的命令，以收統一的功效，避免不同命令的衝突。

5. **方向單一化**（unity of direction）：團體的運作方向必須只有一個，不可如多頭馬車令員工無所適從。

6. **個人利益在團體利益之下**（subordination of individual interests to general interests）：不可爲一己之私利，而做出違背團體利益之事。

7. **員工報酬合理性**（remuneration of personnel）：員工應依其專長與工作性質獲取報酬。

8. **權力集中**（centralization）：團體爲達事權統一的目的，必須在權力上有所集中。

9. **階梯層級**（scalar chain）：組織內部職位如階梯般的環環相扣，使員工能循序向上爬升。

10. **適當職位**（order）：對於各種需要的職位宜由專人擔任，避免有事無人的狀況出現。

11. **公平原則**（equity）：團體內對於用人、經費之處理，乃至升遷之決定，都應保持公平原則。

12. **工作安定原則**（stability of tenure of personnel）：對於員工的遷調不宜太過頻繁，以避免其在適應上發生問題，或是發生人心惶惶的情況。

13. **主動自發**（initiative）：團體內的員工應該主動創造，並對本身工作產生熱忱，如此團體才會進步。

14.團隊士氣（esprit de corps）：係指團體中產生特定工作氣氛，使員工能藉由集體行動而同心協力創造佳績。

綜合言之，以Fayol為首的行政理論學派，試圖為組織的正式結構找出運作的通則。與Taylor的「由下往上」的發展方向不同，Fayol採用「由上往下」的模式，從宏觀的角度探求使組織理性化的途徑。由其所提出的原則中，可以發現正式化與專業化乃是訴求的主要條件，透過成員彼此間的合作，才能創造出佳績。Fayol由於是法國人，其作品最初並未受到重視，直到後來美國通用汽車公司（General Motors）的兩位負責人Mooney and Reiley（1939）加以介紹並應用於實務上後，才突顯其重要性。雖然Simon（1976）在其著作中認為行政理論的主張失之蕪雜，根本就只是常識（common sense），不符學術簡單化、精確化的標準；但Fayol等人的影響力卻已深入各種組織中，為二十世紀之初的行政理論奠定基礎。

三、Weber的科層理論

近代有關正式組織的理論，多少莫不受到Max Weber（韋伯）的科層結構（hierarchical structure）理論的影響。Weber認為科層組織是治理組織的最佳手段，而二十世紀後所興起的工商乃至教育組織結構，大都應用韋伯的模式。此種團體組織有以下六項特徵：

（一）科層組織的特徵

1. 職位分類分層（hierarchy of offices）：由於組織過於龐大，一個人無法獨撐，因之必須由各種專門技能的人來分層負責，如此才能夠學有專用，而組織中也可提供適當的在職訓練以提升其知識技能。此種制度可使人發揮潛力，而組織也因此能向前改進。

2. 權力階層的存在（specialized tasks）：在此組織內，組織不但被分類分層，且彼此之間也存在嚴格的權力從屬關係。下級職位必須要聽命上級，而上級在規定內也可進行指揮的工作。此種權力階層（hierarchy of authority）的存在目的，在於維持團體內成員之間的互動與合作。

3. **法定責任的訂定**（rules and regulations）：維持權力階層的運作，組織中必須有一套完善的法令來規定權力義務。此套法令也許嚴謹，也許鬆散，但皆對上級與下級之間的關係有所界定，以保持團體內的和諧。

4. **記錄檔案的建立**（files and records）：在組織內一切活動與員工的資料，都經由一定程序予以記錄並建立檔案存底。許多計畫的制定多參考過往資料，以作為未來活動的依據。員工的記錄則作為其升遷、獎懲與支薪的標準。

5. **理性關係的建立**（impersonality）：任何組織內的決定皆基於理性，而不能感情用事。所以在科層結構中，決策過程必須由多人參與，並以法令規章為本，對於各種人情關係應盡量避免。一切只要合乎規定則執行，否則應拒絕。決策者應盡力免除自己的好惡，以做到就事論事的地步。

6. **薪資制度**（salary system）：組織中除少部分半時制（part time）的員工外，其餘皆為全時工作並靠薪資過日的人員。理論上，這些人的工作即為其興趣所在，藉此可以學以致用發揮所長。組織中也常利用薪資升降來評鑑個人表現的優劣。如果有特殊成績則予以特別加薪，此對靠薪資度日的員工而言，無異是實質上的最大鼓勵。

理論上，Weber認為組織具有以上特性者，其績效遠較傳統的或世襲的（patrimonial）的管理方式要高。原因包括：

1. 科層組織的權限（jurisdiction）劃分相當清楚，根據不同部門的職掌，各種行政責任可以明確指定，可收事權合一之效。傳統方式多依領導者的好惡隨機交付任務，難以達到專業的地步，且常有當事故發生卻應變不及的窘況。

2. 科層組織的命令系統條理井然。下級必須接受上級之指揮，但在必要時也有申訴的權利。若以傳統管理之方式，權威之授與多依其對領袖之忠誠度而定，往往造成人治而非法治的管理，令部屬無所適從。

3. 科層組織的法令規章完備，且是穩定而可學習的。成員只要依法行事即可，而所有決定也登載記錄，可供後人查詢參考。此可掃除傳統朝令夕改、目標不確定的弊病。

4. 所有行政資源（包括設備、權力、頭銜等）皆與職位相連，而非為個人

所擁有。換言之,當職位交替之時,所有資源即必須移交,如此可將公私財產加以分明,去除傳統「朕即國家」的弊病,而促使組織更加穩定。

5. 科層組織中的人員聘用,完全根據其專業能力而定。薪資制度可被利用於評鑑其工作績效,績效佳者給予獎勵,使之更加向上。此種方法去除以往「關係取向」的用人方式,只講能力而不論其身世背景,如此才能拔擢真才,一切依法行事。

6. 科層組織中的聘僱制度,使成員願意將其視爲是生涯工作(career job)。在一段試用期後,可藉各種制度的保護(如長聘制度即tenure的設立),免除被任意解僱的恐懼。如此員工才能安心工作,努力付出知識經驗。此種制度可去除傳統依領袖好惡而任意開除員工的弊病,使得力量可以集中於組織的發展。

(二)科層結構中的權威型態

就Weber的理論而言,其認爲科層結構乃是組織的最佳型態。原因在其有周密的法制系統,因而不會隨人事的變遷而有所更動。Weber以權威(authority)的觀念來說明此種看法。其將權威定義爲是一種令人心甘情願接受服從的力量,可以分爲以下三種:

1. **魅力式權威(charismatic authority)**:此種權威的產生,多半爲領導者的人格感召所致。所謂天下豪傑或人中龍鳳,他們都具有吸引群眾的魅力與特質。此類人以宗教家如佛陀、耶穌最爲明顯,信徒因爲心儀其特質而予以追隨。在日常生活中,所謂「精神領袖」也屬於此類。政治團體與商業機構的創辦人,所以能夠自創新局或白手起家,多少也靠此種魅力式的權威。例如,美國1960年當選之甘迺迪總統能夠成爲第一位天主教出身的總統(天主教徒在美國僅占少數),多半也因其年輕有活力的形象所致。此種權威的最大缺點乃在「人在政存,人去政亡」,往往一位具有強烈魅力的領袖逝去,組織多半就面臨瓦解的危險。尤有甚者,繼承者之間因各不相讓,常有權力爭奪的慘烈情況發生,此在獨裁國家的領袖死後,後繼者爭鬥殺伐的例子最爲明顯。

2. **傳統式權威(traditional authority)**:此種權威多半是因血統與世襲

制度而產生。例如，英國君主雖無實權，但卻保有一定的權威。中國的族長也是一例，有時族長並非白髮老翁，而是論輩分所產生的長房年輕人。所謂祖宗家法不可廢，此類權威最大的弊病即在不知隨時代的進步而開放，常常墨守成規不知改進。或許祖宗的時代適合此作法，但現在就不適用了。此在東亞許多家族企業中可以看到這種情況。當組織日漸龐大，但制度卻一成不變，使有才智之人受到家族的限制而不能晉升發揮，造成企業的中落，而未能再創新局。

3. **法定式權威**（legal authority）：這種權威的建立乃在法令的基礎上。例如，民選的公職人員乃至學校的行政者皆因立法的程序，有其一定的權利義務，其手下人員也因之對其指令予以服從。此種權威不講人情，而且並非恆久不變。領導者一旦去職，在理論上就失去法定的權威，而且法令會隨時修訂，權威的大小會有所伸縮。其好處即在於此，不受傳統的束縛，且只要有完備的法令，人去後制度仍舊存在。所以科層結構中所論的權威，主要係指法定的權威。現代團體多朝此方面發展，以避免人情困擾與突然的領袖更換。例如，尼克森總統在1974年因水門案去職，但美國政治運作依舊不受影響，其原因就在於總統所有的只是經人民選舉立法後的權限。當然，科層組織中也存有魅力與傳統式的權威；但比較起來，還是以法定的權威為團體運作的主力。

基本上，Weber認為科層組織與法定權威的最大利益，在於能求得團體的最大效率（efficiency）。職位分類可使學有專長的人各適其位而成專家；不講人情的環境可使成員在做決定時就事論事；法令制度的建立使上級與部屬成為和諧與合作的關係；而薪資制度讓員工生活有所保障，而更願意努力工作爭取加薪機會。凡此種種，都可去除組織內管道不通、只講關係的弊病，而成就最大的績效。此處的績效就商業公司而言，係指花最少的成本，賺最多的錢。就屬於公共財的學校而言，則是在一定預算內，使教師的滿足感與學生的學習成果達到極大值。Weber主張愈接近科層結構的團體，愈能理性處理事情，因之也愈能達到最高績效。

現代的組織多帶有Weber理論色彩，在不同的層面上有相異的科層化程度。然而，Weber的主張是否真如所說的靈驗？科層化又要到何種程度後才能創造最高績效？此些問題為學者所感興趣，並分別研究提出看法與批評。

（三）對於科層組織的評論

基本上，Weber的科層組織是一哲學上的理想模式。Weber在世時曾對其特徵與好處予以說明，但對於可能發生的副作用則很少談及。教育學者經由學校組織運作中，發現科層組織並非是完美無缺的。例如，Hoy and Miskel（2007）曾將科層組織特徵的正反效果予以列出：

1. 在職位分類分層特徵上，固然可使員工適得其所，但在龐大的體系中，卻也產生倦怠感（boredom）。就如同只是生產線上的一點，每日重複同樣動作，久而自然失去興趣。此在基層員工最為嚴重。在學校中，一位使用同樣教材多年的教師，若不自我進修，就很難在教學中得到樂趣。職位分類固可產生專家，但也可能會形成倦怠感。

2. 權力階層的嚴格劃分，可使命令順利下達。部屬在一定法規之下，無條件遵照指示。此制度可避免許多不必要的爭辯，但也會造成溝通管道的阻塞。由於階層分化太過，下屬常不能也不願表達意見，以免受到不利的回報。因之上級所聽到的只是報喜不報憂的消息，表面一片太平，實際問題叢生，皆因於溝通管道不順暢之故。

3. 法令責任的訂定對於組織行事的準則有所規範，使之不致淪為無政府狀態。但演變到後來，主事者將法令視為尚方寶劍，動輒使用阻礙新政策、新計畫的執行，尤有甚者，凡事須經多處關卡，每處皆要蓋章，完全不知變通而稍有彈性。此種將法令當作目的而不是手段的情況，常造成公文旅行、沒人願意負責的惡果。

4. 理性關係建立的目的在避免人情作祟，主事者能秉公處理事情。可是過分理性則造成冷酷，使部屬雖不得不聽令，但卻造成低迷的工作情緒與組織氣候。學校校長若一切理性辦事，毫無人情味，則對某些問題的解決產生後遺症。例如，要求年老體弱的教師一定要參加學校自強體育活動，必會遭致許多議論。

5. 薪資制度使員工安心工作而無後慮。但若制度僵化，評鑑工作不落實，則會造成年資（seniority）比表現成就更為重要的加薪或升級因素。一些表現傑出卻限於制度不能晉升的年輕員工，可能會因而降低工作動機而每日敷衍了事。薪資制度保障好好先生卻也忽略了秀異之士。

此外，Blau（1970）批評Weber理論的另一缺點是忽略了非正式團體（informal group）的存在。組織中非正式團體常與正式制度交流與影響產出。Page（1946）對美國海軍的研究中發現，在許多迫切需要完成的任務中，經由非正式團體的管道，往往要比「公事公辦」要迅速且有績效。否則，執行者會受到許多行政上的挫折。Weber理論中堅持經由科層結構即可順利傳達命令、產生最大成果的說法，在許多組織中並不成立。

學者Stinchcombe（1959）的研究利用美國生產公司作爲樣本，結果發現科層組織諸因素之間並非皆呈現顯著的相關。此與Weber認爲各因素會相輔相成的看法不同（例如，法定規章愈周延，職務分工的程度會愈圓滿）。Stinchcombe並發現，科層結構不過是理性政體（rational administration）中的一種而已。例如，在建築業中，專業能力（professional skills）是運作的主要推動力，而不是以科層結構中職位高低來決定公司的政策（一位低階主管但卻專精建築知識者，很可能其意見會成爲最後的會議決定）。反之，在製造業中，科層結構上對下的控制，就成爲生產的主要控制力量。此因兩種工業的性質不同，建築業重在規劃，必須要有高深的專業知識作後盾；而製造業（尤其是一貫作業的工廠）強調一個命令一個動作，因之下級對上級命令的絕對遵守是非常重要的。兩種組織中運作方法不同，但皆可達到Weber所謂「用理性來決策」的目標。因之Stinchcombe認爲Weber的科層結構，並非是造成組織合理性的唯一方法。

學者Udy（1959）利用150個非工業個體作爲樣本，結果發現與Stinchcombe相似。所有行政運作的變數可分爲兩類：一爲科層有關變數（bureaucratic cluster），一爲理性有關變數（rational cluster）。前者係指組織科層化的程度，如法令訂定是否周延、分工是否精細等；後者則指團體在運作時是否用理性與專業知識來訂定目標與進行決策等。Udy發現以上兩類變數呈負相關狀態，即科層化愈高，合理化愈低。例如，一個科層化極高的公司中，主管即使在知識上已經落伍，仍有最後推翻具有專業知識下屬意見的權力，並強調下對上的絕對服從。在此情況下，自然會對合理性的運作大打折扣。Udy並發現當組織科層化僵硬到某一程度，下屬即會組成非正式團體，試圖與正式組織對抗，而造成團體產出績效的減少。

爲了實際探討組織科層化的程度，Hall（1963）編製了一份62題的問卷，用五分量表（從「總是如此」到「從來沒有」）以對組織科層化的程度予以量化。

從組織成員的回答中，可以看出組織科層化的程度。Mackay（1964）將Hall的問卷稍做修改而成「學校組織問卷」（School Organizational Inventory，簡稱SOI），以適用於學校情境之中。問卷中共分六個部分，包括：

1. **權威分層的嚴密度**（hierarchy of authority scale）：例題：當我做任何事時，必須要先請示校長。
2. **分工精細度**（specialization scale）：例題：教學計畫的設計依科別而分類，每類皆有特定教師負責籌劃工作。
3. **法規條例**（rules scale）：例題：教師經常被有關單位檢查是否違反了學校規定。
4. **作業程序一致性**（procedural specifications scale）：例題：教師做任何事都必須依照所規定的作業程序。
5. **不講人情的程度**（impersonality scale）：例題：不管學生或其家長身分有何不同，當發生問題時，他們皆被平等對待。
6. **專業知識注重的程度**（technical competence scale）：例題：晉升的決定以個人的能力表現爲依歸。

利用SOI，學者（Punch, 1970; Isherwood & Hoy, 1973）試圖對學校科層化的程度加以探討。結果發現六個有關因素可分爲兩組：一組爲權威分層的嚴密度、法規條例、作業程序一致性、不講人情的程度；另一組爲分工精細度、專業知識注重的程度。兩組之間呈互相獨立且負相關的現象。Hoy and Miskel（1978）將第一組因素命名爲科層因素，第二組則爲專業因素。此與前面所提及Udy的研究結果近似。證明在學校中，也非如Weber所論的只有一組科層因素。根據學校科層化與專業化的程度，Hoy and Miskel將之分爲以下四種（見圖2.1）：

	專業因素：高	專業因素：低
科層因素：高	韋伯型	權威型
科層因素：低	專業型	混亂型

圖2.1　以SOI測量所得之學校組織類型

1. **韋伯型**（Weberian，**高科層高專業**）：此種學校在兩組因素上均高，與韋伯理想中的組織極為相近，所以稱之為韋伯型。

2. **權威型**（authoritarian，**高科層低專業**）：此種學校有嚴密的法令規章，權力分配採中央集權式，一切命令由上而下並無妥協餘地，升遷的標準則不論其能力，而以其忠實的程度為標準。此種不講人情的組織，因之可被稱為是權威型，與Gouldner（1954）所說的「懲罰為主」（punishment centered）的組織極為類似。

3. **專業型**（professional，**低科層高專業**）：此種學校的權力分配採分治的方法，即行政者與專業者共同做決策。法令規章與職位分層只是做行事的參考，而非一成不變的定律。決策過程並非只以上位者馬首是瞻，而是注重具有專業知識者的意見，因此較接近「專家政治」的體制。

4. **混亂型**（chaotic，**低科層低專業**）：此種學校不但沒有制度，也不聽從專業人員的意見，因之決策時極為混亂，執行命令也因無準則而毫無績效，基本上呈現混沌未開的局面，因之被稱為混亂型。

（四）科層理論在學校之應用

韋伯曾主張科層結構有六大特徵，而學校的結構表面上也大致符合。其實際運作如下：

1. **職位分類分層**：學校事務繁瑣，校長自難一柱擎天，所以學校職位根據個人的專長而有所分化，其中又以教師的教學最為明顯。在大學中主修數學者擔任數學教師，受過心理輔導訓練者負責輔導工作。此外，如醫務室中的保健人員、總務處中的採購人員，莫不依其專長與職位，分層向校長負責。

2. **權力階層的存在**：學校的職位不但分層，彼此之間的權力也有所規定。例如，台灣教育法規中規定校長的職責是「綜理校務」。若就行政的觀點而言，校長必須領導學校，因之在其下的各處室主任乃至教師，都必須向其負責。在一定法規權責下，校長有其決策的權力，任何人都不能干預。此種分層負責的制度，使校長在表面上擁有一定的權力。

3. **法令責任的訂定**：為維持權力之間的均衡，學校中皆有一套完整的法令來加以因應。除了一般行政外，各有關單位如教務、訓導、輔導、總

務、主計、及人事上皆有所規定。此外，各校還有其單行法，洋洋灑灑鉅細靡遺，形成一套嚴密的教育法令系統。

4. **記錄檔案的建立**：學校中各處室依規定將人事紀錄、開會紀錄、活動紀錄，乃至學生出缺席與成績等加以建立檔案，以備隨時參考。校方可以調閱資料，以作為決定成員升遷、獎懲、與未來改革的參考。

5. **理性關係的建立**：基本上，各學校中皆有類似校務會議的設立，研討校務興革事宜，目的即在希望學校教職員在決定重大事件時，能以理性態度加以討論。其中雖有情緒性的爭辯，但只要是由大多數人決定，也不失為民主精神。校長在處理校務時，目前雖不能完全擺脫人情關說，但因法令的逐漸完備，大部分都能依法行事。

6. **薪資系統**：在學校中工作人員絕大多數依賴薪資過日，依其職位、專長、年資、表現的不同而各有所得。學校中的薪資系統比一般商業公司更加穩定。後者常因試圖激勵員工的生產而定出特例，學校薪資大起大漲的情況較為稀少，往往只是一年跳一級，所得增加不多。

　　理論上，學校符合以上科層組織六種特性，則其領導者（校長）應該擁有一定的權力，但事實上卻非如此。學校組織只在表面上具有Weber科層理論的特性，骨子裡卻不是那回事。造成的原因極多，其中如學校目標多為哲學化的語句，涵義非常模糊，「提高教師教學士氣」即是一例。既未定義教學士氣為何，又未說明評量標準，使執行者很難決定應該投入多少心力來完成目標。此外，各組成群體的獨立性限縮彼此間的溝通機會。即以校長與教師為例，不擔任導師者多半只負責教學；至於應如何教，校長則很少過問，因此根本無法對其有所影響。教師只要一鑽入教室，頓時與外界隔離。此種獨立特性乃是其他科層組織所少有的，具有「鬆散結合」（loosely coupling）的特性。實務上，學校中各組成團體雖有某些程度的結合（如校長透過數月才開一次的校務會議討論提案），但平常接觸卻是很鬆散的，此與私人商業公司層層環扣的情況大異其趣。學校鬆散結合的特性，將在下節中詳細說明。

四、Simon的行政行為理論

　　古典行政學理論的另一位大師爲Herbert Simon，其主要著作《Administrative Behavior》在1947年出版後，一時洛陽紙貴，對於商業公司與行政組織運作產生極大影響。綜論其學說，乃採取邏輯實證論觀點，將行政行爲視爲是一連串理性的運作，其中心乃是決策行爲，首要行動乃在設定目標。其主張組織成員必須「奉獻」給團體，而團體則必須提供適切的「滿足感」，兩者之間必須互相平衡。組織不能一味要求員工奉獻，也不能只提供滿足感而忽視團體產出，因此適當的激勵與引起動機是很重要的。員工滿足感的獲得不只限於物質報酬，尚包括自我實現的可能性與工作滿意度的增加等因素。最佳的決策不僅能獲得高產出，也兼顧到員工的滿足感（Simon, 1947）。

　　與Taylor的主張相比，Simon所採用的理性模式乃採取由上而下（top down），而非由下而上（bottom up）的模式。Taylor所堅持的科學管理方法，運作要點乃集中在如何分工，如何用最短時間與最適當的薪資，使員工達到經濟上的最大生產。換言之，其著眼點多在下層的員工打轉。Simon則不同，其認爲由上而下的設定目標，可以形成「手段——結果」（means-ends）的相互關係，此是使決策過程能夠理性且有績效運作的關鍵。此種設定目標的步驟如下：

　　(1) 首先設立組織的既定目標；(2) 接著去發覺能夠達成以上目標的特定手段；(3) 將以上的個別手段做為新的次目標，然後再發覺另一組手段，以達成各個次目標；如此以下類推。（Simon, 1947, p.63）

　　由Simon（1947）的理論分析，每個組織即有其特定的目標層級（hierarchy of goals）。一般目標在金字塔頂端，其下是爲達此目標的手段，但同時又是下一層級手段的次目標，擁有雙重身分。例如學校的一般目標是使教育均衡發展，不要一切智育掛帥，其下的手段之一即是提供學生更多藝術參與機會（第二層）。此一手段可被視爲是次目標，以產生使其實現的另一組手段，例如，與民間藝術團體結合，邀其到校表演（第三層）。如此層層而下，建立一連串

「手段——結果」關係，最後即可能觸及爭取經費的基本手段。整個學校的決策過程，即依此目標層級運作，如此才符合理性的原則。

理論上，Simon主張目標設定與決策行為必須緊密結合，此因在組織中，個人在面對龐大資訊與多重選擇時，往往眼花撩亂而無法做出理性選擇。因此，既定前提（premises）的設定就極為重要，此就牽涉到目標層級的確立。在既定前提與目標的指引下，個人才能有理性決策的行為。換言之，Simon認為組織中的決策雖為理性過程，但卻是在某種限制下所完成的，此也是March and Simon（1958）所標舉的「有限理性」（bounded rationality）觀念。

除此之外，設定目標的另一功用乃在奠定決策的基本前提。Simon（1947）指出運用這些前提的方式有二：(1)價值判斷（value judgments）；(2)事實判斷（factual judgments）。前者牽涉到個人喜好與團體共識，後者則以現實世界的限制與運作為判斷標準。一般而言，愈接近目標層級的頂端，其牽涉價值判斷的機會就愈大。例如，設定教育的基本目標即是一例，其往往隨著時代浪潮與社會的共識而變遷。以往認為玉不琢不成器，體罰乃教育之必要手段；而與當今大眾認為懲罰不如輔導的觀念大異其趣。此外，新任校長上任所放的三把火，多半與所持之治校哲學有關，其日後之決策模式多半與價值判斷有關。

事實判斷則不同，其以現實狀況為標準，此在基層之行政運作上最為常見。例如，學校有多少錢才能辦多少活動，所謂巧婦難為無米之炊。儘管目標再偉大，若無現實之配合，則無實現之日。Simon認為其與價值判斷的結合，使得組織在決策時有所指引，並提供個人審度各解決方案的標準，如此才能做出理性的決策。

綜而言之，Simon的行政理論建立在組織決策行為之上，為達成理性判斷，目標層級的設立不可或缺。除此之外，為配合各層級目標，組織內的分工（如各部門之建立）與正式化也不可少。員工依據準則辦事，如此才能理性決策。決策之運作可分三階段：(1)情報活動（intelligence activity）：如同軍方檢視所處之環境，蒐集並瞭解決策的背景資訊與急迫性。(2)設計活動（design activity）：依問題性質，思考發展並分析各解決途徑。(3)選擇活動（choice activity）：從已發展的各解決途徑中，依需要挑選最適合者，如此即完成理性的決策行為（詳見決策理論）。在整個過程中，組織除提供目標準則外，還必須搭配相關資訊，以幫助員工決策。此種態度，正如Simon將行政運作界定為

成員合作行為的看法，較為主動且正向。與Taylor強調用工時或環境等物質變數嚴密控制員工不同，Simon採取較溫和手段，以訓練或提供資訊等方法，使員工能夠瞭解組織目標而進行理性決策。在此方面，Simon學說的影響與貢獻相當顯著。

　　從Simon的各著作中，可以看到其對理性決策行為始終鍾愛。千言萬語，始終圍繞著兩個基本理念：(1)深信決策行為是理性的、循序的、邏輯的；(2)決策的各步驟循序漸進，彼此之間具有邏輯性的次序。Simon認為其是使行政理性運作的必要條件，然而，在現實社會中卻非一定如此。許多主修教育行政的博士，在學校熟記理性決策的原則與步驟，一旦執掌學校，卻發現教育組織極為複雜，相關變數互相牽連，絕非循序或單一的模式所能解釋。更令人訝異的是部分教育決策竟是非理性，完全訴諸於主政者的好惡。此種主觀情緒導向的決策絕非Simon的模式所能掌握。此外，各教育組織情況各異，有時獨裁決策模式未必輸給民主討論。此種權變理念的應用（詳見開放系統模式），實為學校行政者決策時無法避免的。綜而言之，Simon的理論對組織之目標設定與決策行為有其獨到之見解。其缺點乃在過度簡化影響組織的變數，以致造成學用不能合一的窘狀。此外，與其他古典行政理論學者（如Taylor、Weber）一樣，Simon的模式主張乃限於封閉系統，對於組織外的環境變數鮮少觸及，進而影響其實用性。

第三節　教育組織之特性與理論

　　古典行政理論的發展多源於商業公司或一般行政機構，其主張是否適用於教育組織，向為教育行政學者關注的課題。針對於此，本節以教育組織結構與特性為主軸，分別敘述相關理論與模式。其中包括制度學派（institutionalism，或稱制度理論，institutional theory）、基層官僚理論（street-level bureaucracy theory）、鬆散結合理論（loosely coupling theory）、與雙重系統理論（dual system theory），藉以檢視理性系統模式相關理論在教育組織中之應用。

 ## 一、制度學派

在公共行政的研究領域中，制度學派有極大之影響力。其主張制度的設計安排，對於形塑組織的集體行動扮演極關鍵之角色。事實上，前述之Weber的科層理論，即已帶有些許制度學派的色彩。相較於科學管理學派，制度學派對於組織建構與變遷有大相逕庭之主張。科學管理學派認為組織活動之形塑，取決於最大利益或績效之獲得（商業公司之組織設計完全以能賺最多錢為依歸）；制度學派則主張組織行為之形成，乃基於社會的感受與價值（Meyer & Rowan, 1977）。換言之，制度學派認為組織變遷之最大動力不在市場、成本效益等「工具性理性」因素，而在於社會之制度規範，其中包括社會價值、習慣、文化與國家所制定之法律規範。制度學派極為重視制度環境對組織之影響，主張只要取得了制度規範正當性，組織即使在運作上沒有績效，也是可以被接受的。Selznick（1949）借用心理學之人格概念，認為組織處理社會需求與決策之模式各有其特點，此種組織人格，可稱之為「制度化」（institutionalization）。

基本上，制度學派對於具有公營色彩之組織（如公立學校）運作，有其獨到之看法。此因許多管理理論（如科學管理學派）之研究主體，大半為對市場供需極為敏感之私人企業。相較之下，公營組織基於各種因素之影響，其市場性之特性較低，運作模式自也有所不同。義務教育階段的中小學，學生來源多半無虞，其行銷自我的意願，自然較一般企業要低。兩者在組織運作基準上自然有所差異。

針對於此，制度學派即將組織變遷視為是試圖獲得合法性（legitimacy）的歷程。合法性主要目標乃在追求所處社會對其行為之肯定，而先決條件乃在組織之運作，能夠配合社會所支持之價值文化與政府規範。制度學派主張組織之核心價值來自過往歷史與人民共識。在此情況下，組織只要符合所處環境之規範與價值，即使資源之使用與運作未達最大績效之要求，依舊可以順利運作無礙，其最大原因即在有合法性之支持。此種現象，Meyer and Rowan（1977）將之稱之為「合理性迷思」（rationalized myths）。

制度學派之主張說明了辦學平庸之學校依舊生存無礙的原因。如以Weber（1947）之科層體制主張，學校之表現績效（如學生之數學與閱讀成績）不盡理想，即應立刻大刀闊斧調整組織結構。但在制度學派學者眼中，只要領導

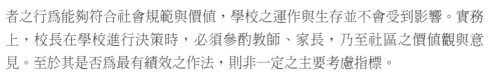

者之行爲能夠符合社會規範與價值，學校之運作與生存並不會受到影響。實務上，校長在學校進行決策時，必須參酌教師、家長，乃至社區之價值觀與意見。至於其是否爲最有績效之作法，則非一定之主要考慮指標。

　　組織取得合法性之來源，包括法規、價值觀、風尙與文化等。有其歷史根源（以前就是如此做），或是民意基礎（現在大眾就是這樣想）。Deephouse（1996）亦指出合法性之來源有二：(1)國家或政府所主導之規範認可（regulatory endorsement）；(2)一般社會所接受之公眾認可（public endorsement）。以法規爲例，學校向來被社會高度期待能夠藉著教育活動，培育才德兼備的學生，以成爲社會進步之原動力。此種歷史共識，藉由各種教育規章的制定，使學校之存在具有合法性。再以風尙爲例，其即爲標準之社會產物。小至穿著，大到制度改革，學校校長之領導作爲實難脫離社會風尙與文化之影響。例如一位女校長在上班時穿著皮衣皮褲，多少會招致社區部分民眾之議論。此外，現在流行建構式教學與e-learning，校長就得努力進行相關器材與活動之引進。此並不保證學校因此而提升績效，重要的乃是其合法性的增強。有趣的是，第一位引進新觀念新作法之校長，其出發點多半是爲了促使學校更具績效。但是，其後追隨者之動機則多在「引進後使學校看起來有績效」。爲何如此，即在追求組織之合法性。

　　合法性之追求，突顯了制度學派力主制度會影響行爲之看法。此與行爲學派之基本主張大不相同。行爲學派認爲行爲會影響制度，並進一步形成制度。制度學派則剛好相反，認爲組織的基本建構會對組織成員之行爲形成框架，並進而塑造組織成員的行爲。例如可視爲早期制度學派學者之Weber，即大力倡導建立一種高結構化與正式化的理想行政組織（即科層體制），並認爲其是對組織成員進行控制、達成目標、與提高生產績效的最佳組織形式。Weber認爲組織成員的行爲必須藉由制度來規範及塑造，基本上屬於制度學派的觀點。相較之下，持批判典範之新馬克斯主義（如Habermas、Adorno等學者），即屬行爲學派的觀點。其認爲組織中權力之操弄，才是形成組織運作之重要因素。如以校長爲例，制度學派認爲制度之合法性決定了校長之領導行爲，新馬克斯主義則檢視學校各團體間競逐權力之過程，深信擁有權力者，才是眞正制度之形塑者。

　　制度學派的另一主要論述，乃在認爲「同型化」（isomorphic）是組織變遷的趨勢。組織同型化係指爲了取得所處環境之合法性（即趨近社會之中心

價值），組織會透過機制，使其與其他組織產生類似（similarity）之歷程。DiMaggio and Powell（1983）主張，促使組織同型化之來源與壓力有以下三者：

1. **強制壓力（coercive pressure）**：主要來自國家司法與政治之期待。其主要之形式為法規之制定與執行，迫使組織不得不從之。Cohen, March, and Olsen（1972）即指出法規乃是社會價值與信仰之法條編撰（codification），也是大眾信仰之法律化。隨著歷史變遷，此種強制力的內容也迭有變更。當組織面對政府期待與法條之規定時，為避免橫生枝節，即必須向其他類似組織靠攏，而產生同型化之現象。以中小學為例，台灣在2006年立法明文規定不得體罰學生，使得管教學生之作法歪變。由於「管教」定義之不清與法院會對體罰之教師判刑，使得各校必須「相互學習」，以產生不致引起爭議之管教環境與作法。何校證明比較沒問題，其他學校即進而抄之。造成本來各校應該有自我特色之管教政策，但翻開一看卻是千篇一律之現象。

2. **模仿壓力（mimicry pressure）**：主要來自同類組織之模仿學習。此因面對未來之不確定性，組織有向具有特定成功或展現優勢之同類靠攏與學習的傾向。一來可避免過度與眾不同，二來可向外界展現追求卓越之決心。例如在不同時代中，高中生即呈現不同穿著與講話方式。其所形成之文化有的來自流行音樂，有的根本就是複製「風雲人物」（校隊選手、啦啦隊長）之翻版。此外，學校校長也常試圖找出其他學校成功之模式，進而模仿引進學校中。Stinchcombe（1965）指出組織結構之變遷，其實是一種「銘印」（imprinting）過程。基於社會期待與價值觀之差異，組織即憑藉此種「文化藍圖」（cultural blueprint）將其反映與印記在結構運作中。

3. **規範壓力（normative pressure）**：主要來自社會機構化與其後所產生令人視為當然（taken-for-granted）之規範。Zucker（1983）指出機構化之結果產生規範，進而形成常理，以定義何者是適當、有意義、與有價值之行為。即以學校為例，為何高中一節課為五十分鐘？為何要穿制服？為何要有畢業旅行？其均為世代流傳大家視為當然之規範。除非所處之社會文化不同，否則同類學校即形成相互學習、彼此大同小異之情況。事實上，校長在領導時，很少質問這些規範背後的理由，而多半會

觀察他校作法以為依據，此種決策難稱是理性的。例如高中畢業舞會之正當性為何？校長如要質疑，多半學生會回答：「歷屆都有辦，其他學校也有辦，本校怎能沒有！」規範壓力使得校長領導將「通情達變」放在第一，至於是否合理，則往往刻意忽略。

　　制度學派的主張，說明了學校的部分特性。合法性之取得，使得績效不彰的學校依舊挺立，但先決條件是必須符合社會價值觀。作為校長，使學校「看起來」有績效比「真的」有績效更為重要。影響所及，由於過度強調制度會塑造及影響組織成員的行為，因此較難發展針對組織淪為機械化的因應之道。此外，同型化之趨勢，使得各類學校之結構大同小異，鮮少有百家爭鳴之盛況出現。理論上，制度學派的焦點乃在組織成員彼此的關係與連結上，而較少關注個別之行為（Ogawa, 2015; Pfeffer, 1997）。以校長為例，瞭解教師在學校中之社會連結（與其他人之互動與同儕如何看他），比自我觀察之意見更形重要。一位教師匠心獨具，利用創新之方法進行教學，深得學生肯定。但如果姿態過高而使其他教師受到威脅，身為校長，查證後明知此教師極為優秀，但在現實環境中是否願意公開給予獎勵，則必須細細思量。

　　根據制度學派之說法，領導行為之主軸乃是對社會實體（social reality）之影響過程。聽起來頗為抽象，且與一般傳統的領導學說（如特質論主張之獨特能力）有所差別。以下即舉此可從實務案例中加以說明。一位校長除了執行例行業務外，還可藉著各種途徑塑造其很有績效之「形象」。要求學校有績效乃是社會之主要價值，但要如何詮釋績效，則端賴校長之本領。首先，校長建構要求績效之標語（如「我們做的到」）。其次，建構績效之指標與作為（如本校參與全縣比賽大獲全勝）。再者，利用符號與儀式具象其作為（當眾頒獎並齊呼口號）。最後，利用多元管道塑造學校具有績效之形象（如在地區報紙或社區大會上暢談學校表現）。此種過程，看在內行人眼裡（教師往往最心知肚明），常覺不以為然。有的校長與上級行政機關交往甚密，頻頻承接計畫拼命表現。活動辦得震天尬響，社區人士紛紛讚揚，但對學生是否有好處（以所付出之時間精力與成果相比），則成一大疑問。然而，校長此舉一來逢迎上級，二來得到社區之肯定，絕對符合制度學派追求合法性之訴求。部分教師抱怨此類未曾帶給學校真正績效的「不適任」校長，居然能安坐其位，實乃忽略了領導者除了技術性能力外，還必須有與社會實體打交道的本領。

綜上所述，制度學派主張組織必須發展出適應社會規範的機制，方能運作無礙。此種看法頗能反應學校機構（尤其是公立學校）運作的現況。此種現象之發生，其中主要原因即在組織產出的難以評量。與一般私人商業機構不同，如何界定學校績效（最重要指標即為學生之學習成就），往往淪為各說各話的窘境。實務上，服膺制度學派的人士認為只要改變制度與規範，學校即會產生一定程度的變革；然而事實上並非如此。如果未在技術層面上有所調整，組織成員往往陽奉陰違而流於表面應付。近年來倡行之學習共同體、翻轉教育等教育改革理念未能在學校充分展現，問題即在過度迷信制度可以改變個人行為，而忽略轉化教師的心智結構與教學理念，最後導致僅能停留在個別學校「表演」的層次而已。制度學派之主張有其精闢之處，但卻不能全盤接收，尤其是在學校這個複雜的組織之中。

二、基層官僚理論

教育機構如學校雖表面具有官僚結構，但與其他組織（如商業公司）比較，其運作方式仍有不同特點。除了高等教育與少數私立學校外，義務教育體制下的教師與行政者必須面對大量不能篩選的顧客（學生），其所提供的服務正如Lipsky（1980）所主張的，係屬於「基層官僚」（street-level bureaucracy）的組織。公立中小學教師與員工站在第一線，提供國家所規定的教育服務，其性質與私營企業截然不同。

基本上，Lipsky定義基層官僚乃是在第一線與群眾接觸，責任主要在分配資源或是伸張公權力的組織。最明顯的例子為警察局、社會福利機構、地區醫院、與公立中小學等。此些機構乃是國家政策的基層執行者，也是成敗的關鍵。儘管立法機構所通過的法律令人眩目或激賞，但在其落實於基層官僚組織實施前，一切仍是空話。以下即以學校為例，說明基層官僚機構員工的運作特點：

1. **基層官僚機構必須面對大量工作負荷，其運作往往與理想相差甚遠**：此種情況屢見不鮮，例如，上級教育官員極力提倡因材施教或有教無類的理念，但落實在學校卻出現窒礙難行的窘境。並非教師不瞭解其重要性，只是在面對大班級與堆積成山的作業時，其實際行為就必須有

所妥協。在環境限制中，教師開始自我決定其運作方針。影響所及，部分學生受到特別青睞，而代價是犧牲其他人的權益。此種不自主的偏好行爲，在常態編班的體制中可見一斑。教師只能選擇中等資質的學生教導，以致上智者覺得太簡單，下愚者則多半聽不懂。然而，面對程度如此差異的學生，教師無奈只能如此。

2. **基層官僚機構對所服務的顧客，基本上沒有選擇的權力**：在日常運作中，轄區發生司法事端，必須由當地警局或法院處理，當事者不能越區上報。學校也是如此，義務教育多半採取學區制，除了少數學生進入私立或另類學校外，多半必須進入指定的學校就讀，其選擇自由極小。同樣的，學校也不能挑選顧客，凡在此學區的學生就必須照單全收。影響所及，雙方在非你情我願下結合，衝突於是產生。顧客埋怨所受待遇低下，違反其作爲公民的基本權利；學校則認爲在資源有限下，必須做適度的調整，既然大家都要有飯吃，就不能要求滿漢全席的對待。

3. **基層官僚體系雖位居底層，但對所服務顧客影響極大**：靠福利金過活的貧戶，若得不到社福機構人員的幫助，可能會有斷炊之虞。學校也是如此，除了家境優裕者可將其子女送往國外或昂貴之私校就讀外，一般家庭小孩的學業成就，往往繫於學區中小學的績效。然而，即使基層官僚地位如此重要，限於環境之考量，基層官僚員工的運作卻採取低標準模式，顧客很難得到滿意的待遇。整個運作乃在維持一個起碼的供應，品質上則很難要求。即使顧客加以抗議，要求達到一定水準，也多半沒有功效。此因雙方的選擇自由皆很小，替代的機構不多或是代價太高，抵制的功效不大，甚而有反效果。例如，家長會委員公然指責學校之不當行爲，多半會使其形象成爲搗蛋者，而禍延其子女（教師可能會暗中報復）。

4. **基層官僚機構雖非掌權者，但因情勢所趨而擁有一定之自主裁量權**：例如教師在教室中面對不同學生，何謂「因材施教」則往往由其決定，當場之隨機應變無法避免。此因上級政策訴求多半只能作爲藍本，實施時則須視情況而定。例如，一位英文教師每年所遇到之班級多有差別，如果只用一套標準化教法，必會漏洞百出。其視學生程度而隨機改變的決定，即是校長或上級很難控制的。影響所及，大眾普遍感到第一線服務者最難纏。其職位雖低，但權力卻很大（教師就是要如此，家長

幾無置喙之餘地）。由於基層官僚機構一再遭人抨擊，顧客試圖透過立法程序或社會壓力，使其運作能夠自動化、標準化、與正式化，以減少基層人員自我主張的機會與權限。然而，其成果往往未如人願。

歸結上述特點，可以清楚看出公辦學校成為基層官僚的走向。義務教育與高等教育之英才教育不同，其量既大則難求品質。在面對素質參差不齊學生時，教師往往發展其特有方式來加以應付。雖然上級並不喜歡，卻也莫可奈何。曾幾何時，多少誘人的教育改革口號劃過天際，然而一旦落入基層官僚體系，卻往往煙消雲散，往往造成各說各話與互推責任的衝突。所謂情勢逼人，要改善學校官僚體系的運作，絕不能深信Weber的理念一定有效。唯有一方面減少顧客數量，一方面利用科技處理龐雜資料的分類蒐集，以節省運作時間，如此才能要求基層教師達到教育目標。一味迷信上級命令並通過嚴密官僚體系即能實踐政策者，往往低估教師自我調適決定的能力。牛津、劍橋人人稱羨，然而，若要其比照基層官僚，服務未經篩選的大量學生，其結果可想而知。

📚 三、鬆散結合理論

按照Weber的古典行政理論，學校組織只要具有科層結構，其產出績效必佳。然而，後來事實證明並非如此。一群教育學者於是在1970年代中期開始進行一連串的研究，以找出為何學校產出與期望不符的原因。結果發現學校組織並非完全具有古典行政理論主張的特質，而存在著所謂「鬆散結合」（loosely coupling）的現象。持有類似觀念的學者如：(1)Cohen, March, and Olsen（1972）的組織無政府理論（organized anarchies theory），強調學校外表結構雖為科層體制，但在運作上都呈無政府狀態；(2)Thompson（1967）的結合理論（coupling theory）發現，學校教師與學校行政者之間的關係屬於聯營模式；(3)Weick（1976）的鬆散結合理論，正式點出學校的組織特性。茲分別敘述如下，以便與古典行政理論做一比較。

（一）組織無政府理論

古典行政理論重視人類團體組成的次序與邏輯，並認為決策過程本身即是

理性行為的高度發揮。為配合此種理論，1960年代後的教育學者發展出許多技術。其中最著名的有成本利益分析（cost-benefit analysis）、目標管理（management by objectives，簡稱MBO）、與計畫預算系統（planning programming budgeting systems，簡稱PPBS）。此類技術最大的特點乃在：(1)對於團體目標的界定極為詳盡，並使其成果可以量化或測量；(2)對於成本與利益做明確的分析，以確定計畫本身的最高績效；(3)理性分析完成目標的步驟與手段，並隨時進行評鑑以確保其績效。

　　然而，上述技術應用在教育上並未發揮預期效果。學者漸漸發覺學校與理想中的古典行政理論組織有所差別，且有逐漸加大的趨勢。Cohen, March, and Olsen（1972）即提出組織無政府理論。認為學校組織不適用古典行政理論的原因有三：

1. **學校的目標常不確定與不清楚**：學校常有類似「改進教學」、「增進士氣」等目標字眼，卻很少明確界定之。何謂「士氣」？如何測量？如何評鑑？此種哲學化的句子常使規劃者難以做精細的執行。測量標準的不統一，更使團體之間因懷疑評鑑不公而衝突不斷。

2. **達成學校目標的方法與科技並未被充分瞭解**：即以教學而論，多年來學校引進多種教學新法，如早期的協同教學、視聽教育，乃至最新的電腦教學、建構式教學，其效用至今仍成為爭辯的熱門話題。教師並不完全瞭解此些教學方法的功能與影響，往往只以己身的有限經驗論斷其得失，導致眾說紛紜，造成許多不必要的混亂。

3. **參與的變動性**：學生去了又來，教師與校長不斷遷調，有小孩入學的家長才關心校務，在在使學校的成員流通性極大，較難維持穩定的局面。

　　基本上，Cohen等人把具有以上三種特性的團體，視為是組織無政府狀態。主張表面上雖有組織，但實際在運作上卻呈現無政府型態。此從其決策過程可以看出。古典行政理論認為決策應是一高度理性且系統化的過程，首先按照需要提出各種方案，然後做成本利益分析並預測可能發生的問題，最後才產生最佳策略。此種方式在無政府狀態的組織中多未被應用；反之，按照Cohen等人（1972）的看法，決策行為只是在裝有一堆鬆散結構意見的垃圾桶中隨便抽取完成，整個程序只是參考過去的經驗，決策者多抱著嘗試錯誤的心理。如

此一來，最後的決策是有了，但大部分的成員卻不知爲何要如此做。

　　實務上，Cohen等人指出此種「垃圾桶決定模式」常發生在目標模糊與團體成員關係鬆散的組織中；很不幸的，學校即是其中之一。經驗所及，在校務會議上，行政者與教師往往各持己見而爭論不休。由於平日極少溝通，校長最後所收到的只是一堆片面而缺乏積極建設的「看法」。衆說紛紜而無計可施下，造成校長僅能根據以往經驗，選取一項自認不致大錯的決策了事。此種方式雖不能視爲高度理性的運用，但在目標不明、鬆散結合的學校組織，卻是校長最常採用的決策方法。

　　一般而言，學校的結構表面上符合理性系統模式所主張之正式化要求，但在決策過程中卻頗富垃圾桶模式的色彩。首先，Cohen等人認爲構成垃圾桶模式有三大要素：(1)一大堆的問題（如學生打架、升學率太差、體育館漏水等）；(2)一大堆的解決方案：由各方人馬提出，但卻未精密的評估（如要提高升學率就提出設獎學金吸引好學生、課後再留校補習、與加強考試技巧等方案）；與(3)流動的參與者：介入與退出的時間不定，視其精力與意願而定（如學校教師參與各種決策會議）。當問題發生而必須解決時（尤其在有期限的情況下），垃圾桶式的決策過程便開始起動。

　　其運作的方式宛如抽獎一般。垃圾桶中有衆多的問題與解決方案，兩者之配對（即決策之動作），端賴當時的參與者爲誰。例如，學校中雖設有各種會議決定重大事項，但教師不是沒興趣，就是沒空參加，結果造成積極參與人士的意見即成爲決策的依據。正如Estler（1988）所指出的，垃圾桶模式是一種試圖解釋不理性決策的理性模式。基本上，在無政府狀態下，學校的真正決策過程極少經由理性的精確分析，卻往往在限期解決前隨著特定參與成員的見解起舞，因此其決策往往令人瞠目結舌。記得一位中學教師曾抱怨說：「我們校長最厲害，每次都訂在學生考試前開會。那時反對他的教師都在趕進度，誰有空參加。最後還不是那幾位特地跑去擁戴的教師做了決定，真是假民主之名行獨裁之實！」如今想來，這校長還真懂得利用垃圾桶模式。

（二）結合理論

　　基本上，Thompson（1967）主張組織中最大問題乃在其不確定性（uncertainty）。因爲此種不確定性，造成組織成員在發展計畫時的困難，同時也可能

發生萬事具備，卻因臨時不確定因素而產生不可行（unworkable）的情況。為克服此種缺失，行政者可依古典行政理論加強上級的決策能力，或給予部屬適度的自由去處理問題。此兩種處理方法各有缺失，但卻無一完美。此在不確定性較大的團體中令行政者難以抉擇，而學校組織即是一例。

歸納之後，Thompson發現團體中各成員結合（coupling）的情況約有三種：(1)互惠式結合（reciprocal coupling）：即各成員來回輪流完成工作。例如病人就診，醫院會先由護士進行基本檢查，再請醫生執行手術，最後再由護士完成善後。基本上，成員間必須緊密配合才能成功完成任務，一個環節有所差錯即會後患無窮。(2)循序式結合（sequential coupling）：係指成員間一個接著一個逐步完成工作。例如在一貫作業的工廠，先由電子工裝置內部線路，再由裝配工安放外殼，最後還需品管人員進行檢查後才能放行。(3)聯營式結合（pooled coupling）：係指成員在工作時共同使用團體資源，但彼此之間卻保持獨立的型態。例如，學校中校長與教師之間的關係即是如此。兩者共同使用校方資源（建築物、經費、設備等），但教師在教學時卻保持獨立型態，與學校行政者甚少接觸。此種情況使得只要有一定資源，縱使教師或校方行政者任何一方不勝其職，學校仍有一定之產出。此與互惠和循序式結合團體中的成員必須要緊密配合，才能有成功之產品情況大相逕庭。

（三）鬆散結合理論

傳統教育學者多視學校組織為典型的科層結構，其中如學校由上而下的金字塔運作型態，與各種法令規章的存在等。然而正如前述，學校成員彼此之間卻保有一定之自主性，與Weber理論中的科層結構有所不同。Weick（1976）針對於此，提出學校乃是「鬆散結合系統」（loosely coupled systems）的理論。他強調學校與一般商業機構的不同：

> 在許多不同的改革計畫下，教育的成果卻呈現紋風不動的型態。經常我們採用一種新的教育計畫，並視之為萬靈藥，但卻發現成果並未顯著進步，與在討論室中的看法大大不同。此發現指出，若將學校運作比之為建造房屋或經營工廠是一大錯誤。此因後者的進步常與其所付出的努力成正比。如果非要為

學校運作找一譬喻，則農業的運作遠比工廠適當。此因農業運作並非無中生有，而須從播種、耕種、除蟲等步驟循序漸進。只要耕種了，其後即使農人棄之不顧，最後多少也有穀物產生。學校也是如此，只要教師與學生在一起，雖然教育局長跑到賭城玩樂，某些教育行動與成果依舊繼續進行而不受影響（p. 543）。

從上段話中，Weick指出學校與一般商業機構不同，即使某些成員擅離職守，最後仍有部分成品產出（雖然品質不能保證）。此與在一貫作業工廠中，一關失職就做不出成品的情況大不相同。造成此種情況的原因，Weick認為學校乃是鬆散結合系統之故。在此系統中，各成員之間雖然彼此相關，但卻保持一定的獨立性與疏離性。此種型態與上述Thompson所稱之聯營式結合頗為相似。例如，學校中的各科教學委員會，在編制上應受校長之監督，但實務上其與校長之關係常是微弱且鬆散的。即使教學委員會之教師成員一年無所事事，部分學生依舊金榜題名，學校依舊有教育之成果出現。歸究其因，就在其高度的獨立性，與學校中各成員鬆散結合的情形所使然。

📚 四、雙重系統理論

鬆散結合理論在教育行政界引起極大震撼，使得學者在論述學校經營上產生巨幅的改變。時至1980年代中期，學者進一步發現單以「鬆散結合」來描述學校特徵並不周延。基本上，學校在教學系統與學生組織上具有鬆散結合的特性，但在非教學之行政系統中卻呈現高度結構化。換言之，學校各部門會因功能不同而使其結合型態相異，雙重系統理論於是興起。其中又以Meyer and Rowan（1983）在舊金山利用188所小學所做的調查最為著名。

基本上，Meyer and Rowan發現學校教學活動確實具有鬆散結合的特性。例如，85%的校長指出其與教師並未做每日之接觸，83%的教師報導其彼此之間也有相同情形。三分之二的教師認為其他教師極少觀察或關心自我之教學。Meyer and Rowan因而做成結論，主張學校中雖表面上具有教學視導功能（如校長與教師在教學上的溝通），但實務上卻很少真正實行。

　　理論上，根據學校相關法令，校長確實可利用其組織權限來影響教學。其中包括：(1)時間的控制：其中如對課表的安排，校長可依法令並參酌己見，決定學校課表的處理。其中包括主科與副科的時間安排、銜接課程，乃至放學後對學生之課後輔導等，均有一定之影響力。(2)對於學生分班的安排：校長可依專業觀點決定學生分配班級的原則，甚至可要求教師因其特殊專長（如特教背景）教導特定班級，而對教學產生重大影響。(3)教學形式：校長可決定是否要在一常態分班的班級中，要求學生依其在不同科目的表現分群上課（例如，各班英文成績較差的學生，統整一起接受補救教學），或是要教師以處理大鍋菜的方式教學，而忽視學生的程度差異。(4)對於資源的控制：例如，對教學用品、儀器，甚至活動經費的控制，進而影響教師教學。一位不鼓勵e化教學（如使用電腦教學平台）功能的校長，即可藉由繁文縟節之規定，使得教師知難而退，而必須採用傳統方法進行教學。

　　以上所提之四種校長權限，多少會對教師教學有所影響；但大體言之，卻多是局部而間接的。其中最大原因，乃在社會對教師教學權威的認定。一位數學教師，往往被認定為學科專家而有權決定如何教學。校長雖有某些權限，但往往受到教師的杯葛而抵消其效力。即以排課一項來論，許多教師常常在各種會議中爭取自我權益，要求全體教師輪調班級，以彰顯公平之原則。所以在Meyer and Rowan所做之舊金山研究中，只有12%的校長認為自己對教師教學有影響力，而只有3%的人指出校長確是教師上課方法與教材的最後決策者。凡此種種，皆證明校長（或是組織本身）對於教師教學的影響極為有限。

　　學校教學部門呈現鬆散結合，但是非教學部門卻與其相反，呈現緊密結合（tightly coupled）情況。其中如薪資的發放、校車的接送、學生的管理（如對出缺席的查核），乃至校園安全的維護，皆必須具有一定之嚴密與系統化控制。換言之，校長對其有絕對影響力。因之，Meyer and Rowan發現88%的校長有絕對權力安排學校人事與財務支出，82%可以決定學校活動的日程表，對其有直接之控制權，此與組織嚴密的商業公司極為相似。

　　總結Meyer and Rowan的研究，學校組織中確實同時存在兩種不同結構：教學部門呈現鬆散結合形式，非教學部門則為緊密結合之情況。雙重系統理論在以往視學校為官僚系統的年代不受重視，當時學者與社會人士多主張改善教學，必須要從嚴格落實校長之教學視導做起。此種想法即是從典型之科層理論推演而出，認為只要使學校結構緊密並加強權威督導，教師必定被迫改變教

學。推行以來，效果並不彰顯，常造成教師虛應文章的情況。此因推行者並不瞭解教學部門的鬆散結合形式，自然無法對症下藥。此外，教學部門向來反對接受行政者之控制，而失去應享的創造力與自由度。試想，如果教師使用標準化之教法來應付不同程度的學生，其後果必不樂觀。就此而論，如想確實改革教學，就必須另謀良策。

現代社會中，教師在專業上之地位雖不比醫師或律師，但在家長心中，也有其一定之專業地位。時代變遷，教師責任更加沈重，所須具備的知識與能力也與日俱增。在此情況下，許多教師更加傾向定位自我為專業者，積極要求擁有適度的自主權，不再如傳統甘願受制於校長。影響所及，兩大系統之間的衝突因而一觸即發。

學校「雙重系統」的特性，使組織中產生「行政官僚」與「教學專家」兩大集團。兩者在知識要求、目標取向、理性決定、與顧客導向等方面，基本上並不對立。然而，官僚集團在辦事上講究依法行政，重視上對下的絕對權力，與對組織的完全服從。反之，專家集團則希望能適度自治，主張自我有能力處理份內業務，因之在做決定時應依團體之共識為準。其認為如果上級之相關專業能力不夠，就不應受其控制，而應有所自主。如果就結合密度來論，行政官僚偏向緊密結合，而教學專家則形成鬆散結合的形勢。

學者Corwin（1965）曾製作一份五分量表來測量一校的官僚與專業取向，發現學校中的衝突，有半數導源於官僚與專家集團的對立。如果學校教師專業化的程度愈高，衝突次數即會增加。造成此情形的原因之一，即是行政者與教師對於「專業」（professionalism）一詞之定義不同。教師常痛恨行政者濫用詞彙，使自己成為黑臉人。例如，校長常說：「專業教師不應浪費時間涉足政治」，或「參加學校所辦的活動是教師的專業責任。」其中藉「專業」一詞要教師服從命令，卻未提及專業團體所應享的自治權力，如此自然造成反彈。教師認為即使有教學責任，也不能凡事聽命，因而積極主張課程安排與教材教法應由教師決定。甚至在大學中的部分人事（如系主任的產生），也應由教授互選。此種專業教學「自治」對抗行政官僚「控制」的情況，有日益惡化的趨勢。

綜而論之，學校雖具有科層組織架構，但因其傳授知識的特殊功能，在教學部門形成鬆散結合的型態。行政者所代表的官僚集團與教師所代表的專業集團，因看法南轅北轍而激烈對立。前者重體制，後者要求適度自治，實務上因

而造成雙方正面衝突。如何兼顧專業知識，同時不致偏離團體運作，即成為教育行政學者苦思之課題。Hall（1972）為此曾提出「雙重權威共治」的主張。其認為與其讓行政者與教師對立，不如像醫院運作般的共治。在醫院中，一組權威體制從院長、護士長、總務長以下、乃至打掃工人，主要負責發布行政命令與維護醫院秩序。另一組權威則是醫師本身，從實習醫師到主治醫師層層相扣，與行政者互相平行，並不受其干擾。此種制度之實施雖非萬全之計（例如，醫師在重大決定上仍必須與行政者討價還價），但多少減低了行政者與醫師之間的衝突。

　　面對鬆散結合的教學部門，運用正式組織中的權威力量往往事倍功半，而且經常招致教師反抗。晚近研究中指出運用間接模式，進而改變團體中的組織文化（organization culture）乃是另一途徑。在以下諸章中，即會論及組織文化與非正式團體（informal groups）。激勵得法則會使教師自動研究發展，創造出適合學生的教學法。此種來自內心深處的驅力，自比外界的壓力要有效得多，而且會免除強迫統一的弊病。

　　從Weick的鬆散結合理論到Meyer and Rowan的雙重系統理論，讓教育領導者瞭解組織中鬆散結合的一面。其多少說明了為何在一定人力資源的投入下，學校成果卻不符所望的疑問。如何平衡學校中兩種不同結合型態團體的權力消長，當是教育學者未來努力的重要課題。

五、教育組織的特性

　　如前所述，理性系統模式重視的乃是組織正式結構（如目標設定、組織正式化、體制科層化等）之建構，並依其特質提出運作策略。組織特性不同，所用之策略自應有所權變。第二次世界大戰之後，教育行政學者每多希望移植企管之理論與做法於教育行政中，最後卻往往成效不彰。推其主要原因，即在教育組織與商業組織有所差異，運作策略絕不能一體適用，否則必有後遺症之產生。

　　本章引用多位學者的理論，從Meyer and Rowan的制度學派、Lipsky的基層官僚理論、Weick的鬆散結合理論、Cohen等人的組織無政府理論，乃至Meyer and Rowan的雙重系統理論。其分從不同角度分析，結果皆顯示教育組織的獨

特性（請參見表2.1）。綜合各家看法並參照實際運作之情況，教育組織（以公立學校為代表）有以下四項結構特性：

1. **勞力密集**：教育組織多半在正式結構上符合科層體制的架構，然其組織卻往往偏向勞力密集。義務教育階段，限於經費與設備，教師必須面對眾多學生與繁複的工作，其內容較之高科技顯然並非極度專業，但卻蕪雜而多變。試想班上數十位學生個個不同，教師處理問題費時費力，鮮少有多餘時間靜下來研究發展。其工作性質為勞力密集且在某些家長眼中並非「能幹」的角色，原因即在政府必須聘僱大量教師，來處理無數個不按牌理出牌的教育問題，教師之專業程度受到質疑。

2. **基層官僚**：教育組織除有勞力密集之特性外，多數義務教育之機構乃屬基層官僚。基於所擔負的任務，國中國小不能挑選顧客，必須照單全收。由於家長需求不一，對於學校要求常有互相矛盾之處（如注重升學與快樂學習之兩派即水火不容），造成行政運作上「順了姑意逆了嫂

表2.1 教育組織特性與對運作之影響

	特性描述	對教育運作之影響
勞力密集	教師工作被認為是高度專業，但每日卻須應付蕪雜繁複的工作，與數量龐大的學生。由於事繁雜，需要大量人力之投入。其中如特殊教育最為明顯。	教師疲於奔命，少有時間研究發展，專業受到質疑。政府限於財力，對於結構之改變（如減低班級人數），多半惠而不實，使勞力密集情況很難在短期內改善。
基層官僚	必須代表政府提供社會基礎服務，但不能挑選顧客與提高收費。因此，所提供之服務只能達到最基本水準。	家長抨擊學校效果不彰，且彼此理念不同，造成學校運作困擾。教師認為沒有足夠經費，無法提供高檔服務。親師之間常有所爭議。
鬆散結合	教師團體要求高度自治，且因工作性質呈現鬆散結合型態，在學校中宛如獨立王國。	與緊密結合之學校行政人員產生對立。雙方對經營看法不同，常因內耗而使學校辦學績效大打折扣。
機構同型化	為了迎合社會中心價值觀而取得合法性，學校透過模仿機制互相學習，而產生彼此相仿之現象。	各個學校結構與運作大同小異，組織成員鮮有創新發明之機會與意願，往往嚴重影響教育組織之質變與改革績效。

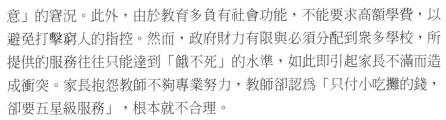

意」的窘況。此外，由於教育多負有社會功能，不能要求高額學費，以避免打擊窮人的指控。然而，政府財力有限與必須分配到眾多學校，所提供的服務往往只能達到「餓不死」的水準，如此即引起家長不滿而造成衝突。家長抱怨教師不夠專業努力，教師卻認為「只付小吃攤的錢，卻要五星級服務」，根本就不合理。

3. **鬆散結合**：基於教學的特性，教師之結合型態即較為鬆散。平日待在教室中上課，授課不同而鮮少與同事交流，影響所及，教師多處於自我之王國中，對於趨勢與政府較不關心。晚近各國教師組織（專業或工會性質）之興起，對於自治的訴求喊得震天尬響，此與要求績效的教育行政人員，在組織運作上的理念自有雲泥之別。教師認為行政干涉專業，行政指控教師一意推諉，兩方之爭執使得教育組織的複雜性更為增加，此與緊密結合的商業組織一個命令一個動作有所不同，成果自然也是大異其趣。

4. **機構同型化**：學校（尤其是公辦之義務教育）為了趨近所處社會之中心價值而取得合法性，即會透過各種模仿機制，而產生與其他組織相仿之情況。此種同型化之現象，使得學校之結構與運作大同小異，成員鮮有創新發明之機會與意願。此種情況除遭到社會之批評外，也使得胸懷鴻鵠之志的校長往往鎩羽而歸。

　　綜上所述，教育組織的結構如此奇特，遂使負責運作的教育行政人員必須瞻前顧後，增加許多困難度。用於一校之成功策略，未必適用於他校。此是教育行政領域研究最難捉摸，卻也令人著迷的地方。

2.1 個案研究　　少年有成的煩惱

　　李臨風是個師範生，服務國中五年後考上某大學教育研究所。畢業後經過鄉親推薦，隻身到台灣西部臨海小鄉鎮的「結南中學」擔任校長。李臨風很得意，自己不過35歲，就在教育行政上嶄露頭角，這在當時1980年代末期還真是少有。雖然太太執意留在台北陪伴兩個兒子讀書，到了週末必須南北兩頭跑，不過此種小別勝新婚的日子還滿愜意的。

　　可是就職不到一個月，他就發現事情不如想像中順利。問題出在教務主任張敬身上。他在學校已做了二十年主任，來自地方顯赫家族且與前任校長相處甚歡。李臨風漸漸發覺其對自己極為輕視，甚而聽到「拿到碩士又有什麼了不起，一個毛頭小伙子而已」的話。李臨風雖很生氣，但也無可奈何。小鎮的民風保守，年輕人口大量外流，留下來的老一輩還存有打罵教育的思想，張敬就是他們支持的對象。此外，部分教師對於李臨風還未過40歲就可以領導學校，也頗有醋意而不以為然。

　　學校的教師大抵可分為老少兩派。前者多屬前朝元老的「安定派」，後者則為剛覓得教職的師範學校年輕學生。兩派看法不同，時常在會議上針鋒相對，其中又以年度考績的評審標準最為激烈。前任校長最重視教師出席率，不論是各種大小會議，即使是請病、事假也要扣點。此外，當時考績的其他評審標準為：(1)學生記過率；(2)教室中的秩序（每節皆由張敬派人查堂，凡學生不是鴉雀無聲，教師就要被扣點）；(3)教室之整潔（每週採取軍事化的檢閱，在白手帕上留下一點灰塵皆不合格）。此三項與教師的出席率各占25%，成績高於平均數者甲等，以下為乙等。

　　歷年來此種評鑑制度都使年輕教師大為光火。其指控張敬在學

生編班時動了手腳，年老教師多分配到好班，把不好學生都丟給他們。此因小鎮好學生大多跑到鄰近大城市就讀，素質好者所剩無多，只能集中在3或4班。所以就犯錯率與記過率，年輕教師班上皆較高。此外，後段班因常遭教務主任的侮辱（如在週會時公開說其「沒有救」），大多自暴自棄而不願好好聽課。年輕女教師管束不住而秩序大亂，考績年年乙等。安定派教師常因要維持教室清潔，竟要學生留校一小時清理，使年輕教師常爲學生叫屈；但自己也不敢太鬆散而得到清潔比賽最後一名。此外，最令年輕教師憤怒的即是出席率的嚴格要求。其指控年老教師多住附近，到校方便但卻常在會議上打瞌睡，自己因新婚或孩子尚小，甚因分隔兩地而須請事假照顧家庭，實在不能達到完全出席的地步。一位年輕女教師甚而認爲，是校方使其空度青春而雲英未嫁。她說：「不能請假，台北就回不去，連放假都待在此地，看來這輩子是完了。」

李臨風的到來，給年輕教師激起了希望。他們不只一次告訴李臨風百分之百支持他，希望能有所改革。李臨風與張敬攤過牌，希望能改變此種考績評鑑制度。張敬卻說：「我是老資格了，此種制度以往大多數教師也贊同，並無不好。父老鄉親也支持我，你要改是你的事，我不會幫你。奉勸你一句話，在此平安做幾年混混年資就調回台北，別爲幾個年輕教師就壞了全局，他們起不了作用的。」

李臨風迷惑了。的確，現在學校運作現況並無大錯，只是，面對在研究所所學的理論，他又不禁汗顏。後段班學生似乎只在等畢業，年輕教師的憤怒與痛苦，使他連挽留請調的優秀者都無法啓齒。但是，正如張敬所說的，年輕教師沒有力量，只好等機會跳槽。而自己呢？張敬雖跋扈，但凡外人來訪，張敬仍尊其爲一校之長。喝酒時地方士紳常誇耀自己的成就，上學期督學評語也不錯，也許真的很快就可以回台北與小孩重聚了。可是年輕教師一張張無奈的面孔卻始終浮現眼底。晚冬夕陽西下，李臨風真覺得心情是剪不斷理還亂了。

討論問題 ....

1. 此案發生在1980年代末期，試以結南中學當時的情況，分析其組織結構特性，並舉出相關事證。

2. 理性系統模式最注重目標確立與正式化，此對本個案的解決是否有效？試分析之。

3. 試從科層體制理論與雙重系統理論，分析結南中學的學校組織特性。

4. 如果你是李臨風，將採取何種對策以解決相關問題？

5. 試以組織衝突的觀點，分析李臨風面臨何種角色衝突（參閱第六章）？

6. 試以Halpin的OCDQ八因素，分析比較結南中學的組織氣候類型（參閱第七章）。

2.2 個案研究

樹倒猢猻散

　　陳慕賢來到培英國中已有十年了。正當人生的壯年，受過完整的師範教育，他有旺盛的企圖心，希望能在教育界闖下一片天地，以實現理想、發揮抱負。

　　然而培英國中卻老態龍鐘，一副「夕陽無限好，只是近黃昏」的樣子。若不是縣立國中，政府支付經費，陳慕賢經常懷疑，這所國中恐怕已經壽終正寢了吧！其實此校也曾有過一段輝煌的歲月。學生在縣內國語文競賽連續四年榮獲團體冠軍，音樂合唱連連奪魁，各項大小比賽為學校捧回不知多少獎盃。此外，升學率更是耀眼亮麗，每當放榜時，校門口必定響起一連串震耳欲聾的鞭炮聲。當時培英國中就像一部超級吸票機，鄰近鄉鎮的優秀學生，紛紛越區投向其懷抱。

　　那一段共同打拼的日子多美好，陳慕賢常不自覺的陷入回憶之中。

　　畢業後，陳慕賢懷著緊張好奇的心情來校報到。屋舍老舊，校地狹小，卻保留著不少綠地，種著老榕、松柏，樹齡都在六、七十年以上，顯然是日據時代的學校改制而成的。

　　開學後，陳慕賢發現蔡校長是一位治學嚴謹且律己甚嚴的人。每天早上七點就來到校園，巡視一圈之後，站在校門口，看著每一個學生與教師進校園。遲到的學生一律在門口罰站，若是教師則親口告誡：「X教師，請您下回早些到校好嗎？」全校180位教師，蔡校長都能準確無誤的叫出名字。上課中，經常不經意地發現校長已在門外站了好一會兒。若是哪位教師上課遲到，晚了十分鐘，蔡校長二話不說進教室，站上講台就開始上課，直到遲到教師姍姍而來，校長才一語不發的離開。

　　偶爾，會在大辦公室裡聽到幾位教師埋怨校長。張教師就常

說：「校長是悶得發慌吧！整天在校園巡來巡去，害我上課挺不自在的。」李教師也常埋怨說：「對呀！校長有一次還告訴我上工藝課應該注意哪些安全事項。這不是在干涉教學嗎？」不修邊幅的呂教師接著講：「小事一樁啦！有一次我正在上課，校長卻跑進教室裡，請我帶著學生把教室打掃乾淨再上課。多糗啊！」類似這樣的抱怨總是陸續傳出。然而，教師似乎也只是抱怨而已，大家常說的一句話是，「校長那麼認真，又很關心我們，嚴一點也就認了吧！」

慢慢地，他觀察出教師中似乎隱隱存在著兩種派系，一派是世居當地的教師，年齡稍長，多在50歲左右，掌握著學校的行政資源，是校務的主控者。另一派則是校長陸續從忠孝鄉調來的鄉親，號稱忠孝幫，年紀較輕，大多未滿40歲，是高中升學率的催生者。他們勤管嚴教，升學績效良好而獲得家長極高的評價，因之其所設之家教班經常爆滿，賺了不少外快，著實令人羨慕。學校就在這微妙的默契平衡中，一年一年的增班，教室也一幢幢的蓋起。

八年輝煌的歲月一晃即逝，蔡校長在任內退休。學校裡隱然浮現一股不安的氣氛。新來的校長尚未上任，就傳出校內人事有所異動。兩派人馬搶得天翻地覆，另一批教師也組成了所謂的「十六兄弟」，準備大顯身手。一場卡位之爭已擺上檯面。

人事終於定案，新校長帶來一位新總務主任。原總務主任奔走了一個暑假，動用了所有人際關係，卻只獲得一個苦差事——訓導主任。原訓導主任轉補校主任，教務主任黯然下台，調任鄰近高中任教，其遺缺則被新組成的十六兄弟以黑馬之姿搶到。

謠言開始蔓延。有人說：「十六兄弟請縣長親自下條子才獲得這位子。」有人說：「校長花了一百萬才調過來，將來要進貢的人可多了。」

依然是一百餘班的超級明星學校，明星教師早出晚歸，學校各項競賽表現出色；只是學生打架次數愈見頻繁，教師們的談笑聲減少，督學來校訪談的次數卻增加了。

新校長似乎是個老實和善的人，早上七點來到校園，巡視一

圈，看到教師陪著學生打掃，逕自點點頭，教師回不回禮也不在乎。每天除了升旗必到，第一節、第五節和最後一節，一定看到他在巡視教室，而他對教師是極為「尊重」的。有的班級教師遲到，沒關係；有的班級學生喧譁吵鬧，無所謂；有的學生跑進跑出，沒看到。

導師辦公室裡幾乎沒見過校長的人影，似乎也沒有人願意和其溝通。有一次，陳慕賢希望能將儲藏室清出來給教師做休閒閱報的場所，結果校長聽到一半竟然轉身離去，留下一臉錯愕的他。

一年過去了，聯考放榜，成果差強人意，學生依然四面八方湧來。但寧靜並不能維持多久，不滿的人終會反彈。開學前又是謠言紛起，說校長的人馬陸續進駐學校，分占各處室的主任、組長，還擔任了幾個明星班的導師。

有人傳言國王人馬已經搶占了最佳位置，下一波被開刀的將是……。有人傳說教務處分班不公，教育資源分配不均。有人傳說學校公然賣人頭，想進超級王牌班，一個5萬；一般明星班2萬；至於送金戒、洋酒的只好屈就次等明星班了。有人傳言本土派、忠孝派已經分別召開兩次圓桌會議，商議如何反彈自救。

開學後，總務主任怒氣沖沖在校務會議上指責教師：「你們的辦公座位都已經排好了，為什麼還要各自在專科教室霸占一張桌子，櫥櫃也不按班級分配，弄到有的教師沒有地方放東西。我希望大家能共同遵守法規。」

教務主任說：「各位教師一定要認真教學來獲得家長信任。至於分班問題，本處一向秉公處理，絕不偏袒任何一方，有的教師教學成效特別優良，我們應該虛心向他學習，而不是造謠說他搶到了好學生。各位教師說話千萬要注意啊！」

訓導主任說：「各位教師，拜託把學生的服裝儀容管好，不要黑鞋白鞋亂穿一通，家長都打電話來罵了。還有，上課中不要放學生出來閒逛，會妨害別班上課。要知道訓導工作人人有責，不要讓我一個人管，太辛苦了。」

校長則說：「散會。大家都餓了，我們中午在合樂海鮮聚餐

吧！」

陳慕賢一如往常上課下課，校園中的風風雨雨他也聽了不少，總認為自己不屬於任何一派，學校的聲譽正隆，就順其自然吧！

然而十月底，忠孝幫超級王牌賈教師在校外的家教班卻被教育局查獲。賈大牌公然在辦公室叫陣：「走著瞧，老子的家教班可以不開，其他的也不要活……。」

辦公室籠罩著一片低氣壓。有人冷眼旁觀，有人跳進去一起攪和，有人急於澄清和本件事情毫無瓜葛。

十一月初，三年六班張教師留校加強輔導學生課業被督學當場查獲，並進一步在他抽屜中查到一本向學生收費的帳冊。

學校開始騷動。有人說這是他校刻意打擊本校。有人說這是十六兄弟和忠孝幫的惡鬥。有人說這是國王的人馬一手操控，想要漁翁得利。有人說這是本地派絕地反攻，想要重掌行政資源。

謠言不曾停止，督學也不曾停止，縣督學、省督學紛紛來校視察，升學班每天玩著捉迷藏的遊戲。最後驚動了教育部，專員親自訪視了幾回，轉下了匿名的檢舉信。信中明列校長辦學不力、公然違法的罪狀：

1. 違反部令，公然實施能力編班。
2. 教學資源分配不均，製造明星教師，形成對立。
3. 縱容教師實施惡補，明知教務主任開設補習班卻不阻止。
4. 假借校慶進行不樂之捐，所得公款私用。
5. 採購教科書強索回扣。
6. 校舍工程弊端叢生。
7. 定期向合作社索取校長公關費用。

接著一個月間，督學、教育部專員連續至校訪視，每次都攜走大批資料，偶爾還陪同政風室、調查局的官員。校長在臨時校務會議中再三澄清自己的清白，並立即決定樂捐款項全數退還學生。教務主任含淚保證沒有開補習班，親戚在裡面的股份也全部退出了，希望教

師不要散播並聽信謠言。

　　會後，教師們一群群各自圍在一起討論。幾位明星班的導師在賈大牌的組合之下放出風聲，要不計成本，耗盡任何代價，把告密的害群之馬揪出來；並且發動所有家長分頭前往校長、局長、縣長室施壓，務必確保能力分班能暗中繼續施行。「不管情況再險惡，我們都不能放棄學生，那是我們最重要的責任。」賈大牌正氣凜然地說。

　　之後，每天數十名家長不停地在校園穿梭，督學、專員、民意代表則來來去去，而教師因故缺課的次數也愈見頻繁。

　　培英國中成為媒體的寵兒，地方版屢次見報，電視台常做追蹤報導。某日全國各大報都刊登了教育部長的談話，部長說：「一定要貫徹常態編班，若有陽奉陰違的國中校長，一律嚴辦。教育部一定不理會民代的壓力，要全力推動此一政策。」

　　教育局也行文培英國中，命令打散能力分組班級，於五日內重新常態編班。校長、教務主任處置失當應予申誡。

　　校長、主任、大牌教師、家長、學生又再度亂成一團。長久以來備受冷落的本土派教師坐在角落裡心中暗笑；忠孝幫的教學主力教師個個暴跳如雷，大聲咒罵；以教務主任為首的十六兄弟則分成數派，伺機而動；校長帶來的人馬則四處放話，責備原校教師把學校搞得一團亂，還連累了校長。這一來又引起全體原校教師反彈，紛紛痛責國王人馬顢頇無能，造成今日學校亂象叢生。剩下幾個月就要聯考了，學校卻浮現以下許多問題：

1. 本來相處融洽的校園，分裂成本土派、忠孝派、十六兄弟、國王人馬，及另外一群獨行俠，彼此互相勾心鬥角，爭名奪利。

2. 和教務主任關係密切的補習班、明星教師的家教班，以及校內的晚間輔導紛紛被查獲，教師皆無心教學。

3. 檢舉信函造成教師彼此猜忌，互不信任，人心惶惶。

4. 教育局下令解散班級，重新編班。明星教師極力反對，而另一群備受冷漠的教師卻暗中叫好。

5. 家長會派出中央級民代向教育部施壓，卻造成反效果，部內專員定期到校訪視。

6. 校長面對任何問題皆不置可否，亦不做任何明確決定。

　　學校真是內憂外患，風雨交加，好似大草原上的一株大樹砰然倒下，樹上猴子四處逃竄。陳慕賢真的憂心，學校是否就此一蹶不振？同事們的恩怨該如何化解？寫檢舉信的教師真是害群之馬嗎？校長無為而治的領導風格對學校將造成多大的傷害？看著校園中活蹦亂跳的孩子，他的心一直往下沉。

討論問題

1. 此案例相當程度反映了台灣在過往二十年的校園權力變遷。試從科層理論與鬆散結合理論的觀點，比較前後兩任校長的領導模式有何差異（參閱第九章）？並列舉其相關事實加以佐證。

2. 說明新校長領導下的組織氣候類型（參閱第七章OCDQ八因素）。

3. 此校非正式組織的成因為何？對學校產生什麼作用？其類型為何（參閱第七章）？

4. 如果你是校長，會採取何種行動收拾殘局？

5. 試以混沌理論的觀點（參閱第五章），分析此校陷入混沌狀態的前因後果與相關特徵。

建議活動

1. 尋找一位特定校長，分析其日常作業表。從統計各項花費時間中，看其是否切實執行韋伯科層理論的主張？是否有分層負責，或是處於無政府狀態？

2. 分析貴校校長在執行業務時，所運用的權力為何？其效用為何？教師的反應又如

何？

3. 選擇一個公認辦學良好的學校，分析其組織型態與成功原因，並比較其與貴校的組織有何不同？

4. 試以Meyer與Rowan的雙重系統理論，檢視其是否適用於台灣教育組織中？

5. 台灣教育組織之行政人員有時會被評估為官僚而成效不彰，試觀察此現象，並檢視Lipsky的基層官僚理論是否可以加以解釋。

第 3 章

自然系統模式

自然系統模式與理性系統模式不同,將組織視爲是有機體,具有自然運作的特性;其中除有正式的規範外,也存在著非正式的結構。本章先就兩者之異同加以比較,並藉此突顯自然系統模式的主張。接著介紹相關的重要理論,其中包括Mayo等人的人際關係理論、Barnard的合作系統理論、Parsons的社會系統模式,與Leavitt的社會科技系統理論。之後則敘述在教育行政領域最常被引用的社會系統理論,其由Getzels and Guba所提出,其中包括規範、個人、與文化等層面。最後,則以因不同價值觀所形成的各種個人組織行爲作爲敘述要點。

第一節 自然與理性系統模式之比較

在理性系統模式中,我們所關心的是如何建構一種科層體系,並以其爲發布命令的管道。就像玩象棋一樣,在上者配合組織的目標,以理性的態度來移動棋子,盼望就此獲得最大的利益。在此理論下,個人都變成棋子,接受命令後毫不遲疑的去行動。然而在日常生活中,許多組織的運作並不如上述般的簡單,卻很像是民主、官僚、獨裁等制度的混合體。陳之藩(1986)在其著作《劍河倒影》中曾提到:

> 世界上多數的大學總是這樣的體制:大學分多少學院,然後每個學院又分多少學系。好像一個塔似的,可以把大學組織畫成一張掛圖,懸在會客室裡。但在牛津或劍橋你絕找不出這樣一張掛圖來。學院與學系可以說全不相干,更談不到隸屬了。再深入一層看,學院有學院離奇的規定;學系有學系古怪的規定。比如說,一個學生要在學院住多少夜,晚歸可以跳牆,但不歸則是不能通融的。學生不許走草地,草地只能由院士走。這能說不離奇嗎?……我也曾問過好些人,這究竟爲什麼?答覆總是一致的:傳統。在幾百年的傳統下,草長得特別細、特別綠,在幾百年的傳統下,人才出得這麼好、這麼多。這種答案與不答也差不太多(p. 57)。

如果從理性系統模式來分析上述引文中的劍橋、牛津，似乎用不上任何力氣。兩者在組織上的散漫是有目共睹的，甚至可說是沒有一個完整的正式體系。尤其令持理性系統模式理論者所不解的，在此高唱民主的時代，學生竟會「非理性」的去遵從傳統不踏草地的規定。然而就如陳之藩所說的，幾百年以來，牛津、劍橋培養出來的人才多如繁星。原因何在呢？如果用理性系統模式來探討，似乎得不到一個滿意的答案。

　　自然系統模式卻不同，其注重的是一群具有多樣性格的個體，如何在試圖完成團體目標的過程中，彼此交會所產生的行為。大致說來，理性系統模式探討的是組織的骨肉，自然系統模式則強調穿梭其間的靈魂。骨肉可以看得到，靈魂則難以捉摸，只能由個體行為中觀察。正如Roethlisberger and Dickson（1939）所指出的：「許多組織成員的交會行為，無法以正式組織的運作來表示。……我們經常認為組織行為以公司的組織圖就足以反應，實際上卻絕無可能。」（p. 559）

　　在方法論上，理性系統模式與自然系統模式也有所不同。前者偏向理性典範，後者則為自然典範。簡言之，理性系統模式的主張諸如層級分明之體系、法令規章的完備、與團體目標的確立，均是基於理性的基礎，探討有效率與效能的組織「應該」（ought to）如何建立。與之相較，自然系統模式把組織視為是一「自然」運作系統，強調在正式組織理性運作的同時，各種非正式、非計畫的事件，也會層出不窮的伴隨發生。這些事件往往與成員的信仰和組織有關。在自然系統的理念下，Scott（1987）將組織定義為是一機動系統（organic system），其成員為了組織的生存而產生強大動力。為達此目的，「非正式結構與特定文化的發展，即成為重要的手段。」（p. 22）

　　由以上Scott的理念中，可看出自然系統模式下的研究，強調組織的「實際」運作（the way organizations do function），而不僅止於「應該」的層次。實務上，正式與非正式組織運作相輔相成且同時進行。因此，組織並非理性系統模式所認為僅是科層體制「機械式」（mechanistic）的運作，而是人與環境交會的機動式行為組合。為了能一窺全貌，理性系統模式所忽視的非正式團體與組織文化，皆應納入研究。雖然有時其觀察極為困難（因其牽涉到基本信仰與價值觀），但卻不能忽視其影響力。

　　自然系統模式的另一特點，是主張組織係由各種社會系統（social system）所組成，且各有其訴求與想法。表面上，正式組織的領導人擁有權威，

可以決定組織的走向，然而實質上卻往往受到各社會系統的牽絆。例如，校長在做決定時，多半要考慮家長會與教師會的意見，否則就會造成其暗中抵制的後果。持理性系統模式理論的人往往注重體制之完備，卻驚訝於成效之不成比例。正式組織之完備並不保證一定成功，此因成員除了理性之外尚具有感性。一味強調理性，而忽略其基本價值觀與信仰，運作上必定產生出人意料的結果。

實務上，教育行政者多有「高位者不見得掌有實權」的經驗。表面上校長下達指令，但背後卻可能是受到某些社會系統壓力所致。換言之，組織中許多行為的發生乃植基於社會交換（social exchange）的基礎上。其發生並非是純理性，其間或有情緒上的考量；但多半希望在社會系統中取得一個平衡點。例如，一位同情校長的教師，卻為了取得所處團體成員的認同，而必須做出共同抵制的行動，即是社會交換的表現。

理性系統模式理論的支持者多半認為物質環境的改進（如加薪資），會使成員更加努力工作。此種想法後來證明並非完全正確，尤其是在薪資制度與升遷管道僵化的組織中。即以公立學校為例，東亞地區國家對教師的薪資多半以年資為標準，做得愈久領得愈多。影響所及，薪資等物質因素，對員工表現的激勵程度遠較私人企業為小。美國的教師薪資制度各州不同，但多經集體協商（collective bargaining）的程序決定，以使表現較佳者獲得較多的加薪。雖然已較有彈性，但Lortie（1975）仍在調查後指出，非物質的因素如榮譽、獲得肯定、給予支援等，皆是教師進行社會交換的「財貨」（goods）。換言之，當其付出心血勞力之同時，也希望學校給予回報。如果雙方未能找到彼此滿意的平衡點，則衝突、不滿、甚至抵制的行為即會出現。

社會系統的存在，也使得成員不能死板的按照規章行事。每個組織皆有其不同文化與不成文規定，絕非理性系統模式之認為只要體制建立，其餘問題皆能依法行事。Blau（1963）對於16個檢警單位進行研究，發現社會交換的理念，對成員行為影響甚大。例如，尋求上級或同僚之幫助，必須適可而止，否則會被認為是無能或是欠下太多人情。當以上情況發生後，個人在社會系統中的地位即會改變。簡言之，每人手上都握有籌碼，絕不能輕易完全用盡。儘管同事聲稱有問題時願意全力協助，但凡事請教，則會被認為是缺乏專業素養。如何調配得當，往往必須視所處之社會系統而定，並無絕對標準。

綜而言之，自然系統模式強調成員在社會交換過程中所產生的行為特質，

偏重人與環境的交會關係。這些關係有些並非是正式或是理性的，但卻是組織運作不可或缺的一部分。習慣理性系統模式的行政者，每談改革均強調權威之建立與規章之完備，好似只要上面下令，就有圓滿結局。自然系統模式將組織視為是一「自然」運作實體，正式與非正式組織的成員行為兼備，強調社會交換的理論，其出現不啻為教育行政研究開創新的方向。以往動輒下令，卻不見成果的教育行政者，不如就自然系統模式的觀點來闡釋分析個中原由何在，必能發現一片新天地。

　　以下即就理性系統模式與自然系統模式在假設上之不同，加以摘要敘述：

1. **職位分類分層的看法**：理性系統模式認為組織是由不同階層的職位與工作所組成，成員可以在工作上輪調，只要其具有所需的技能。自然系統模式則認為組織是由不同的社會系統所組成，成員常常在組織之外活動，且具有特殊的社會與心理特徵，所以即使具備所需的技能，也並非代表輪調制度絕對可行。

2. **權力結構**：理性系統模式假設權力集中在上位者，且職位高者天經地義就應管束低者。自然系統模式則認為權力是分散在各社會系統中，因之有時下級會有領導上級的情況發生。

3. **工作哲學**：理性系統模式認為組織目標是既定而不可動搖的，生產的控制在於嚴密的規章制度，基本上乃假設個人是不喜工作而須嚴加督導的。自然系統模式則主張目標雖已由上級訂定，但常會與組織內非正式團體所設定的不同，因而導致個人行為的多樣性。生產的控制首在使個人達到滿足感，所以如果有些人不喜愛其工作，並非導因於其天性，而是後天人格與角色不配合之故。

4. **溝通管道**：理性系統模式認為團體內之溝通管道必須依階層而設立；基本上若發生衝突則為不正常運作之表徵，宜立即消除之。自然系統模式的溝通管道除正式設定外，尚包括組織內各社會系統的非正式交涉，因此衝突產生為極正常之事，具有建設性的貢獻，不宜輕忽之。

5. **工作動機**：理性系統模式認為個人工作動機主要是為經濟上的需求；自然系統模式則主張除了金錢因素外，尚包括其他的滿足。例如，自我實現或社會歸屬感都是造成個人努力工作的原因。

　　從以上兩者假設之不同，多少可看出理性系統模式行政理論偏向正式組織

之架構；而自然系統模式行政理論則兼顧非正式團體的運作。在處理學校日常行政，校長必須要對兩種理論熟悉後才能眞正瞭解問題，以免犯了以偏概全的毛病。

第二節 自然系統模式之代表理論

有關自然系統模式的學說甚多，雖然彼此之理念稍有差異，但其對組織中成員所組成社會系統的運作與影響力則有共識。以下就其中四個重要學說加以敘述，其中包括：Mayo等人的人際關係理論（human relations theory）、Barnard的合作系統理論（cooperative system theory）、Parsons的社會系統模式（social system model）、與Leavitt的社會科技理論（sociotechnical theory）。

一、人際關係理論

人際關係理論的主要代表人物爲Dickson, Mayo, and Roethlisberger，三人也是「霍桑研究」的主導者。實驗之初，如同理性系統模式的科學管理學派，認爲個人的生產數量可被理性的計算，並藉著物質因素的改善（如調整工作時間或環境的舒適），而達到最高的效率。霍桑研究係以求得工廠最佳照明度開始，當時想法是照明度的改善，可以促進生產，結果果眞如此。然而當實驗組之燈光回歸原狀時，員工表現依舊不輟。經深入訪談員工後，即發現所謂的「霍桑效果」（Hawthorne effect），也就是員工深覺被重視而激發其生產力，並非是照明改善的緣故。

以上發現與當時盛行之科學管理學派的主張不同，顯示造成產量上升完全是「心理因素」而非物質條件的改善。女工因被選爲受試者而感覺受到重視，此種精神上的報償，使她們因而爲「榮譽」而努力不懈。另一個原因是女工朝夕相處，從接觸中瞭解對方，進而產生團隊榮譽心與精神，此與以往在工廠中各司其職而保持冷漠關係的情況不同。

霍桑實驗的結果，推翻了科學管理學派所謂「用金錢與嚴格分工制度，就能提高產量」的主張。強調對工人尊重與聽取其意見，更能使生產有效率。

Mayo（1933）更創所謂的「社會平衡說」（social equilibrium），對非正式團體（informal group）進行研究。認為在小群體中若各成員協同一志（即取得意念上的平衡），即使外界環境一再改變，仍舊能維持其產量與效率。此種社會平衡是各成員間的「默契」，並非是正式理性系統模式中所可規定強求的。因此對各非正式團體組成的原因、種類及組織的影響方式，都應特別注重。

與霍桑研究有異曲同工的效果者為1939年之「銀行配線房」（bank wiring room）實驗。研究者試圖以提高工資的手段，增強員工的生產量。結果卻大出意料之外。實驗組的員工無一突出，皆圍繞著團體平均產量之上下而運作。換句話說，成員寧願放棄加薪的誘惑，而謹守於團體的共識（不要做得太好，以免廠方將來提高標準）。這已不是古典學派的純粹經濟交易產物（一手交錢，一手交貨），而是具有多種價值觀與人格的複雜行為。實驗證明物質環境之改善雖有一定之激勵程度，但並非唯一決定產量的因素。

霍桑研究與銀行配線房的實驗皆確立了非正式團體的力量。個人在組織中，除了扮演正式組織所要求的正式角色外，還必須依其感覺、利益、喜好，加入不同的社會團體（往往為非正式的組成）。因此，組織成員之行為多半不僅是其單獨的表現，而必須依其所處的社會團體共識，作為行事之標準。在許多情況下，團體之力量遠勝於個人，銀行配線房實驗即是一例證。在實驗中，成員若太強或太弱，皆會受到所處非正式團體的壓力，而其團體領袖的影響力，證明遠比正式組織之上級（監工）要大得多。關於非正式團體與組織文化的形成與特徵，請詳見第七章。

人際關係理論的最大特點，乃在由社會與心理的角度來分析個人之組織行為。其強調成員與所處社會團體的交互行為論點，影響以後之研究甚大，尤其是在領導行為與員工心理方面。既然個人為複雜的個體，就必須視其生理與心理需求，發展出適當的機制以激勵其生產。領導行為不僅止於發號施令或是維持科層體制的運作，尚必須與員工建立良好的關係。例如，Stogdill and Coons（1957）即用LBDQ問卷，發現在倡導（initiating structure）與關懷（consideration）兩層面上皆得高分的領導形式最佳。前者為領導者有組織、有效率的安排員工運作之能力，後者則指上級與員工相互信任與尊敬的程度。除此之外，White and Lippitt（1953）的研究也指出民主式（democratic）的領導方式下，員工成就遠比在無政府（laissez-faire）與獨裁（authoritarian）的方式下要高，證明了一意放縱或高壓皆非良策，唯有正式與非正式組織運作雙管齊下，才能

獲致優良戰果。至於到底應採工作導向（偏向正式組織），還是關係導向（偏向非正式組織），Fiedler（1971）認為應視情況而定，也就是採用權變的觀念，詳見教育領導理論（第九章）。

在員工背景的研究方面，Cartwright（1965）指出領導者必須參酌下屬的動機與需求，來決定行政運作的形式。Dalton（1950）更進一步發現員工的文化背景，對其角色扮演頗具影響力。為了使員工的心理與人格層面和組織的要求配合，領導者被鼓勵接受相關的訓練（如敏感性訓練，sensitivity training），以增進其與下屬的人際關係（Blake & Mouton, 1964）。另一方面，成員參與決策的重要性也被強調，學者如Lewin（1948）發現適度的允許下屬參與，會使其工作動機與承諾增強。

人際關係理論給行政學與管理學帶來新的理念，但也遭致無情的批評。其興起之主因，乃在調整科學管理學派視員工為機器、可以理性計算其最大產量的觀念，但矯枉過正的結果，依然不能有效的經營組織。Scott（1987）即指出其不過是另一種主觀且過度簡化的論點而已。Etzioni（1964）認為人際關係理論將組織視為是一個「快樂家庭」，與實際的情況大唱反調。其實組織中充滿了鬥爭與衝突，個人的不滿並不能完全歸罪於對其照顧之疏忽。過度強調員工的心理需求與動機，與視其如冰冷的機器同為一線之兩極端，往往失之於狹隘。

此外，某些實證研究結果，也否定了人際關係理論之訴求。例如，Schwab and Cummings（1970）發現成員的工作滿意度與其產量並無顯著相關。有趣的是，Porter and Lawler（1968）認為是員工的高工作表現使其產生滿足感，而非是後者影響前者；主張滿足感是一種結果，而非是人際關係學派認為的導引因素。就此而論，組織領導人應先促進其生產，然後滿足感就會出現。就像一個球隊，平日受盡教練的斥責與不斷的重複練習，但在獲勝那一刻，所有不滿均會一掃而空。

綜而言之，人際關係學派雖有缺點，但其影響力卻不可忽視。人際關係學派以社會與心理的角度出發，使員工的感覺與動機開始被重視，並激發組織之相關「個人」層面的研究（領導、士氣、滿足感、非正式團體、組織文化等），此皆是人際關係學派的重要貢獻。

# 二、合作系統理論

　　理性系統理論將其重心放在組織目標的確立與正式化上，自然系統理論的人際關係學派則強調個人的需求；而Barnard的合作系統理論試圖結合兩者，主張團體期望與個人需求彼此間獲得平衡才能締造佳績。Barnard並非學者，其主張多半來自任職電話公司總裁的行政經驗。不過由於地利之便，Barnard與當時任教哈佛大學的學者Mayo 及 Roethlisberger交往甚密，因此受到人際關係學派理論的影響，並將之與當時盛行的Taylor之科學管理學派理論加以綜合而獨創己見。

　　Barnard認為組織權威的產生除了領導者由上而下訂定規章外，尚須有成員由下而上的服從意願；其並非說說即可，而是需要實務上的踐履。藉由溝通管道的成立，執行之成員才能瞭解目標之形成背景而努力達成。Barnard的許多看法與理性系統理論相同，但其同時吸收了自然系統理論的非正式組織、人際關係等理念。Barnard認為唯有在正式組織與非正式組織間建立溝通管道，以使其互相合作後，才能達成最佳的成果。因此，經營者除了關心體制之建立外，也應注意「士氣」（morale）的良窳。基本上，它是成員對組織的看法、忠誠度、與願意奉獻的意願。在Barnard眼中，組織即是一種有目的之「合作系統」，唯有上級與成員藉溝通取得共識後，組織才能百分之百的運作。

　　Barnard（1938）所出版的《行政人員的功用》（*The Functions of Executive*）一書，對後世影響頗鉅。其主要的主張如下：

1. 組織是由互動的成員所形成。成員間必須要有共同目標（不論是物質或心理上的），與貢獻己力的動機才可。因此在表面上可以看到正式組織運作，在私底下也有非正式團體的相互影響。組織的許多問題可藉由後者予以解決。此因非正式組織的結合是自然的、情感的；與正式組織人工的、理性的形成情況並不相同。善用非正式組織，可使團體或成員感到受尊重，進而增進正式組織的運作。

2. 為使團體正式與非正式組織達到協調，「溝通」就成為極重要的工作。此就牽涉到溝通網路的建立，使命令的管道不只從上而下，部屬的心聲也因網路的建立而上達。適當的溝通會使行政者與部屬在目標達成的手段上更為協調，部屬的滿足感也因之較高。

3. 促使員工工作動機的因素除金錢與物質外，尚有心理的滿足感；此包括

受到尊重、下情上達、有自我實現的機會等。一味以金錢誘使，雖可收短暫成效，但就長期而言卻不能持久。此與Maslow（1954）所創的「需求層次論」極為相似，強調人在基本物質條件達成後，所欲追求的乃是更高的心理層次需求，此與科學管理學派迷信物質報酬即能控制員工的看法大相逕庭。

綜合Barnard的學說，主要即在強調組織功能與個人滿意度的互相配合。Barnard曾用effectiveness與efficiency兩字來區別兩者。前者可譯為「效能」，主要指系統或團體產量的精良與利潤的增加；後者則譯為「效率」，主要牽涉到個人工作的滿意度與團體組織氣候的調和。Barnard主張唯有效能與效率皆達到時，團體才能保持長期的進步。犧牲個人的工作滿意度，也許會暫時獲得產量的增加，但效果不會持久。

📚 三、社會系統模式

學者Tallcott Parsons是行政學中功能論（functionalism）的代表人物之一，主張組織的結構（structure）與功能（function）是不可分開的。在其1951年的著作《社會系統》（*The Social System*）一書中，力圖發展出一套分析模式，以能涵蓋大小各種不同組織的特性。其作品極龐大與複雜，並非三言兩語所能表達。以下即就其主要論點加以敘述。

要瞭解Parsons的學說，首先必須瞭解功能論的基本主張。此理論首由社會學大師Comte（孔德）提出，後由Durkheim（涂爾幹）發揚光大，認為社會與個人均為有機體（organic），皆會隨時間而成長或變化。在發展之同時，其內部的結構與功能也隨之重組。每個有機體中皆有其次系統（subsystem），彼此之間相互依存，其中一部分的改變，即發生連鎖效應。功能論基本假定社會是有秩序的，其探討之重點乃在各種不同的社會結構如何形成與結合在一起。

Parsons的理論承續功能論的觀點，強調組織的結構與其功能有決定性的關係。例如，其主張任何一個社會系統，均必須具備以下四種功能（參見表3.1）：

表3.1　Parsons功能結構論之AGIL模式

組織範例	組織特性	組織功能
商業公司	經濟生產導向的組織以求資源與利潤的獲取	適應功能（adaptation）
政府各級機關	達成政治目標導向的組織	達成目標功能（goal attainment）
法院	整合各方意見與特殊利益為導向的組織	整合功能（integration）
教育組織（學校）	保存或傳遞特有文化與價值觀為導向的組織	潛在功能（latency）

1. **適應功能**（adaptation）：社會系統必須視環境之需求，而試圖獲取足夠的資源。
2. **達成目標功能**（goal attainment）：社會系統必須設定，並達成其既定目標。
3. **整合功能**（integration）：社會系統必須在其各次系統（subunit）之間發展合作的關係，以維持組織的團結。
4. **潛在功能**（latency）：社會系統必須創造、保存、傳遞其特有的文化與價值觀，以使其結構能夠維持。

以上四種即為Parsons所主張的AGIL模式（各取四種功能之英文字母開頭）。如果將社會視為是一整體，則其中的不同組織如學校之發展，則可以其功能來區分。例如，商業公司的社會功能即為適應，運作目標在透過商業行為，使社會之資源能夠流通。而學校等教育組織，屬於「潛在」功能。運作目標乃在維持系統的模式，手段則為保存與傳遞其所處社會之特有文化。如果將組織再細分而下，則其各分系統又可依其不同的功能需求（functional requirement）而加以區別。例如，在功能為「達成目標」的組織中（如政府各機關等），Parsons即指出其必須要做四種基本決定，其中包括：

1. **政策決定**（policy decisions）：係指如何設定目標與達成的決定。
2. **分配決定**（allocation decisions）：係指如何分配責任與資源給相關員工的決定。
3. **協調決定**（coordinative decisions）：係指如何激勵員工與整合其貢獻的決定。

4. 支持價值決定（supporting values decisions）：係指如何設定組織價值觀的決定（價值觀使其行政運作合法化與權威化）。

　　如果將以上四種決定加以分析，政策決定傾向Parsons的達成目標功能，分配決定傾向適應功能，協調決定傾向整合功能，支持價值決定則為潛在功能。換言之，在組織中的各分系統也可用AGIL模式，依其功能加以區分。在Parsons的理念中，功能之不同也決定了結構的相異（Parsons的理論也因而被稱為結構功能論），如此也間接解釋了社會變遷的過程（但僅為組織內的靜態變化，與開放理論所主張的動態不同）。此外，既然功能是決定結構的要件，因此其維持乃是系統生存的必要條件，而各功能之間也有其一定的相互依存度。

　　除以功能來橫切面區分組織外，縱切面，Parsons也依其所在位置分組織結構為三部分：(1)技術系統（technical system）：位於組織結構之最下層，為組織「生產」的主要部分（如生產線或教師至教室上課）。(2)經理系統（managerial system）：位居組織中層，功能為協調生產與上級單位之關係，並處理組織內一般行政事務（如學校中教務處，必須協調教師之課程與處理考試事宜）。(3)機構系統（institutional system）：位居組織之最上層，其功能在與所處之社會有所聯繫，以決定系統運作之意義與合法性（如校長為設立特殊才藝的班級，必須與教育主管機關、社區、乃至家長會聯繫，如此其設立目的與合法性才能明確）。

　　綜觀Parsons的學說，其優點乃在對於社會系統之性質與運作，提出一套較完整的看法（僅利用為數有限的抽象理念），在檢視社會系統之功能與結構之關係上頗有貢獻。其理念可應用於大小不等、正式或非正式之組織中，較人際關係理論更進一步。然而Parsons之理論也因其野心太大，變得極為複雜而聱牙難懂，以之做實證研究極為困難。表面上，其理論極為耀眼，但社會系統之特性絕非以其功能即能一筆帶過的。Morse（1961）即批評Parsons之看法，認為即使是一個微小的次系統，其功能也不見得僅只於一項。不過平心而論，Parsons以其一生研究社會系統之特性與運作，其研究之功還是不容忽視的。

四、社會科技系統理論

在觀察商業與一般組織的運作後，Leavitt（1964）提出社會科技系統理論（sociotechnical system theory），將社會系統分爲四個子系統（subsystem），其中包括任務（task）、結構（structure）、科技（technology）與人員（people）。其認爲一個組織所以會存在，目的乃在完成特定任務，例如，學校的任務是任用適當人員以提供知識與道德的培養。爲了完成這些任務，組織就必須發展特定的結構來配合之。結構的不同會使溝通與決策的方式相異。如軍隊與學校因任務不同，所以領導者與下屬即有其特定的關係：前者採絕對權力，後者則較鬆散。然而兩者都有所謂的「科技資源」（technological resources）來輔助其達成任務。科技資源的範圍除包括硬體外（如電腦、實驗器材），也包含一切創新的思想、或特殊的做法等。所以，在學校中教師爲改進教學所做的課程規劃、或行政人員促進決策正確性所做的研究，都可稱爲科技資源。它們配合一群爲團體目標而努力的員工，就形成所謂的社會科技系統。

任務、結構、科技、人員四者，彼此之間呈現高相關的關係。組織中任一子系統的改變，都會使其他子系統變動，以適應新的情況。例如，一所本以升學爲導向的高中，要改變爲職業學校，其任務的轉換必使學校結構大加變動（例如，要新設以往所無的職業類科）。此外，爲配合職業教育的目的，許多科技如工科所須的設備或課程的教法等，都必須增添與改進。最後在人員方面，也必須聘請職業科目教師來執教。所以牽一髮而動全身，任何子系統的改變都具有極大的影響力（見圖3.1）。

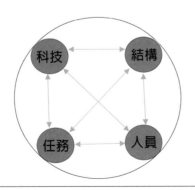

圖3.1　Leavitt的社會科技系統理論

資料來源：修改自 Leavitt（1965: 1155）。

　　基本上，Leavitt理論與其他類似之社會系統理論最大不同點，乃在其對於科技因素的強調。教育為百年大計，學校之任務、結構、甚或人員都有其穩定性。然而科技的進步日新月異，往往帶給各種行業極大衝擊，學校自然也不例外。因之教育的變動與進步常依賴科技的更新而成，其重要性不可忽視。例如，一個學校決定採用電腦教學，也許可使學生在學習上更有效率，然而也會造成某些副作用。其中包括引起傳統教學教師的反抗與電腦不易維修等，其中又以前者最為嚴重。因之目前學校系統的改變雖多由科技因素所引起，但過程中，行政者卻須步步為營，事先預估可能發生的副作用，並謀求應對之道，如此才不會因各方阻撓而中途放棄。

　　運用社會科技系統理論，一個校長首先要瞭解其所處學校的任務（升學或職業導向）、結構（中央集權或分權制）、科技（設備與教學規劃等）、人員（其價值觀、年齡、教育程度等）四個子系統。其次，則要意識到四個子系統彼此之間的交會關係。當學校進入轉變時期時，校長必須能適時調和四者間所產生的牽制作用，避免不必要的副作用。教育變革與創新之路往往漫長而艱辛，其理論與過程將在第十二章詳細討論。

五、各理論在教育行政領域之應用

　　自然系統模式各學派均對1930年代之後的教育行政領域有所影響，其中又以人際關係學派最早。霍桑研究所強調的組織氣候，引起當時的教育學者Lewin的高度注意。他與兩位學生Ronald Lippit and Ralph White即在1938年，於愛阿華大學孩童福利研究中心（Child Welfare Research Station at University of Iowa），進行教師領導型態與學生團體行為的實驗。教師領導方式分為獨裁型（autocratic，要求學生必須依其旨意行事）、放任型（laissez-faire，完全讓學生依其喜好行事）、與民主型（democratic，給予學生機會決定其目標與做法）。其研究結果發現獨裁型的團體，其學生往往產生不滿、侵略、與沒有學習動機的毛病。放任型則因缺乏指導而使團體陷入無政府狀態，學生多無法完成交待之作業，且產生挫折感。

　　與之相較，民主型的領導方式產生高度的學生滿足感。他們顯示獨立與創造力，在團體中也較少產生爭執與糾紛，故成就遠較其他兩種類型為高。此一

發現對傳統官僚之學校體制影響頗大，也堅定民主之方式優於獨裁（希特勒當時聲勢如日中天）。著名教育學者如Dewey（杜威）（1916）均肯定民主式領導的優點，認為給予教師更多的參與權，不但能改變學校體質，也能促進其與行政者間的關係。此種理念一直延續到二次大戰之後。

在戰後的作品中，Yauch（1949）的《Improving Human Relations in School Administration》與Griffith（1956）的《Human Relations in School Administration》兩書最為出名。Yauch指出如同霍桑實驗中的工廠，學校裡也存在著不易察覺的社會系統，且頗具力量，因此他主張教師應參與有關預算、課程、與日常行政運作的決策。在此制度之下，校長與教師站在同等地位上，其主要責任乃在成為一個「協調者」，以使得學校政策能被適當的詮釋與執行。

在另一方面，Griffith的作品則綜合了人際關係學派的理論，認為學校行政者必須在所處之社會系統中，發展出特殊的人際關係技巧，以提高員工的士氣。此因當時教師怠忽職守之情況頗多。Griffith認為此是士氣低落的表徵，因為如果行政者能夠幫助員工達到自我實現，則其士氣必高。如同Yauch，其也主張「協調者」與「推動者」應是學校行政者扮演的角色，其對所處系統中員工的需求應有高度之敏感，如此才能使整個社會系統順利運作。

基本上，Griffith的書最大不同之處，乃在強調教育行政不僅是行動（action），更須加以研究（study）。其並未如工作手冊般的列舉各項操作需知或是「秘訣」，卻強調教育行政是專門領域，必須結合相關社會科學（如心理學、管理學），才能真正瞭解社會系統中的運作。就此點而言，不啻為一大貢獻。這使得教育行政不再只是校長間私下經驗的傳遞，而是牽涉到如人際關係、溝通、決策、領導的各種理論與觀念。換言之，實務與研究的結合，使得行政運作更加周延。Griffith的主張，使教育行政領域正式走入「理論運動」（Theory Movement）時期。

在教育行政領域中，對於自然系統模式應用最為完整的，應推Getzels and Guba（1957）所發展出的模式。在此之前，社會系統理論在教育運作中，每多被批評其過分偏向員工（如Cohen, 1976）。對於組織中所產生的衝突，認為即是對成員照顧不周所致。事實上，過度民主的行政運作，反而使績效大打折扣。校長怕傷教師的心情，一意順其意見，最後反而使學校利益受損。其實團體與個人利益的衝突在所難免，過度注重哪一方皆會失之平衡。重視個人層面、加強人際關係、讓教師參與決策，均是解決行政問題的方法，但絕非唯一

答案。

之後，在Getzels與Guba的社會系統模式中，即標舉出社會系統中的兩個層面（規範與個人）必須互相配合，才能使系統運作達到平衡與和諧，以下詳細介紹其內容。

第三節 社會系統理論

一、社會系統的定義與要素

什麼是社會系統，歷來各家定義不一。例如，Parsons（1951）曾將之定義為：「一群具有生理或環境特質的個人，其在團體中活動的動機乃在獲得最高的滿足。這群人彼此互相影響，而其間扮演角色的分配，則由所處環境的文化與社會結構來界定。」（p. 2）而Carr（1955）所定義的社會系統則包括：「一群個人與其所處的具有地域特性的機構組織，在此社會系統中，其功能是相互依賴的。」（p.167）

由以上的定義，可以看出組成社會系統有以下要素：(1)一群人或角色扮演者；(2)彼此之間的交互作用（interaction）；(3)團體或個人的目標；(4)產生之行為；(5)一段時間。其中尤以交互作用最為重要。社會系統中必須有兩個以上的人，為了達成團體（個人）目標，因而彼此交會，進而產生特殊行為。因之在公車站等車的五個陌生人並不構成一個社會系統，他們缺乏彼此的交會。同樣的，開學之日坐在校車上的一群小孩也不是社會系統；然而當他們熟識成為朋友後，也許就會形成一個或多個不同的社會系統。

除此之外，Loomis（1960）則在其著作《社會系統》（Social System）一書中，詳細列舉基本組成要素。Loomis認為不論大小或性質之差異，每一個社會系統均應具有以下之要素：

1. **目標（objective）**：係指成員之結合原因與目的何在？也許僅止於玩樂，或是共商經國大事，不同之目標決定其行事準則與角色扮演。

2. **信仰（belief）**：係指成員對其行為的基本認知。每一個社會系統均有

不同的信仰模式，例如，美國教師工會之基本認知即爲教師爲受聘之勞工，故應經由勞資雙方之談判以爭取權益。然而持反對立場之家長卻認爲教師地位不屬於勞工，應由立法方式保障其權益。不論其信仰孰對孰錯，重要的是其基本信仰往往決定其社會行爲，不可輕忽之。

3. **感覺（sentiment）**：係指成員對周遭環境與他人的感覺。例如，有的覺得被排斥，有的卻如魚得水，其感覺往往影響其行動。

4. **規範（norms）**：不論是成文或不成文的，規範是社會系統中的遊戲規則，並充當個人與團體行動的論斷標準。每個社會系統會依其特質，發展出不同的規範。例如，同樣批評時政，大學教授所享有的自由程度，即遠較中小學教師爲高。成員必須視系統規範來行事，否則即會遭到制裁。

5. **身分與角色（status and role）**：每個社會系統中都有其既定的身分與角色。前者爲成員所扮演的地位名稱（如教師、校長），後者則爲系統對各種不同成員身分的期望。例如，對教師，傳統觀念認爲其不只要教學，也要教做人處世的道理，因此其行事舉止必須要合宜。不同身分有不同的角色期待。演員、醫生、軍人的身分相異，其被要求的行爲自然有差，必須小心行事。

6. **等級（rank）**：係指個人在社會系統中的重要性而言。要注意的是，雖然位居高位代表相當程度之權勢，但是其重要性之等級卻並非呈現正比。許多「地下總司令」雖然職位低下，但卻因非正式團體之運作，其重要性不可小覷。熟悉教育行政的人都知道，基層人員如門房、校工、職員等都是得罪不起的；一旦引起其不快而消極抵抗，學校很容易便陷入無政府狀態。

7. **權力（power）**：係指控制或影響成員之能力。其形式有許多種，較重要的有：(1)酬賞權力（做得有績效就加薪）；(2)強制權力（你若犯過則會被解聘）；(3)專家權力（我懂電腦較多，你要聽我的）；(4)法定權力（法官依法可將罪犯判處死刑）；(5)制裁權力（如你不聽我的，就會被孤立而無人理會）；(6)規範權力（因個人在某特別領域的成就，使群眾心悅誠服而願追隨）；(7)信仰權力（因宗教信仰而服從特種教義，並擁戴其教派領袖）與(8)引薦權力（認識很多重要人物，順從我則可得到引薦而接觸權力中樞）。以上無論行使何種權力，皆會使

成員受到影響與控制。其行使不見得只限一種，有的是多種的組合，例如，一位校長在擁有法定權力之同時，也因其聲望而產生規範權力，兩者相輔相成，其影響力自然加倍。

8. **制裁（sanction）**：係指控制成員行為，確定其遵照團體規範的賞罰制度。在不同的社會系統中，同樣行為所遭受的待遇可能不同。例如，成績優秀的學生，在家裡會受到父母的獎賞，但在其同學中，卻可能因忌恨而遭到抵制的命運。

9. **設備（facility）**：係指為達到系統目的所使用的方法與物品。設備除了實質上之電腦、文具、建築物等外，還包括各種理念、策略、或態度等。

除了提出以上九個社會系統基本要素外，Loomis並對其運作加以檢視，發現以下五個要素是維持社會系統運作的必要手段，其中包括：

1. **溝通（communication）**：藉著成員間的互相溝通，各種訊息與決定得以傳達，並在交會過程中形成團體處理事情的共識。

2. **社會控制（social control）**：對於不遵守團隊精神與組織規範者，利用權力或制裁加以懲罰，使其不得不妥協，或是令其離開所處之社會系統，以維持團隊的和諧。

3. **疆界之維持（boundary maintenance）**：每個社會系統都有其既定政策，以避免外人侵入，其目的在保持團體的統一性與和諧性。有的系統所設疆界很鬆散（如歌友會、影迷團體，多半申請即可加入），有的卻很嚴密（如一流之大學，必須強烈競爭才能就讀）。其形式有實質上的（如圍牆），也有精神上的（如不同信仰）。防守疆界最力的團體，其成員往往同質性較高，但卻失之保守。

4. **系統間之串聯（systemic linkage）**：除了要維持既有疆界外，為了達到某種特定目的，系統之間也必須有串聯的行動。例如，為爭取改革，教師團體、民間教育團體，乃至大學教授互相結合，形成聯盟的形式。其時間可短可長，其效力則視各團體是否能和諧運作而定。

5. **制度化（institutionalization）**：凡是社會系統希望長年累月經營下去時，其基本理念須經合法化的過程，以使其成為明顯且具效力的原則與規則。此種過程又稱為制度化，例如，不可體罰學生已是經制度化後的

原則（行諸於法律文字或上級行政命令），違規者則會遭受處罰。制度化的理念多半順應潮流，其動力或來自外部機關（如立法規定），或由本身規範（如公司之懲戒委員會），但多為不可動搖之原則，成員必須遵守。與之相較，有些理念雖已有支持者（如教師罷課權），但以其具爭議性，尚在制度化的路上繼續奮鬥。

基本上，學校組織即具備社會系統的諸要素：其有各種角色扮演者（校長、教師、學生等），為達到教育目的，彼此在受教期間互相接觸（如教師授與學生知識），因而產生特有的行為（如教師維持其師道尊嚴，而不能過分隨便）。學校中有正式的社會系統（如三年乙班），也有非正式的社會系統（如常在午餐桌上聚在一處的未婚女教師）。這些社會系統彼此重疊，並被包含在更大的社會系統中。例如，一位大學一年級的英文教師，編制在英文系，也屬於包括英文系的文學院，其上並有整個大學、整個城市，乃至社會國家等高層次的社會系統。此外，個人有時也會跨越一個以上的社會系統，例如，英文系的教師，可能也是學校教職員球隊的一員。角色扮演不同，行為也有所差異。因之要瞭解個人組織行為，除了要瞭解其所屬的各社會系統外，尚須對外層的系統加以研究，否則就難窺全貌。此也是社會系統理論對文化與社會價值觀極為重視的原因。

由於社會系統的複雜與多樣性，個人的行為必須視情形來調適。例如，未婚教師在外同居，在民風保守的校區會遭人非議；但如在大城市則會有所不同。Parsons（1951）認為，個人在行為的取捨上會遭遇到四個難題：

1. **情感中立或抒放**：即個人應獲得立即的滿足，或是為長久打算而對情感暫時自我限制。

2. **自我或團體中心**：即個人應盡心先實現自己的利益，或是犧牲小我以團體的利益馬首是瞻。

3. **宇宙或特別主義**：即個人在待人接物上應以常規常理來處理，或是看其與自己的關係而給予差別待遇。

4. **分化或專精主義**：即個人應在各方面平均發展，或是選擇對自己最有利的一面努力，即使是面對較大的失敗機率。

🕮 二、基本架構：規範層面

瞭解社會系統的定義後，下面接著討論其理論架構。其首先是由Getzels and Guba（1957）發展出來，在其著作中有以下之描寫：

> 我們認為社會系統是由兩組在理念上彼此獨立，但在實際上卻
> 交互作用的層面所組成。一個層面是機構對其中各組成角色的
> 期待，以達成團體的目標為原則。其次是個人與其人格需要
> 的層面。機構與個人兩層面互相影響而產生所謂的社會行為。
> （p. 423）

由以上敘述，可以看出根據Getzels與Guba的理論，如果視學校為一社會系統，則其中可分為兩個層面：一為規範層面（nomothetic dimension），二為個人層面（idiographic dimension）。前者包括機構（institution）、角色（role）與期望（expectation）三個部分；後者則包括個人（individual）、人格（personality）與需求傾向（need-disposition）。兩個層面雖在概念上彼此獨立，但在系統的運作上卻彼此相通影響。兩者交會的程度，決定了系統中的行為（見圖3.2）。

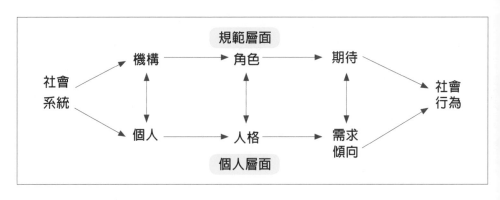

圖3.2　Getzels and Guba模式中的規範與個人層面
資料來源：Getzels & Guba (1957: 429).

　　規範層面的探討，可被視爲是以社會學的觀點來分析組織行爲。衆所周知，一個社會中因分工而有不同之機構產生，每個機構都有其既定的功能與獨立運作的方式。例如，執法單位的功能在維持地方治安，學校的功能在提供教育機會給學生。功能不同，兩者的運作方式自然相異，也因此成爲兩個獨立的機構。在每個機構中有相異的職位與身分，個人所扮演的角色也不同。學校中有校長、學生、教師角色的分別，其相異處即由其所受之期待來界定。此種期待或由規章制定，或由團體共識所造成。角色不同，所受之期待就有所差異。唯有兩者相互配合，才能使所處機構的運作達到既定的目標與功能。

　　角色扮演之不同雖多由機構來制定，但在程度上卻具有彈性。對於一個角色的期望，依其需求程度，可由「絕對要做」到「絕對不可做」。兩極點連成一線，線之兩端多爲規章中所制定的命令，其間的行爲則由團體之共識來決定，有的鼓勵去做，有的則不鼓勵，執行與否則視個人而不同。例如，一位教師依規定必須要工作若干小時，但在課後是否需對學生做加強輔導則沒限制。雖然按照常理，此種行爲是被鼓勵的，但教師不做也並非是未盡職責。基本上，組織對於角色的期望多半具有彈性。

　　角色界定彼此之間也是互補的（complementary）。一個角色的權利，也許就是另一個角色的義務，例如，界定校長之角色，如果不牽涉其與教師之間的關係就不完備。校長監督教師的權利，對於教師來說就意味著他必須要善盡教學的責任。所以當我們去分析一個人的角色期望，除了其本身外，尚須瞭解他與其他角色之間的關係，如此才能得到較完整的訊息。

　　角色界定之不同，進一步影響組織對他的期待行爲。以下即以校長爲例，說明其角色的界定依據。基本上，各行各業因性質不同，所受到的期待也不同。校長乃一校之長，在法理上代表一個學校，地位極爲重要。而各方也對校長如何扮演其角色，有不同看法。原則上，可以從法規及專家研究兩方面加以探討。

（一）法規中所界定的校長角色

　　中國歷代少有官辦學校，隋唐以降，政府只負責選才考試（即科舉制度），而不管民間學生的教育問題。影響所及，除少數著名書院的院長外，古代很難找到與現代校長相類似的職位。近代校長多由教師中遴選，本身也須擔

任部分教學工作。因此，韓愈所說的「師者，所以傳道、授業、解惑」的角色期待也可用在校長身上。除此之外，校長本身更負有「管理」的色彩。除了要春風化雨外，尚須維持學校的行政事務，此從民國以來所定的教育法規中可明顯看出。

台灣法律乃屬大陸法體系，即對人民與政府之間權力的關係，必須以成文法條規定之。其中界定校長角色的相關教育法令有「國民教育法」、「大學法」、「私立學校法」等。隨著時代的進步，以上諸法也曾修正公布多次；然其中對校長所應扮演的角色並無詳述。例如，「國民教育法」第九條第一項規定：「國民小學及國民中學各置校長一人，綜理校務，應為專任，並採任期制。」至於校務的範圍為何，並未界定。其餘「大學法」、「職業教育法」中皆是大同小異。倒是在2006年公布之「公立高級中等以下學校校長成績考核辦法」第五條中，列出考核的項目，可以視做法規中對於校長的角色期待，其中包括：(1)執行教育政策及法令之績效；(2)領導教職員改進教學之能力；(3)辦理行政事務之效果；(4)言行操守及對人處事之態度；(5)其他個案應列入考慮之項目等。就其中內容來看，校長除了要執行上級命令、負責行政與教學外，尚要以其言行作為表率。此種不但要做經師，還要為人師的角色期待，也是台灣教育的特殊之處。

（二）專家的意見

許多教育行政學者都曾經檢視校長應扮演的角色，或不應扮演的角色。但晚近以來，以「工作取向」的學者漸成主流。其將校長所應做的各工作項目詳細列出，以作為對其角色的期待。例如，美國「南方各州教育行政合作計畫」（Southern States Cooperative Program in Educational Administration），曾出刊一份報告來說明校長與學校行政者應完成的工作。其中包括：

1. **教學與課程發展部分**：(1)提供課程目標與方向；(2)決定課程的內容與組織；(3)對於所需課程預備時間、設備與師資；(4)對於教學進行視導工作；(5)對於教師提供在職訓練。

2. **學生的管理部分**：(1)對於學生出缺席有詳細紀錄與追蹤；(2)對於學生性向進行測量；(3)提供輔導的機構與服務；(4)提供健康檢查與意外處理中心；(5)對學生物品提供櫃子加以存放；(6)對於學生的進步提供測

量的工具，並對結果進行解釋；(7)對於不服紀律的學生，提供輔導與管束方法。

3. **部屬人事的管理部分**：(1)對於所須人員進行召募；(2)對於新進人員予以訓練；(3)建立人事紀錄；(4)對於部屬提供在職訓練，使其更具專業知識。

4. **學校──社區關係之建立部分**：(1)對於租借學校場地的原則與代價予以確定；(2)研究發展改善所處社區人民生活的計畫。

5. **學校建築與運輸部分**：(1)對於學校建築與屋舍予以維護；(2)對於學生遠道上學者，應提供運輸工具。

6. **學校財政與總務部分**：(1)準備編列學校預算；(2)建立學校會計制度；(3)對於學校財產列有明細紀錄。

除此之外，「美國大學教育行政研究學會」（University Council for Educational Administration, UCEA），也列出校長應該完成的六項任務：

1. 對於社會變遷即時反應。
2. 對於學校運作過程與成品進行評鑑。
3. 執行與改善教學課程。
4. 對於學校運作做即時與有效的決定。
5. 配合需要做組織適度的改變。
6. 培養與部屬間的良好人際關係與團體士氣。

從以上美國各學會所列舉的校長任務中，可知與台灣相當類似。台灣學校中設有訓導、教務、總務及輔導系統，而校長則必須總其成。雖然台灣人事與會計制度為獨立系統，但與校長也有密切的配合（如在編列預算時）。兩者相異之處則在美國校長對於社會變遷的反應速度，往往較台灣為大。此因美國實行地方分權，各地區因地制宜，對於時代變遷與需求必須即時反應；否則令地方選民有所不滿，即很可能會被解聘。即以配合電腦網路時代的來臨為例，台灣校長即使有心改革，也必須等待上級先制定全國政策後，才能在經費有所著落下購買電腦。台灣地方人民對於教育並無直接決定權，因之一個四平八穩、蕭規曹隨的校長依舊能保有其位，對於社會變遷較無須即時反應，與美國校長角色扮演有所不同。

📖 三、基本架構：個人層面

與規範層面相較，個人層面所觸及的是個人對於所扮演角色的反應與行為，也就是相關心理學的研究。同一個角色，同樣的期望，但個人扮演方式不同，行為就有所相異。即以校長這個角色而言，有的校長接任後大刀闊斧改革，有的卻是蕭規曹隨。造成此種差異的原因除外力外，個人人格的差異實為主因。而界定不同人格種類的，即是個人需求傾向。

個人需求傾向代表的是一股發自內心的機動力量，此力量配合著行動，目的在完成他人對其角色扮演的期待。基本上，目標導向的需求傾向會依情境不同而有高低之別。Maslow（1954）在需求層次論中，曾將人數需求由最低之生理需求排至最高境界的自我實現滿足。以此而言，個人的需求傾向並非一成不變，基本上是處於動態的狀況。所以個人在十年前所扮演同一角色的行為，就可能有所不同。俗語所謂「事過境遷，心境改變」，多少可以解釋此種現象。

需求傾向除了可以形成個人所欲達到的目標外，也是個人對其環境與角色認定的一大決定因素。前已述及，角色期望除「絕對要做」與「絕對不可做」兩極端點外，中間灰色地帶的詮釋則因人而異。個別需求傾向不同，即會產生差異。例如，對於一位整日要愁柴米油鹽的教師而言，除了固定教學外，必須為生理需求而疲於奔命到處兼差，以致極少願意花費多餘時間輔導學生。此後者與另一個需求傾向已達到自我實現的教師相較，在行為上就大不相同。也許會以創作新的教材教法，來配合其需求傾向的自我實現滿足。

綜上所述，社會系統理論基本上係結合社會學與心理學研究後所產生的。根據Getzels and Guba的理論，個人在特定社會系統（如學校）中的行為，乃由其所扮演角色與其人格之交互影響來決定。換句話說，外顯行為可由下列之函數來表示：

B = f (R×P)
B：在社會系統中之行為
R：在機構中所扮演之角色
P：角色扮演者的人格

在圖3.2中，上列部分屬於規範層面，其中包括機構、角色與界定角色的

行為期望。下列部分是個人層面，包括個人、個人人格、與界定人格的需求傾向。個人進入社會系統中，必須要依組織的期望扮演某一角色。為了要達成對角色的期望，其必須依自我的需求傾向與人格來決定如何行動，以完成目標。各變數交互影響的結果，就產生不同的社會行為。

　　行為之產生既可由一函數表示，其兩大決定變數（人格與角色）所占比重之大小，也對行為結果有很大的影響。從圖3.3即可看出兩者的變化。藍色部分代表行為的產生，角色變數所占比重較大。反之，在白色部分，個人人格所占比重較大。A線可以代表前者，C線可以代表後者。一般而論，各社會系統因性質不同，人格與角色決定比例也不一。例如，在軍隊中，顯然是角色重於人格，一個命令一個動作，個人之需求傾向往往較少受到考慮。反之，在一個廣告設計公司中，所要求的是特殊風格的極端發揮，自然是人格比重在決定其行為上較重。

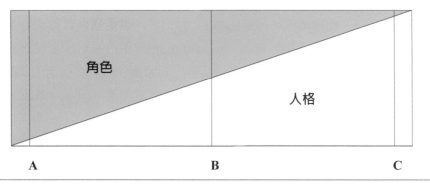

角色　　　　　　　　　　　　人格

A　　　　　　　　　　B　　　　　　　　　　C

圖3.3　　角色與人格關係的消長

資料來源：Getzels & Guba (1957: 430).

　　軍隊與廣告設計公司是兩種極端情況。一般社會系統則多介於兩者之間。即以學校為例，最好是能達到角色與人格平衡的比重，亦即在圖3.3的B線部分。此因學校有其既定規章，角色扮演者必須服從，若對參與者如藝術家一般，則易造成無政府狀態。但學校又非軍隊，注重啟發與創新，必須保留一部分空間讓教師和學生發揮，以免被譏為「現代斯巴達」。因為各校情況不盡相同，如何在角色與人格間取得一平衡點，實為行政運作的藝術。

　　個人在團體中行事的準則，也可依其對角色與人格比重之安排而有所不同。有的人一切以角色期望為準，凡事只看團體的目標，而不顧自己人格的需

求。此種人一言以蔽之，即是一種「組織人」（organization man），毫無自我的風格。其結果雖在短期內可以獲益（如被別人稱讚對團體忠心），但長時間下來卻因其「不真實性」（inauthentic）而導致心理的焦慮與挫折。角色固然要扮演，卻不可委屈求全而抹殺了自我的看法與創造性（creativity）。一個人應該活在角色中，而不是去假意扮演。

反之，一個人的行事若是率性而為，不顧團體的目標，在對組織的認同上就會遭遇問題。前已提及，除少數之社會系統外，團體之規章與目標乃是不可缺少的。在系統之外，個人可以抒發己見，盡情評論；但在扮演系統中某一角色時，就不能放縱自我而大放厥辭。若讓人格與需求傾向做不當之擴張，進而影響其工作進度，則易造成共事者之眾怒，甚有解聘的後果。所以許多教育行政者，往往在接受記者訪問時三緘其口或是打太極拳，原因就是怕高談闊論而引起風波，帶給團體不便。

作為一個學校行政者，除了要瞭解角色與人格之間的關係外，也應力求將兩者加以整合。此種做法，也是Bakke（1953）所謂的角色人格化（personalization of the role）與人格社會化（socialization of the personality）。目的即在使個人能夠在行事時，同時兼顧組織與個人的因素。角色的扮演須要配合個人的人格、需求傾向；而對於人格的遷就，也應配合社會的期望。如此兩相配合，才能使個人的行為發展成最佳的形式。

就實務的觀點而論，在現行之教育制度下，角色人格化與人格社會化皆有其發展的天地。即以校長與教師的關係為例，儘管許多人批評目前學制過分僵化，但校長仍可藉著執教班級之輪調、新教學之引進等方法，使教師所扮演的角色人格化。對於一些有衝勁的教師，多讓其有機會主持或參與教學研討會，如此可滿足其需求傾向。另一方面，校長應多與教師溝通，詳細說明有關學校規章、人事命令、升遷方法、甚或評鑑過程等，均可使教師人格能夠配合其所扮演的角色社會化，進而使個人與團體的關係更加和諧。

📚 四、相關研究

自行政管理學派興盛以來，對個人在團體中行為差異之研究汗牛充棟。例如Barnard（1938）即提出有關「效能」（effectiveness）與「效率」（efficiency）的觀念。前者是以組織成就為出發點，並以達到組織目標之程度為評鑑標準；後者則是以個人在組織中的滿足感來決定，係屬於個人取向。兩者關係之消長交會，可以決定一個組織的盛衰成敗。

此外，McGregor（1960）的X理論與Y理論則是對個人與團體關係的另種解釋。抱持X理論的行政者，因為假設員工是偷懶的、不負責的，所以管理方法趨向於嚴格控制、高度組織化、獨裁等方式。換言之，即是把員工當作生產線上的機器，不顧其個人需求。反之，Y理論的行政者相信員工是負責的、自動的，所以管理方法注重員工的自我表達、自我領導、與自我實現的發揮。此與Barnard所提的理論相比較，X理論顯然較偏效能之要求，Y理論則較注重效率的獲得。

除了以上兩種理論外，Argyris（1964）也曾提出團體的需要也許與個人的發展是敵對的看法，如何使這種敵對性減至最低，則是行政者的責任。Catwright and Zander（1968）研究的結論，則認為一個組織所要達成的目標不外兩者：一是團體的生產成果，二是對團體本身的維持與加強，此即牽涉到在團體中個人的滿足感與成就感問題。

綜上所述，各家學說在探討個人與團體行為時，實際上皆是從規範層面與個人層面兩部分來探討。即以Barnard理論為例，套入Getzels and Guba的模式中，效能即是規範層面的探討，其好壞則視角色扮演是否符合期望而定，基本上是相對而非絕對的。即以學校為例，有的校長只要求教師上完正課即可，不須要做額外教學的研究；有的校長則希望教師能精益求精，更上層樓。同樣是扮演教師，因期望不同，所被界定的效能也就不同（見圖3.4）。

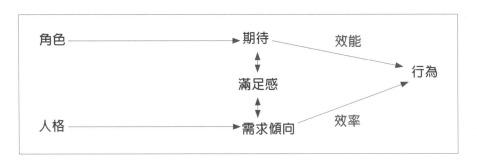

圖3.4　效率與效能之間關係

資料來源：Getzels & Guba (1957: 433).

效率的決定則取決於個人層面的人格與需求傾向。如果個人覺得在團體中極為舒適而能有所作為，即滿足心理需要，則此團體效率較高。圖3.4即是效率與效能之間關係之呈現。兩者的消長，即可決定滿足感（satisfaction）的大小。從圖3.4中可以看出，當角色扮演的期望與個人的需求傾向完全吻合時，會產生最高的滿足感，或是生物學上所謂的完全平衡（homeostasis）狀態。但在實際的社會裡，此種情形絕少發生，所以一個團體常常會有高效率低效能、或是低效率高效能的情況產生。

高度的滿足感可以造成團體的高昂士氣。根據Chase（1960）的看法，滿足感是一種驅力，它可以使個人因相信其可以做得更好，而轉變成士氣。這種過程，Chase曾指出，「強烈達成目標的動機釋放出能量，加入適當的工作努力，造成成就，成就伴隨著獎賞，使人產生滿足感。此種感覺會使個人覺得做得更好，因而更努力向前而變成了士氣。」（p.192）Getzels and Guba認為三個變項（歸屬感、合理性、認同度），可以決定團體的士氣。歸屬感（belongingness）係指個人在團體中感覺所扮演的角色期望可以符合其個人人格，換句話說，即是「為我所設」的工作。合理性（rationality）則是個人認為所接受之角色期待是合理的，是應該做的（obviously the thing to do）。認同度（identification）是團體的目標與個人的目標相符合，因之所產生的一種認同感覺，換句話說，即是「侮辱我學校就是侮辱我」之意（見圖3.5）。

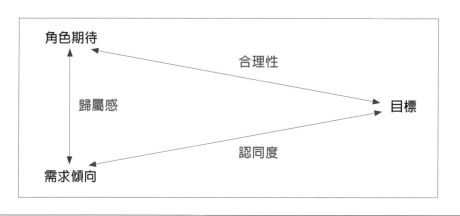

圖3.5　士氣的形成

資料來源：Getzels & Guba (1957: 439).

在其餘有關社會系統理論的實證研究中，Rizzo, House, and Lirtzman（1970）發現上級的領導者若是規範型的（即明白指出各工作的權利與義務），則下屬所產生的角色模糊（role ambiguity，即不能確定自己該做什麼）與因之而生的角色衝突感會較低。Getzels and Guba（1954）以空軍軍官與教師所做的研究中，發現軍隊系統成員所有的角色衝突感，遠較民間組織要低，其因即在前者組織對於角色的扮演有絕對的規定。Beehr（1976）也指出團體的凝聚力大小，會決定個人角色模糊的程度。領導者是促使團體凝聚的最重要人物，所以其領導方式的適當與否，會間接影響員工角色衝突的程度。

在角色適應的策略上，Gross, Mason, and McEachern（1958）利用晤談法進行研究，發現在處理日常事務上，有三種不同類型的教育局長：(1)道德型（moralists）：即在處理事務上以合法性為判斷標準，對道德規章極為重視，不輕易改變立場；(2)權宜型（expedients）：即在行事上每從利害關係作為依歸，常刻意迎合團體最有權勢的人的期望，甚而會鑽法律規章的漏洞；(3)道德權宜型（moral-expedients）：即在決策過程中將合法性與利害關係都列入考慮，此類局長常採取折衷或和解的手段來解決問題。Gross等人的研究並未發現何種類型為最佳角色適應的方法，其成功與否常與教育局長所處的環境有很大相關。

第四節　社會系統理論的文化層面

為了使理論更加周延，Getzels and Thelen（1960）將原先兩層面的模式加入文化層面，主張其不僅影響團體規範的層面，同時也決定個人的需求傾向。文化差異配合社會潮流，會產生不同的價值導向（value orientations）。所以美國高中校長所扮演的角色自與台灣的校長有所不同。同樣的，不同時代潮流也會影響個人行為。一位執教數十年的校長會慨嘆學生行為江河日下，竟敢公開在校內遊行示威；然而，同樣行為在新生代校長眼中也許會視為平常。所以，社會系統理論主張必須要加入文化層面後才算完整（見圖3.6）。

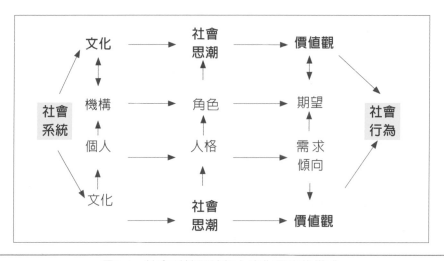

圖3.6　社會系統理論加上文化層面的模式

資料來源：Getzels (1963: 312).

一、價值觀之定義與類別

　　價值觀一詞的定義各家紛紜。例如，Kluckhohn（1951）將之界定為是「一種存在於個人或團體中的理念。其形式或為內隱或是外顯，但皆會影響個人或團體對各種模式、方法、或行動的選擇」（p. 395）。Getzels（1957）將價值觀分為神聖（sacred）與世俗（secular）兩種。前者係指在特定文化中基本且不易改變的價值理念；後者則會隨著地域、社經地位、或年齡而有所不同。Getzels（1957）檢視美國文化，發現其有四種神聖價值：

1. **民主思想（democracy）**：認為大多數人的意見即是最佳的選擇。團體管理權應操在眾人手中，而非由少數人獨占。人民的需求，政府必須重視，且應進一步改進體制加以滿足。

2. **個人主義（individualism）**：認為個人是社會能量的來源。每個人皆有自我陳述、自我實現的權利。在法定的範圍內，政府應保障個人隱私權，而不受到任何宗教意識或道德教條的迫害。

3. **平等（equality）**：認為每個人都應被賦予同等的機會去發揮其潛能與才智。獎賞的標準應依其成就而定，而非基於其特殊身分（如皇室家

族）。凡因社經地位、種族、或地域所造成的不平等現象，政府須盡力補償之。

4. **人性完美論**（human perfectibility）：認為只要共同努力，發揮人類的潛能，社會基本上會朝向完美的目標發展，反對讓人性殘暴的一面毀滅了這個世界。

　　從上述四種神聖價值觀中，可看出美國教育行政發展的民主與平等原則。以高等教育為例，第二次世界大戰前只有少數秀異分子得以擠入大學；如今則只要申請，即有不同類型的大學提供就學機會。此外在入學申請上，不論種族、性別、社經地位有何不同，皆受到平等的待遇，絕對不允許歧視的情況產生。政府並對少數民族或貧窮子弟加以補助，以使其在立足點上得到平衡。凡此種種，皆使美國大學的門戶大開，在公平競爭下，給予每個入學者就學機會。校內治理也多由行政者與教授分享權力，近年並允許學生參與決策過程，以充分達到民主的原則。

　　台灣固有的神聖價值已有多位學者（如錢穆、梁漱溟、殷海光、金耀基等）研究。本書並非研究中國文化的專著，所以僅討論對於教育行政有所影響的價值觀。綜而言之有下列六者：

（一）天人合一

　　中國在十九世紀以前由於地理的阻隔，呈現出一種「文化孤立」的型態，基本上所秉持的是孔子所謂的王道精神，所以，Ruesell（1922）認為中國人是不好戰爭的民族。中國疆土自唐宋以降已大致底定，其中有長江大河、巍峨群山，也有廣闊平原、湖泊小溪。在此遼闊的土地上，即發展出一套與自然融合的天性。中國人少說征服天地卻願與之合一，所以，文學曲詞中所表達的多有如「行到水窮處，坐看雲起時」與「小舟從此逝，江海寄餘生」的渾圓境界。此種欣賞生命、希望物化登仙的態度，自然使中國人在心情上較能知足與寧靜；但也因而造成大而化之、不求甚解的習性。例如，在學校運作中，許多校長對於目標的界定過於空泛而不精細，往往使執行者置身於五里雲霧中。其中如「促進師生關係」目標本身即涵義不清，缺乏測量的準則。此外，天人合一的思想也導致校長只求中庸、不求卓越的心態，因而不願「征服」環境的限

制，創造更好的明天，此與歐美學校在意識型態上的差別甚大。

（二）尊古敬老

中國自孔子以來，歷代讀書人莫不欽羨堯舜時代的禪讓之治，認爲這才是真正烏托邦（Utopia）的實現。中國道統自堯、舜、禹、湯、文、武、周公、孔子之後，長達兩千餘年間竟無代表人物，無怪Kluckhohn（1958）認爲中國是標準的傳統取向。此種「古老即是好」的觀念，配合傳統禮法，又形成尊敬傳統的觀念。影響所及，使學校行政的更新上大受阻礙。許多校長認爲新不如舊，一動不如一靜，只要現況未有嚴重缺失，又何必自取煩惱。此外，新制度的實施必有其缺失，此時衆人又會懷念舊制度的「方便」之處而大加攻擊。學校中有此種懷舊心態的不在少數，又因敬老之故，不敢與之抗辯，所以延誤改革的時機。

（三）家族取向

要瞭解中國的社會結構，必須要瞭解其家族體制。傳統上，中國社會的單位是家庭，而非西方社會的個人。家的束縛力量極大，所以成員努力的終極目標在「光宗耀祖」，最大責任卻是「傳宗接代」。家庭的擴大是家族，包括與自己有任何關係的家庭。家族的人生活在一起，工作在一起，成爲社會最重要的基本單位。在此之下，個人是沒有充分自由的。所以，金耀基（1979）說此種「功能普及化」且以「身分取向」的家族團體，與西方社會的「以超血緣爲基底的契約取向社會」（association）大不相同，因而壓制了個體的獨立性。

家族取向對於學校行政運作影響頗大。基於「天地君親師」的傳統，學校也被視爲是一大家庭，因而學生要中規中矩，以校譽爲重，若有行爲特殊者多半被壓下。家族中有其規定，成員必須遵守，學校承其制度，有統一的服飾、上課、作息規定，無形中抹殺某些個人主義較濃的學生。美國之秀異分子多被視爲英雄高舉，台灣學校有特殊意見的學生多半被視爲「搗蛋分子」，重團體不重個人的傾向顯而易見。

（四）權威人格

由於家族取向的社會結構，中國傳統社會必須依賴權威人格維繫，並以之

打擊個人主義。所謂「君君臣臣父父子子」，每個人在家族中都各適其位，不可踰越其角色。因為天下無不是之父母，所以子女必須無條件服從。家族中的首長則令出必行，以權威人格來彰顯其地位。因此，二十四孝中有郭巨埋兒的「佳話」，教師的權威地位也造成「程門立雪」的故事。此種人格在學校中即形成校長、教師皆是對的，學生無權利上訴的觀念。在第二次世界大戰前民風保守的社會中，此種觀念尚可存在；但在戰後民主的浪潮衝擊下，則造成學生「我有話要說」的吶喊。

（五）人情取向

家族首長享有權威性格，在下者須盡力討其歡心。此種心態也同樣應用於與家族有關係的個人中。只要沾上一點邊，就有義務給予其特殊待遇，所以在中國社會中有「關係」（connection）是很重要的。初到一地要上岸拜訪鄉親故友，盼其給予幫助，而受訪者就必須量力而為，否則會讓外人譏為不講人情。在小說《紅樓夢》中，即以鳳姐之嚴苛，仍必須對遠房親戚劉姥姥加以接齊；其他如教師提拔門生、主管擢升同鄉的例子更是屢見不鮮。此種人情取向使中國人對所謂「親人」特別殷勤，對圈外人則視若無睹。影響所及，迫使台灣相關行政與考試制度皆以防弊為主。「私立學校法」中限制三等親內的人擔任董事會委員的名額；考試則採彌封集體的方式，目的就在防止人情取向的價值觀妨礙了過程的公平性。所以，人情取向使教育行政制度添加許多不必要的負擔。除非此種價值觀改變，否則設立考試闈場，將一干出題人員關入隔離以表公平的情況將很難避免。

（六）道德第一

中國自漢武帝獨尊儒術後，即將道德放在第一，甚而其地位凌駕學問之上。一般人所謂的「君子」、「小人」，也是以其德性作為分野。道德標準有所謂四維八德、三綱五倫。《孝經》在論孝時也說：「夫孝始於事親，中於事君，終於立身。」將道德的實踐從己身推至國家、乃至全人類。所以，科舉制度所選拔的乃是一批具有德性的通才，其任務並不在傳授知識給庶民，卻在以己身做榜樣，讓人民仿而效之，以維持帝國的安定。因之考生在投考時必須審查其身家是否清白，重視道德程度顯而易見。

　　道德第一的價值觀使各級教育特重德育。例如，學校有導師制的設立、操行分數之評鑑，乃至公民與道德科目的教授。因之東方學生較美國學生守禮，多少可歸功於德育的實施（雖然近來有人攻擊德育教育的成效，但基本上是執行的偏差所致，並非是德育教育的精神不好）。此外，由於重視道德，擔任授課教師的品行常受到社會的重視。好處在於品行不良者會受到各界指責；但行之不當者則有過分干涉隱私的情況產生，使某些教師在匿名信亂飛的情況下不堪其擾。而校長也在處理敏感問題上（如已婚男女教師發生外遇）進退兩難。

　　神聖價值觀是一個文化的中心信仰，其也會在國家的立法與政治結構中有所呈現出來。其範圍包括：(1)國家的憲法；(2)各種法律如民法、刑法、行政法；(3)大法官會議解釋憲法的趨向；(4)各種行政命令與單行法；與(5)國家的政治體制。各文化神聖價值不同，在行政與立法的精神也不同。例如，美國崇尚個人主義，中國重視家族禮法，所以子女不願撫養或遺棄年長父母，在美國並不會吃上官司，而在台灣則須負法律責任。

　　環繞在神聖價值之外的是世俗價值，其會基於地域、時空，甚而年齡的差別而產生不同的詮釋。例如，「追求成功」這種世俗價值觀在老一輩人的心中應包括：(1)努力工作；(2)未來取向（即現在辛苦，將來會享受果實）；(3)獨立自主；與(4)道德的認同（即不願做出反道德的行為換取成功）。然而年輕人的看法，也許會同意努力工作，但不願日以繼夜的做老闆的牛馬；也許願意辛苦，但希望能早賺早好；也許認同法律，但會有時鑽漏洞（因之被某些人認為無道德）以換取成功。此外，對成功的定義也是見仁見智，個人之間在解釋上亦有很大的差別。

　　學者Getzels（1972）檢視美國社會的主要世俗價值，發現自第二次世界大戰後到1970年代有很大的差異。其包括：(1)以往「未來取向」的價值觀，將希望放在未來，願意先苦後樂，已轉變為即時行樂，以最少的時間賺最多錢的「現在取向」；(2)以往認為人類可以征服自然觀念，由於污染的日益嚴重，已演變為人類需要與環境共存的理念，而不願過度的濫用資源；(3)以往以《聖經》為典範的「道德取向」，已形成所謂的「相對主義」，認為人的行為在各種情境中應有不同的準則，不須硬性死守宗教教條；有些人甚至主張「神已經死了」。Getzels認為，以上轉變是在自然而無外力強迫下漸漸形成的；然而愈靠近現在，其轉變的速度因科技的發展與傳播的迅速會愈快，甚而在數年或數月中即會發生。

　　世俗價值因人或其他因素而定義不一；然而個人在執行世俗價值時的方法可能更爲分歧，此種執行的方式，Lipham and Hoeh（1974）將之稱爲運作價值（operational value）。從圖3.7中可以看出整個文化價值觀的關係：神聖價值居中，影響國家各種運作；世俗價值在其外，有各種解釋方法；而在最外層的運作價值則爲個人執行時的做法，會有很大的個別差異。

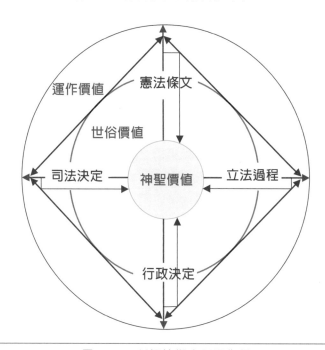

圖3.7　三種價值觀交互運作圖

資料來源：Lipham & Hoeh (1974: 70).

　　試舉一例來說明此三種價值的不同。在教育行政運作上，任何人都贊成每個學生應被平等對待（神聖價值）；但在平等觀念之下，有的教師認爲規定同樣的服飾、教材、設備、或師資就行了，有的教師卻定義平等爲立足點平等，反對「相等即是平等」的觀念，要求因材施教，給予學生眞正需要的教材，兩者在世俗價值上已有所差異。再進一步，主張因材施教的教師在執行時也有不同的運作價值，有的人建議採用個別教學，有的人卻力倡補償課程。所以，一校教師即使皆信奉平等的信念，最後仍有很大的分歧發生。雖然有時價值觀的差異在表面上並不明顯，校長仍必須盡力瞭解其與組織期望、個人需求、與社

會行為的關係，如此才能適時化解糾紛，便利運作。

除在學校之運作上，社會文化與價值觀有一定之作用，即就一國之教育改革，其也有看似無形但卻無孔不入的影響。一般而言，教育發展與現代化，一般可分為三個階段。其中包括：(1)物質階段（material level）的現代化；(2)制度階段（institutional level）的現代化；(3)教育意識型態階段（educational ideology level）的現代化，茲分述如下。

物質現代化包括教育人口的增加、學校設備的添置、各種學校機構的成立等，此乃一個國家教育現代化的首要條件。眾所周知，教育對於經濟發展有重大貢獻與影響；全民知識水準的提高，也必須由教育之實施來加以達成。台灣在此階段的現代化至今相當成功，九年國民義務教育的入學率幾近百分之百，政府在山地離島遍設學校，而達成「一村一小學」的目標。此外，校內建築的更新、視聽與電腦教具的引進、燈光桌椅之汰換、乃至危險教室之拆除等，皆已由相關教育補助專案加以實施完成。

物質的教育現代化所以容易成功，原因一在華人自古「唯有讀書高」的觀念，使得強迫學生入學政策，除在少數特殊區域外，皆能獲得家長之支持；二來由於學校設備之更新，使得師生在學習過程中更加舒適，自然獲得大眾的支持。而社會一般也多以學校設備之良窳來予以評價，使得校長莫不全力大興校舍，導致目前各校在硬體外觀上並不亞於歐美國家之水準。

與之相較，制度現代化所遭遇的困難與抵抗就較多。教育制度的現代化，係指因配合時代潮流的需要，所做的教育結構與制度上的建構。就大者而言，自1970年以來台灣所通過的重要法案，如私立學校法（1974）、國民教育法（1979）、大學法（1983）、特殊教育法（1984）、師資培育法（1992）、教師法（1995）等，有些為條文修訂，有些則是新的立法。就小者而言，如學校中人事之任用、退休，乃至學校選用教科書之章程準則，皆已有所更動與修正。

教育制度的現代化雖是大勢所趨，但卻遭遇不少困難。其最大原因乃在執行者之無知與利益團體的抵抗。即使學校在物質設備上已很豐沛，但若無教師之支持與使用，則形同廢物。其中如學校花大把鈔票所購買之視聽教具與電腦，部分教師卻以「使用麻煩」或「害怕弄壞」而拒絕使用。此外，行政當局以為買入設備就已大功告成，並未編列適當預算維修與給予教師訓練，使得教師在制度要求下使用而苦不堪言，進而加以抵制，而使原本的美意大打折扣。

在另一方面，制度的更動自會使部分既得利益者權益受損，因而群起抵抗。此以年紀較長的教育人員最為明顯。因為制度的限制，使其升遷管道受阻，憤恨之餘竟對自身之工作得過且過，而使教育的產出與效率大打折扣。

　　但是即使如此，台灣目前教育制度的現代化已小有成就，且基本方向乃是正確的。目前應關心的乃是如何邁入教育意識型態的現代化，此是最困難、但也最重要的部分。意識型態現代化牽涉到一國的文化與價值觀，對於教育上的基本課題，如為何教、教什麼、與如何教等，提供哲學思想上的審思與修正。可以預料，此種現代化所遭遇的抵抗必定最強。此因現代化雖不如「中學為體」或「全盤西化」在取捨上有所堅持，但勢必要根據社會潮流對舊的思想進行修正。華人向來尚古，往往必須經過外力強迫後才願接受新的思維，但骨子裡仍堅持自我的看法。即以體罰學生的爭辯為例，部分教師迷信「不打不成器」之傳統思想，雖然教育當局三令五申不准體罰，少數教師卻置若罔聞堅持己見。平心而論，體罰之成效如今仍未定論，然而一味忽視學生權益而任意加以羞辱或打罵，卻是食古不化的作法。其忽略民主社會不斷發展，學生早已不願唯命是從，而要求溝通管道的建立。此種新生的學生次文化，自然需要新的教育意識型態來面對。當然，新的思想總會遭遇到執行的困難，但如何使得陣痛時期減縮，而產生健康的新生兒，則必須依靠教育意識型態的現代化。否則換湯不換藥，即使設備再進步，立法條文再周全，沒有與之配合的執行者與合乎時代的心態，其執行結果往往未收其利，而反受其害了。

二、價值觀對教育之影響

　　隨著社會與學校價值觀的交互作用，一些教育的趨勢也隨之產生。其在未來教育行政的運作上產生很大的影響力，其中包括以下四者：

1. **教育的範圍日漸擴大**：除了正式教育體制繼續發展，其他以往不被重視的教育形式如社區教育、空中教學、短期職業訓練，皆因社會的需求而興起。教育的年限不但下降至早年的幼兒教育，且延伸到成年人的繼續教育範圍，使個人在走出校門後仍能有所進步，真正實現所謂「終身教育」的理想。Harman（1970）認為在此制度下，受教人數當達美國人口的三分之一。

2. **教學技術的改進**：除了傳統講演式的方法外，未來將有注重各種教學技術（如e化教學、電腦課程、個人教學）的趨勢。所使用的教材也具有多樣性，其中如視聽教具、數位教材、乃至模擬技術等。為配合教學需要，教師所扮演的角色與種類也日漸複雜。許多以往不在學校中出現的職位如資訊技術師、教學器材專家，乃至教師助理等皆會應運而生，以協助教學的多樣進行。

3. **分權的呼聲日益高漲**：以往學校處在特定封閉系統中，校長可以獨斷重要決定，教師常是敢怒不敢言。然而隨著民主的浪潮與分權而治的呼聲，學校的組成分子如學生、教師等皆紛紛起而爭取權力，要求在學校中設立各種委員會以影響學校大政，甚而有「教師工會」的設立。此外，學校在日新月異的時空中，將受到外界的壓力團體如各種學會、家長會、乃至政治團體的監視，以確保其運作不致脫軌。如此使得學校大權不再集中在教育單位與校長手中，而在做決策時必須考慮所處環境中的變數，使得校長將更難為。

4. **平等主義的要求**：以往教育平等觀念大多僅止於受教者有機會入學，然而這只是教育平等的第一步。接下來當使學生所享有的「教育單位成本」（educational unit cost）達到平等。此並非說硬性規定其固定成本數字，而是依其立足點彈性給予。例如，偏遠山地或社經地位較低的孩童，應當受到較多補助。但是目前台灣採行統收統支制度，使貧窮縣市在教育經費上疲於奔命，與富裕縣市無法相比。此種只「錦上添花」而非「雪中送炭」的制度，使學生無法得到教育上真正的平等。將來的發展必須靠中央政府的補助才能改進，此因地方財源短缺，無力再增加教育經費。除了基本成本之外，學生也應接受適合其程度的教學，因之將來資賦優異或不足、身心障礙、乃至文化資本較低的學生，都須設立專門教育課程或機構以因應所求。在此情形下，教育經費的支出雖將增加，但卻能使教育更加平等。

以上所談的是社會文化的價值觀與未來教育發展的趨向。校長面對這些社會觀，必須有適當的回應。首先，其必須瞭解所處環境的價值導向，如此才能對症下藥。隨著各種環境變數的轉變，不同社會期待會因而產生。例如，Hills（1961）發現不同的社會階級（以職業與教育水準做指標），在教育上持有不

同的價值觀。上層與中產階級注重知識導向的教育，而輕視職業教育，認為其為二流的課程；下層階級的家長則正好相反，認為學習職業課程是使其脫離貧窮的最好方法。Meggers（1966）指出，宗教的不同也會造成相異的價值觀。天主教徒的學校較注重道德教育，而新教徒學校與之相較則較注重智育與體育。此外如年齡、地域、黨派等因素皆會影響一地的價值觀。校長必須瞭解當地情況，辦學才會有績效。試想，一位在民風保守地區的校長若鼓勵性教育的推展，後果必不堪設想。

其次，校長在試圖瞭解所處環境的價值觀時，應採用規模較大的調查方式，而非只聽某些喜愛發表人士的意見。此因多數大眾為沉默的，非到必要關頭不願表示立場，校長若只聽少數人之言，恐怕會推論錯誤，所以宜透過各種管道來進行調查。

第三點，校長所要注意的是應採取主動態度，向大眾表明自己的立場。社會大眾有其不同價值觀，校長不能盡如其意，而必須在人力、財力的限制下，做出校政實施的優先順序。如此一來雖滿足了某些人，也同時激起其他人的抗議。對此，校長應利用各種管道表達自己的價值觀，並說服大眾所定優先順序的合理性。其基本態度，應該是「行動」（act），而非只是一味的對反對人士「回擊」（react）。

三、歐美國家因應社會思潮之教育改革

不同的社會思潮，不但影響當代的教育思想與訴求，同時也激發各種教育改革運動。最明顯的例子是第二次世界大戰以來，世界各國教育組織改變甚大，戰前所謂「學校如工廠」的古典觀念已不符時代需要。台灣教育深受美國教育影響，思潮變化不遑多讓。以下即就美國與歐洲（以歐盟為代表）之教育發展趨勢加以敘述，其中並論及台灣近年來在教育上之改革。

美國為世界強國，其在教育上之改革眾所矚目。自1960年代以來，受到不同社會文化與價值觀之影響，曾經出現數次的主要教育改革，茲分述如下：

（一）1960年代的平等主義

學校設立目的原在為所處社區的學生提供基本教育。美國在1960年代以

後，各種政治、種族、社會團體興起，紛紛要求學校配合其需求而做到立足點之平等。例如，移民子弟要求開放雙語課程（如在課堂上英文、中文並用），黑人學生爭取入學的特別許可，乃至殘障人士向政府請願開設特殊課程等，在在都使學校門戶大開，行政者也對諸多「顧客」的要求窮於應付。影響所及，學校組織開始由封閉系統走向開放系統。以往校長只要控制校內變數即可，如今外在環境因素也變成一股強大力量影響校政。校長因而在權力的集中化上有所折扣，再也不能完全自我決定，而必須採民主制度，以社區意見為依歸。台灣在此方面起步較晚，但1984年所通過的「特殊教育法」，規定「資賦優異及身心障礙之國民，均有接受適合其能力之教育機會」（第一條）。1979年通過的「國民教育法」也主張「國民小學及國民中學應配合地方需要，協助辦理社會教育，促進社區發展」（第十五條），其目的就在配合各種團體的不同需求。1994年通過的「師資培育法」，擴大了師資培育的管道，也是因應多年社會輿論與潮流的要求。此外，大學校園民主化的呼聲、教授治校的主張，皆會使台灣高等教育的組織產生巨大的改變。

（二）1970年代的績效運動

美國學校在1960年代為應付平等主義的要求，各級學校大量擴張，且儘量由政府的公共支出來貼補學生。影響所及，教育經費水漲船高，使納稅人窮於應付。部分人士覺得學校的教育功能雖不能抹殺，但也不能坐視無能的教育行政者浪費資源，績效（accountability，也有翻譯為課責、問責）運動於焉興起（Lessinger, 1970）。首先在1971年，加州通過法律（即Stull法案）來評鑑教師的教學能力，不適用者則予解聘。此外，各校對於儀器的使用效率、學生的成績進步與否、學校行政的表現等都予以評核，以對社會大眾有所交代。績效運動使學校必須如商業公司一般接受成本利益考驗。學校雖不須賺錢，但也應創造高效率與高學習成果。許多經營不善或規模太小的學校因之被淘汰，或頻頻更換校長。

教育成果是否可做量化分析乃見仁見智。贊成的人認為如果不予以測量，則成果根本不存在；反對的人則強調教育的人文效益（如提升文化欣賞能力）是無法量化的。雖然雙方各執一詞，但大家都同意教育利益可分為金錢（pecuniary）與非金錢（nonpecuniary）兩種。前者係以學生畢業後的所得（income）爲準，後者則可以投票率、犯罪率等指標爲測量方法。例如，兩校學生社經地位相似，畢業後從事同種類工作卻在薪資上有大差異，就可能是學校行政或教學失敗所致，值得進一步改進。

績效運動使學校組織型態改變很大。以往學校雖具備科層體系的特性，但行政者與教師溝通甚少。只要每年有學生畢業就可以了，沒有人會對學校成本效益有所挑戰。績效運動興起後，校長必須丟棄以往由上而下的命令方式，進而承認教師的專業地位，並與之合作而擴大教育收益。因爲如果教育向心力不夠，教學成績就差，進而會影響校長前途。所以，績效運動將學校由昏暗的角落，拉入燈火通明的台上，人人皆可以看到其表現，批評其成果。教學機構從此必須與其他公共投資（如交通、內政、衛生）競爭，再也無法享有特權。

爲配合教育利益的可算性，各種技術如「計畫預算系統」（Planning -Programming-Budgeting System，簡稱PPBS）、「目標管理」（Management by Objectives，簡稱MBO）、「管理資訊系統」（Management Information System，簡稱MIS）、「零基預算」（Zero Based Budgeting，簡稱ZBB）、與「計畫評核術」（Planning Evaluation Review Technique，簡稱PERT）紛紛產生。此些技術台灣目前已有學校開始使用。此外，在1970年代後期，部分學者開始倡導大學實施「高學費政策」，主張應確實評鑑學校，並讓學生負擔適當成本，即是美國績效運動之延伸。「天下沒有白吃的午餐」的時代已經到來了，今後各國的學校必都會受到績效運動的壓力，而改變組織的型態。

（三）1980年代的回歸基礎教育運動

在1983年4月，美國國家教育促進委員會（National Commission on Excellence in Education）出版一份報告，名爲「危機國家」（A Nation at Risk），強調美國學生學業成就大幅下降，13%的青少年受了教育卻目不識丁，美國學校上課天數和時數均少於大多數的國家，並且教師的薪資比起其他行業實在太少。凡此種種，都讓許多教育學者擔心不已，認爲美國教育若不改進，就會萬劫不復（Payne, 2008; Ravitch, 2000）。

報告一出，獲得許多家長的認同，紛紛要求學校在教學上嚴格管制，淘汰不良學生，並注重基本教育如讀、寫的訓練。在以往學校的球隊隊員常是成績低落，但卻被保送過關者；如今學校紛紛訂定最低成績標準，不通過者就不能

加入球隊，以確保球員將來若不能如願加入職業隊賺取高薪，至少還有一技之長可以謀生。

在學校組織方面，最大改變乃在教學部門，以往所採用的許多新式教法如視聽教育、電腦教育，雖對學生有些許的幫助，但也因之帶來許多問題。例如，有些數學教師以為電子計算機既已普遍，學生基本計算能力就不必太注重；或是電腦文書處理程式（word processor）已能檢查拼字，所以不必太要求學生達到百分之百的正確，因之造成其讀、寫能力的下降。針對於此，有些學校又開始部分採用傳統教學技術，如確實背誦單字、閱讀名著、加強數學運算等，希望能將學生的基本能力予以提升，奠定將來高深研究的基礎。

台灣因採取英才教育，學生多為升學而苦讀，比起美國學生的基本讀算能力較好，然而填鴨教育實行的結果，使學生不能在各科上均衡發展；因之1980年代後在大學中實行的「通識課程」，即為彌補此項缺失。理工與人文組的學生都被要求修習自己領域外的學科，以吸取各方知識。此外，大學聯考部分科目由全都選擇題改為部分問答與寫作方式，也是怕考試影響學生，使其不注重書寫表達能力，只是一味的背誦而不加瞭解。凡此種種，皆是回歸基礎教育讀、寫、算之要求，所採取的教育改革。

（四）1990年代的迎向新世紀運動

美國方面，Clinton（柯林頓）總統於1992年大選獲勝後，即向國會提出「目標二千年」的教育計畫，其精神延續1980年代的回歸基礎教育的精神，希望重振美國的公立教育，以使人才能具備未來就業所需的技能。其努力重點可由美國教育部長Riley在1996年發表的演說內容看出端倪，其中包括：(1)使美國再度成為有閱讀習慣的國家；(2)賦予家長協助孩子學習的能力；(3)維護校園的安全；(4)增強學習者對自我的期許；(5)以企業經營整頓公立教育；(6)幫助學生獲得就業所需的技能；(7)讓大家都有機會接受高等教育。為達成以上目標，1996年3月召開全美教育高峰會議，會中通過嚴格的學生程度測驗制度，規定學生必須具備一定的讀、寫、算能力才能畢業，加強其專業能力，以迎接二十一世紀的到來。

與美國相較，歐洲國家由於數量較多，相關教育改革相當分散，直到歐洲國家聯盟（歐盟）成立後才有較為整合之教育政策。依據「馬斯垂克條約」

第一百二十六條指出，歐盟會員在教育事務範疇合作的最高宗旨，在於提升歐洲教育品質（European Commission, 2001），自1993年以後的歐盟教育政策從原先的人力資源養成已轉向強調教育品質，其後針對不同時期而有不同階段性的發展計畫，而各個計畫在不同階段中皆有其延續性，其發展脈絡難以斷然切割。以下將說明歐盟在1990年代開始後之各項計畫內容，並分析其實施策略。

　　從1990年代以後，為提升歐洲教育品質，於是在歐洲共同體時期的教育政策基礎上，歐盟提出「歐洲教育綠皮書」、「歐洲學校教育16項品質指標」、「蘇格拉底計畫」、與「達文西計畫」方案。以下分別針對上述政策說明：

（一）歐洲教育綠皮書（Green Paper on the European Dimension in Education）

　　由於面臨全球化及知識社會之挑戰，故希望能培養歐洲公民為目標，並實現提升歐洲教育品質，決定由初等教育做起，累積歐洲公民意識，提出教育人員交流、語言學習、跨國合作及資訊與經驗交換等提升教育品質之活動。

（二）歐洲學校教育16項品質指標

　　歐盟為提升學校教育品質，根據過去對學校中失敗者所研究的報告中分析，找出16項品質指標，其中包含四大向度及各向度內的各項指標（European Commission, 2000）：

1. **成就**：數學、閱讀、科學、資訊與通訊科技、外語、學習能力與公民。
2. **教育階段的完成與轉換**：輟學率、後期中等教育完成率，以及第三階段教育就學率。
3. **監督學校教育**：學校教育的評鑑與後設評鑑，以及家長參與。
4. **教育資源與結構**：教師的教育訓練、學前教育入學率、每部電腦使用學生數，以及每生教育經費。

（三）蘇格拉底計畫（Socrates I, II）

　　蘇格拉底計畫可視為歐盟最重要教育政策計畫，基本上蘇格拉底計畫是歐盟教育政策的總體計畫，其下尚有其他子計畫作為落實方案，從1995～1999年

又可視為蘇格拉底第一期計畫（Socrates I），自2000年起又延續為蘇格拉底第二期計畫（Socrates II）。蘇格拉底第一期計畫的總體方向是，為了加強歐盟整體的教育品質，並對所有教育階段集中發展歐洲意識，加強境內所有人民的團結。其中主要內容包括：高等教育的伊拉斯謨斯計畫、學校教育的康美紐斯計畫、與平行措施（Horizontal Measure）（張鈿富等人，2007；European Commission, 2001）：

1. **伊拉斯謨斯計畫（Erasmus Programme）（高等教育）**：伊拉斯謨斯計畫是歐盟第一個在高等教育推廣的具體計畫，自1987年開始實施，而在1995年併入蘇格拉底計畫，連同1990年實施的語言計畫一併推動。首次將歐洲意識深植於高等教育領導當中，而主要的行動包含了高教領域增強歐洲領域之研究，以及鼓勵學生交流並提供必要的補助費用。

2. **康美紐斯計畫（Comenius Programme）（學校教育）**：蘇格拉底計畫下的康美紐斯計畫則是歐盟首次將學校教育範圍納入整體性計畫中，目的是將歐洲意識融入學校教育中，以落實實踐歐洲公民精神，此時期的主要行動，包含：「建立學校合作關係與發展歐洲教育計畫」、「加強外籍工作、職業性遷徙與旅行者等子女與跨文化的教育內容」，以及「加強教育工作者的在職訓練與改進其教育技巧，進而提升學習品質」。

3. **平行措施**：包含了Lingua歐洲語言學習計畫，希望透過歐盟層次，鼓勵與支援歐洲語言多樣性，以改善語言教育與學習品質；以及ODL計畫（Open and Distance Learning Plan），強調開放與遠距的教學計畫，主要資助歐洲在開放與遠距學習領域的合作，同時也藉由這樣的合作落實於蘇格拉底計畫的其他項目當中；最後則以促進資訊與經驗交換（Promotion of exchange of information and experience），分析各國共同面臨之教育政策問題。

（四）達文西計畫（Leonardo da Vinci Programme）（跨國職業教育合作）

其最主要目的是希望透過跨國合作，來加強受訓者與訓練機構、學校單位與企業之間的合作，促進訓練品質的改善與創新，偏向技職訓練目的之計畫。

其主要目標有三個，包含：改善人民技術能力以強化青年就業、改善訓練管道提升品質、習得終生技能（European Commission, 2001）。

與歐美各國相較，台灣在1990年代中期進行一連串「教育鬆綁」運動。於1994年成立的「教育改革委員會」，提出優先執行之重點方案，其中如推行小班小校、制定「教育基本法」、革新課程、暢通升學管道、建立終身學習教育制度等。皆希望使學生有生活的基本技能，可手腦並用，進入適當的教育環境，進而打破升學主義與考試主義。實施之後，社會各界對其褒貶互見，但其對台灣教育之實施有巨大影響力。對此有興趣之讀者，可參閱相關書籍論文，以審視分析其利弊得失。

四、個人價值觀的影響與類型

自然系統模式不但注重正式組織之規劃，同時也考慮個人人格需求。規範與個人層面的交會，使得不同需求的組織成員發展出不同的行為類型。在此前提下，可知社會價值觀會影響教育整體組織，但個人的價值觀也不應被忽視。本來組織即是個人的集合體，然而基於個別差異，社會主流價值觀未必為個體所認同（如秉持批判典範者對於學校課程即常指斥其為霸權）。Battle（1954）發現，教師會給予與自己價值觀相同的學生較佳成績；Rose（1967）則指出持較傳統價值觀的教師，在組織中傾向有較嚴肅的行為，且對學生成就與學校產出要求較高。Abbott（1960）在有關教育局長與教育委員會成員（members of board of education）之間關係的論文中，發現前者若不熟悉後者的價值觀時，常會以自己看法來預測對方。所以一個較傳統的校長，可能會以為對方是與自己相近，而以傳統價值觀來對待對方。此外，當局長與委員會成員擁有相似價值觀時，所發生的糾紛將會顯著減少。

面對具有不同價值觀的個人，校長應該在平常利用各種方式來瞭解不同非正式團體中的思維與看法。一般而言，物以類聚的傾向使具有不同價值觀的個人組成各種非正式團體，而其中必有所謂的領袖。校長既然無法與每位團體成員熟識，退而求其次也應與各非正式組織領袖取得某種程度的溝通，以便在推行校政時有所取捨。

此外，研究顯示主管面對與自我價值觀相似的部屬，會給予較好的評價或

報酬。此種傾向在所難免，但如太過則會遭人非議。所以，在任用或分配工作時，雖然可以找尋與自我價值觀相同的人（校長必須瞭解自我對不同意見的忍耐程度有多少），卻也必須顧及周遭人的看法，否則將招致對抗的局面，對事情之達成反而不利。

由於個人價值觀之差異，其在組織中即會產生不同之組織行為類型。首先，Gouldner（1957）觀察一所男女合校，擁有1000名學生與130名教師的學院。結果發現學校成員的組織行為可以「宇宙型」（cosmopolitan）與「地方型」（local）兩種為代表。前者對於所處組織的忠誠感較低，並經常更換工作。他們常以自己所專屬的同儕團體為認同對象（如數學教授對於各校所組成的數學學會），而對本校同僚能力表示懷疑。與之相反，地方型的人對學校忠心耿耿，但卻往往對自我專門學科投注較少心力。其常與自我團體中同僚相比，而不願隨便更換學校。此類人雖然在專門學識上較差，但卻「貢獻」一生大半時間在學校中。一般而言，宇宙型的人活動力強，但往往不願屈就小地方；地方型的人雖較平凡，然而卻可在一地度過一生，與鄉土有特別感情。

此外，Carlson（1962）在研究地方學區教育局長（superintendent）時，發現行政者有兩種行為型態：生涯導向（career-bound）與地方導向（place-bound），前者以發展自己事業為第一要務，後者則對所處地方較重感情。Presthus（1978）則依個人的發展野心（ambition），將其分為三種類型，其中包括：向上移動者（upward mobiles）、冷漠者（indifferents）、與愛恨交織者（ambivalents）。以下就其特徵敘述之：

1. **向上移動者**：此種人基本上接受團體的價值標準與要求。他們會努力在團體中發揮自己的理想，大多認為上級是友善與理性的，並不會刻意對自己刁難。

2. **冷漠者**：此種人完全忽視團體的存在，試圖在外界尋求滿足感。他們並不認同團體之運作與價值觀，也不願自動積極參與。其留在團體中的原因只是希望混一碗飯吃，對自己的工作毫不喜愛。

3. **愛恨交織者**：這些人一方面對於組織所提供的待遇與權勢有所依戀，一方面卻無法對組織的價值觀產生認同。他們徘徊於理想與現實之間，常無法對自己的工作克盡全力。

　　愛恨交織者隨著時代的進步，其型態也有所轉變。以往的愛恨交織者在痛恨學校行政者作風之餘，多半無能為力而空自歎息。然而，當今形勢卻已有所改觀。隨著教師人權的提升，許多不滿組織之成員紛紛起而要求改革制度並爭取權利。美國各地教師工會之成立，目的即在爭取以往被行政者所獨霸的人事、財政、課程權力，希望與其共享之，甚而要求有權決定校長人選。此種趨勢一方面使得行政者窮於應付，一方面卻使其必須推行改革。就組織的觀點而言，不失為一大進步。

　　個人在一團體中並非在野心上固定不變。學校組織基本上是一個金字塔，愈至上層職位愈少。許多向上移動者因時運不濟未能如願晉升，也許就會變成冷漠者。如果向上移動者過多，即會產生僧多粥少、難以兩全的情況。所以，如何能給予失意者另一種形式的獎賞（如調升薪資），使其依舊保持熱心，乃成為重要的課題。

　　綜觀Getzels and Guba的社會系統理論，其中心主張為在特定的文化價值觀之下，組織行為乃是團體角色期待與個人需求交互作用後的產物。其提供校長在分析行政運作時的理論基礎，也使我們看到在冰冷的組織架構中，成員如何活生生的穿梭其間，進而產生不同的行為。其當然不是完美的模式，不過就如Getzels, Lipham, and Campbell（1968）在其著作最後所說的，社會系統論在瞭解行政結構與校長日常決策運作上有其一定之解釋力與作用，值得相關研究者之重視。

3.1
個案研究　　　　　　　　永剛與無忌

　　吳池中學歷史悠久，創辦於日據時代，是地方上頗富盛名的私立學校。升學率高且規定學生一律住校，父母們無不放心的把孩子送來受教。推開校門，迎面而來的是兩排高聳入雲的椰子樹，配合著如茵的草地，綠得令人忘記時光的流轉。學生一批批畢業，鳳凰樹一年年火紅，大部分教師卻從烏絲教到了白髮。校長與行政人員深諳黃老治術，很少干預教學，與教師見面總是淡然一笑，大家似乎都滿意於此種沉靜的氣氛。

驚蟄

　　然而吳永剛卻不這樣想，當他初入校園時，卻覺得靜得有點窒息。1990年代初的台灣剛解除戒嚴，各地一片百家爭鳴，沒想到此校還是化外之民。做學生時，他就奉行「真理是經得起辯論」的原則，只要是不法不當的行為，都應受到譴責。大學時言論激烈被記過，他也是無怨無悔。為了理想，他加入了反對黨與教育改革團體，希望能以螳臂擋車之力，為台灣教育注入新血。

　　校長莫無忌胖胖的，報到時笑嘻嘻的對他說：「吳教師，歡迎歡迎，有空多提供寶貴意見，你們年輕人比較跟得上時代。」而他真也不客氣的擬了萬言書，陳述自我的理念，其中殷切希望學校以人本教育理念辦學，莫只把學生視為填鴨的工具。然而，當他在校務會議上義正辭嚴的報告時，卻發現大部分教師不是睡著了，就是在批改作業簿。校長則很客氣的說了謝謝，卻自此絕口不提改革之事。

　　這學校實在太老大了，當與少數年輕教師在一起時，大家都有同感。其中一位義憤填膺的說：「現在是什麼時代，還採用愚民政策。只知道發獎金給升學率高的教師，卻仍允許他們體罰學生。校方

立場不中立，一味討好執政黨做利益輸送，上次選舉居然還發信函給家長，拚命爲某金牛立法委員背書，眞是無恥啊！」

於是，在此後的各種會議中，他儼然成爲少壯派教師的代言人，從校園景觀到行政運作無所不批。莫校長倒也不失風度，總是笑著專心聽講，其他人則多半相應不理。一位年長的教師有次拍拍他說：「就因爲我們是同鄉，所以才勸你。年輕有志氣是對的，可是別搞小圈圈被他人利用。知道嗎？很多人認爲你像馬戲團的猴子，一開會就粉墨登場了。」

夏至

不過好戲還在後頭。一日，當學校教師走入校園時，就發現氣氛不對。眾多的新聞記者擠在校長室前，鎂光燈此起彼落。細問之下，才知道學校上了報紙社會版，內容報導一位女學生控訴體育教師對其性騷擾。由於校方一意息事寧人、不願處理，家長一怒訴諸議員而引起媒體矚目。

吳永剛也見過那位體育教師，高高壯壯的，喝起酒來千杯不醉，目前兼任女子游泳隊的教練。一年來，他陸陸續續聽到不利的傳聞，指控這位體育教師不但進出風月場所，還經常對女學生上下其手。這樣的人渣，學校卻任其爲所欲爲。聽說此教師的後台極硬，姊夫就是地方知名的議員，校長巴結還來不及，何敢攖其威風！

媒體追逐不放，校長避重就輕，體育教師則一概否認，學校頓時沸騰起來。議員質詢，部分教育改革團體也因之召開公聽會。體育教師面無愧色的出面，並要求受害女學生詳述事實經過當面對質。由於家長怕二次傷害，堅拒其要求而氣勢大減。面對如此囂張的局面，吳永剛在參加某次公聽會上憤然發言：「性騷擾案之眞實性我不敢說，倒是學校一味拉高升學率、使用參考書非法爲學生惡補之外，還甘做執政黨的走狗，一意粉飾太平。所謂上樑不正下樑歪，學生的權益完全都被忽視！」

霜降

騷擾案喧騰一陣後漸漸冷卻；此因受害女學生刻意沉默，司法單位難以進行調查的工作。經莫校長私下運作，事件雙方達面協議，女學生轉學並獲得學校退還之學雜費，體育教師則免兼游泳隊教練。一切回歸原狀，校園又恢復了昔日寧靜。

只是，吳永剛卻有了不同感覺。學校大部分教師都不再和他說話，連一向和藹的莫校長見了面也只是點點頭而已。納悶之餘，他抓了一位年輕教師詢問。對方吞吐許久，最後才勉強說道：「老兄，你說得太過分了！人家談性騷擾，你卻指控校內教師非法補習。上個月教育局突擊檢查，十幾位教師上了黑名單。白花花的銀子人人都愛，你斷了人家的財路，當然會遭白眼了！此外，與執政黨的交往，是學校上層的事，我們做教師的管什麼呢？難不成你還要革命？小心過度剛硬，最後被摧折了。」

這些人真沒骨氣，吳永剛心中一陣憤怒。就拿那群以往與其私交甚篤的年輕教師來說吧，事發後竟噤若寒蟬，大氣也不敢吭一聲，大多數都與之保持距離。前日他還隱約聽聞其中一位說：「小心那個吳永剛，他一定是反對黨臥底的間諜，到時咬上我們就吃不完兜著走了！」

不過失之東隅，收之桑榆，此次表白卻使他在反對黨中聲名大噪，不但地位驟升，且被選為黨內教育委員會的委員。也只有在那種場合，吳永剛才覺得自我的理想受到尊重，他準備在校內長期抗戰到底。

大寒

不過學校卻沒再給機會。六月底，他接到不續聘的通知，心中怒火直衝腦門，闖入校長室，近乎咆哮的質問：「我到底何處不盡職，校方要炒我魷魚？」莫校長默默不言，只遞給他一張董事會的通知，其上列舉不續聘的理由，其中包括：

1. 甘為反對黨之鷹犬，將政治鬥爭帶入學校。
2. 好高騖遠只知空談，引起其他教師之反感。
3. 對外擅自宣布不利消息，危害校譽甚巨。
4. 人際關係惡劣，已不足為人師表。

看後，他向天長嘯：「真是做賊的人喊抓賊！我發誓，有生之年一定要窮盡一切管道，討伐你們這群敗類。大家走著瞧！」

討論問題

1. 試以社會系統理論，分析吳永剛最後被不續聘的原因，並指出其規範與個人兩層面是否取得平衡？
2. 此案牽涉到中國人的價值觀，試分別分析吳永剛與校長莫無忌的神聖價值、世俗價值、運作價值三者運作之間的關係，並比較兩人的差異。
3. 試以Halpin的OCDQ八層面（參閱第七章），分析此校的組織氣候類型。
4. 試以本個案之內容，分析吳永剛、莫無忌、少壯派教師、與其他教師的個人組織行為類型。
5. 如果您是自然系統模式的擁護者，對於本案，關注的焦點為何？反之，若持理性系統模式則又為何？兩者之間的差異何在？
6. 試以各領導理論為出發點（如Fiedler權變理論，參閱第九章），分析莫無忌校長的領導類型，並評斷其是否領導成功？原因何在？

3.2 個案研究

跳樓事件

台灣東部某國中，學生常規一向不好，蹺課、喝酒、打架之事常常發生。王校長剛調到此校，由於形象良好，作風開明，深受老師敬重，期許學校能在他的領導下大力整頓一番。

蔡老師是一年級導師，洪立威為其班上問題學生，平時喜歡與高年級同類為伍，結為狐群狗黨而惹是生非，其言辭刻薄，常譏笑或作弄同學。導師常與該生個別談話，並與其家長聯繫，但成效不佳。丁玉桂為班上成績尚佳之女同學，與洪立威小學同校，兩人原來交情不錯，偶有書信往來，近日不知何故交惡。

4月10日

蔡老師得知，洪立威前些日子曾被校外人士毆打。約談其瞭解情況，洪立威指出是丁玉桂唆使的。蔡老師再約談丁玉桂，丁玉桂說，前些日子，洪立威到她的親戚處喝喜酒，批評新娘子妝化得很醜，被其親戚聽到，才出手教訓他，與她無關。導師則交代洪立威行為多加檢點，事情不必再追究。

4月12日

蔡老師將要出差三天，行前約談兩位同學，交代洪立威不要再找丁玉桂麻煩；同時也交代丁玉桂，如有類似事情發生，請她報告代理導師或等老師回來再解決。

4月13日

下午第二節，該班上輔導活動，由於考試將近，任課老師令學生自行溫習功課。洪立威又找丁玉桂麻煩，指責她唆使外人毆打他，

丁玉桂發誓說沒有。洪立威說：「你敢跳樓證明嗎？」並一再用言語加以刺激，丁玉桂眞的從三樓教室往下跳，校方立即將她送醫急救，隨後又轉診到市區醫院。

4月15日

　　事隔兩天，蔡老師依然出差在外，由同事電話告知事件始末，立即帶了水果到醫院探視。丁玉桂雙腳腳踝斷裂，背部脊髓有裂痕，所幸腦部未受傷害，其父親責怪校方未出面處理此事件，校長、訓導主任也未曾前來探視。

4月17日

　　蔡老師到校，始知丁玉桂之兄長曾到洪立威家中興師問罪，雙方互相指責。蔡老師不願見事件擴大不可收拾，進而影響校譽，期盼校長出面解決事端。校長卻說：「學校只管學生，家長之衝突，我們愛莫能助！」蔡老師聽了，心中十分不悦地離去。

　　蔡老師到洪立威家中訪談，其家長認爲子弟沒犯錯，反遭對方毆打，惡言相對，亦無意對事件賠不是。

　　放學後，蔡老師又前往醫院，與丁玉桂父親溝通，請他明天到校，一同找校長，期使校長出面解決問題。

4月18日

　　蔡老師與丁玉桂父親一同去找校長，校長堅持校方不便出面之立場，由家長會出面較妥，並立即約來家長會會長。會長認爲雙方都有不是之處，醫藥費雙方各負擔一半。

後記

　　協調結果，洪立威家長仍不願道歉。蔡老師則常到醫院探視，並鼓勵學生前往慰問。丁玉桂出院後在家休養，蔡老師亦常到家中，

幫其複習課業，其他學生也自動到其家與之聊天與陪讀，丁玉桂家長也沒再追究此事。

　　事件後，校長形象在一般老師心中深深打了折扣。校風依舊，未見改善，部分程度較好的學生紛紛轉學，好老師更是遷調他校，蔡老師也包括在內。

討論問題

1. 王校長主張家長之間的衝突最好不要介入，乍聽之下有其道理。但為何會引起反彈，試從社會系統理論之各層面加以分析。
2. 校長的「不介入」看法，您是否贊同？其原因何在？若您來處理，會採取何種作法？
3. 學校在處理洪立威這類學生時，應秉持何種心態與輔導措施？
4. 王校長所採用的領導模式為何（參閱第九章）？用於治理此校是否適當？試分析之。

建議活動

1. 試從服務執教的學校中，分析其中社會系統的兩個層面。在平常校務運作中，校長是否試圖達到兩者的平衡？若沒有，其原因何在？應如何改善？
2. 編製問卷測量教師與學生的士氣，並試以其年齡、受教育背景、與所處環境的不同，分析其異同。
3. 從所處的學校環境中，分析社區的神聖與世俗價值體系，並分析其對學校運作的影響。
4. 與地方賢達人士或家長會組成分子會談，從其言論中看他們對學校的態度與價值系統，並預測其對敏感問題（如禁止體罰）所採取的立場。
5. 試以貴校校長領導行為，分析其神聖價值、世俗價值、與運作價值之間的關係。
6. 試以學校行政人員之心態，分析其個人組織行為之類型。

第4章

開放系統模式

如何以「權變」應「萬變」，

已是教育行政者必修之一課。

　　與傳統封閉系統模式不同，開放系統模式主張任何組織不能遺世獨立，必須與其所屬環境相互依賴與彼此影響。本章以發生在西漢的李陵事件為楔子，說明開放系統模式的基本主張，及其與封閉系統模式之間的差異。接著介紹開放系統模式的代表理論（主要為一般系統理論與權變理論），並敘述各相關學者在融合理性、自然與開放三模式上的見解與努力。最後為讓讀者瞭解開放系統模式的實務應用，特舉美國之梅西學院為例，說明其如何以開放系統模式發展出戰略計畫，以應付學校的財政危機而使其起死回生。

第一節 開放系統模式的架構與主張

一、李陵事件

　　西元前99年（漢武帝天漢2年），貳師將軍李廣利率三萬軍士，擊匈奴於祁連天山無功而退，武帝於是再命李陵等五千兵卒為先導誘敵。單于調召左右地兵八萬攻李陵，雙方戰於南面山谷。李陵斬殺匈奴萬餘人，己身損失極為慘烈。八日之後，匈奴遮斷糧道，李陵兵矢盡而救兵不到。匈奴招降之，李陵說：「無面目報陛下！」遂降。其兵盡沒。

　　邊吏飛章奏聞，武帝大怒，將李陵妻母下獄。天漢三年，武帝再發四方壯士分道北征；其中命貳師將軍李廣利帶領馬兵六萬，步兵七萬，出發朔方作為正路。此外再命公孫敖領馬兵萬人，步兵三萬出雁門。奉命辭行時，武帝獨囑公孫敖曰：「李陵敗沒，或說他有志回來，亦未可知。汝能相機深入，迎陵還朝，便算不虛此行。」後公孫敖出遇匈奴左賢王，與戰不利慌忙引還。自思無可交待，竟捏造謊言覆奏武帝，聲稱捕得胡虜，供稱李陵見寵匈奴，為其練兵禦漢，臣不敢深入只好還軍。武帝信為真情，立將李陵妻母就地駢誅。其後，李陵為單于立為右校王，羶肉酪漿，胡地玄冰，在匈奴二十餘年而卒。

　　匈奴得李陵，重其威名與作戰能力，乃以公主妻之。司馬遷爲其辯護，以「陵步卒不滿五千，深踐戎馬之地，抑數萬之師」，主張其投降乃爲伺機反正，不應受到責罰。漢武帝懷疑司馬遷包庇李陵，遂懲以腐刑。司馬遷受此侮辱，終發憤完成《史記》130卷，而李陵事件也成爲後代歷史學者傳誦爭議的話題。

　　以上李陵事件內容，主要參考司馬遷所撰《史記》之「李將軍列傳」，與司馬光所撰《資治通鑑》之「武帝天漢二年」部分。李陵的遭遇如其祖父李廣，頗有悲劇英雄的色彩。在「李陵答蘇武書」與司馬遷「報任少卿書」中，皆描述了當時的情況。綜合翻成白話如下：

　　我（李陵）率領步兵不滿五千人，深入匈奴之地，踏過單于的住處，以自己為餌，引誘敵人。跟單于接連作戰十多天，所殺敵人超過自己軍隊的人數。敵人救護死傷不及，身披毛氈皮衣的匈奴酋長都為之震驚。輾轉戰鬥一千多里，箭完了，路斷了，救兵不到，士兵死傷成堆。可是當我起來一喊作戰，士兵無不奮起；熱淚縱橫，流血滿面，泣不成聲，張弓引矢，衝犯敵人的利刀，向北面與敵人拚命。

　　然而此種「不平遭遇與英勇行為」，所帶來的又是什麼呢？不過是亡命異國、妻母被戮罷了。李陵的心情直到武帝死後依舊不能平復。依據東漢班固所撰《漢書》之「李廣蘇武傳」，當被匈奴扣留十九年的蘇武終於獲准回國時，李陵置酒送別，並藉此一抒心聲：

　　現在你就要回去，名聲遠揚於匈奴，功勞顯耀在漢朝，乃是歷史簡冊上所記載的名人，誰又能比得上你！我雖然愚鈍怯懦，假使漢朝能夠寬免我的罪過，保存我的老母，使我能洗刷恥辱立功自救，自當努力而為。可是漢朝卻沒收我的財產，殺光我的家族，陳屍示眾於天下，使我受到人間最大恥辱，我還有什麼顧念呢？罷了，只希望你知道我的心就是。我和你在異域相

逢已成不同國度的人，自今一別也許永沒機會見面了。

李陵的故事到此告一段落。最後他老死異鄉，成為史家指責的對象。然而同情其遭遇的人也非沒有。例如，太史公司馬遷為其辯護而身受腐刑，此與東漢班固在《漢書》中強烈指責李陵叛國的態度大不相同。熟讀歷史的人多瞭解，司馬遷時代儒家雖為武帝所尊，但仍未獨霸。及至東漢各家皆廢，因之儒家「事君如父，子為父死，無所恨」的觀念就深植人心，而成為中國傳統思想。此乃是為什麼岳飛、文天祥等「失敗英雄」受人景仰程度，遠超過功成名就英雄的原因之一。

李陵事件發生時，漢武帝已御宇四十餘年，窮兵黷武連年不息。東西南三面俱得敉平，獨匈奴恃強不服而累討無功。李陵部下只五千人，身餌虎口橫挑強胡，不免自不量力冒險輕進。武帝不命他將接應，而聽令孤軍陷沒，實也難辭其咎。及至李陵降敵，武帝聽信不實傳言竟戮其妻母，無疑將之逼入絕境，永無轉圜餘地。李陵乃將才，卻使其餘生沉淪朔漠，死則葬蠻夷胡虜中，充分顯示政治鬥爭之無情。

李陵的故事清楚顯示兩種行政哲學：一是封閉系統理論，二是開放系統理論（open theory）。前者的看法是「當領導者失敗，這系統就垮了」（when the captain fails, the system fails），所以李陵戰敗之責在於自身。當其帶領步卒時，軍隊勝敗就應成為自己的責任，應該奮戰到底，即使全軍覆亡也不退後。「伺機反正」的理由絕不能成為投降原因。軍人職責就是馬革裹屍，戰死沙場，漢武帝的想法即是如此。

開放系統理論則不同，主張「當系統失敗，領導者就垮了」（when the system fails, the captain fails），認為領導者只是環境中一個組成分子而已。所以當整個系統失調，領導者即無力控制外部變數，最後自然無力回天。李陵的投降按照開放系統理論，其本身疏忽固難辭其咎，然而外無援軍、孤軍奮戰的事實也應列入考慮。李陵無法控制武帝的好大喜功、與其他諸將的嫉妒，其遭遇值得同情。

以下即敘述開放系統理論的基本架構與運作模式，並以此突顯其與封閉系統理論之間的差異。最後再以李陵事件之分析，作為本節之結論。

二、開放系統的基本架構

與封閉系統理論不同，開放系統理論極為注重組織與外在環境之間的關係。即以學校為例，其時時受到社會、經濟、政治、宗教、文化的影響，而難以遺世獨立。古典封閉系統理論注重內部的分工與溝通管道，認為只要控制內部組織變數，一切就會順利運作。與之相較，開放系統理論開宗明義即彰顯外在環境的影響力，在基本假設上大異其趣。

理論上，以組織的複雜性來區分，Boulding（1956）認為可有以下九種，茲分述如下：

1. **架構**（frameworks）：此種系統為最原始與基本的。任何組成分子與母體之間所呈現的，是絕對靜止或固定的關係。例如，動物的器官與身體之間的關係。

2. **齒輪結構**（clockworks）：此種系統為具有部分動態的靜態系統，可以完成事先已被嚴密界定的工作。鐘錶的運作即是一明顯例子。

3. **自動機械系統**（cybernetic system）：此種系統可完成一些有限度的自我操作動作。例如，溫度計可依冷熱而自動調適與行動。

4. **開放系統**（open system）：此種系統自我運作與自我調節，並根據外在環境的變數而決定運作的原則。例如，地球上的氣候系統。

5. **規劃成長系統**（blueprinted-growth system）：此種系統並非一成不變的複製（duplication），而是藉由事先已規劃的程序加以發展。例如，植物之種子或動物之受精卵，在發展為成熟個體前，均依其基因與染色體的運作，而有一定成長模式。

6. **內在意象系統**（internal-image system）：此種系統能接收外在環境的詳細資料，並將之轉換與組織成有意義的意象。此種外部接收、內部組合的功能，可在一般動物中發現。

7. **符號處理系統**（symbol-processing system）：此種系統不但具有創造內在意象的功能，且能以語言符號加以表達與傳播。人類之表達形式即是最明顯例子。

8. **社會系統**（social system）：此種系統更為多元複雜，其成員不但具有符號處理能力，且彼此之間共創出特殊的社會規範與文化。國家或社區可為代表。

9. **超自然系統**（transcendental system）：此種系統乃超乎經驗之外，具有絕對的真理與規則。例如，目前對浩瀚宇宙與星辰，人類所知有限，並不能以在地球上的經驗推理之。

　　由Boulding的九類系統中，可以看出其發展脈絡，系統一至三為物質系統，系統四至六為生物系統，系統七為人類系統，系統八則為社會系統。至於系統九，則為目前人類所未知的系統留下伏筆。Scott（1992）則指出，系統一至八的發展態勢是：(1)在運作上愈來愈複雜；(2)在組織結合上愈來愈鬆散；(3)愈來愈依靠資訊之傳遞；(4)愈來愈能自我維持、成長與改革；(5)愈來愈與外在環境維持開放的關係，其中又以社會系統最為明顯。

　　從以上定義可以看出，開放系統基本上是動態而非靜態的。前者就如電影，其中構圖不斷變換；後者就如照片，其中組成完全是靜止與固定的。動態系統最大特徵乃在具有「重複發生的事件循環」（recurring cycles of events）。例如，在地球上的「水分循環系統」即是一例。從圖4.1中，可看出此種循環必須連續發生，否則整個系統就會衰竭。首先，太陽產生足夠熱能蒸發地球表面的水，水氣藉著風與雲的形成，再轉換成各種形式的水（如雨、雪、冰雹、霧等）降落地面。此些現象若缺一中斷，則水的循環系統就會消失。除此之外，一個開放系統在運作過程中不但會回復其初發時的能量，甚而會更繁茂壯大。如同成長中的青少年，在與外界接觸與衝鋒陷陣後，所獲得的經驗要比所付出的為多。一個新興商業公司或是新設學校，也會有如此的成長歷程。

　　依照以上原則，學校系統可被視為是一種開放系統，其主要與次要的循環四時運作不斷，且同時與外界環境進行交互作用（見圖4.2）。主要系統可依學年度為代表，學生在開學時註冊，接著上課、考試，最後依其成績決定升級與否。此種學年度系統每年循環不斷，其中可以分出產生次要的循環，包括班級、學系、非正式團體、或特殊教育活動等。每個循環也有既定事件（如學系每學年開始訂定教學計畫、迎接學生、評鑑學生與考試畢業等）。此些循環互相連接，而在主要系統下彼此影響（Hanson, 1985）。

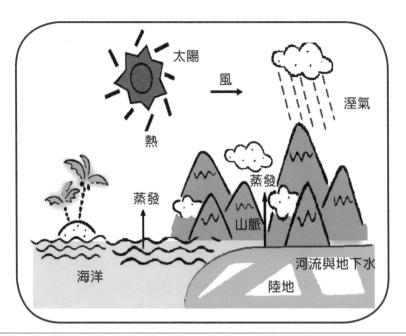

圖4.1 水分循環圖

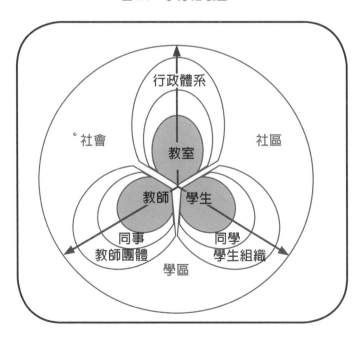

圖4.2 學校的各次系統

資料來源：Hanson (1991: 61).

　　各種循環的事件必須接連發生，否則一系統必會崩潰。例如，一個臨時成立收容地震災民學生的學校，在數年後即因學生回歸原校而人數減少停止招生，此一系統即逐漸消失。開放系統與封閉系統理論最大不同之處，即在對環境變數的處理，然而此並不代表開放系統不注重內部的建構與溝通。基本上，封閉系統理論所主張的團體目標設定、決策系統與組織分層等，在開放系統理論中皆受到重視，並藉以規劃團體內部的方向。但其在運作過程中，特別強調「開放」的觀念，主張不能封閉自己，必須接受外在環境的衝突。如果以圖來表示，可以分成輸入（input）、轉換（transformation）、輸出（output）與回饋（feedback）四步驟（請見圖4.3）。此種流程與封閉系統理論的設定目標、進行溝通、決定執行歷程有所差別。根據Katz and Kahn（1978）的看法，封閉系統理論注重組織「應該」如何運作；然而事實上在運作的過程中，很少能完全照著既定目標與步驟進行，中間必有所轉變。開放系統理論針對於此，注重團體「實際的運作」（actually function）。從輸入開始（到底現在手上有何籌碼），到轉換（外界環境與內部次系統的交會），乃至產生輸出（達成目標否），再經回饋過程（學到何種教訓），開啟另一循環。其間彼此相延不斷，避免「事過水無痕」之情況發生。

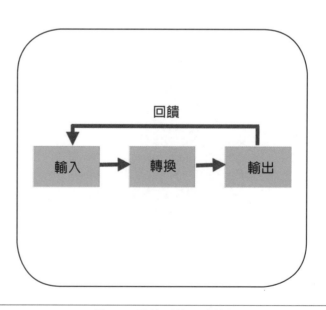

圖4.3　開放系統理論簡圖

三、學校系統的開放運作

以學校運作為例，其過程即可以輸入、轉換、輸出、回饋四個階段說明。以往視導學校時，多注重目標的設立是否達成，並以其為評斷運作良窳的標準。但若以開放系統理論的觀點分析，則特別注重外界環境與組織內各系統的交會關係。熟悉內情的行政者多知道目標設定是一回事，學校實際運作狀況又是另一回事。由於內部非正式團體與外界環境的影響，學校很少能如表面所設定的目標完全達成。如果一味執著要求學校「應該」怎麼做，而忽略其「實際」如何做，往往造成唱高調的弊病。

學校運作是動態且多變的，時空不同即造成相異的風格。基本上，其有各種輸入，其中包括資源與限制。前者如：(1)人力投入：包括學校行政者、教師、學生、家長等團體之時間與能力的貢獻；(2)物力投入：如建築物、桌椅、教具、校車、書籍等；(3)財力投入：經常門（維持學校日常開銷）與資本門（建築物興建、實驗器材更新等）的支出等。後者則包括：(1)法令之規定；(2)家長之期待；(3)社會之潮流等，均多少限制學校運作的自由程度。

除了表面上既定的目標與規準外，學校中也存在各種次級系統。以功能來分，Kast and Rosenzweig（1973）認為有以下四種：

1. **結構次系統**（structural subsystem）：主要任務乃在訂定學校成員之間的基本權利義務與權力結構，如以校長為首的主要行政幹部。

2. **人際文化次系統**（human-cultural subsystem）：功能乃在傳達成員感受與建立組織氣候及文化。例如，校內的非正式團體，透過人際的運作，形成一股不可忽視的力量。

3. **策略次系統**（strategic subsystem）：任務係針對現今與未來的問題，蒐集資料並提出應對策略。例如，學校危機小組、發展委員會均屬此系統。

4. **技術次系統**（technological subsystem）：任務乃在執行各種教學與校務活動。例如，各科教師、職員，乃至學校司機均包括在內。

以上四種次系統並非絕對獨立，而其成員往往互有重疊，分別扮演不同角色。有了輸入與各次系統的運作，轉換的過程於焉形成。憑藉各種輸入資源與限制，各次系統即依其任務進行各種活動，以期獲得預計的成果。校內活動

包括：(1)酬賞（薪資與精神上的獎勵）；(2)教學（以各種方法教導學生）；(3)角色扮演（各類人員各適其位完成分內工作）；(4)決策（面對問題發展医應之道）；與(5)評鑑（考績之評定）等。當然，非正式團體的運作也是重要之一環。其力量之大，有時可決定或改變轉換後的輸出成果。

學校並非營利單位，其輸出與一般商業公司不同，主要包括知識之獲得、行為之改變、技能之培養、品性之陶冶等。其成果較難評鑑，且須經年累月後才能顯現。但在講究文憑的國家，升學率即可能成為論斷學校好壞的主要標準。但不管如何，組織輸出必遭社會之公評，而學校也必須在高績效的目標下，仔細審思辦學成果與環境之需求，並藉由反饋之過程重新規劃下一次的運作。如此循環不斷，時時有活水注入，才能符合其所處開放系統的要求。如果堅持將學校置於封閉系統中，即很難配合外界環境的需求。許多過往行之有年的「成功策略」，卻可能在時空轉變中不合時宜，產生意想不到的後果。

四、開放系統模式與封閉系統模式之比較

由以上敘述可知開放系統模式與傳統的封閉系統模式，在假設與主張上均不相同。前者強調「輸入→輸出」的循環過程，後者則在靜態的組織中，試圖以層級法規的制定，理性的加以控制與運作。應用於學校，開放系統理論揚棄以往過度注重正式目標、組織架構、法規執行的做法，而將注意力轉向外在環境與學校各次系統交會的關係，與兩者之間所產生的脫節現象。學校不再被視為是封閉體系，反之，其運作必須在內外多方力量的角力中尋求平衡點。

表4.1摘錄了開放與封閉系統模式的假設差異，並以李陵事件為例加以說明。封閉系統模式強調目標既定，就不能妥協。組織運作必須藉官僚體系與個人毫無保留的執行業務，只有執行經由理性所制定的策略才能成功。組織中若出現衝突即是生病之徵兆，必須立即剷除。綜而言之，領導者必須為成敗負責，不應推諉塞責。用於李陵身上，主張其既執行先導誘敵之目標，就不應以任何理由降敵；抱怨上級不公即是犯上行為，絕對必須禁止。

表4.1　封閉與開放系統模式在假設上的不同 （以李陵事件為例）

封閉系統模式	開放系統模式
1. 注重團體的目標與「應該」完成的任務。 （不論李陵之兵僅有五千，其應達到先導誘敵的既定目標。）	1. 注重環境的限制與「可以」完成的任務。 （匈奴人多勢眾，且五千兵卒是否能達成目標值得審思。）
2. 組織的特徵是層層向下的官僚體制與各有所司的職位。 （李陵既為屬下，就必須聽命皇帝與上級李廣利之命令，豈有抱怨之理。）	2. 組織的特徵是內部各次系統之間的互動，與外部體系之間的折衝。 （內部不合，各次系統協調不夠，戰敗並不意外。）
3. 各種行動都需要有設定的正式目標，並以之為執行準則。 （既定目標為先導誘敵，則不論成敗或敵眾我寡，皆一定要執行。）	3. 各種行動的導向應由環境的需求來決定，不死訂標準。 （在如此惡劣進攻環境中，實應改變策略或增加兵源以應需求。）
4. 只有一種最佳方式，來達到最大效率或效能。 （皇帝認為此為滅敵之方法，即為最佳策略，不容他人置喙。）	4. 有一種以上的方式，來達到滿意度與效能。 （滅敵方法很多，何必堅持如此，應廣為嘗試以免送死。）
5. 靜態的關係。 （抱怨皇帝不公即是犯上之行為，絕不可在組織中出現。）	5. 動態的關係。 （軍隊難免有相互傾軋之事，應承認其存在並面對解決。）
6. 主管對所處團體有絕對之責任，不得以任何理由推卸。 （任何策略可關起門來制定，無須考慮外界因素。）	6. 主管因環境變數的限制，所以不能責任一肩挑。 （滅敵必須依天時地利人和等因素籌劃，豈可閉門造車。）
7. 所有活動都在團體的封閉系統中執行運作。 （皇帝下命令即是聖旨，其看法絕對正確，無討論之餘地。）	7. 團體藉由「輸入──輸出」的過程來與環境交會，並取得平衡。 （李陵敗在各次系統之溝通不良，加上對環境不熟悉之故。）
8. 溝通的管道已被設定，並侷限於內部系統中。 （李陵身為領兵之人，不論任何理由，絕無戰敗投降之理。）	8. 溝通管道不但存在於各次系統中，也存在於內部系統與外部環境之間。 （李陵戰敗是事實，但整個系統早已埋下遠因。其投降縱犯天條，但也應藉此加以檢討，而非只是怒殺其妻母。）

　　開放系統模式則主張各次系統與環境之協調，必須視情況制定適當政策，而非迷信標準答案。衝突之產生乃組織與環境之脫節現象，不必過度緊張，適

度處理即可化危機為轉機。用於李陵身上，五千兵卒是否能達成目標即是大問題。既然輸入之實體不佳（敵眾我寡、過度深入敵境、本身內部傾軋），又怎能要求有好的輸出。因此，李陵縱然觸犯天條，也不能把錯全推給他，組織本身也要負責任。兩千年來，李陵事件眾家看法不一，但其所顯示的訊息卻令人深省。

　　由於基本的假設不同，封閉與開放系統模式在處理問題上也有所差異。例如，在討論學校學生成績低落的問題上，封閉系統理論的支持者多會譴責校長與教師的失職，希望檢查團體內部結構，並加以改組。開放系統理論的支持者，則將注意力轉向外在環境的相關因素，其中如學校的：(1)分配經費與發展課程情況；(2)學區內人口結構的變化；(3)學生的社經地位；(4)教師的離職率與原因；(5)家長對學生受教的態度，與(6)社會文化的轉變與時代浪潮。

　　綜而言之，開放系統理論者並不排除教師與校長是造成學生課業低落的主因；然而在同一時刻卻加強檢視團體外在的大環境。此因在現實環境中，領導者錯誤與外界條件的限制，同是造成團體績效不彰的主因，其中誰的過錯較多實難斷定。在現今詭譎多變的時代中，加強環境與團體內部之間動態關係的探討，實為組織必要動作。

五、環境變數之影響

　　根據開放系統的理論，每個組織都聯結於「平衡的系統網」（balance-of-systems web）中。在圖4.4中，可以看到在學校組織的上下左右皆連有不同團體，其中包括立法機構、家長會、教師工會、學術評鑑團體等。其中值得一提的是以上團體都是學校所不能控制的，有時會受到支持（如立法機構通過預算），有時卻受到攻擊（如教師工會指責校方而引起糾紛）。此種不穩定的情況，常使學校處於動盪的局勢中。不過可以確定的是，以上所提的學校外圍團體也受到社會大環境的影響，因之學校行政者雖不能控制周遭之影響團體，但卻可藉敏感的觀察來瞭解其動向。換句話說，就是去探求「為什麼」學校要被要求如此做。例如，傳統上家長對體罰態度多持贊成意見，但如今卻趨向反對立場。其原因何在？乃是持開放系統理論之學校行政者所必須探討的。

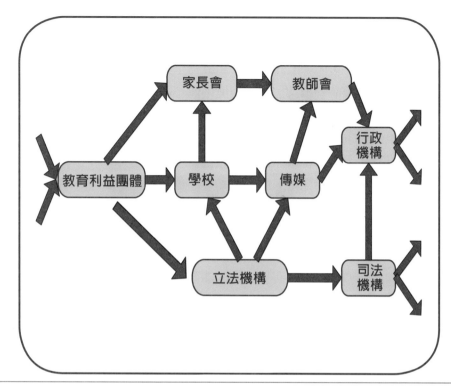

圖4.4　學校所處的系統網

　　開放系統模式強調組織與其所處環境的交互作用，強調後者之變遷，自會影響前者的運作。如前所述，任何一個系統均有其上層系統與隸屬其中的分系統，彼此相互依存，牽一髮而動全身。此外，基於不同環境需求，一般工廠與學校之運作方式必是大相逕庭。如何評估環境特性，往往是教育行政學者關心的領域。由於其理念較為抽象，很難有任何一派學說能將之完全具象化。不過即使如此，基於分析的需要，以下即介紹Meyer and Scott（1983）所提出的分類方式。

　　兩人在檢視各種系統運作後，認為其所處之環境可分為制度環境（institutional environments）與技術環境（technical environments）兩類。前者特徵乃在要求個別組織遵守所制定的規則典章，以交換對其合法地位的承認與支持（制度學派之主要論點）；學校即是主要在此環境中運作。與之相較，技術環境的特徵乃在要求個別組織生產成品或提供服務，以交換一定之財貨。換言之，其頗似古典經濟學派的自由市場理念。在法律允許之範圍內，組織各顯神

通創造高績效，以求得所需之利潤；一般製造業與商業公司，即多半在此環境中營運。

由兩者特徵中，可明顯看出彼此對組織需求的差異。技術環境強調成品質量，特重生產技術與品管維持；制度環境則關心組織是否遵守所規定的程序與法條，並不以其成品質量作為獎賞的主要依據。即以中小學為例，其運作並非基於自由市場的競爭（學生來源無虞），因此即使學生學習成果低落，只要學校當局照章辦事，上級仍會每年撥款加以維持。換言之，其所注重的乃在是否依法提供就學機會給學齡兒童，並不以其成品質量為主要支持條件。此種現象造成學校之運作以守法不出事為原則，往往缺乏與外界競爭的能力；此與商業公司經營不善即會倒閉的情況不可同日而語。

值得注意的是，制度環境與技術環境雖具有負向關係，但卻非完全互斥。有的組織雖偏向一方，但仍具有另一方的部分色彩。如果把兩者視為是獨立象限，圖4.5中即呈現出四種環境型態，分別敘述如下：

制度環境

	較強	較弱
較強	銀行 醫院 能源提供公司	一般製造業
較弱	學校 教會 法律機構 心理衛生中心	餐廳 托兒中心 健康俱樂部

技術環境

圖4.5　各組織所處之制度與技術環境分配表

資料來源：Scott (1992: 133).

1. **高制度高技術**：此種組織不但創造成品在市場上競爭，且須受到嚴格
   法規的管制。主要例子如提供能源之公司（電力、瓦斯等），或是銀
   行。其所提供之產品或服務必須受到市場考驗，且基於對人民福祉的保
   障，其運作必須受到眾多法規的限制。例如，能源公司在安全維護、分
   銷、售價、污染防治等方面，均受到政府嚴密的監督。
2. **低制度高技術**：多半的製造業或商業公司均屬此類，其運作主要受到
   市場競爭而決定。一般而言，為維護自由市場之供需機制，各國政府多
   採取少干涉之原則。除非是特殊組織（如製藥廠），所受到的法條限制
   相對較少。
3. **高制度低技術**：學校、教會、福利機構、法律機構等，均屬於此類。
   其無須受到自由市場的壓力（此因依法必須有此類組織的存在），但在
   運作上卻必須嚴守法律規定（如上訴與判決程序）；一旦疏忽，即可能
   造成危機。
4. **低制度低技術**：此類機構所受之制度與技術環境壓力均較低。許多提
   供個人服務的機構均屬此類，其中如小吃店、休閒俱樂部、與社區服
   務組織等。

　　以上四種組織雖有不同走向，但其與環境的交互關係卻無庸置疑，只是程
度上有所差異。Aldrich and Mindlin（1978）指出，組織必須由環境中吸取資源
或是能量，其與環境的交互關係，則視環境的不確定性（uncertainty）與依賴
性（dependence）程度而定。有的能自給自足，有的則必須與環境接觸頻繁才
能生存。Scott（1992）在參酌諸家理念後，整理出影響組織與環境間之不確定
性與依賴性的變數如下：

（一）不確定性

1. **同質程度（degree of homogeneity）**：係指組織所面對的各環境實體
   （entity）是否具有相似的特性。例如，提供服務的組織，其客戶的種
   類若是五花八門，則其同質性較低，而不確定的程度則大為增加。其中
   如實施義務教育的中小學，其學生並未經過篩選或分流的過程，一律照
   單全收，其同質性的程度就較大學教育為低。

2. **穩定程度（degree of stability）**：係指組織所面對的各環境實體是否面臨巨大變遷。例如，台灣自1980年代後期加速民主改革運動，學校傳統做法受到巨大衝擊（諸如體罰存廢、課程改革、學生受教權益之維護等），其穩定性的程度自然較低，並導致高度的不確定性。

3. **威脅程度（degree of threat）**：係指組織所受到或給予的各環境實體的威脅程度。例如，位於核電廠附近的學校，其不穩定性必較其他學校為高。此外，如製造有毒化學產品的工廠，偶一不慎即可能造成污染，甚而使人喪命。

4. **孤立程度（degree of isolation）**：係指組織與各環境實體的相連程度。有的組織（如部分製造業）必須自多方進口原料，其中一個環節出了狀況，即可能造成巨大損失。換言之，其孤立程度極低，進而也加深其不確定性。

5. **合作程度（degree of coordination）**：係指組織所面對之各環境實體是否和諧或是各自為政。例如，學校的家長委員分屬不同派系，即造成辦學的困擾。有的要求採用均衡教育，有的卻注重升學率，彼此間互有排斥。校長在做決策時往往相當左右為難，自然也加深學校的不確定性。

（二）依賴性

1. **資源豐富程度（degree of munificence）**：係指組織自環境中獲得所須資源的難易程度。如果很容易，則其依賴性就低，反之則高。

2. **資源集中程度（degree of concentration）**：係指組織所須資源的分配程度。如果集中於少數地方（如財團之壟斷），則依賴性就節節升高；反之，如果分配平均可在任何一地即可獲得，則依賴性自然較低。

分析以上變數，Scott（1992）認為同質性低、穩定性低、威脅性高、孤立性低、與合作性低的組織，其所產生的不確定性愈高。另一方面，資源愈稀少或是愈集中，則會造成組織依賴性的升高。值得注意的是，不確定性與依賴性高的組織並非一定是壞事，如能因勢利導，阻力反而能成為助力。即以美國之高等教育系統為例，由於採取自由市場競爭，各校無不殫精竭慮爭取資源，反

而藉著優勝劣敗的自然機制強迫學校進步。比較之下，東亞地區之大學由於社會文憑主義，學校學生來源較無問題，其確定性與依賴性雖高，但也因受過度呆障而不思進步，值得加以省思。

學者Katz and Kahn（1978）則進一步將大環境影響分為以下數類，每一類皆對學校的運作有所影響：

1. **文化的**（cultural）：包括社會對成功的定義、種族的分歧、道德系統之運作等。例如，回教社會對男女之別極為敏感，因之實行性教育遠較西方國家困難。

2. **政治的**（political）：包括教育法令、權力分配系統、所處社區派系結構等。例如，台灣教育行政制度偏向中央集權，因之學校行政者在課程設計的多樣性上，多因圍於法令而必須大費周章。

3. **經濟的**（economic）：包括教育財政、政府專案補助、就業市場等。例如，台灣目前經濟以高科技掛帥，所須人才較多，因之對文法科系的擴展多持保留的態度，而給予其經費也相對減少。

4. **資訊與科技的**（informational and technical）：包括知識的進步、學術交流的管道、與教學技術的改進等。例如，多年以前的教學多以板書為主，如今因視聽電腦網站的進步，多媒體授課已成為趨勢。

5. **物質的**（physical）：包括學校的設備、建築的新舊、交通工具等。例如，以往學校宿舍常因陋就簡燈光不足，造成學生健康的損失（如近視問題）。如今經費增加，家長對學校設備的要求也相對提高。

對以上的各項影響，Emery and Trist（1965）認為其程度可從平靜（placid）到激烈（turbulent）而有所不同。學校行政之運作上，所有影響不會同時平靜，也不會同時激烈，一定是有些強有些弱。例如，美國1960年代末期在文化價值觀上巨變，使原本保守的學校不得不努力應變，但在同時代經濟的影響相形之下就較少。因之學校行政者必須瞭解各影響力的消長，再決定應變策略，如此才能使學校運作更加順利。

開放系統理論與封閉系統理論的最大差別，即在前者視學校為一開放系統。此種看法多年來皆受到某些程度的修正。嚴格來說，世上絕無完全的開放與封閉系統（因有人類的參與，一方面受自然的限制，一方面卻可自我創造），然而各團體皆有所傾向。Carlson（1965）即認為公立學校偏向「養護

型」（domesticated）團體，具有以下特徵：

1. 基本上不須激烈競爭就可獲取資源。例如，學生在學區中雖有數目上的增減，但基本上學校不愁沒人上學。各學校也不必激烈競爭收取學生，所以在生存競爭上並不強烈。

2. 公立學校在經費上的獲得雖受預算限制，但卻不因其成品較差而得到較少補助，有時甚而更多。例如，在偏遠地區的學生課業較差，然而基於平等原則，政府絕不能將之懲戒而減少經費。因之公立學校在品管中不必過分嚴苛，而受到社會的保護。影響所及，其系統運作就較為靜態而封閉。

與之相對的是「動態型」（wild）團體，其中包括商業公司、私立學校、與私立醫院等。其生存完全靠產出成品的品質，若好則客戶較多，反之則會漸趨消滅。由於市場有限，各團體必須激烈爭奪客戶，因而應變求新就成為必須的成功條件。比較之下，養護型的公立學校就不必過分擔憂資源的獲得。商業公司因成品良好而得利，公立學校有時卻是以其成品太差而獲得補償津貼（如離島地區）。一高一低，怪不得商業經理每每羨慕學校校長可坐在辦公室中，靜待經費撥下，悠哉的維持其封閉小王國。

基本上，Carlson的看法在1980年代前確為事實，然而隨著時代變遷，公立學校也多少必須更加主動，才能順利生存。例如，學校升學率太低，學生即會紛紛轉至他校，因而必須裁減教師與減班。晚近有些公立高中因升學率太低而招生不足，因而申請成立升學與職業班並立的綜合中學，其原因除學校教學不力外，尚有社會對就業觀念的改變等因素（進較差的公立中學並不能保證上好大學的機會，不如趁早學習職業課程）。在經費方面，台灣教育部在1994年宣布日後公立大學必須自籌一定百分比的預算，使得學校行政者更須努力，藉各種方式（如向校友募款、開辦成人教育班）籌措財源。所以綜而言之，目前學校系統雖不如商業公司受外界的衝擊程度，但絕不可能成為自主的莊園而遺世獨居。開放系統模式的出現不但適時且重要，值得學校行政者重視。

第二節　開放系統模式之主要理論

一、一般系統理論

　　開放系統的概念自1950年代即已興起。以上所述及Boulding對系統之分類中，即已有「開放系統」一詞之出現。此外，Bertalanffy（1968）所倡導的「一般系統理論」（general system theory），也跨越了封閉系統的限制，標舉出組織內部與外在環境的交互作用。Bertalanffy是一個生物學者，試圖從最簡單的有機體到最複雜的組織中，尋找其運作的基本法則。綜觀一般系統理論的內容，可以看出Bertalanffy主張任何有機體均由細胞中的分子（molecules）所組成，彼此之間必須熟悉運作規則，並和諧融合成一個整體。任何接受訊息的錯誤或是各自為政，均將導致有機體的發展危機。將以上理念推至社會組織，Bertalanffy認為其是各種相互依賴（interdependent）的結構與功能的整合系統。在其中，各次級系統即如有機體中的細胞，次級系統中的人則如細胞的分子，必須有接受訊息的能力，進以瞭解組織的走向，以和諧完成使命。

　　除此之外，Bertalanffy（1968）也提出「邊界」（boundary）的觀點，將系統本身與其他環境分開。邊界內與邊界外的行為如同有機體的皮膚內外作用而大異其趣。有的系統邊界森嚴，外界因素很難滲入，其所產生的交互作用多為系統內各因素所造成，格局與變化性較小，而形成封閉系統。與之相較，有的系統允許外界因素以各種輸入方式（如資訊或能源的加入），與內在系統成員產生交會而形成火花，即形成開放系統。其產出或為計畫或為偶發，但均是一種轉換過程，其目標多在維持系統的正常運作。

　　基本上，Bertalanffy雖未明確標舉開放系統理論，但其理念卻已多所涉及。基本上，其認為所有系統的運作，乃是各組成要素（components）在既定目標下，與穿過邊界的輸入元素（如資訊），彼此產生交互作用的過程。很少有系統是絕對封閉或開放的，其程度乃是相對比較而成。不少系統具有自我導向功能，其產出又透過回饋的過程，成為新輸入之一部分，進入再一次的轉換過程。如果輸入之速率或強度過當，即會造成「不均衡」（disequilibrium）的現象，令系統內之各組成要素應變不及而導致運作失調，甚而影響其存亡。例

如，身體營養過剩或是公司擴張過速，均會產生不均衡現象，迫使各組成要素或次級系統疲於奔命。一旦適應不及，即有危機之爆發。

一般系統理論也強調各個系統有「上層系統」（supersystem）與「次級系統」（subsystem）的存在。顧名思義，前者為系統的上層組織，具有更遠大的目標；後者則為系統中的次級團體，依據系統的既定目標而和諧運作。即以學校為例，其中即有輔導、教學、總務等部門，彼此互相關聯並交互作用而決定了產出（如教學品質、升學率等）。另一方面，學校之上層組織如教育行政主管單位，其功能不但在維持單一學校的正常運作，還必須以轄區各校的發展為施政考慮要點。一校除了內部次級系統之交互作用外，其各上層組織所輸入的各種力量（如社區意見），也具有舉足輕重之影響。就此而言，開放系統模式之要旨即明顯浮現。此也是Bertalanffy的主張雖有過度簡化系統複雜度的問題（生物界之簡單有機體理念，是否能推廣於複雜的人類社會系統），但其對相關開放理論的影響，仍是不能忽視的。

除了Bertanlanffy外，其餘的一般系統學者（如Miller, 1953; Buckley, 1967），也以獨創的理念來區別封閉與開放系統。持封閉系統理念的人，往往以「熵效應」（entropy）來說明組織的終將敗亡。熵效應主張按照熱力學第二定律，任何系統終會走向衰亡，不但能源逐漸耗盡，內部之結構也因解組而崩潰。開放系統則主張藉由從外在環境所吸取的能源，系統不但不會敗亡，甚而會再生，提出「負熵效應」（negentropy）的理念。認為系統雖因時空轉變而使原有結構解組的傾向，但藉由適度改變，不但不會滅亡，甚而會蛻變或昇華至更加複雜的系統。

為了說明開放系統的再生功能，Buckley（1967）提出morphostasis與morphogenesis兩字以說明系統的兩種功能。前者可譯為「生物維持」，係指為維持系統既定形式、結構、與目標的運作過程。例如，生物體中的循環系統，或是社會組織的社會化與控管制度。後者可譯為「生物再生」，係指系統升級與改革的過程。為了應付內外變化，系統必須藉學習、成長、與分化的手段，達到進化（evolution）的目標，以避免被淘汰。此在自然界中之例子俯拾皆是。生長於極地的熊，千百年來不斷改變（如熊毛變白）以適應酷寒生活。社會組織結構雖不如生物體般的嚴密，但也必須在時代浪潮中引進新科技與新能源而再生。想想看，二十一世紀之IBM公司與1950年代初創時，必在結構與運作方式上大異其趣。此種自外部吸收能源而蛻變的奇妙能力，即是開放系統模式所

強調的。外在環境不再只是被視爲是敵對與顚覆系統的元凶；反之，適度的接受衝擊與從中吸取能源，反而是系統再生的不二法門。換言之，任何系統均無法封閉自我，或是逃避衝擊。唯有努力蛻變，才能化險爲夷，更上一層樓。

二、權變理論

以開放系統模式爲立論基礎的派別頗多，但其中以「權變理論」（contingency theory）發揮得最爲淋漓盡致。其假設綜而言之有以下三點：
1. 世上沒有所謂的組織最佳策略。
2. 兩個不同形式的組織方法不會造成相同的績效。
3. 最好的組織策略必須依環境的特性而變動。

由以上主張，可以看出權變理論與傳統行政理論大不相同，並不試圖尋求放諸四海皆準的原理原則。換言之，就嚴格的觀點而論，世上實無最佳策略可解決所有的系統問題。此外，兩個不同的組織方法必會造成相異程度的績效，組織結構與其表現有極大相關。簡言之，權變理論認爲內部特性能夠吻合環境需求者，其績效必達最大。由此而見，外部環境對於組織成敗的重要性。

應用權變理論的名家甚多，其中如Fiedler（1964）的領導權變理論，Lawrence and Lorsch（1967）的整合權變理論均是佼佼者。前者因工作結構之差異，主張工作導向或關係導向的領導方式均應依情境之變異而斟酌採用（詳見教育領導理論一章）。後者則依環境之需求，認爲應靈活並整合理性、自然、與開放三種系統模式，並從中選取最佳策略。除此之外，Galbraith（1977）則從資訊流通（information processing）的觀點，認爲在極度複雜與不安定的組織中，必須藉由大量資訊的注入，以使其在運作時維持高度表現。反之，如果系統穩定，則對資訊需求較少。不同組織會因其對規則、層級、與集中化程度的設計，而影響到資訊的流通。Galbraith認爲並非每個系統均須大量資訊，必須視其結構而定。由於資訊的獲得極爲昂貴且費時，任何組織均不能無限制的加以搜尋，因此針對系統需求而得到最適量的資訊，乃是行政者必備之能力。例如，不同學校因其環境與內部結構之差異，在所需資訊與種類上即各有選擇。都會區學校所在環境多變且利益團體林立，決策時所需之資訊，應較鄉村地區

爲多。此外，如果學校內規章嚴明，組織層級井然，一切已上軌道，則運作時除重大事件，所需之資訊應較結構鬆散者爲少。

綜而言之，Galbraith以資訊流動觀點，說明系統必須視環境需求與內部結構而進行權變，主張情況愈是多變與不穩定，決策時所運用之資訊質量必將增加。此種將環境列爲是重大考慮變數的理念，實與開放模式之基本主張不謀而合。Galbraith之理論相當複雜，由於與教育行政領域牽涉較少，故此處僅介紹其重點部分。讀者若有興趣，可參考其相關著作。

此外，Kast and Rosenzweig（1973）則指出在不同環境與組織中，其運作方式應有不同。在封閉與機械式的組織，由於生產定量的成品乃是要務，且與外界環境接觸較少，宜採用規格化的運作策略。反之，在開放與機動式的組織，其主要目的乃在研究創造，且外界環境往往複雜且混亂，故必須降低規格化的程度，時時求新求變。明顯的例子如現今之學校，不但受到社會變遷之衝擊，其成員的不同要求也是此起彼落；如果抱殘守缺，一味將上一代集權管理模式強加移植，其後果必是不堪設想。如何以「權變」應「萬變」，已是現代行政者必修之一課。

在實際運作上，研究也指出教育行政者的權變色彩。Martin and Willower（1981）檢視美國高中校長的工作，發現平均每日其要應付多達149.2個大小不同問題，工作時數每週42.2小時。如此狀況下，校長必須全力應付刻不容緩的大小議題，忙亂之間很少有時間思考或計畫學校未來，因此只好抱持「兵來將擋、水來土掩」的心態。Friesen and Duignan（1980）研究教育局長的業務，發現65%的工作在10分鐘內即被完成，說明其不如外界所認爲的系統化。此外，其也指出如同Mintzberg（1980）在商業經理身上所發現的，教育局長也頗能利用危機之發生激勵員工士氣，並藉之群策群力發展新的策略應付需求。換言之，已部分執行了權變理論的精神。

綜而言之，注重外界環境的影響，乃是權變理論的焦點所在。雖然相關派別眾多，但其基本主張卻可摘錄如下：

1. 整個組織的運作係在開放系統之中。
2. 行政者必須檢視組織內的人、事、地、物、與環境的需求及限制，做出「適當」的回應，而不是一意預設立場。
3. 每個組織都是獨一無二的。一個策略在某組織中可能有大功效，但不見得能用於其他組織。

4. 不同領導方式應用於不同情境，所產生之績效互異。世上並無絕對的最佳策略，其好壞往往是相對的。

　　除了以上所提的權變模式外，也有不少學者試圖融合理性、自然與開放系統模式，主張三者之應用各有優劣，必須視情況之需求而定。以下即就相關之主要理論加以敘述。

（一）Lawrence and Lorsch的權變模式

　　Lawrence and Lorsch（1967）在檢視理性、自然、開放三種系統模式後，試圖以權變觀點發展出融合諸家的理念。如前所述，權變理論支持者認為世上並無最佳經營策略，必須視所處環境而定，Lawrence and Lorsch自也不例外。其認為現代組織已無法緊閉門戶，而必須依環境需求而運作。在此開放理念前提下，要採用理性或自然系統模式則必須依其組織形式而定。原則上，有的組織具有高正式、集中化、與目標確定的特質；有的則是極為鬆散，必須仰賴團體成員的素質與創新力才能維持運作，其目標也是模糊不清的。以上兩者位居一線的兩個極端，一般組織則遊走其間；如果再加上環境因素，則其形式更是多樣。Lawrence and Lorsch主張在同質性高、穩定性高的環境中，即可採用理性系統模式正式化或是階層化的做法；反之，若是環境極為多變與動盪，則自然系統模式中人性化走向就成為較佳的選擇。

　　綜觀Lawence and Lorsch的理念，可看出其將開放系統模式置於較高層次，理性與自然系統模式則可在其下依環境需求而加以取捨。此種權變觀念也投射於兩人的組織生態（ecology）觀點中，其認為環境中各有其不同生態，凡是能配合的組織，生存率必定較高。此外，Lawence and Lorsch也進一步解釋為何理性系統模式較自然系統模式早出現的原因。主張隨著時光的流轉，組織所處的環境愈形複雜多元，故自然系統模式順勢興起以應需求。此種看法雖不一定完全正確，但多少有其參考性。即以台灣自1949年後的教育行政運作為例，初期之校長具有權威，上級一個命令下層一個動作，正式化與集中化程度極高。及至1980年代後經濟發展快速，社會各方（家長、學生、教師、社區等）需求多樣且複雜，故人性化管理的自然系統模式即被順應潮流引進。不同年代有其相異特性，即如權變理論學者所主張的，世上並無絕對之最佳策略，

必須視環境的需求而定。

（二）Thompson的層次模式

　　與Lawrence及Lorsch的理念不同，Thompson（1967）在同年提出另一種整合三系統模式的方案。其焦點並不強調環境的需求，而強調組織的不同層次。按照Thompson的說法，理性、自然、開放三系統模式可以同時運用於同一組織中，而不發生排斥作用。不過，同一組織層次中，則只能選用其中一種模式，以免發生矛盾現象。其借用Parsons（1960）對於組織層次分類，認為其各有適合之模式。基本上，其主張一個組織可分為以下三層次：

1. **技術層次**（technical level）：其任務多侷限於生產，即將輸入之資源經過一定之程序轉換成有價值之輸出。
2. **經理層次**（managerial level）：其任務多在設計與監控生產系統、採購、行銷，與組織內人事掌控及人力的分配。
3. **機構層次**（institutional level）：其任務主要在檢視其所處環境的生態，並因之決定相應之道，設定組織邊界，與做出組織未來走向的重大決策等。

　　針對不同的層次，Thompson認為應採用最適合其特性的模式，分別是技術層次的理性系統模式、經理層次的自然系統模式、與機構層次的開放系統模式。所以如此安排，乃在技術層次多為封閉系統，行政者往往刻意將之與外界隔絕，以能在無干擾的情況下專心作業。例如，汽車廠中的生產線，往往必須一個命令一個動作，以免失之毫釐、差之千里。無論外界如何變化，員工只要服從指令即可。在此情況下，理性系統模式的高正式化經營即成最佳選擇。與技術層次相較，機構層次由於位階最高，必須盱衡時局做出未來發展策略，其採用開放系統模式即無可避免；否則若未能體察所處環境的變遷，即可能遭致淘汰惡運。至於夾在其中的經理層級，其性質在開放的決策與封閉的生產之間，必須具有相當的行政彈性，才能應付五花八門的內部問題。針對於此，自然系統模式即成其需採行的策略，一方面強調人性化管理，一方面避免過度的正式化與集中化，留給經理層級的成員適度的運作空間，如此才能締造佳績。

（三）Etzioni的結構模式

就年代而言，Etzioni（1964）的理念出版較早，故未觸及開放系統模式，而將焦點集中於理性與自然系統模式的整合上。其所倡導的「結構模式」（structuralist model），強調任何組織基於利益之爭奪，其衝突在所難免。Etzioni引用Weber and Marx的理念，主張即使管理者費盡心思，其與員工仍處於對立狀態。此因員工並不擁有生產工具，故在經濟與社會利益的衝突下，會對組織產生疏離感（alienation）。針對於此，控制（control）即成為組織運作的必要手段。此外，Etzioni也指出組織必須在：(1)團體利益或個人需求；(2)權力集中或是給予自治；(3)正式或非正式組織；與(4)經理階層或員工利益之間做痛苦的取捨。因此，組織中的衝突雖可經由適度行動化解，但卻不能完全消滅。

由於衝突在所難免，Etzioni認為必須將理性與自然系統模式合用，方能使殺傷力減至最低。理性系統模式擅長處理組織中權力分配之課題，自然系統模式則對員工心理需求有獨到之處理策略。前者偏向正式組織，後者則多涉及非正式組織，必須兩者兼備，才能達成完全控制的功能。組織運作不能僅挑選一個模式，否則即會造成偏差。理性與自然系統模式各自代表不同觀念，基本上乃是互補的。此外，Etzioni也強調衝突是組織運作中不可或缺之一部分，其傳達組織在結構與功能之問題，只要用心面對，必能化阻力為助力。

（四）結語

理性、自然、開放系統模式各有擅長，如能加以整合，必能收統合之效。以上所提之三個模式，其主要目標也在於此。Lawrence and Lorsch的權變模式主張依環境之性質（同質性低或高，穩定或多變），來決定採用何種模式，基本上認為世上並無最佳策略。Thompson則依組織的不同層次來決定模式之使用。原則上，開放系統模式用於機構層次，自然系統模式用於經理層次，理性系統模式用於技術層次。Etzioni主張控制乃是組織運作的必要手段，對於正式組織宜用理性系統模式，非正式組織則用自然系統模式，如此才能解決無可避免的組織衝突。

綜觀以上三種模式，皆具有權變理論的色彩，強調必須因地制宜的觀念。即以學校為例，由於其成員背景與所處環境之差異，所顯現出來的組織特性各

不相同。有的穩定，有的動態；有的正式組織嚴密，有的非正式團體卻獨大。在特殊時空中，領導者必須視情況挑選適當模式以應需求。此往往必須要在不斷觀察與思考中才能完成，一步下錯，即可能導致全盤皆輸。

第三節 開放系統模式之應用

　　為使讀者瞭解開放系統模式的精神與原則，以下即以一實例加以說明。案例的主角為一所面臨財政危機的美國私立學院，在幾乎面臨倒閉的情況下，如何改弦更張，實施開放系統模式所主張之戰略計畫，最後終於浴火重生。

一、財政危機的歷史背景

　　檢視美國高等教育的歷史，1947年為一重要年代。當時，美國總統所任命的「高等教育委員會」（The President's Commission on Higher Education）發表研究報告，主張大學應提供有志向上的青年讀書機會。當時適值第二次世界大戰之退伍軍人還鄉，聯邦政府於是大力介入高等教育，以鉅額經費來補助學校，使許多以往因財力不足而未能就學的學生得償宿願。之後，註冊人數激增的趨勢一直持續到1960年代末期（戰後嬰兒潮世代的長大），各類高等教育機構如雨後春筍般興起，影響所及，使美國大學成為世界上少數實行「普及教育」的高等機構。此與當時歐洲及東亞各國所採行的「英才教育」不同。基本上，美國高中學生只要申請，自有學校接納之（各校水準仍有程度的差別），並不須接受嚴格考試，所受待遇令人羨慕。

　　然而，受人羨慕之背後必須付出極大代價。提供每個高中生都有機會進入大學，政府財政負擔自然極為沉重。大學不比中小學，其在人力、設備、與儀器上的投資龐大，且相關收益（如學生畢業後對社會的貢獻）又非短期可以回收。此外，更糟的是當學齡學生人數減少，學校的設備仍須維持，教師也不能隨便加以解聘，學校財政就會亮起紅燈。此種情形從1970年代初期開始惡化，註冊人數逐漸減少，人民也不願增稅以支付學校龐大支出，許多大學（尤其是私立）則必須以提高學費作為手段，結果更導致學生裹足不前，使學校最後不

得不宣布破產而解散。

　　為了挽救財政的危機，各種自企管領域中發展的策略紛紛出籠，而被學校行政者視為是解救良方。數其犖犖大者，計有計畫預算系統（Planning, Programming, and Budgeting System; PPBS）、目標管理（Management by Objectives, MBO）、零基預算系統（Zero-Based Budgeting，簡稱ZBB）等。其像一陣風，來的快、去的也快。學校行政者不久即發現教育不同於商業，借用企管成功策略而應用於教育並非一定有效。如果勉強試用，則必須重塑整個教育環境，而事實上並不可能。因之部分教育學者（如Baldridge, 1971）即主張要解決教育問題，其策略必須要由自身發展，如此才能對症下藥，而不產生副作用。

　　傳統上，教育界以往也有所謂的「計畫」觀念。1960年代開始，各校都有長程計畫或中心計畫（master plan）的訂定，其內容多如「在未來十年內，本校要增建某某館，成立某某院系等」。這些計畫在1970年乃至1980年代後皆被證明沒有大用。尤其在1970年代面對各種民權運動、學生自治、反越戰、學生人數驟減的突發變數，原先擬定的計畫就顯得自以為是與過分理想化。此因當年計畫者多把學校視為是一個封閉系統，認為只要控制校內變數就可高枕無憂；殊不知第二次世界大戰後，美國高等教育機構所築之城牆已被攻破，任何社會變動（如反戰）都會深深影響學校運作。不對環境變數適時因應，無異是井底之蛙侈談治國之道。無怪乎當時部分學者（如Glenny, Shea, Ruyle, & Freschi, 1976）認為制定計畫是無用的，或者是產生類似之以下言論：「我們都有學校發展的中心計畫，雖從不執行，但卻要保留以備上級查核。」

　　此種與事實環境脫節的弊病，使得學校所制定的計畫，產生以下問題：(1)計畫設定過程漫長且複雜，以至完成時情勢已變而不能使用；(2)為應付上級要求，計畫只要進行制定即可，其執行如何則無關緊要；(3)計畫的設定由於多決定於上層（大多由校董會領導），使真正執行校務的行政者，往往發現其為不食煙火與過度理想化。此種情形尤其表現在預算上，花費預算的學校行政者常不能瞭解其編製的精神何在。此因學校的執行者如系所主任並無機會參與計畫小組，所提的意見也常不被採用，久而久之，自然無法進入情況（Cosand, 1980）。

　　另一個使學校中心計畫不能成功的原因為主管之更替（turnover）過於頻繁。一般來說，新主管的來到意味幕僚的大換血，與對前任主管所推行計畫的

暫時擱置；此種情形尤其在新主管是擔任救火工作時最為明顯。如果一種計畫已開始進行並籌劃多時，眾人投下無數心力與財力，但卻在新主管的命令下暫停，其所產生的挫折感可想而知。因此在1970年代校園動亂時期，行政者常因改朝換代的迅速而放棄制定學校計畫，只要能熬過一日算一日，學校的行政並無所謂的方針可言。

綜上所述，傳統長程計畫與中心計畫失敗的最大原因，乃在與現實的脫節。計畫中充滿了「應該」要做的事，但現實情況卻完全否決實施的可能。許多行政者指出學校施政或制度的設定常不按牌理出牌，而大多基於政治考慮與壓力團體的需求。當執行者抱怨時，計畫者卻認為：「我們瞭解現實並不完全符合理想，但你們應按理想而行。如果你們做了，行政績效才會增進，世界才會更美好。」此種言論常令執行者啼笑皆非。例如一個有「理想」的校董會，為堅持人文主義的教育信念，堅持學校不應設立應用科系（如工程、企管等），而以基礎學系為主。此種計畫在註冊人數銳減、學生心態趨向實利的浪潮中，常會陷學校於萬劫不復、面臨破產的危險。

二、戰略計畫的特性與應用

為了彌補以往長程計畫的不足，教育行政學者（如Cope, 1981）開始採用另一種「戰略計畫」（strategic planning）的方式來治理學校，其最大特點乃在對環境變遷的敏感性。顧名思義，戰略計畫一詞頗似軍事行動，事實上也確是如此。舉例而言，如果國防部下達拂曉攻擊的命令，在此之前則必須包括許多預備動作。在將星雲集的作戰中心，指揮官先聽取軍事專家的報告，以確定進攻路線、補給方式、乃至傷兵救援等。在電腦所產生之模型上，各種軍隊行進路線被畫出，所需裝備與砲彈數也計算出。凡此種種，頗像以往傳統計畫的制定，各種步驟被詳細條列，指揮官甚而會收到一本厚達數千頁的作戰計畫書。

然而，戰略計畫並非在此就已完成。作戰絕非只是紙上談兵，戰場上瞬息萬變，原先擬定的主要計畫可能根本不管用。如果天起大霧，傘兵無法空降，或是估計錯誤陷入敵人埋伏，又該如何因應？因此，有經驗的戰地指揮官會加倍兵力以防不時之需，並且利用各種情報來調整兵力。此種對外界環境變遷的適時反應實為致勝要訣。所以，作戰中真正重要的是戰地指揮官，而非鎮守國

防部的高級將領。前者的心態與後者之間往往大相逕庭。

以軍隊作戰的計畫為例，參酌相關學者（例如Kotler & Murphy, 1981）之看法，可以歸結戰略計畫的特點如下：

1. **戰略計畫也如一般計畫的制定程序，在開始時對於團體目標、營運方針、歷史背景等重大因素加以分析**。因此，指控戰略計畫為短視偷巧之走向並不正確。然而，比較之下，其較重視組織現有之健康狀況與財政，而不願作陳義過高的決定。此與以往計畫書在卷首動不動就說「基於教育理想，吾人認為應如何」的語調不同。戰略計畫必須以務實為出發點。

2. **戰略計畫多是短程或中程計畫**。在傳統計畫中，常可看到「十年」計畫的輝煌名稱；但事實上卻不能應付環境的改變。戰略計畫面對此種弊病，不願把計畫年限過分拖長。其並非不重視未來發展，而是採取短期步步為營的方式，以數個成功的子計畫完成整體長期的目標與理想。

3. **戰略計畫對於環境變數極為敏感**。1970年代之後，迫使大學發生重大變革的力量並非來自內部，而多半因社會的動盪而起，例如，嬰兒潮的降臨與消退、民權運動的興起、大學市場化的趨勢等。以往計畫者所採用的封閉系統理論已不切實際，因此戰略計畫改用開放系統模式，將環境變遷納為考慮的主要因素，並積極事先謀求對策。就如作戰一般，無人能確知會發生什麼？但事先的縝密思慮，將減低此種不穩定性所造成的損傷。

4. **戰略計畫基本上是一門藝術而非純科學**。在以往的長程計畫中，可以看到許多用量化技術所做成的預測，例如，用統計迴歸或時間序列來推斷未來十年的學生數。這些看似極為迷人的研究，最後卻因環境的改變而功效大減。戰略計畫與其不同，基本上融合了事實、經驗、測量、甚或迴思而成。換言之，也就是主觀經驗與客觀測量並重。因為有主觀成分，所以，戰略計畫的制定不能符合科學的嚴格要求。然而就如作戰一般，任何科技都不能號稱能面面俱到，臨到緊要關頭時，以往嘗試錯誤的經驗就極為重要。學校當然可以預測未來的註冊人數，但所憑藉的若只是電腦統計報表，所獲結果將不過是一堆不甚正確的數字而已。戰略計畫加入設計者的經驗，實為許多不按牌理出牌的突發情況，提供另種較有實效的解決方法。

三、梅西學院的成功實例

為讓讀者瞭解戰略計畫的特點，特舉一實例來加以說明。例子中的學校為一個位於美國東北部的文理學院（liberal arts college），名叫梅西學院（Mercy College）。基本上，1970年代以來的註冊人數驟減，對此類私立文理學院打擊最大。此因其多位於美國最先開發之新英格蘭區，深受歐陸傳統影響而以教授學生基礎學科為主。由於尊重傳統，面臨困境卻難以丟開歷史包袱，不能及時調適以滿足學生需求，進而造成招生縮減的困境。

然而這種情況並未在梅西學院發生；反之，其學生數從1972年的1,500人增加到1981年的9,500人。促使其成功的最大功臣是葛羅德（Don Grvnewald）校長。在建校之時（1950年），梅西學院的宗旨是培養修女到小學教書，因此經費來源大半來自天主教會。後來因為修女人數減少，教會決定將其改為普通學校而男女生兼收。當教會財源中斷時，學校不得不依賴學費與州政府補助來維持，但情況並不甚好。1972年葛羅德校長接手時，教授擁有博士的比例少於50%，學校圖書館的藏書只有6000本，所提供的課程不過限於師資訓練與醫護技術人員培養兩項而已。

接下如此學校，又面臨全國大學生入學人數驟減危機，葛羅德校長即採取戰略計畫，儘量避免形成陳義過高的言論。首先，他確立梅西學院的教育宗旨在提供學位與非學位的課程給一般大眾，並非如哈佛或耶魯等名校之實行英才教育。所以學校開始提供暑假、週末、晚上課程，以因應不同學生所需。住校規定也取消，以使學校附近的學生能通學而節省開支。除了主校區之外，也在各地選擇交通便利之處成立分校區，以吸收當地學生。此外，「平行上課」的制度也開始施行，也就是同樣課程各在早上與晚上講授一次，以符合在外工作學生的需求，學生並可隨時更改上課時間，只要教師同意即可，避免許多冗長的行政措施，實行以來效果良好。80%的學生來自校園方圓四英里之內，學生人數也激增四倍。梅西學院的學生也許不如MIT或哈佛，但其教育體制卻給一般社會大眾提供良好的受教機會。

在對環境變數的因應上，梅西學院採取的措施，最引人注目的是租用各分校學區。此因所提供的科目以實用為主，所以學生的多元需求應列為首要條件。租用而不購買校地，可以防止將來此區學生減縮後的善後問題，而學校也可適時尋求交通便利之地另開分校，免除行政上的困擾。梅西學院此種市場導

向的經營方式，雖不受部分正統教育學者之認同，但卻可防止學校財政惡化之情況。此外，校方也隨時開設各種新興熱門之科目（如電腦秘書學門或房地產經銷）以因應學生需要。科目有提供修習準學士（associate degree）、學士與非學位課程數種，彼此之間互相流通承認，給予學生極大方便。例如，一位修習非學位多年的婦人，一旦希望能獲取學士學位，立即可以轉入學位課程，而學校也承認其以前所修學分。此種制度具有很大彈性，滿足各種學生的需求，也推動「終身教育」的理想。

梅西學院的成功，使人瞭解戰略計畫的效用。正如葛羅德校長所指出的，當對手忙於制定長程計畫，並利用統計分析做成厚厚的計畫書時，梅西學院卻面對現實，依學校需求從事改變預算取向、選擇適任教職員工、改善與外界關係，與尋找財源等務實研究方案。實務上，學校不能沒有長程理想，但其成功必須植基於多個短程與中程計畫的成功。葛羅德校長所做看似「不重要的事」，讓學校瞭解必須適應環境，並且減少行政者之流動率，才是真正使學校一步步走向成功的原因。現代大學不能離世而獨處，而戰略計畫的出現，實值得競爭激烈之高等教育行政者，加以考慮採用。

四、開放系統理論的前瞻性

美國大學利用開放系統模式與戰略計畫，解決學生不足問題的作法，實值得盛行升學主義之華人地區學校效法。以台灣為例，多年來雖然社會型態有所改變，但台灣高等教育機構卻仍少有戰略計畫的觀念。究其原因，乃在雖然大學錄取錄已近99%（2011年），但在父母只求入學不問品質之心態下，各三線大學仍能勉強招到學生。此與美國之完全「自由市場」大異其趣。既然沒有立即生存威脅，改革的意願就較低，凡事只是蕭規曹隨而少有進步，站在教育的立場而言，實在非常可惜。因為一個學校即使一定有招滿學生，卻不代表校運一定順利，其中又以財政問題最為明顯。公立大學在政府削減預算時必受池魚之殃；私立學校則在漸失學生來源時會產生捉襟見肘的困境。部分大學在學生報到率驟減之情況下，即面臨運作之財政困境；原因就在主政者空有長程計畫，遇到突變時能事先因應，只是以裁減員工為手段，在態度上消極而難以產生實效。

　　面對激烈競爭，學校行政者（尤其是高等教育）必須參酌採行戰略計畫的精神，以積極針對環境變數加以調適。由於僧多粥少，目前東亞地區公立大學多被要求自籌部分比例之財源，使其必須改弦更張力圖在體質上有所改變。此外，由於出生率的節節下降，各校（尤其是私立學校）必定或多或少感受威脅。也許不會完全招不到學生，但其名次必會因學校素質的降低而下降，如此惡性循環最後萬劫不復。同樣是私立學校，有的可以廣開財源（如有些學校爭取各種專案經費，以其盈餘擴充設備），有的卻面臨山窮水盡的局面。理由無他，就在行政者是否能彈性應付危機。學校之良窳對學生影響巨大，肩負培育英才的重任，教育行政者實不應囿於封閉系統的觀念而忽略外界環境變數的影響。就此而論，開放系統模式的相關理論與策略，實值得經營學校者深思參考。

4.1 個案研究

清官誤國

剛過完端午節，地方父老就開始議論紛紛。頗受敬重的老校長即將榮退，所有人事的大換血在所難免。據說新派的校長是喝過洋墨水的歸國碩士，在當時（1980年代中期）人人拚命向美國移民的浪潮下，還真是個異數。

新來的校長名叫畢海瑞，教育資歷極為豐富，除了在國中教學七年外，也做過教務主任。當年由於不滿學校升學掛帥的惡質競爭，於是赴美深造，希望能再開一片天地。如今派到投騰國中，也是經由教育局內曾為同窗的督學所引薦的。學校所在城市的人口大約10數萬，民風相當純樸。在以往老校長的苦心經營下，班級數在四十班左右。由於是附近唯一的國中，地方人士對學校的一切均極關心。就拿歡迎他的茶會來說吧，不但萬頭鑽動，當地知名人士幾乎都蒞臨「指導」，他看得出他們的殷切期望。

序曲

只是，在未上任前，他就已耳聞此校的升學導向惡風，不但藝能科常被挪用教英文或數學，教師私自開家教班的也不在少數。升學率高固然好，但用不正常的手段卻不可取。前任校長大概是太老了，完全放任教務主任胡作非為，這讓上級查到了可不得了，他絕不能坐視不管！

於是，在期初的校務會議上，他開始推銷自己的想法：「根據皮亞傑的認知理論，國中生正當形式運思期。這階段的學生必須要靠激發的方式來形成其認知結構，因此，目前只是用測驗卷不斷考試的填鴨政策必須修正。另一方面，教育部規定中學教育必須要五育均衡，為遵行辦理，以後調課之事非經我的同意不得實施……。」

　　大部分的教師都沒聽過皮亞傑，正被弄得一頭露水時，畢校長
已下達了四項禁令：

　　1. 嚴禁在課堂中使用參考書與測驗卷，教師出試題時也不可照
　　　 抄。

　　2. 學校以往對三年級的第八節課後輔導課取消。

　　3. 任何將副科如體育課調上英文等主科的措施應被禁止。

　　4. 任何校內教師不得私自在家開家教班，違者議處。

　　才一宣布，底下就立即吵成一團，教師們紛紛質疑，他卻以
「正常教學」的理由打回。回到辦公室，教務主任尾隨而入，有點怯
怯的說：「校長，您說的都是對的。只是，在實行上恐怕必須從長計
議。家長們都很在乎升學率，今年還有不少外地越區就讀的。一下子
改變太多，恐怕教師會不適應。此外，聽說附近有另一所私立中學要
成立，到時候競爭會很激烈啊！」

　　他只是聽而沒有作聲，心中卻早有定見。

第二樂章

　　要徹底執行可真不容易。剛開始大家都採取觀望的態度，直到
他親自巡堂，處罰了幾個用參考書的教師後，才有所收斂。幾位以往
創造高升學率的「名師」紛紛抱怨，認為學生應考能力一定會下降；
他卻沒好氣的回答：「我知道考上後，家長會送你們重禮。可是想
想，那樣摧殘孩子對嗎？懇求你們，拿出良心來。成績現在雖下滑，
日後長遠來看卻是有助益的。」

　　不過，也不是所有人都反對。日前，音樂教師郭伯超就跑來謝
謝他的主持正義：「以前不但課被調，而且都排在很差的時段。現在
一切正常，我們這些藝能科教師都謝謝你呢！」

　　有時想想，改革最大的阻力不在教師，卻在家長。實施禁令
後，不曉得接到了多少通抗議電話。他只好苦口婆心的一一解釋。無
奈少數家長還是冥頑不靈，上學期結束後就把子女轉了校。不過這也

好，那些多是越區就讀的投機分子，其中還有現任家長會副會長的孩子，真是不懂教育。

改革之途本來就是艱辛的。當年負笈國外，為的就是正本清源，把台灣教育帶入正途。如今偶遇挫折，豈可半途而廢。日前督學好友聞訊表示關切，語帶玄機的說事緩則圓，他道謝後表示：「陣痛期過了就好，到時你看我的成績。」

第三樂章

兩年過去了，陣痛期不但沒過，且有加劇的情勢。私立中學如期成立，並打著「三年保證上第一志願」的承諾，一下吸走了不少學生。加上以往越區就讀學生的卻步，與本地學生反向至外地上課的數額，竟使學生人數由40班驟跌到26班。留下的學生程度相對較差，教師上課比以往吃力許多，升學率下跌至少10%，眾人預測還會更糟。

面對於此，教師們大起恐慌。幾位「名師」早已未雨綢繆，請調到其他學校，好恢復開家教班的豐厚收入。其餘留下來的卻面臨被強迫遷調的危險，此因學校班級數減少，教師平均開課鐘點不足，必須遷至他校。這對已在學校附近安家置產者極不方便，一位數學教師就幸災樂禍的說：「那個教音樂的郭伯超不是最支持校長的嗎？如今要調走一人，他年資最淺最有可能。可憐噢！以後光開車上班就至少要50分鐘了！」

流年不利，學校士氣一片低迷，以往辦活動萬人空巷的局面早已成明日黃花。地方人士把氣都出在他頭上，認為一個升學率高的學校毀於其手。然而學校真要為升學率而活嗎？他茫然了。如今，教師上課隨便，竟說為這些智商低的學生努力又有何用？教務主任堅持辭職，教師則視他為路人，平日完全關閉溝通的管道。

更可笑的是，日前到學區內的小學宣傳，希望他們畢業後留在本地，竟還吃了閉門羹。聽說一位小學校長還當眾抱怨：「都是那個畢××，喝了幾天洋墨水有什麼了不起！如今弄得有志升學的本地學

生都有家歸不得，真是個書呆子，完全不食人間煙火……。」

聽後，一片黯然，他想該是離去的時候了。

終曲

一年後，畢校長離開投騰國中，卻無處可去。當鄰近學校風聞他有意「屈就」時，無不全力防堵，並透過民意代表威脅教育局長。一個學校的家長會更是過分，聲明要來可以，但要簽署一份「不干預校務」的保證書，令他哭笑不得。最後，還是做督學的同窗在教育研究機構中找了個閒差，這次，他只得「屈就」了。

投騰國中則換了一位新校長。此人深知進退之道，為與前任畢校長畫清界限，不但恢復舊制，甚而更有過之。參考書復活了，副科教師又淪為配角，學生放學後紛紛直趨家教班。升學率扶搖直上，家長會長笑得送金牌祝賀；只是，學生的書包卻更沉重了。一位經歷此次「浩劫」的美術教師感嘆道：「畢校長，你可真是清官誤國啊！」

討論問題

1. 試以封閉系統與開放系統模式，分別分析畢海瑞校長的遭遇，其觀點有何不同？試列舉理由。

2. 試以Scott與Meyer對於組織所處環境之分類方式，分析投騰國中之制度與技術環境為何種類型？

3. 試以權變理論的各種模式（如Lawrence & Lorsch, Thompson等）分析此案，並指出如果您是畢海瑞，會採取何種權變措施？

4. 試以梅西學院為例，比較其與投騰國中所處環境之異同。葛羅德與畢海瑞兩位校長一勝一敗，其原因何在？

5. 畢海瑞與個案研究3.1中之吳永剛均為「擇善固執」之人，但卻被人評為是「清官誤國」，您認為其中原因何在？

6. 試以Halpin之OCDQ（參閱第七章），分析投騰國中的組織氣候類型。

7. 畢海瑞校長的遭遇，帶給您最大的啓示為何？

建議活動

1. 觀察自己的學校或其他教育機構，分析其處理日常事務上，是否已採用開放系統模式的原則？若沒有，其原因何在？

2. 在現有環境中，有哪些環境變數是影響學校運作的？有哪些以往重要、現在卻失去影響的變數？有哪些則剛好相反？

3. 在您的學校中，您認為封閉系統模式與開放系統模式兩者，何者最適用？其理由為何？試討論之。

4. 試討論梅西學院案例的啓示，及其對自己學校的適用程度。

5. 試以Scott與Meyer對於組織所處環境之分類方式，分析所處學校的制度與技術環境。

6. 如果現在您有機會擔任中小學校長，根據開放系統模式，您會最關心哪些環境變數？並請敘述理由。

7. 美國教育界不斷追求平等（equity）與卓越（excellence）兩大目標的達成。但實務上此兩者常互相衝突（如能力分班違背平等原則，常態分班卻對優異學生的發展卓越造成阻礙）。您的意見為何？試以台灣目前學校所處之社會大環境走向，分析將來應如何求得平衡。

8. 近年來社會強調「校園倫理」、「校園民主化」等觀念。試以現今社會思潮之觀點來分析其真正涵義何在？

第 5 章

非均衡系統模式

千里之堤，毀於蟻穴

——中國古諺

　　自1970年代開始，一種新的典範（paradigm）在自然科學領域中興起，並逐漸擴展至社會科學。其基本理念如非線性（nonlinearity）、不確定性（uncertainty）、隨機性（randomness）等，皆對牛頓以來的古典物理學典範起了革命性的反動。此種新典範被稱為「非線性動力學」（nonlinear dynamics）、或是非均衡系統（non-equilibrium system）。針對組織不穩定與不可預測特性，另種理論於焉興起，其中最引人矚目者首推混（渾）沌理論（chaos theory）與複雜理論（complexity theory）為代表（Pagels, 1988; Waldrop, 1992）。

　　針對組織之非線性特質，Gleick（1987）在所寫之《混沌：新科學的產生》（*Chaos: Making a new science*）一書中，以生動淺近筆法首先將混沌理論介紹給讀者。Gleick強調混沌理論的出現，打破牛頓以來物理學者認為宇宙現象是可控制與預測的幻覺。反之，在可控制與預測的背後，卻是現象的隨機性（randomness）與無序性（disorder）。他評論批評說：

> 只要物理學者一意追求自然的絕對法則，即會失之於對自然無
> 秩序性特質的忽略。此種無秩序性存在於大氣中、波濤洶湧的
> 海洋中、野生族群的存滅中、心與腦的振動中。自然界所顯現
> 的不規則現象常是科學之謎，甚或被視為畸形。（p. 93）

　　自然的無秩序性背後所隱含的即是非線性與隨機性。在實證的理性典範中，宇宙現象具有簡易性（simplicity）、線性（linearity）、與確定性（certainty）等特質，因此可經由操弄特定變項後產生定理或通則。然而，此種研究方法卻對無秩序性的現象束手無策，因而只好將之視為誤差而刻意加以忽略。例如，在母數統計中，若遇到極端數值，往往即被視為是outlier（偏離值）。統計學者往往建議將之丟棄，以免破壞常態分配之假設。此種忽視現象之無序性的做法，往往造成見樹不見林的弊病，混沌理論與複雜理論的出現正足以補其不足之處。本章即就混沌理論與複雜理論的基本主張、特性、與其在教育行政領域上之應用加以敘述。

第一節　混沌理論的基本主張與特性

討論混沌理論應用的文章汗牛充棟，但多半牽涉到數學公式的設定或是各學門（如經濟學、語言學）的專門知識。真正敘述混沌理論本身之方法論，且可為社會科學背景讀者所瞭解的作品，相形之下數量較少。數其犖犖大者，計有Prigogine and Stengers（1984）、Gleick（1987）、Kiel（1989）、Cziko（1989）、與Hayles（1990）的著作。

首先，Hayles（1990）指出「混沌」一詞在以往鮮為研究者使用。面對無秩序的現象，其較常將之命名為「非線性動力學」（nonlinear dynamics）或是「動力系統理論」（dynamical systems theory）。對於研究者，使用「混沌」一詞，似乎暗示其對學科的不嫻熟與業餘身分，而非是專家。由此可見，一般學者對於不規則混沌狀態的負面反應。

造成此種現象的原因，為傳統科學觀多傾向於線性、穩定、平衡的關係，而將無秩序、不規則的結構視為偏態。然而，Prigogine and Stengers（1984）、Kiel（1989）均認為目前應從均衡走向非均衡分析。Prigogine為諾貝爾化學獎得主，其有關熱力學（thermodynamic）的研究中，發現其現象是混沌的、非均衡的，也就是因果之間不成比例。Kiel（1989）更提出非均衡理論，主張牛頓以來，人類之自然科學觀計可分為以下三階段：

1. **牛頓物理學觀（第一階段）**：認為宇宙是規則的、亙古不變的。只要找到其中機械式的聯結，即可控制整個系統。因此其具有可逆轉性（reversibility），不因時間之因素而產生隨機變化。例如，在實驗室中，製造水與分解水皆可相互逆轉，基本上是具有規則的。

2. **有限的權變模式（第二階段）**：在一定範圍內，為適應環境而做有限的權變。基本上，現有系統並未破壞，權變的目的在於維持「均衡」（homeostasis）狀態。前章所敘述的開放系統模式即屬此類型。原則上仍然假定系統是穩定與平衡的，只要做有限且適當的回應，即可使系統趨向均衡。

3. **非均衡系統理論（第三階段）**：認為系統本身即是混亂而無規則的，其中充滿了眾多未可預知的事件。基於其混沌的本質，即使微小的起始行為，仍可能引起軒然大波而導致系統的崩潰。此一動態過程會繼續進

行,並透過重組(reformulation)的行動建構另一新的組織型態。非均衡系統理論基本上認為組織是非線性、非均衡的,而其中充滿未可知的變數。系統本身並非機械式的封閉關係,而是自發、充滿能量的有機體。Kiel因而主張,對於此種非牛頓式的非均衡世界觀,學者應加以重視,如此才能一窺現象之全貌。此種觀點,Dale(1990)給以強烈支持。在使用混沌理論觀點研究經濟循環後,其指出此種觀點對發現大有助益,並做結論說:

在東方,千百年來,哲學家認為個別現象皆有其重要性,並視之為一體而試圖檢驗其相互關係。在西方,此種整體系統的研究方式卻遲至二十世紀中葉才出現。代之而興的卻是「多關心顯著現象,而那些微不足道的事情會自我解決」的理念。(p. 81)

歸納相關論文後,Griffiths, Hart and Blair(1991)區分各家之混沌理論為兩大支派。一派以Prigogine and Stengers(1984)為代表,認為混沌現象為產生秩序之前兆,兩者之間彼此呼應,而非互相排斥。此種情狀在封閉系統中之熵效應(entropy)特別豐足時最為明顯。另一派則強調在混沌系統中即隱藏著秩序,兩者並無先後順序。至於混沌理論應用在社會科學研究中,數量較其他理論較少,目前兩派論點之真確性尚待考證(Hayles, 1990)。

儘管如此,混沌理論卻對1990年代以後之社會科學,產生巨大衝擊。探其原因,乃在其基本假設論點與傳統之理念大相逕庭。Hayles(1990)在研究混沌系統後,認為其有五個特徵:(1)非線性(nonlinearity);(2)複雜形式(complex forms);(3)循環式的對稱(recursive symmetry);(4)對起始狀態的敏感性(sensitivity to initial conditions);與(5)回饋機能(feedback mechanisms)。在參酌各家看法後,以下即就混沌理論的基本特質與論點加以敘述。其中包括耗散結構(dissipative structure)、蝴蝶效應(butterfly effect)、奇特吸引子(strange attractor)、與回饋機能(feedback mechanism)四項。

一、耗散結構

　　學者Prigogine and Nicolis（1977）在其相關化學研究中，發現耗散結構的存在，其主要特徵爲能自外部環境中吸取能量。此因熱力學中的熵反應來自能量的消耗，並逐漸產生衰退（decline）現象。爲保持整個系統不因熵反應而造成解體現象，就必須自外界吸取新的能量。因此基本上，耗散結構乃是一開放系統，隨著內部能量的消長，必須隨時與外部交會而產生新的型態。

　　在此耗散結構中，存在著不同的次系統，其關係乃屬非線性。換句話說，其性質並不如線性關係的規律平穩，彼此之間並不相稱而無一定比例關係。此與一般統計線性迴歸方程式，預測變數（X）增加，而其效標變數（Y）即隨一定比例變化的情況不同。影響所及，系統中即使是枝微末節之事，也因非線性關係產生巨大影響，甚而摧毀現行之結構。

　　此外，耗散結構也非穩定系統，有時會陷入混沌暴亂的情境。來自外部環境與系統本身的隨機波動（random fluctuations）與騷亂（disturbance）不斷發生，而其強度與性質往往決定現行結構的穩定度。有時耗散結構呈現表面穩定的狀態，有時卻因隨機波動事件所造成之非線性關係，而使振盪效果驟增，形成極度不穩之騷亂。此種不穩定狀態達到臨界點或是分歧點（bifurcation point），系統內部的平衡即造成斷裂，而導致長期的混沌狀態，或是趨向於另一新的、更高層次的耗散結構。一旦建成，新系統中的另一平衡關係在各次系統中重新建立。此時，外部與內部的隨機波動又起，開始另一波的變化。換句話說，整個耗散結構的變化乃是一種連續過程。其特點乃在完全拋棄既有結構，而在決定性之分歧點上蛻化而形成新的系統。此與開放系統理論之重視環境變數，但仍限在組織內部改革而有所不同。基本上，其是一種「穩定→崩潰→重組」的更新過程。

　　然而，當耗散結構進行重組時，Prigogine and Stengers（1984）卻認爲試圖預測其走向是不可能的。基於非線性關係，隨機波動力量或使組織陷入混屯，或使之進入另一更高層結構，其變化並不可測。同時，其所產生之新結構特性更是難以捉摸。

　　按照Prigogine and Stengers的看法，耗散結構是混沌理論對於現存系統特性的主張。其是非線性、不穩定的，隨時因系統內外的隨機波動而進行組織解體與重組工作。換句話說，其是開放系統中的非均衡結構，藉著自我重組的動

力，在混沌與不穩定中產生新形式的模式。

 二、蝴蝶效應

在Gleick（1987）的作品中，最令人印象深刻者，即是蝴蝶效應（butterfly effect）之提出。所謂「巴西蝴蝶展翅，德州就可能颳颶風」（a butterfly flaps its wings in Brazil the result may be a tornado in Texas）。當然，各人憑其喜好可以改換地名，但傳達理念則不變。巴西與德州相距千里，僅僅蝴蝶展翅的微小動作，遠方卻可能有颶風產生。此種情況已為氣象學所證實，但在其他學科中，其所表達的卻是耗散結構的運作，對於起始狀態（initial conditions）極為敏感，絕不可等閒視之的主張（Kelsey, 1988）。

在耗散結構中，由於各次系統之間的關係呈現非線性，因此細微之處即可能產生巨大影響，如同蝴蝶展翅卻造成颶風一般。在以往理念中，系統是平衡的、線性的，因此明顯事件即應有較大影響，至於那些芝麻小事無甚重要，可以不予理會。混沌理論卻主張一視同仁，任何現象均代表某些意義，不應被忽視的丟棄。所謂「藻萍之末，可以起風」，忽視表面上看來枝微末節之事件，即可能無法一窺各次系統之間的聯結關係，終而造成巨大損失。

學者Cziko（1989）以學生的成就為例，說明四年級學生學習數學，在施測之前得到同樣起始分數者，卻在同樣教學後無法獲得一致分數。一般統計學者認為是組內誤差，Cziko卻指出是教育學者未能精細檢視各學生的起始狀態細節所致。其做的只是一個他們認為「重要」的測驗，而忽略其他的學生「細微」差異。影響所及，那些在起始狀態中不見得相同，但卻陰錯陽差得到相同前測分數者，在學習後卻產生相異之學習成果（後測分數）。其產生之原因，傳統之理念無法解釋，只得斥之為「誤差」了。

三、奇特吸引子

混沌理論的另一重要理念是奇特吸引子的存在。所以名之為奇特，乃指其性質極為不定，有時複雜，有時卻簡單，令人難以捉摸。Hayles（1990）解釋吸引子（attractor）為軌道中的一點，能夠吸引系統朝其而去。其以鐘擺的擺

力爲例，指出在一般情況下，其擺動範圍的中點即爲吸引子之所在，由於其行徑始終如一，因此可稱爲固定吸引子（fixed attractor）。然而，如果加上其他力量如磁力或地心引力，則其系統就更形複雜。依照行徑之範圍與形式，可以畫出其既定模式。當吸引子有所改變時，系統走向自然隨之更動。

除了鐘擺之外，心跳也是明顯例子。如果不受干擾，始終隨其特定吸引子（身體自律系統）而跳動。在較複雜的系統中（如學校），吸引子不止一個，而其走向更爲不定。有時似乎有規則可循，有時卻像雜亂無章。此因奇特吸引子並非皆爲明顯，隱藏其中者往往產生巨大能量而左右系統的走向。例如，在期貨市場中咖啡的暴漲暴跌、氣候之不尋常發展、乃至宇宙特異星體的形成，皆說明有未知之奇特吸引子存在。由於系統之間彼此的差異性，與其耗散結構的特質，畫出特定時期的走向圖，卻很難保證對其未來趨勢預測的正確性。一般而言，系統的突然轉變方向，可以顯示新吸引子的產生，或是久藏其中以往並無顯著影響的吸引子正躍躍欲動，值得教育行政者特別重視。

四、回饋機能

根據Prigogine and Stengers（1984）的看法，系統的過去歷史決定其進化方向；然後在隨機與動態之中，系統中各吸引子導致成果的產出。一切過程可經由非線性的方程式加以代表。如此反覆進行，產出的成果回饋至系統而成爲新的輸入，並因此產生波動而激發出下一波的新結構。換言之，其具有不可逆性（irreversibility），舊的成果雖再注入系統，但所產生的下一結構卻是嶄新的。此與以往科學家將宇宙視爲是靜態的、可以逆轉的看法大不相同，基本上否定了有秩序的循環現象。

綜觀以上混沌理論的主張與特性，實與傳統封閉系統有天淵之別。無怪乎Gleick（1987）將其與相對論、量子力學，同列爲二十世紀方法論革命的三大事件。Kiel（1991）在檢視混沌理論之非線性典範後，認爲可供研究者參考的有以下五點：

1. **混沌理論彰顯出細微與隨機事件的重要性**：傳統上，社會科學研究（尤其是統計量化方法）均將注意力集中於常態或一般系統行爲，對於隨機發生之波動或異常行爲，均被認爲是誤差而自研究資料中除去。此

種作法固然可以觀察到系統的常態面，但是耗散結構的研究卻顯示，往往是非常態的行為促成系統產生巨大的變革。這些非常態的事件看似是枝微末節，但卻透過系統非線性的特質造成無可預測的影響。對此，研究者不應加以忽略，如此才能得到完整的訊息。例如，在處理統計極端值時，應揚棄以往丟棄的習慣，而注重每個個體在系統中所產生的動態影響。Artigiani（1987）在研究世界各種政治革命後，發現往往是幾個特殊人的主張與行動，即將社會大眾推向另一進化的方向。這些人的行為在當時社會主流中最初顯得極端且微小，但隨後卻造成特殊波動，進而打破系統平衡，創造另一形式。在傳統方法論中，這些少數人常被忽略，而失去對系統走向的正確評斷。混沌理論則不同，重視特殊個體在系統中所扮演的角色與影響。

2. **混沌理論對於現象之預測持保留的態度**：以往模式認為藉著變項的操弄，即多少能預知系統未來之走向。然而在耗散結構中，這種方法被視為僅是驚鴻一瞥地記錄了極短時間內的現象。既然系統是非線性的，其走向極難捉摸，在預測效力上自然大打折扣（Baumol & Benhabib, 1989）。混沌理論所建議的，乃是將預測焦點加以移轉。從以往的操弄有限變數以瞭解系統未來走向，轉而瞭解在非線性結構中，造成平衡局面崩落的事件為何與其影響，如此才不致造成見樹不見林的弊病。

3. **混沌理論對於現象之類化持保留的態度**：耗散結構中的非線性關係，造成各個系統皆有其獨特之處，異質性（heterogeneity）相當高。因此，各個系統應各有其運作模式。傳統理論認為系統具有相似特性者，即有類似發展模式。此種高同質性的假設，在耗散結構中不被支持。例如，統計所抽樣的教師樣本分析結果，是否能類化（generalization）應用於其他相似的教師團體，即引起極大疑問。由於對起始狀態的敏感性，每個系統多少都有所不同。與其希望以少數樣本類化到其他類似系統，不如針對其個別特性發展出特有模式。正如Forrester（1987）對非線性結構的看法，認為其研究成果類化效度較差，但卻更具有系統現象的真實性。

4. **混沌理論主張對非線性系統僅能有限度的掌控**：在以往理性系統模式中，認為操弄社會系統的重要變數，即能控制其成果。事實證明並不然，往往產生始料未及的結果。此因在耗散結構中，被認為重要的因素

並不見得產生明顯影響。換句話說，因果之間並不成比例。基於此，混沌理論認為只藉幾個特定變數的操弄，就能完全控制系統是不可能的。不如重視個人與個別事件所扮演的角色，並靜觀其對系統之影響。

5. **混沌理論提供對社會科學研究模式再思考的機會**：比較起來，線性數學模式有其清楚與精確的優點，但在測量複雜的社會系統現象時，卻往往產生片面與失真的結論。混沌理論中的非線性特質，提供研究者另一思考方向。在建立社會科學的模式時，也許應該摒除以往希望得到最佳策略的意圖，而將重點置於各交會因素如何運作於系統中，進而思考可能之發展形式。換言之，即拋棄以往堅持尋求固定解答的思想模式，以多方角度觀察社會現象。

　　相對於自然學科之研究，社會學科與其有極大差異，此因社會學科所面對的社會系統多牽涉到人類之複雜行為。Adams（1982）即發現與其利用簡單數學模式，使用耗散結構理念來解釋各社會系統應更為妥切。其認為從長時期觀點而論，正如熱力學上的現象，社會系統運作即是能量消耗、能量使用、與在混沌狀態中重組結構的歷程。線性數學模式用在非線性的環境中，自然產生誤差。混沌理論標舉出社會學科所面對之研究系統的不確定性，應該重新思考，以找出更適當的模式。正如Engelen（1988: 43）所主張的，混沌的重要性乃在「使社會科學家擁有一種科學基礎，去解釋系統如何在時空中進化至更高層次，與其導因於各種隨機波動所形成的極度複雜性。混沌理論對於社會科學家並非新創，但其所揭示的看法卻是嶄新的。」

第二節　混沌理論在社會科學之應用

　　自從混沌理論被提出後，對其討論與應用的文章甚多。本節討論其在社會科學上應用之情況。一般而言，其在城市地理學（urban geography）與經濟學上發展的最為完整。教育方面則至1990年代才有所起步，不過在短短數年內也累積了相當數量的文獻。茲分述如下。

　　城市地理學為最早使用混沌理論有成的社會科學學門（Allen et al.,

1985）。基本上，城市的空間與區域發展被發現具有非線性與耗散結構的特質。各基本變項如人口數量、工作機會、捷運系統與商業活動彼此交會，決定了各區域的發展走向，但其關係卻依城市之間的差異呈現非線性關係。Allen等人發展出適應其情況的非線性方程式，允許適時加入新的變項，以應付隨機發生的波動。此類數學的處理放棄以往以平均數或常態分配來代表系統的做法，給予模式較自由的空間以應付未可預測的衝擊。同時，此種做法也顯示非線性系統對起始狀態的敏感性。在兩個極度相似的城市地區，即使起始狀態相差甚微，研究卻發現其後的發展卻有巨大的變異性。因此，每一個都市地區都有其特有結構，將之用以預測其他區域的發展，事實證明並不恰當。

經濟學則是另一個使用混沌理論卓然有成的學門。自從Day（1982）在《American Economic Review》上發表〈不規則成長循環〉（Irregular Growth Cycles）一文後，相關文章即傾巢而出。Curtis（1989）指出經濟現象即具有耗散結構的特質，當經濟體內的各變數反應到達一定程度時，其波動必定加速，終而導致系統的瓦解與重組。Dale（1990）也指出非線性關係最能解釋經濟現象。在研究商業循環之特質後，其發現在過程中往往有奇特吸引子（如投資者非理性反應）的存在，而導致活動呈現非線性不穩定的狀態。此與用傳統的凱因斯或是古典經濟理論所預測的結果大不相同。

除了經濟學之外，Artigiani（1987）也將耗散結構的理念用於政治學上。在研究政治革命的現象後，其發現往往是少數人奇特的想法與作為（隨機波動），造成系統非預測性的巨大影響而導致革命（組織解體與重組）。他認為如果用傳統平均數或線性理念來解釋革命現象，一定會令人覺得不可思議，因而主張耗散結構的理念較符合政治現象的詮釋。

混沌理論在教育上的應用，時間雖遲至1990年代才開始，但在各方面卻頗有所成。例如，在特殊教育上，Guess and Sailor（1993）即發現混沌理論中所描述的非線性與動態系統，頗為符合幼兒發展產生障礙的狀況，而其卻不能用傳統線性理念來解釋。同樣情況也發生在閱讀教學方面（Robinson & Yaden, 1993）。You（1993）甚至認為在教學系統設計（instructional system design）上，傳統方法應做修正，以符合教學時不確定狀況的特性，與同時應付正向與負向學習之學生的隨機回饋。

在輔導方面，Stickel（1993）發現混沌理論的理念，可以幫助輔導者瞭解求助者的情感依賴程度、生活的波動、奇特吸引子（如突發事件）與各因素之

目的重疊與回饋關係。其發現被輔導者的求助行為絕非偶然，基本上是複雜的人際與環境因素交會所造成的。前次的行為再注入系統成為輸入因素。一些看似枝微末節的生活波動，卻因與其他因素的組合，造成求助者巨大的情緒困擾。以上種種符合混沌理論非線性不穩定的基本理念，而其在輔導上的使用，無異開創另一種治療方式。

在教學方面，Chacon（1992）將混沌系統理念用於音樂教育。Hesse（1991）則以個人的寫作能力為例，說明單純的線性方程式無法解釋其複雜性。因此在不同層次的寫作教學中，應以多樣方式刺激其創造力，而不是一味的套入既定模式。此外，在藝術教育方面，McWhinnie（1991）發現混沌理論的看法，強烈挑戰後現代藝術學派對於設計的理念。混沌理論中的隨機性特質，大大開展了藝術設計的領域，也改變傳統美學對和諧與混沌形式之間差異的概念。

在認知心理學方面，Lindsay（1991）指出Piaget（皮亞傑）兒童認知發展的理論，與非線性混沌模式關係密切。混沌理論所主張之不尋常與難以預測的行為，早已為Piaget在認知模式中指出。其假設兒童對於知識的學習並非線性的固定增加，而是在某一時期呈現穩定程度，然後到某特定點突然有所改變，而進到另一更高層次。換言之，Piaget認為認知的發展有其階段性。在階段中一切看似平穩無什麼改變，但階段與階段之間則顯得差異甚大。兒童必須要自我規範與適應後，才能更上層樓。電腦模擬結果，也證明混沌理論比線性模式更能描述兒童的認知行為（Lindsay, 1991）。

此外，混沌理論中的蝴蝶效應，也為Cziko在1989年與1992年的兩篇文章中提及其在教育測驗上的預測失效現象。其發現即使在前測分數上相同者，在後測分數上卻發生難以預測的差異，因而主張學習行為實為混沌的模式。此種看法雖為Lehrer, Serlin, and Amudson（1990）所批評，但在立論上卻值得教育學者加以思考。

第三節　混沌理論在教育行政之應用

混沌理論之出現，使得以邏輯實證論為根基之學說受到極大衝擊。傳統認

爲凡事皆可預測，但事實並非如此。即以教育組織爲例，以往校長只要奉公守
法關起門來辦教育即可。但如今社會之多元與開放，使得戮力從公之校長並不
見得受到歡迎。此外，一校成功之模式，在他校卻可能變成票房毒藥。教育組
織之複雜、矛盾、與弔詭，使得傳統之理論難以招架，也促使非線性典範之興
起。

 ## 一、相關文獻部分

在教育行政方面，有關文獻並不多。Sungaila（1990）首先引進混沌理論
至教育行政領域，並認爲其是分析教育組織現象的一把鑰匙。Griffiths, Hart
and Blair（1991）的文章則詳細介紹了混沌理論的特徵與主張，並將之應用於
實際案例中，討論與分析部分極有可讀性。在此之後，Peca（1992）爲文探討
混沌理論與教育行政俗民誌學（ethnography）之間在假設上的異同處。發現
其相容性頗高，可作爲另一種研究方法上的選擇。此外，兩篇在《Journal of
School Leadership》的文章更詳盡談論了混沌理論在教育行政領域的實用性。
Marion（1992）以數理的角度探討混沌的定義，並主張利用非線性方程式去解
釋教育組織的運作，不失爲一種好的創新走向。Blair（1993）則觀察五位校長
的日常活動，試圖將混沌理論與教育行政實務聯結起來，結果發現校長確能捕
捉混沌理論的精髓，並將之實施於複雜的校務運作上。至於混沌理論的應用是
否能導致成功的行政行爲，則必須進一步研究探討。

綜上所述，混沌理論之主要概念如耗散結構、蝴蝶效應、奇特吸引子、回
饋機能等，均與傳統行政理論大不相同。其應用是否能因之改進系統的運作，
目前缺乏足夠的研究，尚未定論；但在研究教育行政組織與行爲上，卻開啓了
另一種分析觀點。以往遇到無可預測之「意外」事件時，教育行政者多斥之爲
單一且隨機的現象，不必過度關心。及至其影響力擴散甚而危及系統運作時，
想加以補救爲時已晚。事實上，每一種行政理論均有其優點與盲點。若能採用
多種角度，綜合各家理念，則更能一窺現象之全貌。以下即以一發生在台灣的
教育行政個案爲本，利用混沌理論的概念加以分析，其目的並不在預測或類化
其現象而成一模式，只是將其特殊之背景與行爲，以非傳統行政理論的角度予
以詮釋。爲顧及個案中主角的隱私權，其中所用之人名均爲化名。個案發生時

間在1987年左右。在此前後數年，台灣歷經了前所未有的股市狂飆與經濟過熱現象，社會結構因之突變，而個案中的主角則歷經了一次浩劫。

 ## 二、個案研究：甄校長的哀歌

　　南堤國中位於台北市近郊，歷史頗爲久遠。1970年代以前，其是所在小城的最高學府，培養地方人才無數。小城的地理位置恰在平原與山區的接壤處，居民以往多半以農爲生，民風相當純樸。學校教師多半居住當地，且部分爲學校校友。在年長教師的帶領下，雖偶有爭端，但多半私下即能化解。學生的資質普遍平平，考入明星高中者比例偏低。不過家長的要求不高，因此教師尚能常態教學，所受壓力並不大。

　　對於甄梧庸校長而言，南堤國中可能就是行政生涯的最後一站。接任之初，他就告訴同仁還有幾年就將退休，希望大家好好相處。南堤國中景色優美，既有小城的寧靜，又離大都市不遠，確是退休前的最佳去處。教師們都很自愛，事情不多，他就盡情設計起校長室前的小花園來。春蘭秋菊，一片錦繡色彩，年節摸彩，提供幾盆應時盆景，同仁們無不爭先索取。人生如此，也就不覺老之將至了。

　　來此之前，甄校長已在他校有了幾年的校長資歷。畢業之後，當了幾年小學教師；後來參加公務人員考試，進入縣教育局服務。由於表現優異，一次機會中經縣長提拔轉任國中校長。從最偏遠的只有數十個學生的學校做起，然後慢慢往市區的國中調任。甄校長協調溝通的能力遠近馳名，每次遇到爭議時，他總是靜下心來，聽雙方陳述意見後加以擺平。他的行政理念第一是確實達成上級所交辦的任務，第二是完全清廉不貪污，第三即是做事不要魯莽求快，應盡量使學校同仁和諧相處。這些年來，此種理念多能通行無阻，不但上級督學稱讚其辦事確實認眞，教師們雖有怨言，但看其一副誠懇謙恭的面孔，也就息事寧人。一位與其共事十年的教師曾說：「甄校長啊！老好人一個。雖然創新不足，有點跟不上時代。但在中國這種重人情的社會裡，倒還滿吃得開的！」

　　最初一年，甄校長在南堤國中享受了神仙般輕鬆的生活。校小業務不多，再加上幾個頗富經驗的主任相助，一切風平浪靜。不過這種情況在1987年左右卻發生驟變。由於經濟發展過熱，剩餘資金沒有出路，台灣股票市場發生狂

飆的浪潮（由數百點衝至最高的一萬多點）。買氣與投機行為的旺盛，更使當時的土地與房屋市場交易達至沸騰。兩年之間，小城的農地紛紛為大財團所收購，櫛比鱗次的高樓如雨後春筍般興起。更令人咋舌的，本來無人問津的山城地，如今卻成高級的別墅區，價格比前一年暴漲十倍以上。小城的民意代表多半上下其手，恨不得立即通過法律，將所有空地改建房屋出售。那一陣子，小城出了不少新興土地財主，花錢像淌海水似的。餐廳、遊樂場所的客人擠得滿坑滿谷，夜後的霓虹燈照得小城如白晝般光亮。面對此種繁華，甄校長倒也樂觀其成，並且開玩笑說：「這學校雖然小，但是如果能改建民房，所得款項金山銀山可打好幾座呢！」

沒過多久，頭痛的問題就來了。人口大量擁入，使學生人數驟增近30%，教室根本不敷使用。甄校長最初不以為意，直到註冊組長告知每班人數要增至50幾人時，才開了會徵詢教師反應。由於是老學校，一切桌椅設備陳舊，如今要擠入這麼多人，大家面有難色。然而一切都成定局，教師們也只有在校長的親切「鼓勵」下退席了。

開學之後問題叢生。校園太小，學生沒有活動空間，鬥毆事件大增。廁所不夠用，有尿在褲子上的。此外，新桌椅未及送到，部分學生只得席地而坐，造成秩序大亂。面對如此，甄校長也只得協調各處室儘量改善，但仍遭到部分家長的強烈抗議。某日，他接到一通自稱是家長會委員的電話。對方語氣強烈的說：「學校到了這步田地，你還坐在辦公室裡。快想辦法增建教室啊！」

放下電話。甄校長滿腹狐疑，以往家長會成員均很尊重他，此次為何出此重話。打聽之下，才知原來今年有兩位委員來自高級別墅區的代表，都是有錢階級。打電話這位似曾見過，開學時他主動過來握手，並且說：「市區學校太亂，教學又不正常。久聞此校不進行惡補，所以送小孩來此，盼望校長不要讓我們失望。」

趕至縣教育局協商，承辦人員說從長期觀點來看，還是興建新教室大樓為最佳解決策略。甄校長大失所望，原本以為縣府會在當地興建另一國中以應所需，未料卻要他大興土木。這經驗以前有過，種種官僚體制的束縛，學校起個房子比蓋皇宮還要麻煩，光蓋章就蓋死人！他不放棄的提出意見，駐區督學過來拍拍肩膀說：「省省吧！你看城裡還有哪塊地是空的，都蓋房子賺大錢了！」

沒有辦法，甄校長只得回校與總務主任商量。勘察校區之後，發現只有操

易邊的部分山坡地，有足夠面積興建教室。可是細查之下，其中一小塊竟是民也。如今興建大樓，非得徵收不可。縣府教育局倒很幫忙，幾次協調商量，無奈地主眼看地價高漲，竟來個獅子大開口，折騰下來又是數月。最後還是當地某民意代表出面才擺平，不過成交價格超出預算，進而吃掉了部分建樓款項。興建期間，總務主任幾次被工程圍標團體威脅，車子輪胎也被放氣。當大樓在一年之後建成時，他就向甄校長堅辭，提早退休告老還鄉去了。

大家興高采烈的遷入大樓。然而好景不常，數月後梁柱竟出現明顯裂痕，牆層之間也有水泥掉落的現象。謠言於是四起，有人說是包工程的民意代表親戚偷工減料，並打通關節通過檢驗；有人說是剛發生的地震造成的；更有人繪聲繪影說大樓所在地基深處原為煤礦，下面整個是空的。說法雖不同，但所有家長的恐懼卻是一致的。在自掏腰包聘請專家檢驗，發覺有安全顧慮後，學生全部擠回原來教室。

大樓缺失的責任尚未水落石出，新的問題接踵而至。短短一年間，人口的再次遷入使新生人數又暴漲20%，現有教室再也無法容納。情急之下，甄校長只得下令實施二部制，部分學生因此必須利用晚上與週日時間上課。此舉不但使大家作息時間大亂，也引來激烈的抗議。其中尤以高級別墅區的家長最甚。其中一位自認為教育專家者，還不時跑到學校巡視教室，並進而當眾指責教師。甄校長出面勸阻，卻被其以召開記者會，揭露學校黑暗面的威脅所嚇住。作為校長，他非常明白，一旦上了報，日子就難過了。

甄校長沒有上報，但日子卻沒好過起來。像甦醒的火山，教師不滿的情緒開始爆發。尤其近年來因增班而聘任的新進教師，氣焰更是高漲。他們受過大學師範教育，年輕而傾向個人主義。比起資歷深的教師，並不懂得敬老尊賢或是給人留點餘地的「傳統美德」。在校務會議上，他們痛陳每班學生人數太多，根本分身乏術，加上資質良莠不齊，教學難有效果。對於某家長的騷擾，更是批評校長沒有肩膀，不能加以制止。部分較激進的教師，已加入有濃厚反對黨色彩的全國教師自救團體。甄校長每經過教師休息室無不膽戰心驚，生怕室內犀利的言詞傳入耳中，令他渾身感到不對勁。無奈之下，只好大嘆流年不利。

大樓整修遙遙無期，學校的行政更是每況愈下。新接任的總務主任太年輕，往往因沒有經驗而把事情弄得一團糟。上次不諳採購的規定，差點被廠商陷害而遭調查局約談。教室的情況更糟，桌椅從講台直排到後面牆壁，緊繃繃

的一點空間也無。教師在前大聲嘶吼，學生有的睡覺，有的甚至在後面看黃色書刊。他想好好與教師溝通一番，無奈總不管用。大家認為他已江郎才盡，再也無法拯救學校了。

又一個學期結束。學生參加考試大半名落孫山，升學率降至谷底。別墅區的小孩紛紛轉校，學校名聲更加低落。過了不久，突然風聞家長會要瞞著他採取自救行動。部分會員聯合教師開始成立課後的家教班，以增強學生實力，因為「學校裡一塌糊塗，不如另尋場所。反正我們都比以前有錢，花在孩子身上也是值得的」。

影響所及，部分學生竟長期請假不來上課，原因是晚上補習得太晚，早上起不來。甄校長希望與家長溝通，無奈不是遭拒絕，就是對方打馬虎眼。駐區督學來了幾次，沒說什麼，只搖搖頭走了。

在眾人的期盼中，甄校長終於接到退休通知書，臨行之前，他又回到校長室前的花園，只見裡面蔓草叢生，心中不禁悲喜交集。交接之日，望著新校長年輕的面龐，不禁拍了拍他的肩頭說：「老弟，祝你幸運！」

📖 三、個案分析

在讀了甄校長退休前的遭遇後，一般人在同情之餘，恐怕也感嘆其時運不濟。不過就混沌理論的觀點，各種現象絕非空穴來風、以「運氣」兩字就能解釋的。以下即以第一節所討論的耗散結構、蝴蝶效應、奇特吸引子、與回饋機能等四項混沌理論主張，對此個案加以分析。在此要強調的是，這只是一種新嘗試，絕非提供標準答案，目的乃在促成讀者思考。見仁見智之處，還請指正。

無可置疑，南堤國中具有耗散結構的特質。隨著外部環境的變化（小城土地暴漲），而逐漸產生解體的現象。它曾經有一段表面穩定的狀態，如今卻因某些隨機波動與騷亂而發生震盪。在此耗散結構中，存在著不同的次系統（如家長會、有關之民意代表、教師團體等），彼此之關係錯綜複雜，屬於非線性性質。例如，新家長會代表與新教師的介入看似自然平常，但最後卻產生極大殺傷力。整個學校系統在學生驟增後，進入極度不穩之狀態。當新教室大樓梁柱被發現產生裂痕時，混亂情況達於臨界點，系統內部的平衡斷裂，學校變成

無頭馬車。甄校長退休前，混沌狀態仍在，但系統已開始吸引外界能源進行重組，部分家長與教師結合成立家教班以挽救升學率即是一例。然而由於校長之無能，另一更高層次的耗散結構尚未出現，而各次系統之間的新平衡關係等待建立。這一切，就必須看新校長到校後的作為了。

蝴蝶效應在此個案中也是相當明顯。經濟過熱、股票狂飆，造成小城土地為財團大肆哄抬。遍建房屋的結果，使得人口大量移入而新生人數驟增。對於許多教育行政者而言，經濟的歸經濟，與我辦學何干！甄校長開玩笑要賣校地打金山銀山即是一例。殊不知巴西蝴蝶展翅，德州就可能颳颶風。經濟發展造成新生人滿為患，進而引起建樓糾紛，家長和教師怨氣衝天，整個學校陷入混亂，真是蝴蝶效應之明證。

蝴蝶效應中對起始狀態的極度敏感，也可在此個案中尋出蛛絲馬跡。當小城移入人口大增，甄校長卻未有一點警覺。及至註冊組長告知情況，也無任何積極行動（如要求教育局協調借用其他境內學校教室），只是將學生塞給教師。此外，像接任之初未瞭解學校土地所屬，竟至最後才發覺部分為民地等作為，均導致其後的混亂。若是校長摒除「退休金保衛戰，多一事不如少一事」的觀念，事前有些微警覺性，結果應不致如此糟。不同起始狀態對此校（耗散結構）的影響力，可想而知。也許有人認為此為過分要求，但是教育行政者之良窳，在危急情況的表現最能區別。其對「芝麻小事」的敏感性，往往改變其起始行為，造成不同的結果。

在此個案中，也存在著不少奇特吸引子，其力量可以引系統朝其而去。其中，學生人數暴漲為最明顯的一個。它使得學校各項系統運作隨之起舞：校長與行政人員為興建大樓忙得焦頭爛額，教師為過量班級人數起而抗議，家長會為新大樓的裂痕急得跳腳，學生則為「方便一下」而爭先恐後，交互衝擊的結果，形成學校極度混亂的現象。其他的吸引子包括附近高級別墅區成立，社經地位較高之家長加入學校運作，以及年輕一代之新教師出現，均對系統產生不小的吸引力。前者代表家長會的期望提高，不再像以前滿足於平平升學率；後者則顯示教師團體不願沉默，積極自救尋求權益的浪潮。這些奇特吸引子在甄校長以往待過的學校，似乎未曾出現，無怪乎他要感歎流年不利了。

南堤國中由平靜走向混亂，各次系統與各奇特吸引子交會的產出再注入系統，如此反覆進行，形成回饋的模式。首先是甄校長對問題的忽略，接著是學生人數激增、學校秩序大亂、新建大樓用地糾紛、老總務主任請退、大樓出

現裂痕等，前次產出回饋系統，造成下一波的行動。最後部分家長與教師發現甄校長未能符合期望（換句話說，雙方產生利益衝突），因而被刺激成立家教班，結果導致學生出席率降低、學校聲譽受損，各種因素環環相接，終於形成學校混亂的局面。此種回饋的機能，雖具有不可逆性，但卻在動態中引導系統走向更新的結構與層次。

綜上所述，可發覺混沌理論的確為分析教育行政個案，開啓了另一扇大門。在傳統線性、封閉的系統理論中，多認為高關懷高倡導的領導方式為最佳。至於結果之始料未及則只能歸諸「運氣不好」的因素。在個案中，甄校長協調的能力，以往皆被肯定。然而當學校因隨機波動（新生大增、家長會改組、新教師加入、乃至政治上反對黨勢力興起等），由平穩趨向混沌局面時，舊時的那一套就毫不管用了。甄校長無視蝴蝶效應與奇特吸引子所造成的非線性巨大影響，只是一味的盼望各次系統代表能在其「感召」下妥協，其結果自然相當悲慘。

也許，由甄校長的學經背景來看，實不能苛責其對混沌理論之生疏。然而從此案例中，卻讓後人瞭解系統之不穩與非線性的特質。甄校長還算幸運，時候到了退休還鄉。他這一生就只這麼遭劫一次，碰到學校風雲際會陷入混沌狀態。不過新校長的擔子卻如千斤重，橫在面前的是分崩離析的問題學校，錯走一步可就全盤皆輸了！

四、混沌理論應用之前瞻性

混沌理論的出現，不啻為教育行政研究注入新血。其非傳統的理念，可使研究者從另一個角度觀察教育系統之運作行為。不過，由於其真正與教育行政結合之時間遲至1990年代，應用效果尚未有所定論，大凡任何一種理論與模式均有其爭議之處，以下即就有限文獻與作者本身實地經驗，對混沌理論在教育行政領域應用之前瞻性做一探討。

Griffiths, Hart, and Blair（1991）首先指出，混沌理論在解釋社會系統的微觀層面（micro level）上效果不錯，但就總體層面（macro level）的分析上則力有未逮。此因社會科學蒐集資料不易，且很難將現象與行為自環境中割捨出來（Sterman, 1989）。即使以混沌理論主張的非線性方程式加以表示，也很難完全抓到系統之複雜性。因此，對組織短期之混亂現象，混沌理論可以明確點

出其耗散結構與各奇特吸引子；然而長期的分析，卻因缺乏充足的歷史資料而難以處理。在物理學、氣象學、甚或在社會科學中的經濟學，其相關資料已有百年以上之詳細記載，因此可憑之繪圖分析，找出其混沌現象的特性。與之相較，教育行政在歷年資料蒐集（非指文件之堆砌，而指系統之研究報告）上相當匱乏。如果硬要從總體面來加以分析，往往給人瞎子摸象之感。

此外，混沌理論為人批評之另一焦點，乃在其現象之不可預測與分析結果之類化必須受限之主張。Lehrer（1990）即與Cziko（1989）互打筆仗，辯論此項議題。Lehrer反對Cziko倡言本體之不可預測性，認為人類行為在某種程度上具有相似性，因此在一定忍容度之內（within certain tolerances），可以做部分之預測。兩人爭執之焦點在如何定義「忍容度」。Cziko（1991）在另一篇文章即以教育研究之相關R值（相關係數）普遍較低為例，說明一定忍容度其實與隨機並無差異。不論如何，混沌理論傾向質化研究甚為明顯，未若量化研究之強調預測與類化的功能。就此而論，其產生綜合模式之機會很小，對於雅好此道的研究者而言，混沌理論在應用上應有其很大限制。

最後，混沌理論針對「混沌現象」定義頗為混淆不清。實際上，有些是不良的測量工具或方法所造成的。當某一測驗信度或效度欠佳，施測結果即可能發現學生行為雜亂無章而無一標準所循，此時即可能誤用混沌一詞。事實上，日常系統運作較少產生表面混亂現象，往往蕭規曹隨多年後，才會面臨轉型期而造成內部平衡的崩落。換句話說，就實用性而言，混沌系統由於偏重耗散結構之不穩定特質，對日常無重大波動之組織行為分析，較無用武之地。當然，此僅就教育行政領域而言。事實告訴我們，一校面對如前述南堤國中之紛亂局面，數十年可能只發生一次。其奇特吸引子按照混沌理論應仍潛伏於其中，只是尚未引發隨機大波動罷了。在未發生前，以混沌理論分析之，其著力點上可能較弱。

即使如此，混沌理論在教育行政的危機處理上，卻有其一定之應用性。陳木金（1996）、李宏才（2003）均發現在後現代思潮下，原本平靜的校園，現今已面臨各種聲音與危機。校長要進行危機管理，不能再使用理性系統模式，迷信宇宙現象是規則的，只要找到重要變數加以操弄，即可控制整個系統。代之而起的，乃是以混沌理論更廣泛角度分析校園危機之各種複雜動態關係，尤其對於以往傳統理論視之為「運氣不好」的盲點，可以更清楚的加以詮釋。實務上，就學校動態系統而論，混沌理論更適合解釋校園的危機現象。

不過，儘管混沌理論有應用上的限制，其所提供的理念卻促成了自然與社會科學的逐漸結合。牛頓式的典範促進人類對神祕自然世界知識的瞭解，混沌理論更試圖以廣泛的角度，來分析人所處的社會與自然環境之間的動態關係。就目前的發展來看，教育行政領域的研究若要應用混沌理論，則最好採用「事後驗證」的形式（ad hoc methods）。也就是對系統已發生之事件行為進行分析工作，其中如對特殊個案之研究即是一例。混沌理論可對以往傳統理論斥之為運氣的盲點加以詮釋。等待將來資料增多，整個教育行政組織行為即可從事長期觀察，並套入混沌理論，進一步對其複雜的運作與進化的方向進行分析。

第四節 複雜理論之主張與應用

與混沌理論相似，複雜理論之理念皆來自自然科學（尤其是物理學），只是形成時間較晚。基本上，兩者皆為討論組織與環境之交互網絡中的非線性因果關係（nonlinear cause and effect）。多年來，行政學者持續探究組織與環境交互後之特種行為，是否能引起特定後果。因此，其不斷利用自然科學之概念與隱喻（例如封閉系統理論對於熱力學「熵效應」概念之借用），藉以瞭解組織成員之行為及與環境互動之結果。前已述及，伴隨典範之轉移，組織行為之因果關係已從過往主張之封閉、可控制、線性關係、具預測性，移轉至非線性典範之混沌、不可逆、難以預知、與隨機性。即以混沌理論為例，其主張組織之場域乃經常處於混沌狀態，但藉著奇特吸引子之作用，使得系統擺盪於秩序與混亂中。其關係是非線性的，因此小的轉變，可能日後形成巨浪（蝴蝶效應）。此種極度不穩但長時間觀之仍亂中有序（耗散結構）的主張，生動呈現並解釋了人類組織行為極度複雜之事實。

一、複雜理論之基本主張

基本上，與混沌理論相較，複雜理論也不主張組織行為對結果之預測性，但更注重組織之自我調適機制，與成員之互動關係。此因混沌理論較適合於解釋自然現象（颶風較之人類行為雖顯狂亂，但卻容易被覺察），對於組織成員

之行為互動與自我適應過程，則著墨較少。混沌理論對於處於暴風圈之組織描述與診斷，有其獨到之處，但對平日看似平和之「混沌」組織，對其與環境回應調適之歷程探討，卻是力有未逮。相較之下，複雜理論更重視調適、共同演化、互動關係之特性，頗有取代混沌理論之勢，並逐漸躍身成為研究組織變革的一股「新興勢力」（Lewin, 1992）。限於篇幅，以下僅將複雜理論基本主張之「混沌邊緣」與「複雜調適系統」加以簡述。欲知詳情者，還請參考相關著作。

（一）混沌邊緣

複雜理論中所稱之「複雜」，係指介於經常改變之「混沌」與相對平穩之「秩序」之間的狀態，常被形容成是「混沌邊緣」（edge of chaos）。此種狀態乃是兩個世界間的最佳位置，組織一方面在秩序世界累積資訊，一方面在混沌世界中進行非線性之改革變化（參見圖5.1）。理論上，系統的組成分子遊移其間，一下狀似穩定，一下卻融入混沌。在混沌邊緣，生命一方面藉秩序來維繫穩定力，一方面也靠著混沌狀態，孕育足夠的創造力（Waldrop, 1992）。在混沌邊緣，秩序和混沌相互交會，若即若離，彼此勢力互有消長。此種微妙關係即成就了「複雜調適系統」（Complex Adaptive System, CAS），試圖使組織在混亂與秩序間達到非線性之動態平衡。

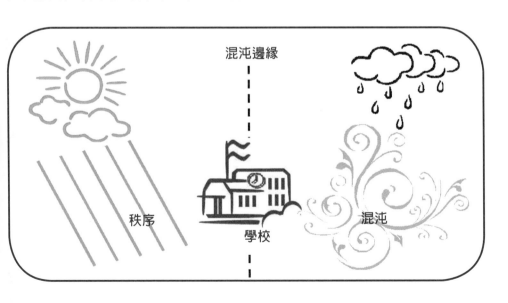

圖5.1 學校位於混沌邊緣圖

（二）複雜調適系統

根據相關學者（Holland, 1995; Kauffman, 1995; Lewin, 1992; Stacey, 1996; Waldrop, 1992）之論述，複雜調適系統的主要特質如下：

1. 組織系統中互相關聯的組成分子（agents），彼此會依循特定規則而隨機的互動，並藉由所謂的「非線性回饋迴路」（nonlinear feedback loops）與內部和外部環境形成連結。此種連結與互動會造成組織「突現」（emergence，或可譯為浮現）出各種情況。所謂突現，係指未在計畫內，而是突然出現的。例如熟悉市場的專家指出，要獲得成功，密切觀察市場的瞬間變化，多半比做制式之市場計畫更為重要。例如Youtube當初計畫設定為交友網站，不料與商業市場之調適結果，竟「突現」為最大的影音分享平台。一群本為陌生人之新進教師，經過一段時間便能突現出默契、嫌隙、合作與排斥之各種型態，而這些並非是在計畫中所能預料的。

2. 系統藉著非線性回饋網絡，搖擺運作於混沌與秩序之間，即是所謂之混沌邊緣。組織有時將穩定但僵固的系統解構，將其推往未成形但富有彈性與創意的混沌區域，有時則藉由回饋與聚斂之行動，將紊亂且潰散之現象導入穩定且有規律之秩序區域。兩者的碰撞，常是組織創新的開始。實務上，如果組織過度偏向秩序區域，則會有逐漸僵化缺乏變革能力之弊病。但若組織一味向混沌區域奔去，則其混亂散漫必成為隱憂。因此，複雜理論力主組織應定位於混沌邊緣，以保持其持續調適與演化之能力。

3. 複雜理論重視組織中「複雜調適系統」之運作，其係指成員與環境之交互活動。因為組織成員屬於環境的一分子，環境的改變自會影響成員間之互動，但同時成員之互動結果也醞釀著環境的改變，這種現象可稱為是相互演化（co-evolution），調適過程是沒有穩定狀態的。此因組織是開放的，隨時會有新的參與者與新的環境變數產生，所以系統永遠處在自我調適與重組建構的迴路中。組織演化的過程乃是非線性、不連續與跳躍式的進行，多半隱晦，但過一陣子卻突現秩序。以學校為例，其非封閉之組織，擁有自我組織與調適之特質。學校組織之演化與重塑，必須由成員之間及其與環境的互動決定，絕非校長所能掌控。因此校長

所能做的是形塑成員間之調適系統，而非只是一味要求命令下達。

4. 複雜理論主張組織本質乃是弔詭的（paradoxical）。所謂弔詭的情況係指相互矛盾對立的兩者同時並存，此與一般傳統主張組織之主軸只有一個的看法大異其趣。複雜理論主張混沌邊緣之存在，而系統同時擺盪於穩定與混沌之間，即顯示系統弔詭之本質。所謂「混亂中隱含規則」，因此如何在互相對立的弔詭情況中找尋平衡點，即成為組織自我演化與調適之不二法門。以往校長多認為學校必須要「鞏固領導中心」，並極力撲滅「反動之意識型態」。殊不知，即使學校一意掃蕩，仍無可避免於其弔詭本質。陳成宏（2007）即指出教育組織正如複雜理論之主張，充斥著矛盾的弔詭。舉其犖犖大者如中央集權與地方分權的衝突、專業自主與公共順服的兩難、及社會正義與追求卓越的對立等。不管樂意與否，現今之教育領導者皆須面對充滿弔詭之組織，尋求矛盾雙方之平衡點，方能創造組織改革與適配之契機。

面對組織之複雜系統，實務上則必須採行與傳統不同之作為。作為教育領導者，可選擇之策略甚多，但最重要的，乃是必須具有全像式思考（holistic thinking）。針對於此，Senge（1990）即提出「系統思考」（system thinking）之理念，其最大之特徵乃在對組織做全像式之思考。換言之，領導者必須尋找森林，而非只是找到樹即可。「見樹不見林」乃是學習障礙組織 （learning-disabled organization）之特質。其成員之思考焦點僅限於局部性事件，多半未能檢視自我在系統中所扮演之角色。其只知對自我職位利益汲汲營營，卻未察覺自我卻成組織問題之一部分。因此，組織之問題永遠在別人，與自我一點關係也無。因此，自己也需成為解決問題之一員。就如同溫水煮青蛙，當成員一旦習慣「問題」，也就無法驚覺水已漸漸燒開，組織即將覆亡之事實。

基本上，Senge（1990）將複雜系統分為「枝節複雜」（detail complexity）與「動態複雜」（dynamic complexity）兩種。前者為組織局部之活動與事件，許多只是驚鴻一瞥，但學習障礙組織之成員卻終日樂於加以熟知記誦。由於許多僅是蕪雜散漫之事件，因此成員常抱怨「要學的很多」。一位校長勤於花費整日時間瞭解去年校慶如何舉辦，卻鮮少考慮學校與社區關係之遞嬗變遷。反之，動態複雜乃是放眼整體的過程，藉著檢視其發展，領導者以全像式的思考角度，可以探究組織內因果之關係（請參考表5.1所提及之彼得原理）。因其為

非線性之發展，一時難以察覺。有的事件短期看似平常，但以長期眼光視之，方能見其深遠影響。學校為複雜體系之一環，充滿著混沌、模糊、弔詭、與散漫之特質。領導者必須以創意性的思維來探測學校與其環境間的最適互動平衡點。全像式思考必須搭配領導者之直覺與專業，若是只以自我角色或利益出發，則很難一窺究竟兼顧全局。

表5.1 彼得原理與動態複雜

彼得原理與動態複雜

學者Laurence Peter於1969年出版《彼得原理》一書，主張組織成員基於能力特質之限制，以致升遷到一個無法勝任的位置就此打住，導致組織基層充滿不適任的人。例如銀行中績效良好的行員會升遷為主管，而服務績效較差之行員，因為無法升遷，只好繼續留在第一線櫃檯服務。影響所及，直接服務顧客者，不是沒經驗的新手，就是表現不佳的老員工。相對之下，第一線表現良好的員工，逐漸被遷調為第二線主管，不再面對顧客。Peter即主張一個穩定的組織，每個階層充滿了升不上去，或是不適任現職的人。在此弔詭的情況下，顧客之滿意度難以提升。

學校組織也許不如商業組織嚴重，但多少也有彼得原理的色彩。一位兼任組長的能幹教師，因其優越表現扶搖直上，最後經激烈遴選程序而成為校長。相較之下，校長面對學生（顧客）之機會自然大幅減低。反之，表現較差的，可能困在組長一職多年，其表現往往令眾人束手無策。此外，在師資充沛的大型學校，帶班極佳的資深導師，往往會選擇負擔較輕之科任教師，而將導師職位留給新手或是表現平庸者。衝擊之下，學生往往是輸家。但制度設計就是如此。

彼得原理因此主張，當組織具有升遷制度時，就必須注意每次升遷之員工，其能力與特質是否有所改變。以學校為例，傑出之組長會升為主任，但如不做本質上之調整而擔任主任一職，就無法更上一層樓，擔任必須「綜理校務」的校長職位。所以，換了位置，就一定要換腦袋，否則升遷後自我特質沒有改變，可能就是下一個彼得原理的產物。

實務上，組織不同階層的人存有不同的腦袋。因為想法不同，有的成員就是無法提升而進退不得。通常優秀基層員工之長處，乃在其恪守瑣碎事務處理原則，頗像Senge主張之「枝節複雜」（詳見本章複雜理論）。

顧名思義，其多爲組織零散之活動與事件，許多只是驚鴻一瞥，但基層員工卻樂於熟知記誦而不知變通。其最終只是善盡職守，卻有時壞了大局。

以學校爲例，一位市議員無法臨時找到停車位，欲借附近校園臨時停車辦事。不料把守之門房堅持學校政策爲假期中外車不能停放，雙方爭執甚大，市議員事後重重在議會杯葛預算修理學校。校長質問門房，門房竟生氣回說：「校長你搞不清楚，就是你告訴我不准外車停入的。」校長只好幽幽回應：「至少也先打電話問我啊！」

基本上，基層員工的腦袋中裝的通常是硬性的做事細節，卻搞不清楚上層者爲何要通權達變破壞制度。學校有一定相關規定與程序，但那是應付一般標準狀況時用的。碰到一位可以刪減學校建設經費的議員，就不是一般標準狀況，自然不適用於呆板之作業程序。基層人員最愛說按規定辦事，但卻失去全像的視野，不瞭解組織並非爲制度而運作。制度不是目的，其僅是幫助組織完成使命的工具。

校長說的對，面對非標準情況，總該打個電話給我。此因校長需要有「動態複雜」的能力，其爲採取放眼大局的視野，藉著檢視整體發展，以不同的思考角度掌控全局。讓外車進入，也許破壞校規，但與日後所造成之損害相比，也許可由另個角度考量。

所以基層人員常給人墨守成規之印象，卻同時指責上級破壞行情。這種人最多只能待在基層，一生中從未能飛到天空俯瞰大地，卻不時咄咄吁吁抱怨現實。至於升遷而上之中階主管（如學校主任），就得搞清楚校長的想法。此因校長意見與制度衝突時，通常改的就是制度而非校長。凡事照制度來，掛冠求去之日就不遠了！

至於校長，身爲學校領導人，最好把多半精力用在確立學校的發展方向，少管學校運作的細節。此因校長常面對非標準之情境，一下議員關說，一下家長抗議，心中總得留些彈性，以好衡酌不同情境加以處理。每日關心校門口是否掃乾淨的校長，對於「動態複雜」的境界，心中可是有一段距離的。

📚 二、複雜理論評述

複雜理論的出現，不啻爲教育行政與領導領域，開啓嶄新的視野與研究方法論，並對瞭解學校的組織行爲增添另類觀點。然而相對而言，複雜理論乃屬新興理論，其主張仍存有不少待澄清之處；因此實務上不宜全盤接收。Morrison（2010）即指出複雜理論乃是一組抽象之概念、架構、隱喻、與原則的結合，但對於倫理、道德、與情感之部分確有所忽略，因此在描述與理解教育領導及管理上有所侷限。

此外，複雜理論主張之「混沌邊緣」與「複雜調適系統」，雖深具創造性而令人眼睛一亮，但在實務之推動上卻論述甚少。複雜理論強調組織持續的彈性、調整與更新，卻往往因過度抽象而流於空洞與自說自話。未來如何使複雜理論從極度抽象的概念，轉化爲可以處理眞實世界的做法，乃是當務之急。

不可諱言，複雜理論絢爛迷人，其對組織運作歷程之弔詭現象多所強調。如何尋找「混亂中之隱含規則」，即成爲組織演化與精進的必經之路。複雜理論觀點確實需要進一步澄清，但在如今嶮巇艱阻的教育場域中，複雜理論也許扮演了另種窺其堂奧的角色。

📚 三、巨量資料與IR研究

以混沌理論爲代表的非均衡系統模式於1990年代興起後，對教育行政研究帶來不小震撼。此因教育行政人員面對多元變化的社會，每每在需要做出決策時傷透腦筋。既有之理論模式（如理性決策模式），往往在瞬息多變的混沌情境中失之精確。如何瞭解組織內外各種現象的形成與現況，即成爲成功決策的關鍵。

傳統教育行政理論多建築於統計推論的基礎上。研究者在既定母群體中抽取樣本進行研究，最後再將結論推論至母群體。此種做法往往產生以偏蓋全的問題，但在資料有所限制下，卻是難以克服的問題。

此種現象在近年巨量資料（Big Data，又稱大數據）出現後，漸漸有所改變。其對人類生活帶來新的思維，並顚覆傳統組織運作模式。在電腦與網絡不普及的年代，資料蒐集受到極大限制。在歷經「數位革命」之後，經由電腦、智慧型手機、與網絡之連結，所累積之相關資料已是汗牛充棟。加上資訊傳

輸與成長速度一日千里，以往被視為是靜態的、被動的資料，如今經由「資料探勘」（data mining）的技術，即可產生新型態的價值，提供分析者對於各種現象全面之解讀與預測能力。由於巨量資料具有一定之規模，理論上可以達到「樣本近乎母群體」的理想，進而突破傳統統計學在取樣與分析上的侷限。藉由分析資料之相關性，研究者可以因而得到綜觀全局的機會。

　　追溯歷史，「Big Data」一詞最早由IBM 提出，2010年之後逐漸受到注目。巨量資料的定義相當歧異。一般而言，其係指：「一種具有大量、高速、與多種型態特性的資訊資產。其藉由適當的擷取與交叉分析，可以使研究者進行現象的檢視與預測。」

　　以上定義明確標舉出巨量資料的特性。資料分析師 Doug Laney於2001年發表論文「3D data management: Controlling data volume, velocity, and variety」，即率先指出巨量資料之三大特性：巨量性（volume）、迅捷性（velocity）、與多樣性（variety）三個面向，之後其他商業組織又加入真實性（veracity）等其他特性，茲分述如下：

1. **巨量性**：所謂巨量資料，其數量必須達到相當巨大的程度。電腦與網絡時代之前，人們多半必須親手記錄與累積數據。現今資料之生成已經大量藉由機器、網絡、社群互動。各種經由滑鼠、簡訊、網路搜尋、線上交易等累積的資料盈千累萬，輕易即能達到TB（Tera Bytes，兆位元組）的規模，此是以往所難以想像的。過去資料大多是人工手記下來的紀錄，現在除了機器記錄下來的資料之外（如智慧型手機記錄之每日步行數目），還有人們在網絡上點擊網頁與連結之紀錄，數量相當龐大。由於蒐集廣泛且龐大，資料之廣度已經趨近整個母群體，而非僅是小樣本的抽樣模式。

2. **迅捷性**：又可稱為「時效性」。巨量資料的變化很快，每日資料的傳輸與流動速度乃是倍數增長。面對雨後春筍般興起之大量智慧型手機、網絡、社群網站、電子交易等資訊席捲而來，分析者必須快速回應。資料流量以數以千計倍數成長，相對即時處理速度就需要更快，如此才能將巨量資料分析之結果發揮到淋漓盡致。

3. **多樣性**：由於來源之多元性，巨量資料之種類與內容極為多樣化。以往資料形式多以文字為主，如今網絡時代來臨，資料形式又可擴展到數位文字、電子郵件、網頁、社交媒體、視訊、音樂、圖片等。然而，來

源種類多樣化也造成統整與分析之困難。這些非結構化的資料，必須被適當之探勘與分析後，方能產生具有結構性之意義與價值。

4. **真實性**：隨著巨量資料的累積迅速，其內容之真偽自然產生疑義。來源之多元性，更增加對於真實性查證之必要。此因資料之真偽，嚴重影響分析結果的精確性。如果不能設定一定機制，進行資料之過濾以擷取有效資訊，其中誤植、偏差、偽造、異常的資料即會導致資料完整性與正確性的傷害，進而造成依據其進行決策的偏誤。

巨量資料的出現，對於人類生活產生顯著改變。以商業消費為例，經由網絡顧客搜尋與購買物件資料之分析，即能推測其個人特徵（如是否有年幼子女）與消費傾向。此外，從手機訊號的發出頻率，可以推斷目前交通擁擠的狀況；從房屋買賣的點閱率分析，也能篩選出熱門買賣地區。巨量資料的成形，可以使分析者運用新的思維與技術，挖掘其中潛藏的寶貴訊息，達到以往有限資料中無法完成的境界。

在教育行政領域，巨量資料的影響也不容小覷。例如校長與教師在制訂學校重大發展政策時，必須經過縝密思考與分析後，才能產生最佳決斷。實務上，巨量資料可以提供以下功能：

1. **大量資料之蒐集與累積**：以往限於時間與成本，學校難以蒐集一定大數量的資料。如今，藉由電腦、網絡、與行動裝置之相互連結，學生在校之學習，舉凡聽課、練習、抄筆記、課堂考試、上網回應、實驗活動、討論議題等，皆可轉化成資料而形成學習紀錄。如此龐大的數位化檔案，將可以提供學校進行教學決策時之重要資料庫。

2. **提供雙向回饋**：以往學校教學模式多採用單向模式（教師→學生），缺乏回饋之機制。巨量資料之使用則可以允許雙向模式（教師↔學生）的成形。大量學生學習資料之蒐集，能夠提供教師與學生一定之溝通資訊平台。在此平台上，教師可以看到學生在特定學習單元之花費時間、答題速度、在不同類型題目之正確度、提問次數、參與討論過程，學生互評內容、與在學習地圖上的發展軌跡等資訊，進而設計雙向互動與群組學習的功能，針對學生學習進度進行適當的診斷與輔導。

3. **提供個人化學習**：巨量資料可以允許學校將學生學習個人化，針對不同學習群體之學習需求與傾向進行調整。由於學習歷程中各種數據之累積，除了使教師得以充分瞭解學生進度，也提供學生自我評量的基礎。

有此利器，個人化自主學習才有其可能性。以往因為資料數據之呈現有限且多為群體之平均表現，學校被迫實施統一化的標準化課程，含括個人巨量資料的出現，使得個別化學習的歷程有所紀錄，「一生一課表」理想的實現指日可待。

4. 提供全面預測資訊：藉由數位化電腦裝置的操作與紀錄，累積可供分析的巨量資料，即能針對特定學生、班級、族群、地區等進行多面向的統計分析，進而做出可靠之預測與最佳的學習時機與方式。此外，各種相關數據之連結，更能產出更有價值的參考資訊。一位學生數學分數為70分，僅是一個單獨數字。但若將其與學生之家庭背景、智力性向、與學習歷程資料連結，所提供之資訊將更為全面。

巨量資料對於高等教育之影響也相當顯著。以往鮮為人知之「校務研究」（institutional research，簡稱IR）開始受到矚目。校務研究的精神即在主張大學發展的決策機制，應以資料與實證分析為本，避免個人主觀之臆測。高等教育為群英薈萃之處，其發展與研究對於人類福祉影響甚鉅。以往學校領導者過度專注於菁英式哲學思辯，對於以資料分析為主之校務研究，往往視其僅是「形而下」瞭解教育現場的各項事實而加以輕視。此種情況在近年高教環境巨變後，已有顯著改變。

由於社會之變遷，各國高等教育規模逐漸擴大。面臨少子女化與全球化之挑戰，市場供需已經成為大學不得不正視之議題。在激烈的世界大學排名之下，招生不足與學用落差等問題，迫使學校主政者必須開始認真思考如何串接學校已有之各個大小資料庫，以有效存取關鍵性資料，提供學校關鍵決策之重要參考。

簡言之，校務研究揭櫫「證據為本決策」（evidence-based decision）的理念，希望在相關校務的巨量資料中，建立具有規律性存在的大數據模式，以作為學校決策的依據。想想看，大學領導人不瞭解招生利基，不清楚學生學習情況，又何能規劃特色系所與課程吸引學生。此外，學生學用落差與職涯規劃均需依賴相關資料之提供，才能有全面之關照。

巨量資料與大數據模式的來臨，給予教育行政人員另一個觀察與分析決策的角度。管他混沌的程度多大，只要資料蒐集趨近於母群體，也許就能撥雲見日一窺全景。此種探索現象的模式，可能即是未來的主流模式，值得加以重視。

5.1 個案研究　屈尺國小學生罷課案

時　　間：1993年8月爆發

地　　點：位於當時為台北縣新店地區的屈尺國小

資料來源：中國時報、聯合報、自立早報、中央日報、台灣新
　　　　　生報、中華日報、自立晚報、China Post、人本教育
　　　　　札記（1994），第55期，pp.7-27。

案　　情：家長會長不滿校長之辦學理念與措施，發動學生罷
　　　　　課並拉白布條示威，雙方皆不退讓，令主管之縣教
　　　　　育局疲於奔命。

在1993年8月30日，當台北縣屈尺國小的教師為開學之日而忙
碌，卻發現到校的學生稀稀疏疏。經過統計，全校289名學生，竟有
140名未到校，原定的開學典禮被迫取消。當晚，各家電視台均顯著
報導了此件台灣教育史上罕見的小學生罷課風波。

隔日，缺席的情況仍未改善。雖然校長曾適中要求教師逐家採
訪，但是大部分家長卻無動於衷。中午過後，200餘名家長聚集在校
門外，並拉起「為人師表眾嫌之下何顏強留」的白布條。至於誰是被
「眾嫌」的，教師們心知肚明，顯然是針對曾校長而來。

家長所以會如此激烈走上街頭，多少也受到報紙的登載有關。
根據各大報的報導，家長抗爭的主因在不滿曾校長的專斷及不與地方
配合；曾校長則責斥部分家長以小孩子為抗爭的工具，相當不可取。
至於主管教育行政機關的代表則深表遺憾，縣府教育局長鄧運林表
示，此案純粹是該校家長會會長王煉楨與曾校長間的個人恩怨。縣府
曾在此之前不斷透過關係展開私下協調，但並不成功，鄧局長認為此
乃有心人士從中阻撓所致。站在主管當局的立場，他堅持如果家長或

社區對校長有任何不滿，可直接向教育局檢舉或指控，該局會派人深入調查，家長不能將小孩當成抗爭的籌碼或工具，校長曾適中的辦學成績並不壞，不能單以家長會的意見作為調動校長的理由。

雙方對立

的確，冰凍三尺，非一日之寒，學校家長會與校長之間對立早已是公開的秘密。然而屈尺國小一夜之間躍上全國報紙的頭條新聞，卻令人始料未及。屈尺位於台北近郊臨山的河谷平原上，層巒聳翠，令到訪的遊客一洗都市的喧囂。屈尺是個老社區，多數人民世代居此，而屈尺國小自然成為大家活動聚集的場所。如此純樸無爭的地方，會發生如此激烈的抗爭，必有其特殊的背景。

這要從1990年王煉楨初任家長會長時說起，其所代表的部分家長感到校長曾適中專斷獨為，無法接納教師意見，且對地方上的意見不尊重、不溝通，因而發起抗爭行動。開始是以聯名方式向校長書面陳情，但家長認為未見成效，遂於1993年6月向上級主管機關上書，表明地方人士與校長溝通，其卻一意孤行，故發出懇請另派員接替的意願。

綜合家長會歷次的陳情，其對校長不滿之處有以下四點：

1. 以個人主義隨意改變校園景觀與建築。例如，有家長反應回憶母校童年時光的老樹被砍得只剩5棵，操場也用鐵絲網圈了起來，簡直把地方人士當成賊似的。
2. 辦了二十多年的托兒所，曾校長要將之撤掉而改辦幼稚園。
3. 曾校長對教師以高壓威脅之手段迫其就範，大有「順我者生、逆我者死」的態度。教師恐懼之餘紛紛請調，造成學生極大的困擾。如依慣例，應每兩個年級換一次級任導師，但違反此原則者，當年11個班中有9班，其中有家長指稱他的女兒從一年級到五年級，竟換了7位導師。在規模相當袖珍的屈尺國小，宛如每年都上演著大搬風的鬧劇。

4. 曾校長以管理軍隊方式壓榨學校員工，一味以投合上級的口味辦學。例如全校學童三百不到，校隊及活動競賽卻一大堆，有時必須挪用正課以做賽前準備，根本就是「形式績效辦學」的最佳例證。

面對排山倒海而來的指責，曾校長卻顯得相當鎮定，大有兵來將擋、水來土掩的架式。他1935年出生於湖南，15歲時爲了家計成爲中國共產黨的學生軍，並參加了1950年的韓戰；1954年因被虜而送到台灣，旋於五年後自軍中退伍而進入花蓮師範特教科就讀。畢業後他先後任職於桃園縣南崁國小、台北縣文化國小、淡水國小、樹林國小、瑞亭國小、文林國小、野柳國小，1987年調至屈尺國小，擔任校長的職位，未料竟捲入這場罷課風波。

以往與曾校長共事過的人，對事件之發生多不會訝異，認爲並不能以「運氣不好」來解釋。他們回憶過往歲月，肯定曾校長愛校的精神，但卻指其缺乏處事圓融的技巧。例如，1983年的元旦，教育局要求各校參加升旗典禮。當時擔任野柳國小校長的曾適中，即要求全校教師前一天通通不准回家，好在早上四點半鐘集合。偏巧那年元旦風雨交加，教師與高年級學生硬是在低溫中熬了一夜，就爲了參加在附近萬里國小舉行的幾分鐘升旗典禮。飢寒交迫，又看到萬里國小住在遠地的教師均已獲准回家，心中怒火自不待言。從此以後，曾校長就被冠以「好大喜功」的罪名。教師認爲一意死守命令而如此勤快，根本就是巴結上級，校長希望將來調到好學校去，而教師卻成了被壓榨的工具。

雙方交手

如此行事態度，曾校長即遭受到以王煉楨爲首之部分家長的質疑；但他似乎認爲自己在法理上站得住腳，也就無懼外界的批評。然而，屈尺國小畢竟與野柳國小不同，家長即以教師紛紛求去爲理由，在1993年上半年，開始向上級陳情施壓，希望能調換校長。其所採取之行動與縣府之處理過程如下：

　　1993年6月：家長會對六年來暑期教師調動頻繁造成子女新學期適應不良的問題，歸咎於校長個人因素，於是趕在6月20日校長調動作業前，60多位家長聯名向台北縣政府教育局、省教育廳陳情，要求更換校長。

　　6月26日：家長會王會長於畢業典禮上懇求欲調動之教師爲屈尺子弟留下。典禮後之會餐，部分家長予以抵制。

　　6月29日：陳水冰督學到校調查，卻遲到8月6日才函覆家長會。

　　7月31日：王會長召開記者會重申陳情內容，表明縣府不重視地方家長之意見而拖延處理。

　　8月1日：各報登載記者會狀況。

　　8月2日：教育局委託陳督學與王會長聯繫，希望召開協調會。

　　8月6日：縣府公布不調動校長，認爲曾校長以校爲家，兢兢業業，但因領導風格及人際關係較不爲地方接受，因此影響校務推動。縣府將派員多與校長、教師溝通，並追蹤輔導。

　　8月9日：教育局長鄧運林親臨協調會聽取地方意見，曾校長與百名家長參加，會中發言熱烈，家長並面呈另一份陳情書，仍希望換校長。

　　8月16日：王會長與尤清縣長會面，尤縣長認爲調動時機已過，且不能夠因爲家長如此要求就調校長。

　　8月24日：王會長與家長、里長等十人至縣府陳情，機要秘書張國龍接見。雙方陷入僵局，不歡而散。

　　8月28日：於仁愛之家禮堂召開座談會。王煉楨表示因數度陳情無效，希望辭職以示負責，但爲眾人慰留，罷課之共識漸漸形成。

　　8月30日：開學日，140名學童未到校，家長舉白布條抗議。機要秘書張國龍到校居中斡旋。

　　8月31日：各報紛紛大幅登載罷課事件。

　　9月1日：家長會協議，決定自今日起全面恢復上課外，要求縣府一週內提出滿意答覆，否則將每日圍堵校長室，並包車到縣府抗議。教育局長則表示：(1)針對地方人士所提出的五個訴求加以解

決：托兒所不廢並附設幼稚園；不可廢除其所屬廣興分校；修繕活動
中心；開放學校操場；教師調動過於頻繁必須加以解決；(2)校長獨
斷獨行，未與社區良性溝通，要求校長改善；(3)此事件嚴重傷害教
育界，縣府是輸家，沒理再讓步，換校長一事免談。如再罷課，將對
家長採取「強迫入學」方式處置。

9月4日：於縣議會召開協調會，會中作成協議，家長們同意讓
校長有半年的時間表現。

1994年：隔年曾適中被調至台北縣汐止鎮金龍國小。

雙方各退一步

罷課事件在數天內匆匆落幕，曾校長也象徵性的保留了職位。
家長會雖未立即如願，但已迫使縣府在來年做調動校長的準備。然而
分析事件的前前後後，仍舊令人難以捉摸事實的真相。例如，罷課的
導火線究竟是如報載的私人恩怨，還是曾校長的治校方法真的出了問
題？有人說改革者必須做烈士，屈尺國小真糟得需要革命嗎？

從各種訪談資料來看，曾適中的確想要做點事。在野柳國小任
內，他對遲到曠職或是隨便批改作業的教師，毫不留情的在考績上給
予丙等，據瞭解頗有嚇阻作用。擔任瑞亭國小教導主任時，發現部分
學生因家貧而沒穿制服，他硬是跑到附近蒐集別人穿過的來應急。學
校中若是呈現破敗景象，曾適中也會就地取材，發動員工油漆整理。
他自己做沒關係，卻惹惱了做白工的教師，紛紛指責其太會作秀。

屈尺國小的教師是否因此而紛紛請調不得而知，但曾校長任內
的建設卻是小有成就，雖然老樹被砍了幾株，但是到校採訪的記者卻
指出：「如果不以懷舊的感傷來看現在的屈尺國小，倒是會驚訝於在
一個偏遠山區的學校，竟然有那麼現代化的校園：老舊的廁所都替換
成新式乾爽的廁所，廚房中器械井然，舊建築的外觀都貼上新磁磚，
教具室裡物具層次分明，體操教室換上新地板，每個教室都裝上閉路
電視，電腦教室的電腦都是新型的，操場跑道環繞著草坪……。」

　　即使有如此成績，曾校長卻未得家長青睞，反而齟齬相對。這現象顯示出在台灣注重人情的社會中，「做事」重要，「做人」更不能偏廢。如何在兩者之間尋求出平衡點，往往是教育行政者必須一輩子學習的。此外，在整個事件中，屈尺國小的教師宛如化外之民而噤若寒蟬，他們是怕曾校長報復？還是根本就希望早日調校而全身而退？一位教師詮釋得好：「屈尺是個單純的學校，但是教師來自各地，對於教學的想法或做法各不相同。他們是比較複雜的，從各自的角度而有不同的認知。」

　　船過水無痕，屈尺國小又恢復昔日平靜的風貌，曾校長也在隔年離開。對於他，罷課事件恐將成為心頭永難揮去的陰影；至於整個教育界在其中到底學到了什麼，恐怕就必須由時間來回答了。

討論問題

1. 試以傳統均衡系統理論與近年興起之非均衡系統理論分析此案，兩者在觀點上的差異為何？
2. 試以理性、自然、開放、非均衡系統理論四種走向分析此案，其各自關心的焦點有何不同？
3. 試以此案，指出依混沌理論之觀點，整個事件之耗散結構、蝴蝶效應、奇特吸引子、回饋機能之現象何在？
4. 曾適中校長自認沒有犯錯，但卻遭到如此下場，您認為其中原因何在？與文中個案甄梧庸校長比較，一個無為而治，一位擇善固執，您認為往後依學校的權力結構之發展，以上兩位校長應做何種調適？
5. 試以Halpin之OCDQ（參閱第七章），分析屈尺國小的組織氣候。

建議活動 ....

1. 找尋一所曾發生重大事件造成衝擊的學校，以混沌理論與複雜理論的觀點，分析其事件背景、來龍去脈、與學校應對之作法。

2. 有人說公辦教育組織趨於保守，甚而呈現死寂的現象；就此而論，您認為非均衡系統模式是否有其應用價值？請敘述理由。

3. 試比較傳統理論與非均衡系統模式，在主張上與應用上的不同之處。

4. 如果您是一位教育行政者，混沌理論與複雜理論的哪些主張最為您所青睞？原因何在？

第6章

教育組織權力與衝突

哈里路亞！我們活著。走路、咳嗽、辯論，

厚著臉皮占地球的一部分。

沒有什麼現在正在死去，

今天的雲抄襲昨天的雲。

——癌弦

作家癌弦在其詩集《深淵》（1971）中完成上述詩句。在上述節錄文字中，作者以超現實的語法，表達出其對生存的嘲弄與無奈。現實社會中，充滿了權力的爭奪與無盡的挫折。一位「飽經滄桑」的教師，逆來順受之餘，實難免在環境中產生近乎窒息的掙扎。有識者如陶淵明大唱「歸去來兮」，凡夫俗子卻只能「厚著臉皮占地球的一部分」。影響所及，個人陷入挫折的深淵，而其所處的組織也因之受害，雙方都沒占到便宜。

理論上，只要有兩個人存在，就可能產生權力操弄，更遑論動輒成千上萬員工的官僚體系。然而，權力的操弄極為複雜，居高位者不見得真正有權，發號施令者卻可能是名不見經傳的「地下人物」。儘管有些人厭惡權力的操弄，但其對組織的運作卻屬必要之舉。本章即以教育組織為重心，先探討其間權力的產生、型態與實施；接下來再以角色衝突為主軸，敘述組織衝突的產生、種類、與其不同特徵，最後並以衝突管理之原則作為結論。

第一節 組織權力的形成與運作

一、組織權力之特質

組織中權力的運作極為複雜，即連何謂「權力」（power）與其內涵，至今仍無定論。行政學大師Weber（1947）將權力定義為「係個人在社會關係中令他人服從其意志的力量」（p.192），強調社會關係與官僚職位的建立。Scott（1992）則認為權力一詞，可簡單界定為「可以影響他人行為的潛在力量」（p. 303）。綜合各家說法，組織中的權力應具有以下之特質：

1. **必須是相關的（relational）**：如果只有單獨一人，即不可能產生交會行為與權力操弄。因此，權力必須與他人相關。也唯有在具有上司與下屬或利害關係的組織中，才會有權力的操弄。值得注意的是，權力的大小並不與職位之高低呈現完全正比。

2. **視情境而定的（situational）**：權力操弄必須視操弄者與被操弄者的關係而定。即以加薪為例，對於寅吃卯糧每月為繳房屋貸款煩惱的基層員工而言，擁有增加薪水的權力，多能達成使其就範的目的。另一方面，如果被操弄者換成高級主管，公司對其小額加薪的決定，其效果就不如前者。因此，權力操弄者如要達到目的，就必須根據不同情境決定策略。想想看，面對一位自稱「隨時可以同歸於盡」的頑強教師，校長所能做的就極其有限了。

3. **必須植基於對於資源的擁有或控制**：為了使他人就範，操弄者必須擁有或控制不同形式的資源，其中包括金錢、技能、知識、聲譽、職位、乃至外貌等。只要所控制之資源為被操弄者所渴求，權力的行使往往即可達成。例如，一位具有專業技能的下屬，其在爭取加薪的力道上就較強。同樣的，在考試中握有生殺大權的教師，對於學生行為的影響自然也較為明顯。

4. **可以隱含的形式存在**：影響他人行為，不見得要具體行使權力，有時僅僅是擁有權力的事實，即可因之造成影響。例如，最聰明的教師從不輕易動用處罰權力，卻使學生瞭解其確有權限加以制裁而自律；造成擁有懲戒權卻備而不用，在技巧上確為高招。

二、組織權力之功能與運作

　　儘管組織中的權力運作在所難免，但其功能卻引起不同評價。即以社會學的主要學派為例，結構功能論的大師如Durkheim（涂爾幹）、Weber、與Parsons皆對組織的權力運作給予正面評價，認為其可建立秩序與創設資源分配的準則。雖然權力會造成不平等，但卻是可接受的。此因社會在自由市場的操作下，具有特殊才能者自然掌握較多資源，同時也使其擁有更多權力。就此而論，基於各種條件之不同，組織成員之間必有上下之分，而權力的運作自屬必

然。

與之相較，以Marx（馬克斯）、Mills等人為代表的衝突學派，卻視權力的運作為製造掌權者與被統治者之間衝突的根源。其指控上位之掌權分子利用控制資源的手段，對其他成員進行壓榨。其手段除物質（薪資）之控制外，尚藉由特殊意識型態的灌輸，使在下者冥冥中受到影響而甘為奴僕。例如，公司一意傳播「忠誠」理念，並藉表揚活動，使員工能「愚忠」奉獻下去，即是一種權力的不當運作。

衝突學派的理念用於教育組織中，即對於掌權者利用權力制定具有特殊意識型態的課程加以批判。學者如Apple（1982, 2001）痛陳當代教育體制宛如為既得利益者進行社會控制的打手，例如，以學業成就為根據實施能力編班，或是以智商高低作為分流的依據。凡此種種，皆不利居於劣勢的中下層學生。結構功能學派強調藉著組織權力操弄，可以創建和諧與秩序的道德規範，衝突學派卻反控其為掌權者「奴化」被控制者的工具。在其主張下，傳統校長與教師、教師與學生之間的關係皆被重新檢討。本書並非教育社會學專著，有關結構功能論與衝突論對於教育功能看法之異同，詳情請參閱相關教育社會學專書。

兩派學者理念各有千秋，但組織權力的運作卻屬必然。即以衝突學派看法而論，其所攻擊的乃在傳統由少數秀異分子掌控多數權力的形式，並無完全否定權力運作的功能。事實上，現代教育組織龐大複雜，雖然其間有成員之間非正式的溝通，但為達成既定目標，正式結構的建立乃屬必要，其間即牽涉到權力的掌控與操弄，而組織也才能論功行賞或對於不適任者加以制裁（Mitchell, Crowson, & Shipps, 2011）。

組織中權力的運作可藉由非正式與正式管道加以進行。前者即牽涉到非正式團體的形成，在第七章中將有詳述。根據實地相關研究，Blau（1963）與Homans（1961）皆認為非正式組織的權力運作，乃導源於不均等的交換關係（unequal exchange relations），當某人因缺乏資源（如聲望、能力）而必須依賴於他人時，非正式的權力運作即產生。換言之，因其能給予他人的東西較少，故必須以「臣服」為條件，換取所需的資源。此在學校中經常發生，例如，一位嫻熟法律或是後台極硬的教師，其與校長較量的威勢就顯然較強。影響所及，其他敢怒而不敢言的教師即與之結黨以求利益均沾。這些教師因為有求於人，自然表現出臣服的態勢，雙方權力關係於為建立。

　　非正式團體中的權力關係乃基於個人因素，擁有資源者多爲權力領袖。與之相較，正式團體中的權力關係，基本上爲事先設計所形成的。在組織中，有既定的科層體制與職位分配，特定職位即被賦予規章所明定的權力（是否眞正有權則是另一回事）。與非正式組織不同，此種權力架構乃是明定且衆人皆知的。職位高者往往藉著分配資源（如加薪）或是評鑑（如績效之考核），達到擁有權力的目的，而此也是理性系統模式支持者所強調的。其認爲藉由組織正式化的設計，團體成員各司其職，以合作達到團體目標。雖然成員有其個人價值觀，但在自由市場之經營原則下，當其接受一職位時，必會自我加以調整。此外，權力的產生乃依附於職位，有其正當性與轉移性。權傾天下的人在離開職位時，即必須交出權力，如此才能避免獨裁，而使擁權者僅在被賦予之權力中運作。

　　相較於理性系統模式學者對於正式權力運作的熱烈吹捧，自然系統模式者則持較保守的態度。其認爲只藉由正式職位所賦予的權力，並不能達到完全控制組織的目標。本書第三章曾敘述自然系統模式的學者強調組織乃由個人所組成，其動機、能力、價值觀，在在都影響員工對擔任職位的看法。有時個人價值觀與團體目標相輔相成，但不可諱言的，有時雙方也會有所牴觸，若不加以解決而錯認成員會自我調適，往往形成陽奉陰違的現象。此外，職位所法定賦予的權力僅爲表面，有時看似位低權小的職位反而握有實權。Mechanic（1962）則指出職位如秘書，由於爲重要資訊中心，往往爲衆人所不敢輕忽。此外，如校長室中的「特別助理」，職位低下但接近權力中樞，其所具有的影響力不可等閒視之。

　　綜而言之，雖然理性與自然系統模式的看法不同，但雙方皆對組織權力的運作極爲重視。原則上，權力之大小與職位的高低確有正相關（Tannenbaum, 1968），但非正式組織中的權力運作也不可忽視。尤其華人地區文化較重人情，一味以法理施壓往往事倍功半。此外，由於教育組織的鬆散性與教師專業團體的自主性，更使得由上而下正式權力的運作大打折扣。一位有經驗的教育首長，必定懂得同步循著正式與非正式權力管道進行業務推展。兩者雖視情況而有輕重之別，但偏廢任何一方，均必須付出未能掌控全局的代價。

三、組織權力之種類

教育組織中的權力型態依分類之標準不同，而有多種看法。例如，Muth（1983）即依權力操弄之雙方角色的態度，將之分為強制（coercion）、權威（authority）與影響（influence）三種型態。如果將掌權者定義為A（actor），而對方為O（other），則雙方之關係則分別呈現A→O（強制）、A←→O（權威）、A←O（影響）的型態（見表6.1）。茲分述如下：

表6.1　不同強度之權力類型

權力種類 操弄過程	強制	權威	影響
實施之手段與媒介	脅力 （force）	契約 （contract）	勸導 （persuasion）
他人之反應	投降	順從	接受
掌權者（A）與被操弄者（O）之間關係	A→O	A←→O	A←O

資料來源：Muth (1983: 30).

1. **強制**：顧名思義，此種權力的操弄完全由掌權者控制，基本上並不考慮對方的接受意願。換言之，A因具有優勢的資源或是制裁的權力，O即使再不情願也被迫服從，基本上，兩者的關係為A→O的單向脅迫，而O只有投降接受的唯一選擇。例如，在軍隊中軍令如山，遷調駐防完全由上級決定，個人即使再不情願也必須依令行事，否則即會遭受軍法審判，其嚴重性可想而知。

2. **權威**：根據Weber的說法，其即是一種法定的權力（legitimate power）。藉著職務所賦予的權限，A因此能依法行政，而O也在具有共識的情況下願意加以配合。權威與強制不同，其基礎乃建立在A與O雙方所訂定的契約（contract）上。契約的形式可為有形（如教師聘約），或是無形（如進入私人公司，即意味著自我願意接受老闆的指示），基本上，呈現的乃是A←→O兩者互動的關係。O如果覺得不能接受，依其意願可結束與A之間的關係（如退回聘約或離職），與強制權力下的被迫接受不可同日而語。基本上，權威之產生乃基於法定授與及

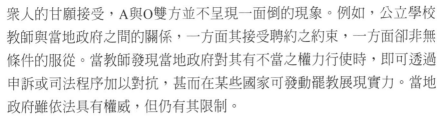

眾人的甘願接受，A與O雙方並不呈現一面倒的現象。例如，公立學校
教師與當地政府之間的關係，一方面其接受聘約之約束，一方面卻非無
條件的服從。當教師發現當地政府對其有不當之權力行使時，即可透過
申訴或司法程序加以對抗，甚而在某些國家可發動罷教展現實力。當地
政府雖依法具有權威，但仍有其限制。

3. **影響**：此種權力的運作並不藉用蠻力或是法令，而是因A具有吸引人
的特質（如專業知識、個人魅力、宣傳得法等），進而影響O的行爲。
換言之，O認爲接受A的想法對自我有利，基本上呈現的是A←O的關
係，接不接受由O單方來決定。例如，一位校長希望教師在職進修。
由於法令並無強迫規定，故其先以身作則，展現進修後確實對教學有
所幫助。接著再透過同儕團體之影響與獎勵措施（如學校補助部分進
修費用），使教師形成風氣而達到目的。其中所採用的手段爲勸導
（persuasion），並無任何強制的色彩。

　　若依權力的強度而論，表面上強制的力道勝過權威與影響。三者的做法
不同，但不見得強度大者其結果就愈有成效，即使獲得表面的臣服，有時更會
遭致私下的抵制。在民主之風日熾的時代，權威與影響的權力形式似乎更得人
心。在複雜的教育組織中，如何軟硬兼施，適時操弄不同的權力形式，往往考
驗行政者的智慧。

　　除了以上之分類外，French and Raven（1959）依權力的性質將之分爲五
類，依其順序分述如下：

1. **獎賞權力**（reward power）：以控制獎賞之施與與否，達成影響他人
的目標。例如，教師對學生的打分數、公司對員工薪資的增減權力等皆
是，形成他人因渴求獎賞而順從。

2. **強制權力**（coercive power）：以施與懲戒或制裁爲手段，使他人因
恐懼而順從。例如，學生作弊會被議處、上班遲到會被扣錢等皆是，形
成他人因逃避懲戒而順從。

3. **專家權力**（expert power）：以具有專業知識與技能，達成因被需求
而影響他人行爲的目標。例如，學校中嫻熟法律者往往成爲非正式團體
的領袖，其意見常常具有決定性的力量。他人認爲其專業知識對自我有
利，故願意追隨其後。

4. **法令權力**（legitimate power）：因擔任特定職位，因而獲有法定的權力。例如，一位校長依法綜理校務，在法律之規定下，有權選定相關行政人員並給予監督。

5. **參照權力**（referent power）：當某人具有過人之魅力、能力、信仰、與智慧時，往往吸引他人的跟隨並願效法之。例如，大宗教家或是超級偶像皆是。其想法、生活型態、乃至服裝均深深影響追隨者，而引起社會的特殊浪潮。

　　與French and Raven分類相似，但更為精簡是Etzioni（1961）的主張，其指出行使權力而使屬下就範的方式有以下三類：(1)強制權力（coercive power）：即是運用懲罰手段來迫使人服從；(2)報酬權力（remunerative power）：即是以控制物質報酬為手段（如薪水、獎金或紅利等），來促使部屬努力工作；(3)規範權力（normative power）：即是運用精神的感召與非物質報酬（如名譽、尊嚴），以激勵部下爭取好的成果。強迫的權力使人就範，規範的權力則令人心甘情願的參與。

　　強制權力多存在於軍隊。所謂「一個命令，一個動作」，上級可懲罰下屬，甚而可命令限制其自由（如關禁閉）。學校中，學生也多少受制於此種強制權力（如必須要服從校規穿制服）。但對於教師，校長實無此種權力。基本上，教師一走進教室就自成獨立王國，只要跟得上進度，愛如何教就如何教，校長根本難以過問。對於懲罰教師，公立校長多無絕對解聘權力。如有必要，仍須透過相關委員會之決議轉呈上級核准，甚至還必須替其安排遷調學校。在任課或兼職方面，校長對新進教師尚有部分影響力，但對資深教師則多半無能為力。任何課程調動，如果教師硬是不願意，校長難以改變。對於教師，校長之強制權力幾乎闕如。

　　商業公司的經理則多使用報酬的權力來控制屬下。例如，行銷部門的推銷員若有好的業績，則可能薪水一月三跳。此外，由於人事制度的彈性，表現優異的員工升遷較易。台灣學校人員的薪俸有統一規定，若無特殊表現，升級乃至加薪的機會不大。校長礙於人事法規，也不能動輒將特優教師予以加薪。在學校，教師在物質報酬上的獲得遠較商業公司低。再加上評鑑制度的不健全，因而造成許多教師無心教書，產生只等年晉一級的心態。

　　強制與報酬權力行不通，校長所剩下的只有規範的權力。其必須要適時誘

導教師，使教師以學校榮辱為自我的榮辱，追求精神的報酬（如良好名譽或他人尊敬等）。因為物質報酬難以獲得，剩下的只有對理想的追尋。要擁有規範權力，校長最重要的就是要以德服人，以自我的學養操守帶動學校。一位聲名狼藉的校長，又何能領導學校。要使教師心甘情願的奉獻，就要身體力行，以帶動學校的良好風氣，否則規範權力難以見效。

此外，Davis and Newstrom（1984）則進一步指出權力的來源可來自：(1)個人魅力；(2)法律賦予；(3)具有專業知識與能力，與(4)社交手腕（也可稱為是政治的權力）。前三種以上已有所說明，以下即就如何獲得政治的權力做一剖析。

基本上，政治的權力源自團體中的個人，經由政治利益交換或外交折衝後得來。獲取的策略有如下數種：

1. **社會交換**：係指「你為我做些事，我下次就幫你」。在教育環境中，校長常因推行校務欠人人情，而必須伺機報答。基於同鄉、同學、同事、或處於同一利益團體中的緣故，校長常會因之結成小的團體，而彼此呼應照顧。所以，適時以社會交換來獲取實質權力是很重要的。校長不可自命清高而獨守校中，失去了交換權力的大好機會。

2. **接近組織顯赫或重要人物**：此種方式的最佳例子即是坊間所傳上級長官跟前的「紅人」。以校長為例，如因某種機緣能與現任教育局長接近，甚而成為其代言人，則不但校內事務執行較為方便，當局長高升時，也可能隨之雀屏中選而接任更好職位。

3. **對訊息的控制**：上級領導者常因太忙碌，而必須由秘書處理日常事務。這些人控制領導者的訊息，決定接近領導者的人選，有時甚而伺機建言，給予領導者莫大的影響力。古時東宮太監誤國，就在其伺候皇帝、控制百官上書所致。所以，一個校長必須對上級領導者周圍的訊息控制者有所警覺與瞭解，否則常有事倍功半的結果發生。

4. **地位的顯示**：係指從別人手中奪回自己應有的權力，因而彰顯自我地位，並告訴部屬我才是真正的領袖。例如，一位新任校長，立即由教務主任手中收回許多校務的決定權。此些權力本來應屬校長，但因前任校長之無為而治，而落入教務主任手中。收回應有的權力，不但行事較易，在心理上也讓員工認同自己是領袖。

5. **加入社交俱樂部**：許多訊息都是在辦公室外決定的。一位新任校長加入網球隊，會結交其他志同道合的校長，進而加深自我影響力。在台灣以往教育行政者常須出外喝酒應酬，其原因就在製造接觸機會，並在社交場合中為學校爭取資源。

以上曾論及教育行政者最好使用規範權力來面對員工，以期能以德服人，尤其是在組織之中。另一方面，在面對各種外界團體上，政治權力之行使也極為重要。作為領導者，當然希望能夠名副其實握有實質權力。前已述及，權力與權威兩者之間有所差異；前者係指上級單位所賦予的名分，後者則是領導者對員工的影響力。有了權力，卻不一定有權威。組織的最高長官雖有名分，但也許為虛位領袖。學校中也常聽到所謂的「地下校長」稱呼，所指的即是無名分卻有權威影響團體者。領導者必須善用各種權力治理團體，把領導變成一種事實，而不是一種象徵。能擁有權力同時也有權威，乃是領導者所追求的理想境界。

綜上所述，當前教育組織的權力結構與數十年前已有所遽變。在上者擁有強制與酬賞的權力漸減，代之而起的是專家或規範的權力。當校長在操弄權力時，必須要正視以下三項事實：

1. 傳統權力如聘任教師、考核員工、酬賞員工、與決定教師升遷等，均因相關立法的統一規定而銳減。任何執行程序多經各層級檢視，校長主觀的意念難起作用，有時宛如橡皮圖章，只是毫無選擇的執行相關委員會的決議。因此，校長若抱持君臨天下的態度治理學校，其後果必定不堪設想。

2. 校長的傳統權力雖已減少，但並不代表就此受制於教師所形成的專業團體。此因學校結構多屬鬆散結合，教師意見雖多，但是凝聚力卻未如行政人員所組成的官僚團體。校長若能適時利用在資訊上之優勢或是會議技巧，即能在無政府狀態中，將權力用之於無形。一般而言，教師即使有所怨言，但在未達不能忍受之情況前，極少形成足與校長對抗的非正式團體。因此，校長若能巧用行政職權之優勢，多能立於不敗之地。

3. 教師大半自認為具有專業知識的人員，厭惡校長以行政命令干預其教學，或是隨意批評其成果。儘管校長自認為行政專家，也應尊重教師專業，不要使雙方形成激烈的衝突。當然，校長也應關心教學，但應以輔

助者的立場，提供新的點子與資訊供教師參考。對於具有遠見的校長，教師們多半尊敬；換言之，校長即無形中擁有參照或規範權力。在實務運作上，其應「引導」教師走入更佳的教學境界，而不是一味的命令與批評。

在儒家文化影響之國家中，以往校長職位令人羨慕，認爲其不但清高且具影響力，事實上，第二次世界大戰前的校長確實如此。其被鄉里敬重，在學校中有絕對權力，教師縱有不滿也不敢隨意抗爭。然而時代變遷使得校長角色也有所更易。人事法規的建立、教師人權觀念的興起，乃至家長開始干預校政等因素，皆造成校長工作不再具有以往的魅力。部分校長甚至抱怨教師不聽使喚，學生不服管教，家長動輒抗議而痛苦不堪，然而現實社會中沒有一個工作是容易的。作爲成功的校長，不但要克盡己力，同時也必須對所屬團體的特質及相關權力關係有所瞭解。校長不是科舉時代的官員，更非擁有特權的獨裁者。其所扮演的角色應是具有智慧的領導者，善用各種權力以引領學校正向發展。

第二節 組織衝突的類型與原因

中國有句俗語：「做事容易做人難」，道盡了組織中衝突的無可避免。不論是團體與團體、團體與個人、個人與個人之間，皆會因彼此的交會而產生合作與衝突兩極化的行爲（Achinstein, 2002）。由於研究者的立場與領域不同，對於衝突的定義說法極爲紛歧。不過，行政學者多以權力、利益、資源分配的觀點來看衝突。例如，Rahim（1986）即認爲「衝突是組織中兩人以上，基於目標、利益、期望、或價值觀的差異，因而產生不同意見的結果」（p.13）。Litterer（1970）則認爲衝突是兩人以上，一方知覺與他方互動時，會產生對己權益之損害，因而與之對立與鬥爭的行爲。一般而言，衝突的出現並非意味相對外顯行爲的產生（有的人採取忍耐不聲張的態度），但在情緒上必有一定之反應。故綜合各家說法，茲將教育組織的衝突定義爲：「團體或成員與他方交會時，基於利益、思想、做法等因素之不相容，而相應形成之對立行爲。」

雖然Steers（1991）將組織衝突分爲：(1)目標衝突（objective conflict）；(2)認知衝突（cognitive conflict）；(3)情緒衝突（emotion conflict）；與(4)行爲衝突（behavior conflict）四類，但基本上仍以情緒衝突與行爲衝突較爲明顯易見，前兩者往往難從表面上加以觀察。此外，就衝突主體來分，組織衝突可有：(1)個人對個人（兩教師爲了排課問題大吵一架）；(2)個人對團體（教師向外透露校內非法體罰學生事件，引起其他教師的白眼）；與(3)団體對団體（傾校長派與非校長派的教師爲彼此利益引起糾紛）等三種衝突形式。

組織領導人往往對衝突愛恨交織；太少衝突可能意味團體老化而停滯不前，但衝突過多，確也對組織產生威脅。因此，如何取得其間的平衡點就很重要。部分學者（尤其是持理性系統理論者）對衝突多給予負面評價，例如，March and Simon（1958）即認爲衝突是個人或團體在做決策時的阻礙（breakdown），主張應竭盡全力加以去除。不過自人際關係學派以降，學者即意識到組織衝突之不可避免，而必須積極加以面對（如Pondy, 1967）。總結而言，教育行政人員對組織衝突應有以下之體認：

1. 衝突本身並不危險，重要的是如何加以處理。其就如水，既可載舟又可覆舟。適度的利用可促進組織新生與達成目標，但若忽視或處置不當，組織可能因之瓦解。

2. 由於成員與所處環境極爲複雜，衝突是自然而無可避免的。原則上，領導者再如何努力，也無法使所有成員對其職務完全滿意。加上個人給予組織目標的承諾並不相同，隨著時空的轉變，衝突的出現在所難免。

3. 衝突之利弊並無絕對標準。如果是反映競爭與變革的需求，衝突之出現可能是有利的；然而，若處理不當或置之不理，也可能對組織生存造成威脅。此外，由於成員對於處理衝突的能力不同，同樣之衝突在A組織中有利，卻對B組織產生巨大殺傷力。因此，如何訓練員工處理衝突，已成爲組織生存重要課題之一。相關知識如人際溝通、敏感性訓練等，皆可使衝突傷害減至最低，甚而使其反轉而對組織有利。

綜上所述，衝突發生在組織中應被視爲是平常之事；以往認爲有衝突即是運作失調的觀念，應有所改變。然而，領導者卻也不可因之掉以輕心。Gmelch（1982）即以組織績效與衝突所造成的壓力強度爲變項，分析兩者之間的關係。圖6.1中顯示在B點，衝突可以刺激組織革新與決策品質，爲最適度的衝突

強度。到了A點，代表組織的停滯與冷漠，表面雖無衝突產生，但實際卻導因於成員對於改革的無動於衷。與之相較，C點的衝突強度攀至最高，使得組織造成分裂與爭鬥。成員因為無法彼此合作，故以懷疑仇視之態度威脅對方，衝突不但不能解決，反而使組織運作瓦解。因此，衝突之發生對組織同時具有建設性與破壞性，端視其強度與成員處理之恰當與否。教育行政者無可避免必須面對衝突，如何反應，往往考驗其專業知識與能力。

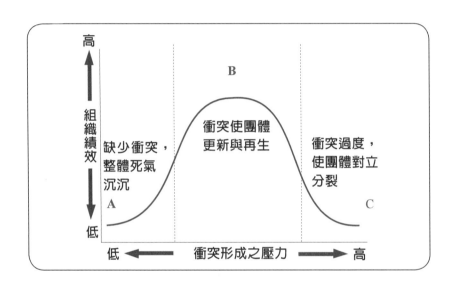

圖6.1　衝突強度與組織績效之間的關係

資料來源：Gmelch (1982: 29).

　　引起衝突的原因極多，各家看法也頗為紛歧。本書之內容在研討教育行政的相關課題，故以下敘述之衝突即以教育組織為重點。Cedoline（1982）在檢視美國學校的日常運作後，發現引起行政者或教師彼此之衝突的原因如下：

1. 資源缺乏，包括在財務、物品、設備、人力，乃至精神鼓勵上的不能充分獲得，因而產生壓力與憤怒。
2. 缺乏來自上級與社區大眾的支持。
3. 工作分量過重，以致不能負荷。
4. 行政上的繁瑣文書作業與往返。
5. 與教育利益團體或教師工會的討價還價及談判。

6. 缺乏來自上級的明確政策與指示。

7. 聯邦與各州法律對於學校運作的限制。

8. 對於教師與學生行徑的缺乏控制。

9. 擔負所有教養學生的責任，被要求扮演其父母的角色。

10.來自家長與社區的要求與壓力。

　　以上所敘述的為美國教師產生衝突的原因，歸納後再加上筆者的觀察，台灣教育組織產生衝突的根源，主要為以下兩者：

1. **學校官僚與專業團體的對立**：學校不像一般商業組織，必須緊密結合才可達成既定目標（如銷售量、投資淨利等）。之前已論及教師所形成之專業團體的鬆散結合特性，其與重視上下絕對權力的官僚體系（由校長領銜的行政者所組成），往往因理念差異而產生衝突。行政者希望理性辦事，切實迅速執行上級交辦任務；教師則強調專業與自主權行使。影響所及，官僚團體抱怨專業團體效忠程度低，教師則指責行政人員藉法令為擋箭牌，暗地卻行獨裁之實。由於雙方各有堅持，如未有適當處理，則易形成Pondy（1967）所指出的「螺旋式惡性循環」（spiraling quality），即指行政者由於想控制教師，即採用更嚴厲的法規與措施，不料卻引起教師更大反彈；其對抗的形式除正面衝突外，尚有私下抵制。如此惡性循環，衝突就像螺旋狀的節節攀高。除非一方掌握絕對優勢，使對方不得不暫時偃旗息鼓，否則多半會形成你來我往互有勝負的局面，而校務推動即無形中受到極大打擊。

2. **角色扮演衝突**：上述官僚與專業團體的對立較偏向於制度面，而角色扮演則較與個人層面相關。當成員加入組織時，其一方面保有特殊價值觀與人格，同時也須依組織要求，努力達成角色期待。由於溝通不良或是職位之不適合，個人角色衝突在所難免。當他人期待與本身看法有所出入時，個人即必須透過行動加以調適。然而，說得容易，做起來卻頗有難度。此因組織成員除有一定認知層次外，尚有情感的部分。有時過度魯鈍，感知不到他人對自我的真正期望；有時卻因與上級或同事的不同好惡與想法，而產生不如掛冠求去的惆悵。角色衝突在表面上雖多半不明顯，但其實質殺傷力卻不可小覷。

官僚與專業團體間的對立衝突，已在第二章加以詳述，故以下即單就角色衝突的原因、種類、解決之道加以討論，其重點以教育組織中校長與教師之角色扮演為主。

第三節 角色衝突

按照社會系統理論的主張，角色扮演會因所處機構的不同而有所改變。換言之，機構決定了個人所應扮演的角色。在人的一生中，每每就如舞台上的演員，必須嘗試多種角色。在家庭中，男人所扮演的可能是丈夫、兒子、父親、或者三者皆是。在如此多重角色中，每個角色都因人們期望而有既定的原則（如兒子被期望要孝順父母）。如何順應此種原則，而扮演好角色，乃是行政學者所關心而加以研究的。在教育行政領域中，又以校長的角色最為人所矚目。校長應扮演何種角色？所扮演角色又應如何界定？本節針對這些問題，首先研討有關角色衝突的模式，接著討論校長角色的界定、角色之間的衝突、與角色扮演改進之道等課題。

一、角色衝突的模式

學者Lipham and Hoeh（1974）根據角色關係的不同，而發展出相關模式。圖6.2中有三個不同定點，A點為校長本身的角色期待（self-role expectation），係指作為一個校長，我認為自己該做到什麼。B點為他人的角色期待（alter's role expectation），即他人（如教師）對於我所扮演校長角色的期待。C點為想像他人對我角色的期待（perceived alter's role expectation）。此種期待係指校長本身根據自我觀點，進而預測教師的想法。基本上一個成功角色扮演為A、B、C三點合一，即自我期待、他人期待、與想像他人期待皆為相同。然而事實上極少例子能有如此完美組合，所以，A、B、C三點鼎足而立而成一三角形。AB一線稱之為本質的差距（existential distance），BC一線為溝通的差距（communicative distance），而AC一線則為判斷的差距（interceptive distance），理想上此三線的差距愈短愈好。茲將A、B、C三點所代表的不同期待敘述如下。

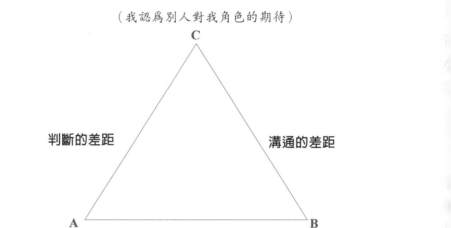

圖6.2　角色扮演的不同期待

資料來源：Lipham & Hoeh (1974: 125).

（一）自我角色的期待

　　自我角色期待係自我對於所扮演角色的期待。即以校長為例，其對於校長此一角色必已有所定見。此種定見有些根據法律規章（如必須依法行事），有些根據上級與下屬的需求，有些則是根據自我對教育的理念與看法。同一校長角色，兩人的自我期待就有所不同。有人重視與教師的人際關係，有人卻花大部分時間督導行政。其重視程度的不同，可依五分量表（Likert scale）來加以自我測量。量表中從最重要至最不重要，個人可依其對角色的期待予以圈選。此因教育工作者負有多項責任，但時間有限，各責任必須有緩急之分。角色扮演者就必須視情況而有所取捨，取捨的標準常決定一校的成就與校風。

　　運用相同的五分量表，同樣可以測量校長的理想自我期待（principals' ideal role expectation）。理想與實際常有差異，校長的實際自我期待常須受限於上級督導或法律規定。所謂「人在江湖，身不由己」，校長實際期待常因現實環境而大打折扣。教育思潮不斷進步，然而典章制度或教育人員的意識型態卻往往不能配合，所以，一位校長所行之事往往是不得已遷就環境而為。運用量表，校長同時回答在角色的各職責上（如教學領導、人事、公關等），實際與理想上所花的時間比例，並比較其差異而可供未來之改進。例如，Melton

（1971）曾調查愛達荷州（State of Idaho）的小學校長，發現其希望能夠多花時間在教學領導與學生輔導上，而不願整日處理公關與學校總務等雜事。Melton比較其結果與另外兩個類似研究（1958年之密西根州，與1968年所做的加州研究），發現三地之校長雖在時空上有所差異，但基本看法卻大致相同。

（二）他人的角色期待

作為一個校長或教育行政者，瞭解他人對自身角色的期待極為重要。此因領導者是否成功，下屬的合作實為決定性因素。利用量表，校長可以得知教師對自我的期待，進而採取下一步的適當行動。Daw and Gage（1967）曾使用455個加州學校為樣本，要求教師對以下12個項目描述其校長的實際注重程度，與其理想中校長應採取的比重：

1. 用友善態度或微笑來鼓勵教師。
2. 對於盡責教師給予表彰或獎勵。
3. 不強迫教師接受自己的意見。
4. 持續且立場一致的執行學校規章。
5. 批評但卻不因之抹殺主事教師所做的努力。
6. 立即告知教師可能影響其工作或權益的行政改變措施。
7. 對於改善班級教學提出具體建議。
8. 要求教師在做學校行政決定時積極參與。
9. 對於學生課業或身心改進表現出興趣。
10.不經常闖入教室影響教師教學。
11.對於教師的意見表現出很大興趣。
12.對於教師需求能很快達成。

研究後之結果，可以看出教師對校長所作所為與理想中的差距。此種回饋對於校長未來施政有很大幫助。瞭解教師對自我期待，校長多少可以調整自我角色期待，進而改善與教師的關係。在日常生活中，完全符合教師期待的機會不大，但校長必須盡力而為。尤其是在差距很大時，其必須要決定是否要一意獨行或做某種程度的妥協。校長與軍隊長官不同，並非握有絕對權力，所以忽視教師期待並不一定失敗，但如造成教師聯合抵制，則後果並不樂觀。

校長自我角色期待與他人角色期待之間，乃是一種本質上的差距。基本上係因校長與教師，對於教育意義與目標等哲學課題的看法不同。例如，一位年輕留學歸國校長，可能在就任時即發現此種問題。此類校長西化較深，與校內保守派教師在某些議題上看法不同（如對學生管教之方式）。此種本質上的差距常基於文化或哲學的爭辯，必須靠長時期努力才會消除。以上例而言，如果這位校長認為自己看法正確，就應鼓勵教師進修或舉辦研討會，以傳播新知的方法來改變教師看法。反之，若校長發現自己西化的看法並不適用本地，就應做適度修正，配合地方需求來發展校務。

（三）想像他人的角色期待

此種期待係指角色扮演者認為他人對自我的看法。以校長為例，其會用各種方式來「感覺」教師的想法。此種感覺與事實可能相近，也可能很遠，所以，一個校長能夠瞭解教師對自我期待是很重要的。在台灣學校中，溝通形式常只是上對下單方面的命令，而教師因社會保守傳統，往往不會主動告訴校長自我需求。在此隔閡下，校長與教師想法可能就會不同。根據感覺的正確度，Hencley（1960）認為校長可分為以下三種：

1. **自找麻煩型**（trouble seeking）：此類校長整日疑神疑鬼，誤認想像中教師對其角色期待與現實有所出入，然而事實上此種差距並不存在，教師想法基本上與之相同。此種校長可說是自找麻煩，尋找不必要的衝突。

2. **無知型**（innocent）：此類校長與上者剛好相反，整日認為天下一切太平，教師角色期待與自己相仿，但事實上卻差異很大。因為忽略教師需求，此類校長終有一日會自美夢中驚醒，而與教師之間產生巨大衝突。

3. **敏捷型**（keen）：此類校長能夠正確感覺教師對其的角色期待。也許與自我期待之間有很大差距，但至少校長瞭解此項事實，進而謀求補救方法。或許日常運作中會因差距而發生衝突。但至少一切都在意料之中，不如前兩者之措手不及。

基本上，AC之間的距離（即自我與想像他人期待的差距），可被稱為是判斷的差距。造成的最大原因乃在我們常以自我價值來推想別人對的看法。例

如，一個傳統的校長，可能會以為教師希望自己以保守態度治理學校，此種情形在溝通管道不通的學校中經常發生。校長以為只要教師不吭聲，就表示教師支持自己。此種以自我價值觀來決定別人之想法極為危險，此因教師即使不正面對抗，也會私下以消極態度加以回報；甚而組成非正式團體進行杯葛，後果令人憂慮。

解決此種差距的最好方法，乃是改變感覺他人想法的方式，而非只是自我為尊，適度站在他人立場來看問題。校長應捫心自問教師為何如此想，而不要只是關心教師想什麼。因為後者只是問題表徵，表面之下必隱藏真正原因。基於地位之不同，彼此立場相異，校長希望教師全力貢獻而不計報酬，教師卻希望能得到適度權力保障與薪資增加。因此，校長必須學習站在教師立場替其設想，並且分析教師所作所為的原因，才能使判斷上的差距減到最低。

至於BC之間的距離（即他人與想像他人期待的差距），基本上是一種溝通的差距。如果校長能夠廣開管道，適度與教師進行正式或非正式的溝通，則BC之間的距離必定縮短。其實以上所論之三種差距，都可用溝通的方式加以解決。在一個開放的學校中，教師不會害怕因大放厥辭而丟掉飯碗，因而能夠暢所欲言。其可讓校長明晰教師需要與看法；而校長也可藉此管道向教師陳述自我立場與看法。即使未能盡如人願，但教師至少已被告知其中的原因與困難，其不滿程度自會大幅減低。所以，作為一個成功校長，必須在自我、他人、想像他人三種角色期待之間，求取最小之差距，而其中坦誠之溝通技巧常是達成目標之最佳手段。

二、角色衝突之類型

每個人一生中必須扮演不同的角色，如果扮演得不恰當，就會產生角色衝突。以校長為例，其日理萬機，常須周旋於不同性質的團體中，為達成目標與理想，角色衝突的問題層出不窮。根據Lipham and Hoeh（1974）的看法，校長所遭遇的角色衝突可分為以下四類：(1)不同角色間的衝突（inter-role conflict）：發生在校長同時扮演數種角色時，又可稱為「三面夏娃的痛苦」；(2)不同團體間的衝突（inter-reference-group conflict）：發生在校長處於兩個對立團體之間，又可稱為「池魚之殃的痛苦」；(3)團體內的衝突（intra-reference-group conflict）：發生在校長面對團體內兩派不同的人士時，又可稱之為「兩面不是人的痛苦」；(4)角色與人格間的衝突（role-personality conflict）：發生在校長扮演的角色與其人格不合時，又可稱為是「為五斗米折腰的悲哀」。茲將此四類角色衝突敘述如下。

（一）不同角色間的衝突

校長在處理校務時，常因其複雜與多變性，而產生不同角色之間的衝突，最常見的是教學與行政之間的取捨。按照規定，校長應進行適度之教學領導，但當其正與教師討論時，卻常有職員氣急敗壞闖入報告發生急事，而此時校長必須立即處理。雖然其很想多花時間在教學部分，但因扮演眾多角色而不能如願。同樣情形也發生在學校與家庭之間。校長是一校之長，同時也是家庭中的父（母）親，每日忙於校務，很難天天回家吃晚飯，對於孩子實在深有歉意。所以常聽有些校長說：「我恨不得一天有48小時！」道盡了扮演不同角色之間所產生的困擾。

此外，華人社會最講究人際之交情。一位校長（特別在鄉鎮地區）若與地方顯赫之士交惡，則辦起行政來必難；但若過分接近，有時礙於人情，也不得不做讓步。此種案例極多，例如，縣議員候選人要求到學校對教師做「非正式」的演講；家長會會長希望借體育館聚餐，卻又不幸與校內球賽撞期；鎮長懇請將兒子放入好班，而你又明知此乃違背規定之行為。凡此種種，經常在校長生涯中激起衝突；不做怕得罪政要，做了又覺得心有不甘。此種衝突可說是一種「戴了太多帽子」的後遺症。校長有時迫不得已在同一時間扮演多種角色，但不必要的角色扮演（如未與地方顯要保持一定距離），則應有適當的調整，否則會造成許多不必要的衝突。

一個校長基於職務的需要，常要加入地方派系或社團活動，因而產生戴了太多頂帽子的痛苦。Lipham（1960）曾指出校長對外參與活動太過或不及都不好，最有績效的校長會視自我時間以分配交往的頻繁程度。解決多頂帽子痛苦的策略有二：(1)縮短對外的次數與時間，不要迷信領導行為的成功，必須完全靠社交活動，而將剩餘時間用在充實自我、與教師研討教學、與花在家庭生活中；(2)不要做所謂的「好好先生」，應堅定自我立場。學校有其既定任務，而與其他社會團體不同。支援校外活動必須行有餘力才可，若是有求必應，定將

影響校內教學活動。因此，校長在面對外界需索時，應闡述學校立場，聲明在能力範圍內可以提供之協助。此種學生第一的想法，必能得到多數人的諒解。千萬不可把學校視為升官的管道，而淪為缺乏立場的領導者。公共關係應做，但必須適量。此外，校長也是人，必須負擔家庭責任，一個以校為家的校長令人稱許，但卻不應以子女的痛苦作為代價。調適學校與家庭之間所扮演的角色，可以減免戴多頂帽子的痛苦。

（二）不同團體間的衝突

第二種角色衝突係發生在兩個極端對立的團體之間，扮演校長之角色，往往會面臨池魚之殃的痛苦，此種例子在爭取經費時最為明顯。教師認為辦活動需要錢，沒錢當然不願白白浪費時間。上級立場卻恰好相反，主張能省即省，學校必須用最少的錢產生最大效用。兩個團體基本上形成對立的局面，而校長卻因職務所需，必須分別對雙方進行交涉。由於看法的差異，即使產生結論，也難以滿足所有的人。在此情況下，校長即在雙方炮火下，受到許多抨擊。教師說校長爭取經費不力；上級則指責校長浪費公帑而不知儉省。

此種雙方對立局面，在其他議題如課程安排（教師說教育部管太多，教育部則說不能不管）、生活教育（體罰、男女生交往）等經常發生，許多研究證明此種差距並不小。Frazier（1964）即對奧瑞崗州（State of Oregon）的150名校長、教師、與教育局長進行調查，要求其在53項對校長的角色期待中表示意見。結果發現，教師與教育局長竟在27項上有不同意見。Falzetta（1967）的研究則是在47項中有20項，比例幾乎占50%。換言之，當校長處理事務時，有一半的機會可能會夾在教師與教育局長之間，而產生不同團體間的衝突，而使其進退維谷不知所措（Newberry, 1966）。

面對兩個團體間的衝突，校長應對之道首在保持一貫立場，千萬不要「見人說人話，見鬼說鬼話」。Moser（1957）的研究即指出，校長在面對教育局長（上級）與教師（下屬）時，常有不同的面孔。此因上級單位注重績效與團體紀律的施行，所以，校長常表現出工作取向的態度，強調為完成工作，任何代價皆在所不惜。然而在與教師溝通時，卻顯示出個人取向的態度，表明自己關懷下屬的態度，不希望過分使用團體紀律，以博得教師的歡心。此種態度不一致的情況，最後必將成為燎原之火，使校長在雙方都得不到信任，上級與下

屬也因校長的雙重人格而輕視其所作所為。所以，校長必須瞭解在治理校務中，所交涉之團體會因年齡、教育水準、職位與文化背景等因素，而產生意見上的對立，此乃正常情形，應該坦然接受。對於敏感問題，最好能堅持一貫立場（例如，表明自己就是反對教師在外兼差），讓一方雖有所不滿，但也得到另一方的喝采。千萬不要試圖同時討好雙方，換來的恐怕只是眾人的唾棄與不信任（Muse, 1966）。

校長處理校務時，常處於教育局與教師之間的衝突。有時上級不合理的要求，會激怒教師進而責怪校長。如能化解雙方歧見，產生兩全之策自然最好；但事實上此種情形卻很難發生，所以，校長若發現一方不喜歡自我意見，也不必過分難過。只要堅持立場，不要「見人說人話，見鬼說鬼話」，自然會有一方支持你，而不至於完全孤立。

然而，這並不意味著校長不必採取行動以化解衝突。介於兩個立場不同的團體，校長應該扮演第三者諮詢（third-party consultation）的角色。根據Fisher（1976）的研究，校長必須有一般人際關係的知識，以幫助雙方能夠靜下心來討論問題。因此，校長除在教育知識上多所追求外，對於人際關係之技巧更是不可偏廢，如此才能對諮詢工作勝任愉快。

諮詢角色必須是公正的，絕不能輕易對一方進行武斷的評論。首先校長應讓兩方瞭解彼此都有達成共識的意願，再利用教育的知識來分析問題，以讓雙方共同解決問題。結果有時雖不能令任何一方完全滿意，但至少讓其瞭解緣由而不致誤解。在日常生活中，校長常因執行上級命令，而使教師不快。對此，校長應讓教師知道其行為的原因，甚或與上級交涉的經過，教師雖然有所抱怨，也不致過度遷怒校長。所以表明自我立場，成為公正的第三者，乃是使校長不受池魚之殃的最佳策略。

（三）團體內的衝突

校長在學校中常會遭遇兩派意見不同的教師。派別的形成各式各樣，例如，新進對資深教師、升學主義對教學正常主張的教師、傳統對開放管教的教師、創新對守成的教師，乃至低年級對高年級教師等，在在顯示出校長所屬團體的複雜。尤其在校務會議上，一派教師要求對學生採取開放態度，以健全其自信心；另一派則主張必須嚴守校規，否則不能維持校園安寧。兩派你來我

住，校長坐在中間，明顯感受到雙方炮火的壓力，深怕處置不當，即造成兩面不是人的悲慘局面。

　　許多校長在面對團體內的衝突時，常顯得手足無措。其實團體內有衝突本來為常事，校長本身必須堅定自我看法，進行適度調適才能解決問題。例如，一種新課程的推行，很可能會遭致資深教師的杯葛，但是如果校長認為該做，就應想盡方法來達成目的。其中如讓反對之教師參加進修活動，或是參觀已實行該課程之學校，都是很好的途徑（Moyer, 1955）。此外，校長也須徹底瞭解教師反對的理由，其中包括表面上或實際上的原因。例如，有些教師表面上反對新課程，其真正原因卻是怕重新設計課程內容而花費時間。校長在瞭解後，可以組成特別委員會來設計課程，以使反對者的疑慮消失，如此才能推行新的政策。部分學校校長只做壁上觀，對雙方之爭執採取「中立」態度，美其名是實行民主，其實卻有推卸責任之嫌。此外，有的校長常意氣用事，凡與自己意見不合的教師統統視為搗蛋分子，對其看法完全排斥，而傾向於另一特殊團體。以上兩者不但不能消除校內的紛爭，也不能順利推行新的政策。教師把時間都花在爭鬥上，而校長卻無力治理，因而造成學校陷於混亂的無政府狀態。

　　校長在學校常會碰到兩派對立的教師，而延緩校務執行的時機。對於此種衝突，校長必須確實與雙方溝通，並聽取其意見，使每個人都有機會抒發心聲。教師因為職務的封閉，對於學校行政不能做通盤的考慮。校長心中必須有所準備，伺機向兩派教師解釋目前問題重心，使雙方盡可能達成協議，而不要讓不滿蔓延下去。當然，校長必須做最後決定，但在此之前，雙方意見都應列入考慮。切不可假民主之名，逃避責任而讓對立雙方自我處理。此種情形會造成兩派僵持不下，久久不能達成共識。

　　就學校長期發展而言，校長應試圖消除派別之間的偏見。以往有些學者主張為兩派人士製造機會相處在一起，其自會互相溝通而消除己見。但Sherif and Sherif（1967）的研究發現卻指出，盲目的撮合兩派，往往會更增加彼此的仇恨，甚而造成當場對罵、大打出手的情況出現。實務上，校長可在學校中循以下兩個途徑來消除派別（系）偏見：

1. **消除先入為主的觀念**：年輕教師常會認為資深教師趨向保守，不知進取；而資深教師則反控對方年少氣盛，好行小勇。此種刻板印象常是阻礙雙方溝通的原因。對此，校長應安排年輕教師中較沉穩、資深教師中較開放的人在一起，使其在接觸中慢慢瞭解對方立場，進而願意彼此合

作。兩派中雖有持極端看法的人，但多爲少數。校長在安排時應多花心思，使溫和意見的人士先行溝通，進而造成形勢。雖不能完全化解彼此之間的芥蒂，但多少使雙方的極端分子不能興風作浪。

2. **在危機或緊要關頭時製造雙方合作**：兩派對立人士在面臨危機或緊要關頭時，必須拋棄成見，共同合作以度過難關。例如，在山難中，大家勢必要共同努力，才能求得一條生路。在學校中，較少碰到此種生命攸關時刻，但如關乎學校的興廢，就不可等閒視之。一校升學率不佳，學生外流而導致減班，教師在超額壓力下就必須努力合作，提高教學績效以挽回學生。此外，當督學視導學校或發生地震、水災時，都是校長藉機安排雙方合作的機會。校長應首先說明問題的嚴重性，強調此時必須同舟共濟才能共度難關，接著平均分配職責，事後再嘉獎雙方並希望能繼續維持合作關係。一般說來，雙方在共同工作中可以互相學習，增進瞭解，因之善用危機時刻也是校長要特別注意的。

（四）角色人格衝突

此種衝突發生在校長的人格需求與其角色扮演不協調時。例如，一位個性內向的校長，最不喜歡在公共場合演講；然而爲了職務需要，卻必須拋頭露面，甚而主持婚喪節慶。在此情形下，校長雖勉力演出，但心中卻產生焦慮感，久之即有職業倦怠的情況出現。

學者Lipham and Hoeh（1974）曾指出測量角色人格衝突有兩種方法：一是社會學法，一是心理學法。前者與上述所談的角色關係模式非常相像，也由A、B、C三點構成一個三角形（見圖6.3）。A點代表校長認爲其被期待做什麼，B點是校長自己認爲理想中應該扮演的角色，C點代表校長的人格傾向，包括其人格需要，或喜歡什麼。三點之間的距離代表一個校長的角色與人格的衝突。AB線段代表角色事實與理想的距離，AC線段爲角色的滿足感，BC線段則爲角色的完成度（role fulfillment）。A、B、C三點的資料獲得多由問卷來調查，校長必須回答實際、理想、與人格需求。三角形三點距離愈大，代表角色人格衝突愈烈。

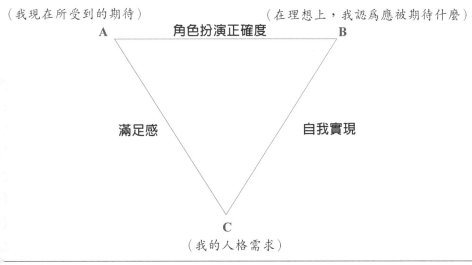

圖6.3　角色與人格之關係

　　第二種測量的方法是心理學法，基本上係利用心理測驗加以測量。校長必須要具備特定能力或特徵才能勝任，其中包括社交能力、統合能力、語言能力等，利用人格心理測量，可以測量受試者在以上諸方面的傾向，並與其角色期待互相對照。例如，在人格測量上發現優柔寡斷、不善言辭的人擔任校長，所產生的人格角色衝突必定很大。Lipham（1960）利用84位校長作為樣本，要求其在活動的驅力（activity drive）、成就動機（achievement drive）、社交能力（social ability）、與安全感（feeling of security）四項人格特徵上圈選。一般說來，一個成功的校長應該在以上四項中得分較高，因為其必須對各種教育活動具高的興趣、要求高水準成果、與人相處良好、與具有高度的安全感，如此才能推陳出新。Lipham的研究結果支持此項說法，其利用84位校長所屬的教育局長所打的分數為準，發現人格特質與角色期待相近者，多被列為是行政績優的校長。

　　此外，Lipham and Francke（1966）也利用另一種心理學方法來測試衝突。一般而論，一個校長縱有困擾，也很少用言語表現出，但卻往往在非語言行為（non-verbal behavior）上顯示出來（Halpin, 1966a）。Lipham and Francke之研究利用晤談法，與校長約定時間進行訪問。晤談者當時並不知被晤談者的成就（以其教育局長所打之分數為準），只是觀察或記錄其非語言行為。結果發現

高成就校長在以下諸行為上均有所表現：

1. 親自在辦公室門口迎接晤談者。
2. 主動邀請晤談者參觀校區與教師教學情形。
3. 親自將晤談者的衣帽掛上，或請秘書處理。
4. 辦公室中存有許多在普通文具店買不到的東西。例如，紙鎮、小圖畫、或是小日曆等，設計都極為特別且新奇。
5. 安排隱密的場所進行晤談，而非當著教師或秘書面前。
6. 與晤談者並排而坐，而非如校長詢問學生般的面對晤談者。
7. 晤談中很少有電話或他人干擾，而使其必須暫時停止接受訪問。
8. 晤談後送晤談者到辦公室門口或校門口，而不是只是站在自己的辦公桌前。

很多人認為以上諸項皆為小事，與校長的角色人格衝突又有何干？然而細細想之，就會發現一個愛好自己工作（換句話說，角色與人格間取得調適）的校長，必會在其舉手投足間表現出來。其會視晤談為人格實現的一部分（講述自己的理想），而非只是被強迫去做的工作而已。因為重視，所以其會親迎賓客，安排特殊場所，事先通知秘書以避免打擾，並且迎賓客參觀校區。此並意味任何校長只要具備上述行為就會成功；然而，非語言行為卻提供他人檢視校長內心衝突的訊息。一位憎恨上班的校長，鮮少會買特殊小玩物來裝飾辦公室，其所擁有的也許只是不得不為五斗米折腰的悲哀罷了！

在實際研究中，Olson（1967）發現有績效的校長與無政績的校長，在人格需求上有顯著的差異。Sargent（1966）則指出校長的人格特質，會影響一校組織氣候的開放與否。事實上，一位校長若不喜愛自己的工作，則會有退縮、不管事、甚或有輕易發怒的情況產生，進而影響到團體士氣。所以在選擇校長這項職業時，最好能進行一些心理測驗，以決定自我人格是否適任；否則一旦入了江湖，就可能會身不由己了。

校長在面臨角色人格衝突時，唯有自己才能解決，別人多半無法插手。此就如沒耐心教書但卻必須從事教職的人一樣，頗有為五斗米折腰的痛苦。校長首先必須捫心自問，到底角色扮演中的哪一部分與自我人格發生衝突。例如，有的校長痛恨升學主義，但所處學校又為明星國中，不得不每日給學生惡補。針對於此，校長也許可考慮遷調其他不是升學掛帥的學校，或轉任其他教育工

作（如回任教師）。天下本來就沒有工作能完全配合自我性格的，若是衝突可以忍受，就應試圖調適；但若是超越限度，就只好更換環境。校長工作與其他行業如律師、會計師不同，如果不喜歡自己的工作，不但影響本身，更因之延誤校務，使莘莘學子受害。所以，校長在面對人格角色衝突時，勢必要冷靜下來做出決斷，心情的調適才是解決問題的不二法門。

第四節　衝突處理方式

在相關組織衝突處理模式中，以Thomas（1976）提出之「雙向度處理衝突模式」最為著名。其與傳統衝突處理之單向度模式（如反抗或妥協）不同，主張採用果決程度（assertiveness）與合作程度（cooperation）兩個向度來探討應付衝突的方式。果決程度係指個人堅持己見的程度；合作程度則指願意與他人合作而使之滿意的程度。兩個向度的不同組合代表五種處理衝突的方法（詳見圖6.4），茲分述如下：

圖6.4　Thomas之衝突處理方法

資料來源：Thomas (1976: 900).

1. **抗爭（domination）**：即高果決低合作型。此種方法是雙方堅持己見強迫對方接受己方看法，毫無妥協餘地，非爭個你死我活不可。
2. **逃避（avoidance）**：即低果決低合作型。此種方法是雙方不願面對衝突，一味粉飾太平。所以表面上似乎沒有衝突，但事實上卻暗潮洶湧。

一對貌合神離、但又不願撕破臉離婚的夫婦即為一例。

3. **忍讓**（accommodation）：即低果決高合作型。此種方法在面對問題時願意採取消極合作態度，以平復衝突；然而，個人在過程中卻未得到任何滿足或實現理想。就像一部老舊車子，雖然加上潤滑油勉強行駛，但對車子本身並無長期助益。機關內為五斗米折腰者的態度即為一例。

4. **妥協**（compromise）：即中果決中合作型。此種方法是雙方各退一步，經由交涉而達成協議。雙方在過程中皆喪失部分利益，並無所謂的贏家。

5. **統合**（collaboration）：即高果決高合作型。此種方法是雙方雖各有己見，但卻能坦誠與對方合作。在過程中誠懇面對問題焦點，以求兩全之道。此種方法使雙方都獲得適當的滿足。

以上五種應付衝突策略與方法，並非彼此完全獨立。Kilmann and Thomas（1977）發現很少成員會每次都採用相同方式，而多會視情況靈活運用。此外，內向者選擇逃避的機會較多，外向者則多願挺身對抗。如果從個人與對方衝突的結果來看，基本上可分為以下五種：(1)贏－輸型；(2)輸－贏型；(3)贏－贏型；(4)有輸有贏；(5)輸－輸型。放入Thomas五種策略中，抗爭的結果屬於第一種；忍讓、統合、妥協的結果則屬第二、三、四種；而逃避則為第五種。其實妥協雖意味也須部分讓步，但此種讓步可能會獲致更多利益，且為個人所心甘情願。如此雖然讓步，但仍可稱為贏家。此外，個人對衝突結果之解釋乃是存乎一心。古語所謂「塞翁失馬，焉知非福」，或「失之東隅，收之桑榆」，都是把此次失敗看做下次成功之前奏。人生在世衝突不斷，即使在蓋棺論定時，可能仍不知誰是真正贏家。

某縣市「國文教學改進委員會」中有五位校長擔任執行委員。趙校長對於主席（教育局長）與各委員的意見，總是先不厭其煩的分析問題中心，然後表明自己的態度與採用其他建議的優缺點。錢校長則秉其北方人的個性，對於異己之見大放厥辭，強調自己的見解才是良策，聲音之大，走廊都可聽到。孫校長則常扮演和事佬的角色，對於激辯中的主席與錢校長建議他們各退一步，以達成協議。李校長總強調自己的意見可作為參考，他願意服從多數。至於王校長，十次開會有八次不到，問他為何不參加，他說：「國文教學現在就不錯了，又有什麼好改進的？」

　　這五位校長各有不同應付衝突的策略，你能指出來嗎？

　　針對Thomas的五種衝突處理策略，Rahim（1983）提出其個別適用與不適用的情境（請見表6.2）。例如，在面臨複雜問題時，宜採用統合手段；雙方權力相當時，則以妥協最為合適。當然，Rahim所提出的見解也僅供參考。情境變化極大，往往必須採用一種以上的手段；是否能及時化解衝突，往往考驗行政者的智慧。

表6.2　衝突解決方式的適用與不適用情境

衝突解決方式	適用情境	不適用情境
統合	1.複雜的問題。 2.需要綜合各種觀念，以達到最佳的解決。 3.需要得到對方願意全力履行的承諾。 4.有充裕的時間。 5.單獨一方無法解決問題。 6.有共同的問題需要解決。	1.簡單的問題或任務。 2.需要立即做決定。 3.對方對於結果不關心。
忍讓	1.自認為可能有錯。 2.問題對另外一方較重要。 3.願意放棄部分，以便於將來獲得一些。 4.處於弱勢時。 5.認為維持和諧關係是很重要時。	1.問題對自己很重要時。 2.認為自己的觀點或做法正確時。 3.現在解決對將來達成共識會有助益時。
抗爭	1.瑣碎的問題。 2.需要迅速做決定。 3.不受歡迎的方案需要執行時。 4.需要制服跋扈的部屬。 5.對於對方不利，但對於己方有利的決定。 6.部屬沒有足夠的專業知識參與決定時。 7.問題對自己是很重要時。	1.複雜的問題。 2.問題對自己不重要時。 3.雙方有相對的權力。 4.不需要迅速做決定時。 5.部屬能力強時。
逃避	1.瑣碎的問題。 2.需要冷卻一段時間時。 3.與對方面對面直接衝突會有負面作用時。	1.問題對自己很重要時。 2.需要自己負責做決定時。 3.雙方不願拖延而問題必須解決時。 4.需要立即關注時。

	1.雙方目標勢不兩立時。	1.一方有較大權力時。
妥協	2.雙方的權力相當。	2.複雜的問題需要用統合的方
	3.無法達成一致意見時。	式解決時。
	4.統合和支配（或抗爭）無法成功時。	
	5.須立即解決複雜問題時。	

資料來源：Rahim（1983: 370）．

在相關研究方面，Rahim（1983）以性別爲變項，發現女性較喜採用統合、逃避、與妥協方式。但是，Renwick（1977）卻指出男女兩性部屬在處理與上司衝突方式上，並無顯著差異。Musser（1982）的研究則得到組織愈大則衝突愈多的結論，指出溝通不良與團體凝聚力低是其主因。Terhune（1970）的研究以人格特質與衝突處理方式爲重點，發現較具攻擊性、權威性的人，傾向採用對抗的解決方式，往往使問題更加惡化。與之相反，個性較親和與開放的人，則會採用較緩和的方式處理衝突。Pilkington, Richardson, and Utle（1988）以大學生爲樣本，探討刺激尋找（sensation seeking）動機與衝突處理方式之關係。結果指出高刺激尋求比低刺激尋求的女性多喜採用支配方式，而較少使用忍讓手段。

中文研究部分，王振鴻（1989）以國中校長領導方式、教師同理心（empathy）爲獨立變項，教師衝突反應方式爲依變項進行研究。其中領導方式以LBDQ測量，計分倡導與關懷兩個層面（詳見教育領導理論）；同理心則包括四個向度：(1)觀點取替（perspective taking）：係指接納他人觀點的傾向；(2)幻想力（fantasy）：認同小說或電影等虛構角色的傾向；(3)同情關懷（empathic concern）：能體驗他人溫情或感情，並關懷他人的負面情緒；(4)身心憂急（personal distress）：係指在看到他人負面情緒時，所產生的緊張與焦慮。其研究結果主要如下：

1. 不同性別的國中教師與校長衝突時，其所採取的反應方式並無顯著差異。不同年齡的國中教師與校長衝突時，其所採取的反應方式則有顯著差異。年齡愈高的教師，愈會採取忍讓的方式。此外，大學校的教師較會採取忍讓的方式，小學校的教師較會採取抗爭的方式。

2. 國中教師與校長衝突時，其同理心高低與知覺校長不同的領導形式，在衝突反應方式上有顯著差異，但交互作用並不顯著。教師觀點取替愈

高，愈會採取「統整／妥協」的方式；身心憂急愈高，愈會採取忍讓的
方式。此外，觀點取替高低在逃避反應上亦有顯著差異。教師知覺校長
領導形式為高關懷高倡導，較會採取統整／妥協及忍讓的方式。教師知
覺校長領導形式為高關懷低倡導，亦較會採取統整——妥協的方式。而
知覺校長領導形式為低關懷高倡導，比低關懷低倡導較會採取忍讓的方
式。

3. 男女教師分別探討時，男女教師同理心高低與知覺校長不同的領導形
式，在衝突反應上有顯著差異，但交互作用不顯著。男女教師觀點取替
愈高，愈會採取統整／妥協的方式；身心憂急愈高，愈會採取忍讓的方
式。男女教師知覺校長領導形式為高關懷高倡導，較會採取統整／妥協
的方式；知覺校長領導形式為高關懷低倡導比低關懷低倡導，較會採取
統整——妥協的方法。此外，女性教師知覺校長領導形式為高關懷高倡
導，亦較會採取忍讓的方式。

　　陳武雄（1995）的論文關心焦點在教師建設性思想與其衝突處理方式之關
係，樣本為台灣公私立國民中小學教師。研究發現當與校長衝突時，中小學教
師傾向採取統合、逃避、忍讓等方式，而較不會採取抗爭方式，至於是否採取
妥協方式則較不明確。其中男教師最常採用「統合」，女教師則最常採用「逃
避」的方式來解決與校長的衝突。

　　蘇美英（2005）之論文探討台灣高級職業學校組織衝突現況與因應策略，
結果發現高職教師的衝突管理主要採取「逃避」策略，較少採用「競爭」策
略。鐘松源（2005）則探討綜合高中（即學校中設有普通與職業類科）教師的
組織衝突及因應方式。主要結果為：(1)綜合高中教師認為「工作的互依性」，
為最易引發教師的組織衝突原因；(2)綜合高中教師面對衝突時，較常採用「妥
協」之因應方式。

　　由以上研究中，雖可看出衝突處理方式與其他變項的部分相關，但因情境
不同，衝突處理實無絕對之標準答案，適切與否往往考驗行政者的管理藝術。
實務上，教育人員可採取以下四種行政措施來化解衝突：

1. **資源的爭取**：許多造成衝突原因即在對資源的爭奪；因此，在一定能
力內獲得更多資源即可解決問題。例如，兩位教師爭相為自己所授之科
目爭取添購設備，但受限於預算，只能滿足其中一人。校長若能藉舉辦

全縣教學活動，或由家長會募捐，即可增加經費而化解衝突。

2. **申訴**：如果團體成員深覺其問題並未獲得上司公平處置，則可向更高一層之管理者或申訴委員會提出申訴。此舉不但可減少雙方正面交鋒的殺傷力，也可使成員覺得受到公平待遇而不致在團體內興風作浪。

3. **公正之第三者進行協調**：雙方爭執與衝突若僵持不下，可邀請公認之社會公正人士在一定範圍內進行協調。例如，教師與行政者之衝突，家長會長若被信任，即可充當第三者進行協調。希望在公開聽取雙方意見後，扮演溝通橋梁之角色。

4. **組織結構之重建**：組織結構是成員交互行為的基礎，如果設計不當，即可能阻塞溝通管道而引發衝突。基於此，教育行政人員可重建組織結構以符所需，其手段如人員輪調，往往可以減少既有衝突。成員也可藉不同之角色扮演，調整其做法與步調。例如，一位向來對行政極度不滿的教師，不如讓其有機會「發展抱負」。在真正扮演其所咒罵的行政角色後，多半會有所瞭解而收斂日後行為。

結束本章前，再引用瘂弦的《深淵》一詩，在卷末他寫道：

> 哈里路亞！我仍活著。
> 工作，散步，向壞人致敬，微笑和不朽。
> 為生存而生存，為看雲而看雲，
> 厚著臉皮占地球的一部分。

人生在世，不免有對現實環境的窘迫與無力；但換個角度來看，如果教育組織中充滿「厚著臉皮占地球一部分」的成員，其專業性的潰敗就指日可待了。組織權力的操弄與衝突的處理，決定了「我仍活著」與「不朽」的一線之隔，不可不慎！

6.1 個案研究

寒山的楓葉

江雨軒第一次踏入寒山中學的校門時,心中馬上喜歡上這個學校。整齊的房舍,如茵的草地,再加上剪裁合宜的花木,美得就像童話中的王國一般。

大學畢業後,江雨軒先在國中教了十五年書,接著又做了三年生意。他自覺自己並不適合教書,開始幾年還有衝勁,後來結了婚遷回到城市地區,喧囂的吵雜與聯考的壓力,使他不得不退出教育界。與朋友做生意又逢經濟不景氣,幾乎賠掉了老本。所以當小舅子提議要他來接寒山的校長時,心裡雖不十分樂意,最後還是在太太期盼的眼神中應允下來。

寒山是個私立學校,日據時代由地方大儒創辦,藉以宣揚中國文化。光復之後恢復正式學制,目前有初中部、高中部。高中部除了三班為升學班外,其餘皆為職業類科如電子、汽車修護等。學生的程度一般而言並不好,且學習動機不佳。然而,成績好壞似乎並不是家長所關心的,此因寒山地區經開發後成為著名的遊樂區,每到夏日遊客如織,居民因此發了大財。寒山的家長多為擁有昂貴土地或旅社的老闆,對於學校高昂的學費並不在意,他們所要的只是給子弟一張畢業證書而已。

雖然在十五年教書生涯中,做過三年教學組長與二年的教務主任,江雨軒卻對校長這個角色極為陌生。要不是太太的關係,他恐怕一輩子也別想爬上這個職位。寒山的董事長是自己岳父的哥哥,膝下無子再加上年事已高,所以希望家族中的晚輩來接棒。除了他之外,董事會中的重要人物尚有以下數位:

黃添財:江雨軒的岳父,目前經營旅社。

張阿財:江雨軒岳母的胞弟,目前經營房地產。

黃添丁：江雨軒岳父的胞弟，目前經營汽車租借。

李火旺：江雨軒岳父的世交，目前經營高爾夫球場

張翠蓮：地方上鎮長的太太，目前為婦產科醫師。

就任後，這些董事會成員都對江雨軒極為友善；然而他總覺得自己是如晚輩般的被愛護，而非被尊敬。這些人真是有錢，第一次董事會的召開就在李火旺所開的高爾夫球場。那種排場真是江雨軒生平所罕見，會議室中鋪滿了長毛地毯，吃飯時所用的四組刀叉皆為銀器。雖然開會不過半個鐘頭，他們卻在入會費高達百萬元的球場上打了一下午的球。對於生長在公務人員家庭中的江雨軒而言，此情此景既羨慕又感到自卑。

在寒山的生活是極舒適的。張阿財「堅持」他們一家人住進自己的一幢花園洋房中，並笑稱「空著也是空著，委屈你們幫我看房子了」。當有次江雨軒的二手車拋錨時，黃添丁立即送了輛BMW來，以備「校長專用」。暑假時兩個讀初中的兒子要打工，張翠蓮很快聘用他們，並付給不錯的薪水。然而當他有次經過婦產科時，卻見兩個小子在辦公室中用電腦玩遊戲，似乎什麼忙也沒幫上。對江雨軒而言，董事會的人就像聖誕老公公一般，動不動就會丟下令人屏息的禮物來。

可是在開會時，這些年已近乎知天命的成員卻常如孩童般吵鬧與缺乏理性，尤其在課程的安排上更是如此。張阿財小時受漢文教育，認為多設升學班會變化學生氣質，主張學生家裡都有錢，是否考上學校並沒多大關係。李火旺則持相反意見，他幼時失學而為學徒出身，主張學校要多教「實用」的知識，讀書太多則保證將來一定沒錢。張翠蓮則處心積慮要成立「幼兒保育科」，以配合自己的診所。由於爭取數年未果，每逢開會必拍桌子，指控其他人欺負她是婦道人家。會場秩序大亂且火爆，江雨軒極少有插嘴的餘地。

漸漸的，他發覺這些人對治理學校存著一種玩票的心理。他們事業有成，且皆有後輩接棒，所以閒暇時間特多。董事會給予他們一個玩弄權力的機會，也常藉機聚在一起吃喝一番。因此會上雖有爭

執，但會後總在無結論聲中握手言和。反正學生來源不缺，學校可以
支撐下去，每年幾近於零的升學率也就無傷大雅了。

　　此種董事會的治校方式，給江雨軒很大的困擾，他簡直不知該
何去何從。訓導主任要開除打架的學生，卻只因董事會成員的一通電
話而取消。他發現自己每日除了坐在辦公室中研究如何打高爾夫外，
幾乎無事可做。他也驚覺到教師的士氣奇低，許多人在十年未加薪的
陋規中紛紛求去，剩下的簡直不適教書。他爭取過，然而董事會卻吝
嗇得可怕。他們可以一夜吃掉數萬元，卻絲毫不願給教師加薪。黃添
財甚而拍著他的肩說：「雨軒，你要記得，教師永遠是不滿足的，我
們是私立學校，當然不能跟公立比。他們要走就算了，我這裡等待進
來的人有一大堆呢！再說本校對教師也不錯啊！不要常和他們混在一
起，你是校長，身分不同。噢！對了，給你的薪水還夠用吧？阿珠跟
了你十幾年，該享受享受了……。」

　　江雨軒的太太的確開始「享受」起來。與父兄在一塊，小時養
成的闊小姐習慣又起。當年與江雨軒一見鍾情，又因怕丈夫被別人瞧
不起而不敢與娘家過分親密。這下可好，正可藉機享受一番。江雨
軒說了她幾次不要徹夜打牌，反而引起爭議。兩個孩子在一群闊少爺
同學中也漸染惡習，不但功課成績下降，且學會抽菸與打扮得奇裝異
服。阿公常大把鈔票的給「犒賞」，使兄弟兩人胃口愈來愈大，江雨
軒開始擔心他們是否能考上高中。

　　不過，家庭的爭端並未減低江雨軒受歡迎的程度。他雖已中
年，卻因運動適宜而保養如30歲的人。以往運動健將的訓練使他高爾
夫球技突飛猛進，再加上酒量超群，千杯不醉，皆使董事會成員與地
方人士對他刮目相看，導致每日宴請不斷。只是在學校中，他可以感
受到教師們對他的不信任，甚至譏諷他是靠太太娘家起家吃軟飯的無
用男人。他幾次都想與教師溝通，然而總是無疾而終。

　　有好幾次，他想回台北考研究所，可是想到路途遙遠只好作
罷。到校兩年之後，他發現自己的太太已迷上麻將，輸贏動輒上萬，
使他在財力上很難負擔。老大就要考高中，如此荒廢下去實在沒希

望；再加上學校的業務沒有進展，江雨軒便提出回到台北的想法，卻立即遭到妻子的激烈反對，甚而以離婚作為要脅。他心中矛盾極了，腦海中同時有數種念頭閃過：

1. 他喜歡這份工作的高薪水收入。
2. 他不喜歡太太沉迷於麻將，使他入不敷出。
3. 他喜歡學校生活外的閒散，尤其是打高爾夫球與到各處遊玩。
4. 他在學校毫無影響力。在董事會的陰影下，他只是一個傀儡，一個行為良善的晚輩，對教育理想毫無實現的可能。
5. 他希望繼續考研究所，以充實自己的專長知識。
6. 他不喜歡兩個兒子荒廢學業，希望換一個環境使他們近朱而赤。
7. 他在物質上很充沛，從房子的落地窗可俯視深秋沉醉的霜林，回到台北後還能有如此環境嗎？
8. 他知道太太與兒子喜歡這個地方，絕不會輕易離開。
9. 他已中年，找工作不容易。生意失敗了，回到台北又能做什麼呢？

他知道現在是做決定的時候了，因為再加遲疑，他的人生可能會全盤皆輸。

討論問題

1. 討論在寒山這個學校中所發生的角色衝突種類。
2. 試就第二章所討論之學校各種組織特性，分析寒山中學之組織類型與特殊之處。
3. 就社會系統理論而言，您認為江雨軒的角色與人格需求間存在何種衝突（參閱第三章）？
4. 試以寒山中學董事會的治校方式，分析其所採用的權力種類為何？其是否恰當？

試以OCDQ之八因素（參閱第七章），分析寒山中學的組織氣候類型。

試以Fiedler的權變理論（參閱第九章），分析寒山的情境特徵，並建議江雨軒應採取何種領導形式，以使學校起死回生。

如果您是江雨軒，下一步會如何決定？

建議活動 ·····························

分析在您的學區（或居住地區）人士對小學、中學、大學校長的角色期待。比較他們與其他地域有何不同（例如，對升學率的看法），並探究其原因何在。

訪問校長或學校行政者，從其言談與實際行動中發覺其理想角色扮演行為，與實際上有何不同？其原因又何在？

編製問卷並施測於校長與學生，從結果中分析對校長期待所產生的溝通上差異、本質上差異、與判斷上差異。分析其大小與造成之原因。

作為一個教師，您自覺是否多少陷入某種類別的角色衝突？原因何在？其嚴重性與解決之道又為何？必要時請尋求專家之諮商，切莫遲延！

試分析貴校的組織權力之形成背景，試從正式與非正式兩種管道分別敘述。

貴校校長所採用的組織權力類型為何？成效如何？若不理想，應如何改進？

台灣於1995年所通過的「教師法」，第十一條規定有「教師評審委員會」的組成，分析此對學校權力結構的影響程度。

教育組織文化與氣候

本章敘述之重點，在於分析組織氣候與文化對於教育組織行為的影響。第一部分首先提出非正式組織的概念，並對其利弊、種類、與運作加以敘述。接下來分析組織氣候與組織文化的形成原因與背景，並比較兩者之間的異同。學界常用的組織氣候量表（OCDQ, OHI, PCI）也專節加以簡述，以讓讀者瞭解如何分析組織氣候的各個層面。最後，將探討組織氣候與文化及相關教育組織行為變項之關係（如學校績效、學生疏離感等），以提供教育行政者經營學校時的參考。

第一節 非正式組織與團體

學校教職員旅行時，總是三五成群聚在一起；在學校餐廳裡，可以聽到未婚女性教師的嬉笑；在校務會議上，總有一小撮「搗蛋分子」與校長作對。這些團體乃是自然組合，而非組織規章所規定成立的。學校依法需具有實體之正式組織（如教務處）；相對的，以上團體也可稱為是非正式組織（informal organization）或非正式團體（informal group）。

當一位教師受聘執教時，學校不僅得到其專長與學識，同時也接受其思想與價值觀。當團體中個人需求未能在正式團體中得到滿足時，非正式組織就應運而生。例如，一群想要改革校政卻囿於組織限制不能達成目的的教師，在私下會形成非正式團體，以宣洩其不滿情緒與商量對策向校方交涉。所以正如圖7.1所展示的，非正式組織的形成與活動多是冰山不為人見的部分。雖然在表面上深藏不露，但實際上卻深不見底。影響所及，學校領導者必須對正式與非正式組織同等重視，才能真正解決學校問題。

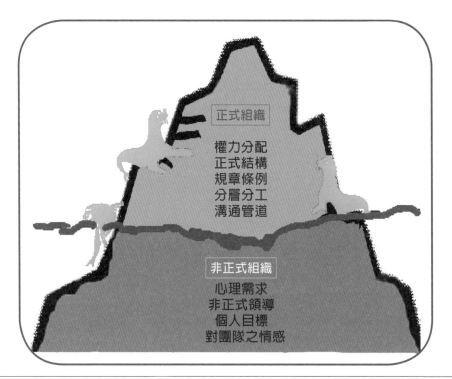

圖7.1 正式與非正式組織之冰山圖

資料來源：Hanson (1985: 79)

 一、非正式組織之產生

顧名思義，非正式組織的產生是自然而非授權的。相對於正式組織，其是組織內之成員，基於相同理念、行為或利益，共同結合而成的團體。無人強迫、無人規定，在正式的組織章程上也不見其蹤影。基本上，非正式團體人際之間運作的結果，即形成特有的行為，對所依存之正式組織決策有一定之影響力。

人際關係學派的學者，首先對非正式團體進行深入研究，其中最著名的首推Roethlisberger and Dickson（1939）的「銀行配線房實驗」（Bank Wiring Room）。為了研究薪資與工作成效之間的關係，14名配線員工被單純挑出，且被告知做得愈多，領的錢也愈多。按照古典科學管理學派的理論，員工由於薪資增加，會誘導其更加拚命工作。然而，實際結果卻大出意料之外。無視

於上級的獎勵措施，每個成員的工作成效近乎一致（每日平均完成兩個配電盤），甚而做得快的員工會有因接近目標產量而延緩的跡象。

究其原因，乃在員工害怕如果持續提高生產量，上級會之食髓知味，進而要求更高表現。基於此，整個團體即形成一非正式團體，進而設定彼此所共識的平均量（兩個配電盤）。由於團體壓力，每個成員放棄加薪的誘因，以換取成員之間的認同。換句話說，整個團體有其不成文規定，成員若不遵守，則會被冠上惡名。例如，做得太快者被稱為破壞者（buster）、太慢的為騙子（chiseller）、告密者則被稱為叛徒（squealer）。此外，團體成員也被鼓勵不要鋒芒畢露，儘量做個泛泛之輩（a regular guy），否則即會受到其他人排斥，成為一個異端（deviant）。

有趣的是，實驗過程也顯示正式組織領袖的大權旁落。這位上級所指定的監工，不但對成員的影響力極微，甚而有時必須屈服於非正式團體所形成的壓力。與之相較，兩位無正式職權的特殊成員卻享有盛譽，進而可以約束其他人的行為。根據發現，其中一位人脈極廣，與工程師、檢驗師、與監工皆有往來。上級如果想知道什麼，則必須經其管道。另外一位則是專業素養極佳，不但教導其他成員操作技術，並且態度良好。此兩位儼然成為團體中的龍頭，其權威並不來自上級，而源自各成員之共識，因此可被稱為是組織中非正式團體領袖。

基本上，Roethlisberger and Dickson的研究，明確點出非正式團體的威力。成員甘冒與上級意旨相衝突的危險，也不願與其所處的非正式團體作對，確令經理階層震驚不已。系統中非正式團體的存在既為事實，且影響深遠，其功過即成為研究與辯論的焦點。早期行政學者多半對非正式組織持負面看法。例如，Gulick and Urwich（1937）即認為其是錯誤管理的產物，主張當層級與權威運作不清楚時，員工即會忘記組織的中心目標，而投向非正式團體的個別訴求，進而破壞組織的同質性（homogeneity）。兩人主張當同質性被破壞後，團體內即因專業的偏見而產生爭執，且會結黨營私不顧他人立場。解決之道，適當的層級控制就極為重要（如將同樣專業背景的人集中於一部門），加上對組織中心目標的不斷強調，如此才能免除非正式團體的「作怪」。

此外，Blau（1963）的研究也發現非正式團體對於正式團體運作的負面影響。在其著名的紐約市就業輔導中心的個案研究中，發現就業輔導員（employment counselors）時常遵循非正式團體的標準，而棄中心之指導方針於不

頊。影響所及，組織中存在特殊的不成文規定，往往造成歧視特定申請者，而無法提供適當的就業輔導。儘管上級三令五申，就業輔導員依舊置若罔聞。

然而，並非所有早期行政學者皆對非正式團體持負面態度。例如在Hickon（1961）的研究中，即引用Barnard的看法：

在一片反對聲中，Barnard卻獨排眾議。這位現代組織理論的大師，肯定非正式團體的正面功能。他明確指出，科學管理學派主張以控制員工的工作時間表，以使其無暇組成非正式團體的結果，無異只是防堵而終有大患。事實也證明，將員工視為機器而給予一成不變的指示，最後所造成的不滿、消極抵抗，甚而勞工運動的後遺症都已出現。與其防堵，不如疏導（p. 111）。

承上所述，Barnard（1938）認為非正式團體在組織中可有三項功能：
1. **溝通（communication）**：許多在嚴密科層體制中所不能完成的資訊與人際溝通，皆可藉非正式團體迅速且確實的進行，進而使工作更有績效。
2. **凝聚（cohesiveness）**：藉著成員非正式團體的效忠與服務，組織權威可更為彰顯。如運用得當，各成員的力量將更為凝聚與死心塌地的成為組織中的一分子。
3. **支持（support）**：非正式團體運作可提供成員專業與情感上的歸屬與支持，使其在遭受挫折時，能有一定之去處發洩，而不致衝動壞事。

在Barnard的理念中，非正式與正式組織兩者相輔相成，同時在系統中運作。正式組織創造與決定非正式組織的形式，但後者卻在運作中，顯現了前者的組織文化，兩者缺一不可。非正式團體的正向功能也在Schein（1956）研究中得到證明。在韓戰中，中共對於美軍戰俘的非正式團體採打壓態度，其不斷執行監獄輪調政策，使戰俘在短時間內，無法建立有效的非正式團體，因而使其士氣低沉，相對的越獄個案就減少許多。

綜而言之，非正式團體的功過，端賴行政者處理之得當與否。Gulick

and Urwick對其的敵視雖不可取，Barnard的一味肯定卻也失之主觀。Perrow（1986）即認為Barnard過度強調非正式團體的好處，卻不見其破壞之面。反對其主張非正式團體只是「相應個人非意識、非理性行動與習慣」的說法。實務上，非正式團體有時會超越個人界線，進而形成壓力團體而影響組織的理性運作，此在公辦機構中尤為明顯。在這些組織中（如公立學校），成員因受到相當之保護（如教師不易被解聘與薪資制度的僵化），使得上級往往在正式權威的運用上綁手綁腳，而被迫與非正式團體所形成之壓力團體妥協，甚而屈從於其要求。因此，身為正式組織的領導者，絕不能低估非正式團體的功能與力量，分寸拿捏之間，實是一項藝術。

以往台灣教育行政界多對非正式團體存有偏見，此從其使用的稱呼（如小圈圈）即可見一斑。多方壓制之結果，造成黑函滿天飛。事實上，非正式團體的影響利弊互見。一個公司員工所組成的棒球隊，會促進成員之間的溝通與合作；但是不滿分子所形成的小圈圈，對於首長領導與團體和諧自然會造成威脅。所以，非正式組織的影響有好有壞，必須視情形而定。唯一可以確定的是，在正式組織的體系下必有各種非正式組織的存在。不管學校行政者喜不喜歡，都必須正視這項事實。

形成非正式團體的變數可分為個人與工作兩類。前者包括個人的生理特徵、能力、年齡、性別、種族、與教育程度；後者則包含工作職位高低、薪資、工作時間、年資等（Lipham & Hoeh, 1974）。因著團體的不同，各種變數的影響力也有所差異。例如，學生團體中，個人的生理特徵與嗜好常成為形成非正式團體的主因。然而在商業公司中，職位高低與薪資可能就更為重要。此外，隨著時代與社會的轉變，各種變數也互有消長。例如，台灣在1950年代，族群與教育程度為組成非正式團體的主因，但隨著教育的普及，以上兩項變數已漸失影響力，這種情形尤其在城市中最為明顯。

📚 二、非正式組織之類型

非正式組織的類型繁多，其組成之動機也各有不同。歷來學者多認為必須先瞭解非正式組織的組成背景，之後才能加以管理。Dalton（1959）即依照非正式組織成員的主從關係與加入目的，將非正式團體分為縱的團體（vertial cliques)、橫的團體（horizontal cliques）、與混合團體（mixed cliques）三項。其中縱的團體又可分為縱的共生團體（vertical symbiotic cliques）、縱的寄生團體（vertical parasitic cliques）；橫的團體則分為橫的防守團體（horizon-al defensive cliques）與橫的進攻團體（horizontal aggressive cliques），茲分述如下：

1. **縱的共生團體**：顧名思義，縱的團體成員乃具有上下隸屬關係，而「共生」一詞也代表彼此利益之結合。基本上，此乃上級與下屬相互依賴的利益結合。例如，校長基於某教師為地方民意代表的親戚，為求晉升管道的暢通而刻意對其厚愛；該教師則意圖假借校長之威，建立校內勢力。兩者各有所求一拍即合，即形成典型的共生性團體。若處理不當，往往造成狼狽為奸的弊病。

2. **縱的寄生團體**：「寄生」一詞即指一方只享權利而不盡義務。在學校中，具有各種親戚與家族關係者最易形成此種團體。例如，在某些私立學校中，擔任要職者多半為家族成員。其不但缺乏專業知識，且憑恃其特殊關係而狐假虎威，使學校行政賞罰無度而一團混亂。換言之，其雖不斷從團體中吸血，卻多不思回報，一派「順我者生，逆我者亡」的態勢，對於組織的殺傷力實難以言辭形容。

3. **橫的防守團體**：顧名思義，橫的團體組成分子皆來自職位相當的各個部門，彼此間並不具有從屬關係。防守團體則意味遭受外來之威脅或攻擊，因此必須群策群力以抗外侮。例如，校方對教師的措施不當（如考績之評定程序草率），相關人員即組成自救團體加以對抗。換言之，橫的防守團體組成較為被動，多為應付面臨危機而形成。一旦威脅力量消除，則團體就自動解散。也因為如此，橫的防守團體在力量與影響上就較為薄弱。

4. **橫的進攻團體**：與防守團體相較，進攻團體的態度就遠為積極。成員為一定的訴求與改革制定計畫，以各種方法（如聯合外來團體）企圖達到目的。例如，為促進教師人權所組成的進攻團體，不但抨擊當政者之獨裁，甚而結合外來勢力走上街頭。此種團體的影響力較防守團體要大得多，往往令學校局勢變得詭譎多變，使主政者備感威脅而必須全力防堵。如果此類團體中存在激進之成員，則雙方鬥爭勢不可免，其結果之利弊得失很難斷言。

5. **混合團體**：此為來自各個部門或單位成員所組成之團體，其動機或純
為聯誼，或有特定訴求，為各種非正式團體最常見之形式。例如，學校
之教職員球隊，上自校長，下至職員教師皆可參加。一般而言，其組織
較為鬆散，但在講究人情關係的台灣，卻不失其重要性。

非正式組織的影響力雖早為學者所發現，但對台灣教育組織的相關研究則
並不多見。王進焱（1991）曾以高雄市國小教師為對象，研究其非正式組織之
現況。樣本雖不大，但卻可初步瞭解學校之非正式組織的運作與種類。其研究
結論如下：

1. **教師非正式組織普遍存在於國民小學**。絕大多數國小教師（含主任、
組長），會參加一種非正式組織。從調查問卷中，僅有3位教師表示未
參加非正式組織（占0.8%而已）。這種結果顯示，學校中普遍存在教師
非正式組織的事實。

2. **教師非正式組織形成之主因為建立友誼與隸屬感，屬於Maslow需求
層次論的第三階層**。而且絕大多數教師並非受校長行政管理的影響，
而參加該非正式組織；大多數非正式組織成員間，係基於具有「共同興
趣」之個人特性而形成非正式組織。成立之主要目標，乃為滿足彼此友
誼之交往。

3. **教師非正式組織屬「混合型」居多**。根據研究結果顯示，教師非正式
組織成員中，包含各種不同職務者之情形較多，其成員包括校長、主
任、組長、教師、職員和其他人士（如工友、家長、社區人士）等。依
Dalton之分類方式，則屬「混合型」者最多。

4. **教師非正式組織領導者是團體的發言人或負責人**。根據研究結果顯
示，教師非正式組織中，有「非正式團體領導者」之存在。其擔任原因
並沒有明顯的人格特質，約有三分之一的教師認為係因非正式團體領導
者本身就是「發起人」。而且，非正式團體領導者若有機會擔任學校行
政領導者，亦能獲得教師們的贊同。其主要功能是團體的發言人或負責
人，屬於積極性的服務性質，絕非成員的「代罪羔羊」。

5. **教師非正式組織之溝通以面對面為主，而且時空不固定**。而且，成
員來往之情形並無固定時間及地點。成員溝通時，仍會涉及談論學校事
務，惟溝通內容真實程度並不高；換言之，教師非正式組織溝通時，會

有謠言產生。

6. **教師非正式組織多數訂有規範來約束成員。**根據研究結果顯示，教師非正式組織以「成員間相互協助」為主要行為規範，但仍有少數非正式組織並無規範存在；而且，非正式組織之規範對成員具有約束力。成員違反規定時，大多由成員共同決定處置方式，一般採取「規勸」方式為多。

7. **教師非正式組織多數屬於小群體型態，而且凝聚力相當高。**根據研究結果顯示，教師非正式組織成員人數大多數在20人以下，屬於小群體型態。在功能方面，約有五分之三的教師認為非正式組織對其本身教學有助益；但僅約三分之一的教師有時會利用非正式組織，來協助本身正式職務之推展。綜合言之，非正式組織雖能提供教師討論教學之機會，但其結構性與系統性仍有改進空間。因此，正式組織如「各科教學委員會」的設立與運作就極為重要。

8. **教師非正式組織對學校行政運作之正面影響，大於負面影響。**根據研究結果顯示，教師非正式組織能：(1)滿足成員社會性需求；(2)提供成員溝通訊息的管道；(3)提供成員挫折感或情緒發洩的管道；(4)可增進學校組織的工作績效；(5)可舒緩管理者的工作負擔；(6)制衡管理者的權力運用等正面影響。但也會產生：(1)抗拒組織技術革新，進而強化組織惰性；(2)造成角色衝突，使組織績效下降；(3)滋生謠言，製造困擾；(4)強調高度順從性，抹殺個人個性及創造性行為；(5)產生敵對性團體等負面影響。

第二節　學校組織文化

一、組織文化的形成

理論上，組織行為係產生於個人變項與環境變項的交互作用。當成員加入組織時，一方面必須適應所處環境，一方面卻仍保有其人格特質。在運作上，

組織必須聆聽個人需求，以儘量創造符合成員人格特質的環境；另一方面，個人卻必須經由「社會化」的過程，使自己的行為符合組織的常模或共識，也就是所謂的組織文化（organizational culture）。

　　學者Fincher（1986）指出每個組織如同人類一般，有其既定的人格與特質。其會思想、感覺、與行動；同時也必須經歷蛻變的痛苦、成長的危機、與衰亡的結果。由於各組織的結構與性質不同，在遭遇問題時，必須尋求適合其體質的治療、輔導、與幫助。此處所謂的體質，實際上即與組織文化有極大關係。管理者若不能充分瞭解，即很難掌握組織的行為與動向，甚而在危機時可能因下錯藥，而使病情雪上加霜。

　　簡言之，組織文化包含成員相同的信仰、期望、與價值觀，結合之後形塑成為常模。其是正式與非正式組織交會後的產物，也是促動組織內成員運作的膠水。沒有它，整個團體即如一盤散沙，在處理問題上毫無準則。有趣的是，組織文化往往是可意會而不可言傳的。當詢問某學校成員所處之組織文化型態時，多半令其瞠目結舌。然而，當顧客走入辦公室，責問員工處理問題的態度竟是「能拖就拖」時，所得到的回答竟是「在這裡，事情就是如此處理」，其組織文化也就呼之欲出了。

　　組織文化的形成是無形且漸進的。Schein（1985）指出其基本過程如下：

1. 在面對組織內部與外部問題上，特定解決策略行之有年，且被發現頗有成效，因此，當新進人員加入時，即被告知與教導蕭規曹隨。久而久之，其對問題知覺與思想的方式便逐漸定型。
2. 此種定型也逐漸決定成員對現實世界、真理、時空、人類本性、人類活動、與人際關係的基本假定。
3. 久而久之，此種假定即在員工無意識之間成為常理，組織文化於焉形成。成員往往在無意識且未詳加檢視的情況下，即將之視為當然。

　　綜而言之，Schein的理念實際上觸及兩個基本概念：假定（assumptions）與常模（norms）。假定是團體成員對現實世界的看法，例如，人性本善或本惡，其是形成常模的基本概念。在種種假定之下，各成員經由社會化過程，形成共享的價值觀、意識型態、信仰、與態度。常模多是不成文的規定，但卻影響巨大。就像一個無形的網，新進人員必須花費時間去加入其中，才能不被排擠。其也往往是無意識的，當問題發生時，成員即自動採取某種態度與策略。

沒人規定其要如此做，但在常模的冥冥帶領下卻是照錶操課，特殊之組織文化於焉成形。

二、組織文化的層級

學者Tierney（1988）指出，組織文化常模藉著儀式（rituals）或符號（symbols）來加以表現。Schein（1985）在其研究中，更詳細的分析組織文化顯示的階層，依據可見度之高低，將之分為三級。最高一級為外顯之成品（artifacts），其中包括建築物、設備、科技，乃至成員所使用之語言等。此級為組織文化浮現於水面的表徵，因其可見度高，多成為學者研究的焦點。透過質化研究的訪談、觀察、調查等方法，即可對其有初步瞭解。但是由於其為最上之層級，僅止於表象，推動其形成之力量很難被觀察到，欲窺全貌則必須往下加以探討。

組織文化的第二層級為價值理念（values），也就是團體成員對於處理事情的基本看法。其可見度較成品階層為低，有的很難察覺，有的卻可以驗證。例如，一個持有「出外比賽就要獲勝」價值觀的學校，往往將其所獲之獎盃置於最明顯之校區。價值階層的可見度雖為中等，部分也可加以觀察，但若要瞭解組織文化的本質，則必須回歸到基本假定層級。

基本假定（basic assumptions）為最下之層級，其可見度幾乎趨近於零。其是組織文化的本質，乃是成員與組織交會後，所產生對時空、人性、環境等議題的信念。如前所述，基本假定在成員心中乃是不自覺中視為當然的想法，往往深不可測。由於可見度極低，對其觀察則必須藉其他層級的表現，才能窺其堂奧。

對研究組織文化的學者而言，最感興趣的乃在組織如何將基本假定、價值觀、環境等變數加以組合，以形成成員間運作的基本文化，並將之一代代的傳遞下去。Owens and Valesky（2010）認為其秘訣即在使用機構化（institutionalize）的儀式與符號。就如婚姻一般，儀式本身宣告了兩性關係的法統，與其子女的地位。雖然有人斥之為保守與世俗，但千百年來卻代代相傳。同樣的道理，當校長在會議中公開表揚升學率大獲全勝之教師時，也立即傳達了此校的組織文化（教學就是為了考上好學校）。其他教師若不想成為化外之民，就必

須加入此種文化。此是一種機構化的過程，成員在冥冥之中循著基本假設與價值觀，創造出特定之行事態度與行為，並迫使新進者加入其中。成員也許不知為何如此，但卻默默成為組織文化的形塑者。

即以學校為例，其組織文化表現之方式，也不脫上述之三層級。如果校內員工對人生之基本假設為「世路崎嶇、明哲保身」，則必將影響其共同之價值觀。員工所以持此假設，多為前人經驗累積與傳遞之結果。也許以往學校改革基於現實因素而失敗，推動者也遭致批鬥，如此眼見口傳之下，逐使成員假定在組織中一動不如一靜，而產生「多做多錯，不做不錯」的價值觀，浮現於頂層的即為形式主義的作風。當走入學校，教師多半噤若寒蟬，或是各種設備經上級補助購買，但卻因怕學生用壞鮮少使用，而只在上級評鑑時做個樣子，其成員之態度顯然偏向負向與保守（見圖7.2）。

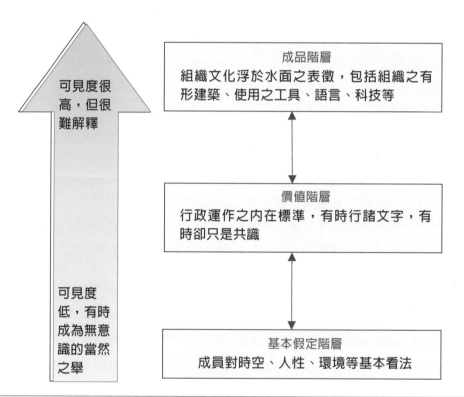

圖7.2　組織文化之表現三階層

資料來源：改自 Schein (1985: 14).

因此，當觀察一校之組織文化時，僅研究表象之成品多不能得其精髓；唯有深入瞭解成員的基本假定與價值觀，方能一窺全貌。組織文化的形成是漸近的，其中包括許多被成員視爲當然的理念，唯有細心體會，才能明瞭各表現層級的關係。

在此，特舉親身所見的例子加以說明。多年之前，我到某高中做評鑑，走至操場時，但見一片青綠。當時陪同的體育組長驕傲表示其對植種草皮的苦心，頗有邀功之意。那時正值暮春，學校已開學兩個多月。我問他是否很少讓學生使用操場，他起先否認，再加追問則無言以對。事實證明，如果讓學生自由奔馳，任何人也無法在操場上維持如此青綠草皮。學校多半在寒暑假才將之圍起，一段時間後才會有些綠意。此校男生居多，又已開學多日，若非禁止使用則不能有此場面。

從此現象中，可看出校方的形式主義（成品階層）。操場本應讓學生使用，美觀尚在其次。此校竟本末倒置，爲求評鑑成績好看而一味使詐。若只看表面，也許會加以讚美而給予高分。後來走至教師休息室，只見地上年久失修，大小坑洞滿布。一位懷孕女教師，尚須自費購買符合人體工學的座椅，以適應不平的地面以保護腹中胎兒。問之爲何不向校方申請，她笑笑並聳聳肩，其餘教師則默不作聲。看到此，我意識到必須要挖掘此校組織文化的更深層面，才能解釋這些表象。後來與校長談話，瞭解他已任職三十年，並希望提早退休。深入瞭解，才知其有一智障小孩，當時已30多歲，但行爲卻仍停留在幼兒階段。爲了照顧，夫妻兩人疲累不堪，太太且已病倒。其言談中，充滿了對人生的無奈與無爲的心態。當時我突然驚覺校長此種對世路的基本假設與價值觀，實爲造成教師無力感的主因（據說以往要求改善均被擱置）。久而久之，此種保守、退縮、負向、一動不如一靜的形式主義組織文化於焉成形，令人不禁慨嘆與扼腕。

由以上個案，除了可明確看出組織文化的表現三階層外，還可瞭解其與組織行爲之關係。圖7.3中組織文化因素的基本假定（人生無奈，功名轉眼即逝），塑造了價值觀（不做不錯、多做多錯），進而建立了常模與規則（改革無管道，大家一起混日子），最後外顯行爲即產生（無爲與形式主義）。此種組織行爲的延續，若無重大改變，則成爲學校處理行政問題的基本策略與態度，進一步增強成員對世路的基本看法，而形塑成組織文化。如此循環並代代相傳，除非有決定性的力量介入，否則將自成體系，形成特殊的運作模式。

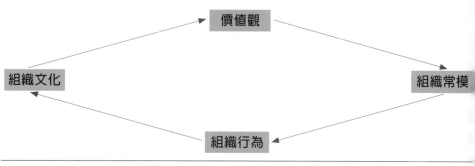

圖7.3　組織文化與行為之間的關係

📖 三、組織文化的類型

　　組織文化的研究，1980年代初期大興於企管的領域。當時美國商業公司在獨霸數十年後，遭逢新興日本之強烈挑戰，不但入超增加，競爭力也大不如前。在此壓力下，美國學者開始探討問題之癥結何在。為什麼一向紀律嚴明、注重科技、講求績效的美國公司，會輸給日本的競爭者。研究中最著名的是Ouchi（1981）所寫的《Z理論》（*Theory Z*）一書，其中探討美日兩國公司文化的基本差異，並提出其理想模式。

　　由表7.1，可以對照比較日本與美國公司的組織文化。如前所述，美國公司以往深受科學管理與個人主義的影響，一向只注重可以看到的東西（如規章、科技），對於較為無形的組織文化、基本信仰與價值觀，多半認為其對生產功效不大而加以忽略。與之相較，日本公司剛好相反，運作處處以「人」的因素為最大優先；甚而在招募員工時，並不在意其專業知識，認為只要日後加以訓練發揮潛力即可。在組織中，員工被各種人情所牽絆。升等時必須講究倫理，能力之考慮則在其次。影響所及，其形成之組織文化的表象（運作方式），自然與美國公司大有差異。

表7.1　日本、美國、Z理論公司之寫照比較

日本公司之寫照	理論Z公司之寫照	美國公司之寫照
1.終生聘僱	1.長期聘僱	1.短期聘僱
2.晉升較緩慢	2.晉升較緩慢	2.晉升快速
3.非專門化的生涯走向	3.溫和專門化的生涯走向	3.專門化的生涯走向
4.決策來自眾議	4.決策來自眾議	4.決策來自個人
5.集體負責後果	5.個人負責後果	5.個人負責後果
6.非正式之隱含控制	6.非正式之隱含控制	6.外顯正式控制

資料來源：改自 Ouchi (1981: 58).

　　當時在日本，一朝受僱，多半終生效忠（進入二十一世紀後，此種趨勢
己有所改變）。升等循序漸進，極少越級空降。其工作生涯由公司安排，有時
並不依其專長分配。對員工的控制採取無形的管理（如利用人情感召）。與之
相較，美國公司員工因薪水等因素跳槽頻繁，如有特殊才藝，可能短期即連跳
數級，成為上層權力人物。在工作安排方面，專業領域是最大的考量。做決策
時，個人在授權範圍內，以其專業素養逕行為之，出問題時自然也須獨自承擔
責任。公司的規章嚴明，一切控制多半形諸文字規定。兩相比較之下，一位忠
心但專業素養不佳之員工，在美國公司之發展可能受困（公司雖不攆人，卻也
不予晉升加薪），但在日本只要忠心等待，有循序晉升領導階層的一天。

　　基於此，Ouchi提出Z理論，以結合美、日兩國公司的優點。其主張應儘量
使員工久安其位、循序予以升級、決策應基於共識、與使用無形的控制。以上
乃擷取日本公司的傳統。另一方面，為避免溫情主義阻礙了組織成就，決策責
任應練習由個人負擔，且採取溫和的生涯安排政策，也就是將員工之專業技能
列入重要考慮因素，但卻非唯一因素，如此在建立專業制度上才能有所幫助。
以上之做法則多參考自美國經驗。Ouchi認為Z理論下的組織，將最有績效且具
有競爭力。

　　除了Ouchi之美、日兩國研究外，荷蘭學者Hofstede（1980）在1967年至
1973年，進行了40個國家、廣達116000員工的組織文化調查，發現四組基本信
念為區別的重要指標（見表7.2），其中包括：

表7.2　Hofstede所主張之區分組織文化的四組信念

小權力距離	大權力距離
1. 組織中的權力不均現象應被縮小。	1. 組織中之權力不均為天經地義之事，每個人皆有其既定地位。
2. 上級與下級應只是職位不同，但無其他區別。	2. 上級與下級為不同階級之族群。
3. 掌權者不應過度濫用職權。	3. 掌權者應利用各種方法以彰顯其地位。
4. 掌權者與無權者之關係是和諧的。	4. 掌權者與無權者之間存有潛在之衝突。
不逃避不確定性	**逃避不確定性**
1. 生命中之不確定是自然的，應坦然面對。	1. 生命中之不確定是一種威脅，必須力抗。
2. 衝突與競爭會使公平性增加，具有正面與建設性的意義。	2. 衝突與競爭將加強組織之不確定性，所以應儘量避免。
3. 組織中的規章愈少愈好。	3. 為減少不確定性，組織中需要大量的成文規章。
4. 掌權者應為人民服務。	4. 一般民眾比掌權者要無能，所以應被控制。

集體主義	個人主義
1. 人生於社會，必須為眾人服務。	1. 人生於社會，自我權益高於一切。
2. 標榜「我們」。	2. 標榜「我」。
3. 價值觀建立於團體決策中。	3. 價值觀建立於個人決策中。
4. 價值標準因所處團體之性質，而有所不同。	4. 價值標準一經確定，不應為特殊團體而更改。
女性氣質	男性氣質
1. 兩性之間應避免刻板印象。	1. 男性應果敢，女性應慈愛。
2. 兩性之間應該平等。	2. 男性應主導社會的走向。
3. 人性與環境是最重要的。	3. 錢與物質是最重要的。

資料來源：Hofstede (1980: 122).

1. **權力距離**（power distance）：係指組織對於權力分配的公平性看法。主張應採小權力距離的基本理念者，認為組織中權力分配不均的現象應儘量縮小，上級與下屬並非絕對相斥，而是相依互助的（interdependent）。此外，擁權者與聽命者之間應有和諧關係的存在。與此相對，極端主張大權力距離者，卻堅信在組織中本來權力分配就不應公平：上級與下屬為不同世界的團體，除了上位高層人士存有互助關係外，其餘所屬人員只能被動的依賴擁有權力者。在此情況下，組織中擁權者與聽命者存有潛在的衝突，即可能無法避免。

2. **對不確定性的逃避**（uncertainty avoidance）：係指組織對運作中發生突發狀況，與不確定性事故的看法。具有不須逃避的理念者，較易接受生命中充滿不確定的事實，因此，對於組織中的競爭與衝突並不排斥，認為其有正面建設作用。此外，並主張組織中所定的規章愈少愈好，領導者的責任即在使組織成員有所發揮。與之相對，持有應儘量避免不確定性的理念者，視生命中的不確定為威脅，為避免其發生，各種競爭與衝突應儘量避免，以免產生後遺症。為使組織按部就班，減少不確定性的產生，各種成文的規定應鉅細靡遺，以使成員有所依循。

3. **個人／集體主義**（individualism ／collectivism）：係指對於成員在組織中與他人關係的看法。持個人主義者認為自我的成就最為重要，組織的成就端賴各成員發揮自我專長，因而自我實現應被強烈鼓勵。只要為個人所堅信的價值標準，應是被尊重且不因時空而做改變。與之相反的是集體主義者，主張個人不能離群而一味堅持己見，凡事應以團體的觀

點爲最大考慮因素。因此，「we」應取代「I」成爲運作中心，強調個人屬於團體的事實，並因應所屬環境的不同，個人的價值觀必須因地制宜。換言之，成員對團體的忠誠度遠比其自我實現要重要得多。

4. **男性／女性氣質**（masculine/feminine）：傾向男性氣質者，堅信做事必須獨立、果斷，並主張男性應主導社會，權力與金錢爲最重要之事，兩性在行爲上應有所分別。反之，傾向女性氣質者則認爲兩性之間，不應有刻板印象的存在（如男性要堅毅、女性要慈愛），生命中人與環境的共存最爲重要，沒有必要爲了爭奪權力破壞其間的和諧。主張兩性合一，各有所長。

基本上，Hofstede的研究雖未提及教育組織，但其理念卻可加以利用。即以學校爲例，一個主張大權力距離、傾向逃避不確定性、極端集體主義、與男性氣質的校長，所採用的多半爲古典理性系統模式的做法，其中包括上下分明、規章完備、犧牲小我、絕對權力、與兩性分立。反之，若傾向小權力距離、不逃避不確定、個人主義與女性氣質者，則自然與開放導向的行政模式就可能爲其所偏愛，其做法偏向注重個人價值觀、上下合一、強調自我實現以彰顯組織成就等。

教育領域開始深入研究組織文化，則遲至1980年代才有較具系統之研究產出。其中如Hargreaves（1995）即根據學校對成員之「社會控制程度」（social control）與「社會凝聚程度」（social cohesion），將學校文化分爲四種類型如下：

1. **形式型學校文化**（the formal school culture）：特徵爲高社會控制與低社會凝聚。學校文化強調正式標舉之教學目標與考試績效，重視對制度的服從度，但成員卻各自爲政難以凝聚。此種文化之表面呈現高度績效主義，強調有紀律之工作觀，難以容忍未達目標之成員。

2. **福利主義型學校文化**（the welfarist school culture）：特徵爲低社會控制與高社會凝聚。學校文化呈現友善與合作之氛圍，著重個別成員的生涯發展，服膺以學生本位的教育哲學，主張經由成員合作達成目標。

3. **溫室型學校文化**（the hothouse school culture）：特徵爲高社會控制與高社會凝聚。學校文化呈現奔放與熱烈之氛圍，成員處於興奮狀態並積極參與目標之達成。學校中活動此起彼落，師生展現高度團體精神，

但成果不如人意時，則易造成團體失落感，難以維持穩定之熱度。

4. **求生型學校文化**（the survivalist school culture）：特徵為低社會控制與低社會凝聚。學校文化呈現低緩與無助之氛圍，成員覺得缺乏支援而各自求生。教師緩步推進只求維持最低標準，因而造成學生學習績效不彰。學校步履闌珊，希望未來能夠存活下去。

四、學校文化之檢視

學校組織文化呈現之形式與面貌極為多元，有的具體，有的卻隱含其中，但不自覺中卻深深掌控成員之行為。Sergiovanni and Starratt（1998） 認為可用以下四個問題，來檢視學校之組織文化。其中包括：

1. **學校之歷史**：過往之經驗如何傳承於今日？
2. **學校之信念**：主宰學校成員之辦學信念為何？
3. **學校之價值觀**：學校運作所呈現之最重要價值觀為何？
4. **學校之行為模式**：學校不斷再現之習慣、儀式與模式為何？

以上四個問題看似簡單，但深入探討仍使部分教育行政人員感覺失之抽象。實務上，作為一校之新任校長，無論校園是碧瓦朱甍或是水泥森林，其必須細心探究隱於其中之現存組織文化。基於此，秦夢群（2010）提出如能確實探究以下15個問題，即可幫助校長瞭解學校當前局勢，進而創建新的組織文化。茲簡述如下：

1. 學校興建於何時？其興建原因為何？鄰近是否有同類型學校加入競爭？彼此間勢力消長程度為何？
2. 學校興建之初衷，較之今日是否有巨大改變（如從普通教育轉成職業教育）？學校之轉型是否成功？
3. 學生的組成結構為何（如社經地位、本地生之比例、與近年之學業表現等）？與前數年相較，是否有顯著性之差別？面對社會重大變遷（如少子化）學校近年學生入學人數之消長為何？是否有被併校或廢校之疑慮？
4. 教師之組成結構為何（如年齡、專長、學科分配、與特殊表現等）？最

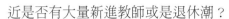

近是否有大量新進教師或是退休潮？

5. 上屆校長之背景、治校理念、與風評爲何？其所帶領之行政團隊績效如何？成員對校長與行政團隊愛憎之原因何在？是否引起學校重大爭端？

6. 學校上次所發生之重大危機爲何？當時之校長如何處置？其他成員如教師、家長、與社區之態度爲何？

7. 學校經常舉辦之特殊儀式（如新生訓練、畢業典禮）爲何？其緣起與代表之意義何在？是否已成爲學校之特色？

8. 學校之有形建物（包括教室、校園、花草庭園等）是否具有特殊歷史傳承與象徵意義？

9. 學校之次級團體（如家長會、各科教師會）有哪些？其以往所扮演之角色爲何？其中是否有極爲強勢而能主導校政者？是否造成前屆校長領導之阻礙？前屆校長又是如何處理的？

10. 學校中之主要衝突來源爲何？解決方式曾有哪些方式？其對學校之發展影響力爲何？前任校長之學校權力分配結構爲何？其是否成爲學校發生衝突之主要原因？

11. 社區與學校之關係爲何？較之學區內其他學校，社區人士對本校之評價與期待爲何？學校之應對方式與過程爲何？

12. 學校對於未來是否有一定之願景，其主要內容爲何？過去數年間校長是否努力實現？其未成之原因又爲何？

13. 學校中是否曾經出現傑出人士或英雄人物，如今仍被成員津津樂道者？其影響程度爲何（如曾出現棒球明星因而帶動學校棒球隊之發展）？當時之背景又爲何？

14. 一言以蔽之，教師與學生評述當今學校文化之意見爲何？

15. 學校目前被成員列爲最急迫需要改進與發展之議題爲何？其形成之背景爲何？如爲私立學校，董事會之態度與走向爲何？是否與學校其他成員有一致之想法？

以上15個問題，雖不能使校長完全明晰現存之學校文化，但多少可一窺洞天。造化弄人，公立中小學校長之遷調，有時並非能完全依照當事人之意願。然而，進入「條件差」之學校並非世界末日，如能瞭解其組織文化，日後能改進之空間也許更大，作爲也更有影響力。

第三節 學校組織氣候

一、組織氣候的層面

與組織文化意義相近，但卻常與之混淆的理念是組織氣候（organization□
climate）。以歷史的觀點而言，兩者均非行政學上的新名詞。遠在1930年代□
際關係學派興起時，學者即以員工對公司環境的感知進行研究，以期找出最□
的管理模式。Barnard（1938）除了肯定非正式團體的功能外，也意識到成員□
往依其對工作的理念，進而創造出特殊組織氣候。不過，在教育行政領域中□
真正將組織氣候理念發揚光大者，則首推Halpin and Croft（1962）。其著□
《學校組織氣候》（*The Organizational Climate of Schools*）一書，正式以問□
的方式來描述不同學校的氣氛（atmosphere）。兩人發現有的學校是教師與□
政者皆在工作中感到樂趣，並具有充分信心；有的卻是教師隱藏其不滿情緒□
校長以高壓管理掩飾其治理無能的狀況。Halpin and Croft即將校際之間不同□
氣氛特徵，借用氣象學概念，將之稱為學校組織氣候。

與之相較，組織文化理念的興起就較晚，此由各有關教育行政理論專書□
遲至1980年代才提及組織文化可以為證。組織氣候與組織文化在理念上雖有□
分重疊，但仍有其差異之處。為便於解說，茲先說明Tagiuri（1968）的組織□
候模式，然後再以其理念為基礎，比較組織氣候與組織文化不同之處。Tagiur□
認為形成組織氣候的層面有四個，其中包括：

1. **生態層面**（ecology dimensions）：係指組織的外顯與實質方面的特□
   徵。例如，學校之大小、年齡、設備、建築物之設計，乃至所使用之科□
   技等。一切能夠實質計算與觸摸到的均包括在內。

2. **環境層面**（milieu dimensions）：係指組織的社會層面，幾乎包括□
   是與成員特質有關的因素。其中如學校教師的籍貫、族群、薪水階層□
   社經地位、教育背景、工作滿意度、教學理念，乃至其他有關員工的□
   素。

3. **社會系統層面**（social system dimensions）：係指組織的行政結構□
   例如，團體決策與溝通的程序、員工參與程度高低等因素。主要探討□

織內行政運作的特性與過程。

4. **文化層面**（culture dimensions）：係指組織內既定的價值觀、信仰、常模等，多半來自成員相傳與自我經驗的累積，是一種「在這裡，我們就如此處理事情」的理念。

理論上，Tagiuri認為組織氣候的產生，即為以上四層面交互作用的結果。圖7.4也顯示四層面彼此之間乃是息息相關的。Tagiuri的模式運用於學校，可探討其特殊氣候形成之背景。例如，在生態部分，學校大小與所在位置不同，其成員感受自然有所差異。都市之大型國小與偏遠地區之迷你國小，走入校園就立即感覺不同。此外，在處理行政公文流程上，採用舊式手寫或是運用電腦管控，兩者之間往往令人感到強烈對比。

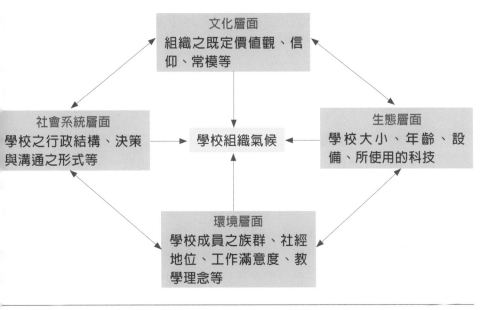

圖7.4　學校組織氣候與其相關層面之關係

資料來源：改自 Tagiuri (1968: 300)。

環境層面牽涉到有關組織內成員的特質。不同的教育與社經背景，往往導致對教育理念的差異。當然，族群與年資也造成對組織看法的歧異。在社會系統層面上，組織行政的運作因其特殊背景而有所不同。例如，Owens and

Valesky（2010）即指出其有兩種運作理念，其中之一即為官僚式（bureaucratic），將重心放在建立規則與由上而下的層層指揮系統。在此理念下的學校，教師參與溝通與決策的機會較少，只能無條件聽從命令，宛如棋盤上的棋子。另一種運作方式是人類資源發展理念（human resources development），主張成員本身即是寶貴資源，應促動其想像力與創造力，以使其藉由在團體中的成就而自我實現，並因而效忠組織。在此理念下，成員被鼓勵參與決策，經由社會化過程，拉近其與組織目標之間的差異。換言之，不但組織有所成就，個人也因而有所回饋，得到精神與物質上的鼓舞。兩種理念的差異，自然形成不同的運作過程與模式。

最後，組織的文化層面，則觸及成員的既定價值觀、信仰、常模等。例如，一校文化可能是「明哲保身、隔牆有耳」，其教師感受與公開進取的學校必是大異其趣。綜而言之，生態層面為學校的實質特徵，環境層面為成員的相關特徵，社會系統層面為行政運作特徵，加上文化層面所代表的組織基本信仰與理念，四者交互形成學校的組織氣候。

二、與組織文化之差異

行文至此，讀者應可看出組織文化與氣候的差異之處。雖然並無定論，但基本上，組織文化係指組織的基本假設、信仰、與價值觀，而組織氣候則是個人在面對組織文化時的知覺（perception）。以McGregor（1960）的X理論與Y理論為例，其代表的即是不同的組織文化。前者深信人天生是懶惰被動的，因此需要嚴加控制與管教；後者則主張員工具有潛力，如經適當引導，必能有所成就，反對無道理的控制打壓。在此兩種不同組織文化中，個人在加入後，所產生的知覺即是組織氣候。由於個別差異，其知覺自然也有所不同。例如，原來在理論Y組織氣候待慣的教師，一旦跳入理論X的組織文化，其所知覺的組織氣候多半是負面且保守的；反之，由理論X跳至理論Y，感覺上應是較為開放的組織氣候。不過，此處依舊強調因人而異的情況。身處同一個組織文化，成員之間卻可能產生不同知覺的組織氣候。再以理論Y為例，多半人會加以肯定，但少數被習慣指揮或生性被動的人，也許會感到過多自由反而突顯自我短處，而較肯定理論X的組織文化。

此外，在研究方法的使用上，組織文化與組織氣候也有差異。在教育行政領域中，組織氣候多半以量表測量方式，分析瞭解成員對組織的知覺，採用的方法以量化為主要取向。統計方法諸如因素分析、變異數分析皆常被使用。主要量表如OCDQ、OHI、PCI等，將在下節詳細討論。由於僅是測量成員的知覺，因此可將其主觀意見化為分數，再將樣本之回答資料計算平均數，即可得知成員對此組織的知覺，並可依不同標準冠上類型名稱（如父權式組織氣候）。

與之相較，研究組織文化則以質化研究為主。原因無它，就在其所包含的成員價值觀多為無形，且常是無意識的。因此，當以量化方法分析時，往往僅及其表面成品階層，而難以瞭解其背後涵義。因此，質化研究的人類學或俗民誌學等方法即成為研究之選擇。質化方法之研究者必須親身加入組織中，以較長時間觀察成員的行為與語言，如此才能詮釋表象之下所代表的意義與假定。基本上，在研究組織氣候與文化時，能夠兼取質化與量化方法之優點最好，否則就須視情況與研究目的加以取捨。採用方法的選擇是否得當，往往對研究成果之良窳有極大影響，不得不慎而為之。

綜而言之，組織氣候與文化各有其研究重點，前者主要在探討成員對組織文化的知覺，後者則以形成知覺的組織基本信仰與價值觀為主，更傾向對組織運作本質的探討。基本上。晚近相關組織氣候的研究也有使用質化方法者（如晤訪學校，描述各成員間的互動關係），但就數量上，仍比不上以各種量表加以分類的量化方法。以下即介紹測量組織氣候的主要量表，其各有優缺點，研究者可視需求加以選擇。

第四節 學校組織氣候的測量

基本上，組織氣候乃在描述組織實際運作的特色，學者（Hoy & Miskel, 2002；林明地，2002；吳清山，2002；林新發，1999）對其有多種解釋，但Poole（1985）卻指出各定義間有以下共同特點：(1)組織氣候係指整個組織的特色；(2)組織氣候係建立在成員共同感知的基礎上；(3)組織氣候形塑自成員重要的行為表現；與(4)組織氣候會影響成員的行為與態度。

綜上所述，組織氣候乃是來自組織的特徵表現，可區別其與其他組織之間的差異，並且影響組織成員的行為。基本上，學校氣候是整個學校相對持續的特質，每位成員皆可透過參與以描述其對組織的感覺與態度（Hoy & Miskel, 2007）。自1960年代以來，即有學者試圖發展量表，以作為測量學校氣候的工具。其種類極多，加以歸納後，其基本導向有以下兩類：(1)檢測學校的開放性；(2)檢測學校的健康程度。

 一、組織氣候描述問卷

在檢測學校氣候開放性方面。最為著名的係由Halpin and Croft（1962）所提出的「組織氣候描述問卷」（Organizational Climate Description Questionnaire，簡稱OCDQ）。其視學校組織氣候為一所學校的人格特質，乃是團體中各成員交互作用所形成的，可以偏向開放與封閉的程度來加以檢驗。因為組織氣候本身乃是一抽象名詞，必須藉著團體中的個人感受來加以表示，Halpin and Croft於是設計了64題的OCDQ問卷，並在71所小學施測。問卷採用四分量表（即很少發生、有時發生、經常發生、幾乎每次發生），其部分內容請參考表7.3。

表7.3　OCDQ問卷部分內容

問　題	很少發生	有時發生	經常發生	幾乎每次發生
1. 當教師非正式聚在一起時，常有笑聲發出	☐	☐	☐	☐
2. 教師在開會時，常在底下私下交談	☐	☐	☐	☐
3. 校長工作努力，並以此為榜樣激勵教師	☐	☐	☐	☐
4. 校務會議的議題繁多而常感到時間不夠	☐	☐	☐	☐
5. 教師在歡愉、精力充沛的情況下完成任務	☐	☐	☐	☐
6. 教師常提到要離職而轉到另一學校	☐	☐	☐	☐
7. 校長所立下的規矩無人敢質問	☐	☐	☐	☐

根據施測的結果，Halpin and Croft利用因素分析統計方法，發展出8個有關組織氣候的因素（factor）；其中四個是有關於教師行為，四個則有關於校長行為。茲分述如下：

（一）有關教師行為的因素

1. **疏離**（disengagement）：係指教師彼此之間關係並不融洽，在處理校務上的觀點多不一致，且在執行業務上並不認真，只希望交差了事。
2. **騷擾**（hindrance）：表示教師感到校長常給予其許多蕪雜公事、開會通知，以及其他非必要的工作。教師因此覺得受到行政者騷擾，而無法全力投入工作。
3. **士氣**（esprit）：係指教師感到工作上的滿足，其彼此尊重，可以得到行政者的幫助而推行業務，並深感個人社會需求已被滿足，因之力求有績效的表現而貢獻於團體。
4. **親密感**（intimacy）：係指教師之間的人際關係及互相信任的程度。Halpin（1966b）曾指出親密感高的學校，教師常會藉著非正式溝通來增進業務推展。此種私人情誼的使用結果常勝過正式組織的運作，成果將更有績效。

（二）有關校長行為的因素

1. **刻板**（aloofness）：係指校長行為過分正式與缺乏人情味，一切決定都本著規則律例辦理。其少有透過非正式管道瞭解教師的需要與感受，因之常被人覺得刻板而無彈性，只知死守冰冷的規條，而與教師之間產生鴻溝。
2. **生產掛帥**（production emphasis）：係指校長行為的出發點為成果導向，其會嚴密視導教師，要求其達到最高績效，有時甚而犧牲教師的滿足感也在所不惜。
3. **以身作則**（thrust）：係指校長以己身之實踐來促動教師的努力，其雖希望有高績效的成果，但卻不願以緊迫盯人的方法來壓迫教師。此類校長不會要求教師做自己辦不到的事。雖然也為成果導向，但較易被接受。
4. **關懷**（consideration）：係指校長尊重教師的尊嚴，關懷其福利與權益，不會因貪功而壓迫教師做其不願做之事，內心常存仁厚。

根據在各種組織氣候因素上的比重，Halpin（1966b）歸納出六種不同的組

織氣候類型如下（見表7.4）：

表7.4 Halpin組織氣候類型特徵

組織氣候因素	組織氣候類型					
	開放	自主	控制	親密	父權	封閉
疏離程度	低	低	低	高	高	高
騷擾	低	低	高	低	低	高
士氣	高	高	高	中等	低	低
親密感	中等	高	低	高	低	中等
刻板	低	高	高	低	低	高
生產掛帥	低	低	高	低	高	高
以身作則	高	中等	中等	中等	中等	低
關懷	高	中等	低	高	高	低

資料來源：修改自 Halpin and Croft (1962: 100).

1. **開放型氣候**（the open climate）：團體中呈現有活力、和諧的氣氛，個人目標與團體目標契合，因而在完成任務的同時，個人也能適切獲得工作滿足感，團體間的溝通同時在正式或非正式組織中進行，領導者關懷員工且願協助其解決困難。此類團體的最大特徵乃在員工行為的真實性（authenticity），並不會因要配合領導者口味而虛假偽善，基本上完全是根據自我的人格與需求而產生行為。

2. **自主型氣候**（the autonomous climate）：此種團體的領導者給予員工較大自主權，較不願以命令來要求其做事。在此情況下，員工因可依自我之需求辦事，有較高的士氣與滿足感。然而，由於領導者與員工較為疏遠，在工作的成效上往往不及開放型氣候團體。

3. **控制型氣候**（the control climate）：此類團體最大特徵是親密感低與工作導向。領導者一切行為皆以達到最高成果為目的，而忽略員工的社會需求與人格傾向。此種統御氣氛強烈的團體，在工作績效上或許很高，但員工多感負擔沉重；且因個人需求被忽略，員工常被迫行事，因而產生真實性較低的行為。

4. **親密型氣候**（the familiar climate）：此類團體成員彼此之間非常親密，但卻缺少有效管理。領導者關懷員工，使其獲得自我需求的滿足

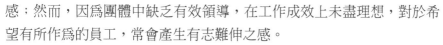

感；然而，因爲團體中缺乏有效領導，在工作成效上未盡理想，對於希望有所作爲的員工，常會產生有志難伸之感。

5. **父權型氣候**（the paternal climate）：此類團體領袖對於大小工作事必躬親。就如家庭中的父親一樣，具有權威且慈祥。員工由於始終居於聽命的地位，工作滿足感不高且彼此之間較難合作，因此成果績效常未如理想。領導者往往忽略領導的眞正功能，員工的工作士氣較爲低落。

6. **封閉型氣候**（the closed climate）：此類團體特徵是員工呈現漠不關心的心態，團體似乎沒有任何進步。此因領導者不關心工作成果，也不注意員工滿足感，因之團體領導者與員工之間疏離感極大，且外界刺激少有機會進入團體，一切都呈現死寂的狀態。

利用OCDQ的施測，可描述學校成員彼此之間互動。其中開放型氣候的學校即具有高度眞實性，校長藉由樹立模範以提供成員之支持與關心。封閉型氣候則完全不同。校長的領導被視爲是嚴格的監督與表面化，導致教師重大挫折與缺乏同情心。學校充斥著無政府與虛應了事的心態。

OCDQ問卷的出現，對於瞭解教育組織氣候有極大貢獻，且使學校氣候的測量趨於客觀化。OCDQ共分8個分測驗64題，填寫者作答容易，爲一有績效的評量工具。然而，這並非意味著OCDQ沒有任何缺點。根據使用的結果，學者們認爲其有以下數項值得改進的地方：

1. Halpin的理論是在分析問卷資料後所產生的，此與以往先有理念再做實驗的方法不同。Owens and Valesky（2010）指出問卷自1963年問世以來，鮮少有根據後來使用所得的經驗加以修訂，因此在目前測量上有所限制。

2. Halpin所做的因素分析得到8個因素，其彼此之間是否互相獨立則令人存疑。如果彼此影響，則藉此所產生的氣候類型也會彼此相關，不能獨立成爲一類型。Halpin and Croft（1963）後來再做一次因素分析，將原來的8個因素加以統合，結果得到三組次因素：(1)眞實性（authenticity）；(2)滿足感（satisfaction）；(3)領導推動力（leadership initiation）。其效果如何與是否彼此獨立，因爲研究結果較少，至今仍未得知。

3. Halpin所產生的6種學校氣候類型，除了開放與封閉兩類型較易瞭解

外，其餘類型頗有混淆不清的感覺。其中因素所占比例有「中等」者
令人不知其標準何在。此外，此6種氣候類型為獨立或是一連續體（
開放→自主→控制→親密→父權→封閉），各學者在如何計分上仍
所爭辯。如Appleberry and Hoy（1969）建議如將各類型視為是一連
體，則應在以身作則、疏離程度、與士氣因素上予以加重計分。此三
即為Hoy and Miskel（2007）所謂的開放指數（openness index），若
數愈高，代表團體愈開放。

之後，Hoy and Clover（1986）為改進OCDQ的缺點，乃在Rutgers大學
劃之下，著手修訂「小學組織氣候描述問卷」（The Revised Organizational Cl
mate Descriptive Questionnaire for Elementary Schools，簡稱OCDQ-RE）。新
訂的問卷樣本，係取自New Jersey州的70所小學中之1071名教師與校長。Ho
and Clover增加原有的OCDQ題目為131題，經因素分析、信度考驗，最後成
42個題目的新問卷，其中約有一半的題目是新的。新修訂的問卷中，有6個
測驗，分別代表6個層面的行為，校長和教師的行為各三，簡述如下：

（一）校長行為

1. **支持行為**（supportive behavior）：係指校長對教師真誠的關懷與
   持。校長傾聽教師建議，經常讚美教師並尊重教師的專業能力，給予
   師建設性的批評。

2. **指示行為**（directive behavior）：係指校長行為表現出高度的工作
   向，對教師個人需求很少予以關懷。校長對於所有教師與學校行動，
   常維持嚴密控制，大小事情都要親自處理。

3. **限制行為**（restrictive behavior）：係指校長給教師額外的工作負擔
   成為教師工作的阻礙。例如，例行性事務、出席會議等影響教師教學
   工作。

（二）教師行為

1. **同僚行為**（collegial behavior）：係指教師和同事間，彼此給予
   持，進行專業互動。如教師以學校為榮，喜歡與同事在一起工作，對

事的專業能力表現出接納、相互尊重的態度。

2. **親密行為**（intimate behavior）：係指教師們不論在校內或校外，都建立密切的私人情誼。教師們彼此瞭解，一起參加社交活動，互相給予支持與協助。

3. **疏離行為**（disengaged behavior）：係指教師對專業並不投入，沒有共同目標，因而常消極批評同事與學校事務。

以上6個分測驗，經因素分析後，產生兩個普通因素：一為測量教師彼此交互作用的開放性；另一為測量教師與校長關係的開放程度。兩個因素分屬不同層面，因此在理論上，即出現四種不同的學校組織氣候類型。其中包括：

1. **開放型氣候**（open climate）：當校長與教師行為都是開放時，這種組織氣候即為「開放型氣候」。開放的校長支持教師的努力，鼓勵教師參與學校事務，減輕教師們的負擔，使教師們可以專心教學工作。開放的教師彼此之間交往密切，友善溫和，互相尊重，彼此容忍。

2. **投入型氣候**（engaged climate）：校長表現出封閉行為，但是教師行為卻是開放的。如校長表現出限制、干擾教師的行為，但教師彼此之間仍互相支持，互相幫助。

3. **離心型氣候**（disengaged climate）：校長的行為是開放的，但教師行為卻是封閉的。校長支持並關心教師，但教師並不領受；教師間彼此互不容忍，關係冷漠而疏離。

4. **封閉型氣侯**（close climate）：校長和教師行為都是封閉的。如校長常強調一些無意義的瑣事，控制教師行為；教師則反應冷淡，不投入工作。

至於中學組織氣候描述問卷（The Revised Organizational Climate Descriptive Questionnaire for Secondary School，簡稱OCDQ-RS），也是由Rutgers大學規劃修訂。Kottkamp, Mulhern, and Hoy（1987）選取78所高中共1178位教師，以100個題目進行施測，最後刪減成34題的新問卷。全問卷分成5個層面。各層面的定義如下：

（一）校長行為

1. **支持（supportive）**：校長努力工作，以身作則，並採建設性批評以[ ]勵教師，完全以教師的社會需求與工作成就為行為導向。

2. **指示（directive）**：校長採取嚴密監督，並控制教師與學校的所有[ ]動。

（二）教師行為

1. **投入（engaged）**：教師以校為榮，同事彼此支持，對學生有使[ ]感、信任學生、對學生之成就保持樂觀態度。

2. **受挫（frustrated）**：例行性的事務、文書報告、或非教學任務干擾[ ]常教學活動之進行，教師彼此之間互相推諉塞責。

3. **親密（intimate）**：教師之間有凝聚之社交網路，瞭解彼此的背景與[ ]事風格。

綜合以上對OCDQ發展與修訂的敘述，原有的OCDQ雖被廣泛應用，但[ ]有不少缺失。新修訂的OCDQ儘管仍有其限制，但已比原有問卷在效度與信[ ]上為佳。此外，在學校組織氣候的區分上也比原來的問卷清楚；尤其是OCD[ ]RE可以明確區分四種不同學校類型，在研究上條理較為分明。

綜而言之，Halpin的理論與OCDQ問卷雖有缺點，但卻被廣為使用。在[ ]度上，Carver and Sergiovanni（1969）認為OCDQ不適用於大型或位居於城[ ]的中學。此因OCDQ的常模是根基於71個小學所建構而成的，大型或城市地[ ]的中學因組織龐大而較易趨向封閉型的氣候。此外，在學生成就上，是否[ ]開放型氣候的影響並無定論。例如，Schwandt（1978）認為沒有相關，Cu[ ]ningham（1975）則發現開放型學校的學生有較好的成就。此種不同的發現[ ]Brown（1967）認為極為合理。主張開放的氣候固為促進學校成績的重要[ ]素，然而其他變數如領導績效等也有同等影響力，一個開放的學校面對上級[ ]下來的不合理任務，自然也難有所表現。此外，Hartley and Hoy（1972）發[ ]在開放型學校中，學生對於教師與行政者有較低的疏離感（alienation）。

在教師與校長的關係方面，Helsel, Aurbach, and Willower（1969）發現[ ]教師若在關懷、生產掛帥等因素上回答較高分數，其對學校改革的可能性較[ ]

觀。此外，就教師立場而言，有關校長行為的四個因素是決定一校氣氛的較
要變項。Schwandt（1978）也發現，開放型學校教師工作滿意程度較高。

在學校特徵上，較之白人學校，黑人學校一般說來較有親密、父權、與
閉型的趨向；也就是在開放至封閉的氣候連線上，較靠近封閉的方向（Wat-
ns, 1968）。House（1967）發現學校學生社經地位高者，開放型氣候較易產
。Cunningham（1975）則認為規模較小的學校，在OCDQ問卷上較能趨向於
放型氣候。

二、學校組織健康問卷

另一個研究學校氣候的走向乃是檢測組織的健康。以健康為隱喻（meta-
or）來檢驗學校氣候，早在Miles（1969）之研究中已出現。其認為健康的組
並非僅是存活於環境中，而是必須具有不斷成長並能維持榮景的特質。任何
組皆會歷經高潮與低潮，但健康組織懂得如何避免長期的無績效經營，並讓
組處於良好的狀態。Miles主張領導者必須促進組織的成長與茁壯，同時消
影響人際關係發展的阻礙。健康之組織具有以下10個特性：(1)具有確切目標
goal focus）；(2)充分溝通（communication adequacy）；(3)適宜之權力平衡
optimal power equalization）；(4)適當運用資源（resource utilization）；(5)
聚團結（cohesiveness）；(6)高昂士氣（morale）；(7)革新能力（innovative-
ess）；(8)自治能力（autonomy）；(9)具適應力（adaptation）；與(10)適當解
問題能力（problem-solving adequacy）。

（一）學校組織健康量表之因素

基本上，上述Miles所提出健康組織之特性，反應的乃是組織的工作任
务、維持、與成長的需求，但僅止於紙上談兵的層次。其後，Hoy, Tarter, and
ottkamp（1991）試圖發展相關組織健康量表，但在實徵量化分析後，Miles
提之10個組織健康特性，無法加以確實建構（僅得到6個因素）。有鑑於
，Hoy等人另闢蹊徑，改從Parsons（1967）的主張與觀點切入，用以建構與
量學校健康。Parsons主張所有希望存續之社會系統，需具有四種不可或缺之
能。其中包括：適應功能、目標達成功能、整合功能、與潛在功能（詳見第

三章）。換言之，以學校為例，其必須解決下列問題：(1)適應所處之環境
(2)設定並達成既定目標；(3)維繫校內成員之團結；(4)創造與維持特有之價值
觀。此外，Parsons也提及學校有三種獨特的層級用以實現上述之需求。其中
括技術（technical）、管理（managerial）、與制度（institutional）層級。簡
之，技術層級係相關教學與學習的過程；管理層級係指運作學校事務的行政
能；制度層級則指學校與其環境之交會聯繫。

採用以上Parsons之理論架構，Hoy, Tarter, and Kottkamp（1991）進行實
研究並發展出「組織健康量表」（Organizational Health Inventory, OHI）。
因素分析後得到7個面向。其分別來自社會系統運作的3個層級。其中在制度
級上之面向為機構自主性（institution integrity）。管理層級面向包括：(1) 校
影響力（principal influence）；(2)關懷（consideration）；(3)倡導結構（initia
ing structure）；與(4)資源支持（resource support）。技術層面的面向則包括
(1)工作士氣（morale）；(2)著重學業成就（academic emphasis）。

基本上，Hoy等人主張健康之學校係指學校在技術、管理、與制度層面
達到和諧與平衡狀態。組織健康量表最初是針對中等學校而設計，其後陸
發展小學之版本。適用小學者為OHI-E；中學版本則為OHI-M（Hoy & Tarte
1997）。由於各個教育層級之特性不盡相同，研究者可依研究對象之需要選
不同版本。

在中文相關量表之修訂部分，秦夢群、吳勁甫、鄧鈞文（2007）參酌Ho
Tarter, and Kottkamp（1991）所編製之OHI-M，據以發展出可資衡量國中學
組織健康之研究工具。經過信度分析、試探性因素分析、與二階驗證性因素
析後，去除因素負荷量過低與概念重疊之題目，修訂為總共計有7個因素（面
向）的21題「國民中學學校組織健康量表」，每個因素皆為3題。相關內容
見表7.5，其中7個面向之意涵如下：

表7.5　學校組織健康問卷之部分內容

1. 本校校長能從上級主管得到所需要的資源。
2. 本校能提供充足之資源給老師。
3. 本校校長能公平對待教職員。
4. 本校校長能讓學校成員清楚瞭解其看法與態度。
5. 本校能提供教師充足的班級教學資源。

. 本校校長能和上級教育機關之主管相處融洽。

. 本校校長會將教職員所作的建議付諸實現。

. 本校教師會對社區的要求感到壓力。

. 本校校長的建議能獲得上級主管的慎重考量。

0. 本校校長堅持明確的課業表現標準。

1. 本校能充裕地提供班級所需要的額外資源。

2. 本校相關委員會之運作，會受到外界利益團體影響。

3. 本校校長關注教師之個人福利。

4. 本校校長會將各項工作排入行程，並逐一完成。

5. 本校教師相信學生有能力達到學校所設定的學業標準。

6. 本校教師士氣高昂。

7. 本校成員認可學生的學業表現與成就。

8. 本校會因一小撮家長之意見而改變既有政策。

9. 本校學生會盡其最大努力增進先前的課業表現。

20. 本校教師滿懷熱情地完成其工作。

21. 本校教師對學校之認同度高。

資料來源：秦夢群、吳勁甫、鄧鈞文（2007: 90）。

1. **機構自主性**：係指學校能以維繫其教育方案之完整性的方式，來因應其環境之能力。教師在面對社區及家長不合理的要求時，會受到保護。

2. **校長影響力**：係指校長能影響上級行動之能力。能說服上級，獲得額外之關注，在推行進展時不受層級節制為學校行政之重要面向。

3. **關懷**：係指校長的行為友善、開放、與願意助人，同事彼此間和樂相處。此代表校長對教師權益之真誠關注。

4. **倡導結構**：係指校長的行為兼具工作與成就導向。校長能詳述工作期望、績效表現之標準、與相關程序。

5. **資源支持**：係指學校對班級之支援充分，教學資源易於取得。假如有特殊需求，學校也可隨時應變供應資源。

6. **工作士氣**：係指此為教師之間友善、開放、熱忱及信任之共同感受。教師喜歡彼此，喜愛工作，彼此互助，以學校為榮，在工作上能獲得成就感。

7. **著重學業成就**：係指學校為學術卓越要求所驅策之程度。學校為學生

設下高但可達致的學習目標，學習環境井然有序且嚴謹，教師相信學生的能力，學生努力用功，且尊重在學業上表現突出的同學。

（二）學校組織健康量表之相關研究

學者Hoy等人大力提倡組織健康之概念，其認為健康之學校可強化其內部之整合。組織中，校長重視獲得充足之資源，並能與教師彼此尊重、給予高度期望。反之，學校若不採取積極作為，終有一日會變成生病之組織。內外部利益團體會介入影響學校運作，校長往往束手無策。教師各自為政，教學散漫，學生成績更不受重視。

在學校組織健康相關研究方面，Hoy, Tarter, and Witkoskie（1992）即發現當組織愈健康，則其成員對校長、同僚、與組織之信任程度愈高。Hoy and Woolfolk（1993）的研究則顯示健康之學校氣候可增加教師效能。Hannum（1994）的研究指出學校之氣候愈健康，其學生之學習表現愈好。Bateman（1999）探討組織健康、校長效能、與教師彰權益能知覺之關係，結果發現組織健康與教師彰權益能知覺之間有正相關，學業取向與資源支持對教師彰權益能知覺最具預測力。Smith（2002）之研究結果顯示學校組織愈健康，則學生之數學精熟度愈高。

以上之研究結果顯示，學校組織健康與成員或組織信任、學生成就、教師效能、教師彰權益能、與教師組織承諾等變項息息相關。在學校組織氣候的研究上，組織健康係為較新的研究取向，多個實徵研究發現其與相關組織行為之變項有高度相關。若能深入研究，有助於對學校氣候之理解與掌握。

📚 三、管理學生心態問卷（PCI）

與OCDQ相比，「管理學生心態問卷」（Pupil-Control Ideology，簡稱PCI）較為簡略。其包括20題五分量表的問題，係由賓州州立大學（Penn State）的教授發展而成，其中又以Willower, Eidell, and Hoy（1967）為代表。部分問卷題目見表7.6。

表7.6　PCI之部分問題

以下的陳述有關學校、教師與學生。請指出您個人的意見，並將之以適當的字母填入：SA：極為同意；A同意；U：不能決定；D：不同意；SD：極不同意
1. 教師應該考慮更正教學方法，如果此些方法被學生批評為不適當
2. 學生在教室中不應對教師的言談有所辯駁
3. 太多學生的時間花在遵守紀律，而對功課的準備上用心較少
4. 對學生的友善常導致彼此之間過分親近
5. 學生可被信任且不必依靠管理就可互相合作
6. 常常提醒學生他們的地位與教師不同是必要的

　　設計PCI的教授之所以選擇管理學生心態作為評量工具，原因即在管理方式的不同，即意味教師對學生看法的差異，並因之影響學校組織氣候。學校與監獄或公立療養院相同，基本上無權選擇客戶，因此招入之成員良莠不齊，有些人甚而根本無意願，完全是被迫入學。面對此問題，管理就成為必要手段。如何選擇適當方法，常是學校行政者最頭痛的問題（Carlson, 1964）。1960年代中期，美國學生運動興起，繼而波及台灣。學生次文化（student subculture）隱隱已獨霸一方，暗中與學校較勁。因此，以往只重視校長與教師關係的學者，漸漸將其注意力轉到教師與學生關係上，認為教師在管理學生上，可以看出其心態與所處學校氣候。

　　PCI的研究結果將學校分為兩種：一為監護型（custodial school），一為人本型（humanistic school）。前者特徵為嚴厲且高度統治的校規。此類學校多為傳統式，完全以學生絕對服從為管理目的。學生常被以其外表、行為、與家長社經地位而刻板定向，例如，好動或來自勞工家庭的小孩，常被視為是搗蛋分子。學校意見溝通只是單向上對下的命令，學生必須完全順從。教師沒有瞭解學生的意願，只是將其視為是不負責與不守規矩的人，所以必須要用懲罰來制裁。在此種學校中，組織氣候乃是冷淡、不信任，教師與學生之間較無感情。

　　與之相較，人本型學校則相反，要求學生在合作與經驗中學習。自我約束代替嚴苛教條，學校也在民主氣氛中提供雙方溝通。教師被要求能從心理與社會兩方面檢視學生行為問題。在一定的限度下，學生可以享受自治並發抒己見。此類學校氣候公開而民主，學生不再被視為是不負責之人，基本上享有發言與溝通的權利，因而個人需求較易被滿足，學生的創造力也遠比監護型學校為高。

　　在實際的例子中，很少學校會是完全監護型或是人本型，大多是介乎其間。Appleberry and Hoy（1969）發現PCI的結果，與學校的開放度呈現0.61的正相關。兩人並將研究中得到最具監護型或人本型的學校再以OCDQ測之，以探討PCI的效度。結果發現監護型學校在疏離程度、刻板等因素上較高，而人本型則在士氣與以身作則因素上具有高分（見圖7.5）。證明教師在人本型學校中較具滿足感，校長也不會死守法規，而在解決問題上兼採非正式的溝通，使團體氣候趨向開放與和諧。

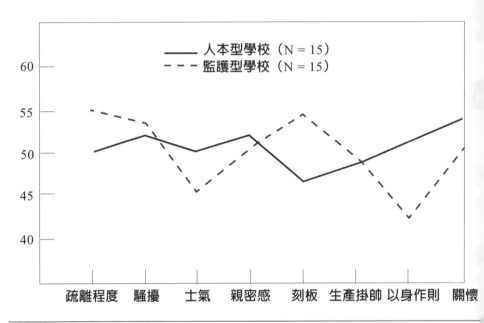

圖7.5　人本型與監護型學校之差別

　　在中文研究方面，秦夢群（1992）即利用修訂後之PCI測量高中教師之管理心態。採用之研究樣本為16所台灣高中，分為明星學校（聯考前三志願）與一般學校兩組。各為8校，明星學校抽取833人，一般學校為768人。結果發現明星學校較趨向人本型，而一般學校則較趨向監護型。究其原因，發現明星學校之教師由於學生學習意願較高，因此較採民主與自律之管教態度。一般學校之學生則較為被動，因此促使教師認為必須加以嚴管，方能使其安心向學。此外，在教師管理心態、學生內外控信念、與學生學習習慣及態度的三者關係上，發現不同管理心態與內外控信念，對於學生的學習習慣與態度並無交互作

目。不過，研究結果卻顯示知覺教師為人本型的學生，其在學習專注力、學習
與趣、與學習計畫上，均比知覺教師為監護型的學生要差。至於在內外控方
面，外控傾向的學生在學習專注力、學習興趣上比內控傾向的要好；然而在學
習計畫上，則比內控傾向的學生要差。

　　綜而言之，PCI的目的在探討學生與學校其他成員的關係。由於組織氣候
的不同，學生在疏離感（alienation）、成就、人格上或多或少會受到影響，詳
細研究將在下節討論。PCI提供了在這些方面的經驗，貢獻不謂不大。雖然比
起其他問卷，其規模較小，然而以教育的眼光來看，它仍是具有易於使用與解
釋的雙重優點。

第五節　相關教育研究

　　組織文化與氣候乃是組織運作後的產物，其與相關之教育變項自有密切之
相關。基本上，社會大眾對於學校之產出績效最為關心。限於篇幅，以下僅就
學校績效與學生疏離感之相關研究加以敘述。

一、學校績效與產出

　　有關教育組織氣候的研究，隨著1983年「危機國家」（A Nation at Risk）
報告的出現而大興。驚覺美國商業力在當時每況愈下，教育學者也開始檢討
培養人才的學校機構。經過調查，全國卓越教育委員會（National Commission
on Excellence in Education）發表結論，認為美國教育之失敗，已置全國於危
機中。相較於其他開發國家（如日、德），美國學生平均每年上課天數為180
天，比起他國學生之200天以上，實在過於散漫。此外，對基本讀寫算教育也
嚴重忽略，某些州的高中學生可以因討厭數學而拒絕修習，而以學習開車的課
程補足學分。影響所及，美國高中學生的平均數學能力，多位居世界各國的倒
數幾名，其將來之專業素養可想而知。

　　「危機國家」報告的出現，除了激發各州做教育改革外，也促使教育學
者重新檢視學校的特質與文化。與以往1960年代以量化方法研究組織氣候的傳

統不同，1980年代後有關學校組織文化的探討，幾乎皆以質化方法為主。研究者走訪各級學校，親身體驗其中的象徵與行為，最後加以詮釋。重要作品包括Boyer（1983）之《High School : A Report on Secondary Education in American》、Goodlad（1983）之《A Place Called School》、與Sizer（1984）之《The Dilemma of the American High School》。

三書的結構均很類似，不外敘述學校學生、課程、教師、行政系統的特質，與其交會後所形成的組織文化並加以評述。例如，Sizer（1984）即提到美國學校教育多半低估教學功用，而只將之視為機械的操作而已。放棄教導學生如何思想，卻一味重複公式的練習。影響之下，學生的潛力被忽略，且因鮮少思考而停留在孩童的幼稚階段。俟其進入完全不同的大學環境，即產生適應不良的現象。在走訪數10個不同種類的高中後（如都會學校、鄉村學校、教會學校等），Sizer發現好的學校必須具有以下5種特質：

1. 給予教師與學生足夠空間，使其能選擇適合的教學與學習方法。因材施教是最重要的，應避免標準化。

2. 堅持學生必須展示對功課的完全掌握，但展示的方法必須視學生特質而有所彈性。

3. 給予學生與教師明確誘因，鼓勵其自我實現，讓學生學習時有既定之方向。

4. 集中全力發展學生心智，避免完全由教師灌輸的求知方法，幫助學生經由練習來鍛鍊自我的思維深度。

5. 保持學校行政結構的簡單性與彈性，避免過度標準化與專門化的弊病，使課程能夠因地制宜。

然而，以上研究在方法上也有所限制。使用田野調查方法，深入學校做各種現象之觀察，往往會產生詮釋上的困難。即以前所引用之Sizer對於美國高中的研究為例，其結論為好的學校重視課程的彈性化，但其標準為何則很難有所定論。各校之間頗多差距，一校之彈性在他校可能被視為放縱。影響所及，研究結論之文字多半限於原則性的陳述，很難在各校間找出放諸四海皆準的原則。

除了美國的相關研究外，Cheng（1994）則以香港中學為樣本，結果顯示學校氣候可分為承諾型、控制型、疏離型、與無政府型四種。其中承諾型

學校，教師所知覺的組織效能最高。Ogilvie and Royce（1979）的澳洲高中研究，發現學校績效與組織氣候問卷上的分數很高的相關。Moorhead and Nediger（1989）以加拿大的四位中學校長為樣本，進行質化與量化混合方法的研究。此四位校長公認在學校效能上頗有成就，其除被實地觀察外，研究者尚以問卷調查學生、教師、家長、與行政者的意見，以勾勒其學校氣候類型。除此之外，有關學生出缺席紀錄、中途輟學人數、在標準測驗上之分數、與犯過紀錄等，均被蒐集以測量其組織績效。研究結果顯示，雖然四位校長皆被學生、教師、同僚、與社區領袖公認為極有績效，但在行為、活動、與領導行為上卻無統一之模式。由於各校之型態不同，校長必須具有符合其組織氣候的目標與價值觀，才能有所成就。

在台灣部分，蔡培村（1980）指出校長領導形式的運用，若能配合教師人格特質而有所變化，則會產生較佳的組織氣候。蔡寬信（1993）以OCDQ-RE量表為工具，探討學校組織氣候與教師組織承諾之間的關係，結果發現：

1. 教師在開放型的學校組織氣候中，組織承諾最高，投入型和離心型的學校組織氣候中則次之；而在封閉型的學校組織氣候中，組織承諾最低。在開放型的學校組織氣候中，校長對教師有較多的支持行為，教師們也有較多的同僚行為和親密行為，教師的組織承諾最高。而在封閉型的學校組織氣候中，校長對教師有較多指示與限制行為，教師本身也有較多疏離行為，教師的組織承諾最低。而在投入型和離心型的學校組織氣候中，教師的組織承諾介於開放型和封閉型兩者之間。換言之，在一個學校當中，只要校長或教師任何一方有開放行為，教師的組織承諾就不至於太低。

2. 組織氣候變項對教師組織承諾的影響，大於個人屬性變項。在迴歸分析中，組織氣候有關的變項（如校長支持行為）對教師組織承諾的預測力，大於個人屬性變項的預測力，所以，一個學校組織氣候的良好與否，對教師的組織承諾具有決定性的影響力。

多年來，組織文化（氣候）與組織績效之間的關係，乃是教育學者所熱衷的研究議題，甚而有人試圖建立「因果關係」（cause-and-effect relation-ships），希望證明某種組織文化是造成特定組織行為的原因。此種推理方式常在量化方法研究中採用；然而，近年來卻有學者提出不同的意見（例如，Owens and Valesky, 2010）。此些學者認為實驗室法所能控制的變數太少，且與事實多不符合。例如，近年來醫學界所發表的「抽菸導致癌症」結論，多由動物實驗或長期觀察中得來，並不能完全「證明」（prove）抽菸就是唯一致癌因素，而只能推論兩者之間有所「關聯」（association）。除非能完全控制其他因素（如身體狀況、腺體分泌），否則不能推斷抽菸就會導致癌症的結論；有關組織文化的研究也是如此。

研究組織文化與績效之間的關係，首先碰到的即是變數的取決問題。在組織文化層面，所抽取的多半是領導型態、溝通方式、動機驅力等。組織績效則以學校學生成績、教師請假率、外人評鑑結果等變數為主。在相關研究中，Brookover（1978）曾以2,226個小學作為調查，以探討組織氣候與學校績效間的關係。所使用的獨立變項包括：(1)學校學生的社經地位；(2)白人在學校中的比例；與(3)學校的氣候（由團體成員陳述對組織的感受）。依變項則為學生成績（由密西根測驗的平均數得之）。Brookover所以要將社經地位放入研究，原因乃在多項研究（如Coleman, 1996; Jencks, 1972）皆指出社經地位之高低，是影響學校氣候的主要原因。結果發現社經地位與學生種族的組成情形，皆非能單獨影響學生成就；而必須配合學校氣候的良窳，才有顯著之效應。換句話說，一個社經地位低或黑人占多數的學校，只要校長能維持良好的組織氣候（如讓教師在教學上盡其所能的發揮），同樣能促進學生的成就。

同樣的結論也可在其他研究中發現。Rutter, Maughan, Mortimore, Ouston, and Smith（1979）曾以12個倫敦市區學校做研究，發現一般物質條件如學校大小、建築物之年代、校區空間等，皆非影響學校成就的重大變數。各校之間學生社經地位的不同，也不能完全決定學生成績的優劣。真正的影響乃是學校在完成社會任務時所產生的文化，其中包括：(1)教師在工作時的行為熱忱；(2)學校對於課業的注重程度；(3)對於優秀學生的獎勵程度；與(4)訓練學生負責的程度。Moos（1979）在研究20,000個美國中學生後，也發現相似的學校文化變數，如：(1)強調競爭的程度；(2)對校規的注重；(3)教師提供的輔導機會；(4)有創造性活動的實施程度，會對學校成就有顯著影響。其中學校成就的變數，包括：(1)學生的缺席率；(2)學生成績；(3)學生對學習的滿足感；與(4)學生對教師的滿足感。

二、學生疏離感與成就

　　除了利用學校績效做依變項之外，Hoy and Miskel（2007）也提出「學生疏離感」（student alienation）的觀念，並認為其可作為評鑑一校組織氣候（文化）的指標。在此之前，Seeman（1959）即指出疏離感可分為5個層面，其中包括：

1. **無力感（powerlessness）**：係指無力控制自我的行動與動向。例如，在學校中，任何行為都有教師限制，學生感覺像是奴隸而毫無自由。
2. **無意義感（meaninglessness）**：係指對未來前途悲觀，認為現今的努力多為白費，對未來成功完全沒有幫助。例如，學生認為在校讀書並無意義，希望早日脫離出外賺錢。
3. **無規範感（normlessness）**：係指合法的行為並不能解決問題，反而是許多不為社會所允許的手段卻可對症下藥。例如，學生認為遵守校規並不足以抵抗暴力，唯有以暴制暴才是良策。
4. **隔離感（isolation）**：係指雖處於人群中，但不被信任也無知心朋友，感到被隔離在荒島上而孤立無援。
5. **自我流放感（self-estrangement）**：係指對於團體不滿意而急於離開，試圖割斷之間的情感。如許多中途輟學的學生即有此傾向。

　　在相關研究上，Hoy（1972）曾以45個紐澤西州高中為樣本，以OCDQ與PCI問卷加以施測，目的在探討學校特徵與氣候之間的關係。Hoy假設在開放型或人本型的學校中，學生所感受到的疏離感，應遠較封閉型或監護型學校為低。運用多元迴歸統計分析的結果，大致贊同以上假設。其中預測無規範感最佳的變數是高疏離程度、監護型導向的教師學生關係，與位於較富有的學區；最佳預測無力感的為監護導向、較富有地區、郊區學校、與較低之以身作則程度。至於對於無意義感的影響變數，則以學校少數民族學生比例，與是否位居郊區等因素較有鑑別力。根據此項發現，Hoy and Miskel認為學生疏離感較大的學校特徵，大致說來應是「傾向監護型、教師間的高疏離程度、高騷擾程度、低以身作則程度、少數民族學生比重較少、與位居非市中心的學校」。

　　高疏離感學校是否意味學生成就的必然低落，根據研究的結果乃是見仁見智。Hamaty（1967）and Schwandt（1978）發現，學校氣候與學生學業並無特

別關係；然而，Cuningham（1975）and Mullin（1976）則持相反的意見，主張開放型氣候會造成較高的學業成就。

另一方面，Gottfredson（1986）發現自我信心較強、較守規矩的學生，往往在疏離感的量表上分數較低，因此對於學習具有較強的動機。Timmons and Wolsk（1980）的研究指出，美國中學生有20%至40%覺得學校教育毫無用處，極欲脫離之。對於學校愈有疏離感，則學生輟學機率愈高。Natriello（1982）的研究也發現，高疏離感的學生較少參加學校活動，且在秩序上表現較差。此外，高疏離感學生往往與學校產生對立的狀態。

在疏離感各層面與學生學業成就方面，Pulvino and Mickelson（1972）利用300名高中學生（152名為男生，148名為女生）為樣本進行研究。疏離感各層面（無力感、無規範感、社會隔離感）以疏離量表做工具，學業成就則以學生的GPA為代表。結果發現：(1)多元迴歸顯示，無規範感與學業成就呈現負相關；(2)在兩性差別方面，男生的無規範感愈高，學業成績愈差，女生則無顯著相關。顯示教師在教學上對於男女學生的疏離感，應有不同的處理方法。男生在選擇目標上，應得到更大的幫助與指引。

與Pulvino and Mickelson的發現相似的尚有Fisher（1981）的研究。其樣本取自大都市地區學校，Fisher發現學生疏離感是造成學生暴力、高輟學率、與低成就的重要因素之一。因此，如何降低學生疏離感即成為學校的重要工作。Dynan（1980）以澳洲12所高中為樣本，發現高疏離感學生群多半來自低社經地區，與教師關係較差，學業成績也較差。大致說來，小學校學生比大學校在疏離感上較低，對教師也較親切。相似的結果也產生在Badwal（1969）的研究中，顯示學生對學校有負面態度時，其學業成就較差。

在台灣相關研究方面，汪履維（1981）首先研究台北市國中生疏離傾向，發現在社會孤立感層面上，男生高於女生；在無力感、無意義感、及無規範感方面，兩性並無顯著差異。就整體而言，學生疏離感與其學業成就並無顯著關係。張保光（1985）以45所國民中學為樣本，探討學校組織氣氛與學生疏離感之間的關係。結果發現學生疏離感程度因其性別、學業成就而有顯著差異。在「無力感」一項上，因學生社經背景不同而有顯著差異；且男生高於女生，普通學生高於優秀學生，低社經背景學生大於高社經背景學生。

之後，秦夢群（1991）的研究發現，學生疏離感的確對學生學業有所影響，其中又以「無意義感」為最重要層面。就整體而論，高疏離感學生在學業

成就上確比低疏離感學生為差。此外，學生疏離感與教師所知覺的組織氣候並無顯著差異，在學生學業與性向上也不具交互作用。以往所謂「低疏離感高氣氛」一定好的看法並不成立。在特殊族群部分，黃麗滿（1992）發現原住民學生校園疏離感愈低，其自我概念則愈積極。

　　由以上研究可看出學生疏離感與其學業成績之間的關係，至今仍未有定論。但大致而言，高疏離感的學生對於學校與教師較無向心力，因此學業成就較低。然而，Asayehgn（1979）的衣索匹亞學生研究卻發現，在競爭激烈的環境中（如學生必須參加會考或聯考），高疏離感並不代表低學業成就。此是否隱含好學生只顧自我衝刺而刻意與學校保持一定距離的現象，箇中原因值得進一步探討。

　　綜而言之，一個學校的生產績效（包括學生學習與行政推展），受到組織氣候與文化的影響極大。強調開放、支持、與溝通的學校文化，在現今民主思潮下，已成為發展的潮流。由於學校的複雜性，至今教育學者尚未研究出何種氣候或文化，乃是學校的最佳選擇。所以如何因地制宜，創造出適合的學校文化，將是今後教育行政學者研究的重要方向。

7.1
個案研究

我是比較重要的

左城商工是一所位於台灣南部的專科學校，成立的時間雖不長，但在學生課業的教導上卻卓然有成；它的電機、餐飲管理、與會計科都是學生積極爭取進入的科系。此外，令全校師生與地方父老興奮的，學校足球隊去年一鳴驚人，奪得全國聯賽冠軍。這對只有數萬人口的小鎮而言，實在是莫大的榮譽。

張繼倫是奪得此次冠軍的功臣。他從體育系畢業，服完兵役就到學校服務，三年間即訓練了一支鋼鐵部隊。他的專業知識與能力博得地方一致的讚揚，但卻想不到會因此捲入一場紛爭中。

某年8月2日

在校長郭霖的辦公室，張繼倫與幾位地方人士商討下學期的訓練計畫，大家一致表示要衛冕到底。張繼倫並提出報告，希望除了球隊本身之外，應再從高一學生中選取優良者加以培養。郭霖極為滿意，他拍著張繼倫的肩說：「你放手去幹，一切我都會支持。給大家瞧瞧，我們左城商工不但書讀得好，運動起來也是一把罩！」

8月10日

張繼倫氣沖沖的進入校長辦公室，並順手把一紙公文塞入郭霖手中。原來今年省中聯賽因故提前一個月，使各隊都措手不及。郭霖先安撫了一下張的情緒，接著問他有何對策。兩人商量結果，決定照常比賽，只是必須在比賽前數週密集訓練。張繼倫說：「這代表有些學生必須要犧牲幾堂正課，你同意嗎？」郭霖想了一會兒，最後似乎無技可施的點了頭。

8月29日

在開學的校務會議上，郭霖宣布了此項非常措施，並說明此乃必須之舉，已徵得地方父老的同意。有些教師露出不悅的神色，但都忍耐沒有發作。會後大家議論紛紛，不知是否會影響自己的班級。

9月15日

林棟樑走入電機教室，發現有四名學生不在，經查明得知他們都在球隊訓練。林棟樑內心大怒，心想如此重要的課竟不來上，學校真把學生的前途當兒戲了。

9月16日

在教員休息室中，林棟樑與其他同事討論學生缺課的問題，大家都表示不以為然。往常林棟樑發言最多，在電子與電機科的教師中，他的資格最老，能力也被眾人所肯定，許多家長甚至要求自己的小孩在其班上受業。林棟樑對學校措施深感不滿，認為是運動侵犯學術，使學生為爭奪「無謂」的虛名而曠廢學業。

正說著，張繼倫走入，使用影印機，一時氣氛為之凝結。林棟樑故意提高嗓門說：「就是有些特權分子能在學校稱霸，想什麼就得什麼。我們這群按部就班上課的教師只好乖乖聽話，把學生交給別人了。」張繼倫回頭反駁：「聽著，你不要在此倚老賣老。我難道喜歡加重自己的負擔嗎？這一切都是為了學校的榮譽，你若不服氣，找校長去談，我不必在此聽你的教訓。」說著就走出休息室。林棟樑也不甘示弱的尾隨之，兩人在走廊上大吵起來，幾至動武的地步。還是教務主任聞聲趕來勸走兩人，林棟樑誓言要周旋到底。

9月17日

郭霖在校長室中與林棟樑會談，林要他說到底是運動重要還是學術無價。郭霖試圖安撫他，並說兩者皆為學校所重視的。他希望

林棟樑與張繼倫能攜手合作，為學校謀福利。然而林不為所動，反而以言相譏：「當然啦，我們這些盡職的教師都該做牛做馬，無條件聽從像張繼倫那種人的話。你到底與他是什麼關係，要幫著他來欺負我們！」

受到指控，郭霖怒形於色的說：「林棟樑，你不要太過分，張繼倫是個好教師，每日辛勤工作，只為學校榮譽。你就不能為他想一下嗎？畢竟我們在同一所學校，應該甘苦與共。」

「哈！你說的甘苦與共是我們苦你們甘，今天總算瞭解你對學術的輕視了。你與張繼倫為伍會自食惡果，我們走著瞧。」當林棟樑走出校長室時，臉孔紫漲得有如關公。

9月19日

中午吃飯時間，教務主任輕輕告訴郭霖，除了林棟樑外，已有數位教師向他抗議。他們指控學校讓學生錯過重要的課，並且懷疑這種現象會惡化下去。郭霖緊鎖眉頭，並沒有發表任何意見。

下午快到放學時間，另一位體育教師郭進明路過校長辦公室，見房門半掩因此側身而入。見到郭霖後，說道他已與張繼倫談過，所有體育與藝能科教師都支持學校的立場：「因為林棟樑平日太過猖狂，認為學校就只應讓學生啃書本，其他都是副科，受他的氣也受夠了。這學校也不只靠他們，我們球隊的獲勝才是使地方團結的重要原因。」郭進明憤怒的敘述著，並偷偷告訴郭霖要多防著教務主任，因為他與林棟樑是一國的。

向郭進明致謝後，郭霖決定要再開一次教師會議，以解決此項棘手問題。

9月25日

學校教師似乎已形成不可妥協的兩派：一派堅持學術高於一切；一派則主張藝能與體育活動絕不可被忽視。兩派教師對立情況日

益高漲，郭霖決定27日召開會議，以尋求妥協。然而，林棟樑等教師卻放出空氣要抵制會議，因為「學校是站在他們那邊的」。雖然郭霖試圖解釋，似乎效用都不大，他開始懷疑會議是否能開成。

　　下午一點半，郭霖接到家長會會長孫火木的電話，告訴他：「我已與家長會代表商討，大家決定支持你。只管放手去做，因為地方父老還想著有機會出國比賽呢！學生缺課可以在假期補，我們又不是普通高中，逼得那麼緊幹嘛？」

9月26日

　　教育局局長打電話給郭霖，告訴他有人檢舉他濫用特權，使學生荒廢學業，並說：「老郭啊！我們是老同學了，所以趕快通知你，別把事情弄大了上報，對你的前途可不好，要拿出魄力解決問題啊！愈快愈好。」

　　放下電話，郭霖不知該說什麼？張繼倫努力練球，為得冠軍就非下猛藥不可，可是林棟樑那批人就那麼在乎一兩堂課。他真不知明天的臨時校務會議將會是什麼場面？真是技窮了！

討論問題

1. 在左城商工，有哪些非正式團體？形成的原因為何？其類型又為何？
2. 左城商工的組織氣候屬何種型態？試以OCDQ的觀念分析之。
3. 就組織衝突（請參閱第六章）的觀點，郭霖遭遇了哪些角色上的衝突？應如何解決？
4. 試以Schein所主張的組織文化三層級，分析左城商工的組織文化，並探討其與學校效能之間的關係。
5. 試從各種領導理論的觀點（請參閱第九章），分析郭霖的領導類型及其利弊得失。

6. 如果您是郭霖，參酌各項變數後，您會怎麼做？

建議活動 ....

1. 利用OCDQ或其他問卷施行於學校中，藉此提供訊息給校長與學校行政者。此外，並可依問卷結果加以分析，得知學校組織氣候的類別。

2. 利用問卷或訪談方式瞭解學校教師對目前學校組織氣候類型的滿意度，其原因為何？若有機會更改，大多數人的選擇為何？

3. 觀察教師所形成的非正式團體，並瞭解其數量、種類、組成原因、及其對學校的影響力。是否大多數教師都加入非正式團體？校長又如何周旋於這些團體中？

4. 如果現在有機會讓您當上校長，根據需求，何種組織氣候是您希望達到的？您會採取何種步驟？

5. 試以Schein所主張的組織文化三層級，分析貴校的組織文化，並舉出事實。

6. 試以組織健康的觀念，分析貴校的組織氣候有哪些特徵。

7. 試以貴校的組織文化，探討其與學校績效之間的關係，並分析改進之道。

8. 試以疏離感的觀念，分析貴校學習動機不強學生的原因，並指出疏離感的何種層面影響學生學習成就最為顯著。

第 8 章

教育動機理論

望子成龍的父母，常在閒談時說：「我的小孩還不錯，每天都知道用功。」學校校長有時則抱怨：「某個教師真是糟透了，對於教書一點興趣也沒有。」在日常生活中，人們不斷檢視促使自我奮勇前進原因為何？對於小孩，可以用小小禮物使其更加努力；但是對於成人，就需另闢蹊徑。面對芸芸眾生，不同時空有不同的原則，其中是否有定律存在？以上種種問題，皆使得動機（motivation）成為教育學者最感興趣的議題之一。

理論上，個人動機的形塑乃導因於其內在特質與外在環境的交互作用，相當多面且複雜，並無單一或絕對的公式可加以詮釋。即以學生學習動機為例，在下文中，研究者陳國泰（1995）親身訪談與整理了6個國小低學業成就學生的經驗，其中一位敘述從二年級到五年級上課的感覺：

> 二年級的蔡××教師教學很嚴格，我的成績在二年級時比較好。我覺得給嚴格教師教比較好。三年級被王××教師教，他不會嚴格，有時候我作業沒有寫，他都不會打我。可是，有時候會。我覺得這樣很不好，因為不知道什麼時候會被打……。這樣都好像有一種不安的感覺。

> 四年級的劉××教師非常嚴格。同學在講話時候，他剛開始不出聲音，然後突然大吼，大家都好害怕。他有時候也會向不專心的同學猛丟粉筆，好可怕！有一次我沒寫作業被罰跪，隔壁班小朋友都在看，好丟臉！放學後，有時我們幾個數學不會的人會被留下來作習題，結果成績有點進步。媽媽說給嚴格的教師教比較好，我也這樣認為。

> 五年級最痛苦的事是上數學課，因為我都不會，而且都不敢問。想仔細聽，聽了好久也都聽不懂，不知道怎麼辦，所以以後就都不聽了。教師要叫同學上台作習題的時候，我都把頭放在林大新的背後，不然上台就出糗了……。還有，社會科教師有時好凶，會突然大吼。有一次我不專心，被他用課本丟，不只我一個被丟而已……。但有時候他也會講故事，講得大家都快入迷了……（pp. 201-202）。

從以上這位小學六年級學生（12歲）的敘述中，可以得到許多有關其學習動機的資訊。首先，其認為給嚴格教師教比較好（即使被罰跪），又說最痛苦的事是上數學課，因為根本聽不懂。孩子敘述發自內心，其中除突顯台灣教育對低學業成就學生的束手無策外，更重要的待解問題乃在如何激勵學生的學習動機。其實學校中又何止學生痛苦，部分行政者與教師囿於環境限制，想要有作為而頻遭挫折，使其心境宛如槁木死灰，毫無工作動機可言。實務上，作為教育組織的領導者，除了維持穩定的運作外，適當刺激員工也是當務之急；否則組織逐漸老化，遇到重大危機必定束手無策而徹底崩潰。

第一節　動機的測量與激發方法

一、動機的測量

一般而言，個人動機強弱必須由其外顯行為加以判斷。根據Owens and Valesky（2010）的看法，其效標向度可有以下三者：

1. **選擇的方向**（direction in making choices）：係指同樣處理一件事，在眾多做法中，可從個人的選擇，判斷其動機強弱。例如同為教師，有人提早到辦公室溫習教材與準備教具，有人卻在上課鈴響五分鐘後才衝進教室，甚至因太匆忙而忘記帶課本。兩相比較下，動機強弱立見。

2. **堅持程度**（persistence）：係指個人對其選擇行為所投入的時間長度。例如，大學教授在其領域中，有人戮力研究，披星戴月卻甘之如飴；有人卻每年重複泛黃講義的內容，令人覺得其是否在意所選擇的工作。

3. **強度**（intensity）：係指個人介入的程度與態度。同樣是開校務會議，有人精力充沛努力提案，有人卻明哲保身噤若寒蟬。值得注意的是，此向度牽涉個人能力與組織文化。一位專業知識不夠或已對學校當局心寒的教師，其冷淡態度是可以理解的。

「動機」一詞源出拉丁文movere，其意乃是移動（to move）。一般人常打動機強的學生描述為：「其為考試拚盡全力，大有不得功名誓不還的決心。」此種語句在行為科學家眼中就顯得模糊。就科學觀點而論，學者要瞭解此生態何把考試成功定為目標？為何要為之努力？而其努力的方式又為何？要解答以上問題，首先需要檢視人類的本性。Lawler（1973）在其所著之《工作組織中的動機》（*Motivation in Work Organizations*）一書中，曾提及兩種對人性不同的論點：

> 第一種認為人類會被天生的、互相衝突的、與潛意識的驅力所控制，而產生本能與時而發生的自我催促行為。第二種則認為人類可以理性且清楚瞭解自我目標，其行為則以積極達成目標的策略為依歸（p. 4）。

由以上敘述，可看出研究者對人類動機的不同解釋。前者傾向認為個人動機強弱乃決定於其人格本質（如內向或外向）與環境之外在驅力（如獎懲之實施）；基本上，個人乃處於被動的狀態。與之相較，後者則肯定個人乃獨立有機體（organism）的理念，堅信動機強弱乃導因於其心理能量及內在思維與環境之間的交互作用。在此情況下，即使外力迫使個體改變，但仍無法改變其內心思維，外力之功效僅止於表面。

二、行為與認知學派

人到底是被動還是主動的？此議題至今仍未得到標準答案，因此在激發個人動機的方法上，就形成了行為學派（behavioral approach）與認知學派（cognitive approach）之爭。前者力主採用外在控制來激發員工動機，也就是傳統「胡蘿蔔與棍子」（carrot and stick）原則；基本上，認為可以藉著增強物（reinforcer）的利用來操弄個人動機。當其行為符合需求時，可呈現正增強物（如胡蘿蔔）以作為酬賞，反之則以負增強物（如棍子）來削弱其發生機率。此種獎懲互用方法被認為符合行為主義之「刺激→反應」原則，可藉此控制員工的動機強度。

　　行為學派的看法近年雖已逐漸失勢，但其在教育組織之運用上卻明顯可█。例如，在學校中，懲戒之實施（如記過）仍被部分教師認為是管教學生的█要手段，主張其至少可「暫時」削弱學生不當行為的發生。此外，對學校行█者之嚴格執行要求，也多少透露以獎懲激發其動機的做法。例如，校長必須█合上級要求參加活動（即使只是大拜拜性質，與教育關係不大）。配合者給█記功嘉獎，不努力者則給予較差之考績，頗具行為學派外在控制的色彩。

　　行為學派大盛於1930年代，故對當時科學管理學派的影響頗深，其中如█aylor主張的按件計酬制度即是一明證。當時流行的動機理論極為簡單，那就█人人需求錢，所以提供較好的待遇，員工表現就會高些。此種看法基本上與█cGregor的X理論相近，認為人類基本上是懶惰、不願工作的，其之必須努力█在滿足其基本驅力的需求，例如，必須以工作所得求得溫飽等。因此只要給█適當的正增強物（如調高薪資），即可控制其工作動機。

　　以上「金錢萬能」的動機理論，很快就被學者所推翻。原因無它，人類█為極為複雜，除了生理需求外，尚有心理之需求。有關研究中最著名的當推「霍桑研究」（The Hawthorne studies），此研究目的最初在試探改善照明設備█工作的影響，結果發現並無顯著相關；即使將照明設備恢復原狀，實驗組的█效仍節節上升。為進一步研究，在1927年，一群電話工人被用作樣本，其中█均分為兩組（實驗組與控制組）。實驗組工人首先被告知研究目的係在觀察█作環境、休息時間、與較短工時對工作績效的影響，其也事先被告知將享有█佳待遇（如休息時間較長、工作時間較短）。在研究期間，設計若有任何改█，實驗組之工人也被通知，其意見也多被採納。結果發現，與控制組相較，█驗組成績有持續成長，此種成長甚至在最後任何環境改變與特權都恢復常態█仍舊持續（Homans, 1951）。

　　電話配線工人研究的真正目的，乃在測試員工產出與其心理因素之間的█係。結果發現，即使物質條件沒有改進，只要員工之心理獲得某種程度的滿█，產出依舊會持續上揚。綜合相關研究的資料，學者對於其所產生之結果，█以下結論：

1. 實驗組工人對於實驗之參與，認為是一榮耀，勝敗繫乎己身，所以必須全力以赴。
2. 實驗組工人被詳細告知實驗過程與目的（雖然並非真的實驗目的）。實驗進行中並多次加入決策之制定，有時並被允許更改過程，使員工有機

會充分表達而自我實現。

3. 當一切改變都恢復正常時，實驗組工人之間的默契也早已形成，其發展出一套更和諧、更高昂的工作士氣。所以即使物質條件回復原狀，產量依舊上升。此種改變在於實驗期間，工人自覺自我在公司中極為重要，因之其對歸屬感與認同感之需求，充分得到滿足，因而更加努力，創造出更佳的工作績效（Hersey & Blanchard, 1977）。

綜而言之，在霍桑與電話配線工人之實驗中，真正促使產量增加的因素並不在物質條件的改善。檢視其過程，員工的自我成長實乃進步的原動力。兩實驗的最後階段設計將各種改變取消，試圖回到起始狀態；但就實質觀點而言，此已是無法復原的。各種物質環境的優待如照明較佳、工時較短、休息時間較長等，均被取消而回復原狀，但此時受試者的心理狀態已有所改變。藉由團隊合作的過程，其產生更強的凝聚力與士氣，感覺到自我的重要性與對公司的歸屬感。凡此種種，皆非行為學派所主張的外在獎懲原則所能解釋的。

霍桑研究的出現，造成以科學管理為主的學派發生動搖；在個人動機之研究上，也使得以認知學派為導向的人際關係學派走上舞台。與行為學派不同，認知學派重視個人生理與心理的研究，其中包括人格、情緒、態度、認知結構、乃至意識型態等，主張此才是形成個人動機的主要因素。實務上，行為學派採用增強物的酬賞原則，以達到激勵員工動機的目標；認知學派則力主唯有創造適當的組織環境，配合個人的內在特性，如此才能使其真正甘心效力。兩派著重點不同（一重外一重內），做法自然也有所差異，組織必須視其需求彈性採用。例如，晚近領導風格已由韋伯式由上而下的官僚體制，加入允許員工適度參與的決策模式，即是混合兩派意見的做法。

在教育組織的應用上，雖然認知學派後來居上，但並不代表行為學派已完全失勢。最明顯的例子如教師仍用不同方法「獎懲」學生，而自身仍必須受到「考績」的檢核。就行政的觀點而言，筆者認為造成此現象的原因有四：

1. 認知學派雖指責行為學派只能表面上改變個人行為，對其動機的激勵並無成效，但此說法往往在資源的限制下遭人質疑。此因個人內在心理結構各不相同，若要創設環境加以配合，其花費必為天文數字。例如，大都會的學校人數動輒上千，要求教師依不同學生之需求設計策略，以激勵其動機，實在有所困難。是故認知學派陳義雖高，但在種種限制下卻

未能被教育組織完全採用。

2. 行為學派雖有只是一味防堵而未有正面建設的弊病，但其功效在特定情況中卻能立竿見影。例如，一位學生在教室中無意聽講而騷擾同學，教師就可能給予其罰站的處置。按照認知學派的看法，校方應檢視學生的認知結構與人格，為其創建適當的學習環境，而不該給予處罰。但就教師觀點而言。這些皆為事後之處置，當場為求速效，必須加以制止。罰站並不能增進學生的學習動機，可是卻能暫時阻絕學生的不良行為，實乃不得已之舉。

3. 認知學派注重個人的內在特質，希望組織能加以配合。但凡事皆有一體兩面，組織應配合個人，個人也應配合組織，就後者而言，認知學派似乎著墨不多。實務上，組織必有其規範與期待，積極的激勵員工（如創造機會給予其自我實現）自然最好，但消極的獎懲措施卻不可不備。此因員工良莠不齊，並非人人皆能「欣賞」組織的苦心，對於不符合組織期望之員工，外在獎懲仍有其一定功效。例如，實施遲到者罰錢的制度，多少會遏止成員上班不準時的惡習。

4. 組織成員的需求層次不同，行為學派主張之外在獎懲原則，並非一定不能激勵員工工作動機。即以下文即將談到的Maslow需求層次理論為例，個人在「基本生理需求」層次時，外在的小量加薪，即可能使其更加勤奮。與之相較，收入已達一定水準的高級專業人員（如工程師、醫師），其動機增強則端賴組織配合其需求所創建的自我實現機會。個人內在需求不同，即會影響動機激勵措施的取捨。基本上，行為與認知兩學派的主張，皆應列入考慮。

　　綜上所述，可知組織中的個人動機極為複雜，絕非少數的變數即可解釋。中國人自古盛行的管理哲學如「恩威並施」、「帶人要帶心」等，均具有行為與認知學派的色彩。十八般武藝人人會變，但要恰到好處，則必須考驗行政者的智慧。

　　有關動機的理論汗牛充棟，以下僅以對教育行政有影響者加以敘述。綜合各家學者（如English, 2011; Hanson, 2002）的看法，可將歷年來相關動機研究分為「內容理論走向」（content theory approach）與「過程理論走向」（process theory approach）兩大類。內容理論走向注重動機增強的因素與內容，主要

理論包括：(1)本能理論（instinct theory）；(2)需求層次理論（hierarchy of nee theory）；(3)雙因素理論（two factor theory）。與之相較，過程理論走向則注 動機產生行為的過程，主要理論包括：(1)Adams的平等理論（equity theory） (2)Vroom的期望理論（expectancy theory）；(3)Porter-Lawler的期望理論。兩 動機研究走向各有所長。以下即分別加以敘述與分析。

第二節 動機內容理論的研究

一、本能理論

本能理論的開山始祖為Charles Darwin（達爾文），其認為人類與野獸的 行為，係由天生的本能（instinct）所決定。其後，Sigmund Freud（弗洛依德） 也贊成其說法，進而倡導所謂的「潛意識動機」學說，主張人常在不自覺中產 生某種行為，而其導引力量為個人不同之本能，此些本能會使人對於某種事 物產生特別的興趣。按照Freud的說法，人類行為的動機來源乃為內部心理能 量的轉變，其中有兩種基本驅力：一為求自我生存的驅力，包括飢餓、渴 與其他維持肉體生存的需求；另一則為性驅力（Eros），其目的乃在延續種族 的香火。此外，Freud將人格分為三大部分，即本我（id，各種基本驅力的倉 庫）、自我（ego，現實世界的我）、與超我（superego，理想世界的我）。但 體為調和本我、自我、與超我的不同需求，即產生所謂的「防衛機制」（eg defense），其運作即對個人動機產生影響。例如，昇華作用（sublimation）即 是將受挫的欲望改變方向，以另一種正向與可被大眾接受的方式加以呈現。以 學生為例，其渴慕他人正面的肯定，但因學業成就太差而鎩羽，於是其改變方 向勤練技藝，由於動機強烈而終有所成。另一學生在同樣情境下，卻可能產生 投射作用（projection），即把過錯推給他人，指控學業不佳乃因父母遺傳不 好，學習動機不升反降。兩者之差別，即導因於個人防衛機制之不同（Freud 1949）。

與Freud同為心理分析學派健將且為其學生的Jung（1971），則提出「心理

「型」（psychological type）觀念，認為人類的人格可分為三個基本向度，茲述如下：

1. **內向與外向**（introversion-extraversion）：其差別乃在個人如何引導其心理能量。外向的人從外界環境中的人、事、物中排解與獲得能量，基本上相當社會化。其喜歡參與外界事務，與外人接觸，並由其中獲得樂趣。一旦工作性質較屬靜態或孤立（如生物研究中心的實驗室人員），外向者會因之感到枯燥。與之相較，內向者較喜獨處，對於社會化的過程與禮節，認為是浪費時間且乏味，恨不得早日逃之夭夭。

2. **知性與感性**（thinking-feeling）：其差別乃在處理資訊的態度。知性的人講究邏輯，一切以資料的效度與可信度作為決策依據。與之相較，感性的人則較感情用事，往往依自我價值感與好惡行事，決策之過程偏向主觀。

3. **知覺與直覺**（sensation-intuition）：其差別乃在知覺的人，以所接觸的環境現象與事實為判斷依據，對經驗不符或未經驗證的資訊採取不信任態度。與之相較，直覺的人可在無確實資訊支持的狀態下，產生對事務的看法，偏向想到什麼就以其為斷事標準的態度，其思想跳躍於過去、現在與未來的時空中。

　　本能說對行政管理的影響頗大，其使用之名詞如外向或內向性格深植人心，至今仍廣泛使用。例如，一位經理對其下屬的評價為：「他那麼外向，光坐辦公桌又怎能引起、激起鬥志？」本能說在第一次世界大戰前曾盛極一時，且其後卻遭人攻擊。其原因就在人類之行為極為複雜，若每每以本能解釋，則勢必產生巨額數量。根據調查，當時被發現的本能竟達6000種之多，令人大大懷疑本能論的效用（Lawler, 1973）。

　　本能論在學校中曾造成巨大影響，認為產生偏差行為的本能乃是與生俱來，必須強加鎮壓與處罰。此種趨近行為學派古典制約理論的主張，完全忽視學生行為的改變能力，不分青紅皂白就加以責罰。學生在高壓政策下，缺乏申訴機會，終而形成心理的障礙與問題。

二、需求層次理論

學者Maslow（1954）的需求層次理論，在動機內容理論走向相關研究中影響深遠，但是第一個提出需求（needs）或是驅力（drives）觀念的卻是Woodworth（1918）。其認為人之身體好比機器，必須有能量才能啓動。Woodworth主張對於生存需求的匱乏，例如，飢餓或是口渴等，乃是改變人類行為的驅力。基本驅力包括饑渴、逃避疼痛、性、睡覺、與撫育幼兒等。其使個體產生行動，試圖彌補在某方面的匱乏，以達到平衡的地步；若是所需不能滿足，則個體即有緊張的情況出現。在1930年代，行為科學家漸以「需求」一詞代替驅力，而以後者使用於動物的實驗中，許多人並開始探討次級驅力（secondary drives）的問題，在此不加詳述。

需求層次理論的最大特點，乃在將人類之需求分為五個層次。低層次需求獲得滿足後，個人才會追尋較高層次的需求。茲將這五層次需求（由低而高）分別敘述如下：

1. **基本生理需求**（basic physiological needs）：其中包括人類賴以維生的各種需求，例如，食物、空氣、水、性、及睡眠等。在原始社會中，人類必須花費大量時間才能求得溫飽。現代人雖有較佳之物質環境，但仍須努力工作，加入各種組織，以賺取酬勞購買所需。

2. **安全需求**（safety needs）：此種需求主要偏向於人類心理上的需求。其中包括工作保障、免於疾病、災難、或是意外事件等。一般人多在安全需求滿足後，才會有較大的冒險精神。例如，一個教師必須在工作受到保障後，才會有革新的舉動；否則因而丟掉工作，基本溫飽都可能成為問題。

3. **社會需求**（social needs）：此種需求包括與同輩的親近，對於公司的歸屬感，以及同事的認同感等，係屬於與周圍的人互動後，個體的社會關係需求。此種需求若不能滿足，常導致個人生活不適應的症狀。

4. **尊重需求**（esteem needs）：此種需求分為自尊（self-esteem）與別人對己的尊重兩種。前者包括自我信心、成就、與獨立性的評價；後者係指他人對自己的看法。現實社會不只需求尊重自己，也希望他人看重自己，而成為一個有聲譽的人。舉例來說，教師常希望學校行政者與家長對自我努力做出肯定，即是一種對於他人尊重的需求。

5. **自我實現的需求**（self-actualization needs）：此種需求係在Maslow
需求階層的最高部分，係指個人為追求完美，或成為理想典範，因而不
斷自我發展、自我創造的過程。當然，每個人自我實現需求的範圍與程
度各有不同，但此種需求愈滿足，個人愈會覺得受到肯定，並更加努力
精益求精。

　　基本上，需求層次理論主張一種需求若已被滿足，則會失去激勵動機的力
，進而往上尋求更高層次需求。中國古語所謂「衣食足而後知榮辱」，其意
Maslow的看法極為相近。但是人類的行為極為複雜，在同一時間的需求並非
一，而可能同時停留在不同層次上。例如，一位教師因為工作有高度保障，
意留居現職，但同時卻期盼進入可以更加自我實現但卻工作保障較少的商界
作。此種兩難現象，常發生在日常生活中。所以，需求層次理論基本上是一
概念，其影響雖大（如McGregor之X與Y理論多導源於Maslow），但不可完
照章全收，否則在不同的群體中，常發生難以解釋的現象。

　　此外，需求層次理論的另一缺點，乃在其並非由實證之資料產出；然而，
orter（1961）所做之研究結果，卻大致與Maslow理論相近。Porter利用1900名
理級人物為樣本，依其意見建立一個五層次需求的結構。與需求層次理論不
，Porter認為當時之美國生活水準，早已使人們不再憂慮三餐不繼，因而去
生理的需求，而加入自治需求（autonomy）層次（見圖8.1）。根據Porter的
見，自治需求係指個人對自我工作的控制、加入決策體系、及自由取用組織
源的意願，其層次僅次於自我實現。

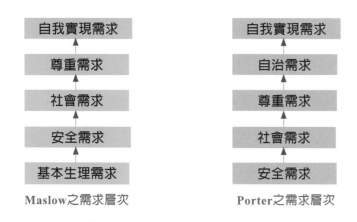

圖8.1　Maslow與Porter需求層次之不同

在Porter之後的研究，大部分集中於探討需求與工作滿足感的關係，也是試圖瞭解何種需求的滿足或缺少，最足以影響員工工作滿足感。各研究因代與樣本不一，結果也多不一致；然而，基本上依時空的不同而有所改變。如，在經濟繁榮或失業率低時，生理與安全需求對於滿足感影響較小；反之在經濟衰退時，則會有較深的關係（Hellriegel & Slocum, 1974）。此種因時不同而有所改變的例子極多，因此除非窮盡各種不同情況，否則對於人類的機需求，要建立成單一或普遍性的原則難如登天。

需求層次理論在教育上的研究，以Sergiovanni and Carver（1973）所做最為著名。其主要研究中顯示，美國教師在生理、安全、社會歸屬需求上已達滿足，而多停留在對於尊重需求的層面上。此外，教師對於自治或自我現的需求也有強烈的欲望。此發現推翻了以往「重賞之下，必有佳績」的論，而呼籲社會多注意教師尊嚴的維護。美國師道淪喪久已為人詬病，而Sergiovanni and Carver的研究證明薪資與安全需求的重要性，要遠低於教師對尊的需求。如何滿足此種需求，乃是主政者應特別注意的。

此外，Sergiovanni and Carver也發現年齡不同的教師，其需求層次也同。24歲的團體，對於尊重需求較多；25至34歲的團體，則希望能自我實現令人驚訝的，老年組（45歲以上）在各項需求的程度上卻大幅減低。此種結不僅可看出初入行的教師最需求受人肯定，青壯年的教師正值發展事業巔峰多希望自我理想能夠實現，而年老教師似乎對教書已提不起興趣。根據發現果，其隨著時光的逝去，對於需求之實現欲望已漸減。換言之，「老驥伏櫪志在千里」的例子，似乎在教師行業中較難出現。

綜上所述，瞭解教師的需求層次極為重要，理論上學校行政者不能要教師在自治需求上滿足，但卻不保障其工作，此因後者在順序上必須在前。外，不同環境與不同教師團體，其需求層次也有不同。例如，在城市貧民區教的教師，對於安全的需求（如不被學生恐嚇或地區宵小擾亂），自然會比於高級住宅區的學校教師為高。有的校長過分強調自我實現，要求教師創造展，甚或允許其自治決定校務，卻往往造成無政府狀態；反之，若一味高壓造力很高的教師，則可能會得到暴君之名。因此一種政策之好壞，完全取決因地制宜的效果，本意很好卻實施成績不彰的制度並不可取。因此，教育領者推行政策之餘，必須瞭解成員的個人需求層次。

與需求層次理論相近的是Alderfer（1969）的ERG理論（見圖8.2），

本主張爲將人類的需求層次分爲三層，其中包括：(1)生存需求（existence
eds），係指個人在生理與安全上的需求，不但溫飽無虞且在安全得到保障。
)關聯需求（relatedness needs），係指個人對於有意義與正面之社會關係需
，例如，在學校中與同事相處愉快。(3)成長需求（growth needs）：係指個
追求自我尊嚴與成長的需求。三層次之英文字首爲ERG，故以其命名之。

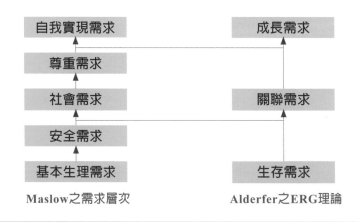

圖8.2　Maslow與Alderfer之ERG理論的比較

　　結構上，ERG理論與需求層次理論之看法極爲類似，宛如是後者的簡縮模
（如Maslow的生理與安全需求，即成爲Alderfer主張之生存需求）。不過，
RG理論卻主張層次之間並非互斥，而是可同時進行的。例如，一位教師雖爲
屋貸款而疲於奔命，但仍可繼續追求與同事關係的改善。此外，Alderfer也
張若上層需求不能滿足，則個人會對其下的需求尋找更大的滿意度。例如，
師在自我實現需求上不甚理想，爲求自保故拚命兼差，以賺取更多的錢以滿
生存需求。不過此說法，尙待日後實證研究的檢驗。

三、雙因素理論

　　理論上，Herzberg（1966）的雙因素理論與傳統看法的最大不同，乃在其
出人類動機與滿足感係由兩組因素控制，而非傳統所認爲的只有一組因素。
以往，人們認爲工作滿足的反面就是工作不滿足，因此只要去除使工作不滿
的因素，就會使員工在工作上感到滿足。Herzberg認爲此種看法是錯誤的。

其把「滿足」的反面定為「無滿足」（no satisfaction），而「不滿足」的反[面]
卻是「沒有不滿足」（no dissatisfaction）。滿足與不滿足，則分別由兩種不[同]
的因素來控制（見圖8.3）。

圖8.3　傳統與Herzberg理論對於滿足與不滿足兩者關係的不同看法

　　為了證明其看法，Herzberg以200個會計師與工程師為樣本，要求其列出[工]
作中何種情況會覺得最滿足與最不滿足。結果產生兩組不同的因素，一組是[屬]
內向（intrinsic），或是與個人本身有關的因素，其中包括：

1. **成就**（achievement）：是否如願達到自我目標或成功完成上司交代[任]
   務。

2. **認同感**（recognition）：從他人處所獲得的印象，檢視自我是否稱職
   或成功。

3. **工作本身的挑戰性**（challenge of the work itself）：所須完成工作[是]
   否一成不變，或是需要創新而富有挑戰。

4. **晉升**（advancement promotion）：是否在一定工作表現下，獲得適
   當晉升機會，或因之有更多機會實現理想。

5. **個人與專業成長**（personal or professional growth）：個人在工作[中]
   是否在人際關係與專業知識有所獲得與成長，進而使得自我更有價值。

　　以上五項被證明是可以激勵個人，並促進其滿足感的因素。所以，Herz-
berg稱之為激勵因素（motivating factors）。與之相較，另一組會使個人不[滿]

的係屬較外向（extrinsic），或是來自外界的因素，其中包括：(1)公司政策
行政體系（company policy and administration）；(2)上級視導（supervision）
否正確公平；(3)工作環境（work conditions）是否良好；(4)與上級的關係
relationship with supervisors）；(5)與同僚的關係（relationship with peers）；
與部屬的關係（relationship with subordinates）；(7)個人生活（personal
e）；(8)工作地位（status）；與(9)工作的穩定度（security）等。此些因素如
不能達到理想，則個人因之會產生不滿足感；就如保護個人健康而不使之生
一樣，Herzberg將這組因素命名為保健因素（hygiene factors），有時也被稱
「維持因素」（maintenance factors）。

　　理論上，Herzberg認為激勵與保健因素係屬兩種不同層面，彼此之間並非
線之兩極端。因此，消除使個人不滿足的保健因素，並不代表因之就能激勵
人，而產生滿足感（見圖8.4）。舉例來說，一個學校如果只是一味添購設備
善工作環境，但卻不能促使教師自我實現更上層樓，其效果也僅能維持表面
承平。要使教師達到真正的滿足感，學校必須要利用激勵因素，如給予適當
會表現，或合理的教學支持等，如此才會成功。根據雙因素理論，Herzberg
議公司的負責人或行政者做到以下三點：

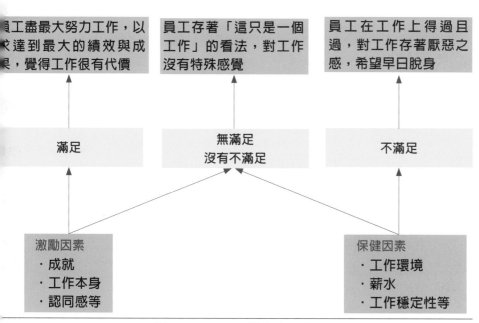

圖8.4　Herzberg雙因素理論

1. 豐富工作的本身：此包括對於工作責任的適當安排與調整，並根據工作者本身之潛力與能力分派工作，希望使其能覺得工作並非一成不變，具有挑戰性。

2. 鼓勵自動自治的精神：即給予工作者適度自由與自治來完成工作。然，此並不代表實行無政府主義，而是相信工作者的能力，給予其機會參與公司決策，使其覺得自己受到重視。

3. 行政者除盡力為員工爭取福利（如工作環境、薪資）外，也應多花時間在激勵因素的增進上。例如，適時對努力員工的認同與公開獎勵、工作的輪替與調度等，如此才能使員工更有滿足感。

雙因素理論一出，立即洛陽紙貴造成很大轟動，工業界與商業界紛紛改變其提高員工士氣的策略。然而很多研究在檢驗雙因素理論時，卻產生不同的結果，而對Herzberg學說有所質疑。綜而言之，可分為以下四項：

1. Herzberg所使用的工具主要為晤談法。其要求員工描述以前對工作滿足與不滿足的時光，由記錄者詳細記錄，最後根據其重要字句（key word or sentence），將其歸類至兩組不同的因素中。此種方法在以後其他研究中被使用，其結果常與Herzberg的理論相符，但若改用其他方法如問卷法，則會大不相同（Soliman, 1970）。因此，Herzberg理論的推廣性與類化程度即遭到質疑。

2. Herzberg忽略了人類常有之「好的時候是因我好，壞的時候卻是別人不好」的人格特質。此也解釋了為何激勵因素多屬自我本身，而保健因素多來自環境或他人，此種偏見可能導致結果的真實性（Vroom, 1964）。

3. Herzberg所使用的晤談法，在整理結果時常因負責解釋或歸類者的主觀程度，而導致詮釋結果的不一致（Owens & Valesky, 2010）。

4. 不同職業的受試者對激勵與保健因素何者重要的看法有所差異。基本上，對白領階級而言，前者較重要；而藍領階級則較重視保健因素（Armstrong, 1971; Centers & Bugental, 1966）。因此，Herzberg認為保健因素如加薪等不能促進員工之滿足感，實不能涵蓋所有情況。吸引工廠小工人拼命工作的誘因，增加薪資即可能比其他因素更加重要。針對Herzberg二分法的問題，Hoy and Miskel（2007）即將Herzberg的兩組因

素加多一組，並稱之爲周圍因素（ambient factors），其中包括薪資、工作地位、成長機率等。此種因素得之則促進滿足感，失之則造成不滿足感，屬於一種中介因素，視情況不同而有所變化。

雖然遭受批評，但雙因素理論的支持者也不在少數。例如，Grigaliunas and Herzberg（1971）主張應使用晤談法，而不該使用問卷法，認爲後者常令受試者答非所問，且會造成意象破碎而不能瞭解全局。在相關教育研究中，兩篇博士論文（Savage, 1967; Wickstrom, 1971）的發現不約而同證實了Herzberg理論。Savage論文樣本取自美國喬治亞州（State of Georgia），而Wickstrom論文則根據加拿大Saskatchewan省的學校樣本。兩者皆發現教育從事者的滿足感多由激勵因素來促進，而不滿足則多歸咎於保健因素。此外，Schmidt（1976）也曾用芝加哥郊區學校的132所高中校長爲樣本，結果發現激勵因素如認同感、成就、自我成長等，確實爲促使校長追求更高成就的主要因素，而學校行政者因之也更能發揮潛力。

雙因素理論在教育上的研究，Sergiovanni and Carver（1973）實爲先驅者，其研究可追溯至1960年代末期。其重複Herzberg的研究過程，只是將受試對象換成教師。結果發現促使教師滿足感的不外是工作本身、責任、與成長的可能性。另一方面，一成不變的制度、不當的上級指揮、或是繁複的行政命令，常使教師感到大受挫折（見圖8.5），其結果大致與Herzberg之理論相近。唯一不同的是教師從未提到晉升（advancement）因素。Sergiovanni將之解釋爲與私人公司比較，教師行業提供太少晉升機會。一個教師如要晉升，就必須更換跑道爲學校行政者。由於美國教師與行政者兩者角色較少重疊，而與台灣不同。台灣之學校行政者絕大多數由教師教學數年後擔任，在晉升的管道上，只要考試及格則可分發，遠較美國暢通。

在中文研究部分，張碧娟（1978）首先檢視雙因素理論在台灣教育組織的適用情形。其採用問卷調查法，問卷內容係以Herzberg與明尼蘇達滿意問卷（Minnesota Satisfaction Questionnaire）爲設計藍本，調查國中教師在成就、工作本身、成長、服務、社會地位、安全、工作環境、學校行政、待遇、校長督導、責任、權威、讚許、升遷、人際關係等15項因素上的滿足程度。受試者爲523位台北市國中教師，結果發現如下：

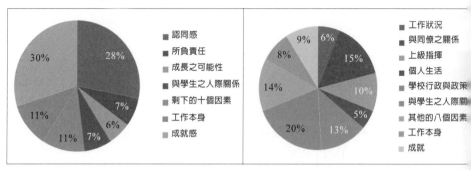

・造成滿意之因素　　　・造成不滿意之因素

30% 28%	9% 6%
11% 7% 6% 11% 7%	8% 15% 14% 10% 20% 13% 5%

造成滿意之因素圖例：
■ 認同感
■ 所負責任
■ 成長之可能性
■ 與學生之人際關係
■ 剩下的十個因素
■ 工作本身
■ 成就感

造成不滿意之因素圖例：
■ 工作狀況
■ 與同僚之關係
■ 上級指揮
■ 個人生活
■ 學校行政與政策
■ 與學生之人際關
■ 其他的八個因素
■ 工作本身
■ 成就

圖8.5　Sergiovanni研究中造成教師滿意與不滿意的因素

1. 國中教師的滿足程度在中度以上，其中最感滿意的因素為安全因素，
   感不滿為升遷因素。
2. 滿足和不滿足都同時受到激勵因素和保健因素的影響。Herzberg的理
   未能得到充分支持。
3. 在個人背景變項方面，發現以下事實：(1)男性教師比女性教師滿足
   (2)已婚教師比未婚教師滿足；(3)兼行政工作較未兼行政工作的教師
   足；(4)年資與工作滿足無明顯關係存在；(5)年齡大比年齡輕的教師
   足。

　　此外，張建成（1978）則同時採用半結構式晤談法與問卷調查法，發
Herzberg之雙因素理論無法獲得充分支持，但比較之下，晤談法能夠證實的
設較多。基本上，研究發現雙因素理論與台灣學校組織情境並不契合，其造
原因是否基於教育與一般商業組織特性之不同，值得進一步加以研究。

四、Maslow與Herzberg理論的異同

　　在結束有關動機的內容理論研究之前，再檢視Maslow與Herzberg理論之
的異同。基本上，Maslow認為層次中的每一種需求，皆可促動個人動機而導
滿足感；但Herzberg卻認為只有激勵因素能夠達成相同效果，此是兩者之間
大不同。此外，正如Robbins（1976）所指出的，Maslow理論係針對人類動

討的普遍原則，而Herzberg則多偏重工作環境中的動機探討，兩者著眼點並
同（詳見圖8.6）。

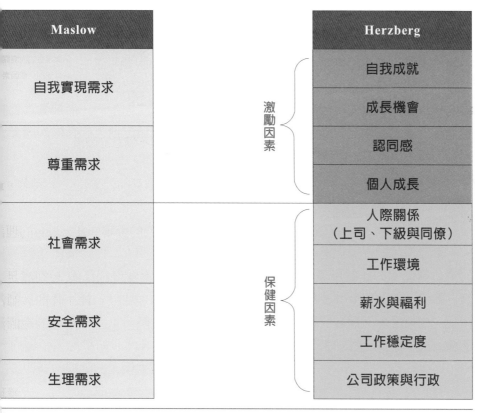

圖8.6　Maslow與Herzberg理論比較

　　然而就理論架構分析，Maslow與Herzberg之理論極為相近而彼此互相支
持。Maslow需求層次中的下層（即生理、安全、社會需求）與Herzberg理論中
的保健因素（人際關係、工作穩定度、薪資）相當；而上層需求（尊重與自我
實現），則多近於激勵因素（如個人成就感、認同感等）。在日常生活中，雖
然發現必須要在溫飽後才能再談理想實現；然而就如Herzberg所主張的，唯有
使員工能自我實現、自我發揮，最後才會產生真正的滿足感。台灣以往經濟不
發達，所以公司主管多以加薪來刺激員工動機。如今生活水準提高，員工在基
本需求上已較不虞匱乏，今後是否應改弦更張，採用其他方法激勵屬下，值得
細細思量！

第三節 動機過程理論的研究

從1960年代開始，動機研究中興起另一種研究走向。部分學者開始懷疑人類行為只是對特定本能驅力的反應，或是擁有固定之需求層次。其認為人類行為極為複雜，環境因素諸如經濟、宗教、文化等也會影響所產生之行為，因此要瞭解組織成員之動機，必須針對其所欲達成目標的心路歷程加以探討。此種方向與以往只探討何種因素引起人類動機的內容研究走向不同，而被名之為動機過程理論，其中又以Vroom的期望理論為代表。認為促進人類動機的因素雖因人而異，但其追求目標的過程卻是相似的，所以將之列為研究重點。

一、平等理論

平等理論的主要倡導者為Adams（1963），主張個人工作動機係基於其與同地位同僚間的比較所產生。此種比較是工作者先審度自我經驗、年紀、教育、職位、努力程度等，再檢視所得報酬（包括薪水、地位、晉升機會）是否相當。如果發現不相當或是別人所得較自我為多或少時，工作者即會試著謀求平衡。圖8.7的左邊為個人所得報酬，右邊是個人之條件，如果此天平偏向一方，即會有不平等（inequity）的情況產生，Adams認為個人的動機強弱即是由不平等的程度所決定。

理論上，如果個人認為自己受到委屈，就會採取增加或減少動機的行動。前者如再加緊努力工作，以獲得上級賞識；後者則如產生酸葡萄心理，煽動其他同事做消極抵抗，甚至激烈到辭職抗議等。此外，如果個人所得過多（over rewarded）而名不符實，也會造成不平等之現象。此可能會引起他人之覬覦，或是個人為保護既得利益而不擇手段的惡果。此種「特權」心理必須要即時去除，否則後果堪慮。

圖8.7　個人對所獲公平度的評量

以上所談的乃是水平比較，即與同地位的員工相比。除此之外，垂直比較也很明顯，即是高低職位之間的報酬差異是否合理。如果太小，則不足以使低職位的人產生強烈向上動機；反之，則形成其所得太低的抱怨。因此，一個組織中的水平或垂直報酬的訂定，必須有其道理。Adams平等理論的最大貢獻即在使人瞭解動機過程的重要性，其論點實開後來期望理論的先河。

二、Vroom的期望理論

中國人有句俗語：「愈得不到的東西愈想要。」所以一個單相思的男生，會挖空心思去討好心中的美女；一個失去友誼的人，可能會盡其全力去逢迎身

旁朋友。「因為得不到，所以心中興起強烈動機」，常是一般人在解釋動機與行為之間關係時的多數看法。

然而，人的行為與周圍環境均極為複雜，在同一時刻，也許個人所要得到的東西不只一項。基於環境限制與自身能力，個人必須排比追求的順序，而形成錯綜複雜的心理歷程。期望理論（expectancy theory）發展的主要目的，即在探討此種心理歷程。相關的研究極多，但其中又以Vroom（1964）之主張最為著名與被廣泛討論。基本上，期望理論的假設有以下三者：

1. 不同個人有不同欲望、需求與目標，且隨著環境改變與自身經驗的增長，三者也會隨之改變。

2. 人們在遭遇不同抉擇時，常以理性態度來加以處理。

3. 人們會從過往經驗中學習。當其需求做抉擇時，係根基於「如果這樣行動，有多少希望（expectation）可以得到所要結果」的達成率而定。換言之，即是先問自己，此次獲勝的機率有多少，然後再根據其做抉擇。

以上假設之外，期望理論的建構係以吸引力（valence）、期待（expectancy）、與實用性（instrumentality）三者的關係為主。以下先將期望理論中的主要名詞加以界定與解釋：

1. **結果**（outcome）：係指個人產生某種行為後的結果。

2. **吸引力**（valence）：係指不同結果對於個人的吸引力。例如，加薪、升官、或取得博士學位為三種結果，其對不同個人也會產生不同的吸引力。吸引力大小係決定個人動機的第一步，其值界於 +1（非常吸引）與 −1（非常不吸引）之間。

3. **期待**（expectancy）：係指個人對於達到第一層結果（first-level outcome）的自信與機率，其值可從0%到100%。第一層結果係指個人行動後的直接成果（direct consequence of one's behavior）。例如，如果我努力教學，學生成績就會變好。其中努力教學是行動，學生成績變好即為產生的第一層結果。個人在行動之初，皆可依據自我能力與環境限制，對於各種不同行動做一抉擇，以期能達到所希望的直接成果。所以，「期待」一詞也可解釋為是努力與表現之間的聯結強弱程度，而個人即依此選擇途徑去達成所希望的目標。

4. **實用性**（instrumentality）：係指在第一層結果產生後，第二層結果（second-level outcome）產生的機率，其值也從0%到100%。例如，如果我努力工作（行動），業績就會好（第一層結果），因之老闆就會給我加薪（第二層結果）。一般而言，老闆或上司希望的是第一層結果，但個人動機的最終目的卻是第二層結果。Vroom（1964）將期待視為是「行動－結果」的聯結（action-outcome association），而實用性是卻「結果－結果」的聯結（outcome-outcome association），也可說是第一層與第二層結果的撮合程度。

圖8.8即是Vroom期望理論的基本流程，在此可舉一例說明。一位中學教師希望能晉升為學校主任，同時也希望收入所得能快速增加，此兩種需求在現實環境中很難兩全，因此其必須根據兩者的吸引力做一選擇；在圖的最右邊即說明此種關係。當然，吸引力的決定不但要考慮所希望的（如成為主任），也要考慮因之而產生的不好結果（如升主任的先決條件是必須準備考試，因之與家庭相處時間驟減）。兩相斟酌後，個人會以其中吸引力最大者為努力目標。

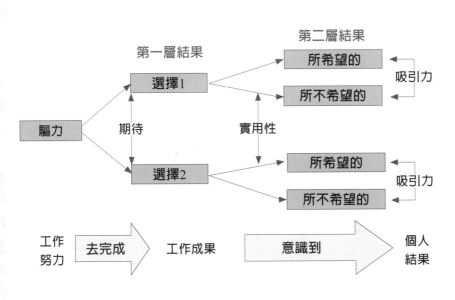

圖8.8　Vroom動機模式

資料來源：改自 Vroom (1964: 250)。

　　有了目標後，此教師心中會產生力量或驅力（force）。其會思考如果要升為主任，可能有多種途徑（alternate）。一是在現職工作中非常認真，令校長刮目相看，二是回到學校進修取得較高學位後參加主任考試，三是盡力巴結校長而先做代理主任。此三種方法皆屬第一層結果，選取何者則需當事者加以取決。其可能會覺得有家庭需要照顧難以現在進修，或自認清高而不願巴結上司，因而選擇努力現有職位的途徑。此種審度自我是否達到第一層結果的歷程，即是所謂的期待階段。

　　產生第一層結果後（如決定努力現職），此位教師接下去要看第二層結果（即經由賞職，上司擢升其為主任）發生的機率，以決定其行動的繼續與否。如果上司根本視而不見、無動於衷，則所期望的結果（升為主任）就可能不會發生，進而使此位教師的努力無疾而終。此種檢視第二層結果發生機率的過程，即是實用性階段。

　　基於上述，Vroom的期望理論，簡而言之即是「吸引力→期望→實用性」三者關係的聯結。個人為達目標所產生的動機與行為，必須在此三者皆強時才會繼續。上例中的中學教師若無強烈吸引其的目標，即不可能有驅力產生。有強的驅力但達不到期待之結果（如能力不足，難有傑出表現），或是實用性不強（上司根本不領情），皆會造成行動的中斷，而其動機也會因之下降。

　　除了Vroom之外，Atkinson（1964）也提出極為相似的理論。其與Vroom不同之處乃在Atkinson偏重內在報酬，特別是在成就感（achievement）的獲得；相對之下，Vroom則較重外在報酬（如加薪或升等）。然而基本上，兩者的精神相近，皆認為個人動機取決於目標的吸引力與實現的機率大小。

三、Porter-Lawler的期望理論

　　為了彌補Vroom理論的不足，Porter and Lawler（1968）即發展出另一套期望理論。其精神與Vroom的理論極為相似，認為個人在工作上的動機與熱忱乃基於(1)個人對所期待報酬的評量，與(2)個人在努力之後，能夠確實獲得所期待報酬的機率。整個模式可以圖8.9來表示，基本上各項目之間互相聯結，並形成一個循環的體系。

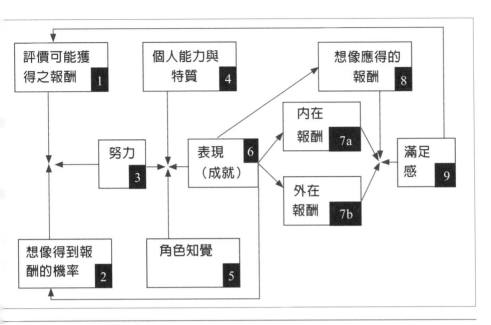

圖8.9　Porter-Lawler動機模式

資料來源：Porter & Lawler (1968: 165).

　　圖8.9中，項目1與項目2即代表對於可得報酬的價值（value of reward），與可能因為努力而獲得報酬的機率（perceived effort-reward probability），個人即針對此而決定努力的程度（項目3）。如果認為所獲得報酬價值不高，或是機率太低，則個人即會降低努力或是根本放棄；反之，如果兩者證明值得努力，個人才會盡力去做。

　　當然，光是努力並不保證成果，努力必須配合個人能力與特質（abilities and traits，項目4），與所扮演角色的領悟能力（role perceptions，項目5），才會產生所希望的表現（performance，項目6）。前者係指個人的人格特質、智慧、或是穩定性等，後者則代表個人是否瞭解自我扮演之角色。實務上，有時個人雖很努力，但卻因能力有限，或是人格怪異，其表現往往會大打折扣。同樣的，個人雖才德兼備且又努力，但總不獲得上司青睞，其原因可能就在角色扮演錯誤，與組織的需求有所衝突。例如，一位即將退休的校長，只求學校平安無事。手下之教務主任若是希望銳意進行教學改革，以求校長之肯定，因其角色扮演在上司眼中乃是錯誤（改革必起反彈，到時校長退休金可能不保），則不管其如何努力，結果必定不樂觀。

基於個人表現，內在或是外在報酬（intrinsic or extrinsic rewards，項目7？
與7b）乃是可被期待的。前者包括安全感、歸屬感等，後者則包括加薪或是升
級等。此兩者加上個人認為自己應得的獎賞（perceived equitable reward，項目
8），就會產生最後的個人滿足感（satisfaction，項目9）。此滿足感程度的高
低，取決於個人是否得到自我認定應得的獎賞。此種獎賞有時即等於內在或外
在報酬（如加薪），甚或超越其上（如有人做事就只在證明我能做，並不在乎
其他報酬）。但不管何種情況，其達到的程度，根據Porter and Lawler（1968）
的理論，足以決定個人的滿足程度，並進而回饋至項目(1)，產生下一波的動機
與行為。

四、對於期望理論的批評

以上期望理論的最大特點，乃在強調動機與報酬之間的關係。期望理論學
者認為增進生產力的最好方法，與其試著去改變個人，不如調整報酬系統，如
此才會更有效。此種理論最大的影響乃在使雇主重視對員工的報酬形式，特定
之獎勵計畫（incentive plan）於是應運產生。然而，期望理論假定個人有權去
選取自我目標，並且依據吸引力大小決定行動，但此種假設在現實社會中並非
百分之百成立。例如，軍人所從事的行動完全由上級控管，不管喜不喜歡，還
是一定要做。又如台灣中小學教師，其教學與升遷，皆多由相關法令所規定，
其雖未如軍人般嚴格，但卻造成教師難以暢然無阻的選擇自我目標。因此，期
望理論在完全自由市場中才能有所發揮。換言之，員工必須擁有自我選擇目標
的絕對控制權，否則期望理論就難以適用（Deci, 1975）。

此外，期望理論的另一個假設為個人會以理性態度選擇自我行動，卻忽視
人們在做決定時，往往摻雜感情因素在內（如我就是覺得此種選擇較好，沒有
別的理由），很少能完全理性的事實。Steers and Porter（1979）在做研究時，
發現人們常停止於只令其具有中度滿意度（moderately satisfying）的計畫，而
不願繼續向前尋求最佳途徑。感情的滲入使期望理論不能完全應用於現實社會
中，乃成其另一缺點。

五、期望理論的相關教育研究

　　期望理論在教育上的研究並不多，而且多偏重於誘因與成就之間的相關研究。Mitchell and Knudsen（1973）比較主修商科與心理的學生，發現在選擇職業時，外在結果（extrinsic outcome）常是兩類學生較重視的共同指標，此與一般年輕人急功近利的性格相當符合。就業之初，學生往往希望能獲得高薪與坐高位，而對於心中是否快樂的內在結果較不重視。此種趨勢會在其就業後，基於美夢的破滅而有所改變。

　　此外，Spuck（1974）所做的研究中也指出，影響教師行為或表現（出席率、流動率等）的重要因素是學校目標與本身目標的一致性，與所處社區的認同感。換言之，教師對於內在結果的要求常高於外在結果。Spuck並指出學校行政者對於外在結果的控制權較小，此因其所牽涉的因素如薪水或升級等，在教育領域中多已由行政部門立法規定，未若私人公司般的具有彈性。對於內在結果的加強，Stephens（1974）則主張應允許教師進行創新教學（innovative teaching），以使其能夠創造而產生歸屬感，進而激發動機，而為教育進步努力奉獻。

8.1 個案研究

0與1的世界

　　嚴格來說，鍾萬金校長還真有考運。雖然小時家貧，不得不就讀師專，但是後來他卻不服輸的連連考上小學主任與校長。當教育部開放專科生可以報考研究所時，他也躍躍欲試，沒想到竟然吊車尾而金榜題名。花了三年時間，總算取得碩士學位。之後，乾脆趁勢往上衝再考國中校長，激烈競爭下又是高唱凱歌。此情此景，不知羨煞了多少人。

　　人生如此，夫復何求？獨立於小林國中的花園裡、他的心中真是得意極了。學校位於南台灣的嘉南平原上，平疇綠野，阡陌縱橫，連晚風都帶著稻香味。學生人數不過兩千，民風也相當純樸，因此才到校一年，他就已經掌控全局，並且還舉辦了幾項大活動，儼然成為縣內的明星校長。

　　真是命運之神厚愛自己嗎？他想，那可不一定。如果真要找原因，應該就是那份求新求變的精神吧！當年各種考試，他可是卯足了勁到處旁聽與蒐集最新的教育資料，如此努力，當然會受到賞識。雖然已經40多歲，他覺得心情卻不輸弱冠之年的小伙子。就拿去年（1990）來說吧，當時剛調校，一切忙得很，他仍決定參加上級主辦的電腦班。以前沒學過，很是辛苦！然而六個月結業後，設計個簡單程式已駕輕就熟。這是個資訊發達的時代，學校當然也要順應潮流。他已經決定，下學年要將「行政電腦化」列為第一要務。人家美國人都上了月球，我們還在用手抄登記成績，真是有夠落後的！

1991年9月

　　在學期開始的校務會議上，鍾校長提出行政電腦化的構想，並說希望一年後的學生成績都能輸入電腦。驚訝之餘，教師們在下面立

即議論紛紛。一位年近花甲的國文教師開玩笑的説：「都快要向老天爺報到了，如今卻還要被機器玩弄，眞是情何以堪！」

鍾校長可不管這些，會議結束後立即召集相關行政人員會商，並且決定以下三項配合措施：

1. 成立行政電腦化小組，由教學組長陳英俊擔綱。
2. 利用教育部的補助專款，購買個人電腦20台。由於目前並無空間成立特別教室，故分別暫放於各處室中。
3. 在教師訓練方面，先在課餘時間教導簡單的中文輸入法，並將有興趣者送往寒假舉辦的電腦營。

10月

終於20台電腦運入學校，並裝置完畢。接著由陳英俊組長與三位已修過基本電腦課程的數學教師，利用週六時間分四梯次爲全校教師講解基本操作與中文輸入。同時，電腦化小組開始利用相關軟體設計成績系統的相關程式。

11月

陳英俊向鍾萬金校長抱怨部分教師採取消極抵抗，上電腦課時不是心不在焉，就是惡意缺席，訓練的成績並不理想。鍾校長苦思對策，最後宣布凡參與電腦訓練與工作者，早上不必參加升旗與週會。此外，各教師配合的程度也列爲當年考績評比的重要參考。

12月

各種怨言在教師間傳開，大有山雨欲來的情勢。抱怨內容五花八門，其中包括：「電腦化是教務處的事，爲什麼還要扯上教師。像我教歷史的，規定要教十幾個班，改考卷都來不及，哪有閒空去學電腦！我們把成績系統建立了，教務主任還有什麼事可幹？」

「年紀大了，不得老年癡呆就不錯了！再兩、三年就退休，學

電腦做什麼？這分明是校長整我們的把戲。」

　　「訓練時間那麼短，怎麼可能完全吸收？陳組長態度太壞，動作慢一點還給臉色。我們又不是學數理的，平常本來就少摸電腦，成果較差早在意料之中。」

1992年1月

　　在期末的校務會議上，鍾校長宣布相關程式已大致就緒，下學期即可正式實施。他強調電腦化是不可抗拒的趨勢，各位教師一定要配合。會後聚餐時，幾位教師大吐苦水，其中一位說：「光看校長的名字就是命中缺金，怪不得今世對電腦愛得要死。我倒要看他如何善後。」

2月

　　寒假期間，部分教師禁不住鍾校長的威脅利誘，集體到台北參加電腦營。同時，陳英俊不眠不休的測試程式，連個春節也沒好好過。

3月

　　開學後，鍾校長在週會上公開讚美陳英俊的努力付出，並要求人事呈報上級給予其記功。另一方面，幾位參加電腦營的教師卻私下大吐苦水：「那裡速度太快，根本跟不上。每天跑程式到午夜，卻把丈夫小孩丟在家裡。其他沒去的教師有的還在國外快樂的過年，想起來真嘔死了！」

4月

　　第一次月考剛過，教師們正式開始輸入成績。由於作業不熟與輸入太慢，氣得幾位年長教師差點高血壓送醫治療。由於輸入者錯誤百出，整個程式又不夠嚴謹，系統時常中途就當機，最後沒辦法只

好先用手抄成績應付需求。陳英俊疲於奔命，心中氣憤教師的杯葛與錯誤，臉上總是鐵青迎人，甚而數次在辦公室中與人叫罵，氣氛僵透了。

5月

　　鍾校長發現所定的規則，教師根本不遵守。前日，他才發現一台電腦上居然被潑了咖啡，差點面臨報廢的命運，其餘的更是灰塵滿面骯髒不已。他在會議上大聲斥責，卻沒得到什麼反應。此外，整個系統仍未穩定，部分年長教師亂按電腦鍵，害其他人一筆資料也輸不進去。迫於情勢，鍾校長派遣幾位職員代其操作，這才暫時救了火。觀察之下，他發現年輕的教師也有樣學樣的懶了起來，但反對最力卻是超過40歲的女性教師。前日，教育局的朋友通風報信，說有人向民意代表訴苦，要讓他在議會審查時好看，聽後竟有點不寒而慄。

6月

　　屋漏偏逢連夜雨，星期一早晨當總務主任上班時，赫然發現遭了小偷，不但保險箱被撬開，五部電腦也不翼而飛。檢查之下，陳英俊發現所有磁片也被丟棄在水溝中，整個程式與資料都泡了湯。導師室中的五部雖還存在，但僅有部分成績，且三部在教師的「踩躪」下，已呈不穩的狀態。如今逼近期末考，真不知如何寄發成績。

　　鍾校長氣急敗壞，部分教師卻稱心如意。他們說：「還是人腦用手抄的可靠，電腦有什麼好！看來陳組長也高明不到哪裡，他自己教我們備份磁片時要多複製幾件，並放在不同地方，怎麼自己卻忘了呢？」

7月

　　躊躇於花園中，鍾校長感慨萬千。一年過去了，成績系統卻遙遙無期，成績單依舊是用手寫寄出的。三伏天，太陽火辣辣的照在

頭上，他想起昨日陳英俊要求轉校簽呈中的一段：「校中有為者多累死，無能者卻只出一張嘴。勞務不均，再加上教師之仇視，留在校中徒留怨言，不如早日離去。校長您恢廓大度，但所待之地不能見容，尚祈保重……。」

這一次，他真是龍困淺灘、進退失據了。0與1的電腦世界，真是不好玩啊！

討論問題

1. 試從Herzberg的雙因素理論，敘述鍾校長的激勵行為是否適當。
2. 試從期望理論觀點，分析為何部分教師拒絕配合校長的改革。
3. 台灣公立學校是否真是「有為者多累死，無能者卻只出一張嘴」的情況？造成原因何在？
4. 試從變革理論的觀點（參看第十二章），分析鍾校長失敗的原因。
5. 試以此事件，分析鍾校長的領導行為是屬何類型（參閱第九章）？並分析其是否適合於所處學校的生態。
6. 如果您是鍾校長，該如何亡羊補牢？

建議活動

1. 請做一調查，詢問校內教師從事教職的原始動機為何？現在的工作動機為何？試利用Maslow的需求層次理論加以詮釋。
2. 利用Herzberg的雙因素理論中的各個變數，以學校教師做調查，以驗證其理論的正確性與適用性。
3. 在一所士氣低迷的學校，如果您是新任的校長，將如何去激勵全校員工的士氣？試討論之。

. 試以期望理論的觀點，分析貴校教師的工作動機。

. 試以實證之資料，探討台灣教育界改革的動機是否強烈？若不理想，其原因何在？應如何改進？

第 9 章

教育領導理論

辦大學為的是學術，為的是青年，

這中間不包括工具主義，所以大學才有他的自尊性。

——傅斯年

中國大陸於1949年內戰激烈，國民政府大廈將傾。傅斯年（1896-1950）依舊於1月20日渡海至台灣大學，就任抗戰勝利後第四任校長。當時校舍簡陋、經費短絀、師資貧乏、學潮迭起，推行校務舉步維艱。傅斯年上任後殫精竭慮，堅守學術專業，針對台大積習進行大刀闊斧之改革。不畏高官權勢，對於不合學術水準濫竽充數之教員職工，全部加以驅逐，前後計有70多名，同時積極延聘海內外名師至校教學。

台大自1927年建校以來（前身為台北帝國大學），歷任多位校長，但至今最為學生傳頌的仍是傅斯年的種種行誼。其擔任校長不超過兩年，卻為台大留下寶貴遺產，將台大提升至世界水準。

其精神何在呢？一言以蔽之，即在重建傳統大學「為學而學」的精神。傅斯年對全校師生宣示大學應有其自主性，進而提出「敦品勵學、愛國愛人」之校訓，將五四時代精神重現於台大校園。其堅持不把大學作為任何學術外的目的與工具，要純粹的為辦大學而辦大學。

為提升學術發展，傅斯年強調大學專業與通才教育之間的平衡，所以特別加強通識教育，對於大一共同必修科目尤其重視。希望藉由第一流通識科目之修習，激發學生的求知動機。此外，為落實歐洲大學教學自由的精神，傅斯年授權當時六個學院依其學術特性各自發展。各學院大一與大二修讀必修課程，三、四年級則充分選修。主張學生若無選課自由，就無獨立研究之精神。傅校長堅持學術獨立與學術自由，拒絕政治力干涉學術，就此奠定日後台大的自由學風。

傅斯年患有高血壓，心力交瘁之下，生命戛然而止。其於1950年12月20日因腦溢血辭世，完成「歸骨於田橫之島」的壯志。一年後，校方將骨灰安葬於台大之「傅園」。園內設有「傅鐘」，啟用後成為台大的象徵。每節上下課鐘響21聲，此因傅斯年曾說：「一天只有21小時，剩下3小時是用來沉思的。」

傅斯年堅持之自由學風，對於台大日後發展影響極大。以《台北人》一書聞名華文世界之小說家白先勇回憶說：「那時我們都是外文系學生，雖然但

年校長已經不在了，可是卻把從前北京大學的自由風氣帶到台大。傅校長是
四運動的學生領袖，……『五四』打破傳統禁忌的懷疑精神，創新求變的改
銳氣對我們一直是一種鼓勵」（王晉民，1994，pp.129-130）。

傅斯年的影響力在台大至今未衰。對於一位已經逝世超過一甲子的老校
，其治校精神值得後人玩味。傅斯年一生之是非曲直尚待歷史定論，但其支
之自由學風卻已在台大燦爛綻放，成為大學校長的典範。台大歷經多位校
，為何傅斯年會獨占鰲頭？從創造績效的角度而言，傅斯年的領導行為與成
秘訣，值得教育行政者細加研究。

自二十世紀以來，領導理論即成為教育行政學重要之一環。此因人類是群
動物，聚集在一起就自然有領袖的產生。遠古時代的部落酋長乃至今日的民
總統，所領導的團體雖不同，但其目的皆在有效達成團體目標與績效。工業
命之後，社會組織愈趨複雜，所需要的領導者基於組織特性之不同而多所差
。即以學校為例，大學校長與小學校長之工作同為綜理校務，但實務上所需
領導作為卻大相逕庭。如何適才適用創造佳績，使得領導研究成為近年來教
行政理論中的顯學（Reiss, 2007）。

本章將首先討論教育領導架構與發展時期，接著再針對主要領導理論及其
關研究加以評述。限於篇幅，所引研究則以教育行政的相關領域為主。

第一節　教育領導基本模式與走向

一、教育領導之基本架構模式

檢視相關文獻，歷來相對於教育領導所產生之模式已有一定數量與複雜
度。其多半以領導者、追隨者、情境脈絡三者間的動態互動，與產生之成果績
效，形塑領導的基本架構。不揣淺漏，筆者以教育領導研究之角度，將教育領
導歷程所牽涉之變項加以分類，並將其整合為圖9.1之架構模式。相關變項計分
為五類：(1)領導者與部屬特質變項；(2)領導中介變項；(3)領導情境變項；(4)
領導行為變項；與(5)領導效能變項。茲分述如下：

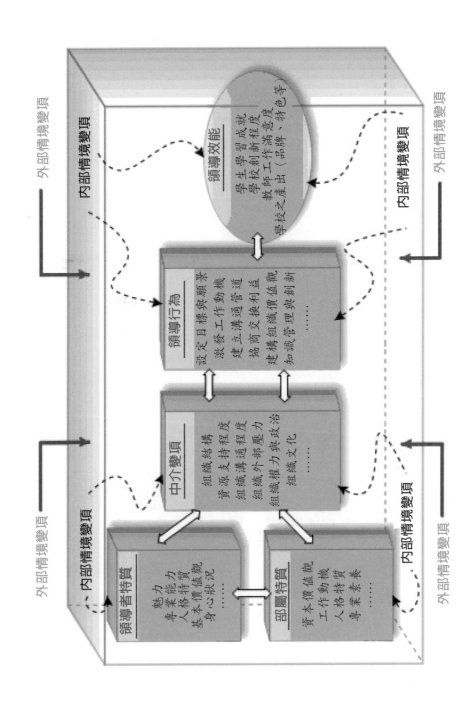

圖9-1　新布氏情境相關領導模型

1. **領導者與部屬特質變項**：包括領導者的魅力、專業能力、人格特質、品德、健康程度等。此外，領導者不能只唱獨腳戲，必須與組織其他成員合作。而部屬特質如價值觀、工作動機、專業能力、人格特質等，均對領導歷程產生顯著的影響而不可小覷。

2. **領導中介變項**：基本上，中介變項係指能夠影響或調節領導者與部屬在特定脈絡交互作用後，所產生之領導結果者。相關中介變項如組織結構、角色與任務之明確性、工作的特性、資源支持程度、組織溝通程度、組織外部壓力、部屬之努力程度（如教師組織公民行為）、成員合作凝聚力、成員創新性、成員參與性等。實務上，中介變項可充當催化劑或中和劑，前者能加速領導目標之達成，後者卻可能抵銷領導之功能，甚而產生副作用。運用是否得當，端賴領導者的智慧。

3. **領導情境變項**：係指組織所處內部與外部環境的變數，其中最重要的包括組織文化、組織氣候、與組織健康等。此外，權變論學者（如Fiedler）所主張的情境變數如部屬關係、外在環境壓力等，皆為學者所探討的重點。實務上，由於組織結構不一，所處環境瞬息萬變，促使領導者必須隨時警醒，以應付極為複雜的情境變數。

4. **領導行為變項**：係指領導者在使用權力後的外在風格與表現作法。其中風格分類頗多，例如俄亥俄大學領導研究（Ohio State Studies）所分出之倡導與關懷行為，或是如新興領導模式之僕人領導、道德領導、與家長式領導所強調之特定行為導向（如謙恭、開明專制等）。實務作法如設定目標與願景、成員工作動機之激發、透過協商進行利益交換、與建構組織文化等。

5. **領導效能變項**：係指領導行為所產生之成果。以學校為例，如學生學業成就、學校創新程度、教師工作滿意度、教師忠誠度、學校所產生之品牌與特色等。

由圖9.1中可以清楚看出，教育領導存在於特定內部與外部的環境中。前者如組織氣候、組織健康、組織利益團體之組成等。後者則如教育趨勢、外部相關利益團體之訴求、與社區之期望等。無論是內部或外部情境變項，均對其他教育領導變項產生不同程度之影響。在內框中的包括有領導者與部屬特質，除了身心狀況外，專業能力與基本工作價值觀，對於所產生之行為也有極大影

響。領導者與部屬透過對領導可能產生中介效果之變項與領導行為表現，最（　）產生領導效能。中介變項經研究包括組織結構（如公立與私立學校在結構上（　）有本質性不同）、組織溝通形式等。領導行為則回應各相關學者（如Bolman（　）Deal, 1991）之主張，其中如設定目標與願景、成員工作動機之激發、透過（　）商進行利益交換、與建構組織文化等，均是教育實務上之作法。至於領導效（　）則牽涉到組織創新程度、組織產出成果等。值得注意的是，教育領導之各個（　）項乃是彼此影響，形成環環相扣的態勢。此外，領導歷程也有其不同階段，（　）關內容請參見表9.1。

表9.1 教育領導的歷程與階段

> 　　領導者行為的達成是一種歷程。基本上，各階段連續不斷，循序漸進。從有領導（　）概念開始到行為的完成，可分為以下四個階段：
>
> 1. 試圖領導階段：在此時期中，領導者針對須解決的問題，明白表示要改變（　）團體的結構或是行事的方法。部屬此時開始「感覺」到領導者領導的意（　）圖。
> 2. 接受領導階段：領導者用各種方法使部屬瞭解自己的改革，是解決問題所（　）必須的步驟，進而使其相信改革的效率與效能。
> 3. 執行領導階段：領導者在此時期實行自己的改革，使團體的結構產生改（　）變。
> 4. 評鑑領導階段：當改革已經完成，一個新的局面開始產生，領導者與部屬（　）對於是否達成既定目標而進行評鑑。如果問題未解決，領導行為績效就不（　）彰，必須進行檢討而重新出發。
>
> 　　領導行為必須具有以上四個階段才完備。在學校環境中，校長的領導行為往往在（　）第一個階段就無疾而終，其原因或因人事財政問題，或因團體成員如教師反對。此種（　）未完成的領導並沒有真正產生效果，所以從實利的觀點而言，等於是沒做。一個點子（　）很多、極為主動的校長，並不見得在領導上產生績效。晚近許多研究問卷上，常只（　）針對「試圖領導階段」加以調查。例如詢問「你的校長是否對於教學展現其領導行（　）為？」一般受試者因題目，因而只針對「校長曾表示要教學領導」回答，使許多中途（　）鎩羽的校長反而得分較高，造成研究結果的誤導。因之在日後問卷設計上，必須要特（　）別小心，應讓受試者瞭解你要研究的是領導者的全部實踐歷程，還是只要領導者有所（　）意圖即可，而不論其是否成功。實務上，「試圖領導」與「領導有效」差別極大，研（　）究者應該特別注意兩者之間的差別。

二、教育領導理論之走向與類型

由於情境的複雜性與各領域的特性不一，相關的領導理論汗牛充棟。傳
上，影響教育行政運作的重要領導理論大致可分為三個走向，分別是特質論
trait theories）、行為論（behavioral theories）、與權變論（contingency theo-
s），三者被歸類為「傳統教育領導理論」。然而，其彼此之間假設不同，
發展出來的領導策略也大異其趣。

其後，自1980年代以來，許多新興教育領導理論（或僅可稱為理念）如
後春筍般興起，令人目不暇給。其激烈挑戰傳統領導理論的主張，試圖提供
育領導者新的視野。由於百家爭鳴，數量多如繁星，常令教育行政者無所適
。

綜觀二十世紀以來教育領導理論的發展，秦夢群（2010）加以歸納，認為
可分為五個主要類型。相關教育領導走向之比較，請參見表9.2。

9.2 不同教育領導理論發展走向摘要表

領導理論走向	研究重點	研究設計	不足之處	在教育應用之理論
特質走向	成功領導者的特質	以各行各業成功人士為樣本，找尋其領導特質	易懂，但所提出之特質數量太大，令人無所適從	1. 傳統特質理論，如偉人論、時勢論 2. 現代特質理論，如Stogdill之研究、隱含領導等
行為走向	有效能領導者的外顯行為類型	探討領導者行為與組織效能間的相關	忽略了情境因素，以致造成研究結果難以類化的問題	1. 單層面領導行為理論，如X與Y理論 2. 雙層面領導行為理論，如俄亥俄大學領導行為研究、管理方格等
權變走向	在特定情境中適當的領導行為	以情境因素為中介變項，尋求領導行為與組織效能間的最佳組合	對於情境因素的取捨不同且不夠周延，以致各相關研究並無定論	Fiedler、House、Reddin、Hersey與Blanchard等權變模式理論

整合走向	試圖整合多個走向或層面（如特質、情境），以發展出最具效能的領導模式	結合各走向之特點，探討整合理念之可行性	雖力圖整合，但也因此呈現大雜燴之現象。且類型極多，較難加以聚焦	轉型領導群、交易領導群、道德領導群、服務領導群、分布式領導群、家長式領導群、文化領導群等
功能走向	將領導理念應用於各教育功能（如教學）之中	觀察教育各功能之需求，適時利用領導理念或原則，發展相關應用作為	本身並未發展出嚴謹之領導概念，至多只是將相關領導理念應用於教育運作中	課程領導、教學領導、知識領導、科技領導等

1. **特質論領導走向**：盛行於1940年代之前，強調領導能力乃是天生，因此探詢重點乃在尋找成功領導者的特質，並與追隨者進行人格的比較。因此，其研究方式乃在對於各行各業卓越成就者的觀察與晤談，由資料中萃取其成功的特質，並加以類別化。特質論的缺點乃在過度蕪雜，未能找出一組放諸四海皆準的特質，然而其影響力卻不可小覷。晚近各種就業考試中的口試與人格測驗部分，均多少沾染了特質論色彩。主考官往往以主觀之「經驗」檢視申請者的特質，以決定其是否勝任其職，並作爲日後培養人才的參考。

2. **行為論領導走向**：盛行於1940至1960年代。強調成功領導與領導者行爲息息相關，因此對於能產生高組織績效之領導行爲模式，即成爲其研究焦點。基本上，行爲論走向偏於領導者外顯行爲的探討。由其主要研究來觀之，行爲論多半執著於成功領導類型的發掘。例如，最有名的LBDQ相關研究，即強烈支持「高關懷高倡導」的領導類型。行爲論的缺點乃在忽略情境因素，但卻促成教育行政者對工作績效的測量與重視，其相關研究多以問卷調查或訪談爲主。

3. **權變論領導走向**：盛行於1960至1980年代。強調成功之領導必須視所處情境通權達變，世上並無絕對最佳之領導模式。基於此，探討不同領導行爲與情境之間的關係，即成爲研究焦點。權變論主張是否爲最佳領導模式，必須視所處情境而定。在研究方法上，領導者的外顯行爲被視爲獨立變項，組織之績效爲依變項，情境則被視爲是中介變項，視其結

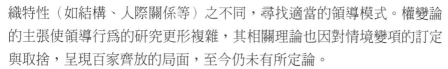

織特性（如結構、人際關係等）之不同，尋找適當的領導模式。權變論的主張使領導行為的研究更形複雜，其相關理論也因對情境變項的訂定與取捨，呈現百家齊放的局面，至今仍未有所定論。

4. **整合型領導走向**：興起於1980年代之後。有別於傳統之三大走向，部分學者將之命名為「新興領導理論時期」（張慶勳，2001；Bryman, 1992; Cheng, 1994; Yukl, 2009）。整合型領導走向之相關理論數量最大，其特色即在探取整合性的領導走向。此因社會結構日趨複雜，眾聲喧譁之下，使得以往單靠單一走向的領導理論不敷所需，而必須整合各模式產生多元走向的領導理念。即以近年被研究最多的轉型領導（transformational leadership，大陸多翻譯為變革型領導）為例，其所包括之面向如魅力，即有傳統特質論的色彩。其他如激發動機、知識啟發等，則又屬於行為論之範疇。此種現象，代表傳統單一走向之不足，必須加以整合產生新領導模式。換言之，魅力、願景、行為、情境、道德與文化等領導面向，皆成為領導理論矚目之焦點，更別說許多只有少許概念，就自稱為理論的領導類型。領導者力求發展整合模式，以達到組織動態平衡的境界。此時期號稱之領導理論眾多，宛如形成一個大調色盤，其上萬花爭豔各顯風騷。基本上，整合型領導走向目前仍繼續發展，其對領導之功過尚待歷史證明。

5. **功能型領導走向**：就發展時間來看，其也可被視為新興領導理論之一部分。功能型領導之內涵乃依據各教育功能之需求，適時利用領導理念，以發展配套作為，主要類型如課程領導、教學領導等。嚴格而論，此類領導本身並未發展特定之領導內涵，至多只是將相關領導理念應用於日常教育運作中，不具有嚴謹之理論基礎。然而由於研究者眾，故特別將其分出為一單獨走向類型。

以下即就特質論、行為論、權變論、整合型、功能型領導類型，對教育行政影響深遠之理論加以敘述。由於各類型派別甚多，僅能將其精要之處加以簡述。希望進一步探究詳情者，還請參閱相關之教育領導著作。

第二節 教育領導特質論

一、特質論的主張

特質論為最早盛行的領導理論，傳統上東西方均有「英雄造時勢，時造英雄」之說法，並分別形成偉人論（great man theory）與時勢論（Zeitge theory）兩種看法。前者主張英雄造時勢，認為歷史係由偉人所創建，人類未來繫於少數天才身上，其先見之明與真知灼見會導引社會的進步。時勢論力持時勢造英雄的說法。領導者之所以成為偉人，乃基於本身之特質適合時的需要，因緣際會巧合而成。基本上，偉人論主張領導技巧乃與生俱來，非天培養而得。認為偉大或成功的領導者都具有某些特質，此在古代「君權神說」的時代最為風行。例如，《史記》中記載項羽是「力拔山兮氣蓋世」劉邦則能斬白蛇而君臨天下。此外，民間戲曲中的薛平貴（王寶釧）、劉遠（白兔記）無不被描寫為真龍天子下凡塵。西洋著作中最出名的為Carly（1910）《英雄與英雄崇拜》（Lectures on Heroes）一書，認為人類歷史的變不過是幾個偉人的功績而已，所以沒有達文西就無文藝復興，沒有馬丁路就無宗教改革，完全是一派「英雄造時勢」的說法。

特質論在第二次世界大戰前雖為一般大眾所信奉，但行為科學家卻希望科學研究方法，找出成功領導人的心理特質（psychological traits）。結果卻眾說紛紜，莫衷一是。Stogdill（1948）後來將124個有關的研究加以綜合，現被15個以上研究所支持的領導者特質為：(1)智力；(2)學識；(3)責任感；(社交活動的參與；(5)社經地位。此外，被10個以上研究所發現的領導者特為：(1)社會性；(2)主動性；(3)持久性；(4)知道如何完成任務；(5)自信心；(對於情境的瞭解；(7)合作性；(8)受歡迎程度；(9)適應性；與(10)語言能力。

之後，Stogdill再接再厲分析自1949年至1970年之163項相關領導特質究，並在其著作《領導學手冊》（Handbook of Leadership）中，歸結與領導能具有關聯的個人因素於以下六大類：

1. 才能（capacity）：包括智力、機智程度、流暢語言、創造力、與判力。

2. **成就**（achievement）：包括學識、知識、與運動方面的成就。

3. **責任**（responsibility)：包括可信賴性、主動性、堅毅性、積極性、自
　信心、與超越他人的渴望。

4. **參與**（participation）：包括活動、社交能力、合作、適應力、與幽默
　感。

5. **地位**（status）：包括社會經濟地位、與受歡迎的程度。

6. **情境**（situation）：包括心理層次、地位、技能、追隨者的需求與興
　趣、所要達成的目標。

　由以上Stogdill所提出的特質來看，幾乎含括所有成功人的必備條件。特質
者始終未能提出一組特別的變數來描述成功領導者，其原因有以下四點：

1. 在不同情境中，不同的新特徵不斷出現。例如，一位成功的捕鯨船長就
　必須具備熟練操弄魚叉的特徵。因之特質論研究常包括許多在日常生活
　中不易見到的特徵，其數量之多，宛如一本百科全書。

2. 特質論常產生彼此自相矛盾的結論。例如，領導者要專斷，但卻同時必
　須能與同僚合作（forceful but cooperative），令人無法瞭解其真正的訴
　求。

3. 用人格測驗所測出的人格特徵，常不能正確對領導者的行為做有效的預
　測。有時因人格測驗的不夠完備或受試者之偽裝，使測出的結果與事實
　相反。

4. 研究中成功的領導者具有某些特徵，但是否反之亦然？特質論並未對
　「失敗者」加以研究，所以特質導致成功的因果並不能完全成立。

二、特質論相關研究

　為解決以上質疑，晚近特質論的學者紛紛修正研究方向。首先，除了一般
個人特質外，也開始將情境變數列為考慮的因素之一（Mann, 1959）。此外，
探討的對象也有所轉變。Stogdill於1948年的研究，係將領導者與非領導者加以
比較；但至1974年，其另外的作品則將焦點轉為探求領導特質與領導成效的關
係。此改變看似不大，實際上卻影響深遠。以往的特質論在尋求誰應會是領導

者，晚近研究則將注意力轉到在特殊時空與組織中，何種領導方式較有績效
換言之，以往探求成功領導者能力與特質的訴求，已漸變成探討在不同情境
的特別能力。如此一方面納入情境變數，一方面可化解大而無當的弊病，而
生因地制宜的效果。例如，一位成功商業主管與學校校長的成功領導特質必
所差異；為求精確，最好分別加以研究。

特質論雖為部分學者批評，但其影響力卻未消失。最顯著的例子乃在企
與學校徵聘人員時，多半有面試的程序。主考官心中各有一把尺，以其認為
須具有的成功領導特質為標準評鑑受試者；看法雖非完全客觀，但也顯見
論的威力。每個行業各有其專業需求，然而某些特質卻脫穎而出，成為眾人
認的成功特質。以下即綜合各家說法（如Hoy & Miskel, 2007；Yukl, 2009）
看法加以描述。其中計分為人格特質（personality traits）、動機特質（motiv
tion traits）、與技能特質（skill traits）三大部分。人格特質部分包括以下
項：

1. **自信**（self-confident）：具此特質的領導者會設定較高層次目標，
   試有挑戰性的工作，與對解決問題的高度堅持。
2. **壓力承受**（stress-tolerant）：能承受壓力的領導者，可在限期完成
   困難工作上，表現出鎮定的態度，並能及時安撫屬下，視情況做出正
   的決定。
3. **情緒成熟**（emotionally mature）：具有此特質的領導者瞭解自我的
   缺點，不因壓力而情緒失控，或一味的文過飾非，因而能與屬下及上
   維持良好人際關係。
4. **正直**（integrity）：具此特質的領導者誠實負責且心口如一，不會見
   說人話，見鬼說鬼話。此特質乃是對組織忠誠度及與他人合作的重要
   標。

動機特質係指個人的工作熱忱與努力開創的動能。一個再有才華卻無動
的領導者，最後不過尸位素餐而已。動機特質可包括以下三項：

1. **工作與人際關係需求**（task and interpersonal needs）：具有強烈
   求的領導者熱愛工作且擁抱人群，在業務推展上呈現無限活力。
2. **權力與成就價值**（power and achievement values）：係指領導者
   於利用權力或權威指揮他人，並有強烈的成就意願。

3. **對成功的高度期待**（high expectations for success）：係指領導者對
   工作成功有信心，並認為努力後必有豐碩成果。

顧名思義，技能特質係指專業知識與專家經驗。大致可分為四項，分別敘
如下：

1. **技術能力**（technical skills）：如工作所須的專業知識、步驟、與熟練
   度。
2. **人際能力**（interpersonal skills）：如具有關懷與瞭解他人的能力，以
   致形成良好的合作關係。
3. **思考能力**（conceptual skills）：如能發展與利用相關理念，分析與解
   決複雜的問題。
4. **行政能力**（administrative skills）：能融合以上三種能力，靈活使用
   而展現行政技巧。

在相關教育領導者特質的研究部分，歷年也有一定數量。其研究發現雖
致與企業組織雷同，但仍有其獨特之處。此因教育組織如學校有其組織特性
如非營利、鬆散結合、基層官僚、勞力密集等），領導者指揮部屬多未能如
人企業般劍及履及。此外，相關法律限制也使校長對部屬的職位升遷或聘任
無實質權力。加上學校成員流動並不明顯，因此相關人際關係與合作能力反
脫穎而出，成為成功校長必備之特質，此從以下之相關研究結果中可以看
。

學者Griffiths, Hemphill, and Frederiksen（1967）曾調查分析232位小學校
的領導特質，發現最有效能的校長具有以下人格特質：友善、負責、精力旺
、熱心、勇敢、富有同情心、自動自發、自信、接納他人、與具較低憂慮與
躁的特質。

華人地區的相關研究多以成功或表現優異之校長特質為探討重點。例如
政傑（1994）發現優秀校長的人格特質，包括堅忍、機智、親和、熱忱、誠
、創意、主動、積極、肯學、肯幹、犧牲奉獻、能尊重他人、從事他人不願
做的事、能接受挑戰、注重平時服務表現、有擔當、有魄力、與肯負責。

在另一方面，與上述使用之量化調查法不同，溫子欣（2009）利用質化深
調查與訪談方法，探討成功校長（獲相關教育獎或有特殊事蹟者）之領導行

爲。其中並發現導致失敗的校長特質，影響最明顯的項目包括：

1. 迷信傳統權威與官僚作爲，缺乏校園民主化與學校權力生態改變的認[　]
   與適性力。
2. 過度重視校長的面子問題，喜好擺架子。
3. 認爲自己是學校團隊中才智能力最卓越者，喜歡以優越姿態教導他人[　]
4. 三心二意，朝令夕改。
5. 專注於枝微末節的管理。
6. 操守有瑕疵。
7. 沒有擔當，閃躲責任。
8. 缺乏問題解決的能力。
9. 缺乏人際與溝通能力。

三、特質論與隱涵領導

特質論能歷久不衰的另一原因，乃在其對領導行爲測量的反省與檢視。[　]統量化研究做法乃是編製量表，由特定樣本填答，但卻忽略填答者內在的知[　]建構系統（construct systems）。針對於此，Eden and Levitan（1975）發現[　]使面對同一領導者，評估者的反應卻大不相同。可見在評估時，必有一些先[　]爲主的概念存在，此與評估者過往經驗、認知結構、與人格特質有極大關係[　]Eden於是提出隱涵領導（implicit leadership）的概念，主張評估者的內在概[　]因素，對其評估領導者的行爲有極大影響，絕對不可輕忽。其後，研究者致[　]發展各種隱涵領導特質，目的即在瞭解受試者心目中的理想領導特質，及其[　]估領導行爲時的關聯性。

學者Rebok等人（1986）研究美國的隱涵領導，發現其係由八個因素[　]成，其中包括：(1)感受性；(2)獻身精神；(3)專制；(4)魅力；(5)吸引力；(6)[　]性氣質；(7)智力；與(8)力量。乍看之下，似與傳統的特質論無甚差別。大[　]學者凌文輇等人（1994）則使用133人的樣本，蒐集「中國的領導者應該是[　]麼樣」的特質，共獲2546項，經因素分析後，得到以下四個因素：

1. **個人品德**：乃爲四因素之首（解釋變異量爲35.79%），顯示中國人[　]德第一的訴求。領導者必須廉政無私，守法誠實，並有雅量接受他人[　]

批評。

2. **目標績效**：此因素可解釋23.88%的變異量，係指領導者能有效完成既定目標。要達此境界，其應具有精明果斷、深謀遠慮、觀察敏銳、能力出眾的特質。

3. **人際能力**：此因素具13.17%的解釋變異量，係指領導者在人際關係處理上的圓熟度。相關特質包括成熟謹慎、舉止優雅、有說服力、善於交際等。

4. **多面性**：解釋變異量為13.44%，係指領導者具有多才多藝、富想像與冒險精神、興趣廣泛之特質。

　　在台灣相關教育研究方面，施妙旻（1995）發現台北地區國小校長的隱涵領導行為，可區分為：(1)特質論：主張並不是每個人都可以當領導者，領導者必須具備某些異於普通人的特質，才能發揮其影響力領導同仁。(2)行為論：主張領導就是組織成員、分層負責、建立制度、強調溝通、參與、重視同仁福利、關懷同仁等，帶領同仁完成組織目標。(3)權變論：主張領導必須因人因事因組織而異，對於能力強與能力弱的同仁要採取不同的領導方式，對待主動、敬業的同仁採一種方式，對於較被動的同仁又必須採另一種領導方式，事務因性質不同，也有不同的處理方式。在36位校長中，行為論最多（占19位），特質論與權變論則居其後（分別為9位與8位）。研究顯示校長的隱涵領導與其倡導行為確有相關存在，特質論校長倡導行為最高，權變論其次，行為論最低。此外，根據訪談內容，發現較為國小校長重視的特質依序為：(1)知識；(2)能力；(3)親和力；(4)信念；(5)品德；(6)包容；(7)責任；(8)健康。由其發現與前述Rebok及凌文輇之研究相較，差異之處顯而易見。美國之隱涵領導特質並未列入道德一項，卻將男性氣質、智力等列入其中。海峽兩岸之研究結果雖較相近，但彼此之間仍有歧異。由此可看出特質論的弱點並未因時光的流轉而消逝，也許這就是其雖仍保有一定影響力，但卻不能重回領導主流模式的原因。

　　由於隱涵領導的私密性，應用於教育之相關中文研究並不多。除以上研究外，徐玉真（2008）研究幼稚園教師為樣本，結果發現幼稚園教師所持之隱涵領導理念與教師組織信任之間，呈現中度的正相關。

　　綜上所述，特質論最大缺點乃在以偏概全，忽視了不同情境的因素。實務上，不同的團體（如宗教、商業、教育）中的成功領袖即可能在特質上大相逕

庭。此外，即使在同一團體中，不同時代所造成的環境脈絡，也促使領導行
必須有所改變。一個社會性低且鮮少參與社交活動的老校長，在1950年代民
閉塞時可能為社區推崇為清高無私，但在今日恐怕就被人指為是抱殘守缺。
境不同，成功領導人的特質也有所差異，此種以情境研究為主的權變理論在
二次世界大戰後，經由Fiedler的提倡而大盛。

第三節 教育領導行為論

　　特質論興起之時，正值行政學之古典管理學派時期。根據Taylor（1911
的經營理論，管理的目的在求人與機器間的有效整合，以期獲得最大的產出
在此制度下，領導被視為是一種階級權利，其目的主要在促使員工完成工作
此學說弱點在前幾章已有述及，乃在忽視情境的變項。及至霍桑研究一出，）
人際關係為導向的學說大興，學者認為領導行為乃是領導者與員工互動的
程，其目的在求團體的和諧與任務的達成。在此之後，Barnard的相關研究，貝
同時注重效能（effectiveness，工作導向）與效率（efficiency，關係導向）的
追求，認為成功的領導應兩者並重。就在同一時期，另一種對領導行為本身的
研究開始興起，其目的不在發覺成功領導者的特徵，卻希望探討領導行為的基
本因素與層面。在相關教育行政研究中，又以「俄亥俄大學領導雙因子理論」
（Ohio State Studies，又被稱為LBDQ相關理論）最為著名。以下簡述其主張）
與之相關之其他行為論領導模式。

一、俄亥俄大學領導雙因子理論之主張

　　俄亥俄大學領導雙因子理論之產生，主要係以LBDQ為主要測量工具，
LBDQ英文全名為Leader Behavior Description Questionnaire，中文可譯為「領
導行為描述量表」，最初係由Halpin and Winer（1957）在美國俄亥俄州立大學
（Ohio State University）編定。過程是先蒐集1800個有關領導行為的項目，經
過刪除重複者，發現所有的項目可分為10組。這10組後經Hemphill與Coons進
行因素分析，發現可統整為倡導（initiating structure）與關懷（consideration）

個因素。茲分述如下：

1. **倡導**：係指領導者能劃清與屬下之間的職責關係，確立明確的組織目標及型態，與建立工作程序、溝通管道的領導行為。

2. **關懷**：係指領導者對於員工的感覺能有所感知，並建立友誼、相互信任、與溫暖氣氛的領導行為而言。

基本上，LBDQ問卷內容即根據以上兩因素分為兩大部分。例如，在倡導因素上，受試者曾被問到其主管「對部屬表明態度或立場」的程度。在關懷部分，則問其「對部屬進行個人或私下幫助」的次數。各問題皆採五分量表，受試者可根據自己的感受予以作答。值得注意的是，LBDQ問卷為防範受試者胡亂圈選，部分問題採用反向問答法，所以在最後計分上必須特別注意。

歸納填答LBDQ的結果，顯示領導者在倡導與關懷上的不同類型。如果把兩者以高低區分，基本上可構成四個象限（見圖9.2）：高倡導高關懷、高倡導低關懷、低倡導低關懷、與低倡導高關懷。Halpin（1957）發現有效能的空軍軍官多落於第一象限（即高倡導高關懷）上。Hamphill and Coons（1957）調查文理學院行政者的領導行為，其結果與Halpin的發現非常相近。在此之後，Halpin在1959年曾利用LBDQ，對於美國中西部學校教育局長（school superintendents）的領導行為進行調查。研究過程中採用兩種LBDQ問卷：「實際領導行為問卷」與「理想領導行為問卷」。前者請受試者回答領導者的實際行為，後者則要求其描述理想的領導行為（基本上，後者只是對前者問卷上的內容稍微改變而已）。Haplin的調查除包括教育局長外，並擴及教育局長的部屬，與地方教育委員會（local school board of education）的委員。每位受試者皆被要求對兩種問卷予以作答，其結果摘要如下：

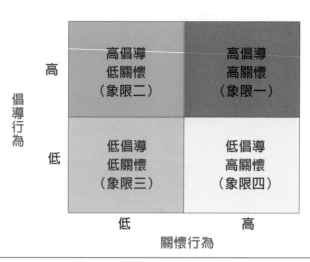

圖9.2　LBDQ領導行為象限圖

1. 部屬對於教育局長領導行為，彼此之間所描述的大致相同，而委員會委員之間的看法也多半近似。然而，若比較部屬與委員會委員兩組之間的回答，則發現其中差異極大。此證明教育局長在面對部屬與委員之間常產生不同的領導行為，也就是所謂的「見機行事」情況極為普遍。教育局長在面對委員與部屬時的態度大相逕庭。

2. 在不同因素上，地方教育委員會委員希望教育局長能在倡導因素上多下功夫，而教育局長與部屬則希望能保有一定空間見機發揮。在關懷因素上，教育局長對自我的要求遠較委員要嚴。證明高高在上的委員會希望教育局長能有好的教育成品與結果，在歷程中偏重效能的控制，而對於辦事人員的感受較為忽視。部屬則對關懷層面較為重視。上級與下級人員因地位不同，因而所要求的也不同。

3. 實際與理想行為之間的相關度極低，說明了理想與實際本是兩回事。不同的情境中，教育局長有時必須犧牲理想去遷就現實。

4. 根據調查，最有績效的校長大多落於高倡導高關懷的象限中。此種領導行為不但使工作效能提高，並且可促成組織氣氛的和諧與親密。

　　綜而言之，Halpin研究的最大貢獻乃在指出領導行為的兩因素。雖然其發現高倡導高關懷的領導行為最能導致最佳成果，但並未提出兩者中何者影響較

。此因在現實環境中很難兩全其美，如果只能取其一，則應選擇何者？爲解
此問題，Kunz and Hoy（1976）即以美國新澤西州的樣本爲對象，研究所謂
「接受區域」（zone of acceptance）理念。

接受區域係指部屬對於上級所做的決定，無條件接受而不會有所異議的範
圍。接受區域的內容可能包括行政有關規定、私人問題、課程教學等項目。即
以一位中小學教師爲例，當其接受教職時，即瞭解學校對其授課時數與課程分
配有所要求，個人並不反對而接受聘約。此種對於時數與課程的安排，即是屬
於教師的接受區域內，其大小隨著環境與文化的不同而有所差異。例如，對於
教師私生活的要求與干涉，在道德掛帥的台灣，教師接受的程度，即比歐美國
家要高。此外，由於校長的領導行爲差異，學校教師彼此之間的接受區域也有
所不同。

原則上，一個領導者當力求部屬接受區域的擴大。此因就行政觀點而言，
Barnard（1938）即指出好的領導即是不強迫部屬做其不願意做之事。所以在某
一團體中，即使上司迫使部下就範，就遠程的績效而言，自會因部屬產生的怨
恨而大打折扣。所以，好的領導者必須擴大部屬的接受區域，以使其在推動業
務時，能夠得到部屬的合作。

內容上，Kunz and Hoy的研究係以30個題目的問卷爲主。受試者必須回答
所處學校校長的領導方式與自我的接受區域。結果發現在高倡導高關懷的第一
象限，教師的接受區域最爲寬廣（平均爲80.8）。此外，如果校長的領導爲低
倡導低關懷或低倡導高關懷（第三、四象限），教師接受區域分數兩者相差不
多（分別爲70.13與69.43）。研究中最令人驚奇的乃是高倡導低關懷的學校，
教師接受區域分數最低。Kunz and Hoy利用統計淨相關來處理資料，也發現關
懷因素才是決定教師接受區域大小的主要變數。換言之，教師希望校長在關懷
方面多所著力，而非只是扮演官僚角色整日要求部屬。

此種結論與部分企管界認爲工作規範重於人際關係的意見相左，值得進一
步研究。推其原因，也許學校中教師自我創造的機會不多，凡事須受到法令約
束，因此校長的倡導行爲之重要性相對降低。但不管事實是否如此，Kunz and
Hoy的研究顯示，高倡導高關懷仍是較佳之領導類型，忽略倡導因素，學校容
易造成無政府狀態。適時將對關懷的注意力挪給倡導因素，乃是非常重要的。
過分關懷會變成「放縱」，政令不但不能執行，部屬也會停滯不會進步。

除了Kunz and Hoy的研究外，Lipham（1959）在一項芝加哥大學（University of Chicago）的研究中，發現倡導與關懷兩因素是彼此互動的。一個領袖以明確規劃工作程序，並同時兼顧關懷部屬的需求，兩者基本上是互補而非斥的。利用LBDQ問卷，Croghan（1971）發現高倡導高關懷的校長，常成為師非正式團體的領袖。McGhee（1971）的研究顯示在紐約市中，高關懷學的教師在向上級抱怨申訴的次數上，有明顯的下降。Lambert（1968）則報校長的領導行為（以倡導與關懷因素高低來區分），與學校氣候或教師士氣顯著相關。

為了使LBDQ更加完備，Stogdill將之修訂，並稱之為「LBDQ十二式（Form XII），其中包括12個領導層面：

1. **代表性**（representation）：係指領導者能代表全體發言或行動的代程序。

2. **和解力**（demand reconciliation）：係指領導者能化解衝突而造成解的能力。

3. **對不穩定的容忍度**（tolerance of uncertainty）：係指領導者對所團體前途或方向不明確的事實，能夠具體接受而不致因而沮喪。

4. **說服力**（persuasiveness）：係指領導者能適時利用說服或辯論的法，來化解問題或提出自己主張的能力。

5. **倡導**（initiation of structure）：係指領導者給予部屬某些程度的由，並允許其自我決策的程度。

6. **自由容許度**（tolerance of freedom）：係指領導者容許部屬自我決與行動的範圍與程度。

7. **角色扮演**（role assumption）：係指領導者發揮領導的地位，而不制於他人。

8. **關懷**（consideration）：係指領導者給予部屬關照，並為其謀福利的程度。

9. **生產的注重**（productive emphasis）：係指領導者對部屬成品品質所施的壓力與需求。

10. **前瞻性**（predictive accuracy）：係指領導者對於未來發展預估的正確性。

11. **整合性**（integration）：係指領導者與團體保持密切關係，並適時解決部屬糾紛。

12.**上級導向**（superior orientation）：係指領導者與上級保持良好關係，甚而對其產生影響，使團體推動更加有力。

運用Stogdill的LBDQ十二式問卷，Jacobs（1965）發現有創見的校長在：(1)倡導；(2)前瞻性；(3)代表性；(4)整合性；(5)說服力；(6)關懷等六因素上有顯著較高的分數。Anderson and Brown（1971）則報導個人變數（如年紀、性別、經驗），與環境變數（如學校大小、學校類別、所處社區），校長之領導行為類別（如高倡導、低主動）並無任何顯著相關。換句話說，世上並無絕對的領導類型，即使在同一性質校區中，同樣的領導卻會有不同的結果。此發現已與權變理論極為相近。

二、台灣LBDQ相關研究

俄亥俄大學領導雙因子理論雖遭致部分學者的批評，但其在台灣卻引起一陣風潮，相關的研究自1970年代後期傾巢而出。即以研究所的博碩士論文為例，數量上就極為可觀。代表作品如鄭進丁（1976）以國小校長為樣本，發現其領導行為的實際表現與理想期望之間，雖存有顯著差距，但卻被教師期望同時表現高度的倡導與關懷行為。呂木琳（1977）研究國中校長，其主要結論為：(1)國中學校氣氛確因校長領導方式之不同而有差異；(2)國中校長如運用「高倡導高關懷」之領導方式，則會產生最佳的學校氣氛。隔年，廖素華（1978）測試238位教師，探討國小校長領導方式、教師人格特質、與教師工作滿足之間的關係，結果發現適度的倡導會激發教師工作滿足，但高度關懷則更容易提高教師工作滿足。同一年，曾燦燈（1978）把研究焦點轉向國中校長領導形式與教師服務精神之關係，發現校長領導行為是影響教師服務精神的主要因素，而校長「關懷」行為尤為教師服務精神的最佳預測變項。

進入1980年代後，LBDQ相關研究依舊不斷，例如，蔡培村（1980）的論文指出，校長不同領導形式會形成不同的學校組織氣氛，若要改進後者，則宜採取高倡導高關懷之領導，但卻應視情境而定。若要促進績效，可採取低關懷高倡導；如欲改善疏離現象，則應選擇低倡導高關懷的形式。隔年，任晟蓀（1981）以輔導教師為樣本，研究國中校長領導形式對其工作滿足之影響，

其中發現後者確因校長的不同領導形式而有所差異。無論在外在滿足、內在滿足、一般滿足上，皆以高倡導高關懷型最佳，低倡導低關懷型最差。

楊寶琴（1983）將研究對象擴大為國民中小學校長的領導形式，發現就交互作用而言，學校類別與領導形式對教師的工作精神氣候有交互作用。邱文忠（1983）的論文轉向高中，指出台灣高中校長領導方式，以高倡導高關懷型較多，低倡導低關懷型次之，高倡導低關懷型與低倡導高關懷型最少。同年，林新發（1983）的論文以五專校長為主，發現高倡導高關懷的領導方式下，五專教師教學工作滿意及各層面之滿意程度，均較低倡導低關懷為高。其後，劉麗慧（1986）探討國民中小學男女校長的領導方式與組織氣氛間的關係，發現兩者之間確有顯著關係。「關係導向」型男校長所領導的學校，其教師知覺之組織氣氛較佳；「工作導向」型女校長比「關係導向」型女校長領導之學校，其教師感受的組織氣氛較佳。

陳國彥（1988）的研究，探討國小校長領導方式與教師服務精神之關係，發現前者對後者具有預測之功用，其中尤以高倡導高關懷的方式為最。王如哲（1988）調查國中校長的領導方式，指出就學校所在區域而言，校長之「關懷」行為，城市國中高於鄉鎮國中；就學校規模而言，校長之「倡導」行為，中型國中高於大型國中。隔年，王政鴻（1989）的研究焦點放在國中校長領導形式與教師衝突反應方式之間的關係。結果顯示教師知覺校長的領導形式為高倡導高關懷時，其與校長衝突時傾向採取統整的反應方式；低倡導高關懷則傾向採取支配與逃避方式；高倡導低關懷則傾向忍讓及統整、妥協的方式；低倡導低關懷時，則教師與校長衝突時，並無顯著採取哪一種衝突反應方式。陳淑嬌（1989）的論文發現在高倡導高關懷的領導形式下，教師工作投入最高，工作滿意度最高，所知覺整體組織效能最佳；相形之下，低倡導低關懷的領導形式在各方面的表現皆最差。顏玉雲（1989）以台北市國中校長為對象，也建議採用高關懷高倡導的領導形式，以使學校行政人員工作滿意度達到最高。

進入1990年代，LBDQ的相關研究仍有相當數量。張瑞村（1991）研究高級職業學校校長的領導型態，發現學校組織氣氛確因不同之領導型態而有顯著差異。此外，校長的領導行為對學校組織氣氛具有預測效果。林金福（1992）的研究指出規模愈大、班級數愈多的學校教師，其所知覺的校長領導形式，較偏向於低倡導低關懷。此外，高倡導高關懷的領導形式，在行政、教師、與學生三層面上的效能均最高。張新堂（1993）的論文則以台灣文化中心主任的

導行為做變項，發現其若採取高關懷或高倡導的領導行為，其員工的留職意願及組織認同最佳。施妙旻（1995）利用LBDQ探討台北地區小學校長的隱涵領導行為，研究結論之一是年齡大及服務年資長的教師知覺校長的關懷行為較高，且大型學校的教師知覺校長之倡導及關懷行為也較高。

以上眾多的台灣LBDQ相關論文中，幾無例外的得到高倡導高關懷的領導形式能使組織績效達到最高的結論。此與Fleishman（1973）在研究LBDQ之二十年後所獲得的發現大致相同。然而，如果就分群的標準而言，研究上仍值得懷疑。此因區分關懷與倡導為高低兩組的依據，多為當時所蒐集有限樣本資料的平均數或中位數，在某一研究歸為高倡導組之分數，在另一研究中就可能歸為低分組。此外，由於並無常模的建立，也很難將特定研究之結果加以類化至母群體。同理，小學的發現也不能應用於中學。某些教育組織（如大學）相關LBDQ的研究幾乎闕如，也限制了高倡導高關懷為最佳領導形式結論的推廣。雖然各家皆說高倡導高關懷為最佳領導形式，但到底要「高」到多少，常令實務工作者狐疑不已。

綜上所述，行為論中俄亥俄大學領導雙因子理論的最大缺點，乃在忽視情境的因素。Korman（1966）即以統計的觀點，認為LBDQ所得之分數實難以預測組織效能。其指出鮮少有研究將倡導與關懷因素置於嚴格的實驗設計之下，造成表面上其與效能有所相關，但卻未能排除其他情境因素的影響力。情境因素諸如組織大小、任務性質、組織氣候、乃至組織結構等多未被考慮在內，這些共變數（covariates）也許才是決定組織效能的主要因素。Owens and Valesky（2010）也認為領導行為不能減縮為數學公式般的唯一答案形式（如主張某一類型一定好），此在複雜的不同組織運作中往往會以偏概全。

三、管理方格理論模式

俄亥俄大學領導雙因子理論相關研究結果，將領導者行為依倡導與關懷兩因素高低而分為四類。與之極為相似的是Blake and Mouton（1964）的領導方格（grid concepts of leadership）理論模式。基本上，方格由兩個線軸組成，橫軸（x軸）為生產導向因素（concern of production），縱軸（y軸）為員工導向因素（concern of people）。每一因素依其程度各分為9個等級，構成81個方格，再依座標高低的程度，分為五種不同的領導型態。如果以LBDQ的分類來

看，生產導向近似倡導因素，員工導向則傾向關懷因素。領導者因對兩因素即
捨程度的不同，計可分為五種類型（參見圖9.3）：

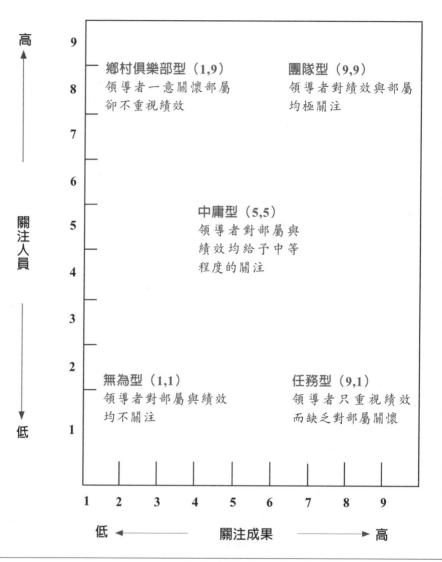

圖9.3　管理方格圖

資料來源：Blake & Mouton (1964:12).

1. **無為型**（1, 1組合）：此類領導者的特徵是過一日算一日，對於團體的
   績效與員工的關懷皆不在意。只要不出事，絕不會採取任何行動。領導

者放任部屬，對組織目標之達成績效只有最低限度的要求。

2. **任務型**（9, 1組合）：此類領導者重視組織績效，但對部屬的感覺鮮少注意。其只關心目標是否達成，對於成員之犧牲並不在意。此與軍隊組織之「一將功成萬骨枯」情況類似。領導者只關注工作成果，對部屬的需求很少給予滿足。

3. **中庸型**（5, 5組合）：此類領導者給予工作成果與部屬需求中等程度的關注，希望兩者能因之取得平衡。他的希望是團體保持一定水準的成就，至於是否出類拔萃則不勉強。領導者採取中庸平衡態度，不希望過度注重績效而荼毒部屬，但也不願過度遷就部屬而使績效降低。領導者對於生產與員工兩因素一視同仁，但僅止於中等程度。

4. **鄉村俱樂部型**（1, 9組合）：此類領導者就如開設鄉村俱樂部的老闆一般，費盡心思創建使員工快樂舒適的工作環境。認為只要強力關懷，部屬自然會心存感謝而鞠躬盡瘁。事實是否如此，則依組織的結構背景而有所差異。

5. **團隊型**（9, 9組合）：此類領導者對於生產與員工兩導向，皆達最高程度。認為組織目標的達成乃基於領導者與部屬互信互賴之關係，及對目標的共同體認。主張只要給予員工適當關懷，並導之以理，必能使其發揮潛力，進而投入工作而創造理想績效。此類領導者與中庸型不同，團隊型盡最大努力去激勵員工，態度極為積極。與之相較，中庸型則只希望保持一個平衡，部屬的潛力是否完全發揮則非關心重點。

經過實地調查，Blake and Mouton（1964）發現領導者採取團隊型（9, 9組合）的團體，除會達成既定之組織目標外，部屬之間也能保持高昂的團隊士氣，是最理想的領導方式。然而實務上，其難以一蹴而成。中庸型（5, 5組合）類型之領導可先作為初步之努力目標，然後再向團隊型的領導類型挺進。Blake與Mouton的發現，基本上與LBDQ相關研究主張高倡導高關懷為最佳領導類型之看法一致。

四、官僚、同僚與政治模式

除了俄亥俄大學領導雙因子理論、管理方格模式之外，教育領導行為論之向之研究，對於學校領導人（校長）應扮演之角色與經營模式也極為關注。以下即綜合各家說法，敘述其中官僚、同僚與政治模式之特徵與作法。

第二次世界大戰前，傳統上校長扮演的是一近乎「官僚」的角色，其任務基本上是接受命令、發布命令、與執行命令。當時由於專業分化程度並不高，教師組織尚未形成專業團體，進而與校長所代表的官僚集團對抗。戰後此情勢已大有改觀。由於師資培育制度之不斷改革，所培養的教師學有專攻，因而對傳統校長一個動作、一個命令的管理方式漸起反感。教師認為在教學領域中，校長實不應過度干預，重大決定宜由具有專業知識的教師集團自我決定。影響所及，造成學校「鬆散結合」的特性。目前校長所能嚴格控制的是自其以下的非教學系統，包括教務、訓導、總務、輔導等處室。命令一下，各個單位必須照辦執行。所以目前學校中隱隱形成教師（專家集團）與行政人員（官僚集團）兩大團體（見圖9.4）。面對此種形勢，校長的領導方式就必須因勢權變，方能收行政執行之效果。

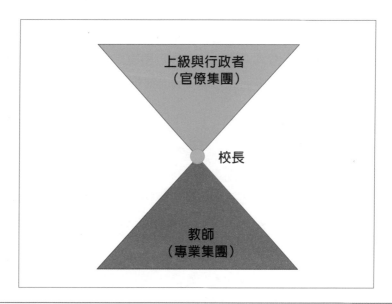

圖9.4　校長在當今學校組織中所處之地位

對於學校組織的管理模式汗牛充棟，數其犖犖大者計有三種：官僚模式（bureaucratic model）、同僚模式（collegial model）、與政治模式（political model）。此三種模式晚近在台灣已有學者加以研究，以下先簡單比較之，再敘述校長在各模式中應扮演的領導角色。

官僚模式顧名思義，係由Max Weber的理念衍生而成。運用此種模式的組織必定具有正式且嚴密的階層系統，即呈現金字塔的形狀。最上者大權在握，對於命令的發布有一定的管道；部屬申訴時也必須循序漸進，不可越級上報。在角色的分配上，上級有一定之權限，而部屬必須無條件服從，在組織中訂定嚴密的法規，一切運作則照章而行。決策的過程採集中的方式，大多由上層少數人決定，部屬鮮有機會參與。此種管理的模式最常使用於軍隊中，傳統台灣學校的管理方式大致也屬此類。

官僚模式的管理最大缺點乃在其過於僵化，不能配合組織實際需求。軍隊中因為部屬必須絕對服從，實務上命令的下達不成問題。然而在學校中，教師在心理上即存有並非校長部下的心理，因之即使表面聽從，實際上卻陽奉陰違，令成果大打折扣。所以在結構鬆散的組織中，官僚模式多半在運作上窒礙難行。

此外，官僚模式忽視了非正式團體的存在，而只是專注於正式結構的運作。實務上，團體中各個非正式組織對於組織績效之良窳有極大影響力。如果部屬覺得自我在決策過程中毫無地位，又必須要奉行命令，就可能產生暗中抵制的情況。台灣目前部分公辦學校績效之不振，多少也導因於體制過於僵化與且事權過於集中。

與官僚模式不同，同僚模式講究的是每個團體成員的參與。學者如Millett（1984）即主張高等教育組織絕非實施官僚模式的場域，此因大學必須保留一定的自由空間以讓教師創新發展。官僚模式層層相扣、無條件服從的堅持會抹殺學校的進步。相較之下，同僚模式主張組織決策應委由具有專業的成員共同會商後完成。其反對官僚模式，主因乃在認為教育組織具有以下特性：

1. **不主動性**（inactivity）：此因團體中雖必須不斷進行決策，但並非各個成員皆能參與。實務上，學校中因為成員各司其職，所以多半委由行政者代為執行；此與歐美各國的民主政治體制相近，人民選舉代議士，並由其代表決定施政方針。其基本假設即是肯定代議士在政治上的專業能力。

2. **流動參與性**（fluid participation）：此因學校教師流動性高，因之參與決策者經常走馬換將。影響所及，學校中最具影響力者乃是一小群堅持崗位多年的秀異分子。

3. **利益團體的存在**（fragmented into interest groups）：如同其他組織，學校也存有多個秉持不同價值標準的利益團體存在，其在資源短缺時會無所不用其極，以爭奪學校的控制權。

4. **衝突的產生是正常且頻繁的**（conflict is normal）。

5. **權威的受限**（authority is limited）：在學校因為環境與利益團體的雙故，常使主政者的權威大打折扣，而必須與各團體達成和解。

6. **外在的利益團體深具影響力**（external interest groups are important）：學校在做決策時並非只需考慮校園本身，尚必須顧及外在團體的壓力，其中如家長會、教師團體等都具有一定的影響力。

基於此，學者Parsons（1960）即主張學校的教師具有專精知識，所以在決策時應採用專家政治，而非只由上位者利用其地位獨攬大權。例如，在醫院中，醫師對於病人的處方來自其特有知識或是同僚之間會商的結果，極少有機會允許一個不懂醫術的院長來攪局。此種以專家知識來共商大局的方法，是同僚模式中最大的特色。Millett（1984）認為如此才不會發生糾紛，而使參與者心服口服。其把這種力量叫做「共識的動力」（dynamic of consensus），主張藉由共識之產生以促成團結，進而產生具有績效的組織成果。

同僚模式的興起乃是美國1960年代社會運動的產物，基本上，其反對官僚模式將人視為機器的惡行。為了要消除此種非人性（impersonalization）的弊病，於是積極鼓勵學校運作採取共同參與的模式。然而此種理想，客觀而論卻近乎烏托邦的哲學。Millett認為「共識的動力」會消弭糾紛，卻未談及產生共識過程中的激烈衝突與撕裂。在官僚模式下，藉著既定的法令與階級，產生之決策即使專斷主觀，但表面上產生之爭執卻較少。如今所有成員皆參與且堅持己見，在產生共識前必是風雨不斷。實務上，共識的產生只是多數壓倒少數，並非可使每個人心服。此外，同僚模式的運作必須在參與者專業能力及素養達到一定程度後，方能顯其成效。否則成員各爭私利，必使共識的產生過程變為坐地分贓的悲劇。

政治模式的倡導人為Baldridge（1971），其認為學校乃是一政治系統與複

推組織的混合體，各個參與者都試圖利用不同方式來影響決策。此種團體基於
各利益團體的角力，而必須經常重新估量問題，使其決策過程極端複雜。

　　政治模式的決策過程可分為以下三個步驟：(1)在學校複雜的結構中存有不
同利益團體，紛至沓來的問題對各方都產生壓力，使其不得不全力以赴影響決
策並從中獲利。(2)學校的立法機構如校務會議、教務會議等對於面對的問題進
行磋商，並票決產生相應之決策。在票決的過程中，各利益團體多需經過衝突
與和解的過程。(3)決策既已形成，接下來即是要求行政者執行，過程中各利益
團體嚴密監視。當其發覺內部或外部變數更改後，可能會再度發難，要求採行
民主方式進行另一波的協商與再決策。

　　三種管理模式各有優劣（見表9.3），而領導者所扮演的角色也有所差異。
以校長為例，其可能要具有以下條件：

表9.3　官僚、同僚、政治三領導模式摘要表

	官僚模式	同僚模式	政治模式
組織特性	1.組織職位階層嚴密。 2.命令管理由上至下，部屬須絕對服從。 3.領導人有很大的權力。	1.組織職位階層鬆散、甚或不存在。 2.命令之產生基於共識，部屬可憑其專業知識與行政者對抗。 3.領導人不具絕對權力，只是成員之一。	1.組織型態不一定，但有立法機構位居行政組織之上，且有多個利益團體。 2.領導人有執行命令之權，但無立法之權力。
決策方式	由領導者或上級少數人決定。	由團體中之成員積極參與，因而產生共識的過程中決定。	由團體成員選出之立法機構，經由各利益團體互相折衷後決定。
領導者角色	英雄	傾聽者	觸媒者
缺點	領導者易獨裁，而忽視非正式團體與老師的感覺。	學校成員各持己見，造成衝突與無政府狀態。	學校成員流動性高，權力易被一小群留守職位的人把持。
適用組織	組織極嚴密且有絕對權力存在之學校，如軍校。	團體成員具高度專業知識與民主素養，如大學。	組織易受外界或內部利益團體壓迫的學校，如設有校董會之私校。

1. 在官僚模式中扮演「英雄」的角色。此因校長處於行政三角形的頂端，又具有決策權力，因之被眾人期盼為能力高強的英雄人物。其必須斟酌問題、尋求方案，並最後做明智的決策。在實施官僚模式的學校中，校長常被教師期盼為萬事通，認為問題發生了，其必須立即挺身解決。因之此類校長為維持其實力，必須對於各種領導模式、決策分析技術相當熟悉。此外，在專業知識上（如教育理論）也必須有相當水準。此因學校成敗必須由其個人擔負，責任相當重大。

2. 在同僚模式中扮演「傾聽者」的角色，此因其不過是與眾人平起平坐的團體成員。由於實行集體參與形成共識的決策方法，領導者最大責任乃在傾聽各方意見、蒐集專家知識，並創造各方衝突時的協商與妥協契機。基於需求，同僚模式的校長首重人際關係，此因決策之權不在手中，所以其必須廣交四方，以調和鼎鼐，促使共識的順利達成。其雖無官僚模式校長般閃耀，但卻是不可或缺的外交家。

3. 在政治模式中扮演「觸媒者」的角色。此因其處於不同利益團體之間，所以必須折衝樽俎，結合與學校立場相同的利益團體，以達到預定之目標。與官僚模式校長不同，其在決策過程中，雖無絕對權力，但又比同僚模式校長更為主動。其很少持堅決或強迫的態度，但卻必須經常討價還價。此就如執政黨之國會議長，本身雖只有一票之權力，然而為了己黨之政策，即必須運用各種協調會、說明會、或私下進行暗盤達成交易。此種情形在設有董事會的私立學校中最為明顯，校長在爭取經費時，必須運用各種關係，以說動董事會成員，基本上扮演的即是觸媒者的角色。

　　晚近教師工會之成立與校園民主化浪潮，皆使傳統採取官僚模式的中小學校長受到質疑。部分教師團體主張校園決策應使用同僚模式。然而，三種模式的產生來自對美國高等教育的研究，所以是否能完全應用於中小學並無定論。事實上，一個校長極難找到所謂的萬靈丹模式，其必須要審視學校的脈絡而定。例如，在教學上，原則上應採用同僚模式，但特定教師本身專業知識與熱忱不夠，就會造成混亂與無政府的狀態。再如一位擔任救火工作的私校新任校長，當務之急即在快刀斬亂麻，理出一番頭緒。在此情況下，官僚模式似乎較為適合。又如在內外利益團體極為強大的學校（如家長會干預校務甚深），則

考慮政治模式的應用。

在相關研究方面，張建邦（1982）發現台灣大學當時採取官僚模式者為1.25%，同僚模式為12.5%，政治模式則僅有6.25%。吳清山（1989）以國小教師為樣本，發現在教師人口變項、學校環境變項、及管理模式變項中，以官僚模式對學校效能最具預測力。然而隨著時代的變遷，如今學校採用之模式必有所差異，值得未來進一步之研究。

從組織的觀點而言，校長角色係位於官僚集團（行政者）與專家集團（教師）之間。不管扮演角色為何，其態度都必須是積極且主動的，但目前有些校長凡事必請示上級，公文旅行拖延數月而延誤行政績效。校長是一校之領導者，不但是執行政策的人，也是行政者與教師間的橋梁。除了要化解爭端，尚須創造發展，所以在一定法令規範下，校長不管是自我發動，或是由校內外成員團體發起，都應對校務的整治有所行動。否則抱著「不做不錯」的心理，無論使用何種模式，都會被部屬視為是不稱職的領導人。隨著時代的變遷，校長再也不能如傳統坐在辦公室中治校，而必須積極與校內外團體接觸。試想一位閉關自守的校長，又如何能瞭解教師的需求。所以，成功校長知道如何在既有法令下，運用適當的管理模式來治理學校。就此而言，具有願景與協調力方能實現教育理想。

綜上所述，行為論主張領導者並非天縱英才，只要找出最適當的領導風格或類型，一般常人也可經由後天訓練成為成功領導者。此種一個口令一個動作的主張，實與心理學行為學派之「刺激－反應聯結」（S－R）主張極為類似。換言之，只要測知領導者的領導類型，即能大致推斷組織的反應與結果。然而實務上，此種過於簡化之推論卻忽視組織與成員互動的複雜性。即使採用齊一的領導風格，卻並不保證能達成相同效果。即以行為論所倡行之「高關懷高倡導」類型，實施後卻發現組織績效會產生有所差異的結果。此因一來定義「高」關懷行為就見仁見智，個人感受有時卻有雲泥之別，領導時有其一定之難度。二來要求高關懷高倡導乃是一種理想，實際執行時卻容易顧此失彼。任何組織之倡導改革，多會引起既得利益分子之反撲。關懷（注重個人需求）與倡導（注重團體績效）之間分寸的拿捏，實非絕對原則所能涵蓋。因此，行為論雖力圖發展理想的領導類型，但在實務執行上，除了推出眾多領導能力培訓課程外，今後仍須有更強之論述加以配合。

第四節 教育領導權變論

特質論與行為論之後，接著即是權變論的登場。領導模式的發展歷程中，權變理論相關研究占有重要地位。其所追求的，乃是根據情境之不同而決定最佳領導策略的歷程。以教育為例，相關所產生的權變理論，莫不殫精竭慮的尋求以下三個問題的答案：

1. 在校長領導行為與學校績效產出之間，何種情境變數（situationa variables）足以顯著影響其間的關係？
2. 何種評量工具與方式可以有效測量領導行為、情境因素、與學校產出之間的關係？
3. 既然世上並無絕對的成功領導模式，而必須視情境而定。因此在不同情境中，是否有特定準則來決定最佳領導策略之選擇？

以下即以權變論的主要理論加以分析敘述，其中包括Fiedler的「權變理論」（theory of contingency）、House的「路徑目標模式」（path-goal theory）、Reddin的「三層面理論」（three-dimension theory）、Hersey與Blanchard的「生命週期領導理論」（life cycle theory of leadership）。四者主張雖在切入角度上略有差異，但大抵均秉持權變之觀點。

一、Fiedler的權變理論

繼LBDQ之行為論相關研究後，Fiedler（1967）的權變理論大盛於1970年代。基本上，Fiedler的理論乃特質論與情境論的結合，認為人類行為係個人人格（需求、動機等）與所處情境的交互產品。Fiedler利用十四年的時間，檢視300種有關權變理論的實驗，結果發現情境因素常是決定領導行為成功與否的重要變數。

（一）基本主張

簡言之，Fiedler的理論，即在主張成功領導必須依情境採取適切的模式。

一位在鄉村地區創造佳績的校長，也許會在大城市鎩羽而歸。其理由無它，天下沒有成功的萬靈藥；領導者必須視情境之變化而運作，如此才會有所成就。Fiedler的理論主張要探討領導行為，必須同時研究人與環境兩組變數，前者係指領導者的動機取向（motivational structure），後者則指情境對完成目標的有利程度（situational favorableness），茲分述如下：

1. **領導者動機取向**：Fiedler假定領導者若非「關係取向」（relationship-motivated），就是「工作取向」（task-motivated）。前者以改進與部屬的關係為第一要務，當其處於不明朗或陌生的環境中，會先試圖得到部屬的支持，然後才論及任務的達成。與之相反，工作取向領導者會先強調制度與法紀，以達成目標為第一優先，頗有訴諸權威的傾向。此類人並非不注重人際關係，但強調對於部屬的體貼與關照絕不能影響工作績效。以Fiedler的話來說，其是「先談公事，事情辦完了，要怎麼玩都可以」。為了測量領導者的動機取向，Fiedler編製「最不喜歡同事量表」（Least Preferred Co-worker Scale，簡稱LPC）。受試者被要求根據其經驗，勾出績效較差之同事特徵。量表為八分量表（詳見表9.4），每題皆有兩個語意相反的形容詞組成。在量表上得分較高的領導者被認為是關係取向，較低者則為工作取向。換言之，若一個領導者對工作績效極為注重，其對績效差的部屬會偏向否定之語辭（如不合作的、不友善的），因而造成LPC分數的偏低。反之，關係取向者較注重部屬的支持，故對績效差者較為「寬容」，其LPC分數自然偏高。

表9.4　最不喜歡同事量表（LPC）

| 想想你最困難的工作伙伴型態（現在或過去）。他並非你最喜歡的人，而是每次與他工作，你都會感到無比的困難。請勾出其特徵。 |

歡愉的	8	7	6	5	4	3	2	1	不歡愉的
友善的	8	7	6	5	4	3	2	1	不友善的
拒人的	1	2	3	4	5	6	7	8	接納人的
肯幫助人的	8	7	6	5	4	3	2	1	不肯助人的
不熱心的	1	2	3	4	5	6	7	8	熱心的
緊張的	1	2	3	4	5	6	7	8	輕鬆的
冷漠的	1	2	3	4	5	6	7	8	溫暖的
合作的	1	2	3	4	5	6	7	8	不合作的

支持的	8	7	6	5	4	3	2	1	有敵意的
無味的	8	7	6	5	4	3	2	1	有趣的
爭鬧的	1	2	3	4	5	6	7	8	和諧的
自信的	1	2	3	4	5	6	7	8	自卑的
有效率的	8	7	6	5	4	3	2	1	沒有效率的
愁眉苦臉的	8	7	6	5	4	3	2	1	高興的
開放的	1	2	3	4	5	6	7	8	防衛性的

2. **情境有利性**：Fiedler認為有以下三個情境因素，足以影響領導者的行為：

(1) **與成員間的關係**（leader-member relations）：如果一個領導者被團體成員信任與愛戴，領導者就較易對其指揮與影響。反之，則會覺得政令不行，難以發揮。Fiedler認為此是最重要與最足以影響情境有利性的因素。

(2) **工作結構**（task structure）：如果工作的目標確定，有既定執行的流程，則工作結構度就高。在此情形下，領導者只要具備專業知識按照程序完成工作即可。反之，若工作目標模糊，沒有一定的執行原則，則其結構度就較低；領導者需要依情況隨時調整步伐，有時甚而必須嘗試錯誤。例如，在學校中如何因應地震與如何提高教師士氣，兩者處理就大不相同。前者有一定程序，後者則在目標與執行上都引人爭辯，甚而對「士氣」兩字的定義也有所不同，領導者必須視當時情勢才能決定行動策略。

(3) **職權大小**（power of the leader's position）：如果領導者對部屬的聘僱、加薪、獎懲、去職有絕對影響力，則其職權就大；否則，即可能形成虛位元首的情況，只有領導之名卻無領導之實，影響力極為有限。

根據三種情境因素的排列組合，可將領導情境分為八類。從圖9.5中的下部分，可以看到前三者為非常有利情境，再下三者為中度有利，至於情境七、八則為非常不利之情境。為了配合不同情境有利度，Fiedler（1967）強調必須搭

適當的領導類型，而其決定標準乃取決於領導後所產生的績效；此乃團體成完成其目標工作的程度，也就是以生產力或績效作為領導效能的指標。

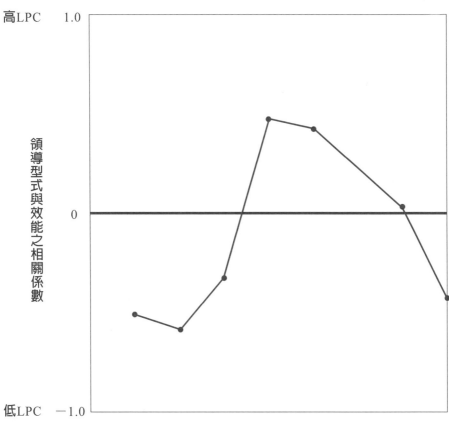

情境類型		一	二	三	四	五	六	七	八
情境因素	領導者與部屬關係	好				壞			
	工作結構	高		低		高		低	
	職權	強	弱	強	弱	強	弱	強	弱
情境有利度		非常有利				中度有利		非常不利	
相關（中位數）		—.52	—.58	—.33	.47	.42	--	.05	—.43
N		8	3	12	10	6	0	12	12

圖9.5　Fiedler權變理論基本模式圖

資料來源：Fiedler (1967:146).

　　基本上，Fiedler乃是根據其於1951年至1964年研究結果，提出權變模式，並利用領導形式（工作導向或關係導向）與領導效能間的相關係數做出結論。在圖9.5的最下部分，即列出各情境的研究發現，例如，情境一（非常有利）的相關中位數為－0.52，即代表關係取向的領導形式並不適合。此因上述相關數字乃分析領導形式（以LPC分數為代表）與領導效能兩者所得，負相關代表LPC分數愈高（即關係導向），其領導效能就愈低，故宜採用工作導向的方式。同理，情境四、五為正相關，故宜採取關係導向。Fiedler根據以上發現，主張在非常有利與非常不利的情況下，工作導向領導形式較好；但在中度有利之情況下，則宜選擇關係導向。推其原因，可能是在中度有利的情境中，領導者最需要發展一套外交手腕，以改善與員工關係來彌補情境之不利（讀者可看到三個尚可情境中，卻有兩個具有上下關係不睦的特性）；因之關係取向的領導者自然較為適合。反之，如果領導者在有利的情境中，因為工作的結構性高，人際關係對於成功與否並不具有決定性之影響，所以關係取向較無用武之地。

　　工作取向的領導者對於效能最為重視，所以在有利的情境中表現極佳。此因上下之間關係和睦，工作有一定實施程序，再加上工作取向領導者的效能觀念，團體成就必高。此外，出乎一般人意料之外，工作取向的領導者在最不利情境中（上下關係惡劣、工作結構鬆散、領導人缺乏職權），反而表現較佳。此因在混沌狀態中，必須有一強人快刀斬亂麻，將秩序建立起來。中國歷史合久必分，分久必合，其中完成統一大業非有膽識者不能勝任，劉邦、朱元璋即為最佳例證。基本上，工作取向領導人自然較關係取向適合擔任此種角色。也許在執行過程中，會因此得罪許多人，但做總比不做要好，所以，工作取向的領導者在情境的兩極端表現較好。

　　Fiedler一再強調，天下沒有常勝的領導者。只能說在特定情境中，某種動機取向的領導者較為適合。百戰沙場的名將，也許會在轉業為大學校長後弄得天怒人怨。所以，李白所說「天生我才必有用」之主張，就頗能配合Fiedler的權變理論。領導者多半在特定情境中最能發揮，如何去尋找此一情境，即是成功的要件之一。

　　實務上，Fiedler的理論改變了以往培養領導者的方式，其強調與其去改變「本性難移」的個人人格取向，不如訓練他們去改進情況，使其對自我有利。Fiedler認為訓練內容應包括：(1)如何與部屬相處；(2)如何執行行政業務使之更有效能；(3)如何加強專業知識；(4)如何去測知情況的有利性。換句話說，

…dler把經驗的培養視爲改進領導行爲的重要方法。舉例來說，一個LPC分數…的領導者（即工作取向），如果處在一個工作結構低、領導者擁有較弱職權…情境中，其成就可能不彰。改進之道在以往可能要求領導者改變其工作取…，而轉成關係取向；Fiedler的理論卻強調「英雄造時勢」。在此情況下，他…爲此一領導者應(1)加強自己的權力，或者(2)重組工作型態，使其有利結構…。所以，Fiedler的理論使學界對於領導行爲的改進，有了另一種看法，其學…所造成的影響不可小覷。

（二）相關Fiedler權變理論之評述

　　Fiedler權變理論提出後，在研究領導領域投下一塊巨石，各種驗證研…紛紛出籠，但得到的結果卻是分歧而無定論。例如，Schriesheim and Kerr…1977）兩位學者，曾與Fiedler有過激烈筆戰，認爲其學說毫無道理。然而…另一方面，Strube and Garcia（1990）在檢視許多研究後，卻主張大部分研…成果支持Fiedler的理論。當然，社會科學的理論常難以周延。以下即就批評…edler理論的重點，簡述如下：

1. Korman（1974）認爲其最大缺點，乃在LPC量表的信度太差。在不同時段中，受試者常有不同的看法，使對其動機取向判定之正確性大打折扣。

2. Chemers and Rice（1974）批評Fiedler的理論只重內在環境（其所提之三變數皆是團體內部的特性），而忽略外在環境變數對情境的影響。Fiedler自己也承認在決定情境有利度上，未能概括所有的變數。除了其所提的三項因素以外，其他如團體的異質性、員工專業水準、組織氣候等皆爲影響情境要素，但並未納入Fiedler之權變模式中。

3. Robbins（1983）認爲權變理論中的情境變數測量困難，在日常生活中，有時候很難認定領導者與員工的關係，且工作結構高低的判斷也有困難，因之在決定情境有利度上的正確性不夠。

4. Yukl（2009）指出Fiedler之相關研究，基本上過度重視高LPC與低LPC分數者，卻忽略了得分中等的領導者。事實上，其數量在組織中應是最多。相較之下，中等LPC領導者，由於其力求在工作與關係兩方面取得平衡，組織績效未必比高LPC與低LPC領導者差。

　　至於Fiedler理論在教育上的應用且具完整性的較少，多數研究趨向探□校長LPC分數與其所處團體工作效能之間的相關。例如，Williams and H□（1973）發現在不利情境中為－0.49，而在中度有利情境中為0.27。其中□LPC分數較低者為工作取向，所以在不利情境中證明較好。而在中度有利情□中，LPC分數愈高，效能分數愈高，代表關係取向的領導者較為適合。研究□果大致與Fiedler理論符合。此外，Garland and O'Reilly（1976）發現美國中□學校長職權高，但工作結構鬆散，所以關係取向的校長應較有成就。然而，□Hopfe（1970）的研究中，卻發現大學商學院系主任的LPC分數與大學教授□生產力無顯著相關。到底在教育情境中，哪種校長較為適合，至今仍無定論□

（三）台灣相關Fiedler權變理論之研究

　　台灣相關Fiedler理論之研究者首推陳慶瑞，其不但碩士與博士論文皆□Fiedler的權變理論為主題，且出有專書加以討論。綜合其歷年研究，皆在探□擴展Fiedler理論至台灣學校組織的可能性。其重要作品有四，分別為：(1)台□地區299所國小研究（1986），樣本校長299人，教師2116人。(2)高雄地區76□國小研究（1987），樣本校長76人，教師528人。(3)台灣地區163所國小研□（1993），樣本校長163人，教師872人。(4)台灣地區90所國中研究（1995）□樣本校長90人，教師716人。其研究設計與Fiedler稍有不同，即將領導效能□為工作滿足感、士氣、績效（生產力）、適應力（彈性）四項；其間雖稍有□動（如1987年研究僅有三項），但比Fiedler僅將生產力一項列為是領導效能□為完備。此外，Fiedler以往所研究的團體，多半為緊密結合的軍隊、球隊等□如今是否適用於鬆散結合的學校團體（Fiedler將之稱為是coacting group），□是教育行政者所關心的課題。

　　陳慶瑞四項研究除1987年研究樣本限於高雄地區外，其餘皆擴及整個□灣地區。在施測方面，領導形式（以LPC量表區分關係導向與工作導向）與□境因素（以情境因素量表瞭解學校與部屬之關係、工作結構、與職權三情境□素），皆由校長填答。領導效能則以領導效能量表施測，分為生產力、工作□足感、適應力、彈性四項，而由教師填答。之後，檢視三種問卷之結果，進□求出LPC與效能之相關係數。其主要發現如下：

　　1. 就整體領導取向而言，在四種效能指標中，其領導取向完全相同者，□

情境一與情境六（負相關），以及情境四、五（正相關）。

2. 同屬非常不利情境的情境六為負相關（工作導向領導）與情境八為正相關（關係導向領導），是否意味在非常不利的情境中，領導行為的彈性化乃相形重要。尤其是情境八（正相關），更是與權變領導理念不同，值得進一步探究。

3. 如就四種效能指標的領導取向而言，其有效領導形式，除情境八之外，大抵與權變模式相符，亦即情境一、二、三為工作導向（負相關），情境四、五為關係導向，情境六、七為工作導向，情境八為關係導向。其中，正負相關較為接近者為情境二（為2：2之比），其領導取向較不確定外，其餘情境則相當明確。

4. 就研究結果的理論適合度而言，在四種效能指標中，除績效（生產力）完全符合外，其餘皆僅達大部分適合程度。此外，如依三種情境有利度而言，完全適合者為中度有利情境，其次為非常有利情境，差異度較大者為非常不利情境。

5. 就整體而言，各研究除情境八之外，大抵符合權變領導的理論模式。亦即在非常有利情境下，工作導向（負相關）的領導形式，其領導效能較高；在中度有利情境下，關係導向（正相關）的領導形式，其領導效能較佳；但在非常不利情境下，工作導向（負相關）的領導形式，其領導效能較高。

二、路徑目標模式

路徑目標模式重在領導行為的歷程，認為領導者的工作乃在創造良好工作環境，並藉著規劃、支持與酬賞的方法，來幫助部屬達到團體目標。理論上，路徑目標模式導源於動機的期待理論（expectancy theory），主要由House（1971）首先加以發展。基本上，此模式分為兩大部分，一為確定目標，二為增進通往目標的路徑，以使部屬順利達成任務，圖9.6中，所顯示的即是其基本歷程。

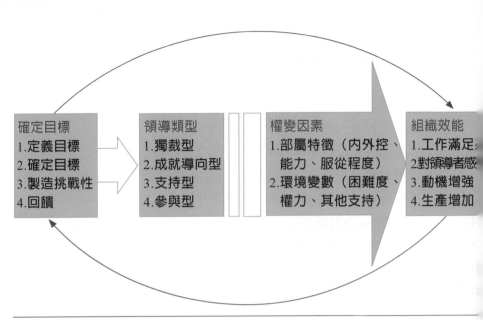

圖9.6 路徑目標理論架構圖

（一）基本主張

確定目標為成功領導的第一步。不論是長程或短程計畫，皆須有確定[ ]目標作為指引。路徑目標模式假設人類行為是目標導向的（goal-directed）[ ]沒有目標，成員行為就會雜亂無章。House（1971）指出確定目標的四個步[ ]為：(1)定義目標（goal definition）；(2)確定目標（set specific goals）；(3)製[ ]挑戰性（make them challenging）；與(4)回饋（feedback）。茲分述如下：

1. **定義目標**：領導者必須解釋達成目標的背景與原因為何？所需要的[ ]件又為何？以使得部屬能因而產生強烈的動機。

2. **確定目標**：目標並非空泛的哲學字句（如「改進教學」、「促進師[ ]和諧」等），其必須有詳細的界定（如「畢業生成功就業率達60%」[ ]或「英文學科成績超越全市平均分數」）。換言之，應將所希望達成[ ]目標採用行為目標的形式，能夠客觀加以觀察與評鑑。

3. **製造挑戰性**：邀請部屬加入決策歷程，使之明瞭目標的困難與挑戰[ ]進而引發其更強的動機來完成目標。

4. **回饋**：部屬達成目標的程度與優缺點應立即回饋，否則其會感到是[ ]

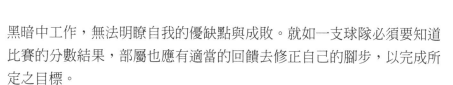

黑暗中工作，無法明瞭自我的優缺點與成敗。就如一支球隊必須要知道比賽的分數結果，部屬也應有適當的回饋去修正自己的腳步，以完成所定之目標。

　　路徑目標模式的第二部分，乃在領導者必須對通達目標的路徑加以改善（path-improvement）。一般而言，制定目標容易，但要完成則須一定之努力。領導者必須與部屬同行，並提供工作與心理上的支持。前者包括爭取資源、預算、掃除外在阻力等；後者則必須幫助部屬建立信心，使其在努力過程中不致氣餒。House指出兩者的重要性並無差異，一個領導者若只能爭取財源，而不能適時鼓勵員工，其成果必定大打折扣。此外，領導者行為常成為部屬仿效的對象；一個終日將過錯推給上級的領導者，其部屬在碰到問題時，也可能採用同等策略。因之領導者必須以身作則，樹立良好榜樣，如此才能產生良好績效。相關案例請見表9.5。

9.5　路徑目標模式之案例分析

　　一位年輕的校長剛剛接任學校。開學第一天即新官上任三把火，要求教師必須確實參加各科教學研究會，且必須要在一般正課教學之後。會議場氣氛凝重，教師多半非常不服氣。在此之後，雖然參加研究會，但多數敷衍了事，毫無效果可言。校長在氣結之餘，與教師團體之關係降至冰點。

　　就以上例子，可看出此位校長並未依照確定目標的四步驟進行。首先，他並未告知教師必須參加教學研究會的目標何在。也許是增進新知，也許是改善學校工作氣氛，教師並不明瞭。校長以為教師本來就該知道，但事實卻完全相反。所以在日常行政處理中，確實讓對方瞭解用意與目標是很重要的。校長未定義目標，自然無法確定目標，製造挑戰性。更糟糕的是教師在虛應其事後，並未得到任何回饋或警告，完全不知何去何從。像這種只下命令卻不加解釋的例子，在學校行政體系中頗多，其結果自然難逃失敗之命運。所以，讓部屬明確瞭解目標是達到成功領導的首要條件。

　　在改善路徑的過程中，領導者應依照部屬的特徵（subordinate characteristics）與環境的變數（environmental factors）來檢選自我的行動。前者包括：(1)內外控（locus of control）：部屬認為自己能決定周圍的事務或由命運來決定的程度。(2)能力（ability）：部屬認為自己的工作能力強弱程度。(3)服

從程度（authoritarianism）：部屬對於上級命令的服從度（係指心甘情願
服從）。環境變數則包括：(1)工作的困難度；(2)團體的權力結構（鬆散或
謹）；與(3)其他相關單位的支持。領導者必須審查以上各項變數，以決定之
的行動。例如，一個領導者在一有活力的團體中，就不應自身完全去除所有
礙，而應留下一些給部屬，保留一些挑戰性。

綜而言之，路徑目標模式主張不同領導行為加上權變因素，即可能產生
同的部屬行為。前者包括獨裁型、支援型、生產導向型、參與型四種，因環
之不同而必須靈活使用。例如，在壓力強大、工作難度高的情況下，支援型
領導行為就較有機會產生較高的部屬工作滿足感，但也並非絕對，必須視其
變數而定。

路徑目標模式與LBDQ的雙層面領導理論不同，基本上是探討領導歷程
模式。有關的研究結果不一，模式的正確性與否也是眾說紛紜。Schrieshe
and Kerr（1977）曾指出路徑目標模式的最大缺點，在於一個員工可能面臨
個領導者的指揮，因之所受的影響不易看出。例如，一位教師可能受到組長
主任、校長，甚至非正式團體中領導者的同時影響，對此，路徑目標模式就
於簡陋。Yukl（2009）指出路徑目標模式過分墨守期望理論的主張，認為只
促動部屬的動機後，才能有好的成果；其實其他方法如增進員工知覺與專業
能等，也可達到同樣的目的。此外，路徑目標模式認為領導者可藉著各種酬
方法以促進員工動機。然而，事實上在很多行業中，酬賞的給予往往並不操
於領導者手中。以台灣公立學校而論，薪資之高低全憑學歷與年資，領導者
握有的酬賞能力不過每年的考績或推薦優良教師之有限權力，如此一來，教
無論好壞，所得皆差不多，動機自然不強。領導者即使確定了目標，改善了
徑，因為缺乏誘因，路徑目標模式仍是不適用。

綜而言之，路徑目標從領導者與部屬的關係著眼，描繪出成功的領導
程，理論雖未完備，但卻指出一條可行之路。其中提到對於部屬與環境變數
重視，也是其一大貢獻。

（二）目標管理

目標管理之英文全名為management by objectives，簡稱為MBO，基本上
由路徑目標模式演化而成。其主要訴求乃在領導者與部屬一起設定目標，並
此共同努力。MBO的基本步驟包括：(1)領導者與部屬共同決定目標；(2)兩

司設立評鑑績效的準則；(3)部屬開始行動；(4)行動中的檢討，以補足達成
標之所需；(5)行動結束後，領導者與部屬進行成果評鑑；(6)對下一階段目
的準備。

六個步驟呈現循環狀態，最終目的乃在消除領導者與部屬之間，對於設定
體目標的歧見。為了讓部屬能夠自動自發，MBO主張部屬可以參與設定目標
過程，如果與領導者看法不同，也可藉機加以協調。此外，在行動過程中，
果發現離所定的目標太遠，部屬也被允許得到適當的幫助與修正；最後並與
導者共同進行成果評鑑，而非只是被動接受長官的品評。領導者與部屬基本
遠於平等的地位，共為所須補救的地方努力。

目標管理改變了團體中的角色扮演關係。部屬因被給予機會發抒己見，對
所定的目標自會視為是自我的目標，進而全力以赴。就領導者而言，在決策
不再只以上級自居，而必須扮演支持者的角色。目標的確定與評鑑的標準既
是基於共識，領導者就不須擔當所有後果責任，在行事上就不會有畏縮的情
出現。

目標管理最適用於獨立運作的商業部門中（如行銷、業務等）。在這些部
中，領導者有時不能與員工每日相處（如業務員必須出外拉生意），因之就
須事先確立目標（如這個月業績要達到多少）。此外，成品的良窳幾乎取決
部屬的努力程度。在此情況下，領導者若不與之事先商量，屆時必有弊端產
。與商業公司相較，MBO在學校應用就受到某種程度的限制。此因各國之公
中小學，各級政府多已對教育或課程目標加以訂定，校長、教師無權更改。
是如果校長有獨立而富有創意的計畫，如多媒體教學、環保教育等，皆可使
目標管理的方法，給予教師適度的自由發展籌劃，並且訂定要達成的目標。
此群策群力，產生之績效必定具有特色。

在學校中實施目標管理，校長必須要適度鼓勵教師參與，使其不再如以往
覺得事不關己。無可諱言的，傳統部分明哲保身的教師很少願意表示意見。
此，校長只能盡力開導，畢竟目標管理的路極為漫長，並非短期能達成的。

三、Reddin三層面領導理論

另一個在權變理論中頗富盛名的，是Reddin（1967）的三層面領導理論。

在其之前的領導研究多侷限於兩個層面（如倡導與關係層面），而Reddin認領導者行為必須加上「效能」（effectiveness）層面才稱完備，因之其理論又稱為三層面理論。根據Reddin的看法，工作導向（task orientation，簡稱TC是領導者為達成目標，對於員工指揮的程度；關係導向（relationship oriention，簡稱RO）是其為改進與員工關係（如取得其信任）的程度；而效能則根據其所定目標，經由領導行為歷程後產生的效果，三種層面皆是連續而非分的。例如，我們不能將效能絕對二分為「沒效能」或「有效能」，而必須述其在某種情境中，達成既定目標的程度有多少。

理論上，Reddin區分基本的領導形式為四：(1)關注型（related，低工作關係）；(2)整合型（integrated，高工作高關係）；(3)盡職型（dedicated，工作低關係）；與(4)疏離型（separated，低工作低關係）。由圖9.7可以看出Reddin的分法與Blake及Mouton領導方格的分法很相近，關注型為1, 9組合、合型為9, 9組合、盡職型為9, 1組合，而疏離型則為1, 1組合。

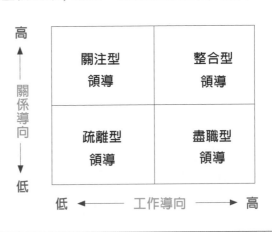

圖9.7　三層面領導理論四種基本領導型態圖

以上四種領導類型無所謂絕對好壞，完全取決於情境之不同。因之如果導類型能夠符合情境的需求，就可謂成功，反之則為失敗。Reddin曾將每種導類型所產生的不同效能加以命名，茲分述如下：

1. 關注型領導（低工作高關係）

(1) 如果產生之效能高，則被稱為發展者（developer）。此種人被認是對於員工極為信任，不願訴諸權威，而尊重其權利。

(2) 如果產生之效能低，則被稱爲傳教士（missionary）。此種人常被認爲是「老好人」，凡事只是一味以和爲貴。就如傳教士爲招攬信徒而逆來順受，有時不惜犧牲工作效能以換取良好的關係。

2. 整合型領導（高工作高關係）

(1) 如果產生之效能高，則被稱爲執行者（executive）。此種人被認爲是目標堅定明確，會刺激員工並根據其專長分配工作，人際關係良好。

(2) 如果產生之效能低，則被稱爲妥協者（compromiser）。此種人被認爲是過度盡力。在某些情境中，領導者其實只要注重工作或關係中其一即可。但是此類人卻刻意在兩方面求好，常給自己與員工帶來壓力。

3. 盡職型領導（高工作低關係）

(1) 效能高者被稱爲開明專制者（benevolent autocrat）：此類人知道團體的目標爲何，但在執行過程中卻巧妙避過人情或與員工之間的衝突。在下級人員眼中，其雖專制，但卻是有魄力且開明的。

(2) 效能低者被稱爲獨裁者（autocrat）：此類人完全忽視員工需求，只是一味以自我訴求爲依歸。員工完全不被信任，只如牛馬般的被驅使，組織氣候極爲低迷。

4. 疏離型領導（低工作低關係）

(1) 效能高者被稱爲官僚（bureaucrat）：在英文中的官僚一字，多指只是遵行法規而不願多加干涉的官員。此類人被視爲是不喜人情拖累，辦事公正，堅持依法行政執行業務而不踰矩。

(2) 效能低者被稱爲拋棄者（deserter）：此類人顧名思義完全與團體脫離，凡事不聞不問，置員工之生死於不顧，對於所負之責任毫不關心。

由以上之定義可知，Reddin主張即使疏離的領導類型有時也能發揮功效，此與中國儒道兩家之治世哲學大抵相近。儒家之「任重道遠」與道家的「無爲而治」看法完全不同，但卻各有所用。此因決定效能的最大因素，乃在情境之

不同。Reddin認為決定情境的因素有五：(1)組織氣候；(2)工作的專業水準（在研究機構中，其所需之專業水準比一般工廠要高）；(3)與上級之關係；與同僚之關係；(5)與部屬之關係。五因素大致與Fiedler的看法相同，只是Reddin除了強調工作之結構外，還重視其所需之專業水準，比Fiedler的考慮更為詳。

情境之不同，各種領導方式所產生的效能也不同。例如，Reddin認為疏的領導類型適合團體目標，只在維持現狀、工作性質簡單、員工靠直覺工作情境。例如，身為頂尖大學的校長，其校內教授多靠自我創造來完成工作，須太多外力干預，所以保持適當的「不聞不問」態度，也許組織的工作成果氣氛會更好。此外，執法的法官必須要擺脫人情糾纏，因之盡職的領導也許適合。總而言之，Reddin把四種領導類型賦予同等價值，不像傳統只認為其特定領導類型為最佳者，主張領導類型之適當與否，端視情境不同而定。

四、Hersey與Blanchard生命週期領導理論

上述Reddin三層面領導理論與其他兩層面研究之不同點，乃加入了效因素；而Hersey and Blanchard（1977）的理論，則加入了「成熟度」（maturity）層面。此處所謂的成熟度，主要係針對所要達成的目標而言，與中國所謂的「火候」一詞相近。一個領導者不但要知道其所處團體的平均成熟度，應注重個別成員的不同差異。Hersey and Blanchard曾以教學為例，說明一個級也許程度平均還不錯，但其成員卻可能程度不一。對於較差學生，教師應予較多指導，並給予特別的追蹤觀察（較為工作取向）。反之，成績好但卻有信心的學生，教師也許該以關係取向的領導方式，使其恢復信心，發揮既之潛力。

Hersey and Blanchard將領導行為分為四種（見圖9.8）：高工作低係（Q1）、高工作高關係（Q2）、低工作高關係（Q3）、低工作低關（Q4），並且認為決定團體或員工成熟度的因素有二：(1)對於追求更高目的意願：成熟度高的人在此方面意願較高，成熟度低的人則喜歡安於現狀(2)對於追求目標所需具有的能力與技能：成熟度高者因具有專業與人際關的技能，常能達成所負之責任，而成熟度低者常因能力不夠而半途而廢。

兩者決定團體或個人的成熟度，也因之可分爲四部分（見圖9.8下方）：低（M1）、中等（M2，M3）、高（M4）。

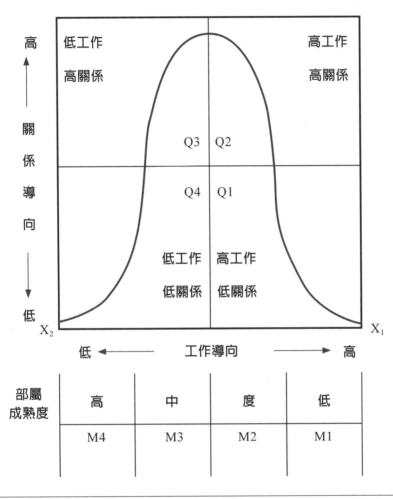

圖9.8　生命週期領導理論象限圖

資料來源：Hersey & Blanchard (1997: 167).

　　在圖9.8中的適當領導方式爲一鐘型弧線。Hersey and Blanchard認爲基本上隨著成熟度的提高，關係取向的領導會逐漸成爲理想的方式。在圖中之右下角之Q1處，成熟度達到最低，團體成員幾乎沒有能力達成目標或具有意願，此時訴諸權威之工作取向當爲上策。成熟度漸漸增高，工作取向比重應逐漸減少（鐘

型弧線表示爲一連續過程）。同樣的在Q4中，因成熟度已達頂點，任何工作□
關係取向的領導實爲多餘，故低工作低關係的領導方式實爲最佳選擇。

實務上，Hersey and Blanchard理論在教育上的最大應用，乃在指出領導□
必須提升團體與個人成熟度，否則其領導必定失敗。例如，校長初接一個前□
累累的學校，發現職員一無所長，教師也不知如何設定與達成目標，以圖來□
示正在X_1的位置。對此，這位校長必須立施鐵腕，對於學校之事務緊迫盯人□
職員或教師有不盡職者應立即予以指正。換句話說，此時宜使用高工作低關□
的領導方式。等到學校成員經過校長努力後，對於目標較爲肯定，也較有能□
達成之，此時其成熟度即已提高，最後經由Q2、Q3、乃至Q4的情境。在此□
況下（圖9.8中之X_2處），即使校長不採取任何行動，學校依舊可向前正常□
動。所以，學校的領導者必須培養其成員的成熟度，以備將來之需。一個在□
亂無主的學校中卻要使用無爲而治（低工作低關係）領導方式的校長，必會□
羽而歸。

綜觀Hersey and Blanchard的權變理論，其最大的弱點乃在：(1)情境變數□
不周延，與(2)評量工具的不完整。就第一項來說，雖然兩人很努力尋找影響□
導的情境變數，但終究不夠周延。而且人類行爲複雜，目前似乎不可能窮盡□
有變數（如果非要如此，則可能會重蹈特質論百科全書式的弊病）。因此，□
何尋找其中的犖犖大者，則應爲今後努力的目標。此外，改進評量工具，使□
更客觀、更有效度，也是刻不容緩之事。

五、各權變理論之比較分析

綜觀以上各領導權變理論，其優點乃在將情境因素列爲分析的重要變□
（詳見表9.6）；但嚴格而論，仍有不足之處。舉其犖犖大者，包括：(1)情□
變項的選擇各家不一，很難找到共識；且受限於分析能力，即使集合眾家之□
言，也無法窮盡所有之重要情境因素。(2)其理論發展仍以封閉系統爲主，此□
所選擇的情境因素幾乎皆來自組織內部可以看出。在現今外在環境日益複雜□
與組織交會頻繁的潮流下，各領導權變理論內容似乎並不完備。(3)除Fiedler□
研究外，其餘領導的權變理論受學者青睞者不多，導致相關研究相對於特質□
與行爲論較爲稀少，造成理論效度有所折扣的質疑。

9.6　各權變領導理論的比較

提出學者	理論名稱	主要情境變項	領導方式
iedler	權變理論	領導者與成員關係 工作結構 領導者職權	1. 工作取向 2. 關係取向
ouse	路徑目標理論	部屬特徵 環境變數	1. 獨斷型 2. 成就導向型 3. 支持型 4. 參與型
Reddin	三層面領導理論	領導效能 與上級關係 與同僚關係 與部屬關係	1. 關注型 2. 整合型 3. 盡職型 4. 疏離型
Hersey and Blanchard	生命週期 領導理論	成熟度	1. 高工作低關係 2. 高工作高關係 3. 低工作高關係 4. 低工作低關係

　　不過即使如此，權變理論仍有其值得參考之處。即以教育組織行政者（如校長）為例，在採用時可考慮以下三個問題：

1. 學校所處的外在環境為何？諸如地方派系的運作、城鄉差異等均應先加以瞭解，然後再檢視學校內部的情境因素，以決定領導類型。否則只看內不看外，往往會功虧一簣。

2. 學校內部情境因素，何者影響力最大？以Fiedler理論為例，其中職權一項，在以往法令不全的情況下彈性很大，但如今依法行政，其伸縮範圍減少許多，影響力就不如工作結構及與部屬之關係。此外，私立與公立學校性質不同，中小學與大學結構相異，在情境因素之選擇上必須因地制宜。

3. 應檢視前任校長之領導行為、學校情境因素，與所產生的效能關係，如此才能在既有基礎上做未來之規劃。如果以往很成功，其原因何在？如今情境是否改變而可蕭規曹隨保住成果？若已改變，則應採取何種權變模式？凡此種種，皆應在就任時加以考慮。

第五節 整合型教育領導理論

一、整合型教育領導理論之特質

教育領導理論之發展自1980年代之後，出現極大轉變。此時權變論之相關理論雖仍活躍於檯面，但新興領導理論卻如雨後春筍般冒出，形成百花齊放之景象。究其原因，乃在對傳統特質論、行為論、與權變論之不足之處作出修正。發展之今，新興領導理論雖是汗牛充棟，但基本上卻多有以下之特質：

（一）採取整合之走向

傳統領導理論皆習慣採取單一重點走向之模式，特意標舉領導者的特質、能力、行為模式、領導類型、乃至領導者所處之情境脈絡特性。由於焦點過於集中，遂有瞎子摸象難觀全局之弊。基於此，新興教育領導理論多半整合各走向焦點，試圖形成更大之視野。即以轉型領導為例，其內涵明顯具有特質論與行為論之色彩。一方面強調領導者之魅力，一方面也有知識啟發等倡導行為，具有整合之形式。此外如分布式領導之兼顧行為與情境變數，道德領導、服務領導之強調領導者特質（如真誠、正直）與特定行為之主張，皆是整合不同領導觀點之證明。基本上，傳統專注特定變項（如領導者特質）之走向已有所改變。採取整合與多元模式對領導進行研究，已成為當今顯學。

（二）重視被領導者之領導角色與功能

傳統特質論、行為論與權變論之論述重點，皆奠基於「領導者」如何進行領導（部分權變理論雖將被領導者之特質列入考慮，但仍以領導者為主）。相較之下，被領導者即成被動之角色，除了聽命外，完全與領導之歷程無關。新興領導理論多強調被領導者之重要性與角色，認為領導者與被領導者間的角色區分，不應成為領導者獨占之理由。反之，領導者需要導引組織成員自我發展，以成為領導歷程之重要角色。顯著例子如轉型領導之「與成員激勵共成願景」、分布式領導之「對部屬增權賦能」等。透過激勵與成員參與之手段，進

使成員之工作動機由交易式的利益交換，提升至內在自我實現之精神層次。
此，被領導者已成為成功領導歷程不可或缺之一部分，而自願全力為組織付
。至於領導理論如僕人領導、服務領導，則乾脆主張抹去領導者與被領導者
間的角色差別。領導者反而需要虛心就教，以誠意領導部屬。

（三）強調領導者創新與變革之積極角色

傳統領導理論主張制度萬能，領導者之權力來源為科層體制與法令。基於
，領導者進行「維持」與「守成」之任務最為重要，往往忽略（或不積極）
注組織創新與變革的重要性。與之相較，新興領導理論多主張領導權力之主
來源乃在領導者積極主動創新與變革，領導者才真正具有統御全局之權力。
於此，新興理論於轉型領導、道德領導、分布式領導、僕人領導等，分從不
角度切入，強調組織願景、激發鼓舞部屬、賦予成員自主能力、重視組織創
與變革等，皆在強調面對詭譎多變的環境，領導者必須具有前瞻之創新與變
角色。

二、整合型教育領導理論之群組分類

如前所述，整合型領導理論數量極多，將之分類有其必要。以下即依其內
分為七群（請參見表9.7）。在此要強調的是，沒有一種分類法能號稱完全周
，本書之分類可供參考，讀者也請參酌其他學者之分類主張予以綜合應用。

表9.7　相關整合型領導之群組摘要表

群組名稱	主要內涵	相關教育領導理論
轉型領導群	強調利用魅力與建立願景，協助成員知識啟發，以將其工作動機提升至自我實現的層次。	魅力領導、願景領導、催化領導、促進領導等
交易領導群	透過利益交換、給予特權的方式，刺激成員工作動機而令其就範，達到領導者所希望之目標。	領導成員互動理論（LMX模式）、交換領導等
道德領導群	領導者利用自我道德修為與特質，將學校轉型為具有服務價值觀之共同團體，進而激勵成員共塑正向價值觀。	倫理領導、真誠領導、靈性領導等

服務領導群	領導者身體力行，藉由服務成員而建立良好互動關係。進而促使成員甘願犧牲小我，為組織全力拼戰。	僕人領導、默默領導、真□領導等
分布式領導群	領導者與成員利用協同之行動共同治理組織，並透過彼此之間的互動與啓迪，形成一個有效能的領導群。	參與式領導、共享領導、□作領導、團隊領導、同儕領導、授權領導、融合領導、柔性領導等
家長式領導群	領導者在組織中行使絕對權力，但也試圖成為楷模與良師，如父親般關愛部屬。	父權式領導、主管領導、□理領導等
文化領導群	領導者透過影響成員的基本信念與價值觀，進而形塑正面融合之組織文化。	象徵領導、價值領導等

1. **轉型領導群**：在中文相關文獻中，轉型領導亦被稱為轉換型領導、轉□化型領導、變革型領導等。其中除轉型領導外，與之相關類似的尚有□力領導、願景領導、催化領導、促進領導等。其中之魅力領導雖具強烈特質論之色彩，但因其最後發展與轉型領導合流，甚至成為轉型領導主張之一部分，故加以合併敘述。轉型領導理論群之特點為強調協助或□化成員進行本質之轉變，將其工作目標提升至自我實現的層次，與領導者彼此激勵共同實現組織願景。

2. **交易領導群**：與之類似的包括「領導成員互動理論」（leader-member exchange model，簡稱 LMX 模式）。基本上，交易領導群服膺社會利益交換之理念，深信透過交易互惠、給予特權的方式，即可刺激成員工作動機而令其就範，達到領導者所希望之目標。因此，實務上，此類領導者多以胡蘿蔔與棍子交互使用，以創造領導者之絕對權威。此外，LMX模式之領導者會建立「自己人」團體，並施以額外資源，換取團體內成員之忠心與奉獻，也是利益交換之明顯作法。交易領導雖服膺交換論之主張，但為Bass等學者同時所提出之相對領導理論，有時即使身為轉型領導者，或也同時具有交易領導之部分作為。為使讀者有更全面之瞭解，以下將兩者合併加以敘述。

3. **道德領導群**：與之類似的包括倫理領導。道德領導理論群強調領導者利用自我道德修為與特質，將學校轉化為具有承諾、奉獻、與服務價值

觀之共同體，進而激勵成員共塑組織價值觀，甘心全力投入工作而非僅是唯命是從。

4. **服務領導群**：與之類似的包括僕人領導、默默領導、眞誠領導等。服務領導理論群之特點爲主張領導者應以僕人自居服務他人，與提升組織成員服務他人的能力。領導者不能高高在上，而應身體力行。藉由服務組織成員所建立之良好互動關係，使成員也甘願成爲僕人而犧牲小我，爲他人與組織全力服務。

5. **分布式領導群**：與之類似的包括參與式領導、共享領導、合作領導、團隊領導、授權領導、融合領導、柔性領導等。分布式領導理論群主張將領導者與其他成員之間的權力關係模糊化，利用協同式之行動以產生累積性動力。強調透過彼此之間的互動與啓迪，即能使領導群成爲一個創造的整體，產生遠大於領導者唱獨腳戲所能產生的成果。

6. **家長式領導群**：與之類似的如主管領導。家長式領導理論群具有父權主義與人治主義之傾向，領導者在組織中權力獨大，但也具有教誨式領導之特色。領導者試圖成爲楷模與良師，會像父親般憐愛與體諒部屬，因此常產生例外照顧與徇私現象。家長式領導爲華人社會相當普遍之領導類型。

7. **文化領導群**：與之類似的包括象徵領導、價值領導等。文化領導理論群主張領導者應該透過影響成員的基本信念與價值觀，進而形塑正面融合之組織文化，以適時進行組織改革。換言之，其牽涉到組織與個人價值觀之調和，領導者藉著各種儀式、符號、言詞、行動，以彰顯組織文化之訴求。此外，領導者也必須創建各種溝通管道與機會，促使成員瞭解組織文化中之主要理念與價值觀，進而融入其中。理論上，象徵領導與價值領導均可視爲是文化領導之一部分。

以上七群整合型教育領導群，實未能含括所有相關理論。此因1980年代之後，新興領導理論如過江之鯽，種類繁多且難以聚焦。有的僅就一個領導層面加以擴大，並冠上極爲新穎之名，但最後卻如流星般一閃即逝。限於篇幅，以下僅就研究數量最多之轉型與交易領導加以敘述。其餘教育領導群之詳細介紹，還請參考筆者之《教育領導理論與應用》一書與其他學者之大作。

📚 三、轉型領導與交易領導

自1975年之後，一種新的領導理念崛起，並在行政界引起巨大迴響。此種領導理念的名稱甚多，包括轉型領導（transformational leadership）、魅力領導（charismatic leadership）、夢想領導（visionary leadership）、或是激發領導（inspirational leadership）。儘管名稱不一，但其所指的不外是具有遠見、強調革新、鼓勵部屬提升其工作動機至較高層級，以共同完成既定目標的領導訴求。其主要概念的發展者為Burns（1978），之後並經Bass（1985）等學者發揚光大，進而成為整合型領導理論的顯學。

在研究行政領導者的行為後，Burns（1978）提出轉型領導的觀念，以有別於以往的交易領導（transactional leadership）。後者注重的是成本效益分析與權力交換，例如，部屬必須服從命令，才能如願獲得酬賞或避免懲罰；另一方面，領導者也必須擁有「資源」，如此才能換取部屬的合作。轉型領導則不同，其不但顧及部屬的基本需求，且更進一步試圖激發鼓舞員工的動機，使其能自我實現，超越原先預期的表現。換言之，轉型領導可說是交易領導的擴大與延伸（Bass, 1985），綜合各家說法如Tichy and Devanna（1986）、House and Howell（1992）、Bass and Avolio（1990），其主要訴求可歸納如下：

1. 領導應具有遠見，而不僅限於短期利潤的獲得。
2. 鼓勵部屬提升其目標與動機至較高層次，而不僅限於立即交換所得的報酬，希望其達到自我實現的境界。
3. 運用各種方法，激發部屬的智識，使其在思考問題上更具創造力，以擁有高層次的分析能力與遠見。
4. 領導者試圖改變現有組織環境，跳脫以往窠臼，重新檢視組織與成員的創造改革能力。
5. 引導部屬成長，給予適當的個別關懷，使其有願景與信心承擔更多責任。如此一來，部屬在自我成長中儼然已具有領導者的架式與能力，自然在組織的改革推動上產生助力，並達到既定的目標。

與轉型領導相較，交易領導強調資源交換的行為與歷程，主張以獎懲為手段，以完成與部屬之間的交易。其主要層面可從Bass and Avolio（1990）所編製相關量表中的因素分析結果一窺究竟，其中包括兩個主要層面，茲分述如下：

1. **後效酬賞**（contingent reward）：係指部屬在完成既定目標後，領導者所給予的正增強歷程。按其性質，又可分為承諾的後效酬賞（promises）與實質的後效酬賞（rewards）兩類。前者係指領導者對部屬保證，答應其在達到一定表現後給予獎賞；後者則在部屬完成行為後，視其表現論功行賞。後效酬賞在一般追求業績的商業公司中最常被採用，紅利制度的建立即是證明。

2. **例外管理**（management-by-exception）：係指對部屬的不當行為給予負增強的歷程，其手段不外處罰或剝奪獎勵。依其性質，例外管理可分為主動（active）與被動（passive）兩種。前者為在部屬日常行為中，預見與注意其錯誤，隨時伺機加以懲戒；後者則是在部屬行為已完成後，對其未達成目標之事實予以處罰。

在教育組織中，領導者往往利用後效酬賞或是例外管理，以達成促使部屬就範的目標。其中如考績制度的實施、校內資源的分配（有的教師就是能得到較多的行政支援），皆為交易領導的實施。原則上，此種方式可暫時維持組織的運行無礙，但僅限於守成的地步。面對內外環境的變遷，成員實難以產生遠見與創造力。此因領導者與部屬之間的關係限於資源的交換，此種「利字擺中間」的心態，對於部屬的向心力與組織的原創力，實是最大的殺手。

轉型領導則不同，其強調提升部屬的目標至自我實現的境界，而不僅受限於酬賞的取得。其主要因素經Bass and Avolio（1990）所編製的「多因素領導問卷」（Multifactor Leadership Questionnaire，簡稱MLQ）分析，發現包括以下四個以英文字母「I」為起頭的因素。部分MLQ內容參見表9.8。

表9.8　轉型領導MLQ問卷部分內容（激勵共成願景層面）

他經常利用機會談及對事情的理念與看法，希望和大家共同分享。 他會創造或把握表現機會，鼓勵我們積極參加，全力以赴。 他會提出我們可以認同的名言或座右銘，作為一起努力的策略或目標。 他常勉勵希望我們見賢思齊，更上一層樓。 他在言談舉止中激發團隊意識，表達出共同目標，讓我們瞭解為何努力。 他會提出符合我們希望的構想，讓大家為實現理想而努力。 他能夠以身作則，提供好的榜樣，使我們願意跟著他做。

1. **魅力**（idealized influence）：係指領導者具有遠見與活力，因而成 ┆
   被部屬崇拜學習的理想對象，甘心遵照指令完成業務。

2. **激發動機**（inspirational motivation）：係指領導者運用魅力，有效 ┆
   達組織的有利契機，使員工在樂觀與希望中，展望未來發展，並因之 ┆
   生強烈的工作動機與向心力。

3. **知識啓發**（intellectual stimulation）：係指領導者鼓勵部屬在知識 ┆
   的增進，培養其更多的創造力，與對過往處理問題的再思考，以在工 ┆
   行為上更加圓熟。

4. **個別關懷**（individualized consideration）：係指領導者對部屬依其 ┆
   求給予個別的關懷，使其覺得深受重視而更加努力。領導者並因而與 ┆
   屬建立特別關係，不僅限於資源之交換，從而使成員感到自我是組織 ┆
   的一分子。

不過，Bass的研究設計卻也受到批評，Hunt（1991）即認為其缺點有三 ┆
(1)過早使用MLQ，其所獲資料不如採用晤談或是觀察方法來得有效度。(2) ┆
領導行為與領導結果加以混淆，例如，激發鼓舞因素可被視為是領導效標，┆
非領導行為的一部分。(3)Bass忽略了Burns在原先設計中注重的領導者與被 ┆
導者之間的雙向交會關係，而只關心前者對後者的影響，在結論上因之有以 ┆
概全的問題。

即使有以上批評，轉型領導的提出，對於教育領導研究卻有一定程度之 ┆
擊（Brubaker, 2006; Gorton, Alston, & Snowden, 2007）。以往傳統領導多限 ┆
技術與人際上的追求，忽略了在其上的理念層次。換言之，轉型領導強調理念 ┆
的更新與推展，而不只是斤斤計較於各種領導「秘訣」的提出。面對現代社 ┆
瞬息萬變的特性，教育組織必須時時思考與分析，以配合新的需求與情勢，此 ┆
需要領導者跳出既有之框架。因此，就實務觀點而論，轉型領導在教育組織 ┆
發展上，有其一定之正面影響。

有關MLQ的研究方面，林合懋（1995）以企業界357人與學校472人為樣 ┆
本，發現轉型領導可分為七個因素，其中包括親近融合、遠景與吸引力、承 ┆
與正義、激勵共成願景、尊重信任、智識啓發、與個別關懷（前三者與MLQ ┆
魅力因素相若，四、五兩因素則可被視為是激發鼓舞）。在企業與學校主管 ┆

差異方面，前者的轉型領導行為較後者為多。

在交易領導方面，可區分為五個因素，分別是：(1)被動的例外管理；(2)承諾的後效酬賞；(3)主動的例外管理；(4)實質的後效酬賞（互惠）；(5)實質的後效酬賞（表揚禮遇），基本上和Bass and Avolio的分析結果類似。在所有因素中，最常見的是主動的例外管理。在企業與學校主管的差異方面，前者在承諾的後效酬賞與實質的後效酬賞（互惠）兩因素上較多，後者則在被動的例外管理與實質的後效酬賞（表揚禮遇）兩因素上較多。整體而言，無論是企業或是學校，愈是有轉型領導表現的主管，也會同時使用交易領導的方式來管理部屬，足見兩者之間關係的密切。

此種現象也經張慶勳（1996）的研究所證實，他以國小教師為研究對象，發現：(1)校長多兼採轉型與交易領導，且會權變運用之；(2)轉型領導比交易領導更具有領導效能。

綜而言之，若以Maslow（1954）的需求層次理論來分析，轉型領導無疑是領導者希望能將部屬之工作動機，提升至自我實現的境界，而非僅限於利益之交換以求自保。Sergiovanni（1990）認為交易領導雖不可偏廢，但其功效僅止於將日常運作之例行事務加以完成，很難進一步促成組織的變革。最後，特別要強調的是，轉型與交易領導雖有不同概念，但實務上證明絕非互斥的兩個理論。一位領導者可同時運用兩種領導類型，而將之視為是互補的關係（Benimon, 1993）。秦夢群、濮世緯（1998）也發現，台灣校長轉型與交易領導並行不悖。交易領導在日常運作上極為重要，但要使一個學校起死回生或是大放異彩，則非要有轉型領導的實施不可。交易領導守成有餘卻開創不足，轉型領導格局開放但須用力甚勤，兩者間的取捨，端賴校長的治校理念。

轉型領導的相關研究汗牛充棟，限於篇幅，以下僅就其與學校效能之相關研究加以簡述。根據Bass（1985）的假設，轉型領導可藉由增強成員信心，提升其對工作結果的重視與價值感，進而為組織付出額外的努力。其結果乃是組織會產生更高的效能，此種看法在日後之相關研究結果中得以證實。例如Rodgers（1993）以美國1991-1992年獲選為藍帶學校（Blue Ribbon School，代表辦學績優者）的小學為對象，探討轉型領導與有效能學校之間的關係。研究發現校長轉型領導乃是有效能學校的重要特徵，為推行轉型領導提供了強力支持。

接著，Leithwood（1994）以四年時間探討轉型領導與學校效能間的關係，發現兩者之間確有所關聯，轉型領導對學校之重建有正面價值。研究指出

轉型領導的貢獻可分爲兩方面，一爲直接提升學生的學業成績；二爲間接影響了學校成員的心理特徵，其中包括其對學校的看法、教師對興革的投入、與組織自我學習的能力。Leithwood並發現轉型領導的實施必須採取權變方式，因每個學校需求不同，轉型領導各因素組成的比例也各有差異，必須視情況加以設計。Leithwood回顧轉型領導的研究後指出，轉型領導與成員對領導者的知覺（包括領導者效能、對領導者的滿意度）、成員額外努力的行爲之間，具有顯著的正相關。此外，轉型領導與成員之心理狀態（包括承諾、心理壓力、控制壓力）、組織整體效果（包括組織學習、組織改善、組織氣候與文化）與教師知覺學生表現之間也有顯著正相關。

在另一方面，Gepford（1996）則以美國South Carolina州之低社經背景學校爲樣本，探討校長領導風格與辦學成功之間的關係，結果發現不管是在高效能或低效能的學校，採行轉型領導者，會比採用交易或放任領導者，具有較高的學校效能與辦學成功的機率。Hendersh（1996）探討美國校長轉型領導與教師專業成長之間的關係。結果發現轉型領導的校長會視教師的專業成長，爲學校組織發展的重要關鍵。

相似之研究如Yu（2000）以轉型領導與香港教師對變革承諾之關係爲焦點，結果發現轉型領導之校長在變革的執行過程獲得較多教師支持。Lester（2000）則發現轉型領導是帶領小學走向變革之關鍵，其重要向度包括分享願景、分享決策、分享領導與分享知識。

之後，Layton（2003）以美國Indiana州的中學爲研究對象。發現校長轉型領導能夠提升教師滿意度，提高教師知覺校長效能的程度，與促進教師更加努力的意願。此外，在校長運用轉型領導的學校中，大多具有良好的組織文化。Marks and Printy（2003）則將轉型領導與教學領導的觀點加以整合，藉以探討校長領導與學校效能之關係。其發現校長轉型領導是教學領導的必要但非充分條件。當校長領導能夠將轉型領導與分享式教學領導加以整合運用時，更能促進學校的效能。Griffith（2004）以小學教師與學生爲對象，探討校長轉型領導與學校教職員工作滿意度、教職員流動率、與學校效能之間的關係。結果發現以教職員工作滿意度爲中介變項，校長轉型領導與學校教職員流動率有間接負相關，同時卻與學生測驗成就有間接正相關。此外，學校教職員工作滿意度愈高，少數族群學生與非少數族群學生之學業成就差距則愈小。

轉型領導對於學校運作效能之影響，中文相關研究也多指出具有正面效

熊。例如張慶勳（1996）發現運用轉型領導可以直接影響學校組織效能，或是透過學校組織文化影響學校效能，其乃是國小校長進行改革的主要領導策略。此外，採用高轉型領導的校長並未完全放棄互易領導之採用。兩者之間的關係，呈現互補現象。

濮世緯（2003）探討國民小學校長轉型領導、學校文化取向對學校創新經營成效之影響，結果發現校長轉型領導有助於學校創新經營之實踐。其中轉型領導之「智識啓發」、「激勵共成願景」、「願景與承諾」對整體學校創新經營最具預測效果。研究亦發現轉型領導與學校文化取向同爲學校創新經營所需要。吳育綺（2006）以公立國中教師爲研究母群，探討校長轉型領導、組織創新、與學校效能之關係。結果發現校長轉型領導愈高，則組織創新程度愈高，也同時形成較高的學校效能。此外，校長轉型領導與組織創新之程度，可以預測學校效能。秦夢群、吳勁甫（2009）的研究則發現，具有高校長轉型領導及高學校組織健康特性的學校群，其學校組織效能較佳。此外，利用中介效果模式分析，顯示校長轉型領導可以間接透過學校組織健康的中介作用，對學校組織效能形成正向的顯著影響。

第六節　功能型教育領導理論

功能型教育領導理論係指將領導理念應用於各教育功能中之理論。嚴格而論，此類領導理論本身並未發展嚴謹之領導內涵，至多只是將相關領導理念應用於日常教育運作中，不具有嚴謹之理論基礎。然而由於研究者眾，且對教育領導者之成敗具有重大影響，故仍有其一定之重要性。以下分別簡述近年最受矚目之課程領導（curriculum leadership）、教學領導（instructional leadership）、知識領導（knowledge leadership）、科技領導（technology leadership）與學習領導（learning-centered leadership）之相關主張。

一、課程領導

顧名思義，課程領導與學校之相關課程政策及實施有極大關聯。吳清山、

林天祐（2001）即認為課程領導係指在課程發展過程中，對於教學方法、課程設計、課程實施、與課程評鑑提供支持與引導、以幫助教師有效教學而提升學習效果的作為。游家政（2004）則主張課程領導係指在教育的團體情境中，藉影響力來引導教育工作者在課程實務（含教學）的努力方向，使其同心協力去達成教育目標的歷程。

黃旭鈞（2003）定義課程領導係主要對學校課程事務所進行的各種領導作為，其目的在改進學校課程品質、提升教學效能、與改善學生學習成果。在課程領導的作為中可分為狹義與廣義兩者，前者為侷限於直接對課程的設計、發展、改進、實施、與評鑑的引導，後者則涵蓋達到上述目標的所有領導作為。

綜合上述之相關定義，可歸納課程領導定義如下：「針對學校之相關課程政策與實施，領導者提供必要資源與服務，協助教師進行課程規劃、發展、實施、與評鑑之領導作為。」其目的在增進教師表現績效，進而提升學生學習成就。

在課程領導的內涵部分，吳清山、林天祐（2001）認為課程領導內涵應包括：(1)設定課程目標與計畫；(2)管理與發展學校教育方案；(3)視察與輔導教學改進；(4)發展教師專業能力；(5)評量學生學習結果；與(6)塑造課程發展文化。與之相似的有蔡進雄（2008），其認為課程領導內涵分為以下六部分：(1)建構課程願景與目標；(2)引導教師規劃及設計學習領域課程；(3)推動學習領域課程實施；(4)提升教師專業成長；(5)評鑑學習領域課程；與(6)提供支持性的工作環境。Lee and Dimmock（1999）認為課程領導應包含三個要素：(1)校長與教師之間須有具體目標與雙向的合作；(2)校長和行政人員需積極投入課程發展歷程；與(3)共同建構全校性的課程政策。

從以上之主張中，可歸結課程領導之內涵包括學校之課程目標設定、課程規劃、課程設計、課程實施、與課程評鑑等部分。領導者必須積極正視發展教師之專業能力，針對課程發展、教學方法、課程設計、課程實施、與課程評鑑提供支持與引導，以幫助教師有效教學與提升學生學習成果。

🎓 二、教學領導

教學領導係指校長為了提高教師教學品質與學生學習績效，進而發展及參

與學校教學相關活動與措施之領導模式。McEwan（1998）指出有效教學領導應包括五項重要步驟：(1)建立與執行；(2)創造引導學習的學校文化與氣氛；(3)溝通學校的願景與任務；(4)與同仁建構高度的期許；(5)對學生、教師、與家長維持正向態度。

檢視相關文獻，學者對教學領導的定義繁簡不一。例如Tacconi-Moore（2005）即將其簡單定義為：「領導者對於促進高品質教與學相關活動，以提升學生表現的作為。」Denson（2006）則主張教學領導為：「直接與課程、教學相關的行政活動。行政人員對有效教學提供具有建設性的回饋，並擔負資源提供者的角色以支持教師。」

在中文學者部分，楊振昇（1997）之定義較為簡潔，其認為教學領導為：「所有協助教師教學，與影響學生學習，直接或間接的領導活動。」與之相較，吳清山、林天祐（2005）則較為詳細，其將教學領導定義為：「校長直接協助教師教學、促進教師專業成長與發展、進行學校本位課程發展以及帶動教師從事行動研究過程中，對於教學方法、課程設計、課程實施、和課程評鑑提供支持與引導，以幫助教師有效教學和提升學生學習效果。」

蔡進雄（2008）主張教學領導乃是為了促進學生學習成果，校長或相關人員從事有關教師教學與學生學習的作為。此定義值得注意的是，就教學領導者而言，校長或相關人員皆是可能人選。相關人員包括校外教育局長、督學、或教學輔導員等，也可能是校內教務主任、學習領域召集教師等，並非僅限於校長。

張明輝（2005）則將教學領導分為狹義與廣義兩種，前者係指校長從事與教師教學或學生學習有直接關係的行為或活動。廣義的教學領導則包括所有協助教師教學與影響學生學習的領導活動。其認為學校領導者重視教學領導，將能有效提升學校效能、引導教師專業成長、與促進學生學習成就。

綜合上述之相關定義，可歸納教學領導之定義如下：「校長扮演領導與協調的角色，引導與幫助教師之教學相關活動，以提升教師教學效能、學生學習表現，進而達成教育目標的領導行為。」

教學領導關注之焦點乃在提升教師教學效能、支援教與學之間的活動、提供所需之教學資源、與評鑑改進教學成果。基本上，學校領導之層面可分為：(1)發展教學目標；(2)確保教學品質；(3)形塑師生學習氣氛；與(4)發展支持的教學環境等四個層面。簡言之，校長教學領導主要訴求即在積極提升教師教學

效能，與增進學生學習成效。綜合文獻分析，教學領導的內涵可再分為「教學領導規劃」與「教學領導行動」兩大部分。茲分述如下：

（一）教學領導規劃層面

在教學領導規劃層面部分，分析各相關學者之研究，其向度大致以「發展學校教學目標」、「進行教學評鑑」、「提升教師專業」、與「形塑學習支持環境」等項目為主要內涵。例如Moorthy（1992）即認為教學領導的規劃應包括三個層面，其中包括：

1. **確立教學任務**：校長應明確瞭解學校所負之教學工作與任務，並領導全校達成學校教學目標，且致力教學之改善。
2. **監督教學計畫**：校長應與教師共同參與教學的發展、施行與評鑑。校長必須重視教學工作計畫的擬定，並確實進行教學視導。
3. **提升學校學習氣氛**：校長的教學領導不僅應協助教師教學，也必須力求學生能接受適當的教學指導，以促進其學習的進步。

在規劃教學領導時，Dwyer, Lee, Rowan, and Bossert（1983）指出其可能會受到四類因素影響。其中包括：(1)脈絡因素（contextual factors）：如內外環境（家長支持程度、種族的組成等）、個人（校長的經驗與信念）、組織（上級的政策與規定）。(2)校長領導因素（principal's leadership）：如擬定與溝通學校目標、觀察與評鑑教師教學、與分配教學資源及行政管理。(3)影響範圍因素（spheres of influence）：其中如學校氣氛（學校建築、環境與設施、師生關係、學校與社區關係）、教學組織（課程、教學活動、教師進修等）。(4)學習結果因素（learning outcomes）：其中如學校希望達成之目標（學生成就、學習態度、公民責任感等）。

之後，Hallinger and Murphy（1987）試圖發展出相關「教學領導架構」，以明確指出教學領導的具體層面與作為。兩人重視課程管理、教學評鑑、與師生的互動，所建立的教學領導架構相當完整。兩人認為成功的教學領導規劃，應包括三個主要層面與十項具體目標，其中包括：

1. **任務設定**：相關具體目標為：(1)形成學校目標；(2)溝通學校目標。
2. **課程與教學的管理**：相關具體目標為：(1)視導與評鑑教學；(2)協調課

程；(3)督促學生進步；(4)瞭解教學計畫。

3. **學校學習風氣與文化的形塑**：相關具體目標為：(1)設定期望；(2)確保教學時間；(3)提升與激勵學生進步；(4)設定標準。

與之相似的尚有Lashway（2002）的研究，其認為教學領導者在教學領導規劃時必須設定目標如下：(1)使學習成為師生優先目標；(2)教學法與教學內容合乎規章；(3)使用多元評量來評估學生的學習；(4)給予學生與教師較高的期許；(5)開創教師與學生間不斷學習的文化；與(6)增進社區與學校互動的支持。

綜上所述，可歸納出完整的教學領導規劃中，校長應發展讓師生感到支持的學習環境，進行充分授權、建立組織積極正面期望、發展成員凝聚力、與鞏固社區與學校之間的聯繫。此外，明確的具體分項目標也應確實建立，以方便之後的成果評估。

（二）教學領導行動層面

教學領導的行動層面係指領導者針對教師教學活動的內容與實施，加以支援與輔導，以提升教學效能，增進學生學習成效的實際作為。其牽涉到實際必須執行之行動，攸關教學領導之成敗。針對於此，Smith and Andrews（1989）提出詳盡的具體施行項目，強調除了良好的教學領導規劃外，校長更需有相應的作為，方能進一步增進教學效果，其主張校長所扮演角色與具體實施行動如下：

1. **校長扮演資源供應者**（as resource provider）：校長必須依其職權與能力，儘量提供、運用、與分配資源給學校成員，以達成既定之教學目標，其具體實施行動可包括：
   (1) 配合教師專長安排教學任務。
   (2) 儘早確立行事曆，使教師能即時安排教學計畫。
   (3) 與地方學區相關人員共同合作，以發展符合學生需求的課程。
   (4) 有系統與有彈性的提供各種教學資源給教師。
   (5) 妥善保存教職員參與教學相關決策的會議記錄。
   (6) 鼓勵學校成員積極參與討論教學事務。

(7) 藉由舉辦專業研討與經驗分享，積極尋求校外資源與教學改進機會。

2. **校長扮演教學資源者**（as instructional resource）：校長展現相關課程與教學的知識與專業技能，使教師願意與校長產生互動之意願，以增進具體的教學效果，而非只是虛應了事。其具體實施行動可包括：

(1) 校長積極與教師討論教學相關問題。

(2) 建立教室觀察的檢核表，以記錄時間與內容。目標是希望每天完成一個臨床視導計畫。

(3) 建立每位老師的評鑑檔案，其中包括年度、目標與指標，可容易查閱評鑑。

(4) 在相關教室觀察活動後進行檢討會議，並適時將會議紀錄供教師參考。

(5) 教師的年度評鑑結果能反應出其教學特色，與目標的達成與否。

(6) 教師能積極參與教學結果的分析。

(7) 校長規劃教師觀摩同儕的教學，並適時給予回饋。

(8) 確實訂定代課計畫、相關紀錄與經費報告皆有案可循。

(9) 對實習教師或教學能力不足之教師，能夠給予積極適當協助。若發現其無法進步，亦能依據聘約中止其教學。

(10) 教師能與校長合作設計，進行分析與評鑑自我之年度表現成效。

3. **校長扮演溝通者**（as communicator）：校長必須運用溝通的技巧與管道，使師生和家長能瞭解學校的各項教學活動與措施。其具體實施行動可包括：

(1) 相關重大決策流程予以書面化，其中明載團體的討論過程與決議結果。

(2) 詳加規劃教職員會議。對於相關的教學目標、行為、時程、與決議必須加以確立。

(3) 以各種方式（如學校刊物）介紹學校目標與願景，使師生、家長、社區皆能對學校的目標與文化清楚認知。

(4) 學校的願景能以適當的口號、文字敘述等多元方式加以宣導。

(5) 相關教學成效的書面資料能印發給師生與家長。

(6) 推動透明公正的教學評鑑制度。

(7) 學校成員能知曉評鑑機制的運作與指標，並明瞭校長對教學成果的期待。

4. **校長扮演臨場者**（as visible presence）：校長必須親臨各種教學現場，以讓師生明瞭其對教學之重視。其具體實施行動可包括：

(1) 校長親身巡視校園或教室。

(2) 校長能出席相關學生與教師的教學會議。

(3) 讓家長與督學知道校長願意與師生保持互動的立場。

(4) 當校長視導教學時，師生不會受到不當之干擾。

(5) 校長能運用各種視導技巧，使教師在不同階段中發展並完成新的教學目標。

三、知識領導與知識管理

　　追溯歷史，知識領導與管理之理念實導源於知識經濟（knowledge economy）之興起。其所以受到重視，也因知識經濟時代來臨所影響。經濟合作暨開發組織（Organization for Economic Cooperation and Development，簡稱OECD）於1996年發表「知識為本經濟」（The Knowledge-based Economy）宣言，其中定義知識經濟即是直接建立在知識與資訊的創造、流通、與利用的經濟活動之上。主張無形的知識已取代有形的土地、資金、勞動等傳統生產要素，轉化成為社會發展的核心要素。在此情況下，資訊、科技、與學習即成為學者探討的焦點。如何掌握知識具備競爭優勢，乃成為知識經濟時代的重要議題，並因此帶動知識領導與管理概念的興起與重視。

　　基本上，OECD（2000）認為知識可分為四類型態：(1)知道什麼（know-what）：意指知識的事實或內容。(2)知道為什麼（know-why）：意指知識的律則。(3)知道如何（know-how）：意指技術或能力。(4)知道何人（know-who）：意指誰知道相關資訊與知識。此外，知識有幾項基本特性：(1)知識具有無體性特質，沒有固定的形體。(2)產生後可被無限使用，故具有無限利用性。(3)知識的使用可及於他人，故具有共享性。

　　由於知識具無體性，因此需要藉助特定媒介才能表現與傳遞，其中資訊科技的發展便成為掌握知識的重要媒介。在知識管理的過程中，如何應用科技於知識管理上，即成為重要的議題。此外，由於知識的無體性，以顯現的角度加以區分，即有顯性與隱性知識之別。顯性知識可由文字、語言、資訊科技等媒介加以呈現或儲存。隱性知識則不同，其多半存留於個人或組織的經驗與記憶中，在管理程序上較難處理。其中如組織文化或氣候之描述，往往只能意會而難以言傳，個人的特殊經驗，也是難以用筆墨加以言傳。兩者之分別詳見表9.9。

表9.9　顯性與隱性知識之差異

顯性知識	隱性知識
客觀的	主觀的
能以文字語言加以呈現	難以文字語言加以呈現
屬心智的理性知識	屬實作的經驗知識
連續的知識（非僅是此時此地的）	同步的知識（強調此時此地的）

　　就學校而言，在知識經濟的需求中，教育必須產生自我學習與創新的能力，因此知識領導（管理）的理念即應該引入教育中，以對知識做有系統的運用並發揮最大的效用。在學校的知識管理上，必須思考如何應用科技與系統性的管理模式，將學校組織的顯性與隱性知識做最有效的管理。因此，以下先就學校知識管理的定義、內涵、目的、功能、模式與研究工具等，分別加以敘述探討。

　　知識管理涉及知識管理的目的（why）、內容（what）、方式（how）、與主體（who）等議題。Allee（1997）認為知識管理即是把組織之隱性知識外顯化，並將知識分享、更新、與補充的過程。知識管理的目的就在研究知識如何形成、如何學習整合知識、分享知識、更新知識、與系統化應用知識。

　　此外，Wiig（1993）以系統化的觀點分析知識管理，認為知識管理是包括所有可促使組織在既有基礎上產生智慧行為的概念性架構。其由三個主要任務構成：(1)探索知識及其適切性；(2)發現知識的價值；與(3)靈活管理知識。其認為知識管理的歷程，即在利用對知識創造、使用、轉化的過程，透過三項主要任務，將知識有系統加以統合與應用，進而提升組織競爭力（請參酌圖9.9）。

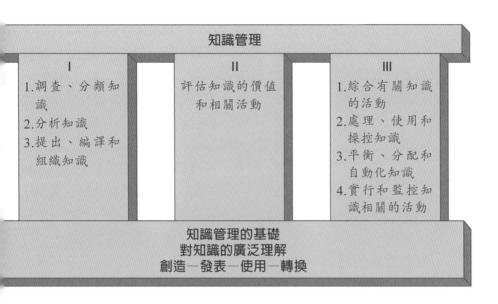

圖9.9 知識管理支柱圖

資料來源：出自 Wiig（1993: 20）。

就知識的內容層次加以分析，可分爲：(1)資料：爲最簡單的形式，如初步
文字或數據，乃是一種事實的呈現。(2)資訊：係將資料加以統整，以深化其中
的訊息。(3)知識：對各種資訊加以分析比較與統整後的產物。(4)智慧：係以
知識爲基礎，運用個人能力創建更高層次的價值。以上由資料、資訊、知識、
至智慧，即代表知識內容的不同層次（Wiig, 1993）。知識管理的目的即在將
知識的層次加以提升，最終將其統合成智慧，以創建改革的組織文化。

綜合上述各家論點，可將知識管理定義爲：「將組織顯性與隱性知識，透
過蒐集、儲存、整合、分享、應用、與創新的步驟，提升其知識層次，進而創
建更高層次價值以促進組織有效改革的歷程。」

根據上述定義，可進一步分別由知識管理的目的、主體、內容與方法等層
面，加以分析說明：

1. **知識管理的目的**：在於藉由組織知識的蒐集、儲存、整合、分享、應
   用與創新，強化組織的生產力、競爭力、適應力、與創新力，以因應環
   境之變革與永續發展。

2. **知識管理的主體**：在於組織的成員。由於知識無固定形體，需要適當

的載具才得以顯現與傳遞。知識發於人,傳於人,也變於人,沒有人
沒有知識。因此如何發掘、整合、提升組織成員的知識能力,即成為
識管理過程中之重要議題。

3. **知識管理的內涵**:在於將組織的顯性知識系統化與隱性知識外顯化
知識如不加以系統性的整合歸納,則無法發揮效用。因此,一方面需
組織中已經形諸文字、檔案、或其他媒介的顯性知識,加以建構成系
化的知識庫,以方便知識的分析、分享與創新。在另一方面,知識管
也不應忽視組織成員與內部的隱性知識。組織成員擁有珍貴卻無法言
的經驗需被留存,而組織內部之獨特文化也應被延續。如何將隱性知
外顯化,並予以系統化管理,也是知識管理不應忽略之內涵。

4. **知識管理的方法**:在於資訊科技的輔助與成員之間的分享系統。前
可協助組織將知識有系統的儲存與快速擷取,對於初步之知識管理助
極大。知識分享系統則包含分享的管道與文化,在知識管理之歷程中
組織應鼓勵成分享文化並且營造開放性氣氛,以促進知識的分享、傳
與創造。

📚 四、科技領導

科技領導與知識領導同為1990年代後興起之領導理論,兩者之關係也相
為密切。Arthur Andersen Business Consulting(劉京偉譯,2000)曾針對知
管理提出一個公式:$M = (P + K)^S$。其中P代表人員(people),為知識的承
者。K表示知識(knowledge),包含資料、資訊、知識、與智慧。+代表資訊
科技(technology),即利用資訊科技協助管理系統的建構。S次方表示分享
(share),代表知識的分享歷程與程度。由此公式中,可知資訊科技的應用與
知識分享的機制,乃是知識管理的兩大重要策略。沒有資訊科技的輔助,即無
法建置有系統的知識系統。沒有分享的機制,則知識往往僅限於個人,而無
擴及整體組織。綜而言之,知識必須透過成員的分享,才能顯現與傳遞,再藉
由資訊科技建構系統,知識才能有效整合與應用。就此而言,科技領導與知識
領導實有唇齒相依之關係,甚而前者可說是後者的一部分。

顧名思義,科技領導可被定義是「領導者發展、引導、管理、與運用科技

各種組織運作，以提升辦學品質的行為」。其為伴隨資訊科技快速發展，因產生之功能型領導模式。科技領導主張校長不僅需要具備科技素養，也應進相關科技的領導。其作為如在校園中積極引入資訊科技融入教學，鼓舞教師合資訊科技於教學課程，利用科技擴展學生學習方式等。實務上，科技領導步到科技融入課程、數位學習（e-learning）、行政數位化、與資訊教學等議。

　　科技領導的內涵與科技密切相關，但仍須搭配相關行政措施，方能使其功得以彰顯。作為學校領導者，校長無需成為嫻熟科技的專家，但至少需有一程度的瞭解，如此才能引導成員使用科技，以提升學校之辦學績效。以下即各家學者所提出之科技領導內涵加以敘述，雖有繁簡之別，但皆以科技為核進行發展。

　　在中文部分，秦夢群、張奕華（2006）抽取台灣台中市國小700名教師為查樣本，檢測校長科技領導之層面。結果顯示，校長科技領導之內涵層面有個，茲分述如下：

1. **願景、計畫、與管理**：成功的科技領導需要設立願景。科技領導其中的首要元素，即是發展與論述科技如何促使組織產生變革的潛力。願景乃是奠基科技領導的重要因素，如果缺乏願景，學校科技發展將會缺少方向與引導。如果學校成員（行政者、教師、學生、家長）與社區成員能夠共同參與學校科技願景的規劃，則各利害關係團體形成共識之機率愈大，科技的願景會愈容易實現。校長應該清楚說明學校使用科技願景、發展科技計畫、與利用資源予以積極推動。此外，除了願景引導發展方向外，相關科技計畫與管理技巧，也是科技領導的重要因素，其中如設備資源與管理、相關科技預算之籌措、電腦相關設備的採購，規劃科技設備之維護、使用行政資訊程式、與電腦安全管理系統等，均是科技領導所需涉及的資源管理重要項目。

2. **成員發展與訓練**：成員發展的構念係由三種能力所組成：(1)描述與確定成員發展的資源；(2)計畫與設計成員發展的課程；與(3)基於不同決策者（教師、行政人員、資訊協調者、或校長）之需求，制定出不同成員之科技發展計畫。換言之，科技必須由人來執行，因此確實執行相關成員的發展與訓練，也是科技領導不可或缺之層面。實務上，校長必須回應成員科技發展之最新議題與趨勢，學校也應建立資源中心幫助成員

發展與訓練。至於時間部分則應採用彈性政策，可在課間空堂或學校
習時段進行。

3. **評鑑與研究**：校長能建立科技標準，確實評鑑教師之個人成長，進
引導其專業發展。此外，校長也能針對應用科技進行相關研究，以引
成員對科技之使用。評鑑的過程與結果，可作為評鑑成員個人科技成
標準與引導科技發展計畫的重要參酌效標。校長必須針對學校整體發
進行評估，其中如成本效益分析、學校可能遭受衝擊的預估與解決、
施過程之監督、與後續改進計畫等，均不可加以輕忽。

4. **科技與基礎設施之支持**：當教師與成員有問題需要協助時，科技領
者即應提供技術支持與援助，此乃是科技整合成功的重要關鍵。此外
確保成員取得科技資源的公平機會，與適當維護科技設備，也是校長
技領導的重點之一。實務上，校長在此方面應公平分配科技資源給各
員、提供教師有利於教學的資訊科技設備、與確保科技周邊系統設
（如操作系統、電腦軟硬體、安裝與維護設備、電腦安全系統）的有
運作。

5. **人際關係與溝通技巧**：相較之下，人際關係與溝通技巧比科技技術
為重要。校長應瞭解與確認教職員及學生在科技上的需求，公平對待
有學校成員，並與其溝通有關科技的議題。實務上，當成員最初開始
習使用新科技時，所產生之挫折感與反彈較為強烈，此時領導者必
利用良好的溝通技巧予以緩解。此外，除了瞭解學校成員在科技上的
求，校長也應與校外相關團體（如社區、教育專業團體）維持雙向溝
與關係。成功的科技領導，乃建立在和諧的人際互動關係上。校長必
靈活運用溝通技巧，排除因使用新科技所引起之反彈，並整合校內外
技資源，以達成學校教育的最終目標。

五、學習領導

　　由於各級教育對於資源的不斷需求，歐美各國政府在社會與民意壓力下
針對學校所應擔負的績效責任（accountability，或譯為問責、課責）開始有
要求。學生學習表現一向被認為是學校績效責任的核心，因此如何提升學生

的領導模式即成為顯學。近年來，世界各國的教育改革都強調學生學習成
之增進，希望培養學生關鍵能力與素養，以因應未來多變的社會需求。受到
SA、TIMSS、PIRLS等國際性成就測驗的實施，學校教育對於學生學習表現
成效（測驗分數）更為各界所關注，教育領導的訴求也逐漸轉移至強調學生
習的表現。傳統認為促進學生學習的關鍵人物乃是教師，然而近年學者卻主
主導學生學習的範疇不應限於教室，而必須由整個學校加以推動，進而形成
習領導之理論與理念。影響所及，學習領導即成為繼教學領導與課程領導
後，研究教育領導與學生學習關係的重要模式。實務上，校長進行之行政領
、課程領導、與教學領導等作為，最終目標皆在增進學生學習成果。學習領
之出現，乃有集大成之趨勢。

　　整體而言，相較於教學領導及課程領導，學習領導的重點更直接指向學
，強調以學生學習為主體的概念。同時將學校領導中其他的影響因素（如學
行政運作、教室經營等）納入其中，更加全面性涵蓋影響學生學習的主要元
。在強調學生學習表現的領導理論上，學習領導比之前所提出之教育領導理
更具全面性。基本上，學習領導牽涉到校長、教師、與學生之間的互動行
。其中包括校長對於學生學習之領導行為、教師專業學習社群之運作、與學
學習表現之提升。三者環環相扣缺一不可。其重點即在提升教學環境與教學
質，強調學生學習（student learning）、教師專業學習（teacher professional
rning)）、與學校學習（school learning，以校長為代表）三個層面的緊密結
。限於篇幅，以下僅以校長學習領導為核心，分別說明其定義與實施策略。

（一）學習領導之定義

　　學習領導一詞，英文多以learning-centered leadership或是leadership for
arning加以表述，主張學校經營必須以確保學生學習為依歸。校長應該成為
師、學生與職員的學習領導者，而教師也應努力提升學生的學習成就。實務
，學習領導特別重視以下三個理念：(1)鼓勵權力分享：校長能夠與教師（甚
學生）共享權力與責任，形成緊密的學習團隊。(2)關注學校不同層級的學
：其中包括學生學習、教師專業學習、及學校學習三者。唯有如此，才能使
升學生學習成為學校組織每一位成員的目標。(3)形成學習共同體的操作模
：在不同層級上組成共同學習的團隊，其中如各學習領域之「教師學習社

群」，或是強調師生互動的「課堂學習共同體」，以實際行動進行學習領導
而非只是紙上談兵。在另一方面，Southworth（2005）則認爲學習領導牽涉
下三個行動理念：(1)楷模：領導者將自身視爲一個典範，藉由自身的行動展
成爲組織楷模，並藉此使成員產生合宜的行爲。(2)觀察（訪視）：包含教
的訪視、觀察教學、與提供回饋。領導方式經由教學上的實踐、成就、教室
動、以及學生學習過程等回饋，使領導行爲更爲有效。(3)對話：學校領導人
創造機會與組織成員（尤其是教師）進行各種形式的對話。其中包括對教師
學的鼓勵、回饋、與關注。領導人基於觀察與對話結果，可以有效增進教師
教學之反思，進而提升學生學習成果。

綜上所述，可知學習領導乃是以學生學習爲核心，強調學校領導者必
加強與教師之間的聯繫，共同承擔學生學習責任，提高學生學習表現，建立
學生學習爲中心的學校願景。基於此，學習領導可被定義爲「以學生學習爲
心，藉由共同塑造學習願景、提供適當資源、促進教師相互合作、以提升學
學習成果之領導方式」。

綜合近年相關研究，發現學習領導在講求教育績效的時代，雖然逐漸
到重視，但是相較於課程領導與教學領導，學習領導的發展與研究仍是有待
力，相關內涵與模式仍有進一步探討之空間。校長有關學生學習的領導行爲
大多數研究指出確實產生影響力，但直接影響效果較爲有限，大部分研究仍
現校長領導作爲必須透過教師與學校組織運作等間接方式，才能有效對學生
習表現產生正面顯著影響（Townsend & MacBeath, 2011）。

（二）學習領導的實施策略

綜上所述，可知學習領導的焦點乃在學生的學習行爲，乃是以學生學習
中心的領導模式。在瞭解其基本訴求後，接下來可以分從不同層面來一探實
學習領導的策略，其中約可分爲學校（校長）、教師、與課堂三個層級。限
篇幅，以下即以學校（校長）層級爲例，敘述相關之學習領導策略。校長爲
動學習領導的關鍵人物。實務上，可有以下之實施推動策略：

1. **建構與形塑學習之共同願景**：校長應激勵成員學習領導之知能，並
   行相關人才之培育。積極說明學校乃是一個學習共同體的理念，強調
   今形塑學習領導文化的重要性與必要性。透過學校願景與目標之建立

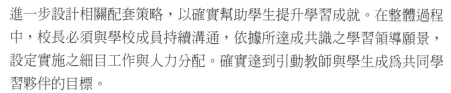

進一步設計相關配套策略，以確實幫助學生提升學習成就。在整體過程中，校長必須與學校成員持續溝通，依據所達成共識之學習領導願景，設定實施之細目工作與人力分配。確實達到引動教師與學生成為共同學習夥伴的目標。

2. **進行分布式領導**：依據學習領導之強調權力分享的訴求，實踐過程中校長應提出想法，並與行政人員、教師深入討論，最後再由學校全體成員共同設計策略與參與執行。在此過程中，校長並非將權力完全下放，而必須時時扮演「催化劑」的角色。其中如積極參與學習領導之創課與觀課活動，以與教師檢討、分享缺失，共同承擔實踐學習領導的責任。

3. **轉型成為學習型組織與發展學習專業社群**：學校學習領導之成敗，其中主因之一即在是否能夠形塑學習的組織文化。其強調團體學習與分享，利用各種管道促進教師之教學知能與知識之增長，並鼓勵回饋與再學習之歷程，以提升學習思維之能量。身為學校領導人，校長必須善用行政力量，積極創建學校成員學習之機會與資源。其中策略如：(1)安排教師學習時段、進行學習領導溝通會議，鼓勵教師參與各項學習共同體相關會議、研習、與社群。(2)建立學習之e化平台與溝通網絡，支持教師將其內隱知識加以外顯化，並檢視以學生學習為中心的課程與教學。藉由建立學習領導之知識資料庫、組織學習思維架構、與校內支持溝通體系之策略，最終進而激勵成員在相互溝通下達成實踐學習領導之目標。(3)善用團隊力量促使教師與教育行政團隊，研擬相關學習領導之執行計畫與策略，以協助教師解決學習領導之問題。

4. **提升教師教學領導能力**：校長應積極爭取相關資源。其中如申請教育機構之相關計畫，以獲得額外經費，或是邀請專家學者或社區人士參與，透過各種活動與管道，以增加學校進行學習活動之機會與資源。此外，學校應定期召開學習領導增能研習與教學專業發展課程，以讓學校成員能瞭解學習領導的概念，以引導其更積極扮演支援者、協助者、與服務者的角色。

　　為使得學生能夠獲得一定之知識與成就，校長、學校行政人員、家長、與區皆應積極參與學習領導的歷程。學習領導乃是重視學生學習成果的領導模，其極度重視學校課程設計、發展、與評鑑之歷程。學習領導分從學校（校

長）層級、教師層級、與課堂層級進行知識與學習管理，希望藉由主動學習
模式，建立具有創新性的教學歷程。在此日新月異的時代，值得學校與教師
以重視與實踐。

9.1

個案研究

鞭炮事件

　　燕京國中位於台灣北部一個小鎮，至案發之1999年歷史已有六十多年之久。小鎮約有人口5萬人，大部分靠種田爲生。由於山多平地少，平均收入不高。學生在家長不鼓勵升學下，多半畢業後就停止上學，升入高中、高職的比例不到60%。

　　校長馬超當時已到校七年，年紀在50歲上下。由於地方民風保守，治校並不困難；教師朝八晚五，很少與他接觸。反正沒有升學壓力，學生也很乖，秩序相當平靜。偶有調皮學生，馬超就用當年帶兵的那套，抓到後先打一頓屁股，然後叫父母來，再叫他們管教子女。當然，有時看到學生當場被老父用扁擔揍得太凶，還是要假意的拉一下。他最希望聽到學生的父母説：「校長，這小孩不乖，您要多管教，一切都靠您了。」那時他就會志得意滿的看著學生，好像在説：「你看，這可是你父母交代的噢！」他也知道學生背地裡叫他「鐵血首相」，但講講也是無傷大雅的！學生本性就皮，不凶一點，學校就要吵翻了天，那一世英名就完了。

　　在1999年4月某一天，中午吃飯時間，一位學生在無人的男生廁所中燃起一串鞭炮，爆炸之聲使旁邊的女廁所大起騷動。鞭炮響處煙霧瀰漫，等到管理組長趕來時已不見人影。他馬上報告給馬超，並立即進行調查工作；然而當時正是學生到廚房抬飯盒的時間，人群進出雜亂，馬超與多位教師、學生晤談後，始終尋不出任何蛛絲馬跡。

　　盛怒之下，馬超決定要逼元凶自首。他下令限制學生在午飯時的行動，任何人不得離開教室，每次上洗手間只准1人，且必須與留守的教師報備。

第二天

學生對於馬超的決定多表不滿，認為只為一人犯錯而牽連全校實為不該。三年級的同學還發起「不吃中飯」運動，認為反抗無效就只好消極抵制。此議一出立即傳遍全校，多數教師都已知曉。

在下午的導師會議上，支持與反對的教師各執一詞。一位化學教師主張搜身，也許可以找出那個「害群之馬」。一位體育教師也支持馬超說：「我已明白告訴我球隊學生，誰拒吃午餐，誰就滾出球隊。不給點顏色瞧瞧，他們哪會知道厲害。」另一方面，一些女教師表示調查過程中不應犧牲全校學生，宜溫和處理；否則太過嚴厲，肇事的學生想自首都不敢，應給予其機會。兩派爭執不休，但是最後仍依「慣例」，大家同意校長有最後決定權，教師只是表示意見而已。

第三天

一位國三女生為等待上洗手間而感到不適。在降旗典禮中，馬超警告學生若是發動抗議，將依校規記大過，絕不寬容；只有等搗蛋者自首，一切限制才會解除。學生在回家路上議論紛紛，最後決定將拒吃午餐行動延後兩天舉行，以觀望情況。幾個學生並暗自商議如何給馬超一點顏色看看。

第四天

一位學生的父親寫了封措辭強硬的信給馬超，提及：「翻遍了所有學校規章，都找不出任何法條可以懲罰拒吃午餐的學生。你身為校長，應以安定為重，怎可一意孤行，打擊學生士氣。若不改善，定向教育局申訴。」

無獨有偶，上午9時一位家長會的母親來電話，說明她就是昨日那位生病女生的家長：「這是個什麼學校，上洗手間還要得到允許，簡直是集中營！我的女兒有何錯誤，必須受此侮辱？你最好趕快停止此項暴政，否則出了問題我唯你是問！」這位母親憤怒的說。

下午，幾位教師走入校長辦公室，告訴馬超他們似乎已無力禁止學生明日的抗議：「夾在你們中間真是左右不是人，實在很擔心學生的情緒會不易控制。」馬超叫他們放心，他會巧妙的處理這件意外。

第五天

上學時，大家經過學校圍牆時都嚇了一跳。原來在才新粉刷的白牆上被油漆噴了「監獄」兩字，此外尚有些不堪入目的小字。詢問值夜教師也無任何發現。馬超氣壞了，立即下令徹查。這時聞訊而來的新聞記者蜂湧上前採訪並攝影，場面一片混亂。

早上10點鐘，駐區督學來電，說明有家長向他抗議，如再惡化下去則要進行調查。到了中午時，全校多數班級未去領便當，任憑教師如何勸導，同學只是靜坐教室內不發一言。馬超此時百感交集，心中五味雜陳：

1. 他堅信自己有權力依照校規處罰抗議的學生，但家長方面則很難交代。
2. 教師都只做壁上觀，一點忙都幫不上（或根本不願幫）。
3. 他不願撤回禁令，因為那樣太沒面子了。
4. 他要抓出搗蛋的學生，以正校規，可是那需要時間，目前學生已開始抗議了。

討論問題 ∙∙∙

1. 您認為馬超的領導哲學偏向特質論、行為論，還是權變論？其理由何在？

2. 馬超所採用的領導型態為何，試從各家主張之領導行為類型（如LBDQ、領導格、各整合型領導類型等）加以分析。

3. 就此個案，如果您是馬超，應如何解決此已兵臨城下的難題？

4. 試以Halpin的OCDQ理論，分析此校的組織氣候類型。

5. 試以本章所敘述之各權變理論，分析此校的組織特徵，並指出應採取何種領導為形式。

9.2 個案研究

升學輔導誰來管

　　逍遙工商是一所職業學校，設有各種工商類科。歷來招到學生之素質屬於中下水準，以往學生畢業將屆，學校就業輔導組即會舉辦就業輔導宣導活動，邀請各廠商來校園宣導介紹並提供就業機會。透過此種管道，以滿足學生就業之意願，也解決學校輔導就業的問題。此學生家長及地方人士對學校此種輔導多讚賞有加，校方在招生宣導或對外宣傳時，都刻意強調此項作為。

　　近年來，由於科技不斷進步，各行各業所需人才之知識技術不斷提升，職校畢業生已無法滿足業界人才需求。加上所得水準提高，學生家長不再希望子女從事基層工作，紛紛鼓勵其繼續升學。因應升學主義掛帥的社會潮流與需求，政府大量開放四技、二技學院之設立，更助長職業學校學生升學的風潮。逍遙工商也不例外，畢業班中至少有50%以上報考二技與四技，期能繼續升學，謀求更高的學歷與知識技能。

　　由於職校學生之升學風潮，附近補習班應運而生。幾乎每個星期都有補習班人員來逍遙工商宣導，吸收不少學生前去補習，補習班上課都排在放學後，因此學生補習完再通車回家往往已是夜深之時。許多家長不忍子弟如此辛苦受累與耗時耗力，於是透過家長會要求學校能夠自辦課業輔導升學。開會時全體委員一致通過贊成學校開辦課業輔導（即升學輔導），並要求於今年開始辦理。

　　逍遙工商林校長面對此問題，立即召開行政會議，商討學生升學輔導問題，幾次會議下來，學校老師多持反對立場，理由包括：(1)學生素質不佳，升學輔導沒有太大成效。(2)校內老師不夠專業，無法與補習班競爭。(3)學生可能只是一時興起，無法貫徹到底，因此反對開辦升學輔導。老師態度讓林校長非常傷腦筋，一方面其已在

會議上承諾家長會所求，另一方面也打算藉由學校升學率的提高來打響知名度。遭此挫折，林校長懊悔不已，爲何老師會群起反對甚或諷刺開辦升學輔導，百思不得其解。其再多次與老師個別私下溝通，但還是無法取得共識。迫於無奈，只好將此訊息轉達給家長會長並請求諒解。部分家長委員一傳十，十傳百，紛紛到校探詢究竟，甚或以興師問罪的態度來質問校方是否關心學生？部分家長委員更以辭去委員職務爲要脅，非要學校遵照辦理不可。

林校長爲人個性平和，在家長委員會議上順應民意答應家長要求，但事後卻無法勉強老師從事升學輔導，進而陷入進退兩難的困境中。他心中非常不安與後悔，冷靜思考目前校內已有以下現象與問題：

1. 家長會過去非常關心愛護學校，經常出錢出力贊助學校各項活動，因此得罪不起。
2. 是否以校長行政命令強迫老師接受升學輔導的工作業務？
3. 是否可請他校或補習班老師來校內開辦升學輔導？
4. 如何鄭重向家長會道歉並解釋無法開辦的理由？
5. 因爲此一風波，校園內學生抱怨老師，校園外家長反彈校方，似乎都已失去理性。平常和諧寧靜的校園顯得擾嚷不安，再不處理，恐怕會難以收拾。

討論問題

1. 試從各家主張之領導行爲類型與理論，分析林校長的領導行爲爲何類型。
2. 試分析討論林校長在此事件中的決策行爲與模式，究竟出現何種問題（詳見第十一章）。
3. 依照組織衝突之相關理論分析，林校長之治校行爲出現何種角色衝突（詳見第六章）？

如果您是林校長，您會採行何種策略與行動處理此棘手爭議？

建議活動

從所認識中的成功校長中，分析其背景、家世、人格與領導方式，以探討其為何成功。

以LBDQ問卷施測，並從結果中分析您的校長在兩個層面上（倡導與關懷）偏向何方？應如何改進？

給予校長「真實」與「理想」領導行為問卷。以其結果，分析其間是否有極大的差別？其造成原因是屬於個人的，還是社會的？

檢閱論文或專案報告，分析Fiedler理論的正確性，並檢視其他東亞國家的教育機制是否適用？

分析貴校校長的領導行為，試從特質論、行為論、權變論、整合型、功能型教育領導理論的不同觀點切入。

試以貴校校長的領導行為，分析其交易領導與轉型領導的成分各有多少？

試以貴校之組織型態，分析應採取何種行政管理模式（官僚、同僚、或政治模式）為最佳，並敘述理由。

第10章

教育溝通理論

　　十八世紀，中國文學史上出現兩大小說：《儒林外史》與《紅樓夢》。〔前〕者以諷刺的筆調，描寫當時官場上之千奇百怪；後者則藉一個大家族的興亡，〔點〕出繁華事散的哲理，其中寶玉、黛玉、寶釵三角戀愛情節，更為後人津津〔樂〕道。書中描寫寶玉早已心屬黛玉，無奈黛玉多疑，每每逼問。數次對陣下，〔於〕九十一回中即有兩人在瀟湘館互打禪語的精彩對話：

　　黛玉道：「寶姊姊和你好，你怎麼樣？寶姊姊不和你好，你怎
　　麼樣？寶姊姊前兒和你好，如今不和你好，你怎麼樣？今兒和
　　你好，後來不和你好，你怎麼樣？你和他好，他偏不和你好，
　　你怎麼樣？你不和他好，他偏要和你好，你怎麼樣？」

　　寶玉呆了半晌，忽然大笑道：「任憑弱水三千，我只取一瓢
　　飲。」
　　黛玉道：「瓢之漂水，奈何？」
　　寶玉道：「非瓢漂水，水自流，瓢自漂耳。」
　　黛玉道：「水止珠沉，奈何？」
　　寶玉道：「禪心已作沾泥絮，莫向春風舞鷓鴣。」
　　黛玉道：「禪門第一戒是不打誑語的。」
　　寶玉道：「有如三寶。」
　　黛玉低頭不語。

　　黛玉懷疑寶玉對寶釵有情，於是先打下「寶姊姊這樣，你怎麼樣？」等一〔連〕串問題，宛如轆轤轉動，聲勢驚人。面對逼問，寶玉卻以「只取一瓢飲」〔回〕答，意謂三千粉黛，只取一人。四兩撥千斤，煞是巧妙。
　　黛玉仍不放鬆，繼續追問：「瓢之漂水，奈何？」寶玉最後答道：「禪〔心〕已作沾泥絮，莫向春風舞鷓鴣。」保證心已如沾泥之柳絮，不會如鷓鴣之〔飛〕舞。真情流露，鑄為盟詞，黛玉方低頭不語。
　　寶玉與黛玉的對話在文學上有其象徵意義，也為研究組織溝通（commu-nication）的學者引為範例。談情說愛本為難事，說少則意不足，說多則失〔真〕

。寶、黛之間互以禪語進行溝通，表面上不知所云，無形中意思已有所傳，此是極成功的例子。然而在現實的環境中，溝通卻非易事。說者無心，聽有意，一時疏忽恐會釀成大災。Powell（1969）指出，人際之間的溝通可分為以下五個層次：

1. **應景談話**（cliché conversation）：泛泛之交或素不相識，見面說「你好嗎？」等客套話，其目的只是應個場面，並無任何深入的溝通行為。

2. **報告事實**（reporting facts about others）：只是將發生之事實照本宣科，並無任何深入訊息提供對方。例如，學校之簡報即多止於介紹。

3. **提供意見**（my ideas and judgments）：在一定範圍內，提供個人對特定議題的看法，以供對方作為參考。例如，學校之各項會議，眾人各提所見即是。

4. **述說情感**（my emotions and gut feeling）：願意進一步說出自我的情感、關心與憂慮。人是理性兼具情感的動物，述說內心深處的感覺有助於成長，但有時卻可能被他人視為軟弱。

5. **高峰溝通**（peak communication）：此是人際溝通的最高形式。完全的開放與誠實，將自我想法、感覺、與需要與他人分享。所謂知音者不過如此。

寶玉與黛玉的層次無疑是高峰溝通，雙方完全開放且真誠。然而在現實社會中，溝通技巧人人需要，但卻是最難學習的部分。以下即就溝通的過程與模式、組織溝通的特性、組織溝通的障礙與改進之道，分別加以討論說明。由於本書討論之焦點在教育行政組織之運作，關於人際溝通與成長的相關研究，還請讀者自行閱讀其他專書，本章則以組織溝通為敘述重點。

第一節　溝通的過程與模式

溝通，一如領導與動機，乃是在組織行為中，最被重視與討論的議題。良好的溝通是促進組織績效的重要因素，但是何謂「良好」則是眾說紛紜莫衷一是。此種情況也發生在定義「溝通」一詞上。數十年來，行政與管理學者試圖

找出周延的詮釋，但多半功敗垂成。例如，Davis（1967）定義溝通爲「個人傳遞訊息給他人，並相互瞭解的過程」（p. 316），即是將溝通只界定在「互動」（interaction）的範圍內。事實上，互動不見得就是人們心目中的溝通，此種情況在飛機的經濟艙中最爲常見。由於票價低廉，座位往往小而擁擠。在幾乎面對面的狹小空間中，如果不願意與人交談，即可將臉轉向反方向而以肢體語言表示。如此一來，雙方有了互動，訊息也傳達了，但這是大家心目中的溝通嗎？其程度當不止於此！

在資訊爆炸的時代，行政人員的重要任務之一，即是控制與傳遞資訊的流向。其需要從各種溝通管道獲得資訊，並利用溝通技巧控制或傳遞資訊，此種資訊的有效溝通過程對領導行爲極爲重要。領導者若只是關在房間中不願與外界溝通，其決策往往引起組織成員的反彈。

學者Mintzberg（1973）發現美國經理階層必須花費80%的上班時間與他人或屬下做言語溝通，其比率相當驚人。在使用的媒介上，59%爲例行會議，22%爲書面工作，10%爲非例行會議，6%爲電話溝通，3%爲出差。其中，69%的時間用在會議上，與台灣學校動輒開會的情況頗爲類似。

從以上資料可知「有效溝通」對行政者的重要性。即以校長爲例，其溝通層次與對象均極爲複雜。對內，其必須傳達各種行政命令與教學指示；對外，其要報告學生的學習成就與學校運作情況。當然，不同目標也導致溝通形式的不同。Scott and Mitchell（1976）將溝通的功能分爲以下四類：

1. **感情的（emotive）**：溝通的形式是以情動人，其目標在使對方感到更被團體接受，並因而產生工作滿足感。例如，校長以過來人身分，勸導新進教師莫因一時挫折而產生莫大壓力，只要認清角色定位，即可度過難關。

2. **激勵的（motivation）**：其溝通形式係以影響力服人，目標則在使對方更能效忠於組織目標。例如，校長用其職權制定學校獎勵措施，鼓勵教師進修以獲得更多專業知識；同時，進修者也可得到某種程度的獎助以爲激勵。

3. **訊息的（information）**：此種溝通目標在利用各種科技或管道得到訊息，以作爲決策之依據。例如，校長希望行政能夠電腦化。在做最後決定前，蒐集各相關電腦與他校執行成果之資訊即是。

4. **控制的**（control）：此種溝通目標在使對方充分瞭解溝通者之地位、責任、與擁有之權威。例如，校長召開工作會議，會中明確指出成員的工作與職責即是。

　　無論以上任何一種溝通功能，其目的皆希望成功的傳達信息，而不僅止於動交會而已。事實上，溝通的行為是動態的，每一個環節皆有其重要性。簡的說，它是幾個英文字母「W」的組合，包括誰傳遞訊息給誰（who），訊的內容是什麼（what you say），在何種場合傳遞（where），經由何種媒介通道（which channel），與溝通的形式為何（how you say it）等部分。以下即文獻與實證研究之發現，介紹溝通模式的形成。雖然學者無法歸納出一個令人皆滿意的定義，但藉著對各組成要素的介紹，當可進一步瞭解溝通行為的質。

　　圖10.1所顯示的即為最基本的溝通模式，包括訴說者（speaker）、傾聽者（listener）、與訊息（message）三個要素，由於模式過於簡單，Lasswell（1948）於是再加上「媒介」（medium）因素。其表現種類包括各種談話、報紙、電視、電腦網路、與身體語言等。不同場合使用不同媒介，常造成相異的溝通效果。

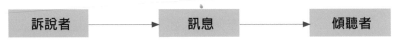

圖10.1　最基本之溝通模式

　　一年之後，Shannon and Weaver（1949）提出另外三個組成要素：來源（source）、終點（destination）、與噪音（noise）。Shannon and Weaver指出訊息來源有時並非出自訴說者（也許聽自謠言），而訊息終點也非一定止於傾聽者（也許會傳出）。此外，訊息溝通過程中可能會出現噪音（不符事實之訊息加入），進而干擾傾聽者，而使溝通效果大打折扣。

　　之後，Berlo（1960）根據其研究，繼續在模式上加入譯碼（encoding）與譯碼（decoding）兩要素。當訴說者傳達訊息時，會選擇不同表現方式，甚而在情緒上有所變化。同樣訊息，有人誇張大聲說出，有人卻只以身體語言隱隱表現。當傾聽者接收訊息時，也會以其感覺或想法來解讀，甚而情緒性的增添

或丟棄一部分訊息。因此，譯碼與解碼的過程極為複雜，皆牽涉到個人表達與接收習慣。訴說者所拋出之訊息，極少能為傾聽者百分之百的正確接收，其中如果再加上噪音，其失眞程度更是雪上加霜。

再接再厲，Schmuck and Runkel（1972）將溝通模式改為迴圈（loop）形式，並加上回饋（feedback）因素。兩人認為溝通絕少是單向，而應是雙向的。在過程中，個人可能分別扮演「訴說者」與「傾聽者」的角色。訊息的流動是雙向的，當一個想法出現，必有其回應。例如，教師授課成果可以學生考試成績作為回饋，行政運作功效可藉由調查部屬反應得知。此類回饋雖有時不易獲得，但確實存在。Downs（1977）就發現員工不願甘冒不諱而發出負面訊息，有時沉默反而代表不滿情緒。因此，主管不要因為表面平靜就認為溝通已大功告成，而應該反求諸己，成為一個誠懇的傾聽者，如此才能得到眞正回饋。

最後，Anderson（1971）在討論溝通行為模式時，加上文化因素（cultural surround）。眾所周知，不同文化之下，其溝通形式有許多差異。同樣的言辭或訊息，可能因文化傳統差異而有不同解釋，甚而引起誤會。此外，Davis（1967）在其著作中也討論到個人心理特質對於溝通行為的影響，認為個別差異會影響其對訊息的接收與詮釋。

圖10.2中所顯示的即是參考眾學者的看法後，所形成的溝通模式。綜而言之，此模式有以下四個特點：(1)整個溝通過程是循環且雙向的。個人不但扮演訴說者，同時也可能是傾聽者。訊息不止是單向傳遞，而應有雙向回饋。(2)譯碼與解碼乃是對訊息處理的方式。藉著不同管道或媒介，訊息以各種方式發出與傳遞。(3)傳遞過程中會有噪音的出現，往往造成困擾並使訊息失眞。(4)溝通之形式受到大環境（文化層面）與小環境（個人特質）的影響。同樣訊息卻因文化信仰或個別差異而有不同的傳遞方法，進而影響雙方的溝通行為。

介紹完溝通的基本模式後，接下來敘述組織溝通（organizational communication）的特性與方法。顧名思義，組織溝通係指在特定組織內的溝通行為，其形式可為正式或非正式，其方向則是垂直與平行互相交錯。Mays and Taggart（1986）指出美國因組織內紛爭而進行訴訟的案例，其主要導火線即在溝通不良。由此可見，組織溝通的良窳對於組織成長的重要性。

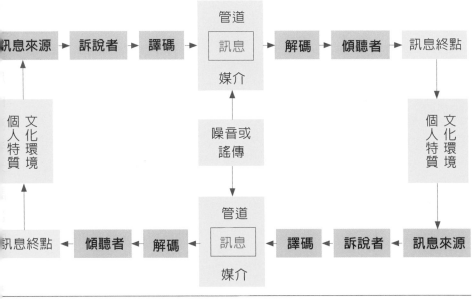

圖10.2　一般溝通模式

第二節　組織溝通

　　如同溝通行為很難進行明確定義，組織溝通也無單一理論可概括全局。實際上，組織是一門學科整合的學門（Jablin, et al., 1987），融合了心理學、社會學、管理學、乃至傳播學之知識於一爐。Goldhaber（1979）曾對組織溝通的特性加以研究，並摘要如下三點：(1)組織溝通的發生處所是一開放且複雜的系統，溝通者與被溝通者雙方互相影響。(2)組織溝通牽涉到訊息，及其流動、目的、方向、與傳播之媒介。(3)組織溝通也牽涉到人員及其能力、感覺、相互之關係與技能。

　　以下即就組織溝通的特性，分別對其功能、傳遞方式、傳遞方向、與傳遞之語言加以介紹。

一、組織溝通的功能

在古典行政理論時期，溝通只存在於垂直且正式的管道中。其是上對下的單向訊息傳遞，目的只在傳達上級對於有關工作的指示。此種溝通形式就如圖10.1中最簡單的「訴說者→訊息→傾聽者」模式，並無雙向回饋。員工必須無異議接受工作指令，並且完全服從加以執行。例如，管理學之父Taylor（1911）在其著作中，即極力主張每位員工應有其直屬主管，以直接下達對於工作性質、速度、與內容的命令。古典官僚體系理論雖有溝通管道的設立，但多半實行於書面相關正式職務的討論，下對上的回饋幾乎闕如。

人際關係學派興起後之行政理論，諸如自然系統模式、開放系統模式、混沌理論、複雜理論，皆反對組織溝通僅限於機械式單向傳遞訊息的論點。在1930年代的霍桑研究中，發現實驗組的女工由於有較多溝通機會，而使產量大增，因而將溝通層次推廣至非正式組織。開放理論進一步擴大，認為溝通除了是在組織內各次系統之間，進行資訊傳遞與認證外，也與所處外在環境息息相關。相關學者如Katz and Kahn（1978），即認為真正資訊傳遞不僅止於訴說者與傾聽者，還必須包括溝通行為與其所處社會系統之間的關係。至於後來混沌理論則更進一步，主張組織中每一部分皆是互相關聯的；任何一部分毀壞，其餘各部即可能發生質變而進行重構。因此，資訊絕不能集中在少數次系統中，而必須藉著溝通行動以整體分配資訊。

在功能部分，行政學大師Barnard（1938）在1930年代末期古典理論依舊俗行時，即率先指出作為領導人，最重要的責任乃在提供有效溝通系統。此系統必須明確且包括正式與非正式管道。Barnard認為溝通網路之功用，乃在促使個人與其所處組織之間產生健康互動，並進而縮小雙方對組織目標看法之歧異。如此一來，組織運作才能達成一定之績效。Barnard肯定非正式團體在溝通過程中所扮演的角色，建議行政者善用之，以建立更完善的溝通網路。

另一位大師Simon（1957）也肯定組織溝通的重要地位。在其著作中，將溝通與影響力（influence）、協調（coordination）同列為組織建構的三大要素，並指出溝通是個人參與及團體認同之間的橋梁。此外，Simon在其著名的決策理論中提到，若使用非人性的模式，往往會造成個人對組織的疏離。因此，藉由組織溝通可形成令人滿意（satisfactory）的決策。Simon指出與其一味執著於過度理想的目標與尋訪最佳（optimal）策略，不如利用組織溝通機會

成員介入，以消除理論與實際之間的障礙。雖然不見得能獲取最佳解答，但
少是令多數人滿意的選擇，實施起來也較為可行（阻力較小）。此種決策方
，Simon稱為「有限理性」（bounded rationality），而組織溝通即在其中扮
重要角色。

　　與Barnard及Simon相較，Likert（1961）對於組織溝通的理念更上一層。
提出「聯結別針」（link-pin）的想法，認為個人的參與可促成其更加合作與
適，並減少其與團體之間的衝突。然而，在傳統的組織中，真正由下而上的
通因種種限制而不彰。鑑於此，Likert倡導由上級行政者充當聯結別針的做
，鼓勵個人加入不同次級團體，並適時發表意見。Likert的想法是在任何一
組織中，人們多半扮演既是下屬又是上司的雙重角色（如學校之主任，上有
長、下有組長），因此可以發揮聯結別針的功能，平衡上下雙方想法以達成
識，如此當可突破單向溝通的瓶頸。當然，聯結別針模式的運用，組織溝通
功能絕不容忽視。

　　在Likert的著作中，描述了高生產高士氣組織的特徵。其中包括：(1)團體
員彼此之間信任且具有安全感；(2)組織中存有開放的訊息交換系統；(3)建
性的批評可在團體中自由交換；(4)決策之底定，乃藉由各成員各抒己見，
後並形成共識的過程。由以上四項特徵看來，欲達其境界，組織溝通絕不可
。事實上，從Barnard、Simon、Likert、乃至Maslow（強調自我實現之重要
，請參考教育動機理論）諸學者的言論中，皆可得到組織溝通的最大功能，
在促進個人於團體中成長，因而與組織融合而自我實現。古典理論時期只將
屬視為機器，個人因缺乏對組織的高層次認同（工作只是為了薪資）而得過
過。組織溝通則提供成員參與管道，縮小個人與團體目標之間的距離，如此
能造成眾人齊心的成果。

二、組織溝通的形式與網路

　　組織溝通與一般人際溝通相異之處，乃在其人數大多不僅限於小型團體。
一個組織動輒成千上萬人，如何能有效完成溝通行為，端賴其所設定的網路形
式。基於資訊與組織結構之差異，不同溝通網路各有其功能與傳導效應。一般
而言，組織中的溝通網路有以下五種形式（參見圖10.3）：

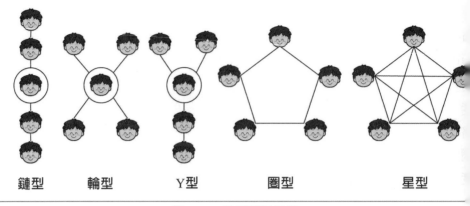

圖10.3　各種溝通網路

1. **鏈型網路（chain）**：溝通方向只能向上或向下，卻不能平行或越級並
　行。整個網路宛如鏈條，最明顯例子如在紀律嚴明的軍隊或一貫作業的
　生產線上。

2. **輪型網路（wheel）**：溝通進行必須完全依賴居於輪軸中心之人，周邊
　成員彼此並無管道聯繫。此種網路見於各連鎖分店與總店之間的運作，
　其重要決策必須經由總店負責人之同意；但在另一方面，基於業績上的
　競爭，分店之間鮮少溝通。

3. **Y型網路（Y network）**：其溝通方式正如英文字母Y之寫法，最上之
　兩個部屬分別獨立報告給其主管，然後再層層向上，基本上是一種官僚
　體制的變化型態。

4. **圈型網路（circle）**：溝通運作為向其鄰近之人傳遞訊息，但其他人彼
　此之間卻無聯繫。此種形式在日常正式組織中較為少見，倒是頗為類似
　辦公室謠言之傳播形式。最初訊息之傳遞者也許最後再獲知相關消息
　時，已是加油添醋，而面目全非了。

5. **星型網路（star）**：此類網路又稱為全方位型網路（all-channel）。顧
　名思義，其允許每個成員彼此溝通傳遞訊息，並無任何限制。組織中並
　無尊卑之分，成員彼此之間一律平等。例如，在由專家所組成的委員會
　中，並無上下階級區分，眾人可依自我專業知識，自由發表意見且與其
　他成員進行溝通。

學者Poole（1978）以三個指標來區別不同的溝通網路，其中包括：(1)集
性（centrality）：代表訊息集中在特定成員上的程度。換句話說，即確定組
中是否有中心領導者。(2)連接性（connectedness）：代表成員之間彼此聯
交會的程度。(3)獨占性（dominance）：代表訊息流向是單向或是雙向的程
。以此三指標來區分，鏈型、輪型、與Y型溝通網路趨向於集權式。在其網
中皆有中心人物，且成員之間多未能彼此聯繫。另一方面，圈型與星型溝通
路則偏向分權式，成員之間可互相溝通，並無上下之別。其中星型溝通的程
最為徹底，完全做到訊息全面流通的地步。

無論是集權式或分權式溝通網路，依情況不同而各有其優缺點。在民主呼
高漲之今日，往往有人高估分權式網路（尤其是星型網路）的效用。其實世
並無一種放諸四海皆準的溝通方式，其需要視問題性質與組織特性而有所權
。一味強調成員之間的平等關係，並不能保證較佳的成果。然而，可以肯定
是，不同溝通網路的設計，往往對組織成效有極大影響，教育行政者不可不
。

在評斷各溝通網路之成效時，研究者往往採用問題解決模式。對於不同溝
組合的團體，給予較簡單或困難問題，依其解決策略與答案予以分析。牽涉
中的變數包括：(1)速度（speed of performance）：解決問題所花用之時間；
2)正確性（accuracy）：所犯的錯誤數目；(3)成員工作滿意度（job satisfac-
ion）；(4)工作轉換之適應性（flexibility to job change）：當成員轉換至另一
作時適應的速度。

表10.1即參考Bavelas and Barrett（1951）、Leavitt（1951）、Shaw
（1964）、與Conboy（1976）之相關研究發現後，所做之摘要表。其中集權
式與分權式之溝通網路，在各變數之表現上優劣互見。集權式對解決簡單問題
之成效較佳，但在成員工作滿意度、工作轉換之適應性上較差。分權式網路則
在解決複雜問題上有良好表現，在工作滿意度、工作轉換適應性上也有較佳成
果，但對解決簡單問題上則略遜一籌。

表10.1　各溝通網路在各指標上之表現摘要表

溝通模式 評鑑指標	鏈型　輪型　Y型 （集權式溝通網路）			圈型　星型 （分權式溝通網路）	
速度					
對簡單問題	較快	較快	較快	較慢	較慢
對複雜問題	較慢	較慢	較慢	較快	較快
正確性					
對簡單問題	較佳	較佳	較佳	較差	較差
對複雜問題	較差	較差	較差	較佳	較佳
成員工作滿意度	較差	較差	較差	較佳	較佳
工作轉換之適應性	較慢	較慢	較慢	較快	較快

資料來源：Bavelas & Barrett(1951), Conboy(1976), Leavitt(1951), Shaw (1964)，詳見本
書文獻。

　　推其原因，可能出在資訊的流通與分量上。集權式溝通網路較不暢通，只
有中心人物才有機會得到訊息，在面對複雜問題上則易造成資訊過度飽和的問
題。問題如果複雜，其相關資訊必多，滿溢之結果使得中心人物力有未逮，最
後甚而必須丟棄重要訊息，而造成嚴重的決策錯誤。分權式溝通人人平等，因
而彼此分擔大量資訊不成問題；但也因人多嘴雜，在解決簡單問題上不如集權
式來得明快。

　　在工作滿意度上，分權式溝通網路較高，顯示多半成員不願受制於他人，
而希望能加入決策過程。集權式溝通網路多為單向，下情未能上達，自然引起
不快感覺。此外，由於彼此之間鮮少聯繫，在變換工作時，集權式溝通網路的
成員適應性較差。

　　由以上發現可知，組織管理或行政階層必須視問題之性質與環境特性，進
而設計其溝通網路。雖然成員多希望能參與決策，但在簡單問題之解決上卻未
必適合。組織運作千變萬化，在同一時間針對不同問題，可能有多種溝通網路
形式同時存在。運用是否得當，就得看行政者的智慧與經驗了。

　　除了溝通網路的研究之外，Poole（1978）則從溝通訊息的傳遞與整合的
角度，分析各工作體（work units）的運作。其將解決問題所需要的訊息以兩
個變數予以分類：一是獲得性（availability，指獲得所需訊息的容易程度），
另一個則是一致性（uniformity，指所需資訊是否多樣的程度）。根據此兩個
變數，所獲資訊情況可分為四種，而其處理與溝通的方式則有所不同（參見圖

.4）。

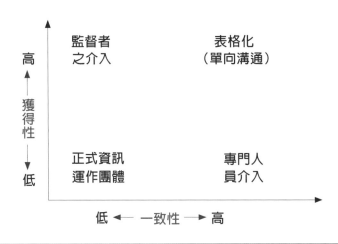

圖10.4　組織在面對不同資訊特質時的處理方法

資料來源：Poole (1978: 120).

在高獲得性高一致性的情況下，一般主管業務人員即可自行處理，而且
丁將之表格或程序化。此因資訊性質頗為一致，獲得又相當容易（如法有明文
見定者），一般人員即可自行處理。如果一致性降低，獲得性保持高檔，則上
及監督者（supervisor）應介入訊息溝通的運作。此時訊息既容易獲得，就可
衣其權限與管道幫助員工尋找多樣資訊，以符合解決問題的需求。反之，如果
隻得性降低，一致性保持高檔，此時精通此管道的專門人員（specialist）應被
下入。此因訊息獲得不易，但其要求的多樣性不高，所以只要找到專精於此的
人員即可解決問題。最後，在低獲得性低一致性的狀況下，應成立正式的資訊
運作團體（formal information processing bodies）。例如，各特別委員會針對
困難且高爭議性的課題予以分析。此時資訊獲得不易，又需要多樣種類，並非
一般組織成員所能承擔，因此特別工作小組必須成立，以針對所面臨限制與問
題，進行廣泛溝通與意見交換，此通常必須花費較多時日。

基本上，Poole的研究從溝通訊息的特質，分析各工作體（主管人員、上級
監督者、專門人員、特別委員會）所扮演的角色，進而提供決定溝通形式與資
訊流向的建議。原則上，日常工作由上級監督者交由主管業務人員做單向執行
即可，但複雜問題則必須以特別委員會來處理。行政者在決定溝通之形式時，

可參考Poole的理念。

三、組織溝通的方向

在組織中，溝通行為是掌控與合作的基礎，其方向大致可分為垂直溝通（vertical communication）與水平溝通（horizontal communication）兩種。垂直溝通多發生於科層機制中，有上對下（down-the-line）與下對上（up-the-line）兩種形式。前者的目的在於發表命令與分配責任。Katz and Kahn（1978）發現，上對下的溝通訊息可分為以下五種：

1. **工作指令**（job instruction）：指示如何完成特定工作。
2. **工作緣由**（job rationale）：說明一個任務與其他工作的關聯性與重要性。
3. **工作程序**（job procedures）：說明組織中基本的遊戲規則與層級關係。
4. **回饋**（feedback）：告知工作者其在工作上的表現優劣。
5. **目標之灌輸**（indoctrination of goals）：灌輸組織成員有關組織之基本目標，並說明個人目標與組織目標的關係，以使兩者之間不致互相激烈衝突。

另一方面，下對上的溝通也為組織垂直溝通的重要部分，但其功能多限於報告與回饋上。其最終目的在鼓勵下屬發表意見並參與決策，對於組織成長極為重要。研究指出開放溝通管道給部屬，乃是維持良好組織氣候的重要因素（Eisenberg, Monge, & Miller, 1983; Argyris, 1966）。此外，Pincus（1986）也發現員工對於溝通管道的開放與否極為重視，開放程度與其工作滿意度與表現呈現顯著正相關。

雖然下對上的溝通如此重要，但實務上卻被發現未盡理想。眾多研究如Read（1962）、Vogel（1967）、Athanassiades（1973）皆發現部屬往往不願暢所欲言，而將下情上達。Argyris（1966）甚而直接指出其特別不願將負面訊息上奏的原因，乃在害怕因而受到責罰。凡此種種，即產生訊息被過濾（filtering）的現象；也就是在溝通過程中，所傳達的訊息被刻意檢選而造成扭曲。

為瞭解訊息過濾問題，行政學者測量員工對於上級的訊息傳遞程度，結果

示以下四個爲決定其過濾的重要因素：(1)員工對於上級信任的程度。例如，
會不會因此而造成校長不悅而被修理（Roberts & O'Reilly, 1974）。(2)員工
作滿意程度。例如，平常校長找我麻煩，這次我就故意擋住重要訊息讓他難
（Burke & Wilcox, 1969）。(3)員工向上的決心。例如，努力表現，或許未
校長就是我（Lewis, 1980）。(4)員工權力的爭奪。例如，每次只模糊的將訊
上報，校長沒有頭緒，只好依賴我，這樣實際上我就是地下校長了（Vasu,
88）。

　　訊息過濾情況也發生在上對下的溝通中，且多半是基於業務需求。例如，
長在選任新的處室主任時，往往必須保留甄選過程的訊息，以避免不必要的
擾。此外，基於權限高低，校長必須擁有百分之百的溝通訊息，以做全盤的
劃；而屬下由於業務分工，其所獲訊息自然較少。

　　垂直溝通運行於組織不同層級之間，平行溝通則多在層級的同僚間流動。
者主要目標在下達命令與獲得回饋，後者則多在交換資訊與驗證其正確性。
垂直溝通相較，由於地位之平等，平行溝通所傳遞之資訊較少被扭曲，且其
遞速度較快。不過在異質性較大的團體中，其資訊則有被保留的現象。例
，隸屬不同派別的學校教師，基於利害關係，往往各懷鬼胎而不願誠實相
。除了驗證資訊的正確性外，平行溝通的目的也在增進情誼、排解衝突、與
隊合作上（Goldhaber, 1979）。Porter and Roberts（1976）發現美國一般組
內有關業務的正式溝通行爲，平行溝通占了三分之一以上。雖然一般主管不
歡過度的平行溝通，認爲對其權威有所威脅，但研究指出，組織的成長必須
者兼備，方能達到理想的境界（Simpson, 1959）。

　　除了爲垂直溝通與水平溝通之外，組織中的第三種溝通方式爲葡萄藤式的
通（grapevine）。嚴格說來，其既非垂直也非平行溝通（雖然有些學者將之
爲是平行溝通的變體），而是穿梭於組織中非正式消息的流動與傳遞。以往
國電報公司常將管線纏在樹上，密密麻麻的宛如葡萄藤，因而得名，又稱爲
道溝通。

　　任何一個組織皆無法避免葡萄藤式的訊息溝通。所謂「上窮碧落下黃
」，一位清潔工打掃校長辦公室，偶見便條上的指示，於是走露風聲引起下
風吹草動；或是有心人上報校長教師在辦公室的種種言談。從軍國大事至
麻小事，無不流竄於四處密布的葡萄藤管道中。此種耳語或小道消息雖非正
，但作爲教育行政者絕不可忽視。

一般而言，組織中有正式與非正式的溝通行為。垂直溝通多半較為正式，平行溝通則傾向非正式，而小道溝通則幾乎皆為非正式的私下傳遞訊息。在教育行政之領域中，研究小道溝通的研究極少，其中Licata and Hack（1980）的發現頗有貢獻。Licata and Hack利用晤談的方法，試圖找出在同一學區中，各校長之間的小道溝通形式與內容。所有校長（計28人，包括3名高中校長、5名初中校長、17名小學校長、1名職業學校校長、2名特殊學校校長）皆參加此研究。晤談問題集中於三類：(1)溝通的形式與對象（例如，學區中是否有小道溝通網路；或是當需要建議時，你會趨向何人？）。(2)小道溝通的特性（例如，在溝通中所採用的形式為何？）。(3)小道溝通的內容與成效（例如，在溝通中都談些什麼？有無幫助？）。結果發現：

1. 小學校長之小道溝通系統為同宗式（clan-like）。其組成原因不外曾經為另一校長的屬下、或為同學、鄰居、甚或親戚等。圖10.5中顯示所有小學校長有兩個小道溝通管道，區分其間的因素為年齡。一組擔任教員年資不長即爬上校長職位，年輕而有野心；一組為任教多年後才當上的年長校長。另一方面，非小學校長的組合則傾向同業式（guild-like），其原因多半為具有相同專業經驗與理念，此在高中與特殊學校最為明顯。

2. 小道溝通的地點多在各種會議之外，尤其是教育局長所召開的學區會議，更是小道溝通的最佳場所。此外，使用電話也是溝通的主要方法。

3. 在溝通內容上，多半偏向最近發生的特殊問題討論。例如，學生成績低落，小學校長即會私下溝通，評述自校的狀況與交換改進之道。此外，更重要的是瞭解可能來自教育局長與家長的壓力。由於事關敏感，小道溝通的範圍僅限於少數幾人之中。

實務上，Licata and Hack的研究描繪出美國校長非正式溝通的形式與管道，其中小道溝通扮演極重要的角色。以往小道消息往往與謠言畫上等號，然而實際證明卻不盡然。有些員工甚至寧願接受小道消息，而不願聽信上級傳遞的正式資訊（Callahan, Fleenor, & Knudson, 1986）。此因雙方信任度不夠，且無風不起浪，小道消息自有其產生的背景。

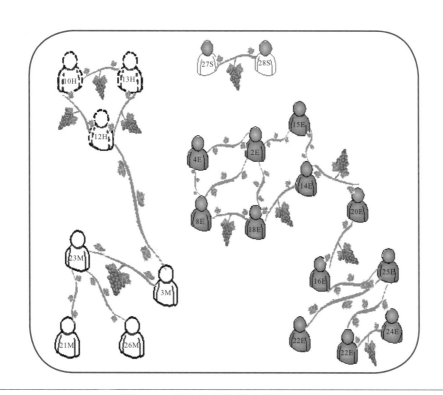

圖10.5　學校葡萄藤雙向溝通網路圖

資料來源：Licata & Hack (1980: 89).

　　小道溝通遍布組織之內，運用之妙存乎一心。例如聰明的校長會先將部分
改革計畫事先洩出，經由小道傳播測試教師的接受度，然後再做修正。此外，
也可藉其刻意打擊他人。當一個職位出缺時，聲稱某人為內定人選而使之見光
死，皆為小道溝通的熱鬧好戲。教育行政人員處於複雜環境中，對於小道溝通
必須謹慎為之，切莫引火焚身。要知道，小道溝通在組織中舉足輕重，但因其
隱密性，門外人還真看不出個所以然來。

四、組織溝通的媒介

　　在組織中，一般溝通的媒介分為語文（verbal）與非語文（nonverbal）兩
種。顧名思義，語文式溝通以語言與文字為媒介，其運作方式可有(1)當面交
談；(2)文書往返；(3)組織公布欄；(4)電話、電腦網路等方式，其性質較為正

式確定。在諸多方法中，Mitchell（1978）指出口語加上文書（oral and wri-ten）的形式最為有效，文書往返則次之。此原因不難想像，口語傳播雖快速，但不利於記憶，如果再將重點形諸文字，其效果必佳。有經驗的校長多半有既已口頭交待，但屬下卻未克盡全功的經驗。所以碰到重大事件，還是口語文書兼用較好，一來訊息可確實傳達，二來保留底本紀錄（採用網路傳輸更為快速），後果責任歸屬也才較為明確。

當組織成員使用語文溝通時，非語文溝通也可能同時進行。例如，面對面交談，除了語言之外，臉部表情與聲音高低皆會傳遞訊息，甚而與語言所表達的互相矛盾。例如，一位校長開會時鼓勵教師多方發言，但卻不停察看手錶。因此，聰明教師多半會接受校長身體語言，而懷疑其誠意。事實上，在組織溝通運作中，成員多半同時使用語文與非語文溝通，而後者所傳遞的訊息遠大於前者。

學者Mehrabian（1970）發現，成員對於組織訊息的獲得與詮釋，只有7%透過語文溝通，其他93%則經由非語文的媒介；其中38%為聲音表情（paralan-guage），55%為臉部表情。非語文溝通在組織中的重要性由此可見，而其功能往往遠勝於語文式溝通。在此再引一段《紅樓夢》中的情節，以說明非語文溝通的巧妙之處。第三十四回「情中情因情感妹妹、錯裡錯以錯勸哥哥」中，寶玉因種種不肖受其父笞撻，下半身疼痛難禁，黛玉為此抽噎啼哭不已，於是寶玉命婢女晴雯送了兩條絹子至瀟湘館，接著作者描寫到：

> 晴雯走進來，滿屋漆黑，黛玉已睡在床上。問：「做什麼？」
> 晴雯道：「二爺叫給姑娘送絹子來了。」黛玉聽了，心中發悶，
> 因問：「這絹子是誰送他的？必定是好的。叫他留著送別人罷，
> 我這會子不用這個。」晴雯笑道：「不是新的，是家常舊的。」
> 黛玉聽了，越發悶住了，細心揣度，一時方大悟過來，連忙
> 說：「放下，去罷。」

以上文字描寫寶、黛之間的感情，絲絲入扣動人心弦，而兩人溝通的方式卻是非語文的。寶玉知道黛玉為己被打啼哭，為表關心於是送了兩條舊手絹給其擦淚。疼痛之中猶掛念黛玉的身體，情意實在感人。此份關懷如藉由語文，

免造作，未若藉物傳情，其效果更佳。一般而言，非語文溝通可經由以下三
方式運作：

1. **環境的配置**（proxemics）：在組織溝通的實際空間中，因配置不同
   而傳達特殊訊息。配置的對象包括房間、傢俱、辦公用品，乃至各種陳
   設等，均令人有不同感受，圖10.6所顯示的桌椅安排即為一例。左邊的
   房間形同法官審訊犯人，官僚氣息濃厚；右邊圓桌則給人一律平等，無
   人高高在上的感覺，談起話來自然較無拘束。此外，工作環境大小也說
   明個人職位的高低。Mehrabian（1970）即發現，高權勢之人多半擁有
   較大私人辦公空間，並藉此限制屬下與其接觸，以顯示其地位。例如，
   一位校長辦公室位於隱蔽大樓中，平日門禁森嚴，進去還須通過其秘
   書。如此配置，其所傳遞給教師的訊息可想而知，根本無須語言描述。

2. **身體語言**（kinesics或body language）：組織成員身體各部分的變
   動，皆傳遞不同訊息。臉部表情、講話姿勢、身體扭動，乃至雙目接
   觸，每每表現出溝通者內心的世界。在不同文化中，其身體語言往往傳
   遞不同訊息。例如，美國男人談話多半保持一定距離，鮮少勾肩搭背；
   俄國男人見面時彼此親吻臉頰，以表示親熱。在不同身體語言中，臉部
   表情變化最多，所謂喜怒哀樂盡顯其中。Goldhaber（1979）研究眼部
   接觸，發現當個人覺得對方乏味，而想自我安靜時，即會轉移視線。此
   外，當渴求對方回饋與盼望開誠布公的討論時，眼部接觸會明顯增加。

「我高高在上，你可要小心」　　　　「我們無分上下，好好談談」

圖10.6　不同房間配置對溝通之影響

3. **聲音語言**（paralanguage）：在使用語言時，伴隨的是聲調與語音█化。多數人在憤怒時音調攀高，少數人卻突然陷入可怕的寂靜中。聲█高且快的人也許會應徵工作失敗，因其聲音並不配合公司穩健的風格█此外，講話時閃爍不定或是支吾其詞，都會給對方不可信任的印象。

在組織中，偉大的溝通者能夠使語文與非語文溝通兩相呼應，增強其█果。例如，當一位校長安撫新聘教師，一方面訴說對其有信心，同時並趨前█握其手，對方必能感受校長之誠心與熱力。不過在學校中，言不由衷的情況█是屢見不鮮。例如，校長說他尊重教學自主權，卻又突襲式的巡視各教室；█相矛盾之下，教師會相信哪一面？答案幾乎會完全趨向非語文的溝通。此█動所傳遞的訊息，要比口說真實得多了。

第三節 組織溝通的障礙

就現實的觀點而言，組織溝通必有其障礙，而且部分是被刻意營造出█的。在層級分明的官僚體制中，上級與下級的距離原本就影響溝通的運作，█加上前所提到的資訊過濾現象，障礙隨之應運而生。此種情況在大型組織中█為明顯。Charters（1969）即發現，美國小學與高中教職員溝通上的差異性█前者每日互相交流溝通的頻率顯著大於後者，其主要原因乃在小學之規模小█教職員人數少，彼此溝通機會較多。特別要注意的是，溝通障礙未必皆屬負█且有些是必須的。即以資訊過濾為例，上層往往為避免不必要困擾，進而封█部分消息。以員工角度來看可能不符民主，但卻是組織順利運作的必要手段█

組織溝通的障礙，除前已敘述的資訊過濾外，尚包括時間壓力（time pr█sure）、官樣文章與術語（officialese）、個人知覺（individual perception）█與資訊過量（overload）等。茲分述如下。

為及時達成目標，組織中充滿了時間壓力。教育機構雖無私人商業公█般的分秒必爭，但也有其限制。各種大大小小的考試、何時畢業、何時新生█練，早已排定時間。如果再碰上突發事件，其忙亂程度可想而知。最顯著的█子發生在颱風來襲隔日是否上課的決定上，校長必須在短短時間內，參考各█資訊（氣象台、家長、教師、各處主任、其他學校之反應等）而做出決定，█

壓力下即可能造成溝通上的障礙。他可能無法完整的獲得各方資訊與回饋，造成決策短路的現象。此外，匆忙之間的溝通容易產生誤會，說者不能澄清問題，聽者無法提供明確回饋，溝通功能於是大為減低。

另一個溝通障礙的因素是官樣文章與專有名詞的充斥。無可避免的，任一個專業皆有其術語。醫生、律師、飛行員、媒體人員、工程師彼此之間談話，外人可能完全聽不懂，即連組織內的成員也未必能百分之百的溝通。教育業牽涉甚廣，也有其一定之專有名詞，一時用之不慎，即成艱澀的官樣文章。本來很簡單的理念，卻用狀似偉大的專業術語與官僚口氣描述，自然形成溝通上的障礙。且看以下台北某國中校長在家長會上的答覆，當時有人質疑學生學業成績低落，教師應徹底檢討。校長回答：

> 我向各位保證，年初上任以來，每日無不兢兢業業，為學校前途而努力。前任校長篤信官能學派學說，一味的給學生填鴨式的教育，認為不斷做參考書習題，功課就會好。我則不同，本著最新認知學派的主張，我要求教師採用啟發式的方法，以促動學生認知結構。在考試上，我引進效標測驗，並以全體學生為常模，凡是在負一個標準差以下者，皆須接受補救教學。此外，原來百分制的分數也改為等第制，以減輕學生為一、兩分的競爭。

以上這段話充滿了官樣術語，名詞如效標測驗、認知結構、官能學派、統計標準差等，非嫻熟教育者難以理解。此段類似大學教授論文的回答，當時令在座之家長會代表迷惑不已。為了一一解釋，即耗去大半時間。其實此校長大可去蕪存菁，以平常的名詞回答。官樣術語的濫用，使其與家長會間產生了溝通上的斷層。

在介紹人際關係學派與社會系統理論時，「個人」因素是被強調的重點之一。無可避免的，人是理性且又是感性的動物，個體在訊息知覺上的差異，往往會造成溝通的障礙。我在美國讀書時，經友人引見參觀一所初中。當時正值期末考試期間，教數學的教師警告學生：「如果作弊被抓到，你將受嚴重責罰。」下課後我聽到兩個學生私下對話。一個說：「今晚到我家共商作弊大

計。」另一個驚嚇起來：「你沒聽到老師說作弊會有慘痛的後果嗎？」先發的學生回答：「當然聽到了，他說被抓到了會很慘，我們多花點腦筋騙過監〔考〕人員就好了！」

以上對話極為有趣。數學教師所要表達的訊息是「你不可以作弊」，學生卻將重點放在「如果被抓到」上，雙方對訊息的知覺不同，詮釋自然也所差異。此種溝通障礙在組織中比比皆是，個人以往經驗之差距也是造成知〔覺〕訊息不同的原因。例如，當校長說「謝謝大家這學期的努力，希望再接再厲」時，與校長曾有過節的教師會認為「又要惺惺作態來壓榨我們了」；另一〔方〕面，欣賞他的教師卻肯定校長主動但謙沖的態度。

接著來談談資訊過量所造成的溝通障礙。教育行政人員多半有如下經驗〔：〕才休了幾天假，桌上就有堆積如山的公文、信件、書面計畫、電話留言、〔簡〕報、雜誌等，令人目不暇給。長官的頻頻召喚、冗長的會議、不停的電話，〔往〕往顯示今天大概要開夜車為工作捐軀了。

此外，身兼數職的教育首長，也常為如洪水般的資訊而頭痛不已，不〔知〕該從何下手。面對資訊過量的問題，Miller（1960）發現行政者有七種處理〔反〕應：(1)刪除（omitting）：將部分資訊予以丟棄或忽略；(2)犯錯（erroring）〔：〕處理資訊失當，造成認知上的誤解而做出錯誤決定；(3)排隊（queuing）：〔放〕慢處理資訊的速度，一件一件來；(4)過濾（filtering）：將不重要或較無關〔係〕的訊息過濾掉；(5)相似化（approximating）：將類似的資訊分門別類，以做〔個〕別處理；(6)使用多重管道（employing multiple channels）：將資訊分派到不〔同〕管道中，如採用分權方式，由下階主管接手處理；(7)逃避（escaping）：受不〔了〕壓力，乾脆離開現場，先回家睡個覺。

以上部分反應（如刪除、犯錯、逃避）明顯會造成溝通上的障礙。行政〔者〕在面對資訊過量之同時，往往也受到時間的壓力。就如學生一天就要考四科〔，〕成堆的書籍令人感到毫無頭緒，資訊傳遞的結果自然是大打折扣。

第四節　組織溝通之促動與改進

在古典行政理論盛行的時期，組織溝通不過是上對下的發號施令，員工〔也〕因有所忌諱而不願發抒意見。第二次世界大戰後，此種情況大有改變，即連

守著稱的教育團體也不例外。為了保障自我權益，各種形式的教師工會與專
團體，如雨後春筍般興起。此外，代表學生權益的家長會或民間教育團體，
給予教育首長莫大壓力。D'Aprix（1987）就指出為達到學校各成員之間互信
諒與高品質生產的目標，一個有績效的溝通體系實為首要條件。

　　在1960年代，Lipham and Francke（1966）的研究即指出溝通行為在學校
政上的重要性。兩人研究高成就與低成就校長的非語文式溝通，結果發現：
高成就校長多表現出熱絡的溝通意願。當有訪客時，多半起身表示歡迎並代
其衣帽；反之，低成就校長則喜歡端坐不動。(2)高成就校長在與人晤談時，
半坐其側邊，距離不過3至4呎；低成就校長則習慣讓客人坐在桌前的椅子
，面對面之距離平均達5至12呎。(3)在低成就的校長房中，外面的噪音與干
要比高成就校長者為高，有時竟有其他的人突然闖入。

　　實務上，Lipham and Francke的發現證明高成就校長往往是「善溝通者」。
客來訪起身相迎，給人第一印象就好。側坐其邊且距離相近，代表並無高高
上的意味，而願意謙虛受教。溝通中較少外界干擾，避免訊息傳遞的流失。
比種種，皆使溝通流程能順利進行，雙方能平起平坐而少顧忌。反之，低成
校長則設立藩籬，溝通效果必差，而影響其學校成就。想想看，進入房間時
人高坐其上，宛如升堂問案，客人立即產生的防衛感可想而知。

　　組織溝通之地位既被證明是如此重要，作為教育組織中的成員就應確實瞭
促動與改進之道。一般而言，以下五個原則可供為參考：

1. **溝通時具有同理心（empathy）**：所謂將心比心，對方更能接受。當
　　然，擁有同理心的先決條件是認清溝通的對象，如此才能站在其立場互
　　相交流。例如，在學校裡，校長引述部分家長抱怨，並質問教師吃飽飯
　　卻不幹事；如此溝通方式，必然會引起怨懟。換個角度，如果說：「我
　　知道教師都很辛苦且盡了力，但問題發生一定要解決，讓大家一起來想
　　個辦法吧！」其中不但站在教師立場，而且強調「我們一起」，其接受
　　度自然較高。

2. **統整資訊的流向**：如果所有資訊皆流向首長，則其負擔必定沉重。因
　　此，首長必須統整資訊流向，以分層負責之方式將資訊流向各負責部
　　門，最後再由其摘要報告即可。例如，一位教育局長日夜忙碌，無法
　　一一閱讀公文與相關文件，此時，秘書即可充當守門員。先摘要報告，
　　由首長決定分至何部門，何時必須完成。最後再由各部門將實施結果予

以上報，如此教育局長之負擔才能減輕。

3. **時間的有效利用**：許多資訊由於時間壓力而被忽略，因此，適當的用時機極為重要。例如，學校中星期一可進行例行會議，校長要求各室摘要報導目前必須解決之事，並同時要求秘書把上級交待之重點，文字敘述發給與會成員。如此在同一時段中可以迅速瞭解問題緣由，可立即消化資料，時間壓力因而減輕不少。此外，訓練部屬摘要報告能力，並採用腦力激盪方式，也是使溝通更有績效之良方。

4. **注重回饋原則**：在組織溝通中，回饋在所難免。除了員工下情上外，首長對其表現往往也須表態。此在東亞國家注重人情的社會中往會產生困難。說得太重會被認為沒有人情，不說又無法讓對方瞭解工作成效，因此適當回饋原則必須設立，以避免不必要的困擾。其包括：(1)對事不對人，只針對特定事件加以溝通，切莫牽涉人身攻或算舊帳。例如，校長對教師說：「你的人格有問題，否則怎會招致長抱怨？」多半會引起反感。如果改為：「此次家長有不同意見，我瞭解一下背景。」其效果應該較好。(2)應力求明確，不要太籠統。如，讚美一位教師「你很有辦法」，不如改為「在維持教室秩序與計教材上，你很有理念」。(3)應徵詢對方是否瞭解己意，以免發生會。(4)回饋時間應有所選擇，在對方過度沮喪、憤怒時均不宜強加通，以避免其情緒化。

5. **加強傾聽的能力**：組織溝通的過程，參與者不但要表達，更須注傾聽對方的訊息，兩者缺一不可。然而在實際情況中，由於不良傾聽習慣，研究者發現一般人在24小時內，即會忘記75%所聽來的息（Brown, 1986，對受試者做10分鐘的陳述，接著一天後測量其憶）。DiGaetani（1980）則歸納出人在傾聽過程中習慣不佳而發生五種障礙，其中包括：(1)坐立不安者（the fidgeter）：從其姿勢晃與不經意的對白中，令對方覺得彼此之間的溝通索然無味。(2)攻擊（the aggressive listener）：希望強調自己的傾聽意願，過度逼視對方因而造成不當緊張氣氛，在溝通中令對方被迫有所保留。(3)假知性（the pseudo-intellectual listener）：自認為知性的追求者，不接受對所傳達的情感層面，因而誤失訊息。例如，下屬繃著臉說工作尚稱利，其情緒卻與言語發生矛盾，若只聽表面訊息，很難瞭解真相。

過度被動者（the overly passive listener）：此類人完全採取守勢，對於對方言談毫無所動，有的只是習慣性的點頭而已。由於缺乏雙向溝通的回饋，溝通過程乏味而無建設性。(5)錯誤詮釋者（the inaccurate listener）：對於訊息往往因成見而做出錯誤判斷。例如，聽到家長有意見，就以為其是來找麻煩的；或是對方說最近很忙，就指責其為擺架子，不屑與自己攀談。凡此種種，皆使傾聽的效果大打折扣。

面對資訊的可能流失，傾聽者必須更加敏感，並養成良好習慣。Bolton（1985）即指出良好的非語文生理姿勢，是促進傾聽效果的必要條件。其中包括：(1)適度身體移動以表示自然的態度；(2)身體微微傾向對方以表專注；(3)保持適當的眼部接觸；(4)以臉部表情（如點頭）表示你在用心傾聽；(5)加入聲音的回應（如「嗯」、「對」等語）以回饋對方。

除了身體語言之外，DiGaetani（1980）也提出一般增進傾聽效果的原則，包括八個要點：

1. **學習容忍靜默**（learn to tolerate silence）：很多人害怕溝通時的暫時靜默，非要以無意義的言語支吾而過。其實短暫之休息，可給雙方思考與消化剛接收到的資訊，反而可促進瞭解。因此，適時的靜默並不可怕，應學習如何適應與利用。

2. **聽看並用**（look and listen hard）：在傾聽時，同時也應注意對方的表情（如臉部表情、姿態、眼部接觸、身體移動等），以更加瞭解其所傳遞訊息的真正意義。有時對方雖言不由衷，但參考其神情，當可捉到八、九分實情。

3. **確知作為傾聽者的力量**（know your power as a listener）：很多人以為傾聽為被動之接受行為，殊不知傾聽者適度的反應，可以產生莫大力量。為求溝通時的流暢，傾聽者不可放棄其能量。

4. **發問問題**（ask questions）：不要因過度客氣而不問問題。只要對方所談不為你所理解，即可適度要求澄清。切莫為顧及顏面而迷糊下去。

5. **給予正面的非語文回饋**（give positive nonverbal messages）：用適當的身體語言，告知對方你的高度興趣與注意力。

6. **表現你的感覺**（reflect feelings）：在適當情況下，表達在傾聽訊息後的感覺。例如，對方表達近日身體極不舒服，即應以關心的口吻予以回

應，而不只是冰冷的客套話。

7. **明瞭自我之偏見並予以調整**（know your own emotional biases a try to correct them）：任何人皆有各種程度上的偏見，此可基於 別、種族、出身、地域、乃至外表之差異上。例如，一位留長髮、蓄 鬚的男子，可能即先入為主的被認為是不務正業。由於此種偏見，在 聽時即可能有詮釋上的錯誤。針對於此，宜事先有所警覺。雖然偏見 所難免，但仍應事先警覺，以將之減低到最小程度。

8. **避免論斷**（avoid judging）：在傾聽之同時，不停論斷對方理念或 辭，必使其繼續溝通的意願大減。因此，不管再不滿意或同意對方 法，也應等其告一段落後再回應，如此得到的資訊才較完整，論斷也 較客觀。

當然，有些溝通障礙的清除是教育人員能力所不及的。例如，學校一 有政治勢力介入，組織成員各懷鬼胎，甚而私下彼此攻訐。在缺乏互信之基 上，真正的溝通難如登天。不過即使如此，教育行政人員至少應瞭解問題之 在，而儘量不使之惡化。確知組織的特性與侷限，溝通時才不會出現雞同鴨 的窘況。

一位在政大暑期進修的教師幽默的說：「我們校長真是有心要與教師 通。他每天不到七點就在校門前站崗。教師根本無須戴手錶，只要看他繃著 臭臉，就知道已經過了七點半早自習時間了！」

此似乎是一種傳統。東亞地區的校長在官僚體系與中央集權的制度運 下，多半看上不看下。換句話說，其多半是古典行政理論的擁護者，認為溝 只是下達命令、彰顯權勢的手段而已。殊不知社會環境日有變遷，學校成 （如教師、學生）與外部力量（如家長會、民間教育團體）的影響力日增。 果缺乏溝通的誠意，就難免漏失重要訊息，造成嚴重的衝突。因此，教育行 者必須開放自我成為訊息流通的必經之地，以符合開放系統理論與混沌理論 「洞燭機先」要求。實務上，可考慮採取以下幾個行動：

1. **瞭解學校正式與非正式溝通的管道**：例如，正式公文與文件之流通 程與速度，其分派標準為何？組織中是否有「順風耳」、「包打聽」 重要資訊人物存在，其往往是非正式與小道溝通的樞紐。適當運作， 得到許多正式溝通所不能獲得的資訊。

2. **瞭解組織中是否有溝通障礙**：例如辦公室區隔與溝通形式之檢討等。

3. **何種溝通媒介最為有效**：口語、文字，還是其他形式？

4. **溝通的內容傾向負面還是正面**：例如，每次會議中所聽到的是否皆是批評謾罵而無正面肯定？校長可藉各種研習機會，幫助成員轉換思考解決問題之方式，而非只停留在「只出一張嘴」的局面。

5. **瞭解組織文化與成員溝通習慣**：有的組織較為保守，傾向檯面下解決問題；有的卻較開放，即使在會議上爭得面紅耳赤也不傷感情。組織成員之溝通習慣行之有年，如非必要，校長最好不要逆勢而為。

記得一位教育界的長輩曾說：「如果你現在不願溝通，將來就會被別人溝。」想想教師的示威、家長會的抗議，乃至學生的群起鼓噪，上述話還真有理。身為教育領導者，宜細加思量！

　　稚暉國中是位於台灣北部基隆的一所明星學校，1980年代開始，便以民俗體育運動揚威海內外，並經常組團至世界各地宣慰僑胞，頗受好評。民俗體育班的創辦者，乃是頭腦靈敏、教學十分認真的陳威志教師。稚暉國中的民俗運動能在基隆生根，使許多小學生嚮往加入而不惜越區就讀，陳教師功不可沒。

　　稚暉國中除了民俗運動乃校方極力推展外，也另有兩項特色及傳統：一項是國樂隊，一項是管樂隊。兩個團隊在基隆市亦頗負盛名，在北區的國、管樂競賽中，更屢獲佳績。校方在每個年級中各成立一個國樂與管樂班。今年擔任這兩個班級導師的是林清南與陳秀慧，沒想到兩人卻為了學生的權益，捲入了一場「理化教師爭奪戰」。

2001年8月4日

　　在校長楊宗翰的辦公室中，林清南教師與陳秀慧教師質問校長，為何陳威志教師可以向教務處指定下學期所教民俗體育班的理化教師，而他們兩人卻不行，甚至被教務主任廖青山奚落一番，並冠以干涉行政的罪名。

　　因為林、陳二師為教學認真、且常利用課後義務為同學輔導課業、口碑甚佳的導師，基於尊重，楊校長於是親自前往教務處找廖主任詢問他們被拒絕的原因，所得到的回答是：「陳威志教師與林清南教師指定的皆是校中名師陳俊傑教師，若同時由其擔任，怕其他理化教師會說閒話，此因理化教師之間常有補習方面的糾紛；而陳秀慧教師要搭配的羅錦文教師已帶了一個實驗班，又兼教一年級的生物，科目太多而恕難答應。此外，我早已先答應陳威志教師，由陳俊傑教師

來教該班的理化，故無法如二位導師的願。」

廖主任所言似乎有理，楊校長只有勉強聽之，並另找陳秀慧教師與林清南教師溝通，將廖主任的原則告知二人，但卻遭抗議說：「為什麼厚此薄彼？既然擺不平，何不大家一起抽籤？抽到誰就由誰來教，我們不會有怨言！」

這件事一直僵持不下，令校長楊宗翰深感困擾。

8月7日

陳秀慧教師與林清南教師眼看民俗體育團將要出國，而校長也要隨團前往南美洲訪問，問題卻一直未獲解決而深感著急，最後只有求助於平日最熱心正直且愛護部屬的訓導主任鄭宇倫。當鄭主任聽完這件事的前因後果後，憤怒地破口大罵：「豈有此理！怎麼可以厚此薄彼？」之後便氣沖沖地去找楊校長理論。他要楊校長拿出原則，不可一味袒護任何人，並提供兩個建議：一是由全校理化教師一起抽籤，抽到哪一班大家都沒話說。另一方案是由陳俊傑教師同時教民俗班和管樂班，羅錦文教師教國樂班的理化，如此才能平息這一場風波。

楊校長看到素有好好先生之稱的鄭主任氣得漲紅了臉，也只有小心翼翼地打哈哈，並告知他會慎重考慮其建議，要鄭主任給他一點時間。

8月10日

早晨九點多，林清南教師氣急敗壞地衝進訓導處告訴鄭主任，楊校長隨民俗團出國了，對理化教師的安排卻沒有任何交代。鄭主任試圖安撫他，卻看其滿臉沮喪，於是決定採取行動。

中午，在教務處的教職員休息室中，鄭主任為了理化教師的安排，與廖主任爭論不休。公說公有理，婆說婆有理，廖主任一直堅持

他自訂的「遊戲規則」，絲毫不作任何讓步，最後甚至揚言，要將全校風評最差的兩位理化教師分派給國、管樂班，導致雙方不歡而散。

8月12日

經過兩天的思索，鄭主任終於想到平日與楊校長頗為接近的總務主任林榮三。林主任這個人一向精明能幹，亦頗識大體，楊校長總視其為心腹，出國期間還委請他暫代校長的職務。鄭主任於是找他商量此疑難問題，並說明不處理此事的後遺症（林清南教師與陳秀慧教師揚言，此事若未獲致圓滿答覆，要辭去導師職務）。林主任馬上答應，如果楊校長有來電，或知道其行蹤所在，必代為轉達，以爭取公平合理的解決方式。

8月14日

林主任告知鄭主任，當日早晨方與楊校長通話，他已用較強硬口氣轉告此事，希望楊校長顧及校內同仁的和諧，慎重考慮如何處理，尤其希望勿讓對學校有特殊貢獻的教師有所不平，否則將造成反彈。

8月20日

早上約九點鐘，教學組李組長偷偷告訴陳秀慧教師，國、管樂班的理化教師已排定，人選正是廖主任所稱之風評欠佳的教師。因為李組長的大女兒正就讀陳教師所帶的國樂班，為了此事，她亦十分著急，也曾私下找過廖主任協商，請他能慎重其事。唯固執的廖主任卻不顧長官與幕僚情誼，斷然回絕其請託。出於無奈，她只有通風報信。

陳秀慧教師獲悉此決定，心中震怒萬分，立即帶著林清南教師衝往訓導處找鄭主任商量對策，希望能在課表發出前阻止這件事。

　　鄭主任聽後，更是激動，帶著林、陳二人衝往總務處。適值林主任與楊校長正通著越洋電話，看到三人臉色凝重的站在旁邊，心中暗自嘀咕：「大事不妙了！」

討論問題

試就本章所敘述的溝通模式，說明楊校長在何處出了差錯，導致事件愈演愈烈？

楊校長與當事人彼此之間所採用的溝通形式為何？是否恰當？

此案如今鬧得不可開交，如果您是楊校長，會如何處置？請以實務面回答。

如果您是學校行政人員，應如何處理此類「指定教師授課」的難題？

試就領導理論的觀點（參閱第九章），分析楊校長的領導方式屬何種類型？其利弊得失何在？

建議活動

從所認識的成功教育行政者（如校長）中，分析其所採取的溝通方式與策略，其獨特之處何在？

試就貴校校長與教師的溝通方式，分析其所採取的方式與策略，並探討其優缺點。

試就校內成員的互動過程中，觀察並說明其特有的非語文溝通形式。

在貴校中，試觀察與分析引起溝通障礙的因素為何？

試就所處組織之情境，設計一套最適合的溝通模式與策略。

試比較教育組織與一般組織（如商業公司），其成員溝通形式與方法的異同之處？

第11章

教育決策理論

　　對於組織而言，決策行爲（decision-making behavior）扮演極重要的
色。即以學校行政者爲例，每日必須做出大大小小的決定。其中包括有前例
循的，也有部份燙手山芋的問題。例如學校經費該如何分配？如何擺平抱怨
作過度的教師？如何輔導屢次逃學的中輟生？皆是學校行政者所必須面對與
出決策的。

　　學校雖不如商業公司，必須視市場情況當機立斷，但仍須在一定時間
針對問題進行決策（王如哲，1998；吳政達，2008）。前章述及之開放系
理論，即強烈主張教育組織不能再封閉自守，而必須適時對環境變數加以
應。此種反應是一種決策，其正確與否影響學校運作至深。無怪乎Griffit
（1959）主張一個組織的特質可依其決策方式而有所不同，而做爲團體的領
人，則需利用各種資訊以確保做出有效的決策。

　　本章首先討論影響教育行政領域最大之Simon的理性決策理論，敘述其
教育實施上的爭辯，接著介紹參與式決策的型態與做法，最後並探討教育決
的種類與優秀決策者所須具備的條件。文中對於決策過程係科學或是藝術的
議並無定論，留待讀者自己思考。

第一節　理性決策理論

📚 一、基本主張

　　歐洲啓蒙時代之後科學理念興起，學者開始強調理性與邏輯在決策上的
用。然而，檢視第二次世界大戰前的行政理論，卻多來自哲學思考或過往之
人經驗，鮮少視決策活動爲「科學」而加以研究。此從Weber與Taylor的主
可見一斑。其試圖建立一套四海之內皆可行的準則（如成本控制、一貫作業
科層體制），以面對各種不同情境。事實證明此種態度常導致問題的扭曲
Simon（1947）即爲此著書駁斥傳統的行政學，並建立其「理性決策理論
（rational decision-making theory）。

　　基本上，Simon批評傳統行政學只注重「執行」而忽視「決策過程」。

性質不同的問題，未在事前考慮周詳，就憑過往經驗交付執行，因而造成許多後遺症。其認為決策與執行兩者必須並行，才能使行政過程趨於完整，並主張決策過程應包含三個活動如下：

1. **蒐集情報活動**（intelligence activity）：此活動與所謂的「背景調查」極為相似，基本上是對影響決策的各種變數加以瞭解。除了蒐集教育相關資料外，其他諸如政治、經濟、社會文化的情況也應加以觀察。例如要推行一種新式教學，教育的變數應包括經費、師資、設備、與課程設計等。此外，家長的反應、社會的趨勢等變數也應列入考慮。Simon學說提出之時，開放系統理論尚未大盛，而Simon卻適時提出相似主張（將環境變數考慮在內），有其先見之明。

2. **設計活動**（design activity）：利用各種所蒐集的資訊，進而設計各種策略以應付不同情況。例如，新式教學法可依經費多寡設計多種實施形式。此外，對於各種突發狀況的應變策略（如家長表達反對立場）也應詳細列出，以免屆時措手不及。

3. **選擇活動**（choice activity）：根據所設計的各種策略，由決策者比較各策略的優缺點，最後選擇其一加以執行。如果蒐集情報與設計活動做得確實完善，最後進行選擇活動時就較為省時與有績效。

　　基於上述主張，Simon（1947）認為傳統行政學過分專注組織階層、權力分配、與規章制訂的表面工作，卻無法對組織的真正特性加以瞭解。此因只檢視表面的組織結構，即很難瞭解成員運作與業務執行的形式。基於傳統的行政理論過於簡化，Simon堅持將決策過程加以彰顯，同時主張必須針對組織溝通、權力分配、與領導方式加以瞭解，如此更能深入組織的特性。基於此，Simon認為決策理論在當時是一種研究行政學的「新工具」。

　　原則上，Simon的決策理論有兩項假設：(1)決策本身乃是具備有邏輯條理的理性活動；(2)決策中的各個步驟與活動應被有次序的執行，有其一定的流程。因此，Simon的決策理論又被稱為「理性決策理論」。換言之，其乃植基於理性的基礎上。什麼是理性呢？Simon認為完全取決於決策行為與目標之間的關係。如果前者能夠配合後者，即可名之為理性的（rational）。其包含特定的知能與態度，使得所選擇的行動能確切配合組織希望達成的目標。反之，如果行動不能配合目標的實現，即可視為是非理性（irrational），應該儘量避

免。此外，Simon還創造出「無理性」（nonrational）的觀念，認為行動與目標根本風馬牛不相及，完全顧左右而言他的決策，即是無理性的行為。

按照Simon的看法，學校中若發生男學生性騷擾女學生的行為，正確的決策應為立即制止並施與適當的性別教育輔導或心理輔導，以達成使其不再犯的目標，此即是一種理性決策。若是校方以維護校譽為由，一再掩飾不理，最後東窗事發引起軒然大波，反使學校受傷更重，即是非理性的決策行為。至於偏離主題，竟主張立即進行男女學生分校，即可被視為是無理性的行為，對於立即目標的達成鮮少有所關聯。

雖然研究決策行為多年，Simon（1993）在垂暮晚年卻承認仍有許多相關問題須要進一步研究。1991年他對參與「美國教育行政學會」年會的來賓發表演講，指出電腦已可替人類擔負儲存與處理訊息的責任，但是專家的養成卻非一朝一夕即能成功，認為至少必須耗費10年光陰。因此，其主張除了學理的探討與實驗室中的研究外，決策者必須力求在實務運作中形成「專家判斷」，而此也是目前在大學教育中所最缺乏的。Simon強調好的決策必須藉由實施來展現其成果，也才能真正與目標做有意義的結合。

實務上，Simon的理性決策理論對於商業公司乃至教育機構影響頗大。例如，Kaufman（1970）曾試以「系統理論」（system theory）為導向，分析指出在教育決策過程中應有如下五個步驟：

1. **指出問題**（identifying the problem）：確立此次決策的目的何在？有哪些問題須要解決？所要面對的問題不夠明確（如只是要改善教學，但未列舉出具體事實），則後來的決策活動必定無所適從。

2. **決定可行策略**（determining alternatives）：在此階段應做目標分析與背景分析。根據所定目標（如希望提升學生數學平均成績10分）與背景資料（如學生智力、師資），訂出各種解決問題的策略。

3. **選擇策略**（choosing a solution strategy）：在此階段可利用各種分析方法（如PERT、MIS等）瞭解各種策略的優劣點。Swanson（1969）指出成本利益分析（cost-benefit analysis）常是教育決策者最須注意的。此因資源有限，即使策略再好，但如太過昂貴就不能採用。例如，提高學生學習成績的有效策略之一是採用個別教學，針對學生程度加以輔導；然而此策略耗資甚巨，在沒有特別補助下很難實行。

4. **執行所選擇的策略**（implementing the solution strategy）：將所決定的策略加以執行，在過程中應依照原定計畫步驟執行。如果發生意外而必須修正部分策略，宜先考慮已事先預備的應變方法。

5. **評鑑績效**（determining effectiveness）：在策略執行後，應檢視其產出，並比較其與所定目標之間的差別。如果成效不佳，其原因何在？是否應全盤修改或是細部調整？決策者必須要對上述問題加以探討，並利用所得之反饋（feedback），做為下次決策的參考。

由以上五個步驟看來，其基本形式與Simon的理性決策三活動主張極為相似。若真要找出不同，只能說Kaufman的主張多了最後一個評鑑與反饋的階段，在決策制定的過程中較為完整；但其基本精神仍是基於理性與邏輯的原則，與Simon的假設極為相近。Kaufman的五步驟分析可以圖11.1的流程圖表示之。

雖然Simon的理性模式未能完全適用於教育情境，但其對教育決策的影響則毋庸置疑。許多教育行政學者在設計相關模式時，皆多少參考其理論模式。例如，Lipham, Rankin, and Hoeh（1985）的教育決策模式，除加入社會文化與個人價值因素外，基本結構仍多襲自理性模式（詳見圖11.2）。其中計分為確認問題（identify problem）、定義問題（define problem）、制定與評估策略（formulate and weigh alternatives）、選擇最佳策略（make choice）、執行與評鑑（implementation and evaluation）五個步驟，茲簡述如下：

1. **確認問題**：以校長為例，學校日常運作並非完全順利。此時，校長應利用不同管道（正式與非正式的）瞭解問題之所在。此種能力關乎直覺與過往之經驗，正如混沌理論所主張的蝴蝶效應，優秀的校長能夠即時確認問題並加以處理，不致造成星火燎原的後果。

2. **定義問題**：根據問題之內容瞭解其來龍去脈，與必須處理的優先程度。問題所牽涉的變數也必須加以釐清。

3. **制定與評估策略**：此時，充分的資訊獲得極為重要，校長也才能加以參考後制定與評估相關策略。一般而言，資訊的數量、形式、與流通均為決策成功與否的重要因素。Chyn（1984）即指出校長不能毫無保留的吸取資訊，必須有所節制。優秀的決策者懂得即時剎車，在時間限制下，利用已獲得之資訊做出決策。Easterday（1969）的研究也發現資訊的形式相當重要，其必須是有組織且與問題相關的，缺乏系統的資訊往

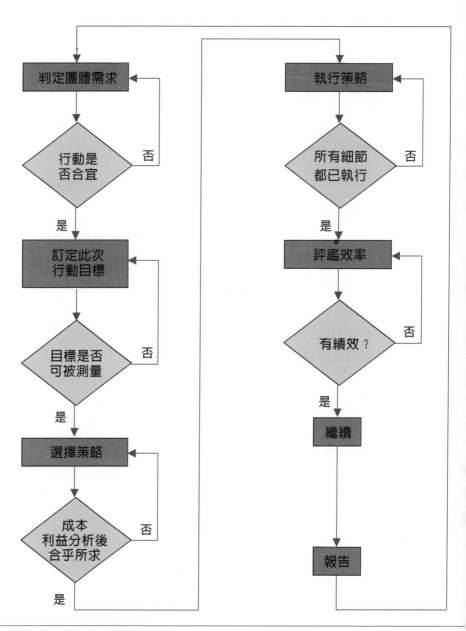

圖11.1 理性決策流程圖

往對決策毫無幫助。由於決策過程大多有時間壓力，資訊的及時獲得與
否影響甚大，此就牽涉到資訊的流通管道是否暢通。當決策者需要時，
幕僚必須及時就地蒐集資訊，否則極可能造成遠水救不了近火的窘況。

4. **選擇最佳策略**：決策者除了依憑理性外，其價值觀多少也會產生影響
選擇。事實上，校長自認為最佳的選擇，在具有不同價值觀的教師眼
中，可能會被視為是非理性的作為。價值觀與其他個人特質變數（如智
力、創造力、需求傾向、過往經驗等），共同形成決策者的「知覺映
像」（perceptual screen），對於其搜尋資訊的方向與評估策略上，具有
強大的影響力。決策者雖試圖達到完全理性的境界，但實際上卻無法逃
避知覺映像的掌握。例如，一位以往因推行新政而頻遭打壓的校長，面
臨再次之教育改革時，極可能無法冷靜思考，而做出太過（以前失敗，
此次為求成功就應更激烈），或是不及（以前吃過虧，如今少做少錯）
的決策。

5. **執行與評鑑**：策略一經選出，就必須加以執行，其後並依其成果予以
評鑑。使用的效標如策略之執行是否合乎既定之目標？資源投入是否合
乎經濟原則？相關人員配合度為何？與是否有後遺症產生等。所得之結
論即可成為下次決策時的參考，也就是回饋至另一個新的決策歷程。

與Simon與Kaufman的理論相比，Lipham等人的模式加入個人價值觀與知
覺映像的因素；就此而論，已頗有參與式決策的色彩。Simon的理性模式完全
排斥個人主觀的影響，但在教育決策上卻很難做到，以下即對其理論模式之相
關評論加以敘述。

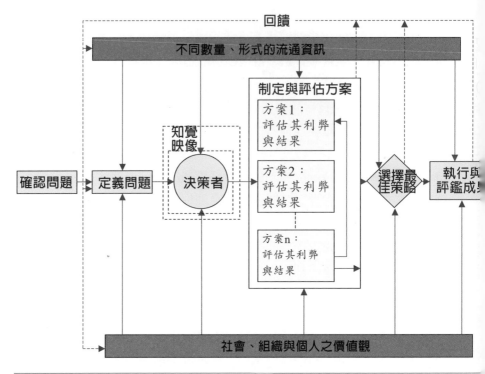

圖11.2　Lipham之決策過程模式

資料來源：Lipham, Rankin, and Hoeh. (1985: 85).

📚 二、對Simon理論的評論

　　理性決策模式影響教育界極大，一時之間各種形式的工作坊如雨後春筍般興起。教師、校長、學校行政者皆被要求對所謂「理性決策行為」加以學習，許多人相信只要能按部就班執行Simon的各項步驟，所產生之決策必定具有高理性與高績效的特質，然而實施的結果卻未如想像中理想。

　　追根究底，Simon學說未能產生功用的主要原因，不在其學說的正確性，而在決策之環境情境是否符合其假設。從學理上來看，Simon的主張有力且科學，然而是否適用於組織乃是未知之數。本來一種學說的「正確性」與「適合性」常是兩碼子事，不能說其不適用就宣稱其不正確。Simon學說所以未如理想中的適用，主要在於所處環境的模糊與不確定性。

實務上，不只教育機構如此，其他許多團體也未如理想中的穩定。Mintz-rg（1973）以五種職業的行政者加以研究其日常行為，其中包括：(1)顧問公司的經理，(2)工業公司的總裁，(3)醫院的院長，(4)消費者協會的負責人，與(5)學區的教育局長。其發展出一套手碼系統，以最快速度記下在各種時段中行政者的作為。經過整理與分析得到以下發現：

1. 行政者每日必須不斷的（unrelenting）處理龐大事務，其中包括各種會議、突發事件、回函、與電話協商等，一般來說鮮少有大段休息時刻。

2. 行政者每日對較特殊的問題花費較多時間，對於其他則無力給予同樣待遇。由於各種突發事件，其心思必須從一事很快轉向另一事。行政者每日利用各種會議、公文、電話等方法短暫的與員工接觸，以瞭解團體運作情況。

3. 行政者較喜歡應付明確與非例行公事的問題，對於各種新的知識則給予優先學習的機會。

4. 口頭溝通是行政者最喜歡使用的方式，在研究中約占其辦公時間的四分之三。

5. 行政者同時保持與三組人的關係。三組人包括上司、部下、與外界人士。

從以上發現，Mintzberg指出「行政者必須隨時前進，始終不知是否自己已經成功。……不管所從事的工作為何，其始終抱有懷疑也許自己還可以再多貢獻一些」（p.30）。其認為造成此種情形的原因乃在工作的開放性與模糊性，因而行政者必須日以繼夜的追尋資訊以解決問題，鮮少有時間靜下來好好思考。

三、理性決策理論在教育上的應用

之後，Morris等人（1981）利用Mintzberg的方法研究教育行政者行為，結果發現大致相似。教育行政者每日工作量沉重。口頭溝通、電話聯絡、公文處理等活動使其必須披星戴月，從進入辦公室那一刻就開始忙碌，直到下班為止。與其他機構如商業公司比較，教育機構則有以下特性：

1. **目標模糊**：許多堂而皇之的口號如「增進教學知能」，很難將之具化與實質化，使得在執行與評鑑上造成很大的困擾。教育行政者常如無頭蒼蠅，花費大量的時間空轉而一無所得。

2. **結構鬆散**：教育機構的組成份子如家長、教師、學校行政者之間彼此鮮少聯繫。教師只要走入教室就自成一王國，校長難以介入干涉。在教學方面，教師在「尊師重道」的理念下，多半認為自己做好即可，無須顧及他人。此種獨立的狀態使校長在謀求改革時發生困難，常有「你做你的，我做我的」情況發生。

3. **教育是勞力密集之服務事業**：教育牽涉極廣，又多無選擇學生的權利（如義務教育）。因此，偶有不當常犯眾怒。由於社會大眾大多不懂教育原理，卻堅持己見而爭執不休。各種利益團體的意見紛亂分歧，常使學校行政者在做決策時產生困擾。此與商業公司主要以創造最高利潤為目標的單純程度有所不同。

4. **產品效果難以立見**：教育乃百年大計，其功效須長時間才能看出，導致短期的未見功效常被指為決策錯誤。決策者必須說服群眾等待，更增加決策過程的複雜度。此外，學校人事更迭更助長人亡政息的問題，後繼者所面對的各方壓力更為沉重。

由於教育機構具有以上特性，行政者所面對的是一種模糊的情境。其中不同層次的問題同時發生，而對應之解決方案在不同價值觀下呈現多樣的論述，常令決策者無所適從。此外，行政者每日扮演「救火員」的角色，似乎有永無止息的問題，很難有機會靜下來思考。

相關爭議於是產生。針對如此不同情境，理性決策行為是否一體適用？換句話說，決策到底是一種科學，還是一門藝術？相信前者的人堅持訓練組織成員成為運用邏輯思維的人，能夠按部就班分析問題。主張後者的人則主張「直觀」（intuition）的重要性，力主決策者在面對問題時的「感覺」，常成為其主要的決策根據。

此處所謂的直觀非指普通的一般「想法」，而是經過正式教育與社會化（socialization）後對於事件的感覺。此種直觀並非無的放矢，而是經驗累積的產物。熟悉教育事務者都知道許多教育決定（尤其是在中央集權的制度下）皆是由領導人所單獨完成的。與其說其選擇是基於經驗，不如說是一種直觀的

現。

主張科學邏輯的學者對直觀決定頗不以為然，認為其不夠客觀。然而，教情境如此不定，理論與實際相差極大，所形成的鴻溝非一朝一夕所能填補。性決策的擁護者主張可以改變情境，使其更理性化。但Weick（1976）所指的「鬆散結合」理論（參閱第二章）卻認為，根本之道在使決策行為變成參與式」（participative），使團體產生共識，以面對複雜的、不確定的教育題。此派學者主張環境既非具有一定穩定性，就不能死硬的用理性方式去硬之。

在本書的前幾章，曾提到許多學者對於Weber等人之古典行政理論的反。例如，Maslow（1970）的「需求層次理論」主張只有不被滿足的動機才能勵員工；而動機的層次由生理至自我實現環環相扣，各機構員工需求層次不，做法也因之相異。Herzberg（1966）的「雙因素理論」指出薪資與工作環只是基本維持因素，其激勵成效甚微。

綜上所述，以上學者的看法並非絕對反對理性，而是希望決策者不要過分泥單一形式。在決策時，教育行政者可以按照Simon主張的決策歷程，進行集資料、編寫策略、與選擇策略。然而，是否有足夠時間與是否符合組織文的特性，則也應被納入考慮。員工也許因懼怕而不敢表示意見，因而即使有集資料的理性舉動，也未必會呈現客觀資料（如報喜不報憂）。面對模糊而確定的教育情境，決策者在無所適從時，實應採用重視組織文化的參與式決為首選方式。第七章中曾提及組織文化乃是團體在處事待人的共識，而決策用「感覺」來做決定時，其直觀來源也多是與團體朝夕相處後所形成的。因此，採用參與式決策，可使組織成員分擔責任，決策內容也更能與團體共識結合，在執行時自能事半功倍。有關參與式決策之內容，將在第三節加以詳述。

第二節 教育決策之類型

由於重要的決策理論與模式多發展自商業管理領域，其應用於教育組織（如學校）的可行性，向為教育行政者所關注。前已述及，教育組織有目標模期、結構鬆散、與勞力密集等特性，其決策過程自然與一般結構緊密的商業公

司大相逕庭。即以學校為例，每日所面臨的問題五花八門，所需的決策類型各有不同。試看以下例子：

1. 每學期之初，教務部門必須進行排課工作。由於相關法規中已有明確□定，因此，各教師的授課時數與所教科目較少有爭議產生。如果某一□師認為權益受損，也可循一定管道加以表達。此外，如有不可抗拒之□因而導致教師必須請假或離職，其補救措施（如聘請代課教師）也多□一定之法規規定。基本上，行政人員在處理類似問題時，由於已有標□程序可以遵循，故多會依理性逕行做出決定。

2. 在購買教科書方面，除了上級有所規定外，其餘事項如課本之選擇，□於牽涉到專業知識，必須由相關教師參與討論後才能做出決策。如果□長堅持己見，必將遭致非議。除了被批評為「外行硬充內行」外，可□還會被檢舉為圖利廠商。因此，此類決策最好經由充分討論，並取得□會者共識後再加決定，才不致引發後遺症。

3. 在1990年中期之後，台灣要求實施「鄉土教育」課程之聲音此起彼落□其訴求乃在保存母語，使學生瞭解所處地區之民情文化。然而，由於□涉敏感的族群意識，究竟應如何實施鄉土教育的爭議四起，甚而引發□治角力與鬥爭。即以所使用語言為例，台灣目前通行國語、閩南語、□家語、與各原住民族群的語言。到底何者為「母語」，在族群各占一□比例的地區，實為燙手的問題。所謂「順了嫂意，逆了姑意」，校長□做決策時，必須邀請各利益團體進行磋商。經過談判與討價還價後，□能產生令各方都能接受的方案。面對此種具有高度政治敏感性的議題□實非校內成員憑其專業知識即能決定。

4. 教師在教室中，每日都會遇到突發的新鮮問題。學生年年變換並隨著□齡的增長，在身心發展上逐日成長。例如，一位學生上學期品行兼優□下學期就可能因父母離異而性格大變。每日，當教師走入教室，都必□在最短時間內做出決策。此包括教學策略的設計（學生表示完全聽不□懂，教師就必須換個方式解釋）、班級管理的實施（學生不斷講話，經□制止不聽，教師該怎麼辦）、與特殊事件的處理（學生突然生病或打□架）。凡此種種，教師必須當機立斷做出決策。其沒有足夠時間蒐集資□料，也沒有既定之明確規章可供遵循，完全是處於一種無政府狀態。影□響所及，教師多僅能靠其直覺與經驗行事；此與Simon所要求的理性決□

策過程，實有天淵之別。

一、Estler的四決策類型

以上四種情境，依其性質而有不同決策類型。此也呼應Estler（1988）所舉的四種教育決策類型，茲簡述如下：

1. **理性式決策**（rational decision making）：解決已有明確目標與標準程序的議題，並依照法定程序做出決定。教師排課之時數與科目的安排即屬此類。
2. **參與式決策**（participatory decision making）：解決必須共同參與形成共識的議題。基本上，所遵循的目標與程序多由參與者共同決定。選擇適當的教科書即屬此類。
3. **政治式決策**（political decision making）：解決具有高度爭議性的議題。採用之形式為邀請各利益團體進行談判，經折衝後做出各方雖不滿意但可以接受的共識決策。施行鄉土教學的方式與母語教學之比例即屬此類決策。
4. **無政府式決策**（organized-anarchy decision making）：解決目標模糊與缺乏準則、但卻必須當機立斷的議題。在思考時，鮮少有時間與資訊加以利用，往往受制於直覺與經驗。教師日常在教室中所面臨的問題解決即屬此類決策。

以上四種決策類型各有其特性與用途，並不能論斷何者為最佳模式。事實上，教育組織面臨的問題千奇百怪，必須視其情況來選擇適當的決策類型。以下即就理性式決策、參與式決策、政治式決策、與無政府式決策的基本假設、做法、與適用之情境加以說明。

在基本假設上，理性式決策假設組織有明確的目標與規章、權力層層相扣的官僚體系、與流暢的溝通管道。在事權分明的系統中，決策者即可依既定目標，發展可行之策略，並對其成果評估做出理性判斷，最後選擇「最佳決策」。基本上，決策過程中不能摻雜個人因素（如感情用事），必須做到「對事不對人」的純理性地步。與之相較，參與式決策雖也希望求得最佳策略，但卻將重心由建構組織的緊密體系，移轉為成員互動形成共識的過程。參與

式決策瞭解團體中個人價值觀與信仰的重要性，認為其雖主觀，但如不加以[視]，則對決策之成功會有極大殺傷力。因此，形成共識乃是參與式決策的重[要]訴求。共識之形成也許牽涉到價值判斷，但卻是必須接受的（Bolman & De[al], 1984）。

政治式決策則更進一步，假設組織決策不但受到內部結構之影響，外部[環]境變數更不可忽視，此在目標模糊、利益團體林立的情境中最為明顯。政治[式]決策跳脫理性式決策之「創造最大利益」的框框，將焦點移向各方角力與傾[軋]的過程。換言之，從實務的觀點而論，所得之結果也許並非最佳（甚而是最[糟]的），但卻是在當時情勢下所產生的妥協。其可能不是各方共識（強者主導[全]場），也常摻雜非理性的價值判斷，但在許多具有爭議性議題的解決過程中[卻]是經常出現的。

無政府式決策的實施多在組織目標模糊、結構鬆散的系統中，也就是所謂[的「垃圾桶模式」（詳見第二章）。其間由於問題不斷湧來、組織缺乏明確[目]標參考、與資料及技術的闕如，使得決策者必須憑其直覺與經驗做出決策，[往]往不符合理性的標準。此種情況如在上課中學生突以髒話辱罵教師，在眾[目]睽睽下，教師必須於最快時間內做出反應，否則即會被其他學生視為是沒有[能]力。在一剎那間，許多疑點湧上心頭：該名學生是否在家遭受挫折？該不該[給]予懲罰？如果對方再惡言相向，自己該如何自處？凡此種種，如果依照理性[式]決策，應該在蒐集資料後，再評估選擇最佳策略。然而，在教室情境中，教[師]必須立即做出決策。此時，既無明確規章可供遵循（每個學生情況不一，根[本]無法規定），也缺乏足夠資訊做為參考；慌亂間，教師多半憑其經驗與直覺[做]出決策，而無法達到完全理性的要求。

在做法上，四種決策類型也各有不同。理性式決策要求根據目標，找出最[佳]的策略，過程中絕不可滲入感情因素。其做法簡而言之有以下三部曲：(1)明[確]訂定組織目標；(2)根據現有資源，發展出可行之各種策略；(3)評估各種策[略]的優缺點，並依目標選出最佳者加以執行。因此，要達到滿意的成果，理性[式]決策有其必備的要件。其中包括：(1)目標必須明確，最好是可以具體測量[的]；(2)官僚體系的有效運作，事權分明且充分溝通，員工在決策過程中不會感[情]用事；(3)所需資訊充足且容易獲得，不致因資訊缺乏而盲目做出決定；(4)[整]個組織運作採取緊密結合的形式，凡事皆有規章可循，行動上也最好能夠標[準]化。

參與式決策在做法上則不同，較注重團體成員共識的形成。換言之，其[直]接允許個人價值觀與情緒介入決策過程。因此，從理性式決策觀點而論，參[與]式的方法雖有共識，但卻不見得是理性考慮下的最佳策略。然而，晚近民[主]之風盛行，教師多要求能在一定程度內參與學校決策（即使部分教師並無[足]夠專業知識），在此情況下，參與式決策的魅力勢不可擋。Hoy and Miskel（2007）的研究顯示，讓教師加入學校決策的行列雖不能保證產生最佳策略，[但]卻可因之提振其士氣與工作滿意度，學校也因之間接受惠。

政治式決策的做法乃在透過協商與討價還價，使影響教育組織的各方勢力[取]得妥協，進而產生一個眾人皆能接受的決策。參與式決策多侷限於組織內，[政]治式決策則擴大範圍，進而積極面對外界各種利益團體。由於社會多元化，[教]育組織如學校實難避免政治的干預。Corwin（1970）即對美國中西部24所高[中]加以研究，發現學校表面上雖宣稱採用理性式決策，但實際上外力的介入卻[相]當明顯。Mitchell, Kerchner, Erck, and Pryor（1981）也指出美國教師工會藉[由]「集體協商」（collective bargaining）的過程以決定校內教師合約的內容，[此]舉即對學校行政運作產生極大影響。台灣在1990年之後，各種教育利益團體[興]起，其訴求如對學生與教師人權之保障、課程本土化等，均迫使教育當局必[須]察納雅言，而不能只是鎖在象牙塔中做決定。

無政府式決策多在目標模糊與組織鬆散情境中產生，Hannaway and Sproull（1979）指出其突顯學校決策非理性的一面。根據Cohen, March, and Olsen（1972）所提出的垃圾桶理論，當各種待解問題蜂湧而至，由於缺乏足夠資[訊]與專業知識，決策者在特定時限內，往往會依憑感覺做出非理性決定。雖然[M]arch（1982）曾辯稱垃圾桶理論並未達到Firestone and Herriott（1982）所宣[稱]的無政府狀態，但因其問題之特質與時空的限制，如要達到真正理性決策的[地]步，尚有一段距離。此也可以解釋為何教師在處理兩個極為雷同問題時，竟[前]後做出差異極大的決策。

在適用情境上，理性式決策如要成功，最好用於教育組織緊密結合的部分[（]請見第二章雙重系統理論）。換言之，也就是在已有明確法規與具體目標的[一]般行政事務（如排課、發薪水），或是資訊充足、爭議性不大的議題上（如[購]買電腦、舉行運動會）。參與式決策則多應用於牽涉專業知識與成員權益的[議]題上。例如，教學策略之設計、教師評鑑辦法之擬定等。政治式決策用於爭[議]性大且各方意見不一的議題上。例如，學生犯錯之事後處理決定，若不經各

方協商而遽做決定，必然引起一方之抗爭（如家長）而成多事之秋。因此，[
度討價還價乃是無可避免。最後，無政府式決策之產生實乃情勢所逼。在突[
其來的問題情境中，目標模糊、資訊不足，再加上組織結構之鬆散，決策者[
迫將問題與當場直覺想出之策略湊在一起，難免主觀而感情用事，理性成分[
然較低。

　　表11.1中摘錄了以上四種決策類型的比較。基本上，理性式決策頗符合[
性系統模式的訴求。參與式決策則與自然系統模式之重視個人層面的特性[
同。政治式決策考慮外在變數與利益團體的影響，儼然為開放系統模式的[
版。至於無政府式決策，雖與非線性系統模式的混沌情境仍有一段差距，但[
組織特性卻頗富非線性的色彩，兩者之關係值得進一步研究。

表11.1　Estler四決策類型之比較

內容特質 ＼ 決策類型	理性式決策	參與式決策	政治式決策	無政府式決策
決策訴求	根據既定目標，理性的評估並選出最佳策略。	藉著成員的參與，以達成共識為手段做出決策。	為擺平各利益團體的要求，藉協商妥協為手段做出決策。	在目標不明、問題蜂湧而來的情況下，即時做出決策。
產生之情境	官僚體系，事權分明且資訊流通，成員不感情用事。	決策之內容牽涉專業知識，且成員強烈要求參與。	決策之內容具有爭議性，各方勢力難以妥協。	目標模糊，組織結構鬆散，缺乏足夠資訊。
系統特性	封閉系統	封閉系統	開放系統	開放系統，但卻不確定各變數的影響。
學校實務上所採用的例子	排課、發薪水等已有明文規定者	教師評鑑辦法之擬定	鄉土教學之辦法與內容擬定	教室各項管教學生事宜

二、其他相關研究之決策類型

　　在其他相關決策類型研究方面，各家因分類不一而有多種看法。例如[

atz（1955）曾將教育決策分爲技術（technical）、人事（human）、與理念

conceptual）三種。Griffiths（1959）則主張分爲中介式決策（intermediary

cisions）、上訴式決策（appellate decisions）、與創造式決策（creative deci-

ons）三種。望文生義，中介式決策的產生原因來自上級的交代，上訴式決策

自下屬的需求，創造式決策則因本身的需求而產生。Blaine（1969）發現美

中學校長處理上訴式決策較多，而小學校長則面臨較多的中介式與創造式決

，其同時指出在社經地位較高的地區，創造式決策的比率遠比社經地位低的

區要高。

　　除了以上分法外，Lipham, Rankin, and Hoeh（1985）依決策者的行爲區分

三種不同決策行爲。其中包括：例行式決策（routine decision）、啓發式決策

heuristic decision）、與和解式決策（compromise decision）。茲分述如下：

1. **例行式決策**：爲學校中最常出現者，所須解決的問題多半以往發生
   過，所以學校已建立一套應付方法。例如，對於校園性騷擾行爲之處
   理，基於以往經驗，行政者很快會做出決定。此種例行決策雖可在短暫
   時間內解決，但並不代表其重要性較低。行政者在處理問題時仍須按部
   就班分析情境，以往決定雖可做參考，但不可絕對奉行。

2. **啓發式決策**：此種決策方式與Griffiths的創造式決策極爲相近，問題多
   半是屬於較開放與牽涉較廣的。例如，針對學校未來課程發展方向，校
   長首先應廣納衆議，讓教師充分發表意見，甚而多鼓勵其進行研究提出
   具有創新性之作法。因此，啓發式決策基本上是在開放的氣氛中進行，
   而與例行決策不同。然而，有時校長卻未諳其意，扭曲其內在精神。例
   如在會議上其會說：「今日學校需要你們的意見，請儘量發言；不過我
   先說說我個人的想法。」表面上推行啓發式決策，骨子裡卻行例行式決
   策之實，多會遭致教師反感。

3. **和解式決策**：此種決策方式多半發生在尖銳的議題上。例如，對教師
   的評鑑方式，校長面對的往往是意見對立的兩派。由於社會不斷進步，
   教師對於應享之權力有更大的堅持，進而在組織中產生各種衝突（參閱
   第六章衝突理論）。如何化解即成爲校長的重要負擔，而必須採用和解
   式決策。一般而言，校長應扮演中立角色，讓兩派人士表達意見，並引
   領其達成共識。如果不成，則可使用民主方式做成決議。在決策過程中
   如發生爭吵，應以理性態度安撫雙方，使其能心平氣和的討論問題。

綜上所述，不同情境形成三種不同決策行為，而教師參與的比率也各有異。Godfrey（1968）以546所小學為樣本，發現美國教師有90%以上回答曾中度或高度參與學校決策的經驗；然而卻多半屬於例行式決策，其中包括行曆、學校午餐、訓導問題等。鮮少教師有機會對重大問題（如學校未來發展有發言的機會。

其他研究則指出校長人格與教師參與方式有極大相關。Shaffer（1971發現校長愈認同教師的專業地位，教師參與決策的程度就愈高。Ambrosie a Heller（1972）的研究指出校長權威人格與體恤程度，乃是影響教師參與要變數。Weiss（1968）則指出教師若按其希望參與決策，其工作滿足度會對提高。

第三節 參與式決策之原則與形式

一、參與之原則

在時代的民主潮流下，教育組織各方成員參與決策之制定已勢不可擋然而，參與式決策不只僅於「參與」，而是要求員工的「自我投入」（ego i volvement）。其係指員工將團體成敗視為自我成敗，願意負擔更多責任，並而協力制定團體目標與政策。此種決策形式雖不能完全消除組織的模糊性與確定性，但至少可使決策參與面增加而減少日後衝突。

以往人們談到參與式決策，往往就會認為其是一種「全員集合」的型態事實上，要團體中每個成員都參與決策，不但困難而且多半缺乏效率。到底何種情況需要成員參與？Bridges（1967）and Owens（1987）以教師為例提看法，綜合起來有以下三點：

1. **相關原則**：如果決策內容與教師權益相關甚大，應該讓其參加以表意見。教師對事關己身的決定，如課程、訓導方法、福利等，都會有高的興趣參與。否則事不關己，參與的動機必定較低。
2. **能力原則**：教師參與決策的條件除有興趣外，還應有能力與專業知

以貢獻所長。例如，在修訂數學科課程時，英文教師恐怕就無用武之
地。若硬要其參加，不僅使其覺得不耐煩，對於組織而言也是一種資源
浪費。

3. **權限原則**：學校在體制上是一官僚系統，權力分配依職位而有所不
同。參與決策的教師最好對所決定的事項有管轄權，否則即使興趣再
高，專業知識再強，對於將來決定的執行沒有影響力也是白費。例如，
數學課程經數學教師詳細討論後，最好由其規劃執行，否則交由他人執
行往往會使原意走樣，令當初參與者覺得氣憤不值。

參與式的決策可使情境的模糊度降低，也使最後的決定容易被大眾所接
。然而，由於問題的不同，所採用的參與方式也有所不同。如果按照參與程
的深淺，Bridges（1967）認為可有以下五種方式：

1. **照會（discussion）**：此種方式參與度最低，也是最簡單的形式。領導
者告知有關成員將在某問題上做一決斷，此種照會方式並沒有徵詢成員
意見。

2. **尋求意見（information seeking）**：此種方式比照會方法又進一層，
行政者主動徵詢員工意見，以幫助自己做出更好決策。

3. **民主集權式（democratic-centralist）**：此種方式為最常用的方法。領
導者向員工解釋問題，並經討論後得到其意見與建議。領導者保有最後
決定權，但卻盡量符合員工所提出的意見與期望。

4. **國會投票式（parliamentarian）**：此種方式將最後決策權賦予參與的
全體成員。經討論與辯論後若不能達成共識，則利用國會表決方式，由
多數人意見做成最後決議。此方法雖民主，但卻不可避免會造成勝利者
與失敗者對壘的遺憾。

5. **參與者決定式（participant-determining）**：此方法也是將決定權賦予
參與者，但卻要求達成共識（consensus）。在許多重要問題上（如評鑑
教師），必須要每個人皆同意後才能做成決策。此方法費時甚巨，且有
時很難達成。然而一旦達成共識，其成功機率必定較高，而成為最有效
的決策方式。

二、成功決策者的條件

一位成功的教育決策者應具備哪些條件，歷來各家看法不同，總括起來有以下四項：

1. **瞭解決策的種類**：以上述及之各種決策，因性質差異而有不同的處理方法。有的可速戰速決，有的卻必須集思廣義，因此，決策者（如校長）應具備辨識的能力，以適當態度處理問題。

2. **決定所需資料的性質與數量**：決策者必須依據問題，進而尋求所需訊息，其可來自教師、學生、同僚、甚而外界團體。決策者必須衡量資訊的正確性並過濾採用。此外，教育決策往往有時間的限制，不能無限制的尋求資料。所以對時間的拿捏很重要，過與不及皆不恰當，決策者應有能力做出判斷，適時停止資料的搜尋而做出決策。

3. **決定適當的人員參與決策**：不論決策是一種科學或是藝術，有關人員的介入乃是必要之舉。如何選擇適當人選是決策者所必須注意的。有的決策須要多人意見，有的卻需決策者單獨決定。此外，參與人員的背景與素質影響成果甚大，必須要特別注意。好的決策者不但知人善用，且能藉機與部屬溝通，進而促動組織成員之間的動力。

4. **預測結果**：好的決策者要能預測執行後的成果與利弊得失。天下沒有任何決定是十全十美的，必須選取利大於弊者。如果能事先有所預測，則可對決策之副作用早做準備，以減低其負面影響。

綜而言之，在教育組織中，因著各種問題的蜂湧而至，決策行為乃是必要之舉。決策之動作絕非權力之展現，而是必須植基於理性之分析與對相關變數的掌握。教育組織雖未如商業公司之緊密，一步走錯不會賠上老本；然而對整個組織之發展，卻在長期中產生滴水穿石的影響，教育決策者不可不慎。

台南一中學生丟菜單事件

2013年12月15日

　　為了體恤學生與招攬生意，台灣部分學校附近的餐廳或小吃店，大多有提供為學生免費加飯的服務，台南一間簡餐店也秉持此項原則。2013年12月，四名台南一中學生前往用餐且要求免費加飯。因兩人當時穿著便服，老闆要求其出示學生證後才予以同意。學生疑似心生不滿，最後雖有免費加飯，在準備離開時，卻將桌上菜單揉成一團丟入湯碗，並將其他碗反蓋在桌上。

　　在店家監視器畫面中，可以清楚看到老闆娘當時就站在櫃台，學生卻有恃無恐。原本好意嘉惠學生卻遭如此挑釁，店家因此氣得貼出公告，針對台南一中學生，即日起取消加飯優惠，還在告示上寫「高三學生的傑作」。

12月26日

　　相關過程被好事者拍下並上傳網路。因為台南一中是當地名校，卻與店家發生糾紛，引發網友熱烈討論，有人封四名學生為「蓋碗四少」，諷刺他們闖了禍卻打死不認錯。各路媒體聞風而至訪問店家，老闆說學生向學校抱怨是店家服務不周找麻煩，把整個事件歸為消費糾紛。還抱怨從頭到尾校長沒出面，也沒有帶學生親自道歉，甚至學校還發動相關人士施壓。這樣的作為，店家認為無法接受，短期內還是不會撤下公告，希望讓這幾名衝動惡搞的學生得到教訓。

12月28日

　　校方得知事情曝光媒體，趕緊向店家致意，雙方協議不再對外

談論此事件。部分網友批評這些名校學生書都白唸了。然而，台南一中一位英文教師卻力挺學生，認為雙方皆有錯，店家將事件故意渲染，乃是自斷生路。還認為台南一中學生行為原本就會被放大檢視，不贊成「人家來打小報告，我們就要先打小孩給人家看」，並指出「如果碰到服務態度不好的店家，我也會丟菜單」。最後老師抨擊至今只聽到媒體與店家聲音，對台南一中並不公平。

教師談話被學生在課堂拍下後上傳網路，引發部分網友群起撻伐。針對教師與各方意見，台南一中校方表示瞭解，認為這是老師個人言論和看法，校方會給予尊重，也能體諒老師站在保護學生立場發言，不會再進一步處理，態度相當低調。

此外，一位署名任職台南一中的教官也投書媒體力挺學生，認為店家把監視器畫面公布，反而讓大眾公開批判學生，也傷害到學生。希望「不要讓學生因為小過錯必須面對社會公審」。

12月29日

各方發言使得事件越演越烈，未有停歇跡象。同區之台南二中、台南女中學生則發起製作臉書大頭貼聲援台南一中，抗議媒體渲染。絕大多數學生認為，如果台南一中學生有錯就該負責，但社會大眾不該因媒體渲染，波及到一般學生，應該就事論事理性討論。

針對各界之批評意見，簡餐店業者不願再發表任何回應。強調整起事件並非他們主動挑起，也不知何人將過程上傳網路。給學生的優惠不會改變，但台南一中學生除外。店家宣稱，一定要當事學生親自道歉，只要一句「對不起」就好，否則以後就沒有免費加飯優惠。

12月30日

針對丟菜單爭議，台南一中張校長出面回應希望到此為止，不要有審判的心靈。表示「學生知道蓋碗的動作是不對的，所以他們也深切檢討，不會再犯同樣的錯誤，學生們也學習到了。」

學校其他學生則不願多談，校長則利用朝會期間向全校師生說明，盼望以謙卑的心態來看待此起事件。

學務主任也說明，校長當天與學務組長一同前往店家致意，也透過監視器畫面找出學生。與當事人談過後，學生當下知道自己有錯，並可能導致損害校譽的後果。兩位學生皆已高三，在校內表現還不錯，此次事件只是溝通不良所致，希望他們不要受到影響好好唸書。最後校長僅建議他們親自去道歉，並不強迫，因此校方並不曉得學生是否道歉。

發表力挺學生言論的英文教師則表示，有學生認為此次事件引起各界關注，對高三學生並不公平，希望他幫學生打氣。不料學生竟將影片上傳網路而引發各界關注。其表示如果發言內容不妥當造成不良示範或不符合社會期望，我要向社會大眾道歉。至於事件的對或錯，可以讓時間去證明。

12月31日

事件爆發後，引起網友激烈的議論。有人批評台南一中態度傲慢，認為「蓋碗四少」應到簡餐店洗碗，以體會油膩人生。有人認為學校處理很糟，校方定調此僅是單純的消費糾紛，就是錯誤的開始。尤其是校長僅建議學生親自道歉但並不強迫，因此校方竟不曉得學生最後是否道歉。此種所謂開放包容的態度，使得學校看似民主，其實卻教出只會唸書沒有品德的孩子，校方應該深切檢討。在另一方面，有人卻抨擊店家委屈哭泣，乃是配合媒體演戲。更有人分析校方採取低調作風，將責任批評一肩挑起，乃是擔心學生曝光後不利未來申請大學。身為高三學生，下學期就面臨大學申請推甄考試，一旦被貼上標籤，恐怕會遭受到嚴重排擠。

簡餐店則在30日撤下告示，業者不願表示是否原諒四名學生。其私下坦承近來承受各方關切，壓力排山倒海而來。表示撤下告示是設下停損點，讓雙方冷靜思考。對於整個事件，業者只說：「謝謝大家關心，我們不再回應了。」

討論問題 ....

1. 從理性決策的觀點討論如何尋求解決此事件的策略。
2. 在相關決策中，哪些變數是必須考慮的？
3. 學校在相關作為與處置上，發生了哪些問題？
4. 如果你是台南一中校長，是否會做出不同的處置方式？
5. 根據Estler的四種決策類型，哪一型最適合本個案之處理？

11.2
個案研究

患寡患均傷腦筋

　　桃源國中位於台北市近郊，原本是個很平靜的學校。歷年升學率雖然不是頂尖，但教師大多認真負責，每年也都有學生考上明星高中。大致上，教師之間相處融洽，各個處室雖偶有爭執，但也能在不傷和氣下溝通解決。近十幾年來，學校風平浪靜。不料新學期換了新校長，爭議一波一波發生，頗令外界側目。

　　老校長任期屆滿八年。其間雖無大建樹，但也平安度過。但因太過固執專制，有時引起教師不滿。學校也因其保守性格而顯得暮氣沉沉。因此，教師希望能換個校長，讓學校有點變化，運作也能民主一些。

　　學校新學期開學，新校長人事命令發布。校長郝開明上任後，作風開明，深受教師好評。又能與地方人士與家長會建立良好關係。大家都認為學校前途大為看好。家長會開會參加踴躍，與原本漠不關心的態度完全不同。家長會主動出擊，熱心積極參與校務，且紛紛解囊贊助學校。

　　半學期過後，學校內漸有怨言。校長太過開明，因此很多事都只是議而不決，校務上的推動很難貫徹。原本比較散漫的教師更為偷懶，認真的教師則抱怨「學校變成這樣，我又何必太認真。」此外，家長干涉校務過多但卻不懂教育，弄得教師很為難。尤其是教務與訓導兩個處室，更是見到家長委員就害怕。家長委員不時干預課程教學，批評教師表現；又批評訓導處管理學生不當，使問題更形複雜。以上諸事，校長皆有所聞，但為維持良好關係，只能裝聾作啞。

　　除此之外，更嚴重的是處室之間的不合。教務與訓導兩主任原是老校長時代的人，知人善用且作風明快，深受教師肯定。與之相較，總務與輔導主任，在老校長時代就較吃不開，如今換了校長，即

聯合處處與教務與訓導主任作對。學期中已有多次激烈爭執，尤其是在經費的爭取上。

最嚴重的一次就在學期即將結束前，為了學生第八節輔導課行政費的爭議。過去輔導課行政費係按照各處室工作量分發。因而教務、訓導兩處室分的多，其他處室分配的較少。雖行之有年，但總務、輔導、人事等處拿的較少，心理就不平衡。於是趁機向新校長建議行政費應照等級撥發，也就是主任一級、組長一級、幹事一級才公平。

但教務與訓導主任卻不同意，認為課後輔導是多出來的工作。教務處從收費到編班，安排教師上課，工作非常繁多。訓導處也因課後學生上課，必須多留下一節維持學生秩序。此些都是額外工作，因此主張教務與訓導處人員理當多拿。為此，兩派人馬爭論不休。無獨有偶，導師認為其才是最辛苦的。從收費、管理學生、點名等事務都必須一手包辦。抱怨總務與輔導主任不過是順便蓋章而已，憑什麼拿的比導師多。多數教師也贊成行政費理應按工作量多寡分發才對。

校長一點主意也沒有，其心裡較希望均分，但教師輿論又不能不重視，於是召開主任級會議商討。會議上爭論不休，演變成雙方水火不容。教務主任揚言：「如果均分，以後就不管排課，不算鐘點費。」訓導主任也說：「既然大家都領同樣的錢，下學期訓導處人員準時下班，第八節大家都不要留下。」協調會就在激烈爭吵中不歡而散。為此，各處人員碰面後只好竊竊私語而議論紛紛。兼行政之教師更是士氣低落，常因他人之風涼話而意態闌珊。學校此時宛如已進入戰國時代。

更糟的是，校長這時候完全沒了主意，不知該如何收拾善後。於是外界都在等著看好戲。

論問題

試分析校方在處理此案時，是否符合理性決策的要件？若無，其原因何在？

處理此案，你認為何種決策類型最為恰當？其原因何在？

比個案中，校長的領導型態為何（參看本書第九章）？你覺得應如何善後處理？

對於校園中類似學生第八節輔導課的爭議，長遠之計，教育界應如何加以因應？

建議活動

參加幾個學校開學前所召開的導師會議或校務會議，分析其重要決策的形成過程、決策內容、與決策的形式。

列出一連串學校必須決策的課題（如升學、訓導問題等），檢視全校同仁參與決策的程度；並發覺其是否滿足目前決策的方式，與所提的改進方式為何？

與校長會談，檢視所決策的問題中，有多少是循例或是啟發式的決定？其「真正」有權決定的又有多少？

從你與同仁的會談中，大家希望的決案方式為何種形式？在目前情況下，是否有實行的可能？

根據1995年公布之「教師法」，規定教師之聘任由「教師評審委員會」加以審查，此舉是否改變中小學以往人事相關決策的類型？其成效如何？試分析之。

檢視台灣歷年重要教育政策之決策過程（如實施九年國教），分析其類型與利弊得失。

教育變革理論

　　　　　教育改革像月亮，初一十五不一樣，
　　　　　管他一樣不一樣，對我不會怎麼樣。

　　台灣在1990年代政治解嚴之後，開始進行激烈的教育改革。其間對於傳
教育體制進行所謂的顛覆與鬆綁，但卻引起各教育利益團體的不同回應。極
讚美與強烈抨擊者皆有所好，但位於暴風圈中心的學校教師，卻在不被重視
去發言權之後，流露出極度消極的態度。以上打油詩之出現，不免令教育改
的發動者搖頭三歎。

　　這個例子說明在教育組織中進行變革（change）的困難。主事者也許
心，但各利益團體的阻力卻如排山倒海而來。即連民初北京大學校長蔡元培
才智地位，在改革過程中，仍不免遭遇挫折憤而出京數次，其餘泛泛之輩變
之路自是更加坎坷難行。

　　環顧歷史，要求教育變革的呼聲，卻總是此起彼落從未停止。民國肇始
Pestalozzi（裴斯塔洛齊）的國民教育思想促成廢科舉興學校的創舉；Dew
（杜威）的實用主義寫下新課程理論的一頁；Froebel（福祿貝爾）的兒童自
發展理念為學前教育奠下良基。此外，Rousseau（盧梭）的自然主義刺激英
夏山學校與台灣森林小學的成立；Piaget（皮亞傑）的認知學習理論造成教
教法的巨變等，皆是歷代變革之明證。時移了，事易了，教育變革總是隨著
代浪潮而起舞，誰也無法抵擋。

　　除此之外，學校組織與運作也無時無刻不在進行改變。立法機構受選民
託，認為教育機會應該平等，學校為此就得設立資優班或資源班。家長看了
導，深信電腦教學功效奇佳，教師也就必須將之納入教學模式。在現代民主
會中，任何一種聲音都可逼使學校處於聚光燈之下。校長再也不能遲疑，如
不立即起而行動，就可能會受到各界指責。

　　然而，在現實的環境中，教育變革絕非易事。若無適當的策略與模式，
很難抵抗各種反對勢力（Anyon, 2005）。即以升學主義為例，東亞地區（
本、南韓、中國大陸、台灣、香港、澳門）凡是注重文憑之社會者皆難倖免
學生為擠入大學窄門，無所不用其極參加惡補，有的學校甚而配合家長需求
設晚間課業輔導課。質問之，竟得到「學校不留學生，他們還不是會跑到補
班」的謬論。過往數十年，教育學者無不大聲疾呼進行改革，但其成效並

著。校長顧慮不補習，升學率就會下降；教師擔心不補習，學生程度就會減
；家長迷信多補有益的理念。凡此種種，都使得正常教學的美意胎死腹中。
以，教育變革絕非一時興起的叫囂，而是需要具備周詳的計畫與策略，在瞭
環境的特性與限制下對症下藥，如此才能達成目標。

　　本章將依次討論變革的策略，發展之模式、代理人的選擇、影響變革的環
變數、與教育變革的基本步驟等主題。在此之前，首先針對「變革」的定義
以說明。

第一節　變革的定義

　　依據辭典，change這個字的中文翻譯繁多，最普通的譯為改變；也有做變
、變遷、變化、變動等解釋。在組織運作中，幾乎天天都有改變。某人屆齡
休、某人升官、甚或福利社的便當換了花樣。然而此種「人事有代謝，往來
古今」的變遷，卻非教育行政學者所關心的change，因為其是非計畫且自然
生的。一個人到了退休年齡，依法要從崗位上退下，此舉與組織的成長並無
大關係。

　　教育行政所關注的，是如何經由計畫的擬定制訂策略，以促使組織更加具
績效的改變過程。換言之，其所重視的change，實與另一個英文字innovation
類似。Miles（1964: 14）曾將之定義為是「一種深思熟慮的、新奇的、特定
改變，其實施將使組織更有績效的達成目標。」換句話說，一般所謂的組織
ange，並不意味一定有組織的innovation。然而在文獻中，此兩字卻經常被混
。為釐清本章所討論的change理論，茲定義其具有以下三種特性：

1. **其是有計畫且設有特定目標的**：任何自然或隨機的變遷皆不包含在
   內。change的目標必須特定，可能是提高學生學習成就，或是使教師更
   具有工作滿足感。但不管如何，change的發生必須是有計畫而非臨時起
   意的。

2. **包含一套特定執行程序與行動**：計畫中首先擬定時間表，然後設計各
   個執行行動。其中包括在何時、由何人、在何處進行計畫中的行動內
   容，以期達到最終目標。

3. **具有新理念或作法以期達成目標**：例如，在提高學生學習成就上，
的理念（如建構式教學）與作法（如E-learning）即必須包含其中，
做為達成change目標的執行策略。新理念與新作法的產生可來自組織
外，也可因自我創新的要求，由組織內成員自行發展而出。

綜上所述，本章所談的change理念實指有計畫且有績效的使組織變革
過程。為區別一般人對change一詞的看法，特將其翻譯為「變革」，取其嶄
且有計畫的意義。換言之，本章所討論之change，可被稱為是一種計畫式變
（planned change）。

定義之後，接著討論計畫式變革的組成要素。在複雜的團體中，幾乎人
都在叫嚷變革，然而其訴求卻天差地別。不同利益團體的教師，其立場往往
涇分明（楊振昇，2006；Anderson & Anderson, 2001）。所以，計畫式變革
非孫悟空的金箍棒，能在撚指之間將醜陋化為美好。其必須要事先規劃設計
步步為營，以避免實施時的挫敗。一般而言，推行計畫式變革，必須注意三
要素：(1)變革的策略；(2)影響變革的環境變數與可能之限制；(3)推動變革
步驟。以下分述之。

第二節 教育變革的策略

變革的策略因著環境的限制與特性而有所不同。其是變革者在推動計畫
的心態與擬定之做法。其分類方法頗多，例如，Clark and Guba（1965）依
革者與被變革者之關係，將之分為以下七種策略：

1. **價值策略**（value strategies）：假定被變革者具有專業素養，因此
說服之方式，使其與變革者秉持相同價值理念，因而加入變革之計畫

2. **理性策略**（rational strategies）：假定被變革者具有理性，因而以
示實證資料，使其做出不變革則組織將受損傷的判斷，因而願意加入
革之團隊。

3. **教育策略**（didactic strategies）：假定被變革者有意願但無足夠專
知識與經驗，因此經由教育之過程（如短期進修班之成立），希望藉

而使被變革者產生動機而積極加入。

4. **心理策略**（psychological strategies）：假定被變革者具有某些心理特質（如原創力），因而邀其加入計畫，希望在過程中更能激發其潛力，做出對組織顯著之貢獻。

5. **經濟策略**（economic strategies）：以利益誘惑被變革者，使其相信如加入則有額外利益（如加薪），反之則可能失去既有資源與利潤，被變革者因而不得不就範。

6. **政治策略**（political strategies）：令被變革者相信，變革之實施與否對其影響甚巨。也許是職位的調動，也許是權力之喪失，使其不得不慎重考慮是否要加入變革計畫。

7. **權威策略**（authority strategies）：變革者以其權威，下令或迫使被變革者就範。換句話說，完全是強迫而不留餘地的。

　　至於以引起變革的誘因來分類，Getzels（1972）認為組織中的變革可分為迫式變革（enforced change）、權宜式變革（expedient change）、與本質式革（essential change）。顧名思義，強迫式變革的誘因來自外界。雖然變革實施經由事先規劃，但組織本身卻非甘心情願。此因外界的誘因多半來自教各利益團體或上級政府的壓力，使學校不得不改變其目前經營模式。最顯著例子，乃是台灣在1990年代推行教育改革，其中如教材一綱多本、學習領域學政策（如將歷史、地理、公民三科合為社會科學習領域）之推動，皆使各即使再頑強，也必須進行某種程度的改變。此外，如家長要求行使學校選擇而要求在家教育等壓力，也迫使校方必須做出不同程度的變革以為因應。基上，強迫式變革的影響多是全面且毀譽參半的。

　　與之相較，權宜式變革在幅度上較為輕微，其是為應付外界或內部壓力所的暫時反應。換句話說，權宜式變革多半是做個樣子而已。更明確一些，其為逃避做全面性改變而做的變革。此種情況常發生在一窩蜂追求時髦的活動。例如，部分家長認為電腦教學是最新教育科技，因而強迫校方實施。為因此壓力，校長表面上欣然接受家長會的電腦贈與，也闢建教室予以存放，但不計畫相關課程與之配合。至於那些未受訓練的教師，裝模作樣上了幾堂電教學課後，就宣稱學生學習動機不強而放棄。到最後，電腦教室餵了蚊子，校長又去應付另一個時髦需求了。

　　本質式變革則不同，其動力來自內部，乃是基於專業發展與環境需求發動的。成員希望改變目前組織弊病，因而達到自我變革以創新局的共識。句話說，變革之實施乃是自願而非強迫應付，其是一種自我檢討後的行動。如，一群山地國小的教師，為提高學生學習動機，因而製作教具、設計課程甚而晚上實施家教伴讀制度。無人強迫，也無外界壓力，只是基於身為教育作者的良知所導引的變革，此種方式無異是最可貴的。

　　之後，Miles（1993）檢視1950年代以來美國學校所採用的變革策略。最早的團體動力訓練（training in group dynamics），歷經1940年至1990年代學校重建（school restructuring）策略，共計有10種。其中有關組織自我更（organization self-renewal）策略，與上述所提及的本質式變革就極為相似。

　　學者Chin and Benne（1976）對於變革策略的分類，最為教育行政學者稱道。在檢視美國歷年之變革誘因與方式後，其將之歸納為以下三類：

1. **實證理性策略（empirical-rational strategies）**：此種策略的實施係設團體成員有一定程度之理性，在提供實證資料後，會因而引導其對織之積弊進行變革。基本上，此種策略與古典行政理論相當接近，認如要激發組織成員進行變革，就必須提出令其信服的證據，以通過其性判斷後產生動機。此種策略在自然與工程學門中最常被應用。例如一種新式智慧手機必須先在實驗室中設計，再經專家反覆檢驗，最後推出市面由消費者選擇。換句話說，即是一種研究者與實務執行者互聯結的策略。教育當局認為某種變革勢在必行（如修訂數學教科書內以減少學生挫折感），則必須先提出具體之證據，如此才能得到教師支持。證據之說服性，常成為教育變革成敗之關鍵。

2. **權力強制策略（power-coercive strategies）**：此種策略自古有之中國的法家思想與義大利的強權政治家Machiavelli（馬基維利）可為表。後者在其著作《君王論》（*Prince*）一書中即提到世上最難之事為變革，不但既得利益者憎恨之，即連其他溫和主義者也投以懷疑光。此因部分群眾並不相信任何革新之成效，直到他們真正感受經到（Machiavelli, 1952）。基於此，強制使之先接受變革就極為重要實施之初，不免遭逢抵抗，於是「制裁」（sanction）之採用就無可免。制裁之方式可大可小，有正式也有非正式的。例如，規定不可罰，違規者會受到法律的懲戒，此是正式可見的。或者變革者放出

聲，順我則昌逆我則亡，不支持者在檯面下會失去政治或經濟利益（如被調職冰凍），則多半是非正式而隱蔽的。所以，權力強制策略並非如一般人所認為的虛張聲勢，其可能在靜悄悄中即已完成。當然，實施此種策略必須先擁有權力。其形式如經由立法系統，以法律來強迫學校進行變革，不從者法院見；也可以利用職權，造成被變革者「不改則利益盡失」印象而不得不就範。在標準的古典官僚體系中，權力強制策略最易被濫用。因為實施簡單方便，且在某些情境中還頗有效用。

3. **規範再教策略**（normative-reeducative strategies）：實證理性策略與權力強制策略的擁護者，多半假定變革力量必須來自團體之外，組織只能被動接受。規範再教策略則不同，主張變革最後會成功，必須透過再教育的過程，以形成組織成員共同的文化，如此才能真心誠意的完成變革。基本上，其牽涉到價值系統的改變（請參閱第三章社會系統理論中的文化層面）。在變遷快速的社會中，組織成員雖擁有一定理性，但卻因主動性不足而無法完成變革。在眾多計畫中，即使投入再多人力物力，但在「上面有政策、下面有對策」的抗拒下，其結果也就可想而知了。唯有透過再教育的策略（如學習社群之成立），使組織成員自我產生變革的動機，影響才能深遠。面對變革，組織不應只是被動的反應，而需要主動發起。這一切絕非唾手可得，必須藉助再教育的過程，以形成變革的組織文化後才能達成。

綜上所述，Chin and Benne的分類清楚描繪出促成變革的力量種類。在民主社會中，規範再教策略當然最易為人接受；不過在正式教育運作中，實證理性與權力強制策略的效用往往也不差。此因教育環境極為複雜，不但內部非正式團體蠢蠢欲動，外部變數也常難以預測（參見第四章開放系統理論）。多元情境自會造成不同策略的成果高低互見。

在過往的數十年中，教育行政學者依其變革策略發展出相當多的模式。取其犖犖大者，除了上述之變革策略外，以下即介紹R-D-D-A模式、撥款補助模式、與組織發展模式三者。為突顯各模式設計者的用意，以下茲先再簡述教育組織特性（以學校為代表），因其往往會影響變革實施後的成敗，必須加以正視。

第三節 教育變革的模式

　　較之商業公司或民營組織，學校變革之效果總是較為不彰。在提倡自我更新的理念下，學校成員也多給民眾「多一事不如少一事」的印象。企業公司一年就可完成的行政電腦化，學校可能要拖上數年還未完成。其原因何在？教育行政學者（如Fullan, Miles, & Taylor, 1978; Owens, & Valesky, 2010）對此皆有探討，不過研究對象多限於歐美地區。作者在檢視東亞諸國的教育體系後，發現其有以下四項特徵：

1. **實施教育中央集權**：日本、韓國、中國大陸、與台灣均有類似教育部的機構，其權力中央大而地方小，此與美國地方分權制度大不相同。由於權力集中，變革之發動者多為上級主管教育行政單位。學校之校長即使有心，也因牽涉體制而未能大幅度改變。尤有甚者，萬一變革失敗則必須自扛責任接受指責，影響所及，校長深怕多做事多風險，若上級不交代，則一切援引前例。中央教育機構或因人手不足，或因牽涉太廣，變革之動機自然也不強。除非發生重大事件（如民間教育團體的抗議示威），總是心如止水避談變革，以免自找麻煩。

2. **研究發展能力闕如**：除了頂尖大學之外，一般中小學每日忙於例行事務，對於變革所需的新思維與新方法皆無暇顧及。缺乏適當刺激與誘因，組織變革之動機自較商業公司為小。

3. **組織發展趨於靜態**：一般而言，東亞地區公立中小學多呈現獨占之情勢，不會面臨民營企業不求新發展就可能滅亡的危機。一般而言，公立學校教師與職員工作多半高枕無憂，無論學生學習成就再差，也無法影響其薪資的調升。既然缺乏競爭，不變革也無傷大雅（有時變革可能會更糟），成員也就在「安全的靜態」中了此一生了。

4. **組織型態趨於鬆散**：學校目標模糊，充滿哲學化的文字，因而難以加以測量與評鑑。行政者的官僚集團與教師的專業集團彼此對抗，造成協調上的困難。上級下令，下級消極抵抗，儼然是形成無政府之狀態。在這種情況下，發動變革多無法集合眾人之力，其成效自然大打折扣。

　　為因應教育組織的特性，學者設計了各種的變革模式，以下分述之，並比

其在實施時的利弊得失。

一、R-D-D-A模式

顧名思義，R-D-D-A模式係由四個英文字首組合而成。實際上，其代表四步驟，分別為研究（research）、發展（development）、傳播（diffusion）、採用（adoption）。此種模式的主要目的在拉近理論與實務之間的距離，將秀的理念或方法推廣到教育領域。基本上，其頗符合西方近代的科學精神，先在實驗室中研究試用，如果成功就推廣到外界。

以新藥品為例，專家會先依病症做有關之生化研究，經邏輯驗證程序後，展出與以往不同的產品。在此之後必須加以傳播（如徵召試用者或在媒體發表），經一段期間試用而無嚴重後遺症後，方能取得上市許可而普及於眾。此種R-D-D-A四步驟的模式廣泛用於工程與自然科學中。其方法是實證，其精神是理性的，因此成為理性變革策略中的主要模式。

教育學者所以主張在學校中採用R-D-D-A模式，其原因之一即在學校研究展能力與動機不如其他組織。即以商業公司為例，其研究發展之目的主要在錢。此外，市場競爭激烈，沒有新產品就可能因之賠錢而淘汰出局。學校則同，校長不須營利，只要蕭規曹隨不出問題就好。在此情況下，學校既不能我研究創新，不如借用外力來發展，然後再把成品交給學校採用，如此省錢力，應有較良好的績效。

歷史上，R-D-D-A模式遠在十九世紀末葉就已應用於美國大學中，不過當主要目標卻在發展農業（稱為農業模式）。為了使農人獲得最新耕種技巧，邦政府成立相關重點大學研究農業。並藉由各地方組織（如四健會）傳遞訊，使得農人可以很快變更技術，獲得較佳的收成。其實施之後頗為成功，美農業技術也因而領先全世界。1960年代之後，聯邦政府也在各地成立多個教發展研究中心，並將研究成果推廣至各學區，後來證明成效頗佳。

在台灣，R-D-D-A模式實施於教育卻在近幾十年，最具體的可以「台北板橋教師研習會」修訂小學教科書為例。當時由於部分科目（如國語、算術）為一編定本，牽一髮則動全身，修訂時不可不慎。因此，板橋教師研習會即採R-D-D-A模式。首先，對修訂科目成立小組（如語文教育組），從教育與心

理的最新學習理論上進行研究（如孩童的認知結構）。小組成員除學有專精研究員外，並聘請大學相關學者參與。課程理念既定，即依此編寫內容並進試驗。其方法多為採用實驗組與控制組設計，以少量學生表現為依據。若證其確有功效，即公開教科書內容，供各界與教師評論。最後，再選定幾所實學校試教課程內容，其間參酌各界反應再加以修正，如無重大錯誤，則可全實施。圖12.1中所呈現的即是其使用R-D-D-A的步驟流程。

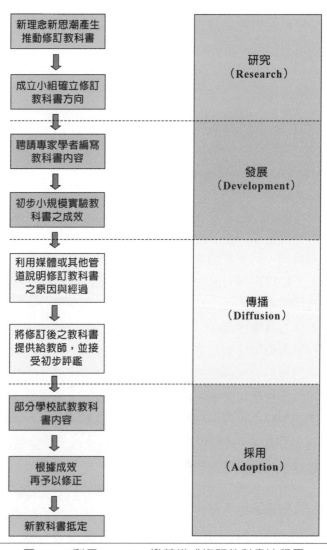

圖12.1　利用R-D-D-A變革模式修訂教科書流程圖

　　實務上，R-D-D-A模式對科技發展有巨大貢獻，但在教育變革上卻顯得略遜一籌。當然，R-D-D-A有其優點，其中包括：(1)集中專家之力研究，焦點確實而較爲客觀；(2)模式中有傳播與採用之過程，既能很快將新作法與理念傳播，又能在全面實施前，理性評鑑其功效；與(3)補足學校無力研究的缺失。然而這些優點，卻未能保證學校變革的成功，其原因值得玩味。

　　學者Zaltman, Florio, and Sikorski（1977）即指出要採用R-D-D-A模式，必須基於兩個假設：(1)被變革者必須有心接受新的知識與理念；(2)在理性判斷下，被變革者認爲新知識與理念會對學校有利，而願意加以配合。很不幸的，這兩項假設不見得在教育組織中成立，其最主要原因乃在R-D-D-A模式的主控權在研究機構，學校只是被動的接受者而已。R-D-D-A的執行者傾全力將發展成品塞給學校；換句話說，學校必須學習適應研究者，而非研究者配合學校。影響所及，造成研究者有時過度自信成果，而學校若有異議，則會遭到不知進取的指控。此種情況在新教學科技推廣時最易發生。自1960年代以來，視聽教學、電腦輔助教學、乃至多媒體教學，在專家眼中確爲當時課程變革之利器。然而事過境遷，眞正全面採用的學校屈指可數。是研究者不食人間煙火，還是學校惡意抵制，實是值得深入研究的問題。

　　從績效觀點而論，R-D-D-A如果實施得當，則其成就頗爲可觀，美國農業即是一例。問題就在如何才能「得當」？針對此點，作者認爲教育組織採用R-D-D-A模式，必須依據以下原則：

1. 研究者、傳播者、與使用者之間必須建立合作關係。在研究期間，應邀請未來之使用者參與，以瞭解理論與實務上的差距。

2. 對於新理念與新科技的實施，應有專款補助，以協助教師瞭解其中理念與原則。各種短期工作坊與進修訓練實有必要。

3. 教育領導者應讓學校瞭解變革的重要性，並藉各種機會場合（如校長會議）宣導目前研究之進度與成果，以刺激使用者的執行動機。

4. 實施之後，使用者應擁有充分溝通管道表達意見。研究者也應視其爲R-D-D-A模式之回饋部分，而不只是把研究成果丟給學校，就認爲大功告成。

5. R-D-D-A實施之過程應積極配合社會潮流，並最好得到立法者與民意之支持。

6. 新理念與新科技執行之初必會產生陣痛期，此易成爲反對者之口實。基

於此，研究者與採用者應有心理準備，最好能夠未雨綢繆，擬定對策為因應。切莫惱羞成怒而堅持己見，最後造成雙方玉石俱焚，變革又到原點。

二、撥款補助模式

撥款補助模式之發展緣起並大盛於美國。此因美國教育行政制度採用地分權，中央（即聯邦）政府權限不大。美國聯邦憲法規定，凡未在條文中授聯邦的權限皆賦予州政府，教育即為其中一項。各州風土民情不一，教育系也有所差異。不過原則上，州立法機關所授權之「州教育委員會」擁有最高限，舉凡課程、教師之聘任、學位授予等原則皆由其決定。一般而言，只要違背美國聯邦憲法，聯邦政府鮮少干預教育事務。

此種情況在第二次世界大戰後有所改變，尤其1957年蘇俄Spunik號人造星領先升入太空，使得聯邦參眾議員震驚當時美國科學教育之落後，竟無追上宿敵蘇俄。之後，一連串聯邦法案通過，以期影響學校起而變革。其包括「職業教育法案」（Vocational Education Act, 1963）、「高等教育法案（Higher Education Act, 1965）、「初等與中等教育法案」（Elementary a Secondary Education Act, 1965）。各法案對於科學教育、雙語教育、特殊教等著墨最多，影響力不可忽視。

不過基於體制，教育之最後權限仍在州政府。聯邦政府若強迫各校遵守推行之政策，就有違憲之虞。因此，強迫不成即改為利誘。各法案中皆提供量經費給有意願配合的地方學區，以做為變革之誘因。如此願者上鉤，表面成為一種獎勵制度。

然而，天下沒有白吃的午餐，要得到經費就得照章辦理，其程序大致下：(1)由申請者撰寫方案，說明所列經費之原因與計畫的變革細目；(2)聯政府審核方案，依其優先程序做出是否給予經費補助之決定；(3)如果申請功，學區或學校成立特別小組監督計畫中的變革；(4)當計畫完成後，聯邦政指派專家進行評鑑，以瞭解其實施績效。

以上程序看似普通，其中卻暗藏玄機。首先，各法案經費都是特定補助如不瞭解當今的教育潮流則很難下手。一個看似不錯的課程改革方案，卻可

不合主流思想而被拒絕。因此，一些所謂的撰寫方案專家於焉興起，其知道在流行什麼與該怎麼呈現。事實上，此也是聯邦政府介入地方教育的巧妙之。例如，如果希望推廣科學教育，就多撥些經費給特定課程改革（如個別化學）的科學教育計畫，如此即能導正目前制度之不足。換句話說，聯邦政府著撥款而成為變革的發動者或代理人（change agent）。

所以，表面上此種變革模式趨近於規範再教策略，聯邦政府希望各學區自我覺醒，進而申請經費發動變革。然而，如果進一步觀察，則此模式又具權力與強制的色彩。當然，美國聯邦政府未若東亞諸國之中央具有絕對教育力，也不能「下令」迫使地方臣服。但是前已述及，權力強制策略的最大特即在制裁。中央集權國家對不聽命令者可立即換人剝奪其權力，此是政治制。然而，制裁尚有許多形式，撥款補助模式之經濟制裁也是其中一種。

在1970年代之後，美國大學因戰後嬰兒潮的結束而造成學生人數銳減，其究所需經費往往必須仰賴聯邦，此在著名大學中尤為顯著。此外，經濟不景，各地中小學在經費上也頗為困難（美國中小學經費多來自學區之財產稅與業稅，景氣不佳，收入自然較少）。在此情況下，要進行變革（如闢建視聽心、實施個別化教學）之所需經費必須仰賴聯邦補助。僧多粥少，競爭空前烈。然而，如果不申請聯邦補助，則會被視為是不思進步的學校。別人有錢獨無，自然受到家長、教師、與社區的抨擊。就此而言，聯邦政府之撥款也成一種經濟制裁。其雖謹守自願原則，但不得之則損失慘重。

基本上，撥款補助模式在民主高漲的今日，應比中央強制下令的制度更能人接受。各地民情不一，需要也有所不同。給予其選擇權，但卻同時形成某程度的壓力，技巧上更為高超。以台灣為例，以往教育部主掌一切，統一的程，統一的制度，但近年來在經費補助上已有所改變。例如，1986至1991所實施的「充實偏遠地區教育設施計畫」，乃是以地方所提出的方案內容做補助依據，不再通通有獎（賴明怡，1991）。此外，教育部對私立大學的補也多採取此模式。原則上，政府不會對私立教育機構做一般的經費支援；但特定補助（如學生宿舍、更新教學設備、提高師資待遇）則可視情況為之。序上私立大學必須先制訂計畫，經教育部審核後撥給。其中不免有誘導變革色彩，例如教育部要求必須在專任教師比例達到一定比例後，才考慮學校申；或附有但書，一旦校方未能符合要求，則需退回撥款。在此壓力下，教育即能在一定程度上，導引私學走向其所希望的教育變革。

當然，撥款補助模式也有其缺點。Berman and McLaughlin（1978）在
視293個美國聯邦補助方案成果後，發現投機主義（opportunism）充斥其間
換言之，一些方案申請者的目的在弄到經費而不在從事變革。在此情況下，
辭漂亮的方案在通過後，由於缺乏地方當局的合作，其變革往往僅具象徵
（symbolic），而非實質上的制度改變。加上如果評鑑技術不佳甚或闕無，
助績效更無法加以測量考核。此乃是有些方案一時看似成功，但卻經不起時
考驗的原因。

三、組織發展模式

組織發展（organization development，簡稱OD）的觀點，最初興盛於商
界，之後在1960年代開始運用於教育體系。一時之間洛陽紙貴，討論專書
雨後春筍般湧出（如Schmuck, Runkel, Arends, & Arends, 1977）。其最吸引
之處乃在提出自我更新（self-renewal）理念，主張學校成員經過適當訓練與
勵後，就有能力進行成功的變革（Cunningham & Cordeiro, 2000）。此與以
將學校視為是被動組織大異其趣，認為學校不但可被外力改造，也可以自我
生力量進行發展。由此而論，組織發展模式與規範再教策略在理念上極為相
（Marzano, 2003）。

學者Beckhard（1969: 9）曾將組織發展定義為：「利用行為科學知識，
上而下進行有計畫與組織化的行動，以促進組織績效與健康為目標之模式」
其假設乃在組織中充滿各種次級系統（subsystem），彼此交會而不可分割。
何次級系統的變革皆無可避免影響到其他次級系統。因此，績效卓著的變革
須以整體全盤考量，而不能只是頭痛醫頭腳痛醫腳。換言之，任何組織不論
全與否，其目前的運作乃是各次級系統所形成的「動態平衡」（dynamic equi
librium）。如果不瞭解其組合背景而輕舉妄動，即可能導致混亂狀態而一發
可收拾。

按照此種假設，最成功的變革動力應來自組織內部。然而人有百態，各
級系統或因利益不同或溝通缺乏，平常之傾軋爭鬥在所難免。為改變其行為
勢必透過再教育之途徑。因此，OD模式發展出許多方法與行動，以期達到
員再教育的目的。其特點在於：(1)不唱高調，以實務運作問題為內容；(2)

組織各成員互相交流的形式，討論其不滿、溝通障礙、與角色衝突等以往不觸及的議題；與(3)以達成各成員能全盤瞭解環境，並自行設計變革策略為目。

由以上特點可看出，OD的教育方式實與傳統方法有所不同。其採取互相流刺激的形式，而非只由發動變革者唱獨角戲。此外，並以實務問題為主要育內容，揚棄以往只談理論不食人間煙火的習氣。其最終目的在刺激成員潛，能夠主動解決問題，而不只是隨波逐流。OD的教育方式藉著訊息交流與相溝通，培養成員的敏覺性與自信心。一旦組織發生危機，才擁有足夠能力我調適與發動變革解決問題。

由於OD的教育方法牽涉多種專業知識與技巧，因此必須由學有專精的團來負責設計。1960年代之後，美國推廣自我成長的商業顧問公司如雨後春般興起，除了服務商業公司外，學校也是其主要客戶。根據不同團體需求，設計特定之成長計畫，從最簡單的傾聽技巧到工作小組的建立皆包括在內。ench and Bell（1978）歸納出有12種方式。限於篇幅，在此只介紹敏感性訓（sensitivity training，又稱T-Group）與暫時系統訓練（temporary systems）種。

敏感性訓練的方式乃是將眾人集合一處，其組合方式有：(1)陌生人團體 stranger group）：彼此以前互不相識；(2)同事型團體（cousins group）：彼同在一組織，但不工作在一起；(3)家庭型團體（family group）：彼此同在起工作。在訓練者所設計的情境中，各個成員互相交流（共同解決問題或設方案），並因此互相感覺。T-Group的重點即在交流後由團體成員敘述對自之印象（how I see myself）、他人對我之印象（how others see me）、與我他人之印象（how I see others）。藉由各成員之間的交換意見，參與者可以清楚的看待自己，也對別人的意見更加敏感。如此當回到組織後，方能與不利益團體溝通。教育機構的主持人如教育局長或校長，往往因居於金字塔的端而缺乏敏感性。有的甚至認為只要下令即可，何須考慮在下成員的感受。然而變革之成功，必須基於全體的共識。T-Group的訓練，使得團體成員不但說出自我意見，也產生意願感覺他人的想法，如此也才能使組織衝突減至最。

至於暫時系統的訓練，根據Miles（1964）的看法，乃是希望暫時將個人所謂的持續系統（permanent system，也就是現實上所處的組織）暫時隔離。

此因在持續系統中，變革的動機很難產生。成員的時間與精力均被例行公事耗殆盡（如接不完的電話），很難靜下心來思考。暫時系統的設計即將個人離現場，在另一個場域與其他人組合。與T-Group略有不同的是，暫時系統訓練乃是任務取向，也就是在一定期限，成員必須共同完成特定變革計畫。於遠離原來團體，個人可靜心思考，加上眾人並無持續系統中的從屬關係，慮自然較少而能全力發揮。暫時系統的設立，可激發參與者的變革理念，其生新點子的機會自然較大。給予每日忙於公務與應酬的校長或教師一些呼吸間，也才能使OD模式派上用場。否則即使外界再逼迫，學校內部卻已油盡枯一片死水，再好的變革理念也會胎死腹中。

推行上，OD的目的在促進組織績效與健康，其實施形式也有多種。然，OD的實施在學校中與商業公司自有所差異，但基本上皆包括以下四個驟：(1)成立小組期（team-building）：當組織中發生問題足以危害運作時，個由其成員代表所組成的小組便開始運作，以試圖解決問題。(2)診斷諮詢（diagnosis and consultation）：此時，變革主事者或代理人開始診斷問題，由各方取得解決問題的回饋。如有需要，外界專家也會被引進，以確定各策略是否正確執行。(3)計畫期（planning）：當獲得各種回饋資訊後，工作組必須加以參酌並提出解決策略。(4)實施評鑑期（implementation and evaluation）：將小組之解決方法，提供給平日較少溝通的組織次級系統參考，並對抗妥協中，找出最終實施之共識內容，並在實施後加以評鑑，以確定其正性。

基於以上四步驟，不同學區依其需求選擇不同的OD議題。Miles and Fulla（1980）調查76個至少採用一種OD策略達一年半以上的美國地方學區，以解其採用的OD項目。由表12.1可看出最多者為古典式的OD（classical OD）也就是將OD注意力放在上下層級的溝通、解決問題的能力、與團體規範的建立等。次為人員的成長，特別是注意其技巧的增進、個人的成長。其餘的O走向包括課程的改變、績效的推動等。綜而言之，不論是學校的組織、人事課程、制度，均可能成為OD模式的變革目標。只要是足以促進學校運作績效者，均可加以計畫變革。

12.1　美國學區採用之OD型態表

形　式	學區數	所占比例
典式之OD（上下溝通，解決問題能力之增進）	27	35.5
人成長（創造技巧之增進，自信心之加強）	14	18.4
程之改變（如個別化教學）	5	6.6
效考核（測量與評鑑）	8	10.5
BO或PPBS	9	11.8
他（新科技訓練、短期進修等）	13	17.2
計	76	100.0

　　綜而言之，OD模式的優點在使組織內自我產生動力與能力以從事變革。往學校多被視為是被動的接受者，OD的實施證明其也有自我更新的能力。如，當教師認為學生學習成就欠佳時，即可自我計畫，提出新的教學方法解問題，而不必等到上級下令。

　　然而，儘管OD模式表面如此絢爛，其在教育實施的功效上卻仍引起爭。Miles and Fullan（1980）的調查指出OD的功效不差，但限於投入大量時與金錢且有良好諮詢團體的學區中。在此之前，教育學者已發出疑問，聲稱D只是一種時尚，來得快去得更快（如Derr, 1976），且其概念往往在學校中誤用或誤解（Blumberg, 1976）。基本上，OD的批評者並非否定其精神，而挑戰其在教育領域中的實用性。茲摘要如下：

1. Greiner（1976）認為OD專家太執著於技巧發展。例如前文引之T-Group與暫時系統訓練，卻忽略了組織的歷史與特性。當專家初到學校時，並未深入瞭解其根本問題，只是貌似「專業」的引進各種訓練技巧。影響所及，組織必須去適應其設計，而非OD專家適應學校，如此走向自然無法引起共鳴。

2. Miles and Fullan（1980）在其研究中，發現許多學校將OD誤為只是組織訓練（organization training，簡稱OT）。在組織中，若所設計的訓練模式主要使成員個人受惠，而不及於組織結構與環境，其整體效果必差。即以T-Group為例，受訓者若只是接受一般的敏感性訓練，回到學校則很難應用於變革中。OD的目標不只在個人成長，而是希望與組織攀上關係。部份教育主管認為只要提供各種訓練機會給下屬，即是OD的實現。此想法也許對個人成長有效，但卻距離OD之目標甚遠。

3. Burke（1972）指出OD模式的長處在救火（putting out fires），但卻□
於建設。當組織出現問題時，OD的擁護者可很快診斷出其弊病。然□
當主要變革出現時（如重新建構教師的獎勵制度），OD就較無用武□
地。Burke因而認為OD模式的效果較為有限。

除了R-D-D-A、撥款補助模式、OD模式外，教育變革模式尚有社會交□
模式（social interaction model）（Ryan & Cross, 1943）與聯結模式（linka□
model）（Lipham, 1985）。前者認為變革的產生，首先須讓其好處廣為傳播□
最好是採取面對面的形式。校長角色有如促動者（facilitator），應將新訊□
新理念傳給教師，以促成其加入變革。聯結模式則希望校長成為聯結代理□
（linking agents），在教師從事變革時，提供適當的資訊與外界（特別是所□
社區）的意見，以建立各利益團體之間的溝通網路。限於篇幅，詳細內容請□
閱各相關專書。

表12.2摘要了R-D-D-A、撥款補助、與OD三模式的特性、優缺點及實施□
例。此三種模式在美國各學區均曾被採用，相關作品汗牛充棟。相較之下，□
灣相關研究數量不多，尤其是針對中小學教育。從教育觀點而言，OD模式□
養學校自我變革能力，又能針對各校需求，實應多加推廣。然而，台灣在這□
面卻著力甚淺。探其原因，其中包括：(1)OD需要大量金錢、人力，不是有□
定編制預算的學校所能負荷的；(2)OD需要外界專業機構如人力發展顧問公□
的協助，在這方面，學校多半鮮少接觸，難以借重其專業；(3)中央集權制度□
的中小學教育，校長只要做好公關討好上級，又何必採用OD模式？此外，□
實施曠日廢時，結束時校長也許已另棲高枝了；(4)就組織特性來言，台灣中□
學組織較為靜態，其學生學習成就除了升學率之外，鮮少被外界所重視。既□
薪水年年加一級，OD模式的變革也就被視為是多此一舉了。

所以，令人遺憾的，台灣歷年中小學教育的「變革」，竟鮮少觸及以□
三種模式。基本上，其動力來源主要在上級教育機關的命令，學校為避免受□
戒而不得不從。最顯著之例即在1994年開始之官方教育改革計畫。上級一聲□
下，教師即必須無條件的服從，完全是權力強制策略的實施。相關問題，將□
章末再加詳述。

12.2　三種變革模式在教育應用上之優缺點

	R-D-D-A模式	撥款補助模式	OD模式
用之變策略	實證理性策略	權力強制與規範再教策略之混合	規範再教策略
特　性	以研究、發展、傳播、採用四步驟，將外界實證研究之新理念、新方法推廣到學校，以使其變革。	以撥款補助為利誘，使願意配合變革之學校得以行動，並產生經濟制裁那些不願變革之學校。	假定學校有自我更新的能力，所以藉由組織成長的各種技巧，幫助學校自我變革。
優　點	1.補足學校無力研究之缺失，拉近理論與實務的距離。 2.集中專家之力研究，焦點確定而客觀。	1.不使用完全強制方式，以補助為利誘，較符合民主原則。 2.產生壓力，無形中推動學校朝所希望之變革方向前進。	1.意識到學校由各次級系統所組成，變革必須以全盤著眼。 2.幫助學校自我產生能力，並視其需要自我變革。
缺　點	1.將學校只視為是被動的接受者。 2.新理念、新方法未必符合學校需求。	1.投機主義盛行，其目的只在弄到經費而不在變革。 2.缺乏周詳之評鑑制度，補助效果較難測量。	1.必須花費大量時間、金錢，有時不符成本效益。 2.訓練技巧滿天飛，但未必符合學校需求。有些組織訓練很迷人，可提升個人層次，但對組織未必有幫助。
範　例	板橋教師研習會修訂小學教科書過程	教育部補助私立大學經費制度	各種教育人員進修計畫

第四節　影響變革的變數

　　教育組織極度複雜，其中利益團體互相對抗，各次級系統交錯其間。變革要成功，則天時、地利、人和諸變項皆須齊備。行政講求實效，絕不能困坐書房只做理想家。一位校長希望有所作爲，除了正確的理念外，尚須盱衡所處之環境變數。以往看似美好但卻未能成功的變革，其原因即在未能通盤考量，

以致一步走錯全盤皆輸。在此前提下，「勢力範圍分析」（force-field analysis）的概念就極爲重要，其往往是進行變革變數分析的首要步驟。

正如物理學的定理，一力產生之同時必有其反作用力；變革產生時，也有反變革力量的集結。支持變革與抵抗變革兩力量對抗，即形成所謂的勢力範圍（force-field）。任何人發動變革之前，瞭解兩股勢力的分配與範圍，方能初步預測各變項對變革的影響。

圖12.2所呈現的即是一般的勢力範圍分析圖。Lewin（1947: 32）首先提出此一動態觀念，並解釋其要旨爲：「如果希望改變社會平衡，吾人必須全盤考慮整個社會範圍，其中包括介入的團體與其彼此之間的關係及價值系統。縱使並分析社會範圍的定位，才能瞭解各社會事件是以不同面貌流動其間的。」

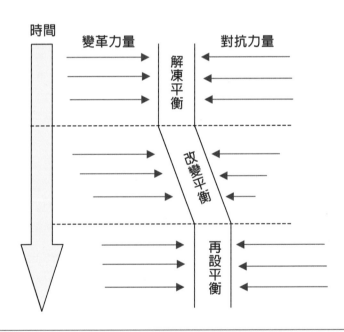

圖12.2　勢力範圍分析圖

資料來源：修改自 Lewin（1947: 40）.

上段文字看似抽象，其實所談及的不外乎是以總體角度觀察所處系統環境，以達到知己知彼的地步。之後，Lewin（1951）進一步主張組織變革必須經過三個階段。其中包括：(1)解凍平衡（unfreezing equilibrium）：在變革前

之前，正反兩方勢力形成一種平衡；然而由於變革的發軔，此種平衡漸被解
。(2)改變平衡（changing equilibrium）：此時支持變革之力發動攻勢，而反
勢力予以對抗；兩軍對陣，平衡漸趨改變。(3)再設平衡（refreezing equilib-
m）：此時勝負已定，無論誰勝誰敗，新的平衡點應運而生。在此要注意的
，所謂平衡並非指雙方勢均力敵，而是在兩力靜止之後的據點。所以變革結
也許成功或大敗（以變革人的觀點而言），學校可能因此更加倒退，反對勢
愈加猖狂；但至少新的平衡已經產生。再一次的改變，則必須等待下次變革
出現。

　　勢力範圍分析的中心理念，即是強調任何變革必須事先沙盤推演，分析支
與反對勢力的力量，最後才能水到渠成。然而，由於教育組織相當複雜，各
數交錯其間地位難定，用之恰當則得利，不恰當則反受其害。所謂「水能載
，亦能覆舟」，特定之變數並無絕對立場，端賴運作者之操弄而已。

　　瞭解勢力範圍分析之後，以下即以相關文獻研究之發現，分從任務
tasks）、結構（structure）、科技（technology）、與成員（people）四方面
變數，分析討論其影響變革的程度。

一、任務變數

　　任務變數係指變革此項任務本身的相關特性變數，其中包括危機性、時效
、產生之動力、時髦性、與牽涉之組織層次等變數，茲分述如下：

（一）危機性

　　如果變革的產生原因是為了應付當前危機，其實施與接受度就較大。反
，如果並無緊急事件，且變革本身又難顯立竿見影之效，則可能被成員認為
關痛癢多此一舉，變革者可能因此必須唱獨角戲。此種例子甚多，一校若最
有學生被外來人士殺傷，因而推行的校園安全新制度變革，基於危機之處
，教師接受度必定較大。反之，若是校長參觀外校，見有課程之特殊教法，
來即叫嚷希望仿效採用。由於缺乏高危機性，教師即多半抱持姑且聽之心
，支持度恐怕難如校長所願。Rogers and Svenning（1969）也指出，若團體
員認為變革對自我利益不大，其動機必低。在危機下所形成之變革，由於能

立即解決問題,其接受度一般較高。

(二)時效性

從事政治的人皆知道,執政黨最忌諱在選舉年增稅,以其時間並不恰當。教育變革也是如此,除了上級命令必須限期完成之外(如一個月內換用新教書),其他發動變革的時刻必須加以慎思。例如,在學生升學率穩定成長時要求教師改變教學與考試習慣必有困難。反之,若因升學率驟降,學生紛紛投他校時則明顯較為恰當。此外,舉辦教師進修成長班宜在學期開始後一段時間,此時學生已然安定,且離學期結束前的忙亂尚早,教師參加意願自然高。基本上,變革無分大小,皆應事先考慮實施時間,如此才能事半功倍。

(三)變革的動力來源

大致而言,變革之動力可來自上級命令、行政者發動、與組織自身產生需求三種。上級命令必須執行,但易有陽奉陰違之情況。然而即使成員再怎麼反對,表面上變革依舊必須進行,此與行政者發動常有所不同。有時校長一頭熱變革,卻可能因教師的不配合而作罷。因此,變革之動力若來自內部成員之需求,則其成效為最大。作者曾深入台灣東部偏遠地區,眼見只有數十位學生的迷你小學運作,心中欽佩不已。山地學生由於社經文化等因素,學業成就平均未及平地生。然而,學校教師仍不辭辛勞的自編教材,以多元教學幫助學生學習。此種教學方法的變革動力出自教師本身,其愛心已達教育的最高境界。

(四)時髦性

如同文學藝術一般,教育也有當代時髦的浪潮。當音樂由巴洛克、古典、浪漫、國民、印象、轉為現代樂派,教育也經歷自然、官能、行為、進步、精粹、人文、批判等理論的洗禮。隨著時代變遷,各種新的理念不斷湧現。然而,船過水無痕,許多曾經盛極一時的風潮都隨風而逝。記憶猶新的應有1970年代的科學教育運動、行為目標的推展、視聽教具的研發,乃至1980年代以後的績效評鑑、個別化教學、E-learning等。當風潮初起,教育人員莫不蜂擁而上,然而熱潮一過卻將之棄若敝屣,此由許多堆放倉庫中布滿蜘蛛網的視聽教具可見一斑。

因此，當一個變革具有濃厚時髦性時，其結果即頗令人憂心，原因即在
了能會被利用為假裝變革的煙霧。例如，校長每年必須參加各種會議或進修
、與會專家為顯示其跟得上時代，總是在研討會中，將一些與眾不同的理念
多半抄自國外）加以散播。此時校長若不隨樂起舞，即可能被視為是落伍。
得進步的美名，大夥總須裝腔作勢虛應一番。其實其心裡明白，時間一過
即退，是否有實質的變革也就無所謂了。

當然，時髦性高的變革也有成功機會，惟必須植基於變革者的主動心態。
實流行並非不好，有時草船借箭順水推舟，反而更顯力量。例如，校長早已
為教師教法死氣沉沉，即可藉著E-learning的盛行而酌情改變。此種變革是
面主動的，其必須早已蟄伏心中，只待時機成熟即可配合發動。如此借力使
，成效必定不凡。可惜在現實環境中，此種情況並不常見，多是可遇而不可
勹。

始終難忘一次親身經驗。1990年代，當時政府高層頻頻提及教育誠實公民
重要性。也許是巧合，教育部同時也下令各校推行「誠實運動」，一時之間
熱鬧。除了壁報、演講、作文等活動外，各縣市教育局還成立了「推動誠
運動小組」，成員除業務單位外，尚有校長代表。小組由教育局長主持，開
多次卻未得到具體結論。幾位校長私下表示學生誠實與否存乎一心，如今大
箕鼓，不是變得更加虛偽嗎？

幾次下來，眾人無不覺得疲累不堪，無奈上級要求成果，只得勉力為之。
台幾次，教育局長還會全程參與；過了一段時間，卻變得常常中途離席，說
要到台北開另項會議。有一日我正在上課，兩位校長（進修班學生）姍姍來
。我問今天不是要開小組會議嗎？他們回說因為局長不克參加，大家坐了一
也就決定散會。從臉上的笑容，我發覺慧點的他們有種解脫的愉悅。既然局
趕赴台北參加教育部「其他重要」會議，就代表此波變革已至尾聲，無須過
。在局長帶回另一波風潮前，大家還是趁空打個盹吧！

（五）牽涉之組織層次

如同潮汐般，變革時起時退，其有的最初大張旗鼓煞有其事，不久即銷聲
跡；有的卻堅持到底而影響深遠。細心檢視前者，大有換湯不換藥的結論。
其原因，乃在牽涉之組織層次不夠正確。Brown（1971）曾指出一個組織至

少有四個層次：(1)顯示的組織（manifest organization）：即印在組織圖上的內容。例如，在學校中即可看到此種類似科層結構的掛圖。校長在最上，接下為各主任、教師、乃至職員、工友等，按等級排列得有條不紊。(2)假定的組織（assumed organization）：即按照常理，組織被假定應如何運作。例如，校長既然位於金字塔頂端，就應統攝全局具有實質權力，下屬則應配合並服從。現存的組織（extant organization）：假定的組織運作有時並非真實情況，代而起的是組織現存真正的運作關係。例如，在現存組織中，校長雖位居高位，但卻可能受制於教務主任，無法擁有實權。(4)必要的組織（requisite organization）：此組織層次為理想化成品，為達成最高績效，組織必要且應該運作形式。其並不存於現世中，而是一種理念抱負，但卻往往成為映照現有組織足的利器。

面對四種不同的組織層次，成功的變革必須恰如其分。當校長宣布要改教學時，其所牽涉的不只是顯示的組織，而至少牽涉到現存的組織。然而，的校長卻只是做了職務名稱的調換，或是成立鮮少開會的小組。如此表面在織掛圖上雖有改變，但實質上卻是換湯不換藥。其該做的應是深入組織，明教學問題焦點與如何評鑑教學成果等課題，如此才能對症下藥。因此，變革牽涉的組織層次，對其運作有極大影響。從只是牽涉到顯示的組織（如1994台灣「大學法」修正案只是將訓導處改為學生事務處，負責業務並無改變）到深入必要的組織（如家長要求開辦符合其教育理念的另類學校）。層次不同，其計畫與運作自然有所差異。

二、結構變數

結構變數牽涉到推動變革組織的結構特性，其中如權力分配（中央集權地方分權）、經費來源、溝通管道、科層結構等。以下僅就科層結構與市場性兩變數加以分析討論。

在科層結構方面，雙重系統理論（Meyer & Rowan, 1983）早已指出教師專業團體與行政者之官僚團體相互對立的關係。Rosenholtz（1985）也發現師團體愈是孤立運作的學校，其變革多會遭受打擊。事實上，在科層結構極嚴密之組織內（如軍隊），真正由內部所發動之變革少之又少，多半是由上

令為之。此因這類組織一切標準化，加上溝通管道閉塞，部下縱有再好意見
不願提出。在學校中，雖然教師享有部分自主權，但限於體制也多未能暢所
言；若是向外申訴，則常被認為是毀損校譽。因之當變革初起，教師雖有意
也不願公開發表。校長誤認表面平靜即是全面支持的象徵，卻不知因成員暗
抵制，進而壞了大事。所以，僵固的科層結構往往是抵制變革的最大殺手。
革之道，則必須先從疏通溝通管道開始。

在組織市場特性方面，乃是依其對市場的依賴程度進行評斷。前已述及，
起商業公司，學校的市場特性偏向靜態而享有某種程度的獨占性。業績掛零
導致公司關門，學生成績低落卻未能使教師減薪。不過，此種靜態的特性也
依教育組織的不同，而有程度上的差異。私立學校自負盈虧，自然必須及時
革，以爭取更多學生。此外，在鄰近學區同存有數所中學時，即使身為公立
校也不能掉以輕心。家長的眼睛最為雪亮，表現較差者會因學生轉校而減
，競爭結果自會使其對市場的依賴性增加。所謂情勢所逼，自然就比較能夠
主變革。

三、科技變數

教育變革的實施，多半牽涉到新理念與新科技的產生。第二次世界大戰
後，許多相關變革策略或技術充斥學術界。較出名的有PPBS（Planning Pro-
mming Budgeting System，計畫預算系統）、PERT（Planning Evaluation
view Technique，計畫評核術）、MBO（Management by Objectives，目標管
）、MIS（Management Information System，管理資訊系統）、ZBB（Zero
sed Budgeting，零基預算）、與CAI（Computer Assisted Instruction，電腦輔
教學）等。此外，諸如行為目標與各種統計技術的應用，往往令教育人員目
假給，不知該從何學起。

一般而言，有關變革的科技變數包括複雜性與可行性兩項。研究指出，
果使用之科技過分複雜，則容易為教育人員所排斥（Rogers & Svenning,
59）。這並非指責教育人員較為魯鈍，而是其日常工作時間早已被例行任務
滿，無暇再做深入的學習。新方法如PPBS、PERT、乃至CAI，皆須一定
間的學習。如果其複雜性較高而學通的人不多，自然擁護者就居少數了。

在可行性方面，基於各教育組織之不同，其程度也有所差異。例如，行電腦化之推動，在城市大學校中人才濟濟，系統設計自無問題。然而在小校班之偏遠地區，日常活動已使教師喘不過氣來，實在無力再去維持新系統。使新科技再好，如果可行性太低，也是難以實施。此外，使用者是否得到充支援，對於可行性影響甚大。即以教師學習電腦為例，初學時興趣盎然，要自我使用系統而缺乏旁人指導，則勢必產生挫折。在美國，有類似課程推員（curriculum coordinator）職位的設立，以對各種教學科技加以統合，並對師予以協助。此種支援在台灣之教育體制甚為少見，因之也多少影響新科技生根與使用。試想一位教師除日常工作外，尚須維護電腦軟硬體系統，時間分配必定成為難題；除非能得到適當支援，否則其績效多半不符理想。

四、成員變數

正如社會系統理論所主張的，組織中有正式的規範、結構、與對各成員角色期待，同時也存在著個體的人格與需求。變革之實施必須仰賴組織成員以實現，其相關特性往往影響甚大。變革不僅運作於正式組織中，更需要非式組織的支持。以下即對既得利益團體、成員組成特性、與變革代理人三個關成員變數加以分析說明。

既得利益團體（vested interests）往往被視為是變革的絆腳石。其原因很單，在現行制度中既已獲得利益，任何變革就可能被其視為是刻意的挑釁。得利益團體的運作不限於教育組織之內，如果勢力龐大，必對變革產生嚴重壞力。以校長為例，平時就應該檢視既得利益團體的存在與其威力，才能在動之前預做準備。要注意的是，既得利益團體的行動既然植基於利益上，其斷往往是主觀且非理性的；換言之，只要影響到我就抵死反對。例如，當常編班之要求出現時，部分家長會成員卻不願配合。此因往年利用其特殊身分可將其子弟送入能力編班中的好班級；如今常態編班，至少表面上此項特權經喪失。與其溝通，竟得到如下反應：「我知道常態編班會使學生學習心態為平衡，但是為何不等到明年再實施。那時我的小孩已畢業，你們愛怎麼做怎麼做吧！」其非理性之自私態度令人咋舌，但卻普遍存在於世間。

因此做為變革的代理人，必須正視既得利益團體的抵抗。解決之道，可

共充分資訊著手。變革者應將變革之原因、內容、程序、乃至優點大力推銷既得利益團體。否則在一個對抗且閉塞的環境中，既得利益團體成員會以其度來猜測並詮釋對方的行動。Sergiovanni and Moore（1989）即指出提供適訊息，乃是導引成員正確瞭解組織行動的重要因素。當然，既得利益團體不導因而屈服，但開放適當的訊息管道，可使雙方進行溝通而減少衝突。

總之，面對既得利益團體，變革者心中應該早有棋譜。行政講求實戰，攻之間端賴敵我勢力之消長。最糟的是你反對你的，我做我的，此會使本來就友善的場面變得更為尷尬。

成員組成的特性是另一個須要檢視的成員變數。所謂「一樣米飼百樣」，教育組織往往會因成員組成的特性而產生不同文化，並進而影響到變革戎敗。組成特性有許多種，從年齡、社經背景、教育程度、宗教、性別、地、乃至學生來源等。此些特性的組合有的傾向變革，有的卻持保留立場。試在鄉村地區教師年齡偏高的學校，其接受變革的動力即可能較低。如果加上舊校長正進行退休金保衛戰，抱持一動不如一靜的理念，除非上級下令，否要其變革恐怕比登天還難。Corbett（1987）也發現學校成員會抵死保護其組的「神聖規範」（sacred norms），校長若不信邪而一意加以變革（如解散學久以為榮的棒球隊），必將遭到嚴重反擊。

最後，我們不能忽略變革代理人（change agent）的影響。顧名思義，變代理人是發動與主導組織執行計畫者。其可以是教育團體之一員（如校長、育局長），也可能來自其他組織（如OD模式中之企管顧問公司），但無論可，其影響力是毋庸置疑的。不同型態的代理人因介入時機與領導風格之差，得到組織成員的支持度自有高低之別，因而也影響變革的成敗。

學者Deal and Kennedy（1982）指出當組織面臨四種狀況時，就必須加變革，其中包括：(1)當組織環境有了基礎性的改變，(2)當競爭激烈造成組動盪不安，(3)當組織運作平庸、甚或衰敗時，(4)當組織在發展上面臨瓶頸。此四種狀況在教育組織運作中時有所聞。基礎性改變牽涉到相關法令的修、法院判決、乃至於教育制度之更迭等。例如，1994年台灣「大學法」修正，各大學校長與系所主任之產生制度突變，校內權力的重組變革因而產生。外，學校因升學率太低而流失學生，導致嚴重減班，皆為變革即將發生的訊。

根據領導與運作策略的不同，變革代理人呈現多種面貌。Hanson（1991）

認為美國之變革代理人可分為四類，分別為white hat（維安型）、Machiav
lian（強權型）、hatchet men（打手型）、organizational guerrilla（游擊型）
由於國情不同，各地區有其變革代理人類型。以台灣為例，根據作者之觀察
究，計可區分為四種。其中包括學者治國型、行刑隊長型、救火隊員型、與
權信徒型。以下分別描述分析之。

學者治國型的變革代理人常享有不錯的專業聲譽，其特徵是按照學理
步進行變革計畫。不管是外界的顧問公司或是學校校長，屬於此型者總是以
誠布公的態度，說明其變革步驟。其會按照學理分別與各成員溝通，並試圖
舞組織士氣。一般而言，社區若認為某校長作風民主，願意察納雅言，即屬
此種學者治國型。在正常狀況下，因其開闊的胸襟，應有不錯的變革成果。
而，有時學理與實務尚有一定距離，且民主程序往往耗時甚鉅，採用此種型
變革應注意其執行上之限制。

與之比較，行刑隊長型就極為驃悍。此類變革者往往在組織遭遇重大
機、必須有人立即介入整治時產生。換句話說，行刑隊長型的變革代理人猶
外科醫生，為拯救組織，必須立即大刀闊斧切掉生病的部分。其特徵是只認
級（賦予其權力的人），而視團體成員如寇讎。做法則是全面推翻以往之運
方式，並整飭相關人員。此種類型可見於一校出現醜聞，原有校長離職，而
任主管到校收拾局面的個案中。在兵荒馬亂的危機中，行刑隊長型的變革有
一定效果；然而組織一旦歸於平靜，採用此法會被人譏為暴君統治。

救火隊員型的變革代理人隨遇而安。既為救火隊員，遇火就撲，但卻
於被動。此類人平常無所事事，除了上級交代外，並無主動變革之意願。面
成員抱怨，往往攤攤手說：「上級交代，我又有什麼辦法？」一旦事態鬧大
其會透過各種管道加以掩飾，以造成表面一片風平浪靜的假象。此類人最怕
事，有事則趕快掩飾撲滅。此種心態在一些「退休金保衛戰」校長的身上最
突顯。諷刺的是，在台灣官僚體系中，有時還滿管用的。

最後，顧名思義，強權信徒型的變革代理人最喜品嚐權力的滋味。其基
運作多半通過正式組織系統，以其既有權威迫使屬下不得不就範。對於各次
團體的意見，抱著「只要不威脅我的位子，管它去的」態度。換言之，在變
過程中，具有權力的一方掌控全局，其餘人只得被迫服從。如果表示異議，
可能受到打擊或被迫離去。強權信徒型的校長深信得罪了全校教師，但是只
得到民意代表與教育上級機關的支持，即可穩如泰山。除非有另一強權（如

之家長會）興起與之對抗，否則整個變革過程就變成獨角戲了。

　　以上四種代理人的領導與運作方式差異頗多，當然對變革成效有重大影響。不過在此要強調的是，沒有所謂絕對成功的變革代理人類型，往往必須視特情況加以權變。例如，行刑隊長型看似可怕，然而在組織一片混亂、病入膏肓之際，卻有其立竿見影之功效。此外，如在一個成員極度保守、完全無意改革的學校，強權信徒型的方法也許是唯一策略。綜而言之，個案多因天時、地利、人和等因素而有所不同，變革代理人類型各有利弊，必須搭配情境方能變革成功。

　　在快速變動的現代社會，教育變革發生的機率頗高，有的是迫於情勢，有的卻來自團體內部動力。但不管是何種型態，瞭解影響變革之變數就極為重要。表12.3中即以人（成員）、事（任務）、地（結構）、物（科技）四大類統括上述之各項變數。隨著外在環境的多元化，變革的複雜性也日趨提高。空有理想而無策略，往往造成令人歎息的結局。變革就如下棋，雖有固定的前人招式，但臨場隨機應變，才是最後獲勝的不二法門（吳清山，2007）。

表12.3　影響變革變數摘要表

人	事	地	物
成員（參與變革成員之特性）	任務（變革之內容）	結構（變革發生之地的特性）	科技（變革所須之方法技術）
既得利益團體 成員組成特性 變革代理人	1.危機性 2.適時性 3.動力來源 4.時髦性 5.牽涉之組織層次	1.科層結構 2.市場特性	1.複雜性 2.可行性

第五節　教育變革步驟與個案分析

　　變革之成功絕非一蹴可幾，必須經過周詳的計畫與評估。以下即先就教育變革之過程，敘述其基本步驟；再以台灣1994年教育改革為例，說明分析其變革模式之應用與所產生之利弊得失。

一、教育變革的基本步驟

實務上，教育變革雖然大小不一，但仍有其基本步驟。綜而言之，可包
變革需要性之評量、各影響變數的評估、團體成員的導引、實施變革、及訊
與制度化等五部分。茲分述如下：

（一）變革需要性之評量

1. 檢視目前所處之教育組織系統是否須要改進。其改進之明確目標為何
   是否必須立即進行變革？
2. 對於所需變革之問題，研究並提出新方案以為解決。新方案必須事先
   劃，絕不能僅是口號。

（二）各影響變數的評估

1. 瞭解組織內各次級系統之運作，與各利益團體對於目前系統的看法。
2. 放出變革之風聲，以各種方式透過溝通管道，讓組織成員瞭解其內容
   與實施後之優點。
3. 以問卷、晤談、或其他方式，分析並獲得相關訊息，以評估各影響變
   之重要性，決定是否實施變革。

（三）團體成員的導引

1. 依據需求，組成各變革相關小組，以決定執行之程序與細節。
2. 開辦說明會或進修班，以讓成員明瞭即將使用之新科技與新方法。
3. 檢視持反對立場成員的意見，並視情況決定是否採納並修正實施變革
   程序。

（四）實施變革

1. 提供必須之教育資源與設備，以配合變革之實施。
2. 變革實施之初，因制度之轉換必有一段陣痛時期，宜事先有心理準備
   並在問題發生時伺機應變。

（五）評鑑與制度化

1. 變革實施後，利用各種評鑑方法以瞭解其績效與缺點。對於須要改進的問題進行診治。
2. 根據評鑑結果，決定變革是否應繼續長期實施。若須修正，其方向與方法為何？
3. 如果變革成效顯現，則可將其制度化而成為日常教育運作的一部分。至此變革即大功告成。

以上之變革步驟隨情境不同而有所增減，但其基本精神不變，皆在強調變革必須一步一步完成，並應隨時檢視環境變數的影響。皆大歡喜的局面鮮少發生，有變革就會有成員利益受損而不悅。然而適度的溝通與妥協，往往會使其傷力減至最低。教育變革是理念呈現與務實行動的結合，缺一不可。

教育變革的環境不一，但學校無疑是最常發生的場所，校長的地位更是舉足輕重（Rossow, 1990）。Hall and Hord（1987）在檢視學校變革後，認為校長應扮演促動者（facilitator）的角色，其責任應包括：(1)對學校發展的前瞻性評估，(2)對團體成員意見的適度反應，(3)對變革過程的各步驟做適當的經營。換句話說，校長必須尊重其得來不易的頭銜，細心體會成員與時代的需求，如此才能引領學校藉著變革的實施更臻完美（Sybouts, 1992）。

台灣學校變革的相關研究並不多，秦夢群（1996）的調查發現發動學校變革的以學校行政者比例最高（57.1%），其次為受到教育行政機關指示（27%），由學校教師發動的僅占11.7%，可見台灣學校在實施OD模式的路上仍有待努力。此外，同一研究也發現學校在變革過程中所遭遇之困難，最大為「人力、物力、財力等各項資源支援不足」，值得有關單位加以重視與改進。

■ 二、個案分析：台灣1990年代教改運動

教育變革紙上談兵容易，要徹底實現則必須亦步亦趨。台灣自1949年以來的教育變革，多半是鎩羽而歸或是毀譽參半。1968年蔣介石總統一聲令下，九年義務教育即立刻實施，完全忽視變革的步驟與配套措施。之後，台灣自1990年代初開始的官方「教育改革運動」，更是翻天覆地，完全顛覆了既有的教育

體制。改革過程中,充滿了令人瞠目結舌的驚奇。自1994年4月民間發起「4□教育改造運動」,各種令人眼花撩亂的教改方案紛紛出爐,使得教育界遭受□大的衝擊。

檢閱過往十數年的教改歷史,總體而論,乃基於1990年代社會與教育□境的解構與重組。姑不論此次教改的政治性(例如,主要教改發動者幾乎均□支持當時反對黨之人士),就教育需求而言,自1949年以來,台灣之教育□制過於僵化集權,升學主義造成智育獨大而未能多元發展,乃至教育主體性□忽視,皆使得當時如410教改的眾多民間團體挺身而出。然而諷刺的是,此□教改並未由教育的核心集團(如教師)自內部發起,反而多為「外行人」因□「看不慣」而進行革命,自始就埋下以後的衝突點。

在1996年行政院教改會所提出的「總諮議報告書」中,可以看出教改的□本目標共有下列五項:(1)教育鬆綁:中央權力的下放,促成教育的多元參與□保障教師專業自主權及家長教育參與權,活化教育機制,發展學校本位的經□與管理。(2)帶好每個學生:提供適合孩子學習的環境,改善教育環境,校園□織再造,落實小班教學,以達適性教育的理想目標,並給孩子帶著走的能力□(3)暢通升學管道:擴增高中大學容量,充分滿足學生的需求,建立回流教育□系,符應終身學習社會的需求。(4)提升教育品質:提升教師專業素養,強化□育研究與評鑑,有效運用教育資源,鼓勵民間捐資興學,提升高等教育品質□促成技職教育多元化與精緻化。(5)建立終身學習社會:建立終身學習體系,□劃正規、非正規與正式教育相互統整的有機體制,並推廣終身學習理念。由□篇幅所限,表12.4即將教改運動之大事加以列出。詳細之經過,請參閱相關□籍。

表12.4 教改運動大事紀

時　間		事　件
1994年	2月	總統明令修訂「師資培育法」,各大學院校均可培育師資。
		同時間,教育部開始試行「大學推薦甄選」制度,多元入學方案正式□動。
	4月	民間發起「410教育改造運動」。
	8月	行政院設置「教育改革審議委員會」,由中研院院長李遠哲擔任召□人。

95年	7月	民間再度發起「709教育改造列車」。
	8月	「教師法」正式公布，教師可組教師會。
96年	1月	在台北市萬大國小成立第一個正式立案的教師會組織。
	9月	教育部開始推動「建構式數學」，雖未明令強迫實施，但各小學多開始排斥如九九乘法表的傳統教學模式，引起部分家長抗議。 國小學科教科書從小一開始，逐年開放民間編審定本，國立編譯館只負責審定。
	12月	行政院教改會提出「總諮議報告書」，強調「把每個學生帶上來」。
97年	8月	國中小教師改採聘任制，由學校教師評審委員會負責，教育人事權開始鬆綁。
	9月	教育部宣布實施十年國教，五歲幼童以發放「教育券」方式補貼。
98年	2月	開始推動多元入學之「申請入學」機制，由各校自行負責。由於奔波各校與公平性問題，引起部分家長反彈。
	7月	教育部公布高中多元入學方案，高中職五專聯招三年後廢除。
	9月	1.教育部公布國民中小學九年一貫課程總綱。 2.教育部開始推動「小班制教學示範計畫」，但最後並未全面正式實施。
99年	6月	「教育基本法」完成立法，規定人民為教育之主體，並成立「地方教育審議委員會」，以參與地方教育事務。
00年	9月	鄉土語言教學正式實施，由於在小一至小三即開始用音標教學，引起部分人士抗議。
	12月	「教育經費編列與管理法」公布，授權各學校成立「校務發展基金」，教育經費之使用得以鬆綁。
01年	5月	高中「多元入學方案」全面實施，「基本學力測驗」取代原有的高中聯招。
	9月	國中小九年一貫課程從國小一年級開始實施。2002年擴展至一、二、四、七年級，2003年為一、二、三、四、五、七、八年級，2004年則全面實施。由於九年一貫課程採取「七大學習領域」，引起以往採用分科教學的國中教師極大反彈。
02年	9月	1.「一綱多本」制度正式於國中一年級實施。面對眾多版本，除教材錯誤百出外，教師也必須負起選擇教科書的責任。由於購買弊端不斷且書商以「賣教科書綁參考書」的做法，立法院教委會通過決議，要求教育部國立編譯館恢復編寫國中小教科書。 2.超過十萬名教師於9月28日教師節進行大遊行，創下教師上街頭的歷史。主要訴求乃在爭取勞動三權，及對教改之種種問題提出抗議。 3.接受「建構式數學」之學生升入國中，赫然發現有學習問題，各國中紛紛進行補救教學。建構式數學逐漸淡出小學。

		4.在廣設高中大學的原則下,「廢除高職」成為教改的另一訴求。影所及,高職已由203校遞減為107校。高職轉型試辦的綜合高中則增143所,但被部分人士批評為「學術與技術兩頭落空」,學生所學限。 5.2003年7月:批判教改之言論傾巢而出,其中又以黃光國與一百多教授所撰之「終結教改亂象追求優質教育」最引人矚目。其中對「改神聖化」、「為教改而教改之民粹主義」情況有所批判。
2004年	8月	1991學年度,台灣有大學及學院共50所,至2004學年度,大學院校增至142所。很多過去辦學成效不佳專科學校,在「廣設高中大學」政下,短期間內由專科改制為學院,又迅速升格為大學。此種教育擴張成教育品貨稀釋的後果,從高中到大學都出現教育素質下降的現象。
2005年	6月	由於師資培育政策之失當,造成師院學生或修習教育學程的師資生,業就代表失業。許多實習老師於是在6月12日走上街頭,希望教育部視超額教師問題。2005年度確定不辦國小教師甄選的縣市已有宜蘭、義、高雄、台中等縣市,其他縣市也因少子化,使小一新生入學人數幅減少而被迫減班,教師超額情形嚴重。2005年全台灣國小教師缺額超過500個,但要擠進這扇窄門的卻至少有5萬人。
2008年	8月	大學招生考試放榜,最低錄取分數(五科加權分數)竟跌至7.69分,下史上最低紀錄。此外,錄取率飆升至97%,但卻有三校因聲望較差招不到兩成學生。社會一片譁然,紛紛指責教育改革之廣設大學政策造成學生入學素質低落,新成立學校根本無法經營。如此不但浪費社會資源,也使大眾對高等教育失去信心。

以上之目標堂皇且美麗,外行人鮮有反對者,但圈內人卻一眼即看出落實於實務上的困難度。可惜的是,1994年成立的「行政院教育改革審議員會」的委員,卻幾乎沒有一位是專攻教育行政的學者,因此也就無法即時醒理想與現實之間「配套措施」之重要性,以致美好的口號只屬於上位菁英子,教育工作者卻在實施的困境上受盡折磨。

如就變革的模式而論,此次教改多半採用的是由上而下的「權力強制」略,R-D-D-A模式與OD模式鮮少觸及,只少量應用了撥款補助模式。當「總議報告書」完成以後,教育部即被「下令」必須照章行事。當時的教育部長京即指出,教改會原應只是諮詢單位,但卻嚴重干預教育部施政,讓其相當擾(聯合報,2003.8.15,A11版)。由此可見此次教改「由上而下」的特性。

教育部如此,地方教育當局與學校也好不到哪裡。即使教育部有多次與

市之座談，但多半是「政令下達」，對於提出異議者多半斥爲「保守不知改
」，久而久之，遂使基層封口。雖然實施之前，教育部撥款至百所學校進行
行，然而對其實施後所反映的問題，卻無暇也無心改正，以致正式實施時窘
百出。前已述及，R-D-D-A與OD模式強調研究發展與自我更新，應爲變革
佳的選擇模式，然而此次教改卻採由上而下強制方式，一波波新做法來得太
，總在共識尚未建立、配套措施尚未完備前就倉促上路，令人頗覺遺憾。

再就教育變革與步驟而言，此次教改確有對變革需要性進行評量，並提出
方案，然其對各影響變數的評估卻未徹底。過程中，教改會雖有進行相關研
與聽取各方意見之舉措，惟對教師之反彈未加重視，最後自嘗苦果。此外，
體成員的引導部分，教育部也有試辦學校之先行實施，但對所造成之問題未
重視而無配套措施，以致在實施變革時混亂期加長，即使事後評鑑發現缺
，竟無力回天而造成傷害。

此種教改的困境，也引起當時陳水扁總統的注意。在2003年2月的總統電
報，他憂慮教改推動結果是「考試更多、書包加重、睡眠更少」。《遠見雜
》在2003年1月的調查也發現教改推廣多年下來，有73%受訪教師表示「教
變得有點困難」，近17%甚至覺得「非常困難」，將近60%的教師發現「學
適應不良」，尤其在「獨立思考與解決問題」、「主動探索與研究」兩項教
上，被公認最困難。至於造成教學困難的主因，以「教育政策朝令夕改、政
混亂」，最讓教師們無所適從；其次，「教改後學生適應不良」、「課程設
太複雜」、「進修課程對教學無益」、「行政事務龐雜」，以及「家長不
配合教學」。其結果表現在情緒上，儘管有近55%的教師仍覺得快樂，但有
%的教師是「不快樂」的。近年來民間對教改的看法調查，詳見表12.5。

12.5 近年來民間對教育改革調查結果表

單 位	時間	針對事項	調查結果
《遠見雜誌》	2015	基層教師對教改二十年意見調查	小學至高中逾千位基層教師36.2%認為教育現況變差很多（其中超過4成數學理化老師認為變差很多），31.3%老師覺得教育現況變差。覺得變好很多的老師僅2.6%。
教育部委託行政院研考會	2004	民眾對教改滿意度	民眾對十年教改滿意度只有21.67%，不滿意達48.8%。目前有小孩念國小之家長，46.3%贊成實施「多元入學方案」，39.3%不贊同。

3.台北市教師會	2004	教師對九年一貫教改意見調查	1.94%教師認為政府制定教改政策,未考量基層教師意見。 2.80%教師對九年一貫課程不滿意。 3.81%教師不贊成「一綱多本」政策。
4.吳清山等	2004	現行國民中小學教育政策	70%的家長與教師對九年一貫課程感到不滿意。
5.監察院	2004	近十年教育體制與教育措施	(1)教改運動主軸,幾乎全放在鬆綁及改善教育培養過程,疏於推動德育及建立培養公民社會所須的全人教育。 (2)教改未能達到預期目標的原因包括:教改異動頻繁、政策無法連貫、配套措施不周、教師參與不足。
6.台北市議員林奕華	2004	九年一貫實施成效	(1)65.7%受訪家長認為九年一貫並不能使孩子的學習更生活化、活潑化,以及提升能力。 (2)67.8%受訪家長認為孩子的數學能力及邏輯思考退步。 (3)82.7%受訪家長認為教科書一綱多本,而使孩子學習的分量加重。 (4)49.9%受訪家長認為實施鄉土教學,孩子並未增加這塊土地的瞭解。 (5)24.4%受訪學生每周補習時數超過10小時。 (6)66%受訪家長認為自己的小孩過得很辛苦。
7.台灣師範大學教育研究中心	2003	高等教育品質民意調查	(1)75.5%受訪者認為我國大學教育品質持續低落。 (2)66%受訪者不滿意10年的高教改革成果。 (3)72%受訪者認為應該啟動新一波的大學院改革。 (4)58%受訪者不滿意大學展現出的國際競爭力。 (5)45%受訪者否定大學畢業生具有從業能力。
8.行政院研考會	2003	施政滿意度	僅有26%民眾滿意教育改革。
9.快樂學習聯盟	2003	教育改革	(1)53%學生與71%家長認為教育改革是失敗的。 (2)55%學生仍舊有補習。

《天下雜誌》	2003	教育改革意見	(1)50%家長不支持現行教改。 (2)72%家長認為首要應解決九年一貫問題。 (3)44%家長認為應解決一綱多本問題。
《遠見雜誌》	2003	全國教改調查	(1)90%教師坦承對「九年一貫」出現教學障礙，其主因為「教育政策朝令夕改、政策混亂」。 (2)54%受訪國一生指出「自己正在補習」。 (3)63%家長承認對教改「並不瞭解」。

資料來源：1. 教改二十年，近七成教師認為愈改愈差（2015, July 31）。《聯合影音》，
https://video.udn.com/news/350296。

2. 教改 2 成 1 滿意（2004，October 14）。《聯合晚報》，11 版。

3. 監察報告：教改躁進，輕忽德育（2004, December 17）。《聯合報》，7 版。

4. 調查顯示：實施九年一貫課程，60% 國三生感到很痛苦（2004, November 9）。《聯合晚報》，11 版。

5. 教改成果九成基層教師不滿（2004, February 25）。《聯合報》，A12 版。

6. 吳清山、劉春榮、林天祐、陳明終、黃旭鈞、高家斌（2004）。2004 年國民教育政策與問題調查研究（初步研究結果）。台北市：國立教育資料館。

7. 全國家長教改調查：七成二不支持十二年國教（2003）。取自中央社 http://search.cnanews.gov.tw/search/hypage.cgi#

8. 民調顯示：僅有 26% 民眾滿意教育改革（2003）。取自中央社 http://search.cnanews.gov.tw/search/hypage.cgi#

9. 民調：六成受訪者認大學錄取率八成七偏高（2003）。取自中央社 http://search.cnanews.gov.tw/search/hypage.cgi#

10. 教改團體調查指教改失敗但學生大多快樂學習（2003）。取自中央社 http://search.cnanews.gov.tw/search/hypage.cgi#

11. 教改九成老師有教學障礙（2003, January 27）。《中國時報》，3 版。

　　為何當年意氣風發的教改運動，至今日卻成為眾矢之的。細節部分不談，合上述事實，總結教改實施過程中出現了三個嚴重問題：

（一）強調多元，卻行獨裁之實

　　教改本身強調多元發展的精神，卻很少聆聽實際執行者的基層聲音（或刻意忽略），而形成獨裁之態勢。當初獲得多數民意支持的教改理想，今日淪落為教師與家長爭相批判的窘境。主要原因即在教改在不知不覺中走向獨，與其強調的多元精神背道而馳。只要是「教改諮議報告書」要做的，就必

須毫無保留的在學校實施。實施至今,形成學生學習的一場惡夢,造成許多不及彌補的後遺症。2004年北市教師會之調查中,94%的教師認為政府制定改政策時,未考量其意見,即是明顯之例證。

以建構式數學為例。當年在是郭為藩部長任內納入國小課程修訂中,京部長任內開始實施,曾志朗部長任內已經發文要求不要獨尊,到了黃榮村長任內則正式宣布廢除,前後結算一共扎扎實實實施了六年,剛好是一個小生涯。其中最離譜的,乃是後來吳京部長表示他根本不知「建構式數學」為物,當時也不知其已在任內實施(聯合報,2003.8.15,A11版)。如此重大策,主其事者卻渾然不知,實在令人難以想像。建構式數學實施期間,部分委與家長一再召開公聽會,力陳獨尊的弊病;然而在教改的大帽子下,卻無回天。直到2002年秋天學生升入國中,問題才全面爆發。教育部雖緊急補救但六年百萬學生之數學能力卻已受到傷害。

建構式數學有其優點,並不應被全面否定。然而,拒絕學生學習如九九法表的傳統數學,則根本就是排除異己。為什麼當時不同的聲音會被忽略,因即在教改推動者與主管當局,不願虛心傾聽基層聲音,雙方之對話與溝通限於上對下的宣導。於是。執行者抱著「上面有政策、下面有對策」的心情不管上面怎麼改,下面依然故我。如此的僵局,教改又怎會有實質改革的果。

(二)上層結構嚴密,下層結構闕如

教改之教育理念雖經過多方討論與凝聚共識,但卻缺少將理想付諸行動配套措施。一般人在閱讀「教改諮議報告書」時,很少不被其理想感動;惟旦實施,現實環境卻載不動理想的期許,造成第一線教育工作者叫苦連天,最後難以落實的苦果。即以開放民間編寫卻錯誤百出的教科書政策為例,沒經過試教就直接發行使用,導致教科書內容錯誤連連,還得發動獎勵教師抓的行動。觀其過程,發現有三大問題:(1)課程綱要太晚公布,教育部公布之關九年一貫課程各科綱要太晚,令編書者無暇細細琢磨編寫。(2)編書者不夠謹,負責教授大都只是掛名,甚而任由研究生或工讀生主其事。(3)教科書審委員不夠負責,未能確實找出錯誤內容,而草草讓其通過。這種急於注重上結構的改變,卻忽略下層結構應有配套措施之擬定,如同車不同軌,又怎心協力往前同行呢?

　　再以九年一貫為例，吳京部長任內開始研訂課程總綱，林清江部長任內完
研訂，楊朝祥部長任內開始試辦，到黃榮村部長任內小一、小二、小四、與
一同步實施。2004年全面實施，但卻問題叢生，其中最嚴重的即是教師專業
不能配合。學習領域的建立與協同教學本是九年一貫的重要訴求，但實施於
中卻因教師的背景而受挫。以社會科為例，以往歷史、地理、公民教師各有
專，如今合在一起，又怎能要求歷史教師在短期間瞭解以往從未修過的自然
理。本來學習領域之建立有其一定訴求，但至少應先對師資培育有所搭配。
今師範體系培育中等學校教師，仍以學科（如歷史、地理）為分類，根本就
合科的設計。沒有適當的教師，就要求合科協同教學，這不是開玩笑嗎？過
貪快的結果，就是基層掛羊頭賣狗肉，引發更多民怨，真是印證了「美好的
念不見得有美好的結果」的警語。

（三）忽略社會正義

　　當教改致力多元化時，卻忽略了社會正義的訴求。多元入學之設計，即被
認為對社經地位不利之孩子有所傷害。實例如奧林匹亞案所爆發的行賄與家
捉刀問題，突顯社經地位愈高，升學機會愈好。申請入學報名費過高，導致
寒學生繳不出報名費的問題，隨著教改的多元發展卻無視社會正義的結果，
起一波波反彈的聲浪。

　　再以英語成績為例，2002年第一次國中基本學力測驗呈現罕見的雙峰分
，即考生集中於高分區與低分區，中分區的學生較少。再經分析，發現教改
張在小學教英文的政策，卻因各縣市之城鄉背景，產生好壞兩極化之現象
（聯合報，2002.6.29，6版）。實務上，目前小學在學英語的起點及課外學習
會差距很大，很多鄉下的學生在國一學校開始教英語前，連26個字母都不會
。相較之下，很多家裡有錢，特別是都會區的小孩，還沒進國小，就到雙語
稚園或美語班學英語。此外，一些都會區國小已從三年級、甚至一年級就開
教英語，拉大學生英語程度的城鄉差距，好壞有天淵之別。

　　此外，師資數量之不均也相當嚴重。為配合小學實施英語教學，教育部曾
急培育相關師資，但事後發現，其多集中於都會地區，偏遠鄉鎮根本請不到
格師資。凡此種種，皆突顯社會正義在教改訴求中的被忽略。如果不加以正
，未來台灣教育可能形成壁壘分明的兩個世界。限於篇幅，近年來教改政策
實施過程中所產生的問題，詳見表12.6。

表12.6　教改政策實際實行後所產生的問題與迷思

教改推行之政策	執行後產生的問題與迷失
高中與大學多元入學制度	1.制定過於複雜：管道如申請入學、推甄入學、考試分發，雖各有其訴求，但家長和教師並不瞭解，學生因此必須每種皆試，除了疲於奔命之外，造成更大的升學壓力。 2.甄選不公：人情關說與請託無法避免，奧林匹亞案發生後，使得入學之公平性大受質疑。 3.多錢入學：奔波各校應試，報名費所費不貲。其他如個人資料之準備、推薦函之蒐集，使得個人財力與人脈的差異，影響學生入學機會。
九年一貫課程與學習領域之建立	1.教師對課程訴求不清楚，高達九成教師坦承產生教學障礙，仍維持傳統思維與教法（《遠見雜誌》2003年1月調查）。 2.學習領域不切實際，教師之專業無法配合，只能各教各的，協同教學之精神無法發揮。
建構式數學	強迫所有小學生接受，並排斥如九九乘法表的傳統教學方式，造成在2002年8月升入國中之學生，在學習國中數學時發生困難，各校緊急進行補救教學。
廣設高中大學	1.完全中學與綜合中學之設立過於急迫。前者因為一校兩制造成行政上之困擾；後者則只是將普通班與職業班放在同一學校，但在課程上卻無任何統整交流，並無綜合中學之實。 2.忽略就學人口逐漸減少之事實，拚命增建公立高中之結果，使以高職為主的職業教育體系面臨生存之威脅，但政府卻無實質輔導措施。 3.大量改制五專為技術學院或科技大學，但其師資設備之提升速度未盡理想，所提供之教學品質堪慮。 4.大學大量增設，學生素質平均低落，但學校之淘汰機制並未配合，學術水準降低。
教科書政策	1.開放民間編書，原意為希望建立自由市場機制，然如今卻成寡占情勢。書商聯合壟斷，教科書與參考書之價格居高不下，家長負擔不輕，甚至無錢購買。 2.內容錯誤百出，且未經試用階段。學生所獲可能為錯誤知識，國立編譯館疲於奔命，但卻無法在短時間內保證審書之完全正確性。 3.老師選書時因版本、年級之不同，常有教材無法聯結之窘境。 4.採用「一綱多本」政策。學生惟恐準備不夠充分而各版本皆讀，負擔更為沉重。

英語教學	1.各縣市拚命推行英語教學，但因學生貧富與城鄉差距，學英語之起點及課外學習機會不同，造成國中學力測驗英語成績呈「雙峰分配」，好壞兩極化。 2.倉促實施國小英語教學，使得師資之培育數量不敷所需，偏遠地區英語師資缺乏問題尤為嚴重。
入學考試	1.國中基本學力測驗之定位不清。本來只做為學力鑑定之考試，如今已幾乎成為決定升學的唯一標準，其鑑別度令人懷疑。 2.大學基本學科測驗與考試分發所考之科目重疊，彼此性質有所混淆。主辦考試的大考中心離職人員，未能利益迴避而至補習業服務，以致產生試題外洩之疑慮。
師資培育	1.缺乏師資供需的分析，大量設置教育學程，卻在資格審定上過於寬鬆，造成供過於求之窘境。 2.學習制度未能良好規劃。在未有特殊資源之補助下，接受學生實習之學校難以提供完善之實習課程，學生之學習成果有限。 3.對教育之檢核過於寬鬆，2005年4月舉辦之教師檢定考試，通過率竟達91%。加上師資培育之過量，2005年估計已有近十萬名流浪教師。由於出生率銳減，減班結果使得教師需求更低，供需失衡問題雪上加霜。 4.教師甄試屢傳黑箱作弊事件，負責聘任之各校「教師評審委員會」公平性令人質疑，內定關說傳聞不斷。

　　針對教改所產生的種種問題，執政當局不能再一意孤行，應好好聆聽與當局教改政策意見不同的基層聲音，並依其意見決定修正步驟。教改自推動之初氣勢十足，到如今的反彈四起，多半導因於應用變革模式與步驟之不當。再好的理念也要基層的配合，主管當局應召開配套政策會議，優先處理急迫性的教改問題。少搬弄抽象的理念，多些配套措施的擬定。此外，教改在倡導多元的同時，也應考慮公平之問題，否則社會正義不存，又何能夠談教育的理念。

　　教改之路極其漫長，絕非一蹴可幾，目前下猛藥政策實須再加思量。教改者之用心值得肯定，但其主張所導致的結果，卻必須接受殘酷歷史之檢驗。多元入學、九年一貫、協同教學的主張喊的震耳欲聾，但其在實務界所造成的滔天巨浪卻不容輕視。在美麗的口號之下，我們實應回歸教育之基本面，捫心自問學生的壓力減少了嗎（參見表12.7）？社會正義被確保了嗎？如果答案是否定的，也許該暫停腳步，檢視目前的政策。只為改革而改革，是經不起考驗的。教師如果存有「對我不會怎麼樣」的心態，則最後學生必會遭殃，教育主

管機關不可不慎。

表12.7　台灣教改造成之學生壓力

教改萬歲：
送給台灣2005年國中應屆畢業白老鼠

　　真是生不逢時，台灣2005年國中應屆畢業生，比白老鼠的處境更加可憐。此因他們從國小以來，歷經許多「教改」的第一次，包括建構式數學、教科書一綱多本、九年一貫課程、英語和鄉土教學等。

　　細數歷史，1996年上小學時，他們剛好遇到開放民間版教科書，所拿到的課本都是廠商的「實驗本」，從未經過試教的檢測，是否正確都不知道。更糟的是，這批學生當時所學的數學又首次碰到建構式數學，新教法讓老師一頭霧水，學生學得零零落落。建構式數學現在雖已經被棄置，但危害已經造成。

　　沒想到，1998年他們小三時，開始規定教「鄉土語文」。剛開始教鄉土語文時，不僅師資教材參差不齊，甚至要求學生用羅馬拼音學閩南語，搞得家長、老師怨聲載道。2001年時他們小六，又開始學英文，改變了原本的課程時數。國語、鄉土語言、英語沒一樣精通，整個學習過程就在改來改去中流逝了。

　　最慘的還不止如此，當此屆學生於2002年升入國中後，又碰到九年一貫課程。學習領域的實施，使國中老師很不適應，也使教學大打折扣。想想看，給看地圖都有問題的歷史教師教地理，是不是非常恐怖？加上「一綱多本」政策，參考書與補習班成為升學之必備品，真是令人遺憾。

　　白老鼠在2005年進入高中，原本是要九年一貫加上新高中教材變成十二年一貫。不過原訂在2005年就要施行的高中教材新綱要，卻因為歷史科的爭議，延到2006年才實施，造成這批學生在高一時必須讀舊版本教材，與他們以往九年以來所讀的課程內容，在銜接上有極大的落差。即使程度不錯的學生，到了高中學舊教材也力有未逮，所以，號稱專長「銜接課程」的補習班又成為必經之朝聖地。

　　不幸啊不幸！台灣2005年的國中畢業生，真令人一掬同情之淚。

三、結語

　　在結束本章前，再敘述一個眞實故事，以彰顯教育變革的眞諦。1990年，我遠赴台東爲進修班教師上課，其中有位學生當時擔任國小校長。每次看疲憊的眼神，就知道其一定長途跋涉而來。但是難以想像的是，當我親訪那小學時，竟沿著山路走了兩個小時，最後還得靠山地青年協助才能到達。學生不過數十名，大大的眼睛純眞可愛。雨季來臨山路容易坍方，爲此教師還得自種蔬菜與甘藷，以防斷糧危機。在以往印象中，山地教育開辦不易，爲父母生活困苦，也就無暇照顧子女讀書。可是那一夜當我散步至教室時，見燈火通明，學生一個不缺的端坐讀書。而隔壁房間，卻見三五成群的父母在電視機前看錄影帶，顯得相當盡興。

　　「說也慚愧，這些都是山下教堂去勸募的。」我的學生對我解釋：「政府助緩不濟急，報銷程序又繁瑣，遠水救不了近火。剛到這個學校，發現學生裡連個像樣的書桌都沒有，還談什麼溫習功課。當時我想教室晚上反正也是空著，不如闢爲讀書室。不過問題來了，學生願意，可是家長不同意。爲吸引他們，所以每晚放兩個錄影帶電影，大家看了反應熱烈。家長幾乎每天晚上報到，小孩焉有不來之道理，如此一來，這些學生總算有個地方讀書了。」

　　晚風輕輕襲來，看著我的校長學生，那一刻，我覺得他實在比我更懂得教育眞諦。小小的學校，數十名學生，一個毫不起眼的山地村莊，但他卻完成了成功的教育變革。也許學生將來並不能出將入相，更鮮少有人意識到這個學校的存在，然而教育變革無分大小，我衷心佩服這位校長。

　　他成功的祕訣是什麼呢？不過就在「有心」兩個字而已啊！

12.1 個案研究　　　所為何來

　　清晨六點四十分，寒風刺骨。閔超站在校門口，看學生進校門。時間還早，加上天冷，學生到的不多。再往外看，值週教師與管理組長都沒到，這些教師真是不負責任！正想著，值週教師李文騎著機車匆匆進來，閔超舉起腕表一看，六點五十五分。李文頗為尷尬。閔超微微點了頭，逕往教室走。仁班的學生朝李文做個鬼臉：「老師，被罵了哦！」李文心中有氣，值週規定七點到，才六點五十五分，就這副嘴臉？誰像他住校，也不須趕車，不怕塞車。

　　閔超回到辦公室，剛坐下就想到昨天下午的學生打群架事件，當時因急著到教育局，也無暇細問，不知道處理得如何？按對講機要訓導處徐主任上來。不一會兒，校長室周圍的班級都聽到校長咆哮的聲音，徐主任的講話似乎不時被打斷。

　　夕陽餘暉下，閔超緩緩走出校門，回頭看見幾部怪手停在校園裡，黑黝黝的，似在笑他。想起剛剛怪手司機和工人彼此吆喝著回家時，還不時揶揄他：「夠打拚的，這樣的校長。」前天那個包商似笑不笑的告訴他：「校長，您放心啦！絕對是真材實料啦！」忍不住輕哼了一聲：「你們這些包商，我還不清楚嗎？不盯緊一點，誰知道你會搞出什麼把戲來？」想到學校的建築設備將是一流的，校園規劃是縣內最完善的，又忍不住有幾分得意。

　　校慶運動會的協調會上，劉組長提出構想，話未說完就被閔超駁了回去：「不要又像往年一樣，草草辦兩樣比賽就結束，要有創意、要有特色，學生才會有興趣參與，也才能吸引學區家長來參觀。希望能提出較好的辦法來。」

　　會議室裡一片寂靜，劉組長一臉不悅，幾個主任你看我，我看你，誰也不想開口成為眾矢之的。這個學校，他們太清楚了，多一事

不如少一事，平安無事過日子就好了，何必惹麻煩？看眾人無聲，閔超不悅的說：「你們這些行政人員都在做什麼？每年都這樣因循過日子而毫無新意，領國家薪水不做事啊！今年我們一定要辦個學生成果發表會、班際展、還有師生才藝作品展。此外，學校教師養蘭花、種盆栽不是很有心得嗎？來個花卉盆栽展示如何？理化教室可以開放做科學遊戲。大會舞、大會操都是老套了，換點新的。大會開始之前先進行巡閱式，然後分列式。徐主任把班級隊伍編排一下，可利用早自修、自習課練習。」想到運動會的盛大場面，閔超兩眼發亮，卻看不到底下幾個組長、主任的臉色。

　　下午，訓導主任上來建議是否可少辦幾項，因為時間匆促，恐怕有困難。沒想到話未說完即被打斷：「有困難，開會的時候為什麼不說？早上不是大家都同意了？有意見你當場為什麼不提？這算什麼協調會？」

　　月考下午，幾個教師留在辦公室改考卷。林立平首先發難：「什麼嘛？早自修班上吵，訓過班長和風紀股長還不夠，在導師會報上又一提再提。」「李文被罵得才慘，值週不能按時到，班上整潔秩序差，校長說是導師不負責任。」「其實啊！他看人是二分法，如果認為這個人好，這個人就是完美而零缺點；若認為不好，這個人就變得一無是處，別放在心上就是了。」幾個教師你一言我一語的聊起來。「好大喜功！辦個全縣生活教育觀摩會，又辦兒童劇展，弄得我們人仰馬翻，累個半死，記功嘉獎的可是他哦！」「我們這些導師是什麼好處也沒有，有功無賞，打破還要賠呢！」「你沒看到嗎？徐主任都快氣死了，上學期忙完了觀摩會、兒童劇展，這學期還要擴大舉行校慶，要辦學區運動會，勞師動眾的，把人累死啊！」「你看過校慶要閱兵的嗎？巡閱式、分列式，太陽那麼大，學生都昏倒了還在練，他以為這是軍中啊？再練下去，家長不抗議才怪！」

　　閔超可不管這些，學校要有朝氣，一定要動員起來。校慶運動會非常成功，長官來賓一致稱讚國中生能訓練成這樣是全省僅有。幾家報社都有專訪，報上登的佳評如「多采多姿，美不勝收」、「生動

活潑的教育」、「有生命的教育」等，閔超均一一剪報收藏。

四十四歲才考上校長，算不上青年才俊，但衝勁未減，心中想的只是如何創造佳績。在當時東部僅有六班的小學校中，人力物力俱缺，他竟也能施展抱負；尤其校園規劃小有成果，自己頗覺得意。奉調到這個離家近、規模又大許多的學校，更想有一番作爲。但是，卻常有使不上力的感覺。

這個學校頗具歷史，教職員個個資深，又多是本地人，對學校許多事都抱著多一事不如少一事的心態。開會時，台上台下各說各話，改考卷、批作業的，還有高談闊論的，總是亂七八糟。幾次會議下來，他不客氣的指責：「連會議規範都不懂，也配爲人師表？」這樣的話都出口了，以後開會總算像樣些。但不知是否矯枉過正，開會時，台下個個是沉默的聽眾，離開會議室後卻又議論紛紛。

再看教學方面：升學率不算好，教師個個不積極，課後輔導無人願意擔任。藝能科教學簡直不正常，操場上打球的班級不是上體育課，而是上美術課、輔導活動課。有兩次看到教體育的教師，喝得醉醺醺從校門口進來，那時早已上課半個小時了。早退的更多，每天第七節，總有教師提早下課。教務主任從來也沒說什麼，只有教學組長有一次囁嚅的報告：「陳宗雄已多次缺課，卻要學生照樣填寫教室日誌……。」

提到這個陳宗雄，不禁蹙起眉頭。其他教學上課不正常的教師，他都個別談過，又一再交代查堂要確實，最後總算有所改善。獨獨這個補校主任，似乎一點辦法也沒有。他是非常社會化的一個人，能嬉皮笑臉，也能翻臉無情，剛剛還在校長室大吼大嚷，等下見了面又極客氣，似乎什麼也沒發生。教學最不正常的就屬他，偏偏學校似乎動不了他。一則他是當地人，與家長關係極佳；再則父兄都是議員，對學校的事情總是出錢出力。

對各處室主任，閔超也有意見。都是一個樣子，過一天算一天，各處業務一團亂。工友職員比誰都大，他們不做事，誰也號令不了，弄得主任組長只好自己來。忙不過來，只好把工作「簡化」。剛

來時沒全給換下，現在想起眞是失策。新到學校人生地不熟，只好留住原有幹部，只是這些主任，除了訓導主任還算積極用心外，其餘的一個口令一個動作。不指示，他們就什麼也不做。

　　奇怪的是，這樣的學校與一群人，竟也彼此相安無事。閔超不願意如此安於現狀不求進步，他要求導師也要求行政人員，不斷強調要「以身作則」，要「負責任」，要「以校為家」。他知道教師有意見，背後說他「事必躬親，不能授權」，或是「管得太多，鉅細靡遺」。然而，不這樣行嗎？

　　就這樣大事小事一把抓，累極了也會忍不住問自己所為何來？連太太都不以為然：「你自己以校為家，就認為別人也該像你一樣嗎？」好友不只一次的告訴他：「適可而止吧！何必自找麻煩事必躬親，你準備鞠躬盡瘁、死而後已啊？」然而這些話語總是一閃即逝，想起教學大樓已動工，不久即是一座美侖美奐的建築。校園經他規劃後，不消數年應是另一番風貌；學校逐漸上了軌道，他相信未來只會愈來愈好。

　　只是要完成這些，自己到底要付出多少代價呢？

● ●

討論問題

閔超所採用的變革模式為何？其是否恰當？如果是你，將會如何進行相關變革？

影響此校的變革變數為何？何者影響力最大？

閔超遭遇阻礙的原因何在？其形成背景為何？

試分析此校的組織氣候為何類型（參閱第七章）？

試分析閔超的領導行為類型（參閱第九章）。並與個案2.1之李臨風、個案3.1之莫無忌、個案4.1之畢海瑞、個案5.1之曾適中、個案6.1之江雨軒、個案7.1之郭霖、個案8.1之鍾萬金、個案9.1之馬超、個案10.1之楊宗翰、與個案11.2之郝開明的領導風格做個綜合比較。

建議活動 ....

1. 就台灣近數十年來之主要變革過程（如十二年國教、大學多元入學政策），分
   其所採用的策略為何？優缺點為何？
2. 就所在學校最近的變革措施，分析其產生的變革模式為何？您認為應採用的模
   為何？
3. 影響貴校變革的變數何在？何者的影響力最大？
4. 貴校的變革動力何在？變革代理人多為誰？其類型為哪一類？
5. 部分社會人士批評教育界多保守不願變革，您認為原因何在？有無改進之道？

參考文獻

一、中文部分

如哲（1988）。**國民中學校長領導方式與教師疏離感關係之研究**。國立台灣師範大學教育研究所碩士論文，未出版，台北市。

如哲（1998）。**教育行政學**。台北市：五南。

振鴻（1989）。**國中校長領導型式，教師同理心與教師衝突反應方式關係之研究**。國立政治大學教育研究所碩士論文，未出版，台北市。

晉民（1994）。**白先勇傳**。台北市：幼獅。

進焱（1991）。**高雄市國民小學教師非正式組織之研究**。國立台灣師範大學教育研究所碩士論文，未出版，台北市。

晟蓀（1981）。**國中校長領導型式與輔導教師教育背景對輔導教師工作滿足之影響**。國立政治大學教育研究所碩士論文，未出版，台北市。

育綺（2006）。**國中校長轉型領導、組織創新與學校效能關係之研究**。國立高雄師範大學人力與知識管理研究所碩士論文，未出版，高雄縣。

政達（2008）。**教育政策分析：概念、方法與應用**（二版）。台北市：高等教育。

清山（1989）。**國民小學管理模式與學校效能關係之研究**。國立政治大學教育研究所碩士論文，未出版，台北市。

清山（2002）。**學校效能研究**。台北市：五南。

清山（2007）。**教育行政議題研究**。台北市：高等教育。

清山、林天祐（2001）。教育名詞：課程領導。**教育資料與研究，38**，47。

清山、林天祐（2005）。**教育新辭書**。台北市：高等教育。

木琳（1977）。**國中校長領導方式與學校氣氛之關係**。國立台灣師範大學教育研究所碩士論文，未出版，台北市。

宏才（2003）。**混沌理論應用在國小校長危機管理之研究**。國立政治大學教育學系博士論文，未出版，台北市。

履維（1981）。**台北市國民中學學生價值觀念及其對學校疏離傾向的關係**。國立台灣師範大學教育研究所碩士論文，未出版，台北市。

合懋（1995）。**學校主管與企業轉型領導之比較研究**。國立政治大學教育研究所碩士論文，未出版，台北市。

林明地（2002）。**學校領導：理念與校長專業生涯**。台北市：高等教育。

林金福（1992）。**國民中學領導型式與學校效能關係之研究**。國立政治大學教育研究所碩士論文，未出版，台北市。

林新發（1983）。**五專校長領導方式與教師工作滿足關係之研究**。國立台灣師範大學育研究所碩士論文，未出版，台北市。

林新發（1999）。**教育與學校行政研究：原理和應用**。台北市：師大書苑。

邱文忠（1983）。**高級中等學校校長領導方式與教師服務精神之關係**。國立台灣師範學教育研究所碩士論文，未出版，台北市。

金耀基（1979）。**從傳統到現代**。台北市：時報文化。

施妙旻（1995）。**隱涵領導理論與領導行為關係之研究：以台北地區公立國民小學校例**。國立政治大學教育研究所碩士論文，未出版，台北市。

凌文輇、方俐洛、張立野、劉大維、艾爾卡（1994）。領導行為的 CPM 模式和中國的隱領導理論。載於中國測驗學會（主編），**第一屆華文社會的心理測驗論文集（**205-221）。台北市：心理出版社。

徐玉真（2008）。**幼稚園教師組織信任與組織公民行為關係之研究：兼論隱涵領導對信任的影響**。國立政治大學幼兒教育研究所碩士論文，未出版，台北市。

秦夢群（1991）。學生疏離感、學校組織氣候類型、與學生學業成就之關係研究。**教與心理研究，14**，141-176。

秦夢群（1992）。高中教師管理心態、學生內外控、與學生學習習慣與態度之關係究。**教育與心理研究，15**，129-172。

秦夢群（1996）。**變革理論在教育行政上的應用與反響**。國科會專題研究計畫（NS84-2413-H-004-015）。台北市：國科會。

秦夢群（2010）。**教育領導理論與應用**。台北市：五南。

秦夢群、吳勁甫（2009）。國中校長轉型領導、學校組織健康與組織效能關係之研究中介效果模式之檢證。**當代教育研究，17**(3)，83-124。

秦夢群、吳勁甫、鄧鈞文（2007）。國民中學學校組織健康層面之建構與衡量。**教育政策論壇，10**(3)，75-103。

秦夢群、張奕華（2006）。校長科技領導層面與實施現況之研究。**教育與心理研究，29**(1)，1-27。

秦夢群、黃貞裕（2001）。**教育行政研究方法論**。台北市：五南。

秦夢群、濮世緯（1998）。國小校長轉型領導、交易領導、教師制握信念、與教師職倦怠之研究。**政大學報，77**，73-110。

明輝（2005）。優質學校教育指標：行政管理、領導、與學校文化。載於台北市教師研習中心（主編），優質學校（頁6-17）。台北市：台北市教師研習中心。

保光（1985）。國民中學組織氣氛與學生疏離感之關係。國立台灣師範大學教育研究所碩士論文，未出版，台北市。

建成（1978）。工作滿意雙因子理論再學校組織中應用的可能性。國立台灣師範大學教育研究所碩士論文，未出版，台北市。

建邦（1982）。台灣六所大學官僚、同僚與政治管理模式之研究。台北市：驚聲文物供應中心。

新堂（1993）。文化中心主任領導行為、員工所受社會支持與組織承諾關係之研究。國立政治大學教育研究所碩士論文，未出版，台北市。

瑞村（1991）。高級職業學校校長領導型態與學校組織氣氛關係之研究。國立彰化師範大學工業教育研究所碩士論文，未出版，彰化縣。

鈿富、吳京玲、陳清溪、羅婉綺（2007）。歐盟教育政策的趨勢與啟示，教育研究與發展期刊，3(3)，99-126。

碧娟（1979）。國民中學教師工作滿足感之研究：激勵保健兩因素理論之應用。國立政治大學教育研究碩士論文，未出版，台北市。

慶勳（1996）。國小校長轉化、互易領導影響學校組織文化特性與組織效能之研究。國立高雄師範大學教育學系博士論文，未出版，高雄市。

慶勳（2001）。校長的角色、理念與實踐－文化領導的思維。學校行政雙月刊，16，51-67。

之藩（1986）。陳之藩散文集。台北市：遠東圖書公司。

木金（1996）。混沌現象對學校行政的啟示。教育資料與研究，9，69-75。

成宏（2007）。複雜理論對教育組織變革的解釋和啟示。教育研究與發展期刊，3(3)，197-218。

佑任（2002）。他們的故事：三位國小男性教育人員的生命史研究。國立新竹師範學院國民教育研究所碩士論文，未出版，新竹市。

武雄（1995）。教師建設性思考與其教學自我效能、衝突解決方式之關係。國立政治大學教育研究所碩士論文，未出版，台北市。

國彥（1988）。國民小學校長領導方式與教師服務精神之關係。國立台灣師範大學教育研究所碩士論文，未出版，台北市。

國泰（1995）。國小學業成就生的學校經驗之意義形成。國立屏東師範學院初等教育研究所碩士論文，未出版，屏東市。

陳淑嬌（1989）。**國民中學校長領導型式、教師工作投入與組織效能之關係**。國立高雄師範大學教育研究所碩士論文，未出版，高雄市。

陳添球（1989）。**國民小學教師教學自主性之研究：一所國民小學日常生活世界的討**。東吳大學社會學研究所碩士論文，未出版，台北市。

陳慶瑞（1986）。**費德勒權變領導理論適用性之研究：我國國民小學為例**。國立高雄範大學教育研究所碩士論文，未出版，高雄市。

陳慶瑞（1987）。高雄地區國民小學校長領導效能之分析。**高市文教，26**，51-60。

陳慶瑞（1993）。**費德勒權變領導理論研究：理論分析與擴展**。國立政治大學教育研究所博士論文，未出版，台北市。

陳慶瑞（1995）。**費德勒權變領導理論之分析與擴充**。台北市：師大書苑。

曾燦燈（1978）。**國中校長領導型式與教師服務精神之關係**。國立台灣師範大學教育究所碩士論文，未出版，台北市。

游家政（2004）。國民小學校長課程領導的任務與策略。載於台灣海洋大學師資培育心（主編），**課程領導與有效教學**（頁 23-49）。台北市：高等教育。

湯志民（2006）。**學校建築與校園規畫（第三版）**。台北市：五南。

黃旭鈞（2003）。**課程領導：理論與實務**。台北市：心理。

黃政傑（主編）（1994）。**邁向校長之路**。台北市：師大書苑。

黃麗滿（1992）。**山地、平地國中生自我概念與校園疏離感之比較研究**。國立政治大教育研究所碩士論文，未出版，台北市。

劉京偉（譯）（2000）。Arthur Andersen Business Consulting 著。**知識管理的第一本書**。台北市：商周。

楊振昇（1997）。教學領導理念探討。載於高強華（主編），**學校教育革新（**236-263）。台北市：梅枝。

楊振昇（2006）。**教育組織變革與學校發展研究**。台北市：五南。

楊寶琴（1983）。**國民中小學校長領導型式與學校組織氣氛關係之比較研究**。國立高師範大學教育研究所碩士論文，未出版，高雄市。

溫子欣（2009）。**成功校長領導行為研究**。國立政治大學教育學系博士論文，未出版台北市。

瘂弦（1971）。**深淵**。台北市：晨鐘。

廖素華（1978）。**國小校長領導方式、教師人格特質與教師工作滿足的關係**。國立政大學教育研究所碩士論文，未出版，台北市。

劉麗慧（1986）。**國民中學男女校長領導方式與學校組織氣氛之關係**。國立台灣師範

學教育研究所碩士論文，未出版，台北市。

培村（1980）。**國中校長領導型式、教師人格特質與學校組織氣氛的關係**。國立政治大學教育研究所博士論文，未出版，台北市。

進雄（2008）。教學領導與課程領導關係與整合之探析。**教育研究月刊，167**，93-103。

寬信（1993）。**國民小學學校組織氣候、教師內外控信念與教師組織承諾關係之研究**。國立政治大學教育研究所碩士論文，未出版，台北市。

進丁（1976）。**台北市國小校長角色之調查分析**。國立政治大學教育研究所碩士論文，未出版，台北市。

明怡（1991）。**台灣省對各縣市教育經費補助制度之研究**。政大教育研究所碩士論文，未出版，台北市。

世緯（2003）。**國小校長轉型領導、學校文化取向與學校創新經營關係之研究**。國立政治大學教育學系博士論文，未出版，台北市。

玉雲（1989）。**台北市國民中學校長領導型式與學校行政人員工作滿意之研究**。國立政治大學教育研究所碩士論文，未出版，台北市。

美英（2005）。**高級職業學校組織衝突原因及其管理之研究**。國立台北科技大學技術及職業教育研究所碩士論文，未出版，台北市。

松源（2005）。**綜合高中教師的組織衝突原因與因應方式之研究**。國立彰化師範大學工業教育與技術學系碩士論文，未出版，彰化縣。

二、英文部分

bott, M. G. (1960). *Values and value: perceptions of school superintendents and board members*. Unpublished doctoral dissertation, University of Chicago, Chicago, Illinois.

hinstein, B. (2002). *Community diversity and conflict among schoolteachers*. New York, NY: Teacher College Press.

lams, J. S. (1963). Toward an understanding of inequity. *Journal of Abnormal and Social Psychology, 67*, 422-436.

lams, R. N. (1982). The emergence of hierarchical social structure: The case of late Victorian England. In W. C. Schieve & P. M. Allen (Eds.), *Self organization and dissipative structures: Applications in the physical and social sciences* (pp. 116-131). Austin: University of Texas Press.

Albright, M. J., & Nworie, J. (2008). Rethinking academic technology leadership in an era change. *Educause Quarterly, 31*(1), 14-23.

Alderfer, C. P. (1969). An empirical test of a new theory of human needs. *Organizatio Behavior and Human Performance, 4*, 142-175.

Aldrich, H. E. (1979). *Organizations and environments*. Englewood Cliffs, NJ: Prentice-Hall

Aldrich, H. E., & Mindlin, S. (1978). Uncertainty and dependence: Two perspectives environment. In L. Karpit (Ed.), *Organization and environment* (pp. 149-170). Beve Hills, Calif.: SAGE.

Allee, V. (1997). *The knowledge evolution: Expanding organizational intelligence*. Newtc MA: Butter Worth-Heinemann.

Allen, P., Sanglier, M., Engelen, G., & Boon, F. (1985). Towards a new synthesis in t modeling of evolving complex systems. *Environment and Planning, 12*, 65-84.

Ambrosie, F., & Heller, R. W. (1972). The secondary school administrator and perceiv teacher participation in the decision-making process. *Journal of Experimen Education, 40*, 6-13.

Anderson, B. D., & Brown, A. F. (1971). Who's a good principal? In W. G. Hack (Ed Educational administration: Selected readings (2nd ed.)(pp. 193-199). Boston: Allyn Bacon.

Anderson, D., & Anderson, L. S. (2001). *Beyond change management : Advanced strateg for today's transformational leaders*. San Francisco, CA : Jossey-Bass/Pfeiffer.

Anderson, K. E. (1971). *Persuasion theory and practice*. Boston: Allyn and Bacon.

Anyon, J. (2005). *Radical possibilities: Public policy, urban educational reform*. New Yor NY: Routledge.

Apple, M. (1982). *Education and power*. London: Routledge and Kegan Paul.

Apple, M. (2001). *Educating the right way : Markets, standards, God, and inequality*. Ne York : Routledge-Falmer.

Appleberry, J. B. & Hoy, W. K. (1969). The pupil control ideology of professional personn in open and closed elementary schools. *Educational Administration Quarterly, 5*(3 74-85.

Argyris, C. (1964). *Integrate the individual and the organization*. New York: Wiley.

Argyris, C. (1966). Interpersonal barriers to decision making. *Harvard Business Review, 4* 84-97.

strong, T. B. (1971). Job content and context factors related to satisfaction for different occupational levels. *Journal of Applied Psychology, 55*, 57-65.

giani, R. (1987). Revolution and evolution: Applying Prigogine's dissipative structures model. *Journal of Social and Biological Structures, 10*, 249-264.

yehgn, D. (1979). *Schooling for alienation: The Ethiopian experience.* International Institute for Educational Planning, Paris: UNESCO.

anassiades, J. C. (1973). The disportion of upward communication in hierarchical organization. *Academy of Management, 16,* 207-227.

nson, J. W. (1964). *An introduction to motivation.* Princeton N. J.: Van Nostrand.

wal, B. (1969). *A study of the relationship between attitude toward school and achievement: Sex and grad level.* Dissertation Abstracts International.

ke, E. W. (1953). *The fusion process.* New Haven, CT: Labor and Management Center, Yale University.

dridge, V. J. (1971). *Power and conflict in the university*. New York: John Wiley.

ker, R. G. (1968). *Ecological psychology.* Stanford, CA: California University Press.

nard, C. I. (1938). *The functions of the executive.* Cambridge, MA: Harvard University Press.

s, B. M. (1985). *Leadership and performance beyond expectations.* New York: Free Press.

s, B. M., & Avolio, B. J. (1990). *Transformational leadership development: Manual for the multifactor leadership questionnaire.* Palo Alto, CA: Consulting Psychologists Press.

eman, C. L. (1999). *Relationships among empowerment, organizational health, and principal effectiveness.* Unpublished doctoral dissertation, University of Missouri, Columbia, Missouri.

tle, H. J. (1954). *Application of an invested analysis in a study of the relation between values and achievement of high school pupils.* Unpublished doctoral dissertation, University of Chicago, Illinois.

mol, W., & Benhabib, J. (1989). Chaos: Significance, mechanism, and economic applications. *Journal of Economic Perspectives, 3*, 77-105.

velas, A., & Barrett, D. (1951). An experimental approach to organizational communication. *Personnel*, 27, 366-371.

ckhard, R. (1969). *Organization development: Strategies and models.* Reading, MA: Addison-Wesley.

Beehr, T. (1976). Perceived situational moderators of the relationship between subjec role ambiguity and role strain. *Journal of Applied Psychology, 61*, 35-40.

Bensimon, E. M. (1993). New presidents' initial actions: Transactional and transformatic leadership. *Journal for Higher Education Management, 8*(2), 5-17.

Berlo, D. (1960). *The process of communication: An introduction to theory and practice.* Francisco: Rinehart Press.

Berman, P., & McLaughlin, M. W. (1978). *Federal programs supporting educational cha (Vol. VIII): Implementing and sustaining innovations.* Santa Monica, CA: Rand.

Bertalanffy, L. von. (1968). *General system theory: Foundations, development, applicatic* New York: George Braziller.

Blaine, R. G. (1969). *Problem situations encountered by principals in junior high schc located in high and low socioeconomic communities.* Unpublished doctc dissertation, University of Minnesota, Minneapolis, Minnesota.

Blair, B. G. (1993). What does chaos theory have to offer educational administrati *Journal of School Leadership, 3*(5), 379-596.

Blake, R. R., & Mouton, J. S. (1964). *The managerial grid.* Houston, TX: Gulf.

Blau, P. M. (1963). *The dynamics of bureaucracy.* Chicago: University of Chicago Press.

Blau, P. M. (1970). Critical remarks on Weber's theory of authority. In D. Wrong (Ed.), *N Weber* (pp. 147-165). Englewood Cliffs, NJ: Prentice-Hall.

Blumberg, A. (1976). OD's future in schools-or is there one. *Education and Urban Soci November,* 213-226.

Bobbitt, F. (1913). Some general principles of management applied to the problems of school systems. In S. Parker (Ed.) *Twelfth yearbook of the national society for the st of education* (pp. 7-96). Chicago: University of Chicago Press.

Bolman, L. G., & Deal, T. E. (1984). *Modern approaches to understanding and manag organizations.* San Francisco: Jossey-Bass.

Bolman, L. G., & Deal, T. E. (1991). *Reframing organization: Artistry, choice and leadersI* San Francisco: Jossey-Bass.

Bolton, R. (1985). *People skills.* Englewood Cliffs, NJ: Prentice-Hall.

Boulding, K. (1956). General systems theory: The skeleton of science. *Management Scien 2,* 200-208.

Boyer, E. L. (1983). *High school: A report on secondary education in America.* New Yo

Harper & Row.

dges, E. M. (1967). *A model for shared decision making in the school principalship.* (ERIC Document Reproduction Service No. ED013480)

ggs, A. R., & Coleman, M. (Eds.) (2007). Research methods in educational leadership and management. Thousand Oaks, CA : SAGE.

ookover, W. B. (1978). Elementary school social climate and school achievement. *American Educational Research Journal, 15*(2), 302.

wn, A. F. (1967). Research in organizational dynamics: Implications for school administrators. *The Journal of Educational Administration, 5*, 43-44.

wn, G., & Irby, B. J. (2001). *The principal portfolio*. Thousand Oaks, CA : Corwin Press.

wn, J. (1986). *Building active listening skills.* Englewood Cliffs, NJ: Prentice-Hall.

wn, W. (1971). *Organization*. London: Heinemann Educational Books.

baker, D. L. (2006). The charismatic leader : The presentation of self and the creation of educational settings Thousand Oaks, CA : Corwin Press.

man, A. (1992). *Charisma and leadership in organizations*. London: SAGE.

ckley, W. (1967). *Sociology and modern systems theory*. Englewood Cliffs, NJ: Prentice-Hall.

ke, R. J., & Wilcox, D. S. (1969). Effects of different patterns and degrees of openness in superior-subordinate communication on subordinate job satisfaction. *Academy of Management Journal, 12*, 319-326.

ke, W. (1972). The demise of organization development. *Journal of Contemporary Business, 1*, 77.

ns, J. M. (1978). *Leadership*. New York: Harper and Row.

laham, R. E., Fleenor, C. P., & Knudson, H. R. (1986). *Understanding organizational behavior: A managerial viewpoint*. Columbus, Ohio: C. E. Merrill.

lahan, R. E. (1962). *Education and the cult of efficiency*. Chicago: University of Chicago Press.

lson, R. O. (1962). *Executive succession and organizational change: Place-bound and career-bound superintendents of schools*. Chicago: Midwest Administration Center, University of Chicago.

lson, R. O. (1965). Barriers to change in public schools. In R. O. Carlson (Ed.), *Change processes in the public schools* (pp. 1-16). Eugene, Oregon: Center for the Advanced

Study of Educational Administration, University of Oregon.

Carlson., R. O. (1964). Environmental constraints and organizational consequences: public school and its clients. In D. E. Griffiths (Ed.), *Behavioral science and educatio administration* (pp. 262-276). Chicago: University of Chicago Press.

Carlyle, T. (1910). *Lectures on heroes, hero-worship, and the heroic in history.* Oxfc England: Clarendon Press.

Carr, L. J. (1955). *Analytical sociology, social situations and social problems.* New Yc Harper & Row.

Cartwright, D. (1965). Influence, leadership, control. In J. G. March (Ed.), *Handbook organizations* (pp. 1-47). Chicago, IL: Rand McNally.

Cartwright, D., & Zander, A. (Eds.)(1968). *Group dynamics, research and theory* (3rd e New York: Harper & Row.

Carver, F. D. , & Sergiovanni, T. J. (1969). Notes on the OCDQ. Journal of Educatio Administration, 7, 71-81.

Cedoline, A. J. (1982). *Job burnout in public education : Symptoms, causes, and survi skills.* New York: Teachers College Press.

Centers, R., & Bugental, D. E. (1966). Intrinsic and extrinsic job motivation among differ segments of the working population. *Journal of Applied Psychology, 50*, 193-197.

Chacon, R. (1992). Teaching deterministic chaos through music. *Physics Educations, 27* 151-154.

Charters, W. W. (1969). Stability and change in the communication structure of sch faculties. *Educational Administration Quarterly, 5*(3), 15-38.

Chase, F. S. (1960). *The administrator as implementer of the goals of education for our tir* Chicago: Midwest Administration Center University of Chicago.

Chemers, M., & Rice, R. (1974). A theoretical and empirical examination of Fiedle contingency model of leadership effectiveness. In J. G. Hunt & L. L. Larson (Ed *Contingency approaches to leadership.* Carbondale: Southern Illinois University Pres

Cheng, Y. C. (1994). Principal's leadership as a critical factor for school performan Evidence from multi-levels of primary schools. *School Effectiveness and Sch improvement, 5*(3), 299-317.

Chin, R. & Benne, K. D. (1976). General strategies for effecting change in human systems Bennis, W. G., Benne, K. D., Chin, R. & Corey, K. E. (Eds.). *The planning of change (*

ed.)(pp.22-45). New York : Holt, Rinehart and Winston.

~, J. M. (1984). *The effects of reading ability on decision making.* Unpublished doctoral dissertation, University of Wisconsin-Madison, Madison, Wisconsin.

~, D. L., & Guba, E. G. (1965). *An examination of potential changes roles in education.* Washington, DC: National Education Association. (ERIC Document Reproduction Service No. ED 043226)

~en, M. D., March, J. G., & Olsen, J. P. (1972). A garbage can model of organizational choice. *Administrative Quarterly, 17(1)*, 1-25.

~en, S. (1976). The history of American education, 1900-1976. *Harvard Educational Review, 46*, 298-330.

~man, J. S. (1996). *Equality of educational opportunity.* Washington, DC: Government Printing Office.

~boy, W. A. (1976). *Working together: Communication in a healthy organization.* Columbus, Ohio: Charles E. Merrill.

~e, R. A. (1981). *Strategic planning, management, and decision making.* Washington, D.C.: American Association for Higher Education. (ERIC Document Reproduction Service No. ED 217825)

~oett, D. H. (1987). Resistance to planned change and the sacred in school cultures. *Educational Administration Quarterly, 23* (4), 36-59.

~win, R. G. (1965). Professional persons in public organizations. *Educational Administration Quarterly, 1*, 4-15.

~win, R. G. (1970). *Militant professionalism.* New York: Meredith.

~and, J. P. (1980). The community college and its critics in the 1980s. *AGB Reports, 22*(1), 42-47.

~ghan, J. H. (1971). *A study of the relationships between perceived leadership behavior of elementary principals and informal group dimensions and composition in elementary schools.* Unpublished doctoral dissertation, Syracuse University, Syracuse, New York.

~berley, E. P. (1916). *Public school administration: A statement of the fundamental principles underlying the organization and administration of public education.* Boston: Houghton Mifflin Company.

~ningham, P. (1975). *A survey of selected research on the organizational climate description questionnaire.* Unpublished doctoral dissertation, Temple University,

Philadelphia, Pennsylvania.

Cunningham, W. G., & Cordeiro, P. A. (2000). *Educational administration : A problem-bo approach.* Boston: Allyn and Bacon.

Curtis, R. K. (1989). Complexity and predictability: The application of chaos theor economic forecasting. *Future Research Quarterly, 6*(4), 17-25.

Cziko, G. A. (1989). Unpredictability and indeterminism in human behavior: Arguments implications for educational research. *Educational Researcher, 18*(3), 17-25.

Cziko, G. A. (1991). Purposeful behavior as the control of perception: Implications educational research. *Educational Researcher, 21*(9), 10-18.

Dale, C. (1990). From Kondratieff to chaos: Some perspectives on long-term and short-t business cycles. *Futures Research Quarterly, 6*(4), 80-90.

Dalton, M. (1950). Conflicts between staff and line managerial officers. *Amer Sociological Review, 15*, 342-351.

Dalton, M. (1959). *Men who manage.* New York: John Wiley.

D'Aprix, R. (1987). Employee communication: Designing and managing a people-sensi process of internal communication. *Journal of Educational Public Relations, 9*(4), 4-

Davis, K. (1949). *Human society.* New York: Macmillan.

Davis, K. (1967). *Human relations at work.* New York: McGraw-Hill.

Davis, K., & Newstrom, J. W. (1984). *Human behavior at work: Organizational behavior ed.).* New York: McGraw-Hill.

Daw, R. W., & Gage, N. L. (1967). Effect of feedback from teachers to principals. *Journe Educational Psychology, 58*, 181-188.

Day, R. H. (1982). Irregular growth cycles. *American Economic Review, 72*, 406-413.

Deal, T. E., & Kennedy, A. (1982). *Corporate cultures.* Reading, MA: Addison-Wesley.

Deci, E. L. (1975). *Intrinsic motivation.* New York: Plenum.

Deephouse, D. L. (1996). Does isomorphism legitimate? *Academy of Management Jour 39*(4), 1024-1039.

Denson, Z. S. (2006). *Elementary principals' perceptions of the effects of professi development on instructional leadership.* Unpublished doctoral dissertation, Wa State University, Detroit, Michigan.

Derr, C. B. (1976). OD won't work in schools. *Education and Urban Society, Novem* 227-241.

ʝey, J. (1916). *Democracy and education: An introduction to the philosophy of education.* New York: The Macmillan Company.

ꜳetani, J. L. (1980). The business of listening. *Business Horizons, 23*(5), 40-46.

ʳaggio, P. J., & Powell, W. W. (1983). The iron cage revisited: Institutional isomorphism and collective rationality in organizational fields. *American Sociological Review, 48*(2), 147-160.

ⁿns, C. W. (1977). *Organizational communicator,* NY: Harper and Row.

ʝer, D. C., Lee, G.. V., Rowan, B., & Bossert, S. T. (1983). *Five principals in action: Perspectives on instructional management.* San Francisco, CA: Far West Laboratory for Educational Research and Development.

ꜳn, M. P., Nedlands College of Advanced Education, & Western Australia Education Dept. (1980). *Do schools care? : The student view : a study sponsored by the Nedlands College of Advanced Education and the Education Department of Western Australia.* Perth, W.A.: Education Dept. of Western Australia.

ꜳerday, G. A. (1969). *Information, decision-making and role behavior in a simulated educational environment.* Unpublished doctoral dissertation, University of Iowa, Iowa City, Iowa.

ⁿn, D., & Levitan, V. (1975). Implicit Leadership Theory as a Determinant of the Factor Structure Underlying Supervisory Behavior scales. *Journal of Applied Psychology, 60*, 736-741.

ⁿnberg, E. M., Monge, P. R., & Miller, K. L. (1983). Involvement in communication networks as a predictor of organizational commitment. *Human Communication Research*, 10, 179-201.

ʳry, F. E., & Trist, E. L. (1965). The causal texture of organizational environments. *Human Relations, 18*, 21-32.

ꜳlen, G. (1988). The theory of self-organization and modeling complex urban systems. *European Journal of Organizational Research, 31*, 42-57.

ꜳish, F. W. (2011)(Ed.). The SAGE handbook of educational leadership : Advances in theory, research, and practice. Thousand Oaks, CA : SAGE.

ʳr, S. (1988). Decision making. In N. Boyan (Ed.), *Handbook of research on educational administration* (pp. 313-314). New York: Longman.

ꜳni, A. (1961). *A comparative analysis of complex organizations.* New York: Free Press.

Etzioni, A. (1964). *Modern organizations*. Englewood Cliffs, NJ: Prentice Hall.

European Commission (2000). *European report on the quality of school education : Sixt quality indicators*. Luxembourg: Office for official publications of the Europ Communities.

European Commission (2001). *Final report from the commission on the implementatio the Socrates programme 1995-1999*. Luxembourg: Office for Official Publications of European Communities.

Evers, C. W., & Lakomski, G. (1996). Science in educational administration: A postposit conception. *Educational Administration Quarterly, 32(3)*, 379-402.

Evers, C. W., & Lakomski, G. (2000). *Doing educational administration : A theory administrative practice*. Amsterdam, The Netherlands : Pergamon.

Falzetta, J. N. (1967). Role expectations held for the elementary principal by teach principals, and superintendents in New Jersey. Unpublished doctoral dissertat Temple University, Philadelphia, Pennsylvania.

Fayol, H. (1949). *General and industrial management (Constance Storrs, trans.)*. London Isaac Pitman & Sons.

Fiedler, F. E. (1964). A contingency model of leadership effectiveness. In L. Berkowitz (E *Advances in experimental social psychology* (pp. 149-190). New York: Academic Pre.

Fiedler, F. E. (1967). *A theory of leadership effectiveness*. New York: McGraw-Hill.

Fiedler, F. E. (1971). Validation and extension of the contingency model of leaders effectiveness: A review of empirical findings. *Psychological Bulletin, 76*, 128-148.

Fincher, C. (1986). What is organizational culture? *Research in higher education, 24* 325-328.

Firestone, W. A., & Herriott, R. E. (1982). Two images of schools as organizations: explication and illustrative empirical test. *Educational Administration Quarterly, 18* 39-59.

Fisher, R. J. (1976). Third party consultation: A skill for professional psychologist community practice. *Professional Psychology, 7*, 344-351.

Fisher, S. (1981). Race, class, anomie, and academic achievement: A study at the H school level. *Urban Education, 16*, 146-173.

Fleishman, E. (1973). Twenty years of consideration and structure. In E. Fleishman & J. H (Eds.), *Current development in the study of leadership* (pp. 30-37). Carbondale

Southern Illinois University Press.

ett, M. P. (1941). *Dynamic administration: The collected papers of Mary Parker Follett*. New York: Harper & Row.

ester, J. W. (1987). Nonlinearity in high order models of social system. *European Journal of Operational Research, 30*, 104-109.

zier, C. M. (1964). Role expectations of the elementary principal as perceived by superintendents, principals, and teachers. Unpublished doctoral dissertation, University of Oregon, Eugene, Oregon.

nch, J. R., Jr., & Raven, B. H. (1959). The bases of social power. In D. Cartwright (Ed.), *Studies in social power* (pp. 150-167). Ann Arbor, MI: Univ. of Michigan Press.

nch, W. L., & Bell, C. H. (1978). *Organizational Development* (2d ed.). Englewood Cliffs, NJ: Prentice-Hall.

ud, S. (1949). *The unconscious, collected papers of Sigmund Freud* (J. Riviere, Trans.). London: Hogarth Press.

sen, D., & Duignan, P. (1980). How superintendents spend their working time. *The Canadian Administrator, 19*, 1-5.

an, M., Miles, M. B., & Taylor, G. (1978). *OD in schools (Vol. I): The state of the art*. Final Report to National Institute of Education. Toronto: Ontario Institute for Studies in Education.

braith, J. R. (1977). *Organization design*. Reading, Mass.: Addison-Wesley Pub. Co.

land, P., & O'Reilly, R. R. (1976). The effect of leader-member interaction on organizational effectiveness. *Educational Administration Quarterly, 12*, 9-30.

oford, J. D. (1996). *The relationship between school success and the leadership style of the principal in low social-economic schools*. Unpublished doctoral dissertation, University of South Carolina, Columbia, South Carolina.

tzels, J. W. (1957). Changing values challenge the schools. *School Review, 65*, 92-102.

tzels, J. W. (1963), Conflict and role behavior in the educational setting, In W. W. Charters & N. L. Gage (Eds.), Readings in the social psychology of education (pp. 309-318). Boston, MA: Allyn & Bacan.

tzels, J. W. (1972). On the transformation of values: A decade after Port Huron. *School Review, 80*, 505-519.

tzels, J. W., & Guba, E. G. (1954). Role, role conflict, and effectiveness: An empirical study. *American Sociological Review*, 19(2), 164-175.

Getzels, J. W., & Guba, E. G. (1957). Social behavior and the administrative process. *School Review*, 65(4), 423-441.

Getzels, J. W., & Thelen, H. A. (1960). The classroom as a unique social system. In N Henry (Ed.), *The dynamics of instructional groups* (pp. 53-62). Chicago: Natic Society for the Study of Education, University of Chicago Press.

Getzels, J. W., Lipham, J. M., & Campbell, R. F. (1968). *Educational administration as a so process*. New York: Harper & Row.

Giddens, A. (1979). *Central problems in social theory: Action, structure, and contradictio social analysis*. Berkeley, CA: University of California Press.

Glaser, E. G., & Strauss, A. L. (1967). *The discovery of grounded* theory. Chicago: Aldine.

Gleick, J. (1987). *Chaos: Making a new science*. New York: Penguin.

Glenny, L. A., Shea, J. R., Ruyle, J. H., & Freschi, K. H. (1976). *Presidents confront reality*. Francisco: Jossey-Bass.

Gmelch, W. (1982). *Beyond stress in effective management*. New York: Wiley.

Godfrey, M. P. (1968). *Staff participation in decision-making procedures in element schools*. Unpublished doctoral dissertation, University of Connecticut, Sto Connecticut.

Goldhaber, G. M. (1979). *Organizational communication (2nd ed.).* Dubuque, Iowa: W Brown.

Goodlad, J. I. (1983). *A place called school: Prospects for the future*. New York: McGraw-F

Gorton, R. A., Alston, J. A., & Snowden, P. E. (2007). School leadership and administratic Important concepts, case studies, and simulations. New York : McGraw-Hill.

Gottfredson, D. (1986). An assessment of a delinquency prevention demonstration w both individual and environmental interventions. (Report No.361). Baltimore, N John Hopkins University, Center for Social Organizational of School.

Gouldner, A. W. (1954). P*atterns of industrial bureaucracy.* New York: Free Press.

Gouldner, A. W. (1957). Cosmopolitans and locals: Toward an analysis of latent social rol *Administrative Science Quarterly, 2*, 281-306.

Gouldner, A. W. (1959). Organizational analysis. In R. K. Merton (Ed.), *Sociology today* (400-428). New York: Basic Books.

Greenfield, T. B. (1975). Theory about organization: A new perspective and its implicatic for schools. In M. Hughes (Ed.), *Administering education: International challenge* (pp.71-99). London: Athlone.

iner, L. (1976). Red flags in organization development. In Gibson, J. (Ed.), *Readings in organization: Behavior, structure, processes* (pp. 356-366). Dallas: Business Publications.

ffith, J. (2004). Relation of principal transformational leadership to school staff job satisfaction, staff turnover, and school performance. *Journal of Educational Administration, 42*(3), 333-356.

fiths, D. E. (1959). *Administrative theory*. New York: Appleton Century Crofts.

fiths, D. E., Hart, A. W., & Blair, B. G. (1991). Still another approach to administration: Chaos theory. *Educational Administration Quarterly, 27*(3), 430-451.

fiths, D. E., Hemphill, J. K., & Frederiksen, N. (1967). *Administrative performance and personality*. New York: Columbia University.

fiths, D.E. (1956), *Human Relations* in School Administration, N. Y.: Appleton-Century-Crofts.

galiunas, B. S., & Herzberg, F. (1971). Relevancy in the test of the motivator-hygiene theory. *Journal of Applied Psychology, 55*, 73-79.

ss, N. (1958). *Who runs our schools?* New York: John Wiley & Sons.

ss, N., Mason, W. S., & McEachern, A. W. (1958). *Explorations in role analysis: Studies in the school superintendency role*. New York: Holt, Rinehart and Winston.

ba, E., & Lincoln, Y. (1981). *Effective evaluation*. San Francisco: Jossey-Bass.

ess, D., & Sailor, W. (1993). Chaos theory and the study of human behavior: Implications for special education and developmental disabilities. *Journal of Special Education, 27*(1), 19-34.

ick, L. (1948). *Administrative reflection on World War II*. University, AL: University of Alabama Press.

ick, L., & Urwick, L. (Eds.). (1937). *Papers in the science of administration*. N. Y.: Institute of Public Administration.

bermas, J. (1976). *Legitimation crisis*. London: Heinemann Educational.

bermas, J. (1984). *The theory of communicative action: Reason and the rationalization of society* (Vol. 1). Boston: Beacon Press.

ll, G. E., & Hord, S.M. (1987). *Change in schools*. Albany, NY: State University of New York

Press.

Hall, R. H. (1963). The concept of bureaucracy: An empirical assessment. *American Jou*. *of Sociology, 69*, 32-40.

Hall, R. H. (1972). *Organizations: Structure and process*. Englewood Cliffs, N J: Prentice-H

Haller, E. H., & Kleine, P. F. (2001). *Using educational research : A school administrat. guide*. New York : Longman.

Hallinger, P., & Murphy, J. F. (1987). Assessing and developing principal instructio leadership. *Educational Leadership, 45*(1), 54-61.

Halpin, A. W. & Croft, D. B. (1962). *The organizational climate of schools*. Chicago Midw Administration Center: The University of Chicago.

Halpin, A. W. (1956). The behavior of leaders. *Educational Leadership, 14*, 172-176.

Halpin, A. W. (1966a). Muted language. *School Review, 68*, 85-104.

Halpin, A. W. (1966b). *The Organizational climate of schools, theory and researcl administration*. New York: Macmillan.

Halpin, A. W., & Croft, D. B. (1962). *The organizational climate of schools*. Chicago: Chic Midwest Administration Center, The University of Chicago.

Halpin, A. W., & Winer, B. J. (1957). A factorial study of the leader behavior descriptions. R. M. Stogdill & A. E. Coons (Eds.), *Leader behavior: Its description and measurem* (pp. 39-51). Columbus: College of Education, Ohio State University.

Hamaty, G. G. (1967). *Some behavioral correlates of organizational climates and cultur* Unpublished doctoral dissertation, Syracuse University, Syracuse, New York.

Hannan, M. T., & Freeman, J. (1977). The population ecology of organizations. *Americ Journal of Sociology, 82*, 929-964.

Hannaway, J., & Sproull, L. S. (1979). Who's running the show? Coordination and contro educational organizations. *Administrator's Notebook, 27*(9), 1-4.

Hannum, J. W. (1994). The organizational climate of middle schools, teacher efficacy, a student achievement. Unpublished doctoral dissertation, Rutgers University, N Brunswick, New Jersey.

Hanson, E. M. (1985). *Educational administration and organizational behavior* (2nd ec Boston: Allyn and Bacon.

Hanson, E. M. (1991). *Educational administration and organizational behavior* (3rd ec Boston: Allyn and Bacon.

nson, E. M. (2002). *Educational administration and organizational behavior (5th ed.)*. Boston: Allyn and Bacon.

rgreaves, D. H. (1995). School culture, school effectiveness and school improvement. *School Effectiveness and School Improvement, 6*(1), 23-46.

rman, D. (1970). Illiteracy: An overview. *Harvard Educational Review, 40*(2), 226-243.

rtley, M., & Hoy, W. K. (1972). Openness of school climate and alienation of high school students. *Journal of Educational Research, 23*, 17-24.

yles, N. K. (1990). *Chaos bound: Orderly disorder in contemporary literature and science*. Ithaca, NY: Cornell University Press.

llriegel, D., & Slocum, J. W., Jr. (1974). *Management: A contingency approach*. Reading, MA: Addison-Wesley.

lsel, R. A., Aurbach, H. A., & Willower, D. J. (1969). Teachers' perceptions of organizational climate and expectations of successful change. *Journal of Experimental Education, 38*, 39-44.

mphill, J. K., & Coons, A. E. (1957). Development of the leader behavior description questionnaire. In R. Stogdill & A. Coons (Eds.), *Leader behavior: Its description and measurement* (pp. 6-38). Columbus: College of Education, Ohio State University.

ncley, S. P. (1960). The conflict patterns of school superintendents. *Administrator's Notebook, 8*, 1-4.

ndersh, S. M. (1996). *An exploratory search for how an elementary principal's transformational leadership practices promote teacher professional development*. Unpublished doctoral dissertation, University of Cincinnati, Cincinnati, Ohio.

rsey, P., & Blanchard, K. H. (1977). *Management of organizational behavior: Utilizing human resources* (3rd ed.). Englewood Cliffs, NJ: Prentice Hall.

rzberg, F. (1966). *Work and the nature of man*. Cleveland: World Publishing.

sse, D. (1991). *Strange attractors: Chaos theory and composition studies*. (ERIC Document Reproduction Service No. ED342010)

ckson, D. (1961). Motives of workpeople who restrict their output. *Occupational Psychology, 35*(1), 111-112.

lls, R. J. (1961). Social class and educational views. *Administrator's Notebook, 10*, 1-4.

dgkinson, C. (1991). *Educational leadership: The moral art*. Albany: SUNY Press.

fstede, G. (1980). *Culture's consequences*. Beverly Hills, CA: SAGE.

Holland, J. H. (1995). *Hidden order: How adaptation builds complexity*. Reading, M Addison-Wesley.

Homans, G. C. (1950). *The human group*. New York: Harcourt.

Homans, G. C. (1951). The Western Electric researches. In S. D. Haslett (Ed.), *Human fact in management*. New York: Harper and Brothers.

Homans, G. C. (1961). *Social behavior: Its elementary forms*. New York: Harcourt, Brace World.

Hopfe, M. W. (1970). Leadership style and effectiveness of department chairmen business administration. *Academy of Management Journal, 13*, 301-310.

Horkheimer, M. (1974). *The eclipse of reason*. New York: Seabury Press.

House, R. J. (1967). T-group education and leadership effectiveness: A review of t empirical literature and a critical evaluation. *Personal Psychology, 20*, 1-32.

House, R. J. (1971). A path goal theory of leadership effectiveness. *Administrative Scier Quarterly, 16*, 321-328.

House, R. J., & Howell, J. M. (1992). Personality and charismatic leadership. *Leadersf Quarterly, 3*(2), 81-108.

Hoy, W. K. (1972). Dimensions of student alienation and characteristics of public hi schools. *Interchange , 3*, 38-50.

Hoy, W. K., & Clover, S. (1986). Elementary school climate: A revision of the OCD *Educational Administration Quarterly, 22*(1), 93-110.

Hoy, W. K., & Miskel, C. G. (1978). *Educational administration: Theory, research, a practice*. New York: Random House.

Hoy, W. K., & Miskel, C. G. (2007). Educational administration: Theory, research, a practice (8th ed.). New York: McGraw-Hill.

Hoy, W. K., & Miskel, C. G. (Eds.) (2002). Theory and research in educational administratic Greenwich, CT: Information Age Pub.

Hoy, W. K., & Woolfolk, A. E. (1993). Teachers, sense of efficacy and the organizatior health of schools. *Elementary School Journal, 93*(4), 355-372.

Hoy, W. K., Tarter, C. J., & Kottkamp, R. B. (1991). *Open school, healthy schools: Measuri organizational climate*. Newbury Park, CA: SAGE.

Hoy, W. K., Tarter, C. J., & Witkoskie, L. (1992). Faculty trust in colleagues: Linking t principal with school effectiveness. *Journal of Research and Development in Educatic 26*(1), 40-47.

y, W.K., & Tarter, C. J. (1997). *The road to open and healthy schools: A handbook for change*. Thousand Oaks, CA: Corwin Press.

nt, J. G. (1991). *Leadership: A new synthesis*. Newbury Park, CA: SAGE.

erwood, G. B. & Hoy, W. K. (1973). *Bureaucracy, powerlessness, and teacher work values. Journal of Educational Administration, 11(1): 124-138.*

lin, F., Putnam, L., Roberts K., & Porter, L. (1987). *Handbook of organizational communication: Interdisciplinary perspective*. Beverly Hills, CA: SAGE.

obs, J. W. (1965). Leader behavior of the secondary school principal. *National Association of Secondary School Principals Bulletin, 49*, 13-17.

cks, C. (1972). *Inequality*. New York: Basic Books.

n, C .K .Lee , Clive ,D. (1999). Curriculum leadership and management in secondary schools: A Hong Kong case study. *School Leadership & Management, 19*(4), 455-481.

g, C. (1971). *Psychological types*. Princeton: Bollingen Series.

st, F., & Rosenzweig, J. (Eds.). (1973). *Contingency views of organization and management*. Chicago: Science Research Associates.

z, D., & Kahn, R. L. (1978). *The social psychology of organizations* (2nd ed.). New York: Wiley.

z, R. L. (1955). Skills of an effective administrator. *Harvard Business Review, 33*, 933-942.

uffman, S. A. (1995). *At home in the universe*. Oxford: Oxford University Press.

ufman, R. A. (1970). Systems approaches to education: Discussion and attempted integration. In Piele, P. K., Eidell, T. L., & Smith, S. C. (Eds.), *Social and technological changes: Implications for education* (pp. 155-165). Eugene: Center for the Advanced Study of Educational Administration University of Oregon.

sey, D. (1988). The economics of chaos or the chaos of economics. *Oxford Economic, 40*, 1-31.

l, D. L. (1989). Nonequilibrium theory and It's implication for public administration. *Public Administrative Review, 49*(6), 544-551.

l, D. L. (1991). Lessons from the nonlinear paradigm: Application of the theory of dissipative structures in the social sciences. *Social Science Quarterly, 72*(3), 431-442.

mann, R. H., & Thomas, K. W. (1977). Developing a forced-choice measure of conflict-handling behavior: The MODE instrument. *Educational and Psychological Measurement, 37*(2), 309-325.

Kluckhohn, C. (1951). Values and value-orientations in the theory of action: An explorat in definition and classification. In T. Parsons & E. Shils (Eds.), *Toward a general the of action* (pp. 390-399). Cambridge, MA: Harvard University Press.

Kluckhohn, C. (1958). The evolution of contemporary American values. *Daedalus, 87* 78-109.

Korman, A. (1966). Consideration, initiating structure, and organizational criteria: A revi *Personnel Psychology, 19*, 354.

Korman, A. (1974). Contingency approaches to leadership: An overview. In J. Hunt & Larson (Eds.), *Contingency approaches to leadership*. Carbondale: Southern Illin University Press.

Kotler, P., & Murphy, P. E. (1981). Strategic planning for higher education. *Journal for Hig Education, 52*(5), 470-489.

Kottkamp, P. B., Mulhern, J. A., & Hoy, W. K. (1987). Secondary school climate: A revision the OCDQ. *Educational Administration Quarterly, 23*(3), 31-48.

Kowalski, T. (2005). *Case studies on educational administration*. Boston, MA: Pearson/Al and Bacon.

Kuhn, T. S. (1962). *The structure of scientific revolution* (2nd ed.). Chicago: The University Chicago Press.

Kunz, D., & Hoy, W. K. (1976). Leader behavior of principals and the professional zone acceptance of teachers. *Educational Administration Quarterly, 12*, 49-64.

Lambert, D. B. (1968). A study of the relationships between teacher morale and the sch principal's leader behavior, Unpublished doctoral dissertation, Auburn Universi Auburn, Alabama.

Lashway, L. (2002). *Developing instructional leadership*. Eugene, OR: ERIC Clearinghouse Educational Management. (ERIC Document Reproduction Service No. ED466023)

Lasswell, H. D. (1948). The structure and function of communications in society. In L. Brys (Ed.). *The communication of ideas* (pp. 37–52). New York: Harper & Row.

Lawler, E. E. (1973). *Motivation in work organizations*. Monterey, CA: Books/Cole.

Lawrence, P. R., & Lorsch, J. W. (1967). *Organization and environment: Managi differentiation and integration*. Boston: Harvard University.

Layton, J. K. (2003). Transformational leadership and the middle school principal. (U ProQuest Digital Dissertations Publication Dissertation No. AAT 3108364) avitt, H. J. (1951). Some effects of certain communication patterns on group performance. *Journal of Abnormal and Social Psychology*, 46, 38-50.

avitt, H. J. (1964). *Managerial psychology* (2nd ed.). Chicago: University of Chicago Press.

avitt, H. J. (1965). Applied organizational change in industry: Structural, technological and humanistic approaches. In J. G. March (Ed.), *Handbook of organizations* (pp. 1144-1170). Chicago: Rand McNally & Company.

e, J.C.K. ; Dimmock, C. (1999), Curriculum leadership and management in secondary schools: a Hong Kong case study, *School Leadership & Management, 19*(4), 455-481.

hrer, R., Serlin, R. C., & Amudson, R. (1990). Knowledge or certainty? A reply to Cziko. *Educations Researcher, 19*(6), 16-19.

ithwood, K. (1994). Leadership for school restructuring. *Educational Administration Quarterly, 30*(4), 498-518.

ssinger, L. M. (1970).The Powerful notion of accountability in education. *Journal of Secondary Education, 45*(8), 339-347.

ster, V. H. (2000). *Transformational leadership and developing a professional learning community in Pajarito Elementary School.* Unpublished doctoral dissertation, University of New Mexico, Albuquerque, New Mexico.

win, K. (1947). Frontiers in group dynamics: Concept, method and reality in social science, social equilibrium and social change. *Human Relations, 1*(1), 5-41.

win, K. (1948). *Resolving social conflicts.* New York: Harper & Row.

win, K. (1951). *Field theory in school science.* New York: Harper & Row.

win, R. (1992). *Complexity: Life at the edge of chaos.* New York: Macmillan.

wis, M. L. (1980). *Communication roles as indicators of management preference: An integrative approach to the study of communication in organizations.* (ERIC Document Reproduction Service No. ED188262)

cata, J. W., & Hack, W. G. (1980). School administrator grapevine structure. *Educational Administration Quarterly, 16*(3), 82-99.

kert, R. (1961). *New patterns of management.* New York: McGraw-Hill.

ndsay, J. S. (1991). *The chaos pattern in Piaget's theory of cognitive development.* (ERIC Document Reproduction Service No. ED330710)

pham, J. M. (1959). *Observation of administrator behavior. Report of the 1958-59 Staff Associate Project.* Chicago: University of Chicago.

Lipham, J. M. (1960). Personal variables of effective administrators. *Administrator Notebook, 9*, 1-4.

Lipham, J. M., & Francke, D. C. (1966). Non-verbal behavior of administrators. *Education Administration Quarterly, 2*, 100-109.

Lipham, J. M., & Hoeh, J. A. (1974). *The principalship: foundations and functions.* New York Harper & Row.

Lipham, J. M., Rankin, R. E., & Hoeh, J. A., Jr. (1985). *The principalship, concept competencies, and cases.* New York: Longman.

Lipsky, M. (1980). *Street level bureaucracy.* New York: Russell SAGE Foundation.

Litterer, J. A. (1970). Conflict in organization: A reexamination. In W. Sexton (Ed. *Organization theories.* Ohio: Charles E. Merrill.

Loomis, C. P. (1960). *Social systems.* Princeton, NJ: D. Van Nostrand.

Lortie, D. C. (1975). *School teacher.* Chicago: The University of Chicago Press.

Lunenburg, F. C., & Ornstein, A. C. (2012). *Educational administration : Concepts ar practices.* Belmont, CA : Wadsworth Cengage Learning.

Machiavelli, N. (1952). *The prince.* (Luigi Ricci, trans). NY: New American Library of Wor Literature.

Mackay, D. A. (1964). *An empirical study of bureaucratic dimensions and their relatic to other characteristics of school organizations. Unpublished doctoral dissertatio University of Alberta, Alberta, Canada.*

Mann, R. D. (1959). A review of the relationships between personality and performanc *Psychological Bulletin, 56*, 241-270.

March, J. G. (1982). Emerging developments in the study of organizations. *The Review High Education, 6*(1), 1-18.

March, J. G., & Simon, H. A. (1958). *Organization.* New York: Wiley.

Marcuse, H. (1964). *One-dimensional man.* Boston: Beacon Press.

Marion, R. (1992). Chaos, topology, and social organization. *Journal of School Leadership 2*(2), 144-177.

Marion, R. (2005). *Leadership in education : Organizational theory for the practitioner.* Lon Grove, IL: Waveland Press.

Marks, H. M., & Printy, S. M. (2003). Principal leadership and school performance An integration of transformational and instructional leadership. *Educationc

Administration Quarterly, 39 (3), 370-397.

rtin, W., & Willower, D. (1981). The managerial behavior of high school principals. *Educational Administration Quarterly, 17*, 69-90.

rzano, R. J. (2003). *What works in schools : Translating research into action.* Alexandria, VA. : Association for Supervision and Curriculum Development.

slow, A. H. (1954). *Motivation and personality.* New York: Harper & Row.

slow, A. H. (1970). *Motivation and personality* (2nd ed.). New York: Harper & Row.

yo, E. (1933). *The human problems of an industrial civilization.* New York: Macmillan.

ys, L. G., & Taggart, W. A. (1986). Court clerks, court administrators, and judges: Conflict in managing the courts. *Journal of Criminal Justice, 14*, 1-7.

Ewan, E. K. (1998). *Seven steps to effective instructional leadership.* Thousand Oaks, CA: Corwin Press.

cGhee, P. R. (1971). *An investigation of the relationships between principal' decision-making attitudes, leader behavior and teacher grievances in public schools.* Unpublished doctoral dissertation, Syracuse University, Syracuse, New York.

cGregor, D. (1957). The Human Side of Enterprise. In *Proceedings of the Fifth Anniversary Convocation of the School of Industrial Management.* Cambridge, Mass: Massachusetts Institute to Technology.

cGregor, D. (1960). *The human side of enterprise.* New York: McGraw-Hill.

cWhinnie, H. J. (1991). *Chaos Theory in the Arts and Design.* (ERIC Document Reproduction Service No. ED368622)

echanic, D. (1962). Sources of power of lower participants in complex organization. *Administrative Science Quarterly, 7*(3), 349-364.

eggers, J. F. (1966). Expectations for the role of the board of education held by parochial and public school oriented parents. Unpublished doctoral dissertation, University of Wisconsin, Madison, Wisconsin.

ehrabian, A. (1970). *Tactics of social influence.* Englewood Cliffs, NJ: Prentice-Hall.

elton, J. (1971). Role perceptions of the elementary school principal. *National Elementary Principal, 50*, 40-43.

eyer, J. W., & Rowan, B. (1977). Institutionalized organizations: Formal structure as myth and ceremony. *American Sociological Review, 83*, 340-363.

eyer, J. W., & Rowan, B. (1983). The structure of educational organizations. In J. W. Meyer

& W. R. Scott (Eds.), *Organizational environments: Ritual and rationality* (pp. 70-8 Beverly Hills, CA: SAGE.

Miles, M. B. (1964). Educational innovation: The nature of the problem. In Miles, M. (E *Innovation in education* (pp. 1-14). NY: Teachers College Press.

Miles, M. B. (1969). Planned change and organizational health: Figure and ground. In F. Carver & T. J. Sergiovanni (Eds.), *Organizations and human behavior* (pp. 375-39 New York: McGraw-Hill.

Miles, M. B. (1993). Forty years of change in schools: Some personal reflections. *Educatio Administration Quarterly, 29*(2), 213-248.

Miles, M. B., & Fullan, M. (1980). The nature and impact of organization development schools. In Milsteili, M. M. (Ed.), *Schools, conflict and change* (pp. 70-78). New Yo Teachers College Press.

Miller, G. A. (1953). What is information measurement. *American Psychologist, 8*, 3-12.

Miller, J. G. (1960). Information input overload and psychopathology. *American Journal Psychiatry, 116*, 695-704.

Miller, V. (1965). *The public administration of American school systems*. New Yor Macmillan.

Millett, J. (1984). *Conflict in higher education: State government coordination vers institutional independence.* San Francisco: Jossey-Bass.

Mintzberg, H. (1973). *The nature of managerial work*. New York: Harper & Row.

Mintzberg, H. (1980). Structure in 5's: A synthesis of the research on organization desig *Management Science, 26*(3), 322-341.

Mitchell, D. E., Crowson, R. L., & Shipps, D. (2011). *Shaping education policy: Power a process*. New York: Routledge.

Mitchell, D. E., Kerchner, C. T., Erck, W., & Pryor, G. (1981). The impact of collecti bargaining on school management and policy. *American Journal of Education, 89*(2 147-188.

Mitchell, T. R. (1978). *People in organizations: Understanding their behavior.* New Yor McGraw-Hill.

Mitchell, T. R., & Knudsen, B. W. (1973). Instrumentality theory predictions of student attitudes toward business and their choice of business as an occupation. *Academy Management Journal, 16*, 41-52.

ooney, J. D., & Reiley, A. C. (1939). *The principles of organization*. New York: Harper & Row.

oorhead, R., & Nediger, W. (1989, June). Behavior of effective principals. Paper presented at the Annual Meeting of the Canadian Society for the Study of Education, Quebec, Canada.

oorthy, D. (1992). The Canadian principal of the 90s manager or instructional leader? or both. *Education Canada, 32*(2), 8-11.

oos, R. H. (1979). *Evaluating educational environments*. Palo Alto, CA: Consulting Psychologists Press.

orris, V. C., Crowson, R. L., Hurwitz, E. Jr., & Gehrie, C. (1981). *The urban principal: Discretionary decision making in a large educational organization*. Chicago, IL: University of Illinois.

orrison, K. (2010). Complexity theory, school leadership and management: Questions for theory and practice. *Educational Management Administration & Leadership, 38*(3), 374-393.

orse, C. (1961). The functional imperatives. In M. Black (Ed.), *Social theories of Talcott Parson* (pp. 100-152). Englewood Cliffs, NJ: Prentice-Hall.

oser, R. P. (1957). The leadership patterns of school superintendents and school principals. *Administrators Notebook, 6*, 1-4.

oyer, D. C. (1955). Leadership that teachers want. *Administrator's Notebook, 3*, 1-4.

oyer, J., & Wallace, D. (1995). Issues in education: Nurturing the creative majority of our schools. *Childhood Education, 72*(1), 34-35.

ullins, J. (1976). *Analysis and synthesis of research utilizing the OCDQ: Organizational other than elementary school*. Unpublished doctoral dissertation, University of Georgia, Athens, Georgia.

urphy, J., & Forsyth, P. B. (Eds.) (1999). *Educational administration : A decade of reform.* Thousand Oaks, CA: Corwin Press in collaboration with the University Council for Educational Administration.

urray, H. (1938). *Explorations in personality*. New York: Oxford University Press.

use, I. D. (1966). *The public school principalship: Role expectations by alter groups.* Unpublished doctoral dissertation, University of Utah, Salt Lake City, Utah.

usser, S. J. (1982). A model for prediction the choice of conflict management strategies by subordinates in high-stakes conflict. *Organizational Behavior and Human Performance, 29*, 263-267.

Muth, R. (1983). Toward an integrative theory of power and educational organization *Educational Administration Quarterly, 20*(2), 25-42.

Natriello, G. (1982). *Organizational evaluation systems and student disengagement secondary schools*. Washington, DC: National Institute of Education.

Newberry, W. C. (1966). *The elementary principal's influence and decision-making role* Unpublished doctoral dissertation, University of Texas, Austin, Texas.

Noddings, N. (1984). *Caring: A feminine approach to ethics and moral education*. Berkele California: Univ. of California.

OECD (2000). *Knowledge management in the learning society*. Paris: OECD.

Ogawa, R. T. (2015). Change of mind: How organization theory led me to move from studying educational reform to pursuing educational design. Journal of Educational Administration, 53(6), 794-804.

Ogilvie, D., & Sadler, R. D. (1979). Perceptions of school effectiveness and Its relationship organizational climate. *Journal of Educational Administration, 17*(2), 139-147.

Olson, G. F. (1967). *Congruence and dissonance in the ecology of educational administrato as a basis for discriminating between patterns of leadership behavior.* Unpublishe doctoral dissertation, Illinois State University, Normal, Illinois.

Ortiz, F. I., & Marshall, C. (1988). Women in educational administration. In N. Boyan (Ed. *Handbook of research on educational administration*. New York: Longman.

Ouchi, W. (1981). *Theory Z: How American business can meet the Japanese challenge* Reading, MA: Addison-Wesley.

Owens, R. G. (1987). *Organizational behavior in education* (3rd ed.). Englewood Cliffs, Ne Jersey: Prentice-Hall.

Owens, R. G., & Valesky, T. C. (2010). *Organizational behavior in education: Leadership an school reform (10th ed.)*. Englewood Cliffs, New Jersey: Prentice-Hall.

Page, C. H. (1946). Bureaucracy's other face. *Social Forces, 25*, 88-94.

Pagels, H. (1988). *The dream of reason*. New York: Simon and Schuster.

Parsons, T. (1951). *The social system*. New York: Free Press.

Parsons, T. (1960). *Structure and process in modern societies*. New York: Free Press.

Parsons, T. (1967). *Sociological theory and modern society*. New York: Free Press.

yne, C. M. (2008). *So much reform, so little change : The persistence of failure in urban schools.* Cambridge, MA: Harvard Education Press.

ca, K. (1992). *Chaos theory: A scientific basic for alternative research, methods in educational administration.* (ERIC Document Reproduction Service No. ED361843)

rrow, C. (1986). *Complex organizations* (3rd ed.). New York: MeGraw-Hill.

effer, J. (1997). *New directions for organization theory : Problems and prospects.* New York: Oxford University Press.

kington, C. J., Richardson, D. R., & Utley, M. E. (1988). Is conflict stimulating? Sensation seekers' responses to interpersonal conflict. *Personality and Social Psychology Bulletin, 14*(3), 596-603.

ncus, D. J. (1986). Communication satisfaction, job satisfaction, and job performance. *Human Communication Journal*, 12(3), 395-419.

ndy, L. R. (1967). Organizational conflict: Concepts and models. *Administrative Science Quarterly, 12*, 296-320.

ole, M. S. (1978). An information task approach to organizational communication. *The Academy of Management Review, 3*, 493-504.

ole, M. S. (1985). Communication and organizational climate: Review, critique, and a new perspective. In R. D. McPhee and P. K. Tompkins (Eds.), *Organizational communication: Traditional theme and new direction* (pp. 79-108). Beverly Hills, CA: SAGE.

orter, L. W. (1961). A study of perceived need satisfaction in bottom and middle management jobs. *Journal of Applied Psychology, 45*, 1-10.

orter, L. W., & Lawler, E. E. (1968). *Managerial attitudes and performance.* Homewood, IL: Richard D. Irwin.

orter, L. W., & Roberts, K. H. (1976). Communication in organizations. In M. Dunnette (Ed.), *Handbook in industrial and organizational Psychology* (pp. 1553-1589). Chicago: Rand McNally.

owell, J. (1969). *Why am I afraid to tell you who I am?* IL: Argus Communications.

resthus, R. (1978). *The organizational society* (rev. ed.). New York: St. Martin's Press.

rigogine, I., & Stengers, I. (1984). *Order out of chaos: Man's new dialogue with nature.* New York: Bantam.

rigogine, I., & Nicolis, G. (1977). *Self organization in nonequilibrium systems.* New York: Wiley.

Pulvino, C., & Mickelson, D. (1972). Alienated feelings of normlessness and discrepa academic achievement. *The Journal of Educational Research, 65*(5), 216-218.

Punch, K. F. (1970). Interschool variation in bureaucratization. *Journal of Education Administration, 8*(2), 124-134.

Rahim, M. A. (1983). A measure of styles of handling interpersonal conflict. *Academy Management Journal, 26*, 368-376.

Rahim, M. A. (1986). *Managing conflict in organizations*. New York: Praeger.

Ravitch, D. (2000). *Left back : A century of failed school reforms*. New York : Simon Schuster.

Read, W. H. (1962). Upward communication in industrial hierarchies. *Human Relations, 1* 3-15.

Rebok, G. W., Offermann, L. R., Wirtz, P. W., & Montaglione, C. J. (1986). Work a intellectual aging: The psychological concomitants of social organizational conditior *Educational Gerontology, 12*, 361-375.

Reddin, W. J. (1967). The 3-D management-style theory: A typology based on task ar relationships orientation. *Training and Development Journal, 21*, 11-20.

Reiss, K. (2007). *Leadership coaching for educators : Bringing out the best in scho administrators*. Thousand Oaks, CA: Corwin Press.

Renwick, P. A. (1977). The effects of sex differences on the perception and management superior-subordinate conflict. *Organizational Behavior and Human Performance, 1* 403-415.

Ritzer, G. (1983). *Sociological theory*. New York: Alfred A. Knopf.

Rizzo, J. R., House, R. J., & Lirtzman, S. I. (1970). Role conflict and ambiguity in comple organizations. *Administrative Science Quarterly, 15*, 150-163.

Robbins, S. P. (1976). *The administrative process: Integrating theory and practic* Englewood Cliffs, NJ: Prentice-Hall.

Robbins, S. P. (1983). *Organizational behavior: Concepts, controversies, and applicatior* (2nd ed.). Englewood Cliffs, NJ: Prentice-Hall.

Roberts, K. H., & O'Reilly, C. A. (1974). Failures in upward communication in organization Three possible culprits. *Academy of Management Journal, 17*(2), 205-215.

Robinson, R., & Yaden, D. B. (1993). Chaos or nonlinear dynamics: Implications for readin research. *Reading Research and Instruction, 32*(4), 15-23.

dgers, K. M. (1993). Organizational commitment to staff development : The design of an instrument to measure the effectiveness of teacher staff development program. *Dissertation Abstracts International, A54* (05), 1638.

ethlisberger, F. J., & Dickson, W. J. (1939). *Management and the worker*. Cambridge, MA: Harvard University Press.

gers, C. R. (1951) .*Client-centered therapy*. Boston: Houghton Mifflin.

gers, E., & Svenning, L. (1969). *Managing change*. San Mateo, CA: San Mateo County Superintendent of Schools.

se, G. W. (1967). Organizational behavior and its concomitants in schools. *Administrator's Notebook, 15*, 1-4.

senholtz, S. J. (1985). Political myths about education reform: Lessons from research on teaching, *Kappan'66, January,* 347-352.

ssow, L. F. (1990). *The principalship: Dimension in instructional leadership*. Englewood Cliffs: NJ: Prentice Hall.

uesell, B. (1922). *The problem of China*. London: George Allen & Unwin.

utter, M., Maughan, B., Mortimore, P., Ouston, J., & Smith, A. (1979). *Fifteen thousand hours: Secondary schools and their effects on children*. Cambridge, MA: Harvard University Press.

yan, B., & Cross, N. (1943). The diffusion of hybrid seed corn in two Iowa communities. *Rural Sociology, August*, 15-24.

argent, J. C. (1966). *An analysis of principal and staff perceptions of high school organizational climate.* Unpublished doctoral dissertation, University of Minnesota, Minneapolis, Minnesota.

avage, R. M. (1967). *A study of teacher satisfaction and attitudes: Causes and effects.* Unpublished doctoral dissertation, Auburn University, Auburn, Alabama.

chein, E. H. (1956). The Chinese indoctrination program for prisoners of war. *Psychiatry, 19*, 149-172.

chein, E. H. (1985). *Organizational culture and leadership*. San Francisco: Jossey-Bass.

chmidt, G. L. (1976). Job satisfaction among secondary school administrators. *Educational Administration Quarterly, 12*, 81-90.

chmuck, R. A., & Runkel, P. J. (1972). *Handbook of organization development in schools.* Palo Alto, CA: National Press Books.

Schmuck, R. A., Runkel, P. J., Arends, J. H., & Arends, R. L (1977). *The second handbook organizational development in schools*. Eugene, OR: Center for Educational Policy a▪ Management.

Schriesheim, C. A., & Kerr, S. (1977). Theories and measures of leadership: A critic▪ appraisal of current and future directions. In J. G. Hunt & L. L. Larson (Eds▪ *Leadership: The cutting edge* (pp. 9-44). Carbondale: Southern Illinois University Pres▪

Schwab, D. P., & Cummings, L. L. (1970). Theories of performance and satisfaction: A revie▪ *Industrial Relations, 9*, 408-430.

Schwandt, D. R. (1978). *Analysis of school organizational climate research 1962-197▪ Toward construct clarification*. Unpublished doctoral dissertation, Wayne Sta▪ University, Detroit, Michigan.

Scott, W. G., & Mitchell, T. R. (1976). *Organization theory: A structural and behavior▪ analysis*. Homewood, IL: R. D. Irwin.

Scott, W. R. (1987). *Organizations: Rational, natural and open system* (2nd ed.). Englewoo▪ Cliffs, NJ: Prentice Hall.

Scott, W. R. (1992). *Organizations: Rational, natural and open System* (3rd ed.). Englewoo▪ Cliffs, NJ: Prentice Hall.

Scott, W. R., & Davis, G. F. (2006). *Organizations and organizing: Rational, natural and ope▪ system perspectives*. Englewood Cliffs, NJ: Prentice Hall.

Seeman, M. (1959). On the meaning of alienation. *American Sociological Review, 3▪* 783-791.

Selznick, P. (1949). *TVA and the grass roots: A study in the sociology of formal organizatio▪* Berkeley: Univ. of California Press.

Senge, P. M. (1990). The Leaders new work: Building learning organizations. *Sloa▪ Management Review, 32*(1), 7-23.

Sergiovanni, T. J. (1990). Adding value to leadership gets extraordinary result. *Educationr▪ Leadership, 47*(8), 23-27.

Sergiovanni, T. J. (1998). Leadership as pedagogy, capital development and schoc▪ effectiveness. *International Journal of Leadership in Education, 1*(1), 37-46.

Sergiovanni, T. J., & Carver, F. D. (1973). *The new school executive: A theory o▪ administration*. New York: Dodd, Mead & Company.

Sergiovanni, T. J., & Starratt, R. J. (1998). Supervision: A redefinition. Boston: McGraw-Hill.

rgiovanni, T., & Moore, J. H. (1989). *Schooling for tomorrow*. Boston: Allyn and Bacon.

affer, G. E. (1971).*The principal's orientation toward teacher participation in decision making*. Unpublished doctoral dissertation, University of Illinois, Urbana, Illinois.

annon, C., & Weaver, W. (1949). *The mathematical theory of communication*. Urbana: University of Illinois Press.

aw, M. E. (1964). Communication networks. In Berkowitz, L. (Ed.), *Advances in experimental psychology* (pp.111-147). NY: Academic Press.

erif, C. W., & Sherif, M. (1967). *Attitude, ego-involvement, and change*. New York,: Wiley.

mon, H. A. (1947). *Administrative behavior*. New York: Macmillan.

mon, H. A. (1957). *Administrative behavior* (2nd ed.). New York: Free Press.

mon, H. A. (1976). *Administrative behavior* (3rd ed.). New York: Macmillan.

mon, H. A. (1993). Decision making: Rational, nonrational, and irrational. *Educational Administration Quarterly, 29*(3), 393-408.

mpson, R. L. (1959). Vertical and horizontal communication in organizations. *Administrative Science Quarterly, 4*, 188-196.

zer, T. R. (1984). *Horace's compromise: The dilemma of the American high school*. Boston: Houghton Mifflin.

mith, L. M., & Geoffrey, W. (1968). *The complexition of an urban classroom*. New York: Holt, Rinehart, & Winston.

mith, P. A. (2002). The organizational health of high schools and student proficiency in mathematics. *The International Journal of Educational Management, 16*(2/3), 98-105.

mith, W. F., & Andrews, R. L. (1989). *Instructional leadership: How principals make a difference*. VA: Association for Supervision and Curriculum Development.

oliman, H. M. (1970). Motivation-hygiene theory of job attitudes: An empirical investigation and an attempt to reconcile both one-factor and 2-factor theories of job attitudes. *Journal of Applied Psychology, 54*(5), 452-461.

outhworth, G. (2005). Learning-centered leadership. In B. Davis (Ed.), *The essentials of school leadership* (pp. 75-92). Thousand Oaks, CA: Sage.

puck, D. W. (1974). Reward structures in the public high school. *Educational Administration Quarterly, 10*, 18-33.

tacey, R. (1996). *Strategic management and organization dynamics*. London: Pitman.

take, R. E. (1975). *Evaluating the arts in education*. Columbus, OH: Menrrill.

Steers, R. M. (1991). *Organizational behavior* (4th ed.). New York: Harper Collins Publishe.

Steers, R. M., & Porter, L. W. (Eds.). (1979). *Motivation and work behavior*. New Yo. McGraw-Hill.

Stephens, T. (1974). Innovative teaching practices: Their relation to system norms a. rewards. *Educational Administration Quarterly, 10*, 35-43.

Sterman, J. D. (1989). Deterministic chaos in an experimental economic system. *Journal Economic Behavior & Organization, 12*(1), 1-28.

Stickel, S. A. (1993). Chaos science: New metaphors for counseling. *Journal of Humanis. Education and Development, 32*(2), 61-68.

Stinchcombe, A. L. (1959). Bureaucratic and craft administration of productio *Administrative Science Quarterly, 4*, 168-187.

Stinchcombe, A. L. (1965). Social structure and organizations. In J. G. March (Ed.), *Handbo. of organizations* (pp. 142-193). Chicago: Rand McNally.

Stogdill, R. M. (1948). Personal factors associated with leadership: A survey of th literature. *Journal of Psychology, 25*, 60-70.

Stogdill, R. M., & Coons, A. E. (Eds.). (1957). *Leader behavior: Its description an. measurement*. Columbus: Bureau of Business Research, College of Commerce an. Administration, Ohio State University.

Strube, M. J., & Garcia, J. E. (1990, September). A meta-analytic investigation of Fiedler. contingency model of leadership effectiveness. Paper presented at the America. Psychological Association. Annual Meeting, Montreal, Canada.

Sungaila, H. (1990). Organization alive: Have we at last found the key to a science c. educational administration? *Studies in Educational Administration, 52*, 3-26.

Sybouts, W.(1992). *Planning in school administration*. Westport, CT: Greenwood Press.

Tacconi-Moore, L. J. (2005). *The influence of educational reform on instructional leadershi. of superintendents in Massachusetts*. Unpublished doctoral dissertation, University c. Massachusetts Lowell, Lowell, Massachusetts.

Tagiuri, R. (1968). The concept of organizational climate. Boston: Harvard Universit. Division of Research, Graduate School of Business Administration.

Tannenbaum, A. S. (1968). *Control in organizations*. New York: McGraw-Hill.

Tannenbaum, R., & Schmidt, W. H. (1973). How to choose a leadership pattern. *Harvar. Business Review, 51*(3), 162-180.

lor, F. W. (1903). *Shop management.* New York: Harper & Row.

lor, F. W. (1911). *The principles of scientific management.* New York: Harper & Row.

hune, K. W. (1970). From a national character to national behavior: A reformulation. *Journal of Conflict Resolution, 14*, 203-263.

omas, K. (1976). Conflict and conflict management. In M. D. Dunnette (Ed.), *Handbook of industrial and organizational Psychology* (pp. 900-905). Chicago: Ran McNally & Company.

ompson, J. D. (1967). *Organizations in action.* New York: McGraw-Hill.

hy, N. M., & Devanna, M. A. (1986). The transformational leader. *Training and Development Journal, 31*, 27-32.

rney, W. G. (1988). Organizational culture in high education. *Journal of Higher Education, 9*(1), 2-20.

mons, B., & Wolsk, D. (1980). *School...A take it or leave it thing: An interview survey of grade 7, 10 and 12 students and dropouts.* (ERIC Document Reproduction Service No. ED218527)

wnsend, T., & MacBeath, J. (Eds.) (2011). *International handbook of leadership for learning.* New York, NY: Springer.

y, S. H., Jr. (1959). Bureaucracy and rationality in Weber's organization theory: An empirical study. *American Sociological Review, 24*, 791-795.

su, M. L. (1988). Information utilities in public administration. *Public Productivity Review, 12*(2), 219-227.

gel, A. (1967). Why don't employees speak up. *Personnel Administration, 30*, 18-24.

oom, V. (1964). *Work and motivation.* New York: Wiley.

aldrop, M. M. (1992). *Complexity: The emerging science at the edge of order and chaos.* New York: Touchstone.

ard, J. W. (1964). The ideal of individualism and the reality of organization. In E. F. Cheit (Ed.), *The business establishment* (pp. 37-76). New York: John Wiley.

atkins, J. F. (1968). The OCDQ: An application and some implications. *Educational Administration Quarterly, 4*, 46-60.

eber, M. (1947). *The theory of social and economic organization* (A. H. Henderson & T. Parsons, Trans.). Glencoe, IL: Free Press.

eick, K. E. (1976). Educational organizations as loosely coupled systems. *Administrative Science Quarterly, 21*, 1-19.

Weiss, D. J. (1968). *A study of the relationship of participation in decision maki selected personality variables, and job satisfaction of the educational research c development council, elementary school principals*. Unpublished doctoral dissertati University of Minnesota, Minneapolis, Minnesota.

Whitaker, T. (2003). *What great principals do differently*. Larchmont, New York: Eye Education.

White, R., & Lippitt, R. (1953). Leadership behavior and member reaction in three so climates. In D. Cartwright & A. Zander (Eds.), *Group dynamics*. (pp. 318-335). Evanst IL: Harper & Row.

Wickstrom, R. A. (1971). *An investigation into job satisfaction among teachers*. Unpublish doctoral dissertation, University of Oregon, Eugene, Oregon.

Wiig, K. M. (1993). *Knowledge management foundations: Thinking about thinking: H people and organizations create, represent, and use knowledge*. Arlington, TX: Sche Press.

Williams, L. B., & Hoy, W. K. (1973). Principal-staff relations: Situational mediator effectiveness. *The Journal of Educational Administration, 9*, 66-73.

Willower, D. J., Hoy, W. K., & Eidell, T. L. (1967). Counselor and school as a soc organization. *Personnel and Guidance Journal, 46*(3), 228-234.

Woodworth, R. S. (1918). *Dynamic psychology*. New York: Columbia University Press.

Yauch, W. (1949). *Improving human relations in school administration*. New York: Harp and Bros.

You, Y. (1993). What can we learn from chaos theory? An alternative approach instructional system design. *Educational Technology Research and Development, 41*(17-32.

Youdell, D. (2011). *School trouble : Identity, power and politics in education*. London, N York : Routledge.

Yu, H. (2000). *Transformational leadership and Hong Kong teachers' commitment change*. Unpublished doctoral dissertation, University of Toronto, Toronto, Canada.

Yukl, G. A. (2009). *Leadership in organizations (7th ed.)*. Englewood Cliffs, NJ: Prentice Ha

Zaltman, G., Florio, D., & Sikorski, L. (1977). *Dynamic educational change: mode strategies, tactics, and management*. New York: The Free Press.

Zucker, L. G. (1983). Organizations as Institutions. In S. B. Bacharach (Ed.), *Research in t sociology of organizations* (pp. 1-47). Greenwich, CT: JAI Press.

館出版品預行編目資料

政理論與模式／秦夢群著. -- 四版.
北市：五南圖書出版股份有限公司，
01

公分

978-957-763-728-4（平裝）

育行政

108017420

1IWF

教育行政理論與模式

作　　者 ─ 秦夢群（434.1）

企劃主編 ─ 黃文瓊

責任編輯 ─ 李敏華

封面設計 ─ 陳卿瑋、姚孝慈

出 版 者 ─ 五南圖書出版股份有限公司

發 行 人 ─ 楊榮川

總 經 理 ─ 楊士清

總 編 輯 ─ 楊秀麗

地　　址：106台北市大安區和平東路二段339號4樓

電　　話：(02)2705-5066　　傳　　真：(02)2706-6100

網　　址：https://www.wunan.com.tw

電子郵件：wunan@wunan.com.tw

劃撥帳號：01068953

戶　　名：五南圖書出版股份有限公司

法律顧問　林勝安律師

出版日期　2011年12月初版一刷
　　　　　2013年 9 月二版一刷
　　　　　2017年 7 月三版一刷
　　　　　2020年 1 月四版一刷
　　　　　2024年10月四版五刷

定　　價　新臺幣700元

經典永恆・名著常在

五十週年的獻禮——經典名著文庫

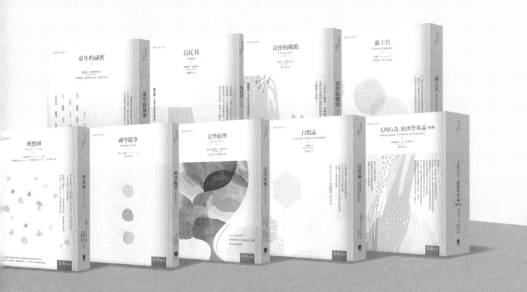

五南，五十年了，半個世紀，人生旅程的一大半，走過來了。

思索著，邁向百年的未來歷程，能為知識界、文化學術界作些什麼？

在速食文化的生態下，有什麼值得讓人雋永品味的？

歷代經典・當今名著，經過時間的洗禮，千錘百鍊，流傳至今，光芒耀人；

不僅使我們能領悟前人的智慧，同時也增深加廣我們思考的深度與視野。

我們決心投入巨資，有計畫的系統梳選，成立「經典名著文庫」，

希望收入古今中外思想性的、充滿睿智與獨見的經典、名著。

這是一項理想性的、永續性的巨大出版工程。

不在意讀者的眾寡，只考慮它的學術價值，力求完整展現先哲思想的軌跡；

為知識界開啟一片智慧之窗，營造一座百花綻放的世界文明公園，

任君遨遊、取菁吸蜜、嘉惠學子！